2 月 26 日，共青团中央书记处书记傅振邦一行来山东大学调研指导工作。山东大学党委书记李守信会见傅振邦一行

3 月 13 日，韩国国会议员、国会预算财政委员会委员长金光琳一行 20 人来山东大学访问

3 月 26 日，山东大学授予香港大紫荆勋贤饶宗颐教授名誉博士学位仪式在香港大学王赓武讲堂举行，山东大学校长张荣为饶宗颐教授颁授名誉博士学位证书

4 月 7 日，泰国公主诗琳通率团访问山东大学，并受聘山东大学名誉教授

4 月 9～10 日，山东大学举行授予台湾经济研究院董事长、台湾海峡交流基金会原董事长江丙坤先生名誉教授仪式

5 月 20 日，第三届尼山世界文明论坛“尼山礼赞”音乐会暨开幕式在山东大学圣昆仑音乐厅隆重举行

5 月 26 日，张荣校长会见中国史学会会长、山东大学特聘一级教授张海鹏先生

6 月 10 日，山东大学校董、台湾立青文教基金会董事长衣淑凡女士一行来山东大学访问

6 月 16 日，山东大学“全球化与中国经济中心”在中心校区揭牌成立

6 月 17 日，山东大学校长张荣做客人民网，就“如何创建世界一流大学”与网友进行了充分交流

6 月 22 日，全国人大常委会副委员长、农工党中央主席、中国科学院院士陈竺到山东大学附属生殖医院暨国家辅助生殖与优生工程技术研究中心视察指导工作

7 月 9 日，山东大学县域发展研究院签约及揭牌仪式在青岛即墨市举行

7 月 11 日，香港城市大学校长郭位先生率团访问山东大学

9 月 13 日，俞正声在山东大学与新疆籍、西藏籍学生座谈

9月21日，山东大学校长张荣在中心校区主持召开深化学校综合改革座谈会

9月21日，日本横滨国立大学校长铃木邦雄一行访问山东大学

9 月 30 日，山东大学著名校友王晨捐赠命名仪式在中心校区举行

10 月 6 日，由山东大学举办的“中国现代高等教育之源——登州文会馆 150 周年纪念”学术研讨会在中心校区举行

10 月 11 日，山东大学薛禹胜教育基金捐赠仪式在千佛山校区举行

10 月 15 日，《友情和墨香——臧克家和他的师友们》发行仪式在山东大学中心校区举行

10 月 21 日，山东大学—卡罗林斯卡医学院合作研究实验室揭牌仪式在趵突泉校区举行

10 月 24 日，全国人大常委会原副委员长、全国妇联原主席陈至立来山东大学青岛校区视察

11月1日，山东大学（威海）建校30周年庆典大会暨文艺晚会在威海校区知行会堂隆重举行

11月25日，山东大学、中央社会主义学院合作培养“统一战线学”研究生协议签字

12 月 1 日，授予法国法兰西学院院士程抱一先生山东大学名誉博士学位仪式在法国巴黎中国中心隆重举行

12 月 4 日，山东大学校长张荣率团访问英国牛津大学

12 月 16 日，2008 年诺贝尔文学奖获得者、法国著名文学家勒克莱齐奥先生与 2012 年诺贝尔文学奖获得者、山东大学讲座教授莫言先生做客第三期山东大学文学大讲堂，以“文学与人生”为题精彩对话

12 月 23 日，齐鲁医院创始人聂会东先生雕像在趵突泉校区落成

山东大学年鉴

（2014）

胡金焱　刘培平　主编

山东大学出版社

图书在版编目(CIP)数据

山东大学年鉴．2014/胡金焱，刘培平主编．—济南：山东大学出版社，2016.4
ISBN 978-7-5607-5500-7

Ⅰ．①山…　Ⅱ．①胡…②刘…　Ⅲ．①山东大学－2014－年鉴
Ⅳ．①G649.285.21-54

中国版本图书馆 CIP 数据核字(2016)第 034645 号

责任编辑：王桂琴
封面设计：牛　钧

出版发行：山东大学出版社
社　址　山东省济南市山大南路 20 号
邮　编　250100
电　话　市场部(0531)88364466
经　销：山东省新华书店
印　刷：山东鸿君杰文化发展有限公司
规　格：787 毫米×1092 毫米　1/16
16 插页　39.75 印张　938 千字
版　次：2016 年 4 月第 1 版
印　次：2016 年 4 月第 1 次印刷
定　价：100.00 元

《山东大学年鉴》编纂委员会

编写说明

一、《山东大学年鉴》(2014)(简称《年鉴》)是山东大学权威性的资料工具书和史料性文献。定期编纂《年鉴》是我校文化建设及校史编纂的基础性工作。《年鉴》编纂坚持以马克思列宁主义、毛泽东思想、邓小平理论和“三个代表”重要思想、科学发展观为指导,深入贯彻习近平总书记系列讲话精神,客观、公正地记载本年度学校在各项工作中取得的成绩,及时总结存在的问题,以史为鉴,促进学校的改革与发展。

二、《年鉴》按自然年度记载2014年学校各方面的工作情况,以学校事业发展为主线,从党政管理、人才培养、科学研究、国际合作与交流、基本建设、校办产业以及图书、档案、出版等各个方面反映了山东大学办学的全貌。主要内容包括学校概况、特载、党的建设与思想政治工作、行政工作、学院建设、科研机构、威海校区、齐鲁医院、第二附属医院、全日制毕业生名单、学校各类“委员会”“领导小组”名单、校级及其以上各类先进表彰名单、聘任的各类专业技术人员名单、干部任命名单、大事记及基本情况统计等。

三、《年鉴》编写工作涉及学校各个职能部门,各学院、教学部,威海校区,各附属医院等单位。由于时间仓促、出版任务重及编撰人员水平所限,书中难免存在缺点和不足,敬请读者提出宝贵意见,以便改进。

《山东大学年鉴》编委会

2015年9月

目　录

概　述

特　载

党的建设与思想政治工作

行政工作

学院建设

科研机构

2014 届毕业生名单

各类“委员会”“领导小组”名单

各类先进表彰、奖励名单

聘用相关专业技术职务及岗位人员名单

新聘研究生指导教师名单

组织机构与干部任职名单

大事记

威海校区

附属医院

概 述

2014 年山东大学概况

2014 年是“优化蓝图，整合资源，凝聚力量，积攒学校发展后劲”的一年。这一年，学校贯彻落实党的十八大和十八届三中、四中全会精神，坚持统筹布局、一体发展，坚持提升内涵、强化特色，坚持深化改革、提高效能，紧紧围绕立德树人根本任务，以学科建设为龙头，以队伍建设为核心，以体制机制创新为抓手，增强学校事业发展活力，各项工作不断开创新局面，为世界一流大学建设打下了坚实基础。

2014 年是学校世界一流大学建设征程上浓墨重彩的一年。教育部核准颁布《山东大学章程》，为我校在新形势下推进依法治校、科学发展提供了准则和依据，为建立现代大学制度提供了遵循和指南；党的群众路线教育实践活动顺利完成，党员干部受到深刻的思想洗礼，工作作风明显改善；坚持标本兼治和问题导向，强化担当精神和责任意识，巡视整改工作全面启动并取得初步成效，解决了阻碍学校发展的诸多深层次问题；深化综合改革工作全面展开，机关三定工作有序推进，内部治理结构不断完善；“济青威”一体发展稳步推进，校区建设展现新面貌。学校人才培养、科学研究、社会服务、文化传承创新的新成果受到媒体和社会广泛关注，中央电视台、《人民日报》、新华网、人民网、《大众日报》、搜狐、新浪等中央、省级媒体及各大门户网站对山东大学的报道超过 5000 条，较去年同期增幅达 63%。特别是党和国家领导人俞正声视察山大，亲切关怀山大发展，鼓舞振奋了全校师生建设世界一流大学的干劲。

总体来说，2014 年取得的主要成绩有以下几个方面：

一、对学科建设进行布局和规划

着眼学科发展战略，着重做了两件事：一是历经近四年的研讨论证，按照“统筹布局，一体发展”方针和“错位，占位，升位”原则，在巩固发展学校传统学科优势的基础上，充分整合校内学科资源、打破学科间壁垒，凝练形成青岛校区首批学科和学术机构设置方案，在青岛校区重点规划建设海洋学科、信息学科、生命学科、环境学科、社会科学等学科板块，这大大加快了校区建设进程，将全面推动学校各学科升级换代。二是根据教育部关于繁荣发展哲学社会科学的有关精神，结合学校“学术振兴行动计划”

“攀越计划”以及学校哲学社会科学的实际，我们制定了《山东大学繁荣哲学社会科学行动方案（2014～2020）》，谋划设计未来几年学科平台建设、人才队伍建设、科研项目体系建设，全面促进学校哲学社会科学的繁荣发展。

二、师资队伍建设取得成效

一是高端人才工作有很大突破。学校新增双聘院士 5 人，焦念志院士担任我校海洋研究院院长。王文兴院士获“第十届光华工程科技奖工程奖”，庞朴教授当选“首届全国书博会年度主题读书人物”，金光亿教授获“齐鲁友谊奖”。二是中青年杰出人才数量不断增长。新增国家“千人计划”特聘教授、“青年千人计划”入选者、“长江学者”特聘教授和讲座教授、国家杰出青年基金获得者、“泰山学者”攀登计划专家等高层次人才 21 人。三是科研队伍建设继续保持较好发展态势。“地下工程岩体稳定性和灾害控制”“材料塑性成形工艺与模具技术”等两个教育部创新团队通过结题验收，产业组织与企业成长团队、天然产物化学生物学团队等两个教育部创新团队通过建设论证；张娜、马春红、张建、王萌等 4 人进入科技部中青年科技创新领军人才答辩，海洋微生物学与海洋微生物技术重点领域创新团队进入科技部重点领域创新团队答辩。

三、人才培养开创新局面

本科人才培养体系不断健全。一是强化入口管理。稳步推进招生制度改革，提高本科招生质量。生源结构进一步优化，属地录取人数比例继续降低，首次低于 40%，港澳台招生实现历史性突破，录取港澳台侨学生 156 人。继续巩固优秀生源输送基地建设，新增 15 所优秀中学成为基地，总数量达到 143 个，辐射 24 个省份。2014 年本科录取分数线大幅提高。二是全面实施学分制改革。初步搭建了与学分制改革相适应的教学管理与运行机制。结合学分制改革要求，按照改革性、前瞻性、创新性、国际化原则，完成了新一轮本科专业培养方案修订工作，新增课程近 400 门，4 门课程入选国家精品视频公开课。8 门课程在“中国大学 MOOC”平台上线，居“985”高校第 4 位，为全面实施学分制改革奠定了坚实基础。三是推进人才协同培养。信息学院与中科院上海光机所联合设立了“尚光菁英班”，我校与中科院科教协同育人计划项目达到 9 个。科教协同育人工作得到了教育部的充分肯定，工作经验被教育部约稿。本科生在各类创新竞赛中，获国际类竞赛特等奖 1 项、一等奖 8 项，国家特等奖 3 项、一等奖 23 项。毕业生就业率为 93.91%。

研究生培养方式不断创新。继续深化研究生培养机制改革，鼓励优秀青年教师担任研究生导师，首次试行硕士生导师由基层单位学位评定委员会评聘，首次试行临床医学、口腔临床医学专业学位研究生与住院医师规范化培训并轨培养。初步构建起新的研究生奖助体系。研究生在第十一届全国研究生数学建模竞赛中获一等奖 2 项、二等奖 11 项，综合排名在全国 371 个参赛高校中名列第 8 位。王朋博士的学位论文获评全国优秀博士学位论文，另有 4 篇学位论文获评全国优秀博士学位论文提名论文。至此，山东大学共有 23 篇学位论文获评全国优秀博士学位论文，获奖总量居全国高校第 12 位。硕士研究生就业率 95.58%，博士研究生就业率 96.74%。

继续（网络）教育工作不断突破。当选新一届全国远程教育协作组副理事长及副秘书长单位。全国“执业药师能力与学历提升计划”项目推广实现突破。数字化学习资源建设取得成效，在全国微课程、多媒体课件及计算机课件评比大赛中成绩优异，共获得一等奖2项、二等奖6项。办学效益保持增长。实现收入2.2亿元。

四、科学研究实力稳步提升

科研条件建设取得新进展。国家胶体材料工程技术研究中心及国家辅助生殖与优生工程技术研究中心顺利通过科技部组织的验收，与清华大学联合申报的电子商务交易技术国家工程实验室获批立项建设；与山东省科技厅、济南市政府初步达成了山东工业技术研究院共建框架协议和建设实施方案。国家自然科学基金立项主要指标进入全国前10位。以计算机学院陈宝权教授为首席科学家的“城市大数据的计算理论和方法”、以生命科学学院周传恩教授为首席科学家的“复叶发育的分子调控网络研究”获“973计划”批准立项。控制学院荣学文教授“面向野外环境的四足仿生机器人实用技术研发”项目获“863计划”支持。国家哲学社会科学年度项目获准立项41项，立项数量全国高校排名第2位，立项数量和立项经费分别比去年增长了51.8%和61.2%。教育部人文社科规划项目立项24项，立项数量在全国高校中居第6位。历史文化学院方辉教授主持的《济南大辛庄遗址考古发掘及综合研究报告》和管理学院潘爱玲教授主持的《完善现代文化市场体系与培育骨干文化企业研究》获国家哲学社会科学重大招标项目立项。

科研成果成绩突出。2014年我校获国家奖3项（含合作1项），刘建亚教授的“自守形式与素数分布的研究”获国家自然科学二等奖，李术才教授的“隧道与地下工程重大突涌水灾害治理关键技术”获国家科技进步二等奖，山东大学齐鲁医院作为第二完成单位参与完成的“肝胆胰腹腔镜手术技术体系及应用”项目获得国家科技进步二等奖。获山东省科学技术奖33项，其中一等奖4项。我校参与的国际重大科研项目AMS实验再次取得暗物质探测重大发现。年度授权专利802件，其中，发明专利授权521件，较去年增长17%。SCI收录论文总数排全国高校第8位，连续7年保持在全国高校前10名。CSSCI收录论文1176篇。SSCI收录论文62篇，较上年度增长59%。《中国慈善捐赠机制研究》和《宋代三衙管军制度研究》2项成果入选国家哲学社会科学成果文库，《杜甫全集校注》等优秀学术成果出版发行，《文史哲》杂志推出英文版，“全球汉籍合璧与传播工程”项目启动，第三届尼山世界文明论坛、登州文会馆150周年纪念学术研讨会等重大文化活动成功举办，第22届国际历史科学大会筹备工作稳步推进。

五、对外交流合作迈上新台阶

服务地方工作成效显著。继续推动与济南、青岛、南京等地市的校地合作，继续深化与玲珑集团、辉山集团等30余家大型企业集团的校企合作，新增山东国华、宝洁（北京）公司等5家合作伙伴。搭建“山东大学威高研究院”“山东大学人口健康信息技术研究中心”“山大永华研究中心”等5个校企合作平台。校外研究院建设初见成效，获取各类经费达2500余万元，推进了“山东大学晶体材料国家重点实验室深圳基地”

“国家糖工程技术研究中心深圳研发中心”等产学研合作平台落地。与山东省即墨市联合成立县域发展研究院助力县域经济发展，流域治污科研团队为南水北调做出重要贡献，对口支援新疆昌吉学院、宁夏医科大学，定点扶贫河南省确山县等工作取得显著成绩。全年捐赠资金到账 5400 万元，争取教育部配比奖励 3146 万元，较 2013 年大幅提高。

国际合作交流呈现新局面。全年接待各国及地区政要、尼山论坛海外代表、世界一流大学校长、学生代表团等 900 余人。派出 1300 余个各类出访团组，交流人员 2000 余人次。派出各类赴海外学习学生 800 余名。举办国际会议 26 场。新签校级合作协议 29 个，续签协议 6 个。与剑桥大学、牛津大学、卡罗林斯卡医学院、加州大学圣巴巴拉分校、亚利桑那州立大学等世界名校加强深层次学术交流。与英法两国国家图书馆签约推进汉籍工程。聘任台湾海峡交流基金会原董事长江丙坤、泰国公主诗琳通为山东大学名誉教授，授予国学大师饶宗颐教授、著名数学家彼得·萨奈克教授、法兰西学院院士程抱一教授山东大学名誉博士学位。外专引智专项获国家经费支持 909 万元。入选欧盟第七框架计划成员单位，再获“孔子学院先进中方合作机构”奖。

六、校区建设与发展工作深入开展

青岛校区建设加快推进。编制 2014 年、2015 年基建投资计划，及时上报教育部；完成校区整体规划总图回落工作；完成教学楼、工科教科综合楼、图书馆、博物馆、体育馆、学生会堂、专家公寓论证和方案设计等前期准备工作；完成教学楼 E 区与配套设施的施工及验收和学生公寓 S1－S10 主体施工与验收，完成教学楼 E 区景观绿化工程乔、灌木种植及市政铺装；完成智慧校园总体规划及一期建设项目智能化系统专项设计任务书。规划出台青岛校区办学用房配置初步方案，确定青岛校区首批学科设置方案，教职工住房选购工作和学院搬迁等工作平稳开展。

威海校区稳步发展。圆满完成建校 30 周年庆祝活动，回顾历史，总结、梳理了办学精神、办学经验和发展思路，增强了凝聚力，拓展了办学空间。学生创新创业势头良好。本科教学工程建设成绩斐然，《大学韩国语》等 3 部教材成功入选第二批“十二五”普通高等教育本科国家级规划教材。“天、海、韩”特色学科发展势头强劲。空间学科和海洋学科各项工作不断深入，韩国学科引进两位一级教授，成立了国内首家专门研究中韩关系的学术机构——“中韩关系研究中心”。加强了与加州大学伯克利分校、澳大利亚国立大学、早稻田大学等世界一流大学的合作与交流，国际化特色日益彰显。

七、和谐校园建设成效显著

管理服务能力不断提升。完善体制机制，推进人事制度改革。积极推动后勤社会化改革。建立健全各项资产管理规章制度，推进资产管理科学化、精细化和信息化建设。加强对经费支出的监管力度，调整支出结构，拓宽筹资渠道，控制运行成本。大力推进学校信息公开工作，公文运转更加规范高效。党风廉政教育的针对性和实效性进一步提升。教学科研文献和电子资源保障水平进一步提高。校办产业整体发展态势良好，净利润在全国高校中排名第五位。离退休职工工作组织机制建设进一步强化，臧乐源教授获评“全国离退休干部先进个人”，受到习近平总书记的亲切会见。

校园文化充满活力。中法诺贝尔文学奖获得者莫言和勒克莱齐奥相聚山大畅谈“文学与人生”，以王晨齐鲁医学奖学基金、薛禹胜教育基金和首届董治安奖等为代表的捐赠文化在师生校友中产生强烈反响。编辑出版《共青团在山大（1922～2013）》。获评“全国教育系统新媒体宣传综合力十强”称号。

后勤保障工作效果显著。全年投入4400.24万元，项目立项220余项，用于水电暖基础设施改造、学生宿舍改造、社区供暖、屋面维修、楼房加固等维修改造，加大节约型校园建设力度，完成学校节能监控平台一期建设，积极筹备监控平台二期节能建设方案，积极推进职工住宅物业服务的社会化、市场化。申请教育部供暖配套费专项资金5000万元和国家大气污染防治专项资金718万元，中心校区加入济南市集中供暖，彻底改变学校用能方式。认真做好青年教职工公寓租赁选房及教职工住房管理工作。完成交通车货币化改革。教职员工收入稳步增长。

八、附属事业健康发展

附属医院实力显著增强。齐鲁医院妇儿综合楼项目获得国家卫生计生委立项，青岛院区发展势头强劲。第二医院成为全国首家与政府合作开展“医养融合”的三级甲等医院。口腔医院标准化建设工作取得标志性成果，顺利通过了三级甲等医院现场评审。生殖医院社会效益、经济效益同步增长。

附属中小学品牌效应进一步提升。一附中托管的“山大附中实验学校”“山大辅仁学校”各项工作取得显著成绩，三校区教研一体化模式正在形成。二附中办学条件进一步改善，与济南高新区联合办学工作进展顺利。

（马　勇）

特　载

在山东大学2014年新学期工作会议上的讲话

（2014年2月23日）

李守信

同志们：

刚才，张荣校长对今年行政工作作了全面部署。这些工作任务，是按照十八大、十八届三中全会精神和习近平总书记系列讲话精神要求，根据当前学校发展的形势和任务，针对学校发展中存在的主要矛盾和问题，经学校领导班子认真研究讨论确定的。如期完成好这些年度工作任务，对于推动学校质量发展、内涵发展、特色发展，顺利推进世界一流大学建设进程，都有着十分重要的意义。请各单位按照张荣校长提出的要求，及时传达、认真领会、抓好落实。

全面加强和做好党建工作，是顺利完成这些工作任务的坚强保证。近日来，学校党委按照中央对高校党建提出的新要求，紧紧围绕立德树人这一根本任务，紧紧围绕“特色发展，争创一流”目标，紧紧围绕教学科研等中心工作，研究制定了中共山东大学委员会2014年工作要点，从扎实完成群众路线教育实践活动、全面深化学校各项改革和努力加强党的建设3个大的方面，明确了12项重点工作任务。请各单位领导班子和基层党组织认真学习研究，并结合本单位实际，切实抓好贯彻落实工作。

下面，我重点强调三点意见。

一、认真抓好教育实践活动后续工作

根据中央部署和中央督导组安排，明天我们就将召开学校党的群众路线教育实践活动总结大会。可以说，学校教育实践活动已到收尾阶段，但是收尾不是收场，还有许多后续工作需要继续落实好。习近平总书记强调指出，“四风”问题积习甚深，可谓“冰冻三尺非一日之寒”；教育实践活动有期限，但贯彻群众路线没有休止符，作风建设永远在路上。因此，我们必须乘势而上，乘胜前进，以坚定的决心、务实的态度和认真的精神，一鼓作气抓好教育实践活动整改工作，巩固和扩大教育实践活动成果。气可鼓而不可泄，活动越是到收尾阶段，越要保持力度，敬终如始，一抓到底，做到思想不疲、劲头不松、措施不软，防止虎头蛇尾、功亏一篑。做好活动后续工作要突出抓好三点：

一是抓好整改落实。整改越往后，触及的利益越直接，遇到的困难会越大，必须敢于动真碰硬，不达目的不罢休。我们一定要发扬"钉钉子"精神，把整改落实到行动上，持续用力抓好整改任务落实。要坚持"阳光整改"，主动接受监督，对改什么、怎么改、改没改、改得怎么样，一件一件列出来，一个一个攻坚，做到改一件成一件。对已经整改的要抓好巩固，防止反弹；还没有来得及整改的要加大力度，防止开空头支票；整改不到位、师生不满意的，要加火补课。总之，我们必须按照中央要求，不折不扣抓整改，不达要求不放行，防止前热后冷、有始无终，切实让师生员工看到变化、见到成效。

二是抓好建章立制。我们要着眼于"抓长效，促巩固，防反弹"，用制度和机制防范作风问题的反复，巩固好的作风。要突出制度针对性，对影响"四风"问题解决、带有根本性的问题，及时补充纳入制度建设计划。要突出制度操作性，做到具体、务实、管用。教育实践活动中，我们立足于形成作风建设长效机制，认真抓好中央八项规定和《党政机关厉行节约反对浪费条例》等制度的贯彻落实，围绕反对"四风"，对已有制度进行了全面梳理，列出任务清单，明确责任人和时间表，扎实开展废、改、立工作，制定了一些规章制度，更多的制度还在研究制定过程中。下一步，我们还要根据中央有关规定，在规范办公用房、公务用车、公务接待管理等方面，制定落实领导干部工作生活待遇具体实施办法。

需要强调的是，这次教育实践活动为我们加强党的建设，特别是严格党内生活，提供了宝贵经验和重要启示。我们要全面总结、充分吸收和借鉴这些好经验、好做法，把批评和自我批评的优良传统发扬下去，把党内生活严肃认真的良好氛围恢复起来。各级领导班子和基层党组织要对党内生活现状作一次全面的调查评估，认真贯彻党章，紧密结合实际，切实落实"三会一课"、领导干部双重组织生活会、民主评议党员、党员党性分析、主题党日活动、党员干部警示教育等党内生活制度，推进党内生活规范化，提高党内生活质量。

三是抓好成果巩固。制度一经确立，只有严格执行、不打折扣，才能以刚性约束巩固作风建设成果。我们要依法按制度办事，用制度机制规范权力运行，加大制度执行力度，强化对改进文风会风、规范检查评比、加强调查研究、提升服务水平、转变机关作风、端正教风学风、严格经费管理、杜绝铺张浪费、从严管理干部、整治"庸懒散"等规章制度贯彻落实情况的检查，从校部机关和领导干部抓起，从具体问题抓起，严格执纪监督，加强惩戒问责，对顶风违纪的坚决查处、追究责任、及时通报。学校教育实践活动领导小组办公室和学校各督导组要加强对整改落实情况的监督检查，纪检监察部门要加大对违规违纪行为的查处力度，确保各项制度得到严格执行，确保活动成果得到有效巩固。

二、全面深化学校各项改革

十八届三中全会对全面深化改革作出了重要部署，这是实现中国"两个百年"目标的关键举措，也是推动高等教育持续健康发展的强大动力，更是促进推动我校事业科学发展的根本要求。我们一定要抓住这一发展新契机，立足于立德树人这一根本任务，以内涵发展为基本要求，以提高教育质量为着力点，以凝练并彰显特色为突破口，突出重点，攻坚克难，全面深化学校各项改革，推动学校发展迈上新的台阶。

把三中全会精神贯彻落实到学校年度工作中，就必须把改革的着力点放在解决发展薄弱环节和引领突破的问题上，统筹兼顾，突出重点，积极稳妥，务求实效。统筹兼顾，突出重点，就是要针对制约学校科学发展的重点问题和师生关心的热点问题，把着力点放在提高教育教学质量、加强人才队伍建设、推进学科建设和科学研究上面。积极稳妥，务求实效，就是胆子要大、步子要稳，凝聚共识形成合力，不做表面文章，不求轰动效应，扎扎实实地做几件实实在在的事情。学校将成立综合改革工作领导小组，加强对学校改革工作的组织领导，统筹协调和整体推进各项改革工作。

我们要重点推进学校内部管理体制改革。按照国家全面深化改革的部署，教育改革的总目标是推进教育治理体系和治理能力的现代化。实现这一改革总目标的重心和关键，是健全和完善学校内部管理体制。因此，我们要以教育部即将核准《山东大学章程》为契机，结合学校实际，加快内部管理体制改革，完善学校内部治理结构，加快推进学校治理体系和治理能力建设。一要推进治理模式创新。我校是以多校区和异地校区共同组成的办学系统，如何提升办学质量、推进特色发展、提高运行效率、减少办学成本，是一个首先需要我们回答好的问题，这在全国也都没有成熟的经验。我们要本着统筹布局、一体发展的原则，以更大的智慧和勇气，在改革现有办学模式的基础上，开拓创新，在管理体制、运行机制、学科布局、人事制度等方面积极探索，努力形成具有山大特色的治理模式。二要继续推进医学教育改革。我们在前一个时期，已经推动了对医学教育的改革，成立了齐鲁医学部，迈出了改革的步伐，但改革需要继续深化，总的方向是在医学教育管理方面有更大自主权，在资源分配方面有更大的统筹权，在学术研究方面有更大的自由权，力争在充分调动广大教学、医疗员工积极性的基础上，实现医学教育快速发展。三要深化行政和学术管理体制改革。上一段时期，我们通过推行大部制和学部制管理方式，对行政和学术管理体制做了一些改革的探索尝试，现在需要认真总结并加以完善，我们要在实事求是评估基础上，按实际需要对有关管理机构进行必要补充和调整。四要深化校院两级管理体制改革。教育部准备推动新一轮扩大高校自主权的改革，目标是能由学校自主决定的事项一律下放到学校。各个学院是我校办学的基本单元，基本的教学科研管理都在学院，所以人、财、物的重心也应在学院。这样，深化校院两级管理体制改革，基本方向是扩大学院的办学自主权，能由学院自主决定的事项都下放到学院，包括教育部准备下放的有些审批事项。

同时，我们要积极推进人事制度改革。这也是推进学校治理体系现代化的重要方面。深化人事制度改革，就是要以人为本，建立科学的聘用、考核、评价、激励和分配机制，努力形成广纳群贤、人尽其才、能上能下、充满活力的用人机制。学校将成立编制委员会，统筹机构、编制和职数配置。人事制度改革的基本目标，是建立健全分类管理、分类评价制度。要努力发挥好教师、管理人员、教辅人员和后勤保障人员四支队伍的作用，充分调动他们的积极性，使大家在各自领域为学校发展积极贡献力量。要区分文理工医等不同学科特点，健全不同学科教师评价指标体系，深度挖掘教师创新创造能力。要不断创新教学科研组织模式，促进学科交叉融合和协同创新。要完善公开招聘办法，全力推进聘用制度，积极探索退出机制。要继续深化校内收入分配制度改革，建立起逐步增长的、与学校实际收入水平相适应的、与国家政策相衔接的校内岗位津贴分配制度。

还有，要努力完善人才工作机制。大学之大在于大师，创建世界一流大学根本要靠人才。要落实党管人才原则，发挥党委在人才工作中的核心领导作用，强化人才是立校之本、兴校之基、强校之源的观念，建立健全人才工作领导体制和工作机制，切实加强人才队伍建设。要专门组建学校人才工作办公室，统筹规划和管理人才培养、引进、考核、评价等工作，努力造就一支师德高尚、业务精湛、结构合理、充满活力的高素质师资队伍。重点培养和引进高层次学术人才特别是青年人才。建立人才工作目标责任制，坚持“引育并举”方针，建立健全具有国际竞争力的人才支持体制和人才聚才体制机制。

三、从严教育管理干部

推进深化改革，实现科学发展，需要建设一支高素质的干部队伍。从严管理干部，既是教育实践活动的一项重要整改措施，也是干部队伍建设的重要内容。最近，习近平等中央领导同志突出强调了坚持从严管理干部的重要性、必要性和紧迫性，明确指出：党要管党，首先是管好干部；从严治党，关键是从严治吏；抓住了从严管理干部这个关键，就抓住了管党治党的“牛鼻子”。近年来，我们按照中央要求，不断加强领导班子和干部队伍建设，领导干部的思想政治素质和办学理校能力有了明显提高，干部队伍的总体状况是好的，但仍然存在一些问题和不足，从这次教育实践活动中反映的情况看，主要是：有的干部对自身要求不严，思想作风不符合党的性质和宗旨，能力素质不适应新形势、新任务的要求；有的干部大局意识、责任意识、进取意识不强，缺乏担当精神，不能很好地履职尽责；个别干部组织纪律松懈，做事不讲原则、不讲程序、不讲规矩、缺乏底线意识等等。这些问题的存在，也反映出我们干部管理存在失之于宽、失之于软、失之于松的现象。按照中央的要求，我们必须以更加严格的态度、更加严格的措施、更加严格的纪律，做好干部教育管理工作。只有这样，我们才能建设好一流大学。在这方面，要突出抓好三项重点任务：

一是坚决整治“庸懒散”作风。在这次教育实践活动中，师生员工反映比较集中的一个问题是，学校机关部门和管理干部存在“庸懒散”问题。主要表现在：对基层单位和师生员工态度生硬、推诿扯皮，门难进、脸难看、事难办；内部管理不规范，办事环节过多、周期过长、效率低下；思想涣散、纪律松弛，工作时间玩游戏、炒股票、逛淘宝，无故旷工、迟到早退、擅离职守等。对于这些问题，如果听之任之、不下大气力解决，就会影响教育实践活动的实际成效，损害干部队伍的整体形象，侵害师生员工的切身利益。我们要狠抓机关作风建设，集中开展专项治理，加强思想教育，严格监督检查，发现一起、查处一起，一抓到底、绝不姑息。对于师生意见大、改进不明显的，一般干部要调整出机关干部队伍，领导干部要进行组织调整，同时要追究所在单位主要负责人的领导责任。

二是切实解决在其位不谋其政的问题。在这次教育实践活动中，反映出的另一个突出问题是，领导干部队伍中存在着安于现状、不思进取、得过且过、精神懈怠、不敢担当等现象；有的党员领导干部兼职过多，兴奋点不在管理工作上，忙于学术会议、项目评审、校内外讲课，投入管理的精力严重不足，甚至以权谋学，利用行政权力谋取学术资源；有的领导干部违反中央规定，在企业兼职任职甚至取酬。对这些行为群众意见很大，既贻误管理工作、阻碍事业发展，又为干部违规违纪埋下了隐患。对这些问题的危害性，我们不能掉以轻心，要引起足够重视，采取有力措施加以解决。一方面要教育引导领导干部树立奉献精神，强化管理岗位责任；一方面要研究制定中层干部工作职责管理规定，强化制约监督。要加强对干部的日常考察考核，对发现的干部思想上行为上的苗头性问题，通过谈心谈话、函询诫勉，及时进行提醒、早作纠正，防止小毛病演变成大问题。有两件事要特别提醒大家：第一，我们将按照中组部近来关于进一步规范党政领导干部在企业兼职（任职）问题的意见，对领导干部违规在企业兼职任职进行专项清理。需要强调的是，这件事我们前年按教育部要求组织填报过，这次将按中组部要求再一次进行清理。每位领导干部都要认真严肃对待，如实填报。如果出现瞒报、虚报等问题，个人要承担违规违纪责任，组织上也要做出相应处理。第二，学院和科研单位“双肩挑”领导干部要正确处理管理工作和学术工作的关系，要把主要精力用在管理工作上。校部机关各部门所有岗位都是管理岗位，原则上不存在“双肩挑”岗位问题。因此，所有机关干部必须做出承诺，要把全部精力用在管理工作上，工作时间内不允许从事与管理岗位无关的社会活动和学术活动。

三是进一步严明组织纪律。习近平总书记在中央纪委三次全会上强调，党要管党、从严治党，靠什么管，凭什么治？就是要靠严明纪律。遵守纪律是无条件的，不能合意的就执行，不合意的就不执行。遵守党的政治纪律是遵守党的纪律的全部基础，党员领导干部要把维护党的政治纪律放在首位，确保在思想上、政治上、行动上同党中央保持高度一致，坚决反对有令不行、有禁不止。民主集中制是党的根本组织制度和领导制度，请示报告制度是执行党的民主集中制的有效工作机制，也是组织纪律的一个重要方面。作为干部特别是领导干部，在涉及重大问题、重要事项时按规定向组织请示报告，是必须遵守的规矩，也是检验一名干部合格不合格的试金石。领导干部要切实增强组织观念、纪律观念、程序观念，自觉遵守组织制度和组织纪律。对违反民主集中制原则、个人或少数人决定重大事项、搞非组织活动、不严格执行请示报告等组织制度的，必须批评教育，情节严重的要给予组织处理或纪律处分。领导干部个人事项报告制度是请示报告制度的一个重要组成部分，必须按规定主动如实报告个人有关事项，保证填报内容真实准确。最近，中组部专门印发了《领导干部个人有关事项报告抽查核实办法》，将从今年起开展领导干部个人有关事项报告抽查核实工作，明确指出凡不如实填报或隐瞒不报的，一律不得提拔使用。这是从严管理干部的一个重要举措，我们一定要按照中央部署要求，切实抓好落实。

同志们，2014 年是贯彻落实党的十八届三中全会精神、深化改革的第一年，对学校发展而言是至关重要的一年。我们要牢记中国传统文化中的有益训诫，如“未雨绸缪”，“预则立，不预则废”等等，按今天的语言，就是做事要增强计划性。希望大家对新一年工作做到心中有数，并在此基础上，起好步、开好头。同时，切实增强使命感、责任感和紧迫感，敢于担当、勇于争先，真抓实干，攻坚克难，广泛凝聚师生的智慧和力量，以饱满的热情、优良的作风、辛勤的工作，努力促进学校改革发展，扎实推进世界一流大学建设。

谢谢大家！

在党的群众路线教育实践活动总结大会上的讲话

（2014 年 2 月 24 日）

李守信

同志们：

根据中央部署，在中央第 44 督导组指导下，我校党的群众路线教育实践活动按照“照镜子，正衣冠，洗洗澡，治治病”的总要求，以领导班子和领导干部为重点，以落实中央八项规定精神为切入点，坚持为民务实清廉，坚持教育实践并重，打牢学习教育和查摆问题两个基础，抓住整改落实和建章立制两个关键，顺利完成中央规定的各项工作任务，取得阶段性成果。

下边，我分四个方面向大家做一总结汇报：

一、活动的基本情况和主要做法

在整个教育实践活动过程中，我们按照中央要求，加强领导，统筹谋划，精心组织，努力做好各个环节的工作。主要做法是：

（一）扎实开展学习教育，切实提高思想认识

我们坚持把理论武装放在首位，把学习教育贯穿始终，在认真自学的基础上，通过党委理论中心组学习、暑期读书班、专题报告会、学习讨论会等形式，重点学习了党章、中国特色社会主义理论、党的十八大、十八届三中全会和习近平总书记系列讲话精神，认真研读了中央指定的必读书目。通过开展“我是谁，为了谁，依靠谁”主题讨论、观看《苏联亡党亡国 20 年祭》专题片、举办党的群众路线图片展、召开学术研讨会和理论座谈会、到沂蒙红嫂纪念馆和孟良崮战役纪念馆接受党性教育，深化学习教育效果，进一步增强了马克思主义群众观点和党的宗旨意识，提高了贯彻党的群众路线的思想自觉和行动自觉，为深入开展教育实践活动奠定了重要的思想基础。

（二）聚焦“四风”，找准突出问题

我们采取“群众提，自己找，上级点，互相帮，集体议”等方式，认真查找“四风”方面的突出问题。一是面对面、背靠背相结合，真诚听取意见。我们通过发放征求

意见表、召开座谈会、调研走访、个别谈话、设立意见箱及电子信箱等多种形式，广泛征求党员干部和师生员工意见建议。学校党委常委共召开座谈会62场，面对面征求意见600余人次，发放和收回征求意见表1116份，设立专门意见箱7个，共征求到群众意见6300余条。学校党委对征求到的意见进行了认真梳理汇总，归纳整理为4个方面、18项具体表现和71条具体意见，形成了领导班子征求意见梳理汇总材料。二是真正把自己摆进去，一风一风查摆问题。在听取意见基础上，学校领导班子认真分析研究，逐一梳理排查，共查摆出14个突出问题。每位班子成员结合思想工作实际，深入查找个人“四风”方面存在的突出问题，平均都在10个左右。三是集体会诊，找出突出问题。学校党委对“四风”问题及具体表现逐项梳理分析，逐条落实到班子或班子成员身上，明确了具体责任人，为对照检查、开展批评和整改落实打好基础。

（三）贯彻整风精神，组织召开高质量专题民主生活会

学校党委聚焦“四风”突出问题，坚持高标准、严要求，把批评和自我批评真正开展起来，切实提高了领导班子发现和解决自身问题的能力。

第一，召开学校党委常委班子专题民主生活会。首先是广泛谈心交心。会前，中央督导组与班子成员、班子成员之间、班子成员与分管部门主要负责同志，都进行了深入的谈心交心，点明问题，坦诚沟通，把矛盾和问题解决在会前。班子成员除了相互谈心，还主动约请学校老领导、老专家、老同志，并诚恳接受党员干部和师生员工约谈，虚心听取他们对个人和班子建设的意见建议。二是深刻剖析检查。针对查找出的问题，领导班子及成员从理想信念、宗旨意识、党性修养等方面深刻剖析了思想根源。学校党委专题研究部署对照检查材料起草工作，做到了字斟句酌、反复推敲。班子每位成员都自己动手认真撰写对照检查材料，多次修改、数易其稿。在对照检查材料的形成过程中，班子成员思想认识不断深化，经历了由浅入深、由表及里、触及灵魂的思想过程，明确了努力方向和改进措施。三是严肃开展批评和自我批评。2013年11月24日，学校党委常委班子召开了专题民主生活会。我首先代表班子作对照检查，之后每位班子成员逐一作了个人对照检查。大家既从工作中找差距，又从思想上、党性上找差距，既从分管工作上查摆剖析问题，又积极分担班子问题的责任。每位同志对照检查后，班子成员都对其进行了批评帮助，共提出批评意见近200条。会议气氛严肃、坦诚、和谐、团结，认真贯彻了整风精神，达到了“团结—批评—团结”的目的。

中央督导组组长祝家麟同志对这次专题民主生活会给予了充分肯定，评价这次专题民主生活会氛围很好，大家直面问题，敞开心扉，畅所欲言，是严肃认真的，富有成效的，是一次成功的民主生活会。教育部党组成员、纪检组长王立英同志认为班子成员在会上实事求是、开诚布公地开展了批评与自我批评，个人对照检查认识深刻、不怕亮丑，批评敢于直面问题、直截了当，民主生活会标准高、质量高，很成功。

第二，组织召开中层班子专题民主生活会。学校党委常委班子专题民主生活会后，我们周密部署，精心组织，加强指导，确保中层领导班子以认真的态度和严格的标准开好专题民主生活会。一是周密安排。着眼于解决思想认识问题，组织全校中层领导班子重点学习了习近平总书记在指导河北省委常委班子专题民主生活会时的重要讲话精神，放下思想包袱，打消怕的顾虑，消除“轻松过关”心态，克服“闯关”思想，增强开展

批评和自我批评的自觉性。同时，充分发挥典型引领作用，学校主要负责同志率先全程参加指导材料学院和护理学院班子专题民主生活会，对全校中层领导班子开好专题民主生活会起到了示范带动作用。二是严格把关。各单位领导班子召开专题民主生活会前，学校教育实践活动领导小组办公室、学校督导组，坚持原则，从严把关，认真审阅专题民主生活会工作方案、班子及个人对照检查材料和班子成员谈心记录。学校教育实践活动领导小组成员对所有中层领导班子和正职领导干部的对照检查材料逐一审核，做到了层层把关、从严掌握。三是指导有力。学校教育实践活动领导小组办公室多次召开工作推进会，对中层领导班子专题民主生活会作出统筹安排，明确方法步骤，提出具体要求。学校党委常委分别全程参加并具体指导专题民主生活会。截至上学期末，全校77个单位的领导班子全部成功召开了专题民主生活会，确保了会议质量和效果，有力地促进了中层领导班子思想政治建设，中层领导干部普遍接受了一次严格的党性党风锻炼和民主集中制教育。

第三，做好民主生活会情况通报。按照活动安排和要求，学校党委于2013年12月11日召开了专题民主生活会情况通报会，通报了党委常委班子专题民主生活会准备情况、召开情况、开展批评和自我批评情况，报告了领导班子今后的努力方向和下一步的整改措施，传达了祝家麟同志和王立英同志的讲话精神，对下一步教育实践活动作出了安排、提出了要求。各单位领导班子召开专题民主生活会后，也都及时通报了民主生活会召开情况，主动接受监督，让党员干部和师生员工看到了领导班子和领导干部正视问题、解决问题的决心，看到了采取的措施和取得的成效。

（四）立说立行，狠抓整改落实

我们坚持问题导向，着力在解决问题、务求实效上下功夫，从具体事情抓起，从师生反映最强烈的问题改起，逐条逐项整改，一件一件落实。一是坚持边学边查边改，做到能改的马上改，能做的立即做，让师生员工及时看到变化、见到成效。针对师生反映的办公楼“指纹门”问题，立即规定工作时间保持开放。规范校领导公务接待，实行统一管理，取消校领导特支费。针对师生反映的广场喷泉、景观灯等长时间开放的浪费现象，规定广场喷泉每周一开放一小时、景观灯每晚开放一个半小时。严格落实中央关于厉行节约、反对浪费有关规定，不再按惯例举行新春酒会、新年茶话会，不再印制挂历、明信片和贺年卡。加快办理房改房确权发证和启动青年教工公寓租赁选房工作。教工餐厅和学生食堂配备熏蒸设备，让师生随时吃到热饭；学生公寓安装热水器，增加饮用水及淋浴设施，配备电磁炉、微波炉和无线网络，增设综合服务箱、电吹风插座、晚归门铃，改善学生生活居住条件。二是把开展专项整治作为抓整改、纠“四风”的重要抓手，研究制定专项整治方案，确定17项整治任务，明确责任人、整改时限和标准，落实整治措施，着重在改进文风会风、提升服务水平、转变机关作风、端正教风学风、杜绝铺张浪费、从严管理干部、整治庸懒散等方面下功夫，力求以重点突破带动作风全面好转。三是将建章立制作为解决问题的治本之策，全面梳理现有制度，研究制定制度建设计划，确定了49项需要建立完善的制度，逐一明确了牵头责任人和完成时限。按照于法周延、于事简便原则，重点围绕加强领导班子思想政治建设、提高民主科学决策水平、密切联系师生、严格党内生活、提高教育教学质量、加强师德师风建设，建立健全有关制度，抓好制度落实，以制度建设巩固作风建设成果。

（五）强化宣传引导，营造良好舆论氛围

我们充分发挥舆论宣传的思想引领和工作推动作用，利用工作简报、专题网站、校报和党建手机报等宣传媒体，及时传达中央精神和学校党委部署。通过新闻报道、工作综述、专题专访等形式，反映工作进展和活动成效，宣传基层经验和先进典型，共编发新闻稿件600多篇、工作简报30多期，报道先进典型20多个，为开展活动营造了良好的舆论氛围。

二、取得的初步成效和主要原因

这次教育实践活动，对党员干部思想认识的提高、理想信念的坚定、思想作风的转变、日常工作的落实，都起到了重要的推动和促进作用，取得了许多阶段性成果。主要体现在以下几个方面：

（一）党员干部受到深刻的思想政治洗礼，宗旨意识进一步增强

我们通过学习思考和查摆剖析，更加深刻地把握党的群众路线的基本内涵，深化了对群众路线是党的生命线和根本工作路线的认识。我们深刻体会到，检验党员领导干部的政治坚定性，首要的是用习近平总书记系列讲话精神武装头脑、统一思想，坚定道路自信、理论自信和制度自信，真正做到政治上同心、情感上认同、行动上同步。我们充分认识到，要把服务师生作为重要价值取向，紧紧依靠广大师生员工，坚持走民主办学之路，把实现好、维护好、发展好广大师生员工的根本利益放在第一位，把保障好他们的政治经济生活权益落到实处，实现由管理到服务的理念转变，把师生员工拥护不拥护、赞成不赞成、高兴不高兴、答应不答应作为学校一切工作的根本衡量尺度。

（二）“四风”问题得到有效遏制，促进了校风教风学风明显好转

我们以严肃的态度、严格的标准、严明的纪律，针对“四风”问题，“改”字当头，对症下药，全力抓好整改落实。一是以解决工作不实问题为重点，使形式主义得到有效整治。严格控制学校各类会议数量、规模、规格和时间，推行“短实新”文风，力戒空话、套话、虚话。压缩领导干部出席活动及其宣传报道，简化公务接待，使党员干部从文山会海、迎来送往中逐步解脱出来。取消学校年度“十大新闻人物”“爱岗敬业十大模范人物”“十大校友”系列评选活动，由每年评比改为5年或10年举行。二是以加强调查研究、密切联系师生为重点，使官僚主义得到有效整治。落实校领导联系点制度，每学期到基层单位调研不少于7天、听课不少于2课时。积极实施民生工程，加大危旧楼宇改造和中心校区南院拆迁力度，加快中心校区学生宿舍楼建设，着手解决中小学办学体制不顺和办学条件差问题。三是以从严管理干部为重点，使享乐主义得到有效整治。加强对干部的监督管理，认真执行领导干部报告个人有关事项制度、经济责任审计制度、领导干部兼职管理有关规定和领导干部退休制度。对干部出现的苗头性问题早提醒、早教育，及时进行诫勉谈话。加强对校部机关窗口服务单位监管，纠正干部队伍存在的安于现状、不思进取、敷衍塞责和违反工作纪律现象，整治“门难进、脸难看、事难办”。四是以厉行勤俭节约为重点，使奢靡之风得到有效整治。从经费预算源头上，严格控制一般性支出，2013年学校“三公”经费同比减少30%以上。规范公务接待，

明确用餐住宿标准。制定党政管理干部办公用房管理规定，建立了审批和公示制度。积极推进公务用车改革，杜绝公车私用问题。规范科研经费管理，堵塞管理漏洞，提高使用效益。

（三）制度建设得到加强，作风建设刚性约束正在形成

我们加强顶层设计，建制度立规矩，扎紧制度笼子，为刹住“四风”提供制度保障。一方面做好制度清理工作。学校成立了制度清理领导小组，对已有制度全面梳理，列出清单，做好废改立工作。对于实践证明行之有效、师生认可的制度予以重申，抓好落实；对于与新形势新任务要求不相适应的予以修订完善。另一方面建立健全相关制度。修订完善了党委常委会议制度、党政联席会议制度等，明确党政分工，健全决策机制；研究制定了校领导公务活动规定，提高校领导公务活动的质量和效率；研究拟定了山东大学章程，构建现代大学制度；研究制定了公文处理工作细则，解决文件数量多、文风不实问题；研究制定了改进新闻宣传报道实施意见，规范报道范围和内容，加大对教学科研一线的宣传力度。

（四）党内生活更加严格，增强了班子发现和解决自身问题能力

我们把严格党内生活锻炼作为主要抓手，教育引导党员干部增强遵守党章意识，严守党的纪律，克服自由主义、好人主义，使教育实践活动成为贯彻民主集中制的生动实践。通过召开高质量的专题民主生活会，党员干部讲原则不讲面子，讲党性不徇私情，在民主生活会上红了脸、出了汗，坦诚相见、从善如流的党内生活氛围得到恢复。通过深入开展谈心交心，一些班子解决了认识不统一、工作配合不够问题，落实了集体领导下的个人分工负责制，形成了大事讲原则、小事讲风格，严肃认真、团结和谐的良好局面，维护了党性原则基础上的团结统一。

（五）党员干部形象有了新变化，增强了师生员工干事创业的劲头

我们从具体事抓起，从小事做起，有的放矢，以小见大，让师生员工看到实实在在的作风转变成效。从学校党委坚决贯彻中央决策部署，党委常委带头执行中央八项规定，师生看到了我们抓作风转作风的坚定决心；从党员干部真查摆、真整改，言必信行必果，师生看到了共产党人讲认真的好传统；从机关服务态度的转变、办事效率的提高，师生感受到说话有人听了、办事比以前顺了；从领导干部深入基层听民声、真心实意办实事，一些民生问题得到解决，师生感受到与领导干部的距离近了、关系亲了。大家认为，党员干部作风发生了明显转变，学校工作有了新面貌、新气象。

这些阶段性成绩的取得，主要是我们坚决贯彻习近平总书记系列重要讲话精神、不折不扣落实中央部署要求、发扬共产党人讲认真精神的结果。同时，我们坚持从实际出发，采取了行之有效的做法。概括起来，主要有以下四个方面：一是坚持领导带头示范。学校党委常委和各单位主要负责同志带头学习教育、带头查摆问题、带头开展批评和自我批评、带头整改落实，以身作则，为广大党员干部做出了表率，有力地推动了活动开展。二是坚持开门搞活动。我们自始至终虚心听取师生意见，请师生帮助找准突出问题，整改措施和结果向师生公布，活动效果让师生评议，充分凝聚了师生的智慧和力量。三是突出问题导向。强化问题意识，着力解决问题，有什么问题就解决什么问题，什么问题突出就重点解决什么问题，标本兼治、持续整改，有的放矢促进作风好转。四

是加强领导从严督导。学校专门成立了教育实践活动领导小组，下设活动办公室，派出10个督导组，紧紧依靠各单位党组织，坚持严字当头，认真履行职责，加强分类指导，从严从实督导，确保活动不虚不空不偏、不走过场。

同志们，在这里我要特别强调的是，我校教育实践活动自始至终是在中央督导组的悉心指导下进行的。8个月以来，以祝家麟同志为组长、袁自煌同志为副组长、万奇峰同志为联络员的中央督导组，不辞辛劳，勤奋工作，对我们开展好教育实践活动给予了正确有力的指导。我校教育实践活动每走一步、取得的每一项成果，都凝结了中央督导组全体同志的心血和汗水。他们强烈的事业心责任感、最讲认真的精神和严谨务实的作风，为我们树立了榜样，值得我们敬佩和学习。在此，我代表学校党委向中央督导组全体同志表示崇高敬意和衷心感谢！

我还要指出的是，在这次教育实践活动中，全校各基层党组织、各单位领导班子、学校教育实践活动领导小组办公室和学校各督导组，认真履行职责，扎实开展工作，付出了辛勤努力，工作是富有成效的，为活动健康有序开展发挥了重要作用，为顺利完成活动任务作出了积极贡献。

同志们，我校教育实践活动虽然取得了应有成效，但也不同程度存在一些问题和不足，主要是：对师生反映强烈的一些问题还存在着回应不够、整改动作较慢现象；有的单位对深层次矛盾和问题触及不够、解决不到位，防范“四风”问题改头换面出现的措施不硬；有的中层班子内部的隔阂和矛盾仍未很好解决，贯彻民主集中制的能力还不强；少数党员干部对纠正“四风”、动自己的“奶酪”存在一定抵触情绪，等等。这说明，作风问题具有顽固性和反复性，我们必须树立持久战思想，以钉钉子精神持续抓好整改落实工作。

三、积累的主要经验和重要启示

这次教育实践活动，在大力促进作风转变的同时，也为加强和改进学校党的建设积累了宝贵经验。我们体会主要有以下五条：

（一）必须坚持教育与实践两手抓，使马克思主义群众观点根植于思想中，落实到行动上

教育和实践是贯彻群众路线的两手，要坚持两手抓、两手硬，把教育寓于实践，以实践深化教育，既解决认识提高问题，又解决行动自觉问题，以知促行，以行促知，知行合一，使群众观点体现在各项工作中，落实在党员干部行动上。

（二）必须加强思想政治建设，解决好世界观、人生观、价值观这个“总开关”问题

“四风”问题尽管表现不一、症状多样，但归根结底是理想信念出现动摇所致。总开关问题解决不好，“四风”就难以消除。必须毫不放松抓好思想政治建设，教育引导党员干部筑牢思想防线，坚定理想信念，增强政治定力。

（三）必须聚焦解决师生反映强烈的突出问题，以作风建设新成效取信于师生

“四风”问题具有很强的变异性和传染性，这样的问题消失了，那样的问题又会出现。只有持之以恒抓作风建设，做到一丝都不放松、一刻都不停顿，才能彻底解决“四

风”问题，让干部得到锤炼、增强力量，让师生看到变化、增强信心。

（四）必须以整风精神严格党内生活，提高班子发现和解决自身问题的能力

要把批评和自我批评作为清除党内政治灰尘和政治微生物的有力武器，不断增强党内生活的政治性原则性严肃性，坚决反对党内生活庸俗化，坚决反对党内生活中的自由主义、好人主义，真正使党员干部在每一次党内生活中都能有所悟、有所得。

（五）必须坚持无私无畏、敢于担当，把认真精神体现在党内生活和干事创业中

讲认真，是我们党的根本工作态度，是党性原则问题，也是关系能否落实中央部署的大问题。要把讲认真作为一种思想方法和行为方式，对工作、对事情严肃对待，不苟且、不敷衍。必须把讲认真体现在干事创业的方方面面，体现在党内生活的方方面面。只有我们的党员干部以高度负责、敢于担当的精神，认真解决面对的各种挑战和问题，才能把学校事业不断推向前进。

这次教育实践活动也启示我们：在新形势、新任务面前，加强和改进学校党的建设，必须把作风建设作为永恒课题，把加强思想政治建设摆在突出位置，把严格党内生活作为重要抓手，把讲认真精神坚持到底，下大气力解决影响党组织创造力凝聚力战斗力的问题，使党组织成为学校各项事业的坚强领导核心、政治核心和战斗堡垒。

四、需要认真做好的后续工作

目前，我校教育实践活动已进入收尾阶段，但是收尾不等于收场，还有许多后续工作需要继续落实。教育实践活动的实际成效如何，党员干部在看，师生员工在盼。我们必须把认真精神贯穿始终，确保思想不疲、劲头不松、措施不软，乘势而上、一鼓作气，努力跑好最后一棒，真正取得师生员工认可和支持，经得起实践和历史检验。

（一）抓好整改落实

整改越往后，任务越艰巨，触及的利益会越直接，遇到的困难也会越大。我们必须敢于担当负责，勇于攻坚克难，动真碰硬、不打折扣、不缩水分、不偷工减料，狠抓整改任务落实。对已经整改的要继续巩固，防止反弹；还没有整改的要加大力度，防止开空头支票；整改不到位、师生不满意的，要加火补课，防止前热后冷、有始无终，不达要求绝不放行。要加强对整改情况的监督检查，真正使整改措施落地，切实向师生兑现承诺。

（二）抓好制度建设

制度的生命力在于执行。我们要着眼于抓长效、促巩固、防反弹，用制度机制规范权力运行，用制度机制防范作风问题反复。对已经确立的制度，要加大制度执行力度，增强制度的刚性约束，防止制度成为纸老虎、稻草人，确保制度得到严格执行。对正在制定的制度，要加强调研论证，强化制度的针对性和可操作性，确保制定的制度具体务实管用。要从领导干部和校部机关抓起，强化对规章制度执行情况的监督检查，对违规违纪行为绝不姑息、坚决查处、严肃追究。

（三）巩固扩大成果

我们要充分吸收这次活动形成的实践成果、理论成果和制度成果，把这些成果真正运用到学校党的建设工作中，将好的作风切实落实到教学科研管理工作上。特别是要认

真总结教育实践活动在查摆问题、解决问题、开好专题民主生活会等方面的成功做法，健全党员领导干部民主生活会制度，完善贯彻民主集中制的有效办法，把批评和自我批评的优良传统发扬下去，把党内生活严肃认真的良好氛围恢复起来，不断提高党内生活质量。要通过从严教育管理干部，狠抓机关作风建设，强化考核制约监督，严明政治组织纪律，为巩固扩大教育实践活动成果提供组织保障。

我就汇报到这里。

谢谢大家！

在山东大学第二届教职工代表大会第五次会议闭幕式上的讲话

（2014 年 3 月 7 日）

李守信

同志们：

学校二届五次教代会，经过各位代表和主席团的共同努力，已经顺利完成各项议程，即将闭会。对大家在会上提出的建设性意见建议，学校将高度重视，认真研究梳理，结合工作实际认真采纳吸收。特别是大家对青岛校区建设提出的建议意见，我们将逐条分析研究，认真吸收合理化建议，及时补充和完善到青岛校区建设方案中去。对会议上的提案，我们也将责成承办单位认真负责地搞好办理、答复和落实，一定给广大教职工一个满意的交代。

今年是学校改革发展进程中非常重要的一年。为顺利完成今年的发展目标和任务，下面我就加强思想政治保证问题，强调三点意见。

一、进一步统一思想，坚定不移地推进世界一流大学建设

去年，我们召开的学校第十三次党代会，进一步明确了创建世界一流大学的目标和任务。我们过去讲过，建设世界一流大学是时代赋予我们山大的使命，也是时代提供给我们的重要发展机遇。实现中华民族伟大复兴的中国梦，需要高等教育提供更多高质量人才和高水平科技创新能力的保障。我们之所以提出这一新的办学目标，目的是加快提高学校教育教学质量，更好地发挥人才培养、科学研究、社会服务、文化传承与创新的重要功能，更有力地支撑经济社会持续健康发展，为实现中华民族伟大复兴的中国梦作出新的更大贡献。这是我们创建世界一流大学的根本意义所在。无论从满足国家发展需要看，还是从提升我校办学水平看，建设世界一流大学，都是机不可失，时不我待。在今后的实际工作中，我们要紧紧围绕这一目标，努力推动学校内涵发展、质量发展、特色发展，努力夯实发展基础，加快推进建设进程。尽管实现这一目标的路还很长，困难还很多，也不是短期内能够达到的，更不是一蹴而就的。但是，我们实现这一目标的决心和信心是不能动摇的，更不能出现犹豫和徘徊。我们要完成好立德树人根本任务，更

好地推动学校事业科学发展，就一定要把办学的思想和行动统一到这一目标上来。现在需要我们做的是，以更加科学的态度和务实的作风，搞好顶层设计，规划好实现路径，制定好步骤措施，通过实施一个一个切实可行的行动计划去实现目标。当前，当务之急是要建设好青岛校区，为学校实现一流大学目标奠定坚实基础。

二、充分发挥教代会作用，加大民主监督和管理的力度

教职工代表大会制度是建设中国特色现代大学制度的重要内容，也是我校治理体系建设的重要组成部分。我们要充分发挥教代会在学校民主管理与监督中的重要作用，努力在依法治校、民主办学方面取得新成效。

首先，要认真开好、开实校院两级教代会。要建立健全党委领导下的教代会制度，切实落实好本次会议通过的教职工代表大会实施办法，每年都要定期召开教代会，不断增强教职工参与意识，不断提高会议的质量和水平。会议要坚持围绕中心、服务发展，增强针对性，更加关心教职工的切身利益，真正反映各个层面教职工的合理意愿和不同诉求，切实解决实际问题。总的来讲，学校教代会制度坚持得很好，特别是校级教代会每年都定期召开，但是院级教代会制度坚持得不是很好，有的学院至今还没有召开过教代会，学校有关部门和学院党委要引起高度重视，从今年起切实解决好这一问题。第二，要认真做好提案工作。各位代表要不断提高对教代会提案重要性的认识，加强调查研究，把制约学校和本单位改革发展、涉及教职工切身利益的问题提出来。只有提出问题，才能切实解决问题。从以前教代会提案处理情况看，绝大多部分提案得到及时有效处理，但有的承办单位还存在敷衍推诿现象，落实不够有力，使有些问题长期得不到解决。对于教代会立项的提案，各承办单位要严肃对待，认真办理，切实提高办结效率和质量，做到件件有回音，事事有着落。对提案处理不及时、不到位，糊弄塞责的，要进行严肃批评教育，对情节严重的要作出组织处理。第三，要建立长效工作机制。要完善教代会闭会期间的工作机制，发挥民主管理和监督的长效作用。要履行好教代会常设主席团和各专门委员会在闭会期间的工作职责，坚持通过教代会代表每年的调研、巡视，加强对学校的各项工作，尤其是重大问题的了解和监督，责成专人负责教代会提案的督促落实，形成民主监督和民主管理的长效机制。

三、努力践行群众路线，推动学校事业科学发展

我校已对党的群众路线教育实践活动进行了总结，整个活动进入收尾阶段，但收尾不是收场，总结不是完结，作风建设永在路上。我们召开教职工代表大会，就是在坚持走群众路线。我们要以这次教育实践活动取得的实际成效，进一步推进作风建设，牢固树立全心全意依靠教职工办学的思想，把广大师生员工作为创建世界一流大学的依靠力量，最大限度地凝聚师生的智慧和力量，更好地推动学校事业科学发展。

教代会一年只召开一次，但我们要把教代会这种走群众路线的思想精髓贯穿到日常工作中去，努力做到三点：

第一，要做到一切为了群众。要把实现好、维护好、发展好广大师生员工的根本利益放在第一位，保障好他们的各项权益，为他们的工作生活提供优质服务。高校的根本

任务是培养人才，而培养人才的使命又主要靠教职员工的教学科研实践来完成。所以，相对于校、院领导和机关来说，群众主要是教职员工。这样，把一切为了群众落实到学校工作实处，突出的是要转变观念，把领导机关管理的内涵，由“管制”转为“服务”，由过去主要定规章制度及监督执行，转变为想教职员工之所想，急教职员工之所急，把管理工作的重心转到服务上来。这就要求我们办事情、干工作，要用服务的好坏来考核工作质量，要以教职员工拥护不拥护、满意不满意作为检验工作成效的第一标准。

第二，要做到一切依靠群众。教职员工是教学科研的主体，是学校改革发展的依靠力量。没有广大教职员工的教学科研实践，学校发展的规划和建设，都将是空中楼阁。学校的每一项事业，都是依靠教职员工的智慧和力量来实现的，学校的发展历史是依靠教职员工的双手来书写的。正如毛泽东所讲，依靠民众则一切困难能够克服，任何强敌能够战胜，离开民众则将一事无成。我们在学校十三次党代会报告中写上了这样一句话：“要把广大师生员工作为学校改革发展的根本依靠力量。”这既是对学校历史经验的认真总结，也是对党的群众路线的深刻领会，更是我们今后推动学校事业科学发展的工作法宝。

第三，要做到从群众中来，到群众中去。教职员工中蕴藏着巨大和无限的智慧，他们在教学科研第一线的实践经验，是制定改革发展政策取之不尽、用之不竭的思想源泉，我们一定要坚持“从群众中来”，及时调研、集中、梳理、升华他们的经验和意见，解决好他们关心的问题，以形成统一的思想意志，为学校改革发展增添持续动力。同时，我们的规划、政策、措施出台前，必须首先广泛听取教职员工的意见，采纳并形成正式文件前，再“到群众中去”，深入听取意见，使我们的决策更加完善、更具针对性，更符合实际。实践证明，只有我们谦虚谨慎地从广大师生员工中汲取营养，只有我们把学校发展规划愿景变为广大师生员工的自觉行动，我们就能得到广大师生员工真心实意的拥护，我们的事业就能顺利向前推进。

同志们，学校的事业需要我们一点一滴积累，脚下的路需要我们一步一个脚印地走。我们要把发展蓝图变成现实，必须真抓实干，切实做到议立决、决立行、行必果，一件一件落实好，一步一步向前推，促进学校事业持续健康发展！

在我们这次教代会即将结束之际，恰逢“三八”国际劳动妇女节即将到来之时，在此我代表学校党委和行政向全体女教工和男同志的家属们表示节日的衷心祝贺和亲切问候，祝大家工作顺利，身体健康，阖家幸福！

谢谢！

在山东大学 2014 年党风廉政建设工作会议上的讲话

（2014 年 3 月 13 日）

李守信

同志们：

刚才，作升同志传达了习近平总书记在十八届中央纪委三次全会上的重要讲话和王岐山同志的工作报告精神，我们要认真学习，抓好贯彻落实。2 月 27 日，教育部召开了教育系统党风廉政建设工作视频会议，袁贵仁部长就抓好纠正纪律松弛问题、治理违规招生问题、查处贪污挪用科研经费问题、强化教育经费监管问题、治理师德师风问题等五个方面，对党风廉政建设工作作了部署，王立英同志就 2014 年教育系统党风廉政工作作了安排，我们要按照这些要求，狠抓工作落实。

下面，我结合学校实际，重点强调四方面工作。

一、坚持不懈抓作风建设

我们通过开展群众路线教育实践活动，纠正四风问题取得阶段性成效。但是，作风问题具有顽固性、反复性，抓一抓会好转，松一松就会反弹，而且有的会变本加厉。因此，我们要把作风建设问题作为党风廉政建设的重要任务，持之以恒，做到一丝都不放松、一刻都不停顿。当前，学校作风建设的核心工作是抓好整改落实。最近，学校党委常委会研究确定了教育实践活动领导班子整改方案、“四风”突出问题专项整治和制度建设分工方案，并已上网公布。这是做好教育实践活动后续工作的重要组成部分，是贯彻习近平总书记“收尾不收场”指示精神的具体体现，也是学校党委以啃硬骨头精神、锲而不舍抓整改落实、确保教育实践活动善始善终的实际行动。学校各有关部门要加强协调、密切配合，下大力气抓好纠“四风”的整改落实。党的群众路线教育实践活动领导小组要继续开展工作，加强监督检查，将监督检查工作贯穿整改落实工作的全过程。加强执纪监督，当前要重点查处党员干部出入私人会所、变相公款旅游等问题；查处利用婚丧喜庆、乔迁、履新、就医出国等名义，收受有关利益单位和个人礼金礼券的问题。严禁党员干部公款相互宴请、赠送节礼、高档消费。对违反中央八项规定、损害师生利益的问题，发现一起、查处一起，一抓到底、绝不姑息。

二、严格执行各项纪律

严格执行各项纪律是学校党风廉政建设的重中之重。执行政治纪律，就是要在思想上、政治上、行动上自觉同以习近平同志为总书记的党中央保持高度一致，认真贯彻落实好党的教育方针，坚决制止违背社会主义办学方向的行为发生。加强课堂、报告会、研讨会、讲座、论坛和校园网等宣传思想阵地管理，牢牢把握意识形态工作的领导权管理权话语权。执行组织纪律，就是要坚持民主集中制，严格请示报告制度，严格个人重大事项报告制度，凡无正当理由不按时报告、选择性报告、隐瞒不报的，要依规依纪作出处理。认真开展党政领导干部兼职情况检查，严肃查处领导干部兼职取酬问题。要正确处理好个人和组织的关系，不得凌驾于组织之上、游离于组织之外。要坚持民主科学决策，重大事项决策、重要干部任免、重要项目安排、大额资金的使用，必须经学校党委常委会、学院党政联席会集体讨论作出决定。执行财经纪律，就是要完善财务制度，科学管理有效使用学校办学经费，所有学校经费必须做到收入一个“笼子”、预算一个“盘子”、支出一个“口子”，一分一厘都不能乱花，把钱用在刀刃上。强化审计工作，特别是对重大项目、重要资金的审计监督，防止套取、挪用、虚报冒领、弄虚作假等问题的发生。执行工作纪律，就是要坚持不懈推进招生阳光工程，严格执行教育部高校招生“六不准”和“十大禁令”；就是要依法依规科学进行招投标活动，严格执行“领导干部不准利用职权违反规定干预和插手建设工程招标投标”等规定。当前青岛校区建设已经进入关键时期，招投标项目多、资金额度大，尤其要加强监管，提高风险防范能力，确保大楼建起来，人不能倒下去；就是要狠抓机关作风建设，集中开展专项治理“庸懒散”问题，坚决纠正“门难进、脸难看、事难办”。总之，我们要把严明各项纪律放在极其重要的位置，严把纪律关，使纪律刚性运行，成为带电的高压线。

三、强化科研经费监管

高校的科研资金具有公共属性，不属于个人所有，必须受财经纪律约束，科研经费姓公，一分一厘都不能乱花。近年来，高校科研经费使用违规违纪问题多发，有的科研人员法纪观念淡薄，利用掌握的科研资源牟取私利。我们学校也发生过个别人套取、虚报冒领数额较大的科研经费问题，造成了很坏的社会影响。从前一阶段经济责任审计情况看，许多单位在经费管理使用中存在着虚假业务、凑票报销等现象。规范使用科研经费，要作为一项十分严肃的财经纪律，必须严格执行好、落实好。学校将严格执行国务院以及教育部等有关部门关于科研项目和资金管理的规定，健全内控机制，履行好监管职责，确保科研经费使用合法合规。每一位科研人员都要弘扬科学精神、严守科研项目和科研资金各项规定，增强自我约束意识。同时，科研人员要严守师德，真正担当起教书育人的使命，不要发生以学生名义冒领、虚报科研经费等现象。这和我们建设最有德性大学的要求是格格不入的，这样的师长是令人汗颜的。

四、加强师德师风建设

教育大计，教师为本，师德师风建设事关立德树人根本任务的成败。教师要履行好教书育人的使命、责任和追求，必须首先严格遵守职业道德规范，为人师表。我校师德师风情况总体上是好的，但也面临着一些挑战，有的教师敬业精神不强，缺乏献身教育的事业心，有的工作作风不踏实，没有职业使命感，有的师表意识淡薄，对学生缺乏爱心，还有部分教师兴奋点没有放在教书育人上，兼职过多，职业思想不稳定，有的缺乏团队合作精神。也有极个别教师突破道德底线、突破法律底线、突破政治底线，严重抹黑了教师形象。现在一些学生学风不正，学习动力不足，其中一个重要原因就是教风不正，少数教师只“授课”不“传道”，只“教书”不“育人”，投入教学的精力有限，疏于对学生学习指导、督促与考查等。我们要按照教育部的要求，把师德师风建设作为学校工作的一项根本性任务，抓实抓好。重点是大力培育和践行社会主义核心价值观，建立健全学校师德师风建设长效机制。对有悖于师德师风的行为要毫不姑息，对问题严重的，要进行组织和人事处理。

对于抓好以上重点工作，我再提三点要求。

一要严格落实党风廉政建设责任制。党风廉政建设责任制是反腐倡廉制度体系中的基本制度，是管总的、牵头的制度，是“龙头”。党风廉政建设责任制的核心是实行“一岗双责”。我们要按照这一职责要求，做到工作拓展到哪里，党风廉政建设责任就跟到哪里，把党风廉政建设与学校中心工作一起部署、一起落实、一起检查、一起考核。要加大责任追究力度，发现有对党风廉政建设工作领导不力、对本单位发现的违法违纪行为隐瞒不报或处理失之于宽、失之于软的，疏于监督管理、致使领导班子成员或者直接管辖的下属发生违纪违法问题的，要严肃追究有关领导班子和领导干部的责任。要把推进惩治和预防腐败体系建设融入到各项改革举措中，把反腐倡廉的要求体现在各项制度中，把廉政风险防控落实到工作的每个环节中。今年年底，各基层党委要将党风廉政建设责任制落实情况书面报告学校党委、纪委。

二要完善权力制约机制。我们要以建立大学章程为契机，完善内部治理结构，正确处理好校、院两级党委，行政和学术委员会之间的关系。正确处理好集体领导和个人分工负责之间的关系，形成科学管用的内控机制。要加强对民主集中制执行情况的检查监督，严格执行“三重一大”集体决策制度。完善群众参与、专家咨询和集体决策相结合的机制，使学校民主决策、科学决策、依法决策，保证权力公开行使，在阳光下运行。坚持用制度管权管事管人，确保决策权、执行权、监督权既相互制约又相互协调。

三要重视加强纪检监察队伍建设。在党风廉政建设和反腐败工作中，纪检监察部门承担着重要任务，纪检监察干部肩负着重要职责。我们要更加重视、支持纪检监察工作，为他们充分履行职责创造有利条件；要重视纪检监察组织建设，关心纪检监察干部成长进步；要旗帜鲜明、态度坚决地支持纪检监察部门秉公执纪。纪检监察部门和干部要适应新形势、新任务、新要求，增强事业心责任感，增强大局意识和使命意识，坚守责任担当，创新方式方法，充分发挥组织协调和监督检查作用，执好纪、问好责、把好关。

同志们，今年是学校改革发展任务十分艰巨的一年，同时也是党风廉政建设任务十分繁重的一年，我们要两手抓，两手都要硬，进一步解放思想，开拓进取，扎实工作，攻坚克难，以党风廉政建设和反腐败工作的新成效，为世界一流大学建设提供坚强政治保证。

谢谢大家！

在共青团山东大学第十六次代表大会开幕式上的讲话

（2014年5月11日）

李守信

各位代表、同志们、青年朋友们：

大家好！

今天，我们在这里隆重召开共青团山东大学第十六次代表大会。首先，我代表学校党委和行政向大会的召开表示热烈的祝贺！向长期以来关心和支持我校共青团工作的共青团山东省委、兄弟院校及社会各界表示衷心的感谢！向各位参会代表，并通过你们向全校团员青年和青年工作者致以诚挚的问候！

学校这次团代会，是在全国认真学习贯彻党的十八大、十八届三中全会和习近平总书记系列重要讲话精神之际，召开的一次重要会议，是学校团员青年政治生活中的一件大事，也是学校青年工作承前启后、继往开来的崭新起点。

党中央对共青团工作高度重视，习近平总书记对共青团和青少年工作多次发表重要讲话，深刻阐明了中国青年运动的时代主题和前进方向，为做好新形势下共青团和青少年工作提供了根本遵循。刚刚过去的这个五四青年节，总书记到访北大并发表重要讲话，深入论述了社会主义核心价值观的重大意义、丰富内涵、历史渊源和实践要求，深刻指出了当代青年树立和培育社会主义核心价值观的时代责任和努力方向，鲜明回答了坚持立德树人、深化教育改革的重大理论和实践问题，是当代青年学生健康成长、建功立业的科学行动指南，是全面推进教育改革发展的强大思想武器。作为中国共青团事业的重要组成部分，山东大学共青团在学校党委的领导下和上级团组织的指导下，高举中国特色社会主义伟大旗帜，以邓小平理论和“三个代表”重要思想、科学发展观为指导，深入贯彻习近平总书记系列重要讲话特别是关于共青团和青少年工作的重要指示精神，紧扣时代主题，围绕学校改革发展大局和育人目标，着眼学生全面发展需求，团结带领全校广大团员青年，在思想教育、校园文化、创新创业、社会实践、志愿服务和自身建设等方面取得了可喜的成绩；在服务学校中心工作、促进学生成长成才，维护校园和谐稳定等方面做出了重要贡献。多次获得“全国五四红旗团委”“山东省五四红旗团委”等荣誉称号。实践证明，山东大学共青团组织无愧于中国共产主义青年团的伟大名号，是一个政治坚定、作风过硬的坚强团队，是一个踏实肯干、开拓创新的有为团队，是一个充满活力、意气风发的希望团队，是党联系青年、团结青年、引领青年的牢固桥梁和坚韧纽带。在此，我代表学校党委，向为我校共青团工作做出贡献的历届老团干、全体团干部和广大团员青年表示衷心的感谢！

2014 年是学校创建世界一流大学进程中的重要一年，学校事业发展面临新的形势和任务。作为我校创建世界一流大学的重要力量，全校共青团组织和广大青年团员要积极投身到学校事业发展中，恪尽职守，勇担使命，努力开创我校共青团工作的新局面。在此，我代表学校党委对学校共青团工作提三点希望。

一是做好青年思想引领工作，引导青少年树立和坚定在中国特色社会主义道路上实现中国梦的理想信念。这是十八大以来党中央对共青团最集中、最鲜明的要求，是共青团工作的时代主题。学校各级团组织要站在理想信念的制高点上，帮助广大青少年树立实现中华民族伟大复兴中国梦的理想，坚定走中国特色社会主义道路的信念，充分认识现实社会各种思想意识影响和争抢青少年的挑战，增强为党育人、为民族筑魂的责任感紧迫感。深入开展中国特色社会主义教育和“我的中国梦”主题教育实践活动，联系青年实际开展理想信念教育，把国家梦、民族梦化为每个青年自己的理想梦，引导青年树立对国家的信心、对社会的信心、对人生的信心，打牢走中国特色社会主义道路、为中国梦而奋斗的理想信念根基。引导青少年培育和践行社会主义核心价值观，开展优秀传统文化教育，将社会主义核心价值观教育与青年学生的学习生活目标实现结合起来，引导青年学生从点滴做起，从小事做起，既要胸怀天下，又要脚踏实地，努力把核心价值观的要求变成日常的行为准则，进而形成自觉奉行的信念，使社会主义核心价值观深深扎根于青少年心中。

二是组织动员广大青年在服务学校发展大局、全面深化综合改革中发挥生力军作用。共青团工作要紧密围绕学校工作的中心任务，服务学校规划发展的大局，做学校改革的参与者、发展的推动者、稳定的维护者、创新的实践者和文明的倡导者。在新形势下，共青团要加强形势政策教育，引导广大青年把思想统一到中央要求上来，在政治上、思想上、行动上与党中央保持高度一致；要以学校建设世界一流大学的宏伟目标为己任，把力量凝聚到学校事业发展上来，为增强学校人才培养、科学研究、社会服务和文化传承创新功能做出应有贡献；要组织动员广大青年勇担改革重任，发挥青年思维活跃、敢闯敢干的优势，立足本职勇担重任，积极探索、攻坚克难，为学校全面深化改革贡献青春智慧和力量；要积极鼓励广大青年抓住国家改革发展的历史机遇，转变择业观念，积极创业创新创优，鼓励有志青年到基层、到中西部、到艰苦地区干事创业，闯出一片天地，干出一番事业。

三是竭诚服务青年成长发展，提高团的吸引力凝聚力，扩大有效覆盖面。共青团要深刻认识面临的新情况、新挑战，把工作做到青年最需要的地方去，努力使团组织成为联系和服务青年的坚强堡垒。这就要求我们的各级团组织要以改革创新的精神，扎实推进基层团组织建设，坚持做到“青年在哪里，团组织就建在哪里，青年有什么需求，团组织就要开展有针对性的工作”。在观念上，要坚持“党建带团建”，加强基层团支部建设和团干部、团员队伍建设，采取有效措施，推动团建工作系统化、科学化；在实践中，要把青年团员“满意不满意，高兴不高兴，答应不答应”作为衡量团组织工作的最高标准，把服务青年团员作为团组织的永恒追求，推动服务型团组织建设；在操作上，要不断创新工作理念、活动方式，从根本上优化组织体系、工作体系和运行机制，推动创新型团组织建设；在行动上，要积极主动、讲求方法，注重整合校内外资源，为青年的长远发展提供保障。

同志们，青年朋友们！伟大的时代召唤着青年，辉煌的事业期待着青年。在全面建设社会主义现代化强国、不断深化社会主义改革的伟大征程中，你们要牢记习近平总书记提出的“坚定理想信念，练就过硬本领，勇于创新创造，矢志艰苦奋斗，锤炼高尚品格”的殷切希望，坚定“勤学，修德，明辨，笃实”的努力方向，以此次团代会为契机，在党委领导下，凝心聚力，勇担责任，踏实进取，用青春与汗水、知识与毅力肩负起时代的重任，承载起民族的希望，用智慧、勤奋与激情谱写人生最美好的青春华章！

最后，预祝大会圆满成功！

谢谢！

在教育部巡视组巡视山东大学情况反馈会上的发言

（2014 年 10 月 10 日）

李守信

教育部巡视组和巡视办的各位领导，

参加会议的各位老师，同志们：

这次教育部巡视组来我校开展巡视工作，充分体现了部党组对山东大学工作的关心支持、对学校干部队伍建设的高度重视和对全校干部政治上的关心爱护。巡视组在校巡视期间，认真贯彻落实习近平总书记关于巡视工作重要讲话精神和中央部署，按照部党组的要求，围绕“四个着力”，把发现问题、形成震慑作为主要任务，做了大量艰苦细致和富有成效的工作，顺利完成了巡视任务。巡视组同志们在工作中表现出的强烈的政治意识、大局意识、责任意识，不辞辛苦、深入实际、严谨细致的务实作风，严肃认真、恪尽职守、敢于担当的工作态度，使我们深受感动和教育，也为我们树立了良好榜样。

刚才，延保组长代表巡视组向我校反馈了巡视情况，燕冰副主任对学校做好整改工作提出了具体要求。巡视组的反馈意见，对我校近年来的工作给予了肯定，严肃指出了我校存在的突出问题，并提出了针对性、指导性很强的整改要求。反馈意见直指问题、切中要害，听了以后思想深处受到很大触动和警醒。这次巡视是对我校工作的一次“整体把脉”，也是对我校领导班子和领导干部政治上的一次“全面体检”，为推进党风廉政建设提供了“一剂猛药”，对于我们改进作风、提高素质、推动工作，必将起到重要的指导和促进作用。对巡视组指出的问题，我们诚恳接受、坚决整改；对巡视组提出的意见要求，我们全面贯彻、坚决落实。燕冰副主任的讲话，对学校整改工作的任务、责任、时限以及整改信息公开等都提出了明确的要求，为学校抓好整改工作提供了重要遵循，我们一定要认真贯彻落实好。

对于整个巡视反馈意见的整改落实工作，学校党委常委会将专门进行研究部署。这里我先代表学校党委作一表态发言。初步考虑，我们将重点抓好以下五个方面：

一、深入贯彻落实习近平总书记重要讲话精神，始终保持政治上的清醒和坚定

以高度的政治责任感和历史使命感抓好整改落实。习近平总书记关于巡视工作的重要讲话，以巨大的政治勇气和历史担当，深刻分析了当前党风廉政建设和反腐败斗争的严峻形势，严肃指出了存在问题的严重性和危害性，对落实主体责任、纠正“四风”、惩治腐败以及用好巡视成果提出了新的更高要求。我们要深入学习、深刻领会、全面贯彻，切实把思想和行动统一到中央的决策部署上来。我们要充分认识和深刻理解教育部党组对高校开展巡视工作的重要性，全校上下要统一思想，提高认识，进一步增强政治意识、大局意识、责任意识、忧患意识，从执行党的政治纪律的高度，切实抓好巡视反馈意见的整改工作。我们要严格按照教育部党组要求，对照巡视组反馈的意见，认真反思学校在党风廉政建设方面存在的突出问题，把整改落实作为当前重大政治任务抓紧抓好，并以此为契机，以更加坚定的信心、更加坚决的态度、更加有力的措施，深入推进党风廉政建设，努力为学校改革发展稳定提供坚强的组织保证。

二、全面落实党风廉政建设责任制，紧紧抓住党委主体责任和纪委监督责任这个“牛鼻子”

切实把巡视整改意见落到实处。教育部巡视组严肃指出了我校党风廉政建设责任制落实不到位的问题。这也是学校有些问题迟迟解决不了，或解决得很不得力的关键所在。我们要牵住落实“两个责任”这个“牛鼻子”，来有效推动整改工作的落实，以勇于担当精神，以高度政治自觉，进一步强化责任意识，细化责任内容，落实责任追究，通过取得实实在在的整改成效，全面推进党风廉政建设。我们要结合学校已经制定的关于落实“两个责任”实施意见的贯彻，从学校党委做起，校院两级党委要切实担负主体责任，自觉把党风廉政建设摆在突出位置，切实把领导、执行、推动整改工作的责任担当起来。学校纪委要履行好监督责任，敢于监督、善于监督、有效监督，执好纪、问好责、把好关，切实把巡视整改的应尽责任担当起来，以零容忍态度查处违纪违法行为。要以这次巡视整改工作为契机，切实把党风廉政建设纳入事业发展规划和年度工作计划，将党委主体责任落实到领导班子每位成员具体工作职责中，做到党风廉政建设与学校中心工作同步部署、同步落实、同步检查、同步考核。

三、严格落实中央八项规定精神，围绕存在的突出问题，持之以恒整治“四风”改进作风

这次教育部巡视组指出的问题，很大方面与作风建设密切相关，反映出学校在作风建设特别是整治“四风”方面还存在许多薄弱环节。我们要深刻认识“四风”问题的长期性、顽固性，把抓好巡视组反馈意见整改落实与贯彻落实中央八项规定精神结合起来，与深入开展党的群众路线教育实践活动结合起来，坚持问题导向，坚持从严整治，坚决打好作风建设的攻坚战和持久战。对教育部巡视组反馈的作风方面问题，我们要逐条研究，认真制定整改方案，以明确的工作目标和责任分工落实好，确保反馈问题和事项“件件有着落，事事有回音”。在抓好反馈问题整治的同时，我们还要举一反三，认

真查找和解决学校作风建设方面存在的其他问题，加强监督和检查，一手抓清扫作风问题的死角，一手抓防止违反中央八项规定的现象反弹或变相发生，确保广大干部群众能够看到实实在在的整改成效。

四、深化改革，加强管理，完善制度，从源头上预防腐败问题发生

巡视组反馈的意见，很多属于制度层面的问题，对学校加强制度建设提出了一系列新要求。在下一步整改工作中，我们既要坚持问题导向，着眼于治标，把存在的问题解决好，更要着眼于治本，不断健全和完善管理体制、运行机制、制度建设、监督手段，加强制度建设，从源头上进行治理，真正把权力装进制度的笼子里。要深化内部治理体系改革，坚持和完善党委领导下的校长负责制，坚持落实党委常委会、党政联席会、专题办公会等会议制度，确保民主集中制的贯彻执行，确保“三重一大”事项都经过集体讨论决定，确保权力科学规范有序运行。要建立和完善决策前置程序，充分发挥教职工代表大会、学术组织、群团组织、党派团体、专业咨询机构以及广大师生在科学决策、民主决策中的作用。要深化校院两级管理体制改革，加快机关职能转变，推进简政放权，加强院系内部管理架构的运行机制，坚持和完善学院党政联席会制度，既充分激发校院两级办学活力，又从根本上健全权力运行和监督机制。要深化人事、财务、资产、后勤管理等领域的综合改革，完善廉政风险防控机制。加强基础管理，站在更高的层面来审视我们的管理制度是否健全，监管手段是否到位，工作程序是否规范，该加强的加强，该改进的改进，确保各项工作更加扎实到位。

五、坚持党要管党、从严治党，强化干部监督管理，为党风廉政建设提供坚强保证

在巡视整改中，我们要把加强党的建设摆在十分突出的位置，把党要管党、从严治党的要求落实到党的建设各项工作中去，从源头上去解决问题，为扎实推进党风廉政建设提供坚强政治保证。要始终坚持社会主义办学方向，高度重视师生思想政治工作，以社会主义核心价值观引领广大师生，教育和引导师生不断增强“道路自信、理论自信、制度自信”，坚决防止和制止与社会主义办学方向相悖现象在校园内发生。要按照“三严三实”的要求，以敢于碰硬的精神，切实加强对干部的监督管理，从开展党性党风党纪教育、狠抓作风建设、强化职业意识、坚持职务任期制、加大轮岗交流力度、完善干部考核评价机制等方面入手，结合学校综合改革工作，对机构和干部进行精简优化，努力建设起一支廉洁、高效、执行能力强、服务态度好的干部队伍。要大力加强基层党组织建设，把政治标准放在首位，做好发展党员工作，切实加强党支部建设，严格党内生活，完善党建工作责任制考评体系，坚决对软弱涣散的基层组织和不合格党员进行整顿清理，真正激发起基层党组织的生机和活力。要严明党的政治纪律、组织纪律，在指导思想和路线方针政策以及关系全局的重大原则问题上，党员干部必须在思想上、政治上、行动上同党中央保持高度一致，必须不折不扣地贯彻落实部党组的要求，决不允许上有政策、下有对策，决不允许有令不行、有禁不止，决不允许在执行中打折扣、作选择、搞变通。

同志们，这次教育部派巡视组到我校开展巡视，对于我校更加及时地发现和解决好改革发展中存在的问题，更加扎实地推进党风廉政建设，更加务实地巩固和扩大党的群众路线教育实践活动成果，更加有效地加强领导班子和干部队伍建设，都将是强大的推动力。我们要以鲜明的态度、积极的行动、坚决的措施，抓好巡视组反馈意见的整改落实。我们将成立学校整改落实工作领导小组，加强领导，强化责任，全力推进整改工作。我们将尽快制定具体整改落实方案，对巡视组指出的问题，一项一项列出清单，逐条认真研究和制定整改措施。把各项任务进行分解细化，明确责任单位和责任人，建立工作台账，明确工作时限，逐项对账销号。加强督促检查，强化责任追究，问题不解决坚决不松手，整改不到位坚决不收兵。在整改过程中，要举一反三，对党风廉政建设和反腐败工作进行认真梳理，查找薄弱环节，切实加以改进，通过解决重点问题带动面上工作的开展，通过解决当前问题促进党风廉政建设和反腐败工作深入开展，使整改过程成为党的群众路线教育实践活动不断深化的过程，成为党风廉政建设和反腐败斗争不断深入推进的过程。

我的发言就到这里。

谢谢大家！

在山东大学 2014 年新学期工作会议上的讲话

（2014 年 2 月 23 日）

张　荣

老师们、同志们：

按照传统习俗，先给大家拜个晚年，祝大家马年吉祥，万事如意！新春佳节刚刚过去，我们又将开始一年紧张而忙碌的生活，但非常高兴的是看到大家都精神饱满、斗志昂扬。俗话说“一年之计在于春”，很多工作需要我们现在谋划、马上行动。昨天和前天学校领导班子利用两天时间集中研讨新学期工作，就新一年的重点工作作了深入的研究讨论，达成了改革发展的共识，同时确定了 2014 年学校党政工作的要点。今天我们召开全校的新学期工作会议，我着重把学校的行政工作给大家作一个交流。守信书记稍后将部署党委工作并作总结讲话。

今天我主要讲三个方面的内容：一是我们面临的形势与任务；二是 2014 年工作的整体思路；三是今年的几项重点工作。

一、形势和任务

2014 年，对于山东大学来说，可谓机遇与挑战并存。当今世界多极化、经济全球化深入发展，多元文化相互激荡，科技进步日新月异，人才竞争日趋激烈。我国正处在改革发展的关键时期，经济建设、政治建设、文化建设、社会建设以及生态文明建设全面推进，工业化、信息化、城镇化、农业现代化深入发展，人口、资源、环境压力日益加大，经济发展方式加快转变，这些背景都凸显了提升教育质量、提高国民素质、培养创新人才的重要性和紧迫性。推进社会主义现代化、实现中华民族伟大复兴，科技是关键，人才是核心，教育是基础。高等教育作为科技第一生产力和人才第一资源的重要结合点，具有高端引领作用，其发展水平和质量决定着人才的创新创造能力和科学技术的全球地位。如何从教育大国走向教育强国，更好地为打造中国经济升级版、全面建成小康社会提供人才支撑和智力支持，是我国高等教育亟待破解的时代命题。

党的十八大报告提出“要坚持教育优先发展”“推动高等教育内涵式发展”，确立了新的历史时期高等教育科学发展的方向。十八届三中全会提出“深化教育领域综合改革”总体要求，明确了改革的攻坚方向、重点举措和总体思路。在今年1月召开的全国教育工作会议上，袁贵仁部长特别指出，深化教育领域综合改革有三个重点：一是必须坚持立德树人基本导向；二是必须有利于促进公平提高质量；三是必须构建政府学校社会新型关系。他还强调，要主动适应经济社会发展需要，自觉遵循教育规律和人才成长规律，根据教育现代化的基本要求，完善科学规范的教育治理体系，形成高水平的教育治理能力。对于高校而言，一个重大的发展机遇就是政府将积极转变职能和简政放权，未来学校的主体作用将进一步发挥，高校的办学自主权将不断落实和扩大，内部治理结构将不断完善，依法办学、自主管理、民主监督、社会参与的现代大学制度将加快建设和形成。这些变化，将为我们提供深化改革的讯息和方向，有利于高校的持续健康发展。

当前山东省正处在经济转型发展的关键时期，全面深化经济体制改革，加快转方式调结构，是摆在山东面前的一道发展命题。深入实施“蓝黄两区”“一圈一带”发展战略，着力推进区域协调发展，实现科教兴鲁、人才强省，增强区域发展活力，将为全省经济社会升级增添动力。这些都为我校未来发展提供了更大需求和广阔发展空间。我们必须树立“以服务求发展，以贡献求支持”的理念，主动面向社会、服务地方，努力提高服务意识、服务能力和服务水平，推动科技创新与经济社会发展紧密结合。

过去的一年，我们的事业持续发展，在建设世界一流大学的进程中迈出了坚实的一步。一年来，学科建设、队伍建设、人才培养、科学研究、服务地方等方面全面推进、稳步提升，学生就业率全国领先，学术影响力不断扩大，与世界著名研究机构和高校的实质性合作进一步深化，一批山大参与的国际科研项目取得重要成果，在最新公布的《2014中国大学评价》中我校首次进入中国大学排行榜前10名。这些成绩令人欣喜，但同时，我们也要清醒地看到，山东大学的发展正处于新的历史节点，将面临更高难度的要求和更加严峻的挑战，许多问题需要我们重新审视和深刻思考。特别是党的群众路线实践教育活动开展以来，广大教职员工就学校发展战略、学科建设、高层次人才、管理服务等诸多方面提出了很好的意见和建议，表达了教职工热爱山大、希望山大发展的强烈愿望。因此，我们必须要以建设世界一流大学为标准，深入思考和把握学校发展的阶段性特点，找出我们的差距和不足，进一步明确今后的努力方向。

相对于创建世界一流大学的要求，相比于国内其他“985”大学，我们还有很多不足，突出表现在：学科老化现象严重，前沿领域占位能力不强；人才引育机制不够灵活，学术领军人物和高端人才匮乏；科研体制缺乏活力，科技创新能力有待提高；同时，我们的管理体制和机制不够完善，在许多方面比较粗放、零散，这些都严重制约了学校发展。因此，在新的一年，我们必须增强紧迫感和责任感，坚持改革创新，推动学校实现又好又快发展。

二、今年行政工作的整体思路

做好今年的行政工作，总的要求是贯彻落实党的十八大和十八届三中全会精神，巩固党的群众路线教育实践活动成果，切实转变工作作风，以立德树人为根本任务，以内涵发展为基本要求，坚持改革导向，以学科建设为龙头，以队伍建设为核心，以体制机制创新为抓手，全面增强学校事业发展活力，加快世界一流大学建设步伐。

今年的工作思路可以概括为四句话：聚焦目标、抢抓机遇、深化改革、突出重点。我们的办学目标是创建世界一流大学，今年的所有工作都要聚焦到这个目标上来，按照创建世界一流大学的要求来规划、推动。随着十八届三中全会的召开，中央改革的思路、措施逐步完善，对高校提出了新要求，提供了新机遇。对山大来说，尤其需要我们解放思想、转变观念，增强忧患意识、责任意识、机遇意识和竞争意识，通过深化改革解决事业发展中的瓶颈问题和影响全局的关键问题，不断提升办学水平。

针对山大改革发展的现状，工作中我们特别要注意以下几点：一是“统筹”，要做好顶层设计，实现科学发展。要树立全局观和大局观，在“一把伞”和“一盘棋”的格局下，以是否有利于山东大学整体发展、是否有利于创建世界一流大学目标的实现为前提，按照“统筹布局，一体发展”的原则，谋划、推进办学事业的发展。二是“内涵”，要练好内功，提升实力。我们的各项工作都要立足于品质提高这个目标，从以规模扩张为特征的外延式发展向以质量提升为核心的内涵式发展转变，从关注硬指标的显性增长向致力于软实力的内在提升转变。三是“特色”，要结合山大实际，创造差异化优势。特色是一所大学的生命力与竞争力所在。我们要在进一步建设特色、优势学科和培育学术领军人才、打造高端学术团队上下工夫，以点的突破带动面的提升，努力彰显办学特色。四是“盘活”，要推动精细化管理，提高办学效益。在学校办学资源相对紧缺的情况下，必须想方设法盘活一切资源，特别是盘活存量资源。既要坚持人尽其才、物尽其用，更要突出重点，集中力量办大事。

三、2014 年的重点行政工作

2014 年学校行政工作要点共分 9 个方面 30 项工作，会后将发给大家，我不再一一列举，请同志们会后研究领会、贯彻落实。这里，我着重强调以下几点：

一是学科建设。学科建设是龙头，2014 年这项工作的重点在于完善学科布局，推动学科提升，实现学科现代化。山大的学科历史悠久、门类齐全，有着很好的基础。但是我们的学科建设也存在着一些问题，学科老化、碎片化现象严重；优势学科少、交叉融合不够、创新能力不强，与主流学科、学科的主流方向契合度不高。我们要下大力气认真研究我校现有学科的现状和特点，结合世界一流大学建设的需要，结合国际前沿发展趋势，推动学科优化、整合，实现学科的科学布局、争先进位。主要从三方面着手：一是“错位”，在“一把伞”“一盘棋”的格局下，着眼学校发展战略全局，按照错位原则，完成山东大学整体学科布局方案，济南校本部、威海校区、青岛校区要各有侧重，避免资源重复配置；二是“占位”，要充分考虑国家重大战略和区域经济社会对学科发展的新要求，抢抓机遇，尽早部署，形成面向国家和区域发展目标的学科支撑体系；三是“升位”，注重与产业发展、社会就业需求、科技发展前沿趋势相衔接，调整优化学科结构，加快发展新兴、交叉学科，通过学科方向调整和人才引进进一步提升已有学科建设水平。学校今年将结合新一期“985”“211”工程规划的制订，推出“优势学科提升计划”，有重点地扶持优势学科做大做强，打造支撑质量提升的学科品牌。

这里有一个新情况向大家通报一下，在1月28日国务院关于取消和下放一批行政审批项目的决定中，已经取消教育部的国家重点学科审批。这是教育部推进教育管办评分离的一项重要举措，这一新变化，并不意味着我们办学压力的减轻，相反高校间的竞争会更加激烈，学科的发展将更大程度上面临社会的考验，取决于是否得到了社会的广泛认可。因此，我校学科的统筹布局、增强活力迫在眉睫。今年这项工作要有总体考虑和具体措施，希望大家高度重视。

二是师资队伍建设。新的一年我们必须把教师队伍建设作为学校的核心工作来抓，坚持培育和引进并举，加强高端人才引进和领军人才培育工作。“育”的重点是中青年教师培养。中青年教师是学校的未来，是学校发展的基石，要作为教师队伍建设的重中之重，自主培养和重点支持一批创新思维活跃、学术视野宽阔、发展潜力大的中青年骨干教师和学科带头人，学校今年要启动优秀中青年骨干教师培养计划；“引”的关键是延揽高层次领军人才，必须以学科发展为导向面向海内外引进一流人才，发挥好引领示范作用，构筑相互衔接配套的高层次人才队伍，打造高水平创新团队。

同时，要完善人才工作机制，理顺工作关系，成立人才招聘、管理、服务一体的人才工作办公室，加快形成吸引人才、稳定人才、激励人才的机制，实现能进能出、能上能下，增强用人活力。要继续深化人事制度改革，推进分类管理和编制核定，建立完善岗位职责、聘期考核、准入与退出机制等方面的管理制度。稳步推进校内收入分配制度改革，建立与学校实际发展水平相协调、与国家政策相衔接的校内岗位津贴分配制度，学校决定从今年开始，连续三年每年新增投入5000万元，用于改善教职工的待遇。

三是人才培养。牢固树立人才培养工作的中心地位，树立科学的人才培养质量观，着力推动各项教育教学改革。今年本科教学的重点工作是学分制改革。本科生院要列出这项改革的时间表，做好相关配套制度的制定和条件的保障。要完善以学生为主导的教学质量评价体系，通过对教师的奖励、培训等方式，确保本科教学质量稳步提升。高度重视本科生招生拓展工作和毕业生就业工作，把好学生“进口”和“出口”，稳步提升生源质量，实现就业数量和质量双提升。

要推动研究生培养体制改革，鼓励学科交叉，促进学生专业学习与科研实践相结合，努力提升研究生创新能力。以研究生收费改革为抓手，推动新的奖助体系建立，更好地激发学生的学习热情。

四是科技创新。要引导帮助教师组织大团队、建设大平台、争取大项目、创造大成果。要加强团队组织，推动科技管理体制改革；加强平台建设，谋划并推动国家重点实验室、国家工程技术中心等国家级科研平台的申报工作，力争有所突破；要做好“儒学与中华文化复兴”“金融风险定量计算与控制”两个协同创新中心的培育和认定申请工作，争取承担更多的国家和地方重大科研项目，学校科研经费要实现较大幅度增长，经费总量超过9亿元；要努力提高科技成果的影响力，在SCI总量保持全国高校前10名的前提下增加高影响因子论文数量；做好国家三大奖的申报工作，力争获得不少于1项的国家科技奖励。

文科科研工作，要重点加强文科平台的建设与评估。切实办好第三届尼山世界文明论坛，认真做好2015年世界历史科学大会的筹备工作，在会务安排、人员邀请方面提前谋划准备，以此为契机，提升山大人文社会科学学科的国际影响力。

五是服务地方。大力推动山东省工业技术研究院的建设，积极协调省市有关部门尽快落实；与山东工业技术研究院建设、服务地方工作结合起来，理顺体制，解决好大学科技园发展问题；积极参与山东“一黄一蓝”“一圈一带”的建设，提高产学研合作、科技成果转化的成效和水平。

六是国际合作与交流。我们要按照创建世界一流大学的需求，明确国际化战略目标和主要任务，把国际化作为重要的资源、手段和途径，融入到办学实践中。要加大优质智力资源的引进；增加留学生特别是学位生的人数；加强孔子学院建设，推进“新汉学计划”实施；加强国际合作项目和平台建设，着手谋划推动青岛校区的高端合作办学项目。此外，今年还要召开学校国际合作与交流工作会议，研讨部署国际化进程中的各项具体任务。

七是加强统筹，推进全校一体发展。青岛校区建设仍是我校今后一个时期的头等大事，是当前工作的重中之重，关系着我校创建世界一流大学的进程，要坚定不移地大力推进。今年是青岛校区建设的攻坚期，基本建设要加快实施，确保在建项目如期竣工，计划项目按时开工。要严把工程质量关，加强廉政建设，提高风险防范能力。同时，在质量建设、安全建设的前提下，要统筹安排好校区启用前的各项准备工作，科学编制青岛校区学科布局与学术机构设置方案，做好青岛校区教工住宅建设工作。

威海校区的工作重点是强化办学特色。要在发展“天、海、韩”特色学科的基础上，结合威海及周边地区的产业优势，培育更多的特色学科；要充分发挥地缘优势，立足东亚和亚太地区，面向世界，在加强学生交流的同时，进一步拓展国际合作领域，带动学科建设和队伍建设；结合校区创建 30 周年纪念活动，进一步梳理办学理念和改革思路。

附属医院是山大事业发展不可分割的重要部分，对于医学学科的发展和临床教学质量的提高，具有重要作用。要支持附属医院发展，推动医学学科提升；发挥“齐鲁”品牌效应，努力拓展资源，打造区域医疗健康中心，延伸医疗服务向周边地区辐射。

八是后勤保障。一是深化财务管理体制改革，创新财务管理方式，做到开源节流；二是办学资源分配体制改革，进行资源整合，特别是做好办公用房、公务用车、公务接待等制度改革，重点是盘活存量资源，提高资源使用效益；三是推进济南本部基本建设，着力改善办学条件；四是深化平安校园建设，进一步完善安全稳定责任追究机制，加强维稳工作的预研、预判，增强突发事件的处置能力，切实增强安全稳定工作效能。

另外，今年适逢登州文会馆创建 150 周年，我们要以这项纪念活动为抓手，总结山东大学办学历史，凝练山大精神，扩大学校影响，树立我校源头性大学的地位和形象。

以上内容是本年度重点工作，其他常规性工作我不再逐一提及，请大家会后对照行政要点，认真抓好贯彻落实工作。我相信在大家的共同努力下，我们一定会在 2014 年取得更大的成绩！

谢谢大家！

解放思想　深化改革　提升内涵　强化特色
努力开创建设世界一流大学的新局面

——在山东大学第二届教职工代表大会第五次会议上的报告

（2014年3月7日）

张　荣

各位代表，老师们，同学们：

现在我代表学校向大会作工作报告，请各位代表予以审议，请各位特邀代表、列席的老师和同学们提出意见。

我的报告分三部分：

一、2013年学校工作回顾

2013年，有三件关系学校全局和长远的大事将载入山东大学史册。一是成功召开了中共山东大学第十三次代表大会，为新时期学校与时俱进、科学发展树立了航标。二是扎实开展了党的群众路线教育实践活动，党员干部的战斗力明显增强，为学校事业发展提供了有力保障。三是精心修订《山东大学章程》并报教育部核准，为我校依法自主办学提供了基本遵循。

2013年，是山东大学事业持续发展的一年，各项工作跃上新台阶。主要表现在以下方面：

（一）学科建设取得新突破

组织完成“985工程”（2010～2013）建设总结与评估工作，整体评价优秀。计算机科学学科进入世界ESI前1%，我校进入世界ESI前1%的学科总数达到10个。在教育部新一轮一级学科评估中，我校排名显著提升，10个学科进入全国高校前10名，数学、考古学2个学科排名第3位，中国语言文学排名第5位。

（二）杰出人才数量持续增长

诺贝尔文学奖获得者莫言、瑞典皇家理工学院教授罗纳德、丹麦皇家科学与文学院院士颜斯乌斯特普加盟我校。张运院士当选美国超声心动图学会荣誉Fellow、欧洲心脏病学会 Fellow、首届亚太超声心动图协会副主席。面向海内外公开招聘 5 位杰出学者担任学院院长或国家重点实验室主任。新增双聘院士 5 人，各类高层次人才 15 人。2 个创新研究群体获得国家自然科学基金委的延续资助，2 个团队入选教育部“创新团队发展计划”，金融数学团队被评为科技部“创新人才推进计划重点研究团队”。19 人入选教育部“新世纪优秀人才支持计划”。

（三）科学研究取得新进展

科研条件建设得到加强。晶体材料国家重点实验室免评获得优秀评价；“儒学与中华文化复兴”“金融风险定量计算与控制”两个国家级协同创新中心培育工作进展良好；数字媒体创意设计教育部工程研究中心获批立项建设，2 个教育部国防科技重点实验室顺利通过验收；4 个协同创新中心获山东省高等学校协同创新中心立项建设。获得各类自然科学基金项目 617 项，其他新上国家及省部级各类纵向计划项目 441 项，国防基础重大研究计划获得立项，签订横向技术合同 851 项。获得国家社科基金重大项目、年度项目等 38 项，教育部人文社科重大项目、年度项目等 45 项。2013 年，我校科研经费达到 7.6 亿元，较 2012 年增长 3.05%。

科学研究实力稳步提升。专利申请量增长 10.6%，专利授权量增长 17.3%。科学引文索引扩展版（SCIE）排名全国高校第 9 位。在 SCI 收录中国学科领域科技论文机构排名中，数学领域列第 4 位，生物领域列第 6 位，医学领域列第 9 位。CSSCI 收录论文 1192 篇。我校参与的 AMS 项目取得重要阶段性进展。国家社科基金重大委托项目“《子海》整理与研究”首批成果在济南和台北两地发布，获得学术界好评。《文史哲》杂志入选中国“百强报刊”。

（四）人才培养开创新局面

本科人才培养体系逐步完善。本科录取分数线较 2012 年大幅提升，生源质量进一步提高。强化教授上课制度，教授上课率近 90%。启动学分制改革。推进人才协同培养，与中科院协同育人计划项目达到 8 个，列全国高校第一。本科教学工程建设成果显著，20 门课程入选国家级各类精品课程。本科学生在各类创新竞赛中，获得国家特等奖 1 项，一等奖 31 项，二等奖 80 项，三等奖 29 项；一次就业率为 91.62%，被评为“2012～2013 年度全国毕业生就业典型经验高校”。

研究生培养保障体系不断强化。“研究生生源质量年”成效显著。启动博士生招生申请审核制改革，扩大博士生导师的招生自主权。全英文课程建设初见成效。研究生在第十届全国数学建模竞赛中综合成绩居第 8 位。博士研究生马衍东获得“中国青少年科技创新奖”；王朋获评“2013 年全国优秀博士学位论文”；博士研究生郭江峰的学术论文入选“2012 年中国百篇最具影响优秀国内学术论文”。毕业研究生一次就业率为 92.38%，较 2012 年增长 11.23%。

继续（网络）教育工作成绩突出。与国家药监局合作，发起成立第一届全国执业药师项目管理委员会，确立了我校执业药师培养的优势。数字化学习资源建设取得成效。承担高端培训 100 余项。实现收入 2 亿元。

（五）对外合作交流迈上新台阶

服务地方工作稳步推进。继续推动与济南、青岛等地市的校地合作，积极推动与国家电网、海信集团、潍柴动力、北汽福田等大型企业集团的校企合作。与福田汽车集团共建“山东大学福田汽车研究院”，与14家企业建立产学研合作关系。完成筹资总额10860万元，获得国家捐赠配比奖励资金1221万元。

国际合作与交流呈现新局面。推进实施“世界名校合作计划”，新签校级合作协议15个，续签协议10个。授予或聘任哈佛大学约瑟夫·奈教授和麦克尔·赫兹菲尔德教授、台湾星云大师等世界知名学者10人各类名誉学衔。与澳大利亚南澳大学共建“中澳健康研究中心”并开展项目合作。留学生录取专业日趋多元，结构更加合理。外专引智专项获得国家经费支持909万元，“111计划”增至5个。获评全球“孔子学院先进中方合作院校”。

（六）校区建设与发展工作稳步推进

青岛校区建设进展良好。一期建设项目可行性研究报告通过教育部评审并全部获准立项。基本完成校区土地划拨工作。教学楼E区建设进入收尾阶段，学生公寓、食堂、室外工程等校园基本建设工作启动；教工住宅的市场化开发建设工作进展顺利。校区学科规划、学术机构设置、人事制度建设同步谋划推进。

威海校区稳步发展。学生创新创业教育势头良好。特色学科逐步向纵深发展，韩国蓝皮书入选“中国社会科学院创新工程学术出版项目”，海洋牧场工程技术实现向海洋应用的新拓展，空间科学技术研究取得新进展。与澳大利亚皇家墨尔本理工大学合作办学项目顺利获批并招生。

（七）和谐校园建设不断深化

管理服务能力进一步提升。后勤“一站式服务平台”建设不断推进。资产管理信息化建设取得实效。科研经费管理逐步规范。廉政风险防范管理工作全面推进，首次全面开展中层领导干部经济责任审计。教学科研文献和电子资源保障水平进一步提高。推动管理信息化，新版办公自动化系统开始试运行。强化督办能力，规范办文办会，加强安全稳定、保密工作。推进校办企业内涵发展，出版社内部管理机制进一步完善。

校园文化充满活力。创新宣传方式，推出山大新闻网全新栏目“山大日记”。制作《为国育贤》宣传片并在央视播出。举办“高雅艺术进校园”等高层次文化活动。成立山东大学青年联合会和青年校友联谊会，为青年搭建交流、合作、服务平台。

后勤保障工作取得实效。投入9136.82万元用于学生宿舍、教学楼等基础设施改造维修，部分公寓楼安装洗浴及饮用开水设施。完成中心校区音乐厅和马克思主义学院教学楼改造。省直医疗保险登记和信息采集工作顺利完成。教师公租房项目拆迁工作基本完成。教职员工工资收入有较大幅度增长。

（八）附属事业健康推进

附属医院事业稳步拓展。齐鲁医院品牌效应进一步扩大，青岛院区正式开诊，实现了“济南—青岛”双核驱动。第二医院与临清市人民医院、山东玲珑集团等单位建立医疗协作关系。口腔医院、生殖医院经济效益、社会效益同步增长。

附属中小学品牌效应显著提升。素质教育成效显著，特色课程育人体系逐步完善。由山大一附中托管的济南辅仁学校健康发展，山大二附中与济南高新区开展联合办学。

各位代表，老师们，同学们！回顾一年的发展，我们为学校取得的成就感到自豪和欣慰。在此，我谨代表学校向关心、支持学校发展的各级领导、各兄弟单位、各界朋友以及我们广大的校友致以诚挚的谢意！向为学校改革发展打下良好基础的历届老领导、老同志致以崇高的敬意！向为山东大学快速发展无私奉献的广大师生员工表示衷心的感谢！

二、学校发展面临的问题与努力的方向

目前，制约学校发展的主要问题是：

学科建设方面，学科存在老化、碎片化现象；特色学科优势不明显，集成度不高，交叉融合不够；前沿领域占位能力不强，与主流学科和学科主流方向契合度不够。

科学研究方面，承担重大项目能力不强，标志性科研指标不突出；与国家战略目标、地方经济社会需求对接不够，科研成果转化程度不高；科研组织模式陈旧，资源分散。

人才队伍方面，院士、长江学者等领军人物数量不多；学科带头人的带头作用显示度不高，团队力量不强；青年人才引进机制、学术评价体系、培养机制有待完善。

管理方面，办学资源配置缺乏统筹，资源投向分散、重复，重点不突出，没能发挥最大效益；管理粗放、低效，系统化、规范化不够；分配制度缺乏活力，政策激励作用不强。

这些问题清楚地表明，我们建设世界一流大学的事业任重道远。党的十八届三中全会突出了深化改革的主题，也为高等教育改革指明了方向，这就要求我们深入研究高等教育发展规律，准确把握学校发展的阶段性特点，正确判断所处的历史方位，认真反思存在的问题，进一步梳理发展思路，明确努力方向，更加大胆地解放思想，打破固有的思维模式，坚定不移地推进改革，积极探索释放学校活力和创新能力的新途径、新办法。

为此，要努力做到“三个坚持”：

第一，坚持统筹布局、一体发展。所有工作都要在“一把伞”和“一盘棋”的格局下，以是否有利于山东大学整体发展、是否有利于创建世界一流大学目标的实现为前提来谋划，来推进。统筹布局，就是在学科布局、资源配置、体制机制改革等方面加强顶层设计，特别要结合多校区办学实际和区域社会发展需求，实现学科优势互补；一体发展，就是在山东大学的整体发展过程中，给予每一个校区充分的发展空间，实现各校区共同提高。

第二，坚持提升内涵、强化特色。着重抓好两个方面：一是要加强学科建设，明确发展目标，提高学科交叉和集成能力，推进学科的现代化；重点规划建设有望跻身世界一流行列的优势学科，以点的突破带动面的提升。二是要加强队伍建设，坚持与主流学科、学科主流方向的对接、融合，进一步加大高层次人才的引进和培育力度；依托优势学科和高层次人才，打造高端学术团队。

第三，坚持深化改革、提高效能。要深化人事制度改革，完善评价体系，实行分类管理，充分释放各类人才的潜能，营造事业留人、感情留人、待遇留人的良好环境。加强精细化管理，改革资源配置模式，努力盘活学校资源，特别是盘活存量资源。要突出重点，集中力量办大事，做到人尽其才、物尽其用。

三、2014 年学校重点工作

做好 2014 年的工作，总的要求是贯彻落实党的十八大和十八届三中全会精神，巩固党的群众路线教育实践活动成果，聚焦目标、抢抓机遇、深化改革、突出重点，紧紧围绕立德树人根本任务，以学科建设为龙头，以队伍建设为核心，以体制机制创新为抓手，促进内涵发展和特色发展，增强学校事业发展活力，加快世界一流大学建设步伐。

2014 年学校党政工作要点已经印发，在前不久召开的新学期工作会上也分别作了部署，在此不再一一阐述。下面，围绕学校改革发展大局，我着重强调以下几个方面：

（一）加快学科建设

重点是完善学科布局，推动学科提升。我们要以青岛校区建设为契机，按照特色发展要求和错位布局原则，制定完成山东大学整体学科布局方案，统筹规划各校区学科布局，着力解决学科老化、碎片化问题，强化优势学科，发展特色学科，培育新兴、交叉学科，推进实现学科现代化。

（二）抓好人才队伍建设

重点是深化人事制度改革，落实“引育并举”方针，以学科发展为导向，谋划和统筹高端人才的引进、培养。制定高端人才引进计划和领军人才培育计划，从海内外引进一批学科领军人才和高水平创新团队。实施优秀青年教师“百人计划”，自主培养和重点扶持一批青年骨干教师和学科带头人。完善人才工作机制，建立完善岗位职责、聘期考核、准入与退出机制等方面的管理制度。稳步推进校内收入分配制度改革，建立新的校内岗位津贴制度。

（三）创新人才培养模式

本科教学工作的重点是全面实施学分制改革，搭建与之相适应的教学管理机制，完善以学生为主导的教学质量评价体系。研究生培养工作的重点是深化培养机制改革，探索产学研用相结合的专业学位研究生培养新模式。

（四）推动科研创新

重点是按照“组织大团队、建设大平台、争取大项目、创造大成果”的要求，加强科研组织管理和团队建设，创新科研组织模式。大力推进“2011 计划”组织实施，力争“儒学与中华文化复兴”“金融风险定量计算与控制”在第二批国家级协同创新中心的培育和认定申请工作中取得实质性进展。谋划并推动国家级科研平台的申报工作，力争有所突破。争取承担更多国家和地方的重大科研项目，科研经费实现较大幅度增长。

（五）提高服务地方水平

重点是推动山东省工业技术研究院建设，建立健全技术转移体系和激励机制，构建服务地方的大平台。统筹推进大学科技园建设。积极参与山东“一黄一蓝”“一圈一带”区域发展战略建设，提高政产学研合作的成效和水平。

（六）提升国际化能力

重点是明确国际化的战略目标和主要任务，提升国际化能力。加大优质智力资源的引进。增加留学生特别是学位生的人数。加强孔子学院建设，推进“新汉学计划”实施。办好第三届尼山世界文明论坛，做好 2015 年第 22 届国际历史科学大会的各项筹备工作。

（七）推进统筹发展

青岛校区建设的重点是加快基本建设进度，科学制定学科布局与学术机构设置方案。威海校区工作的重点是强化办学特色，提升整体科研水平，做好校区创建30周年纪念活动。支持附属医院发展，推动医学学科提升，发挥“齐鲁”品牌效应，打造区域医疗健康中心。

（八）强化体制机制创新

重点是推动内部治理结构改革，探索多校区管理模式创新。深化校院两级管理体制改革，扩大学院办学自主权。深化医学教育管理体制改革，探索院系设置和学术管理体制改革的新路子。加强机关作风和效能建设，建立以首接负责制、主辅岗制等为主要内容的机关服务工作标准和检查监督机制。加强精细化管理，优化资源配置，盘活校内资源。以《山东大学章程》的核准、颁布为基础，加强制度建设，构建完善高效的制度体系，推进大学治理体系和治理能力现代化。

各位代表，老师们，同学们！创建世界一流大学是全体山大人的共同追求，是我们矢志不移的奋斗方向。路虽远，行则将至；事虽难，做则必成。让我们以改革创新的精神、乘风破浪的勇气、抓铁有痕的劲头，脚踏实地，携手并肩，努力开创建设世界一流大学的新局面，为高等教育强国的梦想贡献更大力量！

做山大文化的传承者和传播者

——在山东大学2014年本科生毕业典礼上的讲话

(2014年6月21日)

张 荣

亲爱的同学们：

大家好！

在我们的校园里，每年的6月注定是最深情、最浓烈的季节。我们又一批学子即将告别这片曾经挥洒青春的热土，开启一段新的人生旅程。在离愁别绪的包围中，也许你会伤感地哭，也许你会放声地笑；面对未来的路，也许你踌躇满志，也许你有些迷茫。但不管怎样，所有的真情流露，都遮掩不住你们的美丽可爱和山大人特有的魅力。

今天我们在此举行盛大的毕业典礼，用最温暖的方式为你们送行，为你们祝福。同时，也让我们静下心来共同梳理一下，在这美好的大学时光里，你都记住了什么？在你即将离开的时候，你又将带着什么与你同行？

也许网上的这段话可以代表所有毕业生的心声：是坐在大成广场的喷水池旁感受时光静止，是在夕阳下和伙伴们漫步小树林的石子路，是秋日里中心花园灿烂的枫叶，是雪天里千佛山洁白的身影，是洪楼教堂一年四季袅袅的钟声，是早起在图书馆排起的占座长龙，是无数深夜独自一人从自习室走过的路……这一幅幅充满诗意的画面无疑是山大生活的生动写照，我相信这将成为你们永远抹不去的记忆，并装点你未来丰富多彩的生活。

我同意同学们的说法，但是我不认为这是全部或者最本质的。我还有补充答案。但在给出我的答案之前，请允许我和大家交流一下我对大学和大学文化的看法。

我有一个观点，一所大学的存在表现为三个基本层次：第一个层次是物理的，或者说物质层面的大学，它以校园景观、图书馆、教学楼、实验室、花草树木等客观实在呈现在我们眼前，而且有边界清晰的校园，它看得见摸得着，你用自己的眼睛就可以知道这是怎样的一所大学。第二个层次是学术层面的大学，包括学府里“做学问”的“人”与他们从事的“业”，例如课程的传授、知识的创造、技术的转移等活动，学术层面的大学要抽象一些，需要我们去参与才能了解。第三个层次是文化层面的大学，体现为大学的理念、风格、传统、价值观等等，是耳濡目染、代代相传的大学，需要用心感受才能体会。

对于一所大学，此三种层次缺一不可，各有其不可替代的作用，但文化层面的大学却能长久彰显一个学校独特的魅力。我一向认为，大学之道不仅在于传承文明、熔铸新知，而且还在于塑造灵魂、开启梦想。那么它靠什么来塑造灵魂、开启梦想呢？靠的就是大学优秀的文化传统或者说大学精神。大学精神是经过长期积淀和凝练而形成的共同的追求、理想和信念，是大学的独特灵魂和内在气质，它赋予大学以生命力、活力并积淀了大学最富有典型意义的精神特征。这不仅是学校的一笔宝贵财富，而且还是大学持续发展的动力源泉。在一定程度上说，学子们进入大学除了学习知识、提升能力外，更主要的是接受大学文化的熏陶，这种熏陶往往是春风化雨，润物无声的。它是熔炉，在你身上永远留下鲜明的烙印；它是酵池，让你身上永远散发着独特的味道；它是基因，永远镌刻在你的身心中。

每一所大学都有属于自己的气质和文化。没有大学精神的学校，永远成不了一流的大学。世界上众多的一流大学无不具有鲜明的文化个性和文化传统，是令人敬仰的思想灯塔。

山东大学根植齐鲁大地，拥有丰饶的文化资源和道德资源，以及独特的地理环境。一方面，齐鲁文化集中华民族文化之大成，齐风鲁韵的浸润，使山大文化富于道德情怀；一方面，山东大学南望泰山，东临黄海，山魂海韵的涤荡，使山大文化拥有了博大胸怀。在这样的维度下，在百余年的发展历程中，造就了山东大学独特的文化品格。

山东大学有着敢为天下先的气魄。大家一定有兴趣知道“谁是中国第一所现代大学”，教育史家把这项桂冠送给了1864年创办于山东蓬莱的登州文会馆。我们为此感到骄傲和自豪，因为登州文会馆是山东大学重要的源头，由她所开创的齐鲁大学的历史和传统后来为山东大学所吸收和继承，用事实奠定了山东大学中国现代高等教育起源性大学的历史地位。从登州文会馆到今天的山东大学，绵延跌宕150年，以敢为天下先的精神，在各个时期谱写了中国高等教育史上的璀璨华章。登州文会馆是19世纪末20世纪初中国最好的大学，它所培养的毕业生遍布全国，其中有一批被京师大学堂等高校聘为西学教习，对全国的现代高等教育产生了重要影响；齐鲁大学曾经享誉海内外，与当时的燕京大学共同享有“南齐北燕”之盛名；山东大学历史上创造过两次辉煌，留下了“文史见长”“生物学科中国最好”“海洋学科远东第一”的美誉，并开创了中国高等教育史上无数个第一，早在1904年，山大教授便在英国《自然》杂志上发表文章，这是中国科学界走向世界的开端；“童鱼”“夏道行函数与夏不等式”“彭一般原理”等国际上为数不多用中国人命名的重大成果也皆源于山大；山大教授参与阿尔法磁谱仪、ATLAS强子对撞机等国际合作项目，所取得的成果在世界范围内引起轰动。我们今天回顾历史的荣耀，不是为了满足一种无谓的虚荣，而是从中汲取信心和动力，传承追求卓越的精神，向着世界一流大学的梦想迈进。

山东大学有着以天下为己任的责任感。在学校门口的校规石上，“为天下储人才，为国家图富强”这句话，也许大家早已熟视无睹，但是每当我看到这12个大字，内心依然感到震撼。我们都知道它出自113年前的《山东大学堂章程》，而且也对那段完整的表述耳熟能详，但今天我仍然愿意再为大家重复一遍："公家设立学堂，是为天下储人才，非为诸生谋进取；诸生来堂肄业，是为国家图富强，非为一己利身家。"这就是一个多世纪前山大先贤的价值追求，他们把学校的命运同国家的兴衰、民族的存亡紧密地联系在一起，把个人的价值融入了社会进程。与今天的功利和世俗相比，我们的先贤境界如此高远，实在是崇高而可贵。胸怀天下、勇担重任，这就是历史赋予我们的使命与责任。无论哈佛耶鲁，还是北大清华，或是中外其他著名大学，在每年的毕业典礼上，大学校长们讲述最多的是责任。为什么要对同学们如此强调责任？因为大学是思想的灯塔，是道德的高地，具有引领社会文明进步的使命，这个使命如果不是由受过高等教育的大学生来担当，那么应该由谁来担当？山东大学在一个多世纪的办学历程中，培养了40余万国家栋梁和社会中坚，其中有革命先驱、抗日名将、共和国元帅，近百位两院院士，十余位党和国家领导人，百余位部长、省长，大批艺术名家、驻外大使、世界冠军以及商界领袖先后从这里出发，一代又一代山大人正是沿着这样的精神脉络，接续永恒。

山东大学有着宽厚、稳重、朴实、内敛的品格。这是山大人最典型的特质，也是社会对山大人最为中肯的评价。这种品格决定了山大人学风扎实，做事踏实，为人忠实。老舍先生曾说过："山东"二字满可以用作朴俭静肃的象征，山大是最带"山东"精神的，这个精神使我们朴素，使我们能吃苦，使我们静默，是一种强毅的精神。也正是因为拥有这样的品格，所以山大人备受社会青睐，他们以其坚毅执着的精神扮演着社会中坚、中流砥柱的角色。山大一代一代校友以自己的行动诠释着这种精神。我们的杰出校友项怀诚曾说过，山大对自己的培养不仅是专业上的，而且是人格和素质上的，如果说自己有什么优点的话，那就是做事认真。他说："我的老师中有许多大师级人物，他们那种锲而不舍、精益求精的治学态度给我留下了深刻的印象，并在无形之中感染着我、塑造着我，在我身上打下了'山大人'的烙印，使我受益终生。"被媒体誉为中国"当代保尔"的马俊欣校友很好地诠释了山大人的刚毅厚重。他身残志坚，用铁打的脊梁支撑病躯走过了近30年的坎坷征程，在普通检察官这个平凡的岗位上追求着崇高，做出了不平凡的业绩，感动了中国社会。这就是真实山大人的写照。

敢为天下先，不断追求卓越；以天下为己任，为国家图富强；宽厚、稳重、朴实、内敛，这就是山大优秀文化传统的鲜明特质，是我们共同的文化基因。这种文化基因和精神品格构成了山大人的生态，就好比阳光、空气和水分，时刻滋养我们的心灵，引领我们的方向。也正是因为这样的文化基因，山东大学才能生生不息、薪火相传，绵延至今依然保持顽强的生命力。不管是否认识或者接受它，它都已深深融入我们的血液里，并成为我们勇往直前、奋发开拓的不竭动力。

山大的文化传统是一代代山大人铸造、积累和传承下来的，做山大文化的传承者和传播者，是所有山大人共同的责任。在我看来，物质层面的大学，是外在的、基础的，主要由行政系统来主导管理；学术层面的大学，是本质的、发展的，主要由教授来主导，就是我们所说的教授治学；而文化层面的大学，是内生的、灵魂的，其塑造者和传承者包括在校的老师、学生和已经离校的校友，而校友更是传承和传播大学文化传统的生力军。因为社会对一所大学的评价，通常不会囿于没有生命力的办学指标，而更多地会从对其所培养的毕业生的感性认知出发，所以，你的一举一动就代表了社会对山大的印象，你就是山大的名片，你就是山大的形象代言人。在这个意义上说，校友资源是学校最宝贵的资源。

亲爱的同学们，在大学时代你已经参与了传承和建设山大文化，今后，不管你是步入社会，或者继续深造，将母校的优秀传统播扬出去，以此为任，自我砥砺，并以实际行动不断丰富其精神内涵，你依然责无旁贷。

山大文化与我们个人的成长和国家的需求是相统一的，它是值得世人尊重的优秀传统。只要你们用心体悟山大精神、山大品格，把这种珍贵的文化基因发挥出来、传播出去，就会令人尊敬、获得信赖，就会赢得更多的机会，你的事业就会无往而不胜！

所以，我要给你们的答案就是：带着山大精神，带着由内而外散发的山大文化品格和魅力，永远追求卓越，永远把自己的命运与国家、民族的命运紧密相连，去开创自己美好的未来。

永远地祝福你们，亲爱的同学们！

谢谢大家！

养浩然正气　图国家富强

——在山东大学2014年开学典礼上的讲话

(2014年9月27日)

张　荣

亲爱的同学们：

大家好！

一所大学之所以能够生生不息、薪火相传，绵延上百年依然保持旺盛的生命力和创造力，最直接的原因就是年复一年她都迎来新的同学，如同新的血液注入到她的肌体。半个多月来，你们在军训场上展示青春的力量，在迎新晚会上演绎青春的华彩，让这个美丽的校园到处洋溢着激情和梦想。今天汇聚在这宏大的体育馆，我们再次感受到这股撼人心魄的强大能量，山大的事业必将因你们的加入而更加绚烂！在此，我代表全校师生员工，对2014级同学的到来表示最热烈的欢迎！同时也感谢你们的父母、师长对你们的培养，以及对你们选择山大的坚定支持！

2014年，对于每位新同学来说，一定是终生难忘的一年；而对于山东大学乃至中国高等教育来说，同样具有特殊的含义。也许你不会想到，当你踏入山东大学的那一瞬间，你的肩上已经承载了150年的厚重历史。

1864年，登州文会馆在美丽的山东蓬莱创建，被教育史家誉为“中国第一所现代大学”。1901年，登州文会馆赫士校长带领部分师生，帮助筹备创办了中国第一所京外官办高等学府——山东大学堂，开启了山东大学的办学历史；其后，由登州文会馆所开创的齐鲁大学的历史和传统又为山东大学所吸收和继承，齐鲁大学的校园也成为今日山东大学的一部分。这种历史的传承奠定了山东大学作为中国现代高等教育起源性大学的地位。

从1864年到2014年，从登州文会馆到今天的山东大学，绵延跌宕，愈挫弥坚，在各个时期都成就了璀璨华章。登州文会馆是19世纪末20世纪初中国最好的大学，她所培养的毕业生遍布全国，其中有一批被京师大学堂等高校聘为西学教习，为中国现代高等教育和现代科学技术的发展奠定了基础；齐鲁大学与当时的燕京大学共同享有“南齐北燕”之盛名；历史上的山东大学群星璀璨、大师云集，以闻一多、老舍、梁实秋、沈从文、洪深等为代表的人文学者和以“中国克隆之父”童第周、“中国雷达之父”束星北、“中国藻类研究之父”曾呈奎、数学大家潘承洞等为代表的著名科学家都曾在这里执教，留下了“文史见长”“生物学科中国最好”“海洋学科远东第一”的美誉，开创了中国高等教育史上许多个第一：早在1904年，山大教授便在英国《自然》杂志上发表文章，这是中国现代科学走向世界的开端；“童鱼”“夏道行函数与夏不等式”“彭一般原理”等国际上为数不多用中国人命名的重大成果皆源于山大；近年来山东大学作为重要成员参与的阿尔法磁谱仪、ATLAS强子对撞机等国际合作项目，其成果在世界范围内引起轰动。就在前几天，阿尔法磁谱仪太空粒子实验又由负责人丁肇中教授发布了新的重大进展。

同学们，你今天所在的是中国历史最悠久的大学，是创造了无数辉煌与荣耀的大学，是值得骄傲和自豪的大学，是永远值得尊重和深爱的大学。走进山大，是一个正确的选择，也一定是一个无悔的选择，它必将开启你人生精彩的篇章。

但是此刻，你是否想过，选择这样一所具有古老传统和深厚底蕴的大学意味着什么？这个问题事关你对未来的谋划。如果你能做出正确的回答，那么你的大学生活便有了方向。在我看来：

选择山大，就意味着选择以天下为己任。山东大学在中华民族内忧外患、风雨飘摇的历史背景下诞生，自成立之日起就在章程中宣示：“公家设立学堂，是为天下储人才，非为诸生谋进取；诸生来堂肄业，是为国家图富强，非为一己利身家。”把学校的命运同国家的兴衰、民族的存亡紧密地联系在一起，把个人的价值融入了社会进程。从此“为天下储人才，为国家图富强”就成为山大人的使命，激励着一代代山大人沿着这样的精神脉络接续永恒。作为一个山大人，必须有高层次的追求。青年是国家的未来，胸怀天下、勇担重任，这是历史赋予青年的使命与责任。作为青年精英的山大学子，更应将个人梦想与国家的未来结合起来，自觉担负起引领社会文明进步的使命。

选择山大，就意味着选择以卓越为追求。敢为天下先，追求卓越是山大人的优秀基因。正是因为这一基因，山大人不仅创造了中国高等教育史上众多神奇，而且还培养了一大批国家栋梁和社会中坚，他们中有辛亥革命的先驱，有抗日名将，有共和国元帅；还有十几位党和国家领导人，百余位部长、省长；更有近百位两院院士，这在全国高校名列前茅；有代表半个世纪的文化巨擘、诗坛圣人；也有大批艺术名家、驻外大使、企业界领袖。无数杰出的校友以其追求卓越的品质和对国家社会的卓越贡献，为学校赢得了极高的声誉，也为你们树立了学习的榜样。珍惜、维护这个荣誉是你们应尽的责任；以校友为榜样，不断超越自我，续写母校的光荣，你们更是责无旁贷。

选择山大，就意味着选择以世界为舞台。山大从有史以来就注重开放办学，中西并举，走国际化办学道路。今天山大的育人环境更是充满了国际化元素。我们实施国际化战略，构建了与世界名校携手的合作网络，为你们打开了通向世界的大门，在这里你有更多机会到海外访学交流，开阔国际视野。这里名师荟萃、鸿儒辉映，诺贝尔奖获得者彼得·格林贝格尔教授和莫言先生相继加盟山大，以在世界数学家大会上作一小时报告的彭实戈院士为代表的一批科学家已成为世界的中国科学名片，在这里你可以对话学术大师，徜徉国际前沿。山大探索完善了“三跨四经历”“协同育人”“泰山学堂”“尼山学堂”、卓越人才系列等富有成效的多元人才培养模式，学分制改革也正深入推进，逐步与国际接轨，你将实现个性化发展，走向世界。

同学们，大学时代是独特而重要的人生机遇。这个机遇是你们经历了激烈得近乎残酷的竞争换来的，得来如此不易，因此格外宝贵。能够从报考山大的众多考生中脱颖而出，说明你就是同龄人中的佼佼者，你绝非等闲之辈！有这么好的先天素质，生活在这样一所不同一般的大学里，就应该珍惜机遇，充实自我，努力成为一个精彩的山大人。

那么，如何成为一个精彩的山大人？

我相信同学们在入学教育中一定记住了八个字：“学无止境，气有浩然。”这是山大的校训，是指导你人生方向的座右铭，也是你成为精彩山大人的基本路径。

我们的校训有着丰富的内涵。它体现了对“为学”“为人”的基本要求，彰显了山东大学独特的文化气质，契合社会主义核心价值观，是所有山大人都应遵循的价值尺度。

“学无止境”，是关于学习的准则。这其中包含几层意思：一是学生在校要以学习为第一要务，这是你一切行动的根基，因为教育目标本质上是通过学习来实现的。二是要学会学习的方法，善于探究，敢于怀疑，勇于创新，这才是学习的最高境界。三是树立终身学习的观念，以学习为生活方式，弘扬“崇实求新”的校风和勤奋严谨的学风，持之以恒，不断学习，才能跟上知识更新的节奏。这四个字是山东大学优良校风、学风的集中表现。

“气有浩然”，是关于做人的准则。山东大学根植齐鲁大地，南望泰山，东临黄海，受齐鲁文化之浸润，蒙山魂海韵之涤荡，涵养了山大人的浩然之气。这种浩然之气要求我们：敢于担当责任，勇于坚持真理；富于家国情怀，懂得民族大义；具有泰山的刚毅，拥有大海的胸怀；为人正直，淡泊名利；富贵不能淫，贫贱不能移，威武不能屈。这四个字是一种气势恢弘的精神境界，是我们永远的价值取向。

“为学”也好，“为人”也好，但归根结底是为了人的发展，“浩然之气”才是山大人最根本的特征。

要养成“浩然之气”，我认为，大家要从四个方面努力：

首先，要做一个有道德的人。国无德不兴，人无德不立，养大德者方可成大业。古人云：“太上有立德，其次有立功，其次有立言。”“身修而后家齐，家齐而后国治。”都把崇德修身放在做人做事的第一位。山东大学地处圣人之乡，有丰厚的道德资源，创办之初选人育人即坚持德才并举、以德为先，要求学生正心术、敦品行、明伦理、知大体。今天，我们更要严于律己修身，大力弘扬社会主义核心价值观，增强责任心和使命感，努力做世人的道德楷模。

其次，要做一个有追求的人。“功崇惟志，业广惟勤。”“志不立，天下无可成之事。”我们的前人在办学章程里也说过：“所志者闳，所成就者亦大”，就是说，你的志向越大，追求越高，取得的成就也就越大。一个没有追求的人，就会失去前进的动力；一个没有目标的人，就会迷失前进的方向。那我们追求什么呢？就是追求真理，追求卓越，追求崇高的事业，就是要以天下为己任，为国家图富强。

再次，要做一个有思想的人。不同人之间的根本差距在于思想。思想显示一个人的高度，思想引领未来，思想是力量、是财富。思想有多远，我们才能走多远。大学之道不仅在于传承文明、熔铸新知，而且还在于塑造灵魂、开启梦想。大学教育的重要目标，是培养大家的思维方式和思想方法，你们不是学校的“产品”，而是自己的“作品”。大学就是一个敢于坚持自我的舞台，要努力培养“独立之精神，自由之思想”，学会思考，不人云亦云，不随波逐流，坚持真理但敢于质疑，崇敬圣贤但不迷信，尊重老师但不依赖，给思想插上翅膀，以兴趣引领知识探索，以个性铸造人生特色，形成独立的人格品质。

最后，要做一个有行动的人。行动是通往目标的桥梁。有志向、有思想、有学识，而不落实在行动上，一切只能流于空谈。要做到知行合一，博学而不穷，笃行而不倦。山大人的一个优秀品质就是扎实肯干，刚毅执着。我们要弘扬这种品质，善于从小事做起，踏踏实实，一步一个脚印，正所谓泰山不拒细壤，故能成其高；江海不择细流，故能成其深。成就大事还要敢于直面困难，不畏艰难，“咬定青山不放松”，这应该成为当代青年的优秀意志品质。

同学们，山大是精彩的，你们的老师、校友是精彩的，只要你不甘于平庸，只要你肯付出努力，相信你也必将精彩，并为山大的精彩添上浓重的一笔。当几年后离开这所学校的时候，回望来路，你们一定能够骄傲地对自己说：“在山大，我们不负青春！”

再次祝贺你们，祝福你们！

谢谢大家！

在庆祝威海校区创建30周年大会上的讲话

（2014年11月1日）

张 荣

尊敬的各位领导、各位来宾、各位校友，亲爱的老师们、同学们：

30年前的今天，时任山东大学校长的邓从豪与威海市市长李同轩共同签署协议，拉开了山东大学和威海市人民政府共建威海分校的序幕。这一历史性的创举，结束了威海无高等学府的历史，开启了我国高等教育史上重点高校异地办学的改革探索，翻开了山东大学发展的崭新篇章。威海人民用炽热的胸怀拥抱山东大学，对威海校区的成长和壮大倾注了海一样的深情，与山东大学一起成就了一段“高山与大海俯仰相拥，名校与名城携手共进”的佳话。

30年来，威海校区的建设者们恪守“为天下储人才，为国家图富强”的办学宗旨，怀抱拳拳赤忱，历经曲折探索，矢志不渝，艰辛创业，谱写了华美的历史篇章。如今的威海校区，已经从一片空白发展到1.5万人的学生规模，建立起多学科的人才培养体系，既有百年山大传统底蕴，又有沿海开放办学特色，成为山东大学人才培养的重要基地，具有国际影响的学术研究交流基地，为地方特别是为威海市提供人才和科技文化服务的重点基地，是山东大学不可或缺的组成部分和独具魅力的闪光点。同时它的高速发展也为学校整体发展和世界一流大学建设提供了重要的支撑和强劲的动力。

在此，我谨代表山东大学，向威海校区创建30周年表示热烈的祝贺！向长期以来关心、支持威海校区发展的各级领导和各界朋友表示衷心的感谢！同时，也要向为校区建设和改革发展付出心血、智慧与汗水的各位老领导、老同志及全体师生员工致以崇高的敬意！

同时，山东大学威海校区30年的历史与中国改革开放的历史相叠合、相印证。威海校区在中国改革开放的大潮和高歌猛进的号声中崛起，她是中国30年辉煌成就的缩影。回顾威海校区30年的发展历程，还让我们感受到诸多深刻的启示。

威海校区今天所取得的巨大成就，得益于一代又一代创业者们超群的胆识气魄和超前的战略眼光，是他们发扬山大人“敢为天下先”的精神品格，筚路蓝缕、以启山林，无私奉献，白手起家，在当年的滩涂荒地上，建起了一所美丽的、充满生机的现代化校园，谱写了一曲荡气回肠的壮歌。

威海校区今天所拥有的有力态势，得益于校地合作的深入推进和共赢发展的理念统一，30 年来，中共威海市委、市政府和社会各界始终如一地对威海校区的建设与发展给予大力支持，为校区的崛起提供强大保障，合作双方用真诚的愿望和实在的行动，为一个共同的目标不懈奋斗，取得了累累硕果。

威海校区今天所实现的跨越发展，得益于山东大学这个温暖家庭的同心协力与资源集成，正是在山大这棵参天大树的滋养下，在山大学科优势和人才优势的充分发挥下，威海校区才能在较高的起点上起步，进入快速发展的轨道，书写异地办学的奇迹。

30 岁生日是威海校区发展的里程碑，也是新的起点和契机。当此之际，山东大学也正处在建设世界一流大学的关键时期，特别是随着青岛校区的建设，济南、威海、青岛三地办学的格局已经形成。这既为我们加快发展提供了重大机遇，同时也使我们面临着重大考验。如何在建设世界一流大学的目标下，深入谋划和探索多校区办学体制，形成发展合力，释放改革能量，促进多校区协调发展，是我们面临的重大现实课题。为此：

我们必须更加牢固地树立“一盘棋”的观念。始终坚持“统筹布局，一体发展”的方针，从系统空间和战略布局的角度，确定各校区在学校总体发展格局中所担承的使命和任务。一方面，坚持和完善党委领导下的校长负责制，强化宏观管理和顶层设计，消除资源壁垒，在共同的山大文化中发展壮大；另一方面，不断深化综合改革，完善内部治理体系，既要探索多校区管理的有效运行模式，又要给予每一个校区充分的发展空间，最终实现各校区协调发展、一体发展。

我们必须更加坚定地走“特色发展”之路。特色是大学的生命力和魅力之所在，是大学最醒目的标签。要在保持和强化已有特色的同时，结合国家战略和区域社会发展需求，不断发展新特色、创造新优势。要以青岛校区建设为契机，整合全校资源，推进学科的现代化和集成化，实现学科优势互补，形成鲜明的学科特色。同时，要发挥各自得天独厚的地缘优势，形成鲜明的服务地方特色和国际化特色。通过强化特色建设，让每个校区在山东大学整体布局中形成不可替代的优势，帮助山东大学在中国高校乃至世界高校中形成无可替代的优势。

我们必须更加紧密地开展“校地合作”。服务社会是大学应有的职能，也是大学的价值之所在。担当社会责任既是我们的应尽义务，也是我们的战略选择。威海校区 30 年的发展历程，就是与威海市携手共进的过程，这为我们提供了生动的佐证。我们必须坚持立足地方、服务地方、引领地方，深化与地方的产学研战略合作，努力面向地域经济社会发展主战场，加强与地方政府与企业的互动交流，通过发挥综合优势，为地方提供高质量、高层次的人才支撑、科技支撑、智力支撑、协同支撑，以服务求支持，以贡献求发展。

三十而立，风华正茂。威海校区的发展将翻开历史的一页，走进更有希望的未来。相信，在这个充满机遇与挑战的时代，威海校区的明天一定会更好！山东大学的明天一定会更好！

谢谢大家！

在山东大学第三十三次学生代表大会和第十五次研究生代表大会开幕式上的讲话

（2014 年 11 月 23 日）

张　荣

各位代表、同学们、青年朋友们：

大家好！

在全国上下深入学习贯彻党的十八大，十八届三中、四中全会精神，高等教育综合改革和依法治校全面推进之际，山东大学第三十三次学生代表大会和第十五次研究生代表大会隆重开幕了。这是学校两年一次的盛事，也是广大同学学校生活中的一件大事。在此，我代表学校党委、行政向大会的召开表示热烈的祝贺！向全体与会代表，并通过你们向全校广大同学致以亲切的问候和美好的祝愿！同时，借此机会，对指导我校学生会、研究生会工作的各上级组织和关心山东大学发展与山东大学成长的各级领导、各界朋友表示衷心的感谢！

长期以来，在学校党委领导下，以学生会、研究生会为代表的各级学生组织坚持以邓小平理论、“三个代表”重要思想、科学发展观为指导，深入学习贯彻习总书记系列重要讲话精神，秉承“全心全意为同学服务”的宗旨，围绕学校的中心任务，在繁荣校园文化、服务学生成长成才、促进学校发展等方面做了大量卓有成效的工作，发挥了很好的作用。广大学生代表以主人翁的责任感关心关注学校发展，关心同学的健康成长，提出了许多富有建设性、具有实际应用价值的意见建议，对推动学校不断改进管理和服务发挥了重要作用。

当前，党和国家正在迈入全面深化改革和依法治国的新阶段，以党的十八届三中全会和四中全会为标志，我国的经济建设、政治建设、文化建设、社会建设、生态文明建设和党的建设各领域，都将按照全面深化改革的时间表和路线图实施一系列重大改革举措，这将深刻地影响今后若干年我国经济社会发展的方方面面。学校正在贯彻中央精神，积极深化综合改革，其中一个很重要的方面就是坚持依法治校，推进治理体系和治理能力的现代化。这是新时期学校实现科学发展的必然路径。我们的学生代表大会和研究生代表大会建设同样面临着新的任务和更高的要求。

青年兴则国家兴，青年强则国家强；青年有希望，国家未来的发展就有希望。这对于学校同样如此。目前，山东大学的改革发展进入关键时期，伟大的事业需要全校青年共同迎接挑战，光荣的使命需要大家一起勇敢承担。开好这次会议，对于探索新的历史机遇下如何更好地服务同学、团结同学和带领同学，早日实现创建世界一流大学的宏伟目标具有十分重要的意义。在此，我向学校各级学生组织和广大学生代表提出三点希望：

第一，希望各级学生组织加强制度建设、规范履职，提升服务同学质量。

十八届四中全会把法治中国提升到前所未有的高度，这就要求我们每一个人都要形成法治思维，依法办事；对于学生组织而言，同样需要加强制度建设，遵循规范程序进行决策和开展活动，涉及学生切身利益的事情要努力做到公开公正，更好地服务学生成长成才，推动学校营造良好的法治文化氛围。2014 年 7 月，《山东大学章程》经教育部核准颁布，这是我们学校的基本法，对于完善现代大学制度具有重大意义。希望本次大会能够以此为契机，积极构建完善制度体系，完善《山东大学学生会章程》《研究生会章程》，完善内部治理结构，打造富有公信力、凝聚力和创造力的一流学生组织，以丰富的校园生活、优秀的文化品牌、优质的服务平台，切实引领同学们全面发展。希望各位代表珍惜荣誉与机会，强化责任意识，充分认识自己所担负的职责，加强调查研究，以扎实的工作作风切实反映、解决同学关心的困难和问题，在学校与同学之间发挥桥梁作用。

第二，希望各位代表增强使命感和责任感，谋学计人，提升服务学校水平。

人才培养是学校永恒的主题和根本的任务。当今时代，对学生进行通识教育和个性化培养，已经成为高等教育的主流意识。在这一理念下，学生不再仅仅是学校和老师的“产品”，而是学校人才培养工作的服务对象和合作伙伴。教育的目标归根结底是通过学习完成的，从这个意义上说，每一位同学都是他自己的“作品”。学校和老师更重要的是传授方法，传授知识，指导学习，营造氛围，从而促进教学相长、学学相长。学生会和研究生会作为以自我教育、自我管理、自我服务为主要任务的学生组织，有责任协助学校和老师，组织好同学们的学习、研究、实践互做活动，积极参与和配合学校的各项改革，为学校的管理和发展献计献策，不断创新学习方法和方式，努力创造有利于同学们自主学习、互相学习、不断学习的良好气氛，共同做好“立德树人”这篇大文章。

第三，希望广大学生代表胸怀天下，勇于担当，崇德修身，做好表率，提升服务社会能力。

国家的发展需要青年一代有共同的理想信念、价值追求和精神力量。“为天下储人才，为国家图富强”是百余年来山大的办学灵魂，是山大人矢志不渝的责任担当。作为山大精神的传承者，希望同学们把自我价值的实现与“中国梦”的伟大实践结合起来，把个人价值融入社会发展进程中，把中华民族优秀的传统文化精神与时代精神结合起来，勇敢担承时代使命。各级学生组织干部和各位学生代表更要牢记自己的责任、组织的期望、同学的信任，严于律己，做好表率，增强服务意识，脚踏实地工作、学习，带头成为全面发展的优秀人才，同时加强思想引领和行动示范，带领同学们积极做改革的拥护者和参与者，团结广大同学关注社会，热爱人民，通过主题活动、社会实践、志愿服务等多种形式了解、研究国情，培育、增长才干，共同成长为国家和社会的栋梁。

各位代表、同学们，时代召唤青年，青年创造未来！在中国梦和山大梦的实现过程中，青年学生永远是生力军。希望各位代表、各位青年牢记自己的历史使命，开拓创新，锐意进取，为我校建成世界一流大学的宏伟目标添砖加瓦，为实现中华民族的伟大复兴贡献智慧和力量！

最后，祝愿各位同学学习进步！也预祝本次大会取得圆满成功！

谢谢大家！

做新时代的引领者和塑造者

——在2014年度校长奖学金暨国家奖学金颁奖典礼上的讲话

（2014年12月26日）

张　荣

老师们，同学们：

大家好！

今天，我们在这里隆重举行2014年度校长奖学金暨国家奖学金颁奖典礼，表彰71位校长奖学金和995位国家奖学金获奖者。首先，我代表学校向所有获奖同学表示热烈的祝贺！向一直以来辛勤耕耘、潜心育人的老师们致以崇高的敬意！

自校长奖学金1991年设立以来，我校已有1207位同学获此殊荣，本科生和研究生国家奖学金分别设立于2002年和2012年，获奖者有8000余位。他们当中有的在学术领域已取得重要成就，有的在社会工作中成为中流砥柱，有的已经成为各行业的翘楚并以不同方式回报着母校。今天获奖的同学，同样是同学们中间的佼佼者，你们优秀的道德品质和人格修养、卓越的学业成绩和科研水平、健康的身体素质和心理素养，对很多有意义的社会工作和志愿活动的积极参与，就像刚才提到的李慧文、王建坤、高通、李亮等同学一样，成为广大同学在不同的学习和工作领域学习的样板，你们是同学们心中闪亮的明星。

同学们，校长奖学金是山东大学为学生设立最高荣誉，国家奖学金是在高校资助体系中荣誉最高、奖金额最大的国家级奖学金。设立校长奖学金和国家奖学金充分体现了学校和国家对人才培养的重视，对高端人才的渴望。今天的典礼意义深远。对于你们个人而言，这份荣誉是一直以来刻苦努力的回报，在自我塑造人生的过程中有了新的收获，意味着成长和发展过程中的各项表现得到了充分肯定；对学校而言，你们是学校的培养成果，是学校“为天下储人才，为国家图富强”办学宗旨的重要体现，学校为现在的你们感到欣慰，更对未来的你们充满期待。

同学们，我们生活在一个变革的新时代！我们的世界正在变革。在短短的二十年中，互联网正以改变一切的力量，以前所未有的速度，在全球范围掀起一场影响人类所有层面的深刻变化。伴随着海量信息几乎无成本的全球流淌，伴随着人与人、人与物、物与物之间囊括一切的连接，我们已经能够深刻地感受到，人类思维方式、生活方式和生产方式的又一轮激烈变革就在眼前。

我们的国家正在变革。中华民族正走在伟大复兴的道路上，改革开放以来，中国进入了一个大众创新、加速创新、不断创新的时代。以党的十八大、十八届三中和四中全会为标志，在我国经济建设、政治建设、文化建设、社会建设、生态文明建设和党的建设各领域，都将按照全面深化改革的时间表和路线图实施一系列重大改革。

可以说，当下的时代是大创新、大角逐、大发展的时代，是充满机遇的时代，也是一个英才辈出的时代。互联网时代的快速发展，它的多样化，它的开放、颠覆、创新，都为我们的成长成才提供了众多启示。国家和民族的振兴对高等教育尤其是拔尖人才教育提出更高要求，培养大批名副其实的世界一流学者、各领域的创新和领军人才成为教育的核心使命。

目前，新时代的需要、新时代的思维在高等教育中已经得到了明显的体现。注重学生的多样化需求，对学生进行通识教育和个性化培养，已经成为主流意识，学生不再仅仅是学校和老师的“产品”，而是人才培养工作的服务对象和合作伙伴，是学校各项教学活动的载体。归根结底，任何教育目标都是通过被教育者的学习实现的。同学们的思想意识、行为模式、积极主动性，直接决定学校教育的质量和成败。下一步，学校将以学分制改革为突破口，进一步树立以学生为主体的理念，强化人才培养中心地位，将改革逐步扩展到人才培养各个层面，营造全时全方位育人氛围。

同学们，我们已经置身一个新的时代，新的时代给我们提出了新的要求，为成长成才带来了新的机遇。同学们应该充分发挥主观能动性，了解这个时代，融入这个时代，把握好这个时代。面对时代的变革，我们要站在全球的高度，开阔视野，提高境界，塑造创新思维，培养广阔胸怀，在接受教育的成长过程中，主动抓住时代变化的机遇，在时代浪潮中脱颖而出，力争成长为新时代的引领者和塑造者。我想，大家应该从以下几个方面努力：

做新时代的引领者和塑造者，必须树立争先意识，敢于引领。

要严格要求自己，奋勇争先，学习榜样，争做榜样，在学习生活中不断加强思想道德修养和科学文化修养，陶冶高尚情操，培养文明科学的生活方式，努力把自己塑造成德才兼备的高素质人才。

一个真正优秀的人才，不仅仅要实现自身的综合发展，更要充分发挥引领作用。山东大学一直有着敢为天下先的气魄，现在的你们已经有了坚实的基础，更应该进一步从山大文化精髓中汲取信心和动力，传承追求卓越的精神，充分发挥批判性、创造性思维和实践能力，抛弃随波逐流的思想，敢于以与时俱进的朝气、勇立潮头的浩气、敢为人先的锐气，引领社会道德风尚，引领全球科技潮流，引领人类发展方向。

做新时代的引领者和塑造者，必须树立创新意识，敢于超越。

创新不仅是人类发展和进步的客观要求，而且还是人生命存在的内在需要。简单的重复活动会使人厌倦，而只有超越既往才会使人充满活力、信心和乐趣。乔布斯说过：“不要被教条束缚，那意味着你不得不接受他人的思考结果。不要被他人观点的聒噪声掩盖了你内心的声音。最重要的是，你要勇敢地去倾听你内心的直觉和心灵的指引。”

实践没有止境，创新也没有止境。我们要用新时代的创新思维来指导学习，为思想插上翅膀，以兴趣引领探索，用个性铸造人生，形成独立的人格品质。要有超越前辈的勇气和胆略，破旧立新，想前人之未想，做前人之未做。敢于超越权威，敢于超越历史，敢于超越现有的文明，更加透彻地反观世界，去探索新的世界，做到不断变革、进步和超越。

做新时代的引领者和塑造者，必须树立使命意识，敢于担当。

习近平总书记曾经说过，青年人有担当，国家就有前途，民族就有希望。你们的智慧、你们接受的教育、你们作为新时代公民的能力都赋予了你们独一无二的地位和责任。作为山大人，在这方面我们有先天的基因，我们有着崇高的天下观和家国观。使命在肩，砥砺前行。你们要牢固树立使命意识，实现对个人的担当、对家庭的担当、对社会的担当、对民族的担当。时刻不忘把个人的命运与祖国的命运紧密结合起来，把个人的价值实现融入社会进程，以“先天下之忧而忧，后天下之乐而乐”的境界，以“舍我其谁”的气概，为社会和谐、民族振兴、人类发展积极贡献正能量。

同学们，这是一个比以往更需要智慧和胆识的新时代，伟大的时代召唤着青年，辉煌的事业期待着青年。我们殷切地期盼着你们能够成长为引领社会、推动人类进步的优秀人才。希望同学们牢记我们的期望，把今天当作新的起点，把握时代脉搏，立大志，谋大业，在实现国家需要、社会期望和人生价值三者统一中奋勇前行。

祝愿同学们都有美好的明天！

谢谢大家！

山东大学本科学生学分制管理暂行规定

山大教字［2014］15号

第一章 总 则

第一条 为了推进本科学生学分制管理改革，依据《中华人民共和国教育法》《中华人民共和国高等教育法》《普通高等学校学生管理规定》（教育部令第21号）和《山东省普通高等学校学分制管理规定》（鲁教高字［2013］14号）等法律法规规章，结合学校实际，制定本规定。

第二条 本规定所称学分制，是指学校以学生取得的学分数作为计算学生学习量的基本单位，以达到毕业应修课程和学分最低要求，作为学生毕业和获得学位的主要标准的教学管理制度。

第三条 实施学分制旨在推进人才培养模式改革，充分调动教师教学和学生学习积极性，提高教育教学资源利用率，适应学生多样化发展需要。

第四条 学校实行弹性修业年限。学生可在标准学制的基础上提前一年或推迟两年毕业（不含因病休学时间）。

第五条 本规定适用于山东大学全日制本科生。六年制、七年制、八年制专业的本科教学阶段适用于本规定。留学生、交流生、进修生等参照本规定执行。

第二章 课程与学分

第六条 学时与学分。课堂教学每16学时计1学分，实验教学每32学时计1学分；课程设计、实习、毕业论文（设计）等实践教学环节的学分由各学院教学指导委员会根据学科特点和教学整体安排确定。学生必须完成选课并通过考核，方可获得课程对应学分。

第七条 各专业毕业应修课程和学分要求由专业培养方案确定。学生须修满培养方案规定的各类课程和学分方可毕业。

第八条 学分认定。转专业、转学前所修课程和学分，由学生向转入专业所在学院申请，由本科生院认定。校际交流的学分认定按照相关规定执行。

第九条　创新奖励学分。学生参与大学生创新实验计划项目、创新基金项目、各类学科竞赛等所获得的创新奖励学分，由学生申请经学院报本科生院认定，可以冲抵部分专业实践教学课程学分，但最多不超过 3 个学分。

第三章　收费管理

第十条　学分制收费由专业注册学费和学分学费两部分组成。专业注册学费是学生注册并获得选课权所需缴纳的费用；学分学费由学生选修课程的学分数和学分收费标准决定。专业注册学费和学分学费收费标准按相关规定执行。

第十一条　学生在每学期选课前，须预存专业注册学费和学分学费，方可选课。

第十二条　参加校际交流的学生，按交流协议缴费。没有校际交流协议而自行联系交流学习的学生，如需保留学籍须经学校批准并缴纳专业注册学费。

第十三条　休学学生办理休学手续后，其已缴纳的专业注册学费即予冻结，复学后可重新启用。

第十四条　因退学、转学等原因终止在本校学习时，在注册之前办理离校手续的，无需缴纳专业注册费。注册后，专业注册学费和已确认修读课程的学分学费不予退还。

第十五条　提前毕业或延长学习年限的学生，按照实际修业年限缴纳专业注册学费。

第十六条　在办理毕业（结业、肄业）手续之前，学生须结清在校期间全部专业注册学费和学分学费，方可取得毕业（结业、肄业）资格并办理离校手续。

第四章　选课管理

第十七条　学生应根据专业培养方案及个人学习发展规划选课。应优先选定必修课。对于有前后关系的课程，应先修读先修课程，再修读后续课程。

第十八条　选课由学生通过学校选课系统进行，分预选、试听、退补选、检查和确定选课结果五个阶段。一般于每学期第 15 周开始下学期课程的预选。预选时，通识教育核心课和通识教育选修课选课人数不足 20 人的课程不予开设，学生须及时改选其他课程。新学期开学前两周为试听和退补选时间，第三周为检查确定时间。选课一经确定，不得退选。

第十九条　学生每学期选课（含重修课程）学分不得超过 35 学分。

第二十条　学生重修课程，应办理选课手续并缴纳学分学费。其中，成绩不合格或百分制学分绩点低于 70 分的课程首次重修免费。

第二十一条　港澳台地区学生、华侨学生和留学生可以免修思想政治理论课、军事训练和军事理论课，但应补修相应学分的通识教育课程。

第二十二条　学生选修课程时应自主调节选课时段。如果所选课程时间冲突时，可经个人申请、开课学院批准办理免听或间听手续。不办理相关手续而不上课的不得参加相关课程的考核。

第五章　成绩管理

第二十三条　课程成绩记载。课程成绩可按照百分计分法、五级计分法和两级计分法记载。百分计分法按照总分 100 分记载课程成绩；五级计分法与百分计分法的课程成绩对应关系为：优－95、良－85、中－75、及格－65、不及格－0；两级计分法与百分计分法的课程成绩对应关系为：合格－85、不合格－0。

第二十四条　课程绩点计算。课程绩点按照百分制和五分制分别进行计算。

（一）百分制课程绩点：等于第二十三条中以百分计分法、五级计分法和两级计分法记载的课程成绩。其中，按照百分计分法记载的成绩低于 60 分时，课程绩点为 0。

（二）五分制课程绩点：由成绩管理系统根据参与考核的人数和表 1 规定的等级和比例，按照四舍五入的方式自动转换生成。当修课人数小于 10 人时，成绩第一名自动记为 A＋。

（三）以五级计分法和两级计分法记载的课程成绩与五分制课程绩点的对应关系及相关比例如下表所示。

五分制课程绩点计算办法及与不同计分法对应关系表

<table>
<tr><th colspan="4">五分制成绩等级、课程绩点级等级比例</th><th rowspan="2">五级计分法
及对应关系</th><th rowspan="2">二级记分法
及对应关系</th></tr>
<tr><th>等级</th><th>课程绩点</th><th colspan="2">不同等级比例</th></tr>
<tr><td>A＋</td><td>5.0</td><td>前 5.00％</td><td rowspan="3">20％</td><td rowspan="3">优秀（A/4.5）</td><td rowspan="10">合格（B/3.5）</td></tr>
<tr><td>A</td><td>4.5</td><td>5.01％～10.00％</td></tr>
<tr><td>A</td><td>4.2</td><td>10.01％～20.00％</td></tr>
<tr><td>B＋</td><td>3.8</td><td>20.01％～35.00％</td><td rowspan="3">45％</td><td rowspan="3">良好（B/3.5）</td></tr>
<tr><td>B</td><td>3.5</td><td>35.01％～50.00％</td></tr>
<tr><td>B</td><td>3.2</td><td>50.01％～65.00％</td></tr>
<tr><td>C＋</td><td>2.8</td><td>65.01％～75.00％</td><td rowspan="3">30％</td><td rowspan="3">中等（C/2.5）</td></tr>
<tr><td>C</td><td>2.5</td><td>75.01％～85.00％</td></tr>
<tr><td>C</td><td>2.2</td><td>85.01％～95.00％</td></tr>
<tr><td>D</td><td>1.5</td><td rowspan="2">95.01％～100.00％</td><td rowspan="2">5％</td><td>及格（D/1.5）</td></tr>
<tr><td>F</td><td>0</td><td>不及格（F/0）</td><td>不合格（F/0）</td></tr>
</table>

第二十五条　学分绩点计算。学分绩点依据课程绩点和课程学分计算，在各课程学分绩点基础上计算平均学分绩点（Grade Point Average，GPA）。百分制和五分制计算方法相同。

（一）学分绩点＝课程绩点×课程学分

（二）$平均学分绩点 = \frac{\sum 学分绩点}{\sum 课程学分}$

计算平均学分绩点时，根据四舍五入规则，精确到小数点后两位数。任选课不纳入平均学分绩点计算。

第二十六条　重修课程成绩记载。重修课程成绩按最高成绩记载，不显示“重修”字样。在各类评优和推荐免试攻读硕士学位研究生等排名时，均按照第一次考核成绩计算平均学分绩点，采用五分制绩点排名。

第二十七条　成绩更正。学生对课程成绩有异议时，可在新学期开学两周内，向开课学院提出成绩复核申请，由分管教学副院长、任课教师和教务秘书组成复核小组对试卷和成绩进行复核。如确有问题，由开课学院填写《山东大学本科学生成绩更正表》，交本科生院进行更正。新学期开学两周后成绩将转入历史库，不再接受成绩更正。

第二十八条　成绩单打印。中英文成绩单均由学生通过学校“成绩自助打印系统”打印。学生可以自主选择百分制绩点或五分制绩点进行成绩打印。其中任选课程是否打印由学生自主决定。

第六章　第二学位和第二专业

第二十九条　第二学位是指同一学生在修读主修专业并获得相应学位的同时，跨学科门类修读第二专业所获得的学位。第二专业是指同一学生在修读主修专业并获得毕业证书的同时，在同一学科门类内修读第二专业并达到毕业要求。

第三十条　修读第二学位与第二专业的学生应具有山东大学正式学籍，学有余力，且具有较强的自主学习能力。

第三十一条　修读第二学位与第二专业的学生，其修业年限不得超出第一章第四条规定的最长修业年限。

第三十二条　同一学生在校期间，只允许修读一个第二学位或者第二专业。

第三十三条　修读第二学位或第二专业时，需由学生提出申请，由第二学位或第二专业所在学院审核并报本科生院批准，而后安排学生到适宜年级进行修读。

第三十四条　修读第二学位或者第二专业需修读相关专业的必修和限选课程。与主修专业学生统一排课、统一选课、统一教学、统一考试。

第三十五条　学生在主修专业修得的课程与学分，与第二学位或第二专业的课程与学分相同或相近时，由第二学位或第二专业所在学院报本科生院认定。

第三十六条　学生在获得主修专业学位证书或毕业证书的前提下，修满第二学位或第二专业规定的课程和学分，经学校审核合格，可获得第二学位或第二专业的学位证书或毕业证书。其中，第二学位的学位证书单独发放，其学位授予时间可与主修专业学位授予时间不同。第二专业不单独颁发毕业证书，只在主修专业毕业证书上标明第二专业名称。

学生如未获得主修专业毕业证书，则不能获得第二专业的毕业证书；学生如未获得主修专业学位证书，则不能获得第二学位的学位证书。

第七章　毕业、获得学位、结业与肄业

第三十七条　学历证书包括毕业证书、结业证书和肄业证书三种。学生在学校规定

的修业年限内修完专业教学计划规定的内容，获得规定的学分，学校准予其毕业并颁发毕业证书。学生已选修专业培养方案规定的全部内容，但学分未达到毕业要求且修业年限超出学校允许的最长修业年限的，经学校审核后作永久结业处理，发给结业证书。学生学满一学年以上，但未完成专业培养方案规定的内容而退学的，经学校审核后颁发肄业证书。

第三十八条　符合毕业条件且百分制平均学分绩点达到70分及以上，符合《中华人民共和国学位条例》的要求，无重大学术违纪，经学校学位评定委员会审核同意，授予学士学位证书。

第三十九条　学历证书遗失或损坏时，学生可向本科生院提出补办申请，经本科生院审核并报教育主管部门批准，办理毕业证明书。学位证书遗失或者损坏时不予补发，可经本人申请，经学校档案馆审核后出具证明。

第四十条　对违反国家招生规定入学或者出现重大学术违规行为者，学校将取消其获得学历证书和学位证书的资格。对于已经发放的学历证书和学位证书，学校有权追回，并报请教育行政部门宣布证书无效。

第八章　附　则

第四十一条　本规定适用于2013年及以后入学的学生，《山东大学双学士学位管理办法》（山大教字［2012］43号）同时废止。

第四十二条　本规定由山东大学本科生院负责解释。

山东大学教职工代表大会实施办法

（山大党字［2014］14号）

第一章　总　则

第一条　为进一步推动我校教职工依法参与学校民主管理和监督，不断健全和完善山东大学教职工代表大会制度，根据《中华人民共和国工会法》《中华人民共和国高等教育法》《学校教职工代表大会规定》（教育部第32号令）、《山东省实施〈学校教职工代表大会规定〉办法》等法律法规和文件精神，结合我校实际，制定本实施办法。

第二条　本实施办法同时适用于山东大学校内各二级单位。

第三条　山东大学教职工代表大会（以下简称教职工代表大会），是教职工依法参与学校民主管理和监督的基本形式。

第四条　教职工代表大会应当高举中国特色社会主义伟大旗帜，以马克思列宁主义、毛泽东思想、邓小平理论“三个代表”重要思想、科学发展观为指导，全面贯彻执行党的基本路线和教育方针，认真参与学校民主管理和监督。

第五条　教职工代表大会和教职工代表大会代表应当遵守国家法律法规，遵守学校规章制度，正确处理国家、学校、集体和教职工的利益关系。

第六条　教职工代表大会在校党委领导下开展工作。教职工代表大会的组织原则是民主集中制。

第二章　职　权

第七条　教职工代表大会的职权是：

（一）听取学校章程草案的制定和修订情况报告，提出修改意见和建议；

（二）听取学校发展规划、教职工队伍建设、教育教学改革、校园建设以及其他重大改革和重大问题解决方案的报告，提出意见和建议；

（三）听取学校年度工作、财务工作以及其他专项工作报告，提出意见和建议；

（四）讨论通过学校提出的与教职工利益直接相关的福利、校内分配实施方案以及相应的教职工聘任、考核、奖惩办法；

（五）审议学校上一届（次）教职工代表大会提案的办理情况报告；

（六）按照有关工作规定和安排评议学校领导干部；

（七）通过多种方式对学校工作提出意见和建议，监督学校章程、规章制度和决策的落实，提出整改意见和建议；

（八）讨论法律法规规章规定的以及学校与教职工代表大会执行委员会商定的其他事项。

教职工代表大会的意见和建议，以会议决议的方式作出。

第八条　学校应当建立健全沟通机制，全面听取教职工代表大会提出的意见和建议，并合理吸收采纳；不能吸收采纳的，应当作出说明。

第三章　教职工代表大会代表

第九条　凡与学校签订聘任聘用合同、具有聘任聘用关系的教职工，均可当选为教职工代表大会代表。教职工代表大会代表占全体教职工的比例，由学校自主确定。

第十条　教职工代表大会代表由所在单位教职工直接选举产生。

第十一条　教职工代表大会代表以教师为主体，教师代表不得低于代表总数的60%，并保证一定比例的青年教师和女教师代表。

教职工代表大会代表接受选举单位教职工的监督。

第十二条　教职工代表大会代表实行任期制，任期5年，可以连选连任。

在下列情况下，选举单位可以依照规定程序更换、补选或撤换本单位的教职工代表大会代表：

（一）教职工代表大会代表在任期内调离本校及退职、退休的，其代表资格自行终止，缺额代表可由选举单位进行补选；代表在校内调动工作，代表资格不变，参加调入单位代表团活动，原单位不再补选。

（二）教职工代表大会代表不履行义务，经劝告无效，可由选举单位按照规定程序予以撤换，并另行补选。

（三）代表受到党纪、政纪处分，经所在代表团讨论，取消其教职工代表大会代表资格；受到刑事处罚的撤销其教职工代表大会代表资格。缺额由其所在单位另行补选。

（四）遇有其他情况，需要更换、补选的。

第十三条　教职工代表大会代表享有以下权利：

（一）在教职工代表大会上享有选举权、被选举权和表决权；

（二）在教职工代表大会上充分发表意见和建议；

（三）提出提案并对提案办理情况进行询问和监督；

（四）就学校工作向学校领导和学校有关机构反映教职工的意见和要求；

（五）因履行职责受到压制、阻挠或者打击报复时，向有关部门提出申诉和控告。

第十四条　教职工代表大会代表应当履行以下义务：

（一）努力学习并认真执行党的路线方针政策、国家的法律法规、党和国家关于教育改革发展的方针政策，不断提高思想政治素质和参与民主管理的能力；

（二）积极参加教职工代表大会的活动，认真宣传、贯彻教职工代表大会决议，完成教职工代表大会交给的任务；

（三）办事公正，为人正派，密切联系教职工群众，如实反映群众的意见和要求；

（四）及时向本部门教职工通报参加教职工代表大会活动和履行职责的情况，接受评议监督；

（五）自觉遵守学校的规章制度和职业道德，提高业务水平，做好本职工作。

第四章　组织制度与工作程序

第十五条　教职工代表大会每学年至少召开一次。

遇有重大事项，经学校、学校工会或 1/3 以上教职工代表大会代表提议，可以临时召开教职工代表大会。

第十六条　教职工代表大会须有 2/3 以上教职工代表大会代表出席。

教职工代表大会根据需要可以邀请离退休教职工等非教职工代表大会代表，作为特邀或列席代表参加会议。特邀或列席代表在教职工代表大会上不具有选举权、被选举权和表决权。

第十七条　教职工代表大会的议题，应当根据学校的中心工作、教职工的普遍要求，由教职工代表大会执行委员会提交学校研究确定，并提请教职工代表大会表决通过。

第十八条　教职工代表大会的选举和表决，须经教职工代表大会代表总数半数以上通过方为有效。

第十九条　教职工代表大会在教职工代表大会代表中推选人员，组成主席团主持会议。

主席团应当由学校各方面人员组成，其中包括学校、学校工会主要领导，教师代表应占多数。

第二十条　教职工代表大会可根据实际情况和需要设立若干专门委员会，完成教职工代表大会交办的有关任务。专门委员会对教职工代表大会负责。

第二十一条　教职工代表大会换届时，选举产生教职工代表大会执行委员会，其成员由 13～15 人组成，设主任 1 名，副主任 2～3 名。主任由分管校领导兼任。教职工代表大会执行委员会在校党委领导下，承办代表大会交给的工作任务，向代表大会报告工作。

教职工代表大会闭会期间，遇有急需解决的重要问题，可由执行委员会联系有关专门委员会与学校有关机构协商处理。其结果向下一次教职工代表大会报告。

第二十二条　教职工代表大会代表可以按照一个或多个选举单位组成代表团，并推选出团长、副团长。

第二十三条　教职工代表大会代表团团长的职责是：

（一）会议期间，收集代表提案，组织代表团讨论，汇报讨论意见；

（二）闭会期间，主动联系代表及广大教职工群众，随时反映各种意见和建议；

（三）完成教职工代表大会执行委员会交给的其他任务。

代表团团长在失去代表资格或不能履行职责时应依照规定程序及时递补。

第二十四条 教职工代表大会每5年为一届，期满应当进行换届选举。教职工代表大会换届时，学校成立筹备工作委员会。筹备工作委员会在校党委领导下，具体负责教职工代表大会换届的各项筹备工作。

第五章 工作机构

第二十五条 教职工代表大会执行委员会为教职工代表大会的工作机构，秘书处设在校工会委员会，校工会主席兼任教职工代表大会执行委员会秘书长，并确定一名专职副主席任副秘书长。秘书处在教职工代表大会执行委员会的领导下，会同学校工会，主要承担下列工作：

（一）做好教职工代表大会的筹备工作和会务工作，组织选举教职工代表大会代表，征集和整理提案，提出会议议题、方案和主席团建议人选；

（二）教职工代表大会闭会期间，组织传达贯彻教职工代表大会精神，督促检查教职工代表大会决议的落实，组织各代表团及专门委员会的活动，主持召开教职工代表团团长、专门委员会负责人联席会议；

（三）组织教职工代表大会代表的培训，接受和处理教职工代表大会代表的建议和申诉；

（四）就学校民主管理工作向校党委汇报，与学校沟通；

（五）完成教职工代表大会委托的其他任务。

第二十六条 学校应当为教职工代表大会执行委员会承担教职工代表大会工作机构的职责提供必要的工作条件和经费保障。

第六章 二级教职工代表大会

第二十七条 学校基层单位可根据条件设立二级教职工代表大会。在本单位党委领导下开展工作，并接受学校教职工代表大会执行委员会的指导。

第二十八条 二级教职工代表大会在本单位行使下列职权：

（一）听取本单位行政工作报告，讨论和审议本单位办学指导思想、发展规划、重大改革方案、教职工队伍建设和其他有关本单位发展的重大问题，提出意见和建议；

（二）讨论通过本单位教职工岗位责任制方案、聘任制实施方案、考核与奖惩办法及其他与教职工合法权益有关的内部管理制度；

（三）讨论通过本单位的教职工劳务酬金和奖金分配办法及其他有关教职工生活福利等事项；

（四）按照有关规定和安排评议本单位领导干部；

（五）学校和本单位规定的其他职权。

教职工人数较少的单位，以全体教职工大会形式建立制度，行使上述职权。

第二十九条 二级教职工代表大会每年至少召开一次，遇有重大问题或1/3以上二级教职工代表大会代表建议，可以召开临时会议。二级教代会代表的产生、会议的召开办法，可参照本实施办法有关规定执行。

建立二级教职工代表大会的单位，应结合单位实际，制定实施细则。

第七章　附　则

第三十条　本办法经教职工代表大会讨论通过，报校党委批准后执行。

第三十一条　本办法由教职工代表大会执行委员会负责解释。

中共山东大学委员会
2014 年 5 月 8 日

中共山东大学委员会关于加强和改进机关作风建设的意见

（山大党字［2014］20号）

为巩固和扩大党的群众路线教育实践活动成果，切实加强机关作风建设，提高机关管理水平和服务能力，建立健全校部机关践行党的群众路线长效机制，现就进一步加强机关作风建设，提出如下意见：

一、总体要求

深入学习贯彻党的十八大和习近平同志系列重要讲话精神，紧紧围绕学校中心工作，以服务学校发展、服务人才培养、服务师生员工为宗旨，扎实推进学习型、创新型、服务型、效能型、廉洁型机关建设，改进工作作风，提高服务质量，争创一流机关，为建设世界一流大学提供坚强保障。

二、工作目标

通过加强机关作风建设，使机关干部充分认识巩固扩大教育实践活动成果、加强机关作风建设的重要性和紧迫性，进一步增强责任意识、担当意识和服务意识，切实解决师生反映强烈的突出问题，规范工作行为，提升执行能力，树立机关良好形象。力争实现机关效能有新提高，工作水平有新提升，精神面貌有新变化，服务师生有新成效，以良好的作风、优质的服务推动学校各项事业又好又快发展。

三、基本原则

（一）服务改革发展。把服务学校各项事业改革发展作为机关作风建设的首要任务，坚持服务本位，树立服务意识，凝心聚力抓改革，一心一意谋发展，真抓实干，勇于担当，推进建设世界一流大学持续发展。

（二）践行群众路线。把师生满意作为机关作风建设的第一标准，坚持为学生服务、为学院服务、为学术服务，着力解决师生关注最集中、反映最强烈的机关作风建设问题，不断密切机关与师生的联系。

（三）遵循科学规律。深刻把握机关作风建设的科学规律，积极探索符合机关实际的工作路径，加强统筹谋划，不断增强作风建设的系统性、预见性和创造性。

（四）坚持标本兼治。牢固树立“作风建设永远在路上”的理念，把治标和治本结合起来，把解决突出问题与建立长效机制结合起来，抓细、抓实、抓常，常抓不懈，不断深化机关作风建设的实践成果。

四、具体措施

（一）坚持群众观点，强化服务意识。准确把握机关工作定位，进一步增强服务意识，牢固树立全心全意为师生服务、为教学科研服务的理念，积极主动地服务师生，耐心细致地解答师生的疑问。加强调查研究，深入基层广泛听取师生意见，为学校和学院发展积极献计献策，使机关各项工作都有利于提升教育教学质量，有利于提高学校办学水平，真正实现机关由管理型向服务型转变。

（二）完善学习制度，营造学习氛围。要以建设学习型机关为目标，坚持和完善中心组学习和机关学习日制度，推进理论和业务学习的制度化和规范化，引导机关干部认真学习党的理论、方针、政策，坚定中国特色社会主义的道路自信、理论自信、制度自信，不断提高机关干部队伍理论政策水准、思想道德素养、科学文化素质和解决实际问题的能力，把理论学习的成果转化为工作的思路和对策，做到学以致用，在机关形成浓厚的学习氛围。

（三）加强改革创新，提高服务效能。机关各部门要加强对党和国家方针政策、教育改革、现代大学管理等方面的研究，为学校科学决策提供可靠依据。积极探索机关工作的新方法、新模式，坚持解放思想、实事求是的原则，努力形成锐意改革、创新进取的良好氛围。进一步明确部门工作职责和人员岗位职责，各司其职，各负其责，沟通协作，相互支持，防止推诿，提高效能。建立健全完善的制度体系，做到有章可循，按章办事。优化工作流程，简化办事手续，建立健全网上办事平台，推进信息化机关建设。切实改进会风、文风，精简会议、文件，提高工作效率。突出有令必行、令行禁止的责任要求，对学校党委、行政确定的目标任务以及向师生作出的承诺，全力以赴抓好落实。

（四）倡导勤俭节约，坚持清正廉洁。大力弘扬勤政为民、廉洁奉公的奉献精神。自觉践行“三严三实”要求，以高效优质的工作，推进科学发展，促进校园和谐。深入开展党纪政纪教育和反腐倡廉宣传教育，筑牢机关党员干部拒腐防变的思想防线。加强廉政风险防控体系建设，严格落实中央八项规定。大力弘扬艰苦奋斗的优良传统，切实树立节约光荣，浪费可耻的理念，节约使用办公资源。严格规范公务活动、公务用车管理，严格执行财务管理、办公用房管理规定，加强办公经费管理。

（五）加强文化建设，凝聚发展能量。加大机关文化建设力度，发挥机关工会、共青团、妇委会和青年联谊会的作用，广泛开展参与率高、受益面广的群众性文体活动，不断丰富传统美德、社会公德、职业道德和个人品德教育的途径形式，着力践行中国特色社会主义核心价值观。开展文明单位、文明窗口创建活动，培育具有机关部门特色的文化品牌。

五、工作保障

（一）建立岗位责任制。机关各部门在明确每个部门、科室工作职责的基础上，进一步明确每个工作岗位的职责，即每个岗位应担负的责任、行使的权力和完成的任务，并落实到每位工作人员，做到“人有其岗，岗有其责”。

（二）实行服务承诺制。机关各部门和具有服务职能的直属单位，都要实行服务承诺制度，要根据本部门工作性质，本着“方便、高效、热情、周到”的原则，向服务对象作出服务质量和服务时限的承诺，并通过部门网站、张贴告示板等形式向师生公开，为基层和师生员工提供最优服务。

（三）强化首接负责制。对服务对象的办事请求和咨询，第一个接待的工作人员即为首问责任人。凡是属于自己职责范围内的事情，若手续完备，要在规定的时限内予以办结；若手续不完备，应一次性告知其全部办理要求和所需材料；按政策规定不能办理的事项，耐心做好解释工作；不属于自己职责范围内的事项，要给予引导或帮助联系，确保服务对象便利地找到经办人员。

（四）健全信息公开制。机关各部门要认真贯彻落实《山东大学信息公开实施办法》，切实增强信息公开意识，进一步完善工作流程和工作制度，对本单位应主动公开的内容、形式、程序、标准、时间以及监督等方面，都要作出明确规定，同时要按照“依法公开，及时全面，公正真实，有利监督，服务师生”的原则，在依法、及时、真实、准确的前提下开展信息公开工作，提高工作透明度，接受社会监督。

（五）完善激励监督制。加强对机关干部作风建设情况的经常性监督，充分发挥学校行政的监督职能，建立健全服务投诉举报制度，有效发挥网络监督作用，完善机关作风建设考核激励机制，加强定期和不定期机关作风建设的检查，对机关作风不良行为进行批评教育、严肃处理，切实改变机关作风慵懒散现象。

（六）加强组织领导。学校成立以分管校领导任组长，学校办公室、纪委监察审计部、组织部、宣传部、人事部、机关党委、工会等部门主要负责人组成的学校机关作风建设领导小组，统筹机关作风建设工作。领导小组下设办公室，办公室设在机关党委。各部门主要负责人和支部书记对本部门作风建设负总责，不仅要以身作则、率先垂范，而且还要结合本部门实际，制定本单位加强和改进作风建设的具体措施，形成一级抓一级、层层抓落实的工作机制。

中共山东大学委员会
2014 年 9 月 22 日

山东大学繁荣哲学社会科学行动方案

（2014～2020）

（山大科字［2014］34 号）

繁荣发展哲学社会科学，对建设山东大学的现代大学制度、实现在建校 120 周年前后初步建成世界一流大学、主要办学指标位居国内高校前列的目标具有极其重要的意义。为在新的起点上实现山东大学哲学社会科学的新发展，根据《中共中央关于进一步繁荣发展哲学社会科学的意见》《国家中长期教育改革和发展规划纲要（2010～2020年）》《国家哲学社会科学研究“十二五”规划》和教育部关于繁荣发展哲学社会科学的有关精神，结合学校“学术振兴行动计划”和“攀跃计划”以及学校哲学社会科学的实际，制定本行动方案。

一、指导思想和总体目标

（一）指导思想

以马克思列宁主义、毛泽东思想、邓小平理论“三个代表”重要思想、科学发展观为指导，深深扎根于中华文明沃土，充分反映当代社会科学的前沿要求，按照“内涵发展、质量发展、特色发展”的要求，尊重学术发展规律，坚持学术立校、人才强校、特色兴校、依法治校，全面深化改革，加快创新发展，着力实现文科科研的现代化，努力提升我校哲学社会科学在理论创新、文明传承、咨政育人、服务社会等方面的能力和水平，促成山东大学哲学社会科学研究的全面繁荣。

（二）总体目标

围绕学校世界一流大学建设的目标，力争经过八年建设，培育出数位在国内具有权威影响在国际上具有重要影响的学术大家；建成一批具有持续发展前景、引领学术潮流、对国计民生有重要影响并享有国际声誉的学术高地和智库；在若干领域、方向或重大问题上形成特色鲜明的“山大学派”，全面提升山东大学哲学社会科学研究的国际学术影响力，使山东大学哲学社会科学总体实力位居国内前列，若干学科研究领域达到全国最高水平或接近国际一流水平。

（三）总体思路

弘扬中华文化、提升国家软实力、探索解决中国现代化建设过程中的重大理论和现实问题为哲学社会科学发展提供了难得的发展机遇。面对新挑战、新机遇，学校应抓住发展机遇固本创新，按照“以人为本、强化优势、注重交叉、激励创新”的总体思路大力发展哲学社会科学。

促进研究方式与研究方法的变革，以需求意识转变、方法创新、交叉融合为统领，提高文科科研的现代化水平，实现山东大学哲学社会科学的新跨越；充分发扬学校文史见长的学术传统，促进文史哲等传统优势学科的进一步繁荣；进一步凝聚经济学、政治学、法学、管理学等学科的优势特色加速崛起；充分发挥学校学科齐全的综合优势，大力促进学科的交叉融合，努力培植新的学科增长点；淡化学科概念、突破学科壁垒，面向需求、问题导向，充分发挥学校在国家社会发展中的智库作用，使哲学社会科学更好地服务于区域经济社会发展。

结合学校哲学社会科学的实际，通过改革学术评价，加强学科平台建设、人才队伍建设、科研项目体系建设、精品成果奖励、服务社会能力提高以及国际化战略实施等措施，全面促进学校哲学社会科学的繁荣发展。

二、建设任务和措施

（一）学科建设

哲学社会科学各学科至少要有1～2个研究方向形成有特色的研究集群，打造学科建设的核心品牌，以此为基础建设一批国内一流世界领先的学科和学科群。

1. 优势学科提升。加强学校优势学科建设，巩固和发扬学校“文史见长”之学术传统，进一步提升中国语言文学、中国历史、考古学、应用经济学、政治学等学科的影响力。

2. 特色学科强化。根据社会、经济、文化发展的要求，进一步强化在基础学科和应用学科中已经形成特色的学科，构筑研究高地，形成研究特色优势。人文领域强化建设中国哲学、文艺美学等已经有显著特色的学科；社会科学领域强化建设理论经济学、法学、社会学、管理学等学科。

3. 新兴学科与交叉学科培育扶强。以问题为导向，紧紧围绕国家发展战略和国际学术前沿，利用学校学科齐全的优势，通过强化平台建设等措施重点培育一批国家社会发展需求和反映国际学术前沿要求的新兴交叉学科，提升山东大学解决重大问题的能力。2013～2020年期间，重点建设代表学术前沿、符合国家社会重大需求的新兴交叉学科。

（二）学术平台建设

按照国家协同创新中心（简称“2011计划”）和教育部人文社会科学重点研究基地建设的目标和要求，把学术平台建设成哲学社会科学高端人才的汇聚基地、学术创新体系的示范基地、重大原创性学术思想及学术成果源发基地、国际学术交流的前沿阵地、服务国家和区域社会经济发展的智库和政策咨询基地。

1. 构筑跨学科、跨领域的高端学术创新平台。紧紧抓住国家实施“2011计划”的契机，构筑起国家、山东省、山东大学三个层面的协同创新中心。在国家级协同创新中心建设方面有突破，建设山东区域经济发展协同创新中心等2～3个省级哲学社会科学协同创新中心、3～5个校级哲学社会科学协同创新中心。鼓励参与外校为牵头单位组织的协同创新中心建设。

积极发挥儒学高等研究院的作用。充分整合文科资源，建立跨领域合作研究的有效机制，发挥在中国古典学术研究和基础研究方面的优势与特色，构建中国古典学术研究、传统文化研究以及基础研究的创新体系，使山东大学成为国内最具代表性的中国古典学术研究与基础研究重镇和文化复兴战略智库。

充分发挥山东发展研究院暨山东区域经济发展协同创新中心的平台作用。组织、整合与山东发展有关的学科资源，促进与国内外其他智库的合作，以国家和山东经济社会发展的重大问题作为研究对象，为党和政府的区域发展战略和决策提供有建设性和影响力的咨询报告。

论证建设国际战略研究院。充分利用国家政策，吸引和整合国际与国别研究的有关力量，在建或筹建澳大利亚研究中心、以色列中心、沙特中心、俄语中心等，强化对东北亚、欧盟、美国、俄罗斯等区域的综合研究，扩大研究影响力，积极为国家的国际战略提供智力支持。

2. 加强哲学社会科学重点研究基地建设。继续巩固和发展现有4个教育部人文社会科学研究重点基地的建设，发挥特色优势，促进转型发展，成为学校哲学社会科学研究领域的学术高地和战略思想库，在主要研究领域对理论发展和政策形成产生较大影响。

按照教育部人文社会科学重点研究基地建设模式，加大对山东省的人文社会科学研究重点基地的支持力度，积极探索省部、部部共建道路，支持条件成熟的备选基地申报教育部人文社会科学重点研究基地，争取在新一轮教育部人文社会科学研究重点基地评审中有较大收获。

3. 进一步强化非实体研究机构的建设与发展。加强对现有非实体研究机构的管理与建设，完善非实体研究机构的管理方法，重新修订《山东大学科研机构管理办法》，建立激励与淘汰机制，强化对非实体研究机构的支持。鼓励组建非实体性研究机构，以凝聚队伍培育新人，强化学术特色优势打造特色学术团队。鼓励、培育学科交叉等新型学术平台的建设。

4. 加强期刊等学术阵地的建设。充分发挥《文史哲》《山东大学学报》（哲社版）、《当代世界社会主义问题》《周易研究》《民俗研究》的学术影响力，加大投入力度，整合相关资源共同发展。鼓励开办和引进具有冲击SSCI、A&HCI能力的学术期刊，支持已经列入CSSCI来源集刊和其他连续性学术出版物的出版发行。鼓励创办彰显山大学派特色的有影响力的学术会议，支持主办国际学会的年会等具有国际重大影响力的会议。

（三）学术队伍建设

平衡引进和培育的关系，重视青年学者的成长，充分发挥教授团队的人才队伍建设作用。建设一支结构优化、德才兼备、思想活跃、有学术影响力和创造力、深度参与国际学术发展的学者队伍。

1. 围绕学校重点发展的优势特色学科领域，依托已有和新建的研究平台，培养和引进学术领军人才、高层次学科带头人以及优秀中青年学术骨干。

2. 加大对青年学者学术发展的支持力度。制定《山东大学新进青年教师考核办法》，创造更良好的条件推动青年学者更加专注于学术研究。

3. 强化学术团队建设。要求各个学院制定学术团队发展规划，支持有领导能力的教授组织青年学者进行跨学科、自由式协作研究，形成一批有持续发展能力、特色突出的学术团队。

（四）项目体系建设

设立哲学社会科学研究项目专项资金，建立更加完善的项目资助体系。

1. 继续实施重大课题培育项目。学校每年设立10项左右重大研究项目并实施申报国家重大攻关项目的资助支持制度，鼓励开展重大基础研究、学科综合研究和重大战略问题研究，以此为基础积极争取承担国家级重大攻关项目，产出一批重大成果。

2. 继续实施青年团队项目。学校每年设立5～10项青年团队项目，资助水平领先、特色鲜明、有持续发展能力的学术团队开展研究，促进在一些领域形成特色鲜明传承有序的“山大学派”。

3. 继续实施青年自主创新基金项目。加大对青年学者的支持力度，助推45岁以下青年学者的成长，使其尽快成为学科发展的中坚力量，在学校的哲学社会科学繁荣发展中发挥重要作用。

4. 强化产出导向的研究经费投入制度。实施以成果决定后续经费、科研津贴奖励、后期资助、根据学术声誉委托等经费投入方式。加大对高水平成果的资助力度，鼓励高水平成果的产出。

（五）学术精品的奖励与推介

鼓励原创性研究，产出重大影响的标志性成果。

1. 设立山东大学哲学社会科学优秀研究成果奖，奖励学校哲学社会科学领域最高水平的研究成果，以树立“山大品牌”。

2. 制定山东大学学术贡献奖励办法，对做出重大学术贡献的集体和个人予以重点奖励和表彰，对在各学科领域国际顶尖学术期刊发表论文的加大奖励力度。

3. 推出山东大学哲学社会科学优秀著作出版基金，设立“山大文库”系列，出版对学术发展作出重要贡献学者的文集和优秀研究成果。

4. 探索、完善优秀成果转化机制，实施重大研究成果发布制度，建立优秀成果推介的畅通渠道，扩大优秀成果影响力。

（六）社会服务能力的提高

建立理论与实践相结合、科学研究与咨询服务相对接的服务社会的长效机制，鼓励哲学社会科学学者面向经济、社会、文化发展重大需求，以重大现实问题为主攻方向，开展应用研究。

1. 充分发挥山东发展研究院、深圳研究院、苏州研究院、东营研究院等相关平台的作用，鼓励各个学科各学院与相关政府部门等建立密切合作研究机制，强化与政府、企业等的合作关系。

2. 结合“2011 计划”和教育部人文社科重点研究基地建设，选择国家与社会关注的战略性领域，策划建设咨询服务团队和平台，打造品牌智库。

3. 做好教育部哲学社会科学发展研究报告等应用研究项目，积极争取重大横向科研项目，进一步增加横向项目在科研考核和业绩奖励中的分量。

4. 通畅成果报送渠道，及时报送关于重大现实问题的研究成果和咨询建议。建立向社会推介人文社会科学成果、机构、学术大家的制度，召开学术社会推介会，提高社会影响力和服务能力。

5. 重视并积极开展哲学社会科学普及工作，支持知名学者推出社科普及作品，对在哲学社会科学普及工作做出重大贡献者给予奖励。

（七）国际化战略

提升国际影响力和竞争力，培养一支学术基础扎实和具有国际视野的学者队伍，在国家哲学社会科学“走出去”战略中居于前沿位置。

1. 人才队伍国际化

提高教师队伍国际化程度，在保障质量的前提下加大引进海外取得博士学位的中青年优秀学术人才力度，资助中青年学者赴国际著名高校或科研机构访学进修；以学科建设、团队培育为中心引进海外千人计划、长江学者等学者，切实发挥他们的引领作用，促进学科发展；积极支持和鼓励学者在国际学术组织中任职和参加重要的国际学术会议。

2. 学术研究国际化

在学科优势明显、国际化程度比较高的学科领域，与世界一流大学或科研机构建立实质性合作关系，努力建成 1～2 个具有国际影响力的国际合作研究平台；建设对国际学者有较大吸引力的学术基地和具有世界影响力的前沿学科；关注当今人类发展及全球热点问题，主动参与全球性或区域性的重大科研合作项目；鼓励学者实质性参与国际合作研究，鼓励申请、主持和参与国际课题研究；鼓励优秀成果和学者参加国际学术奖励的评选；加强优秀成果外译工作，加大在国际知名出版机构出版学术著作的支持力度，推动优秀学者和优秀成果走向世界；稳步推进学术评价的国际化，全面提升科研国际竞争力。加强海外孔子学院建设，发挥“新汉学”计划的平台作用与孔子学院的中外文化交流功能，推动各个学科全面发展。

3. 人才培养国际化

利用山东大学系统的优势，争取与世界一流大学或科研机构开展不同层面的合作办学，进一步提高课程国际化水平，合理稳步提高教材、授课的国际化水平；充分利用人文社科对留学生的吸引力，吸引文科留学生来校交流学习，尤其是吸引国际学位生；积极推进在校学生到海外友好院校的交流访学，并为学生进一步拓宽海外学习的渠道。

4. 国际合作与交流

发挥山东大学文史见长的传统优势，广泛开展国际学术和文化交流活动，推动不同文明之间的对话与融合；借助儒学高等研究院、犹太教与跨宗教研究中心、考古与文化遗产研究院等机构，推动多元文化传播与融合，继续支持“尼山论坛”等具有国际影响力的论坛的建设，使其成为著名的品牌；论证建立常设的中国研究全英文授课特别学分项目，深入持续推动中国文化传播；依托优势学科和与学校有着良好合作关系的国外大学举办“海外学术周”等，集中发布哲学社会科学最新研究成果，提高学术研究的国际影响力。

5. 国际化的支持体系

支持《文史哲》《周易研究》等期刊创办外文版；加大对在 SSCI、A&HCI 等收录期刊发表学术论文的支持力度；鼓励创办学术动态类期刊，在国际上推介重要研究成果、学术观点；设立山东大学哲学社会科学“走出去”战略专项基金，制定管理办法，全面支持上述各项措施的实施。

（八）学术评价体系建设

建立符合哲学社会科学特点与世界接轨的学术评价标准体系，形成推动哲学社会科学发展的强大动力。

1. 强化质量评价。在重视科研成果和科研经费数量的同时，更加重视高质量、原创性、影响力大的研究成果。将质量导向贯彻于绩效考核、职称评定、成果奖励等各个方面，实施代表性成果评价，修订和制定“山东大学哲学社会科学学术评价办法”等系列办法，形成合力统一的评价体系。

2. 强化分类评价。实施代表性成果评价。以成果的创新性和学术影响力为主评价基础研究成果，以实际应用价值和社会影响力为主评价应用研究成果，以艺术价值和社会服务价值评价艺术创作成果，构建符合哲学社会科学学科特点的多元分类综合评价体系。

3. 强化国际化。稳步推进学术评价的国际化，在国际化程度较高的学科率先推进，在程度较低的学科鼓励推进，逐步建立起与国际学术评价相一致的、与世界一流大学目标要求相匹配的评价体系。

4. 强化整体性评价。鼓励团队紧密合作，形成和强化解决重大问题的能力和形成合作机制的能力。从团队自身建设、代表性成果、科教结合、机制文化建设等方面对科研团队进行评价。

5. 加强学风建设。实行以“同行专家评价为主，评审中全程保密，评审后全程公开”为主要原则的学术评价机制。进一步完善学风体制机制，强化监督约束、惩防结合的学风建设方针，实行学风一票否决制，树立学风的权威性。

三、组织领导与实施保障

（一）加强领导

成立由学校主要领导任组长的、有哲学社会科学知名学者和相关职能部门主要负责人参加的山东大学哲学社会科学繁荣发展委员会，全面领导本计划的实施。委员会办公室设在人文社科研究院，负责“繁荣计划”年度工作计划的制订、预算的编制、工作进展考核等具体事项和日常管理工作。

（二）制度创新和管理创新

1. 探索建立能够较为充分地发挥学术权力的现代大学学术制度，不断完善学校学术委员会制度。学部和学院学术委员会，要在学校哲学社会科学繁荣发展中发挥更大、更重要的作用，要对学部和学院的改革、建设及发展中重大事项决策进行论证、咨询及评估的工作，要在学术发展中真正发挥咨询、评议的作用。

2. 探索有利于科研创新的人事管理制度。建立以任务为牵引的人员聘用方式，增强对国内外优秀人才的吸引力和凝聚力，创造有利于跨学科研究平台和研究团队形成的学术环境，推动高等学校与科研院所、企业之间的人员流动，优化人才队伍结构。探索建立哲学社会科学学者“学术休假”制度，保证学者有较为充足的自由研究时间。探索建立科研助理制度，将研究生的培养机制与科研机制有机结合，科学、合理、高效地配置科研资源。

3. 探索建立现代科研管理体制，为学术发展提供良好的制度保障。不断深化科研体制机制改革，围绕激发科研活力、提高研究质量，形成指导监督有力、管理科学规范、责权关系明晰、开放合作有序、组织运行高效的现代科研管理体制。不断创新科研组织形式，充分发挥人才、学科和资源优势，健全以解决重大问题为导向、研究项目为纽带、课题负责人为核心，机构开放、人员流动、内外联合、充满活力和各具特色的科研组织形式，通过建立研究机构与政府部门、企事业单位和其他社会组织的科研合作形式，建立协同创新的战略联盟，促进资源共享。探索实施符合哲学社会科学科研规律的经费管理和使用制度，在符合财务规范的前提下，积极实施有利于科研经费增长和经费自主使用的管理措施。

4. 探索更为积极主动的学术管理及服务机制，实现有管理科研到服务科研、组织科研的转变。拓宽学校学术管理的服务范围，在加强校内学术资源管理创新改革同时，积极探索学术管理服务于校外学术资源（政府、基金会、国际组织、国外大学、企事业、个人）组织争取及协助管理等职能架构及工作机制。

（三）加大投入，强化基础设施建设

哲学社会科学投入经费要实现稳步增长。要统筹安排各项经费，设立哲学社会科学繁荣发展专项资金，用于本计划中各重点建设项目实施和配套措施落实。“十三五”期间哲学社会科学研究经费要进一步加大投入，投入比例不少于学校投入学科建设与学术研究经费的20％。

调整资源配置方式，发挥资源配置的引导作用。实现资源配置由单个项目向平台团队转变，由一般方向和领域向重点和关键领域倾斜。强化投入产出分析和学术绩效评估，强化成本与效益意识，规范专项投资论证制度和稽核审计制度，加强专项资金管理和监督，提高资金使用效益和效率。

加强哲学社会科学研究基础设施建设，大力提高哲学社会科学研究信息化、数字化建设水平。加强专门图书资料库及数据库购置，积极进行海外相关数据库建设，为实现科研的规范化、精确化和国际化水平提供条件支撑。建设若干个社会调查、统计分析、基础文献、案例集成等专题数据库，结合重大科研项目、科研平台，建设若干在国内国际有重要影响的高水平图书文献和数据信息中心。建立哲学社会科学数据库的开发使用和统一规划机制，为学校哲学社会科学繁荣发展提供功能完善、方便快捷、资源共享、保障有力的支撑体系。

中共山东大学委员会关于加强干部监督管理的十项规定

（山大党字〔2014〕22号）

为认真贯彻从严治党要求，根据中央关于从严管理干部的有关规定，针对党的群众路线教育实践活动和巡视工作中反映出的突出问题，现就加强我校干部监督管理工作，制定如下规定：

一、持续深入改进作风

按照“三严三实”要求，紧紧盯住“四风”问题，加大监督检查力度，发现一起、查处一起，一抓到底、绝不姑息。从解决“四风”问题延伸开去，改进思想作风、工作作风、领导作风、干部生活作风，使党员干部不敢、不能、不想沾染歪风邪气。坚决防止作风问题反弹，对新发现的“庸懒散”、不作为、乱作为、不敢担当、不思进取、服务态度差、工作纪律松懈等作风问题，从严查处，严肃问责。对因工作失职渎职，造成重大损失或严重影响的，依法依纪进行处理。

二、强化岗位意识

领导干部要全身心投入管理工作。教学科研单位“双肩挑”干部，要正确处理管理工作和个人学术工作的关系，把主要精力用在管理工作上。校部机关各部门所有岗位都是管理岗位，所有干部都要把全部精力用在管理工作上，工作时间不允许从事与管理岗位无关的社会活动或学术活动。实行任职承诺制度，领导干部任职前要签订管理投入、廉政勤政和学术诚信等内容的承诺书。

三、严肃党内生活

领导干部要坚决维护党的政治纪律，在思想上、政治上、行动上与党中央保持高度一致，决不允许在贯彻执行中央决策部署上打折扣、作选择、搞变通。要加强对各单位领导班子成员特别是主要负责人行使权力的制约监督，凡重要事项必须按民主集中制原则决策和处理，防止个人或少数人专断和议而不决、决而不行。严格党的组织生活制度，党员领导干部必须参加领导班子民主生活会和党支部组织生活会，增强角色意识和政治担当，积极开展批评和自我批评，坚决杜绝违反党内政治生活原则和制度的现象。

四、实行职务任期制

中层领导班子每届任期 4 年，任期届满应及时换届。根据工作需要，任期内可对领导班子成员进行个别调整。处级领导干部担任同一职务时间，最长不超过两个任期或 8 年。因年龄原因，换届时不能干满一届的处级干部不再进入新一届领导班子。年满 60 岁的处级干部要及时退出领导岗位。对于未达到退休年龄退出领导岗位改做教学科研工作的“双肩挑”干部，可给予一定的学术恢复期和必要的条件支持；对其他退出领导岗位的管理干部，可根据本人情况和工作需要安排适当工作，并保留相应级别和待遇。

五、加大交流力度

注重多岗位锻炼干部，统筹推进校部机关与学院之间、学院与学院之间、校部机关部门之间的干部交流，积极推进党务和行政之间的交流任职以及班子成员的分工调整。对关键岗位的干部，在加强监督管理的同时，视情况随时调整交流。在任期届满调整时，干部交流数量要达到 30％以上。有计划地选派干部特别是年轻干部到直接联系服务师生的一线和条件差、困难多、任务重的岗位经受锻炼、积累经验、增长才干。

六、严禁违规兼职

严格执行中央关于规范党政领导干部在企业兼职（任职）的有关规定，严禁领导干部违规兼职及取酬。确因工作需要兼职的，坚持从严掌握、从严把关、从严审批，并不得领取薪酬、奖金、津贴等报酬。对违规兼职、违规取酬及瞒报、虚报的，一经查实，一律按有关规定严肃处理。

七、严格请示报告制度

领导干部要严格遵守请示报告制度，在涉及重大问题、重要事项时要及时向组织请示报告，严禁应当请示的不请示、必须报告的不报告。严格执行领导干部个人有关事项报告制度，并保证填报内容真实准确。对无正当理由不按时报告、不如实报告或隐瞒不报的，根据情节轻重，依照有关规定给予组织处理或纪律处分。严格执行干部离校请假制度，对未经批准擅自离校的按旷工处理，对造成工作失职的追究相关责任人的责任。

八、加强出国（境）管理

严格规范领导干部出国（境）审批管理，出国（境）事项实行一事一报，严禁不经审批或违规审批出国（境），严禁持因私普通护照出国执行公务或从事学术交流活动。严格执行出国（境）证件集中保管制度，严禁领导干部违规私自持有出国（境）证件。实行领导干部因公出国（境）公示制度。

九、规范干部参加社会化培训

严格执行中央有关规定，严禁领导干部参加高收费的培训项目和各类名为学习提高、实为交友联谊的培训项目。领导干部个人参加其他教育培训，必须向学校党委报告，经批准允许参加的，费用一律由本人承担，不得接受任何机构或他人的资助或变相资助。未经批准不得擅自参加。

十、从严管理干部档案

领导干部要严肃对待个人档案，如实填写有关材料，确保档案信息真实准确。严禁在干部年龄、工龄、党龄、学历、经历和身份等方面弄虚作假。加强干部人事档案审核，对发现档案涂改、材料和信息涉嫌造假的，依法依纪严肃处理。严格执行干部档案任前审核制度，对所有拟选拔任用干部的档案，要严格进行审核，发现有问题的，未核准前不得提拔使用。

山东大学关于教育部巡视组反馈意见的整改工作方案

（山大党字［2014］21号）

按照教育部党组的统一部署，2014年5月6日到7月8日，教育部巡视组对我校开展了巡视工作。10月10日上午，巡视组向我校反馈了巡视意见。巡视组在反馈意见中，对我校近年来的工作给予了肯定，严肃指出了我校存在的突出问题，并提出了针对性、指导性很强的整改要求。

学校党委对此高度重视，把这次巡视当作是对我校工作的一次“整体把脉”，是对我校领导班子和领导干部政治上的一次“全面体检”，是促进学校解决问题、改进作风、推动工作的重要契机。10月10日下午，党委即召开常委会，专题研究整改落实工作，就做好相关工作提出明确要求。会议决定成立整改落实工作领导小组和工作机构。整改落实工作由校党委常委会全面负责，李守信、张荣同志任整改落实工作领导小组组长，全体党委常委为成员，非常委校领导为列席成员。从全校抽调精干力量组成领导小组办公室，具体组织协调全校的整改落实工作。

学校党委先后召开1次领导小组会议、2次常委会议和7次专题工作会议，认真传达学习习近平总书记关于巡视工作的重要讲话精神，学习贯彻教育部党组关于巡视工作的有关文件精神和整改工作要求，研究部署学校整改落实工作。针对巡视反馈意见，我们共梳理出4大类、11小类、46个具体需要整改的问题。在此基础上，研究制定了如下整改工作方案：

一、指导思想

以习近平总书记系列重要讲话精神为指导，以教育部党组的整改要求为重要遵循，始终保持政治上的清醒和坚定，以高度的政治责任感和历史使命感抓好整改落实，明确目标、积极主动、实事求是、着眼长远，以更加坚定的信心、更加坚决的态度、更加有力的措施，深入推进党风廉政建设，努力为学校改革发展稳定提供坚强保证。

二、工作目标

坚持问题导向，按照时间要求，基本解决巡视意见中指出的突出问题，制定出台相应制度和措施，形成长效机制。对短时间不能完全解决的问题，制定切实可行的整改方案，明确整改任务、责任人和时间表，切实把工作落到实处，按计划完成整改任务。坚持标本兼治、综合治理，通过解决重点问题带动面上工作的开展，通过解决当前问题推动长远制度建设，使整改过程成为党的群众路线教育实践活动不断深化的过程，成为党风廉政建设和反腐败斗争不断深入推进的过程。通过整改任务的实现，在深化改革上有新突破，在加强管理上有新提升，在党风廉政建设上有新成效，推动一流大学建设迈出新步伐。

三、整改步骤

集中整改工作时间为2014年10月10日至2014年12月10日，分三个阶段进行：

第一阶段（10月10日至10月25日）：制订方案，部署动员。对巡视反馈意见，进行细致分析、解读和梳理，建立工作台账。对照工作台账确定整改任务、细化整改措施，明确分工和完成时限，形成学校整改工作方案，报部党组审定后实施；学校各单位制定专项整改方案，提出措施，明确时限，落实责任人。

第二阶段（10月26日至11月30日）：全面整改，建章立制。对每个问题进行整改，逐项落实整改措施，建立相应的制度规定。各单位着力完成当前整改任务，对一时难以完成的复杂任务，提出整改的路线图和时间表，统筹推进，全面整改。

第三阶段（12月1日至12月10日）：梳理总结，检查验收。对照整个方案逐项清账销号，12月5日前各责任单位向学校提交整改情况报告。对未达到预期目的的整改任务，由办公室督促相关单位抓紧整改，直到实现目标。对全校整改落实工作情况进行全面检查验收，形成整改完成情况总结报告，上报部党组，经审定后向全校公示。

四、工作要求

（一）落实好巡视整改工作，要深入学习贯彻习近平总书记关于巡视工作重要讲话精神，始终保持政治上的清醒和坚定，切实把思想和行动统一到中央的决策部署上来。全校党员干部要充分认识和深刻理解部党组对山东大学开展巡视工作的重要性，整改落实巡视反馈意见，是对每一个领导干部党性觉悟的重大考验，是必须竭力完成好的重大政治任务。要统一思想，提高认识，从执行党的政治纪律的高度，把巡视整改工作当作当前和今后一段时期的头等大事来抓，以鲜明的态度、积极的行动、坚决的措施，扎实完成好整改落实任务，向广大师生员工交上一份满意的答卷。

（二）落实好整改工作，要强化责任意识，明确任务，细化分工，按照守土有责、守土尽责的要求，扎实抓好整改落实，完成不好要进行问责。抓好整改落实是学校全体领导班子成员共同的责任，每位班子成员都要从分管工作上查摆剖析问题，积极承担整改责任，对巡视组指出的问题，一项一项列出清单，逐条认真研究和制定整改措施。搞好整改工作也是各单位领导班子的共同责任，要把各项任务进行分解细化，明确责任分工，建立工作台账，明确工作时限，逐项对账销号。要加强督促检查，对整改工作不到位或完成不好的，要实行问责，强化责任追究，确保把作风建设和从严治党新要求落到实处。

（三）落实好整改工作，要领导带头，做出示范和表率，形成以上带下、上下联动、齐抓共管的工作格局。学校领导班子要发挥示范带头作用，确保整改工作的深入开展和取得应有成效。班子成员要针对巡视组指出的问题，主动“对号入座”，自觉联系自己的思想、工作实际，进行深刻反思，认真剖析思想根源和问题实质，带头直面问题，敢于动真碰硬，不怕揭短亮丑，切实把问题找准、查深、挖透，研究制定有针对性的整改措施。要通过领导班子成员的表率作用，形成学校层面与二级单位及有关单位的联动，层层传导压力、压实责任，形成上下联动、合力攻坚的工作格局。

中共山东大学党委常委会会议制度

（山大党字［2014］35号）

中共山东大学党委常委会（以下简称“常委会”）在全委会闭会期间行使全委会职权，统一领导全校工作，是全委会闭会期间学校的最高决策机构，是学校党委对学校重大事项进行集体研究和决策的会议。常委会向全委会负责，接受全委会监督，定期向全委会报告工作。

为切实执行党委领导下的校长负责制，贯彻执行好党的路线、方针、政策，保证决策的规范化、民主化、科学化，提高会议质量和工作效率，根据《中国共产党章程》《中华人民共和国高等教育法》《中国共产党普通高等学校基层组织工作条例》和《关于坚持和完善普通高等学校党委领导下的校长负责制的实施意见》，结合我校实际情况，特制定本制度。

一、议事原则

（一）党的民主集中制原则。常委会坚持民主基础上的集中和集中指导下的民主相结合。决定重要问题，要进行表决。对于少数人的不同意见，应当认真考虑。如对重要问题发生争论，双方人数接近，除了在紧急情况下必须按多数意见执行外，应暂缓作出决定，进一步调查研究，交换意见，下次会议再进行表决；在特殊情况下，也可将争论情况向上级党组织报告请求裁决。

（二）集体领导和个人分工负责相结合的原则。党委常委都要关心全局工作，积极参与集体领导，维护党委的集中统一。要敢于负责，根据集体决定和分工切实履行自己的职责，遇事不推诿，不扯皮，敢担当。

（三）团结协作、维护全局的原则。常委会要以高度的政治责任感，坚决执行党的各项方针、政策，积极主动地贯彻落实上级的指示和决定。常委会成员之间要互相信任、互相支持、互相谅解，认真开展批评与自我批评，不断增强领导班子的团结。要牢固树立全局观念，正确处理整体利益与局部利益、全校工作与分管工作的关系。

（四）解放思想、实事求是的原则。要正确把握当今世界高等教育的发展趋势，与时俱进，不断解放思想，更新观念，以求真务实的态度，形成切合实际的正确决策，解决关系学校发展的重大问题。

（五）接受全委会监督的原则。常委会对全委会负责，保证全委会决议和决定的贯彻落实。对关系全局的重大问题，要提交全委会讨论决定，不能以常委会代替全委会。常委会要定期向全委会报告工作，自觉接受全委会的监督。

二、议事范围

（一）研究贯彻执行党的路线、方针、政策，上级重要指示、决定，学校全委会决议。

（二）学校发展规划、基本建设规划、校园规划、综合改革、学科建设、人才队伍建设、编制与机构设置、资产变动等有关学校全局性的重大问题。

（三）党的思想建设、组织建设、作风建设、制度建设工作中的重要问题。

（四）党风廉政建设和反腐败工作。

（五）统战、老干部工作；教代会工作；重要规章制度、常委会工作报告、党委年度工作计划和总结等。

（六）干部队伍建设和干部任免、考核、奖惩等重要问题。

（七）学校年度财务预算、决算以及预算外500万元以上（含500万元）大额资金的安排使用；审定重要财经管理制度、办法。

（八）学生教育与管理中的重要问题。

（九）学校思想政治工作、德育工作、师德师风建设、学风建设、文化建设中的重要问题。

（十）工会（妇委会）、共青团、学生会等群团组织工作中的重大问题。

（十一）综合治理、维护稳定及重大突发事件等。

（十二）上级党组织交办的重要事项；学校校长办公会提交常委会审定的重要问题；其他应当提交常委会讨论决定的重要问题。

三、会议组织

（一）常委会原则上每两周召开一次，如遇重大或紧急事项可随时召开。

（二）常委会由党委书记召集并主持。书记不能参加时，可委托党委常务副书记或其他党委常委主持。

（三）常委会出席成员为党委常委。非党委常委的校领导一般情况下列席会议。其他列席人员由会议主持人根据会议议题需要确定，该议题结束后，列席人员退场。列席人员无表决权。

（四）常委会必须有半数以上常委到会方能举行。不能出席会议的常委，对会议所列议题的具体意见或建议应在会前提出。

四、会议议题

（一）常委会的议题由学校领导班子成员提出，党委办公室汇总后报会议主持人审定，未经审定的议题，一般不提交会议研究。

（二）提出议题的学校领导班子成员应在会前认真组织调研论证，进行决策风险评估，形成可行性方案或建议，并经领导班子成员沟通酝酿且无重大分歧后，提交会议讨论决定。

（三）会议议题应附有学校领导班子成员签字的书面材料和汇报提纲，并由主管部门于开会前2个工作日送党委办公室，由党委办公室统一将会议材料送党委常委审阅。会后需收回的材料应注明。

五、议事规程

（一）会议研究议题时，由提出议题的学校领导班子成员汇报。与议题有关的部门主要负责人必要时可列席会议，接受会议成员的质询。

（二）会议审定重要问题时须进行表决。表决时，赞成者超过应到会常委的半数为通过。表决可根据讨论事项的不同内容，分别采取口头表决、举手表决、无记名投票等方式。会议决定多个事项的，应一事一议、逐项表决。

（三）会议讨论决定干部任免事项时，应有2/3以上常委到会，并保证与会成员有足够的时间听取情况介绍，充分发表意见。与会成员对任免事项应当发表同意、不同意、缓议等明确意见，在充分讨论的基础上进行表决，其中，对拟提拔任用的干部，采取无记名投票方式表决，以超过应到会常委半数同意形成决定。

（四）参会人员应在认真听取汇报的基础上，充分发表意见。

（五）会议应在充分酝酿讨论的基础上，形成会议决定或决议。

（六）党委办公室负责做好会议记录和会议纪要撰写工作，会议记录应完整清晰、客观全面，并注意保密；会议纪要由会议主持人签发。

（七）党委常委会结束后，党委办公室应将会议纪要发党委常委及有关人员。

六、会议决定的落实

（一）常委会决定的事项，由分管的学校领导班子成员负责抓好落实；校内各职能部门和单位要严格执行会议决定；党委办公室负责督办，并及时向党委书记或常委会报告执行情况。

（二）常委会作出的决定，如遇特殊情况无法执行，应及时提交常委会复议；紧急情况下也可由党委书记征得多数常委同意后作出适当调整，但应提请下次常委会议认可。

（三）党委常委会决定的事项，必要时可向全委会报告，也可书面印发有关部门。

七、会议纪律

（一）党委常委一般不得缺席常委会，确实因故不能出席时，须向会议主持人请假。

（二）党委常委会期间，除有特殊重大紧急情况外，党委常委要提前做好工作安排，保证集中精力、集中时间讨论研究问题。

（三）对常委会的集体决定，个人无权改变，如有不同意见允许保留，可以建议提请下次会议复议，也可以向上级党委（组）反映，但必须无条件服从，在行动上积极执行，并不得对外公开表示不同意见。

（四）党委常委要严格执行回避制度，遵守保密纪律，违者追究责任。

八、本制度自发布之日起执行，原《山东大学党委常委会议制度》（山大党字［2013］29号）同时废止。

九、本制度由党委办公室负责解释。

山东大学校长办公会会议制度

（山大党字［2014］36号）

为贯彻落实《关于坚持和完善普通高等学校党委领导下的校长负责制的实施意见》，结合学校实际，制定山东大学校长办公会议（以下简称“校长办公会”）制度。

一、议事范围

（一）研究贯彻上级的决定、决议和有关文件精神；研究组织实施党委全委会及党委常委会决定的有关工作。

（二）对学校有关规划、学科发展、教育教学、科学研究、经费预算决算、人员编制、基本建设等各项行政工作中的重大问题和重要事项提出工作意见和方案，经党委常委会集体讨论决定后组织实施。

（三）学校学术与行政年度工作计划、规章制度和重要的奖惩事项。

（四）教学计划、专业设置和调整计划、重点学科、重点实验室建设计划、重大科学研究项目及科技开发、图书资料、校办产业的实施计划。

（五）学年招生工作的重要问题；德育和学生管理工作的有关问题。

（六）师资队伍建设和人事工作有关事项。

（七）学校年度审计报告和100万元以上（含100万元）预算外大额资金的安排使用。（500万元以上预算外大额资金安排使用须提交党委常委会研究决定）

（八）国内外重要合作交流事项。

（九）学校各专门委员会的组织章程、委员会成员及主任人选。

（十）教（工）代会、团代会和学生会等有关行政工作的提案。

（十一）学校安全有关工作，以及关系师生员工切身利益的重要问题。

（十二）上级交办的重要事项；通报专题会议研究的有关问题；其他需要研究的事项。

二、会议组织

（一）校长办公会议原则上每周召开一次，于周一上午召开。如遇重大或紧急事项可随时召开。

（二）校长办公会议由校长召集并主持，校领导班子成员、校长助理参加会议，校长办公室主任、监察处处长或其他特邀人列席会议。会议必须有半数以上正式成员到会方能召开。

（三）根据议题需要，相关部门负责人可列席会议，该议题结束后，列席人员退场。

（四）参会人员无特殊原因不得请假，如因故不能参会，可事先对议题提出意见和建议。

三、会议议题

（一）校长办公会议题由学校领导班子成员提出，由校长审定，未经审定的议题，一般不提交会议研究。

（二）提出议题的学校领导班子成员应在会前认真组织调研论证，进行决策风险评估，形成可行性方案或建议，并经领导班子成员沟通酝酿且无重大分歧后，提交会议讨论决定。

（三）会议议题应同时附有学校领导班子成员签字的书面材料，于开会前一周的周四下午送校长办公室，未按时送达材料的议题顺延至下次会议研究。

校长办公室统一将会议材料送学校领导班子成员审阅，会后需收回的材料应注明。

（四）校长办公会一般不临时增加议题。确需临时增加议题，应征得校长的同意。

（五）事关学校发展全局的重大议题应专题研究。

四、议事规程

（一）校长办公会议事并作出决定的过程，必须体现决策规范化、民主化、科学化要求。一般应当经过以下程序：

1. 会前在调查研究的基础上提出方案；

2. 就方案广泛听取意见，经过充分论证和协商，对专业性、技术性较强的重要事项，应经过专家评估及技术、政策、法律咨询；对事关师生员工切身利益的重要事项，应通过教职工代表大会或其他方式，广泛听取师生员工的意见建议；

3. 校长办公会的议题由分管的学校领导班子成员汇报。确有需要，经校长同意，可由列席会议人员补充说明；

4. 参会人员应在认真听取汇报的基础上，充分发表意见；

5. 校长在充分听取与会成员意见基础上，归纳作出决定。会议决定应明确、完整、具有可操作性，利于执行和落实。

（二）通报类议题汇报时间一般不超过10分钟。

（三）校长办公室负责做好会议记录和会议纪要撰写工作，会议记录应完整清晰、客观全面，并注意保密；会议纪要由校长签发。

（四）校长办公室负责会后向因故缺席的会议成员转告本次会议重要事项的议事情况及提供有关材料。

五、会议决定的落实

（一）校长办公会的决定事项，校内各有关单位和人员必须认真贯彻执行。会议成员对决定或决议有不同意见可以保留，但必须无条件执行。

（二）在确遇新情况、新问题，不适宜或不可能按原决议或决定执行时，一般应提交校长办公会复议。紧急情况需临时调整原决议，可由校长征求有关学校领导班子成员意见后进行调整，但应在下次校长办公会上通报。

（三）校长办公会的决定事项，与会成员根据分工负责的原则予以落实。明确由部门负责的，校长办公室负责传达、督办，并及时将执行情况报告分管的学校领导班子成员。

（四）校长办公会的决定事项，组织实施部门应在事中、事后将其进度和完成情况报校长办公室，并呈相关校领导班子成员，遇到重大疑难问题及时请示研究。

（五）执行校长办公会决议过程中，因以下原因（除遇紧急情况外）给国家、集体和单位造成重大经济损失和严重政治影响的，将区别情况追究主要责任人的责任：

1. 不遵守、不履行、不正确履行或规避履行决策程序，不执行或擅自改变集体决定的；

2. 因特殊原因，未经集体讨论决定而个人决策，事后又不通报的；

3. 未向领导集体提供真实情况而造成错误决定的；

4. 执行决策后发现可能造成损失，能够挽回而不采取措施纠正的；

5. 其他因违反本制度及有关规定而造成失误的。

六、会议纪律

（一）参会人员一般不得缺席会议，确实因故不能出席时，须向校长请假。

（二）校长办公会期间，除有特殊重大紧急情况外，参会人员要提前做好工作安排，保证集中精力、集中时间讨论研究问题。

（三）对校长办公会的决定，个人无权改变，如有不同意见允许保留，可以建议提请下次会议复议，但必须在行动上积极执行，并不得对外公开表示不同意见。

（四）参会人员要严格执行回避制度，遵守保密纪律，违者追究责任。

七、本制度自 2015 年 1 月 1 日起执行，原《山东大学党政联席办公会议制度》（山大党字［2013］30 号）同时废止。

八、本制度由校长办公室负责解释。

山东大学处级领导干部选拔任用工作实施办法

（山大党字［2014］38号）

第一章　总　则

第一条　为认真贯彻执行党的干部路线、方针、政策，落实从严治党、从严管理干部的要求，建立科学规范的领导干部选拔任用制度，建设一支符合学校事业发展需要的高素质领导干部队伍，根据中央《党政领导干部选拔任用工作条例》及有关规定，结合学校实际，制定本办法。

第二条　选拔任用处级领导干部，必须坚持党管干部原则，五湖四海、任人唯贤原则，德才兼备、以德为先原则，注重实绩、群众公认原则，民主、公开、竞争、择优原则，民主集中制原则和依法办事原则。

第三条　选拔任用处级领导干部，必须符合把学校中层领导班子建设成为坚持党的基本理论、基本路线、基本纲领、基本经验、基本要求，全面贯彻党的教育方针，全心全意为广大师生服务，具有较强办学治校能力，结构合理、团结坚强的领导集体的要求。注重培养选拔优秀年轻干部，用好各年龄段干部。

第四条　本办法适用于选拔任用校部机关职能部门、直属附属单位和学院等处级建制机构的领导班子成员。其他单位的处级领导干部选拔任用工作，参照本办法执行。选拔任用处级非领导职务的干部，参照本办法执行。

第五条　处级领导干部选拔任用工作在学校党委统一领导下进行，党委组织部负责具体组织实施。

第二章　选拔任用条件

第六条　处级领导干部应当具备下列基本条件：

（一）自觉坚持以马列主义、毛泽东思想、邓小平理论“三个代表”重要思想和科学发展观为指导，努力用马克思主义立场、观点、方法分析和解决实际问题，坚持讲学习、讲政治、讲正气，思想上、政治上、行动上同党中央保持高度一致。

（二）具有坚定的理想信念，坚决执行党的基本路线和各项方针、政策，热爱党的教育事业，认真贯彻执行学校的各项决议和决定，在学校教学、科研、管理、服务等工作中做出实绩。

（三）坚持解放思想，实事求是，与时俱进，求真务实，认真调查研究，能够结合实际卓有成效地开展工作。

（四）有强烈的事业心和责任感，有实践经验，有胜任领导工作的组织能力、文化水平和专业知识，能够全身心投入本单位的管理和领导工作中。

（五）坚持原则，敢于担当，依法办事，廉洁勤政，为人师表，密切联系群众，自觉接受监督，带头践行社会主义核心价值观。

（六）坚持和维护党的民主集中制，作风民主，顾全大局，善于团结同志，包括团结同自己有不同意见的同志一道工作。

第七条 提拔担任处级领导职务的，应当具备下列资格：

（一）一般应当具有大学本科以上文化程度。其中，担任学院院长和教学、科研、研究生等业务管理部门正职的，一般应具有博士学位且具有正高级专业技术职务。

（二）副处级干部提任正处级领导干部，一般应有两年以上副处级领导岗位的工作经历；正科级干部提任副处级领导干部，一般应有三年以上正科级工作经历。具有博士学位的教授、副教授，不受行政职务任职经历的限制。

（三）近三年年度考核等次应为合格及以上。

（四）年龄不超过56周岁。具有正常履行职责的身体条件。

（五）具备职位规定的其他任职资格要求。

第八条 处级领导干部应当逐级提拔。特别优秀或者工作特殊需要的干部，可破格提拔。

第三章 选拔任用程序

第九条 动议。学校党委或党委组织部按照干部管理权限，根据工作需要和中层领导班子建设实际，提出启动干部选拔任用工作意见。党委组织部综合有关方面建议和平时了解掌握的情况，对领导班子进行分析研判，就选拔任用的职位、条件、范围、方式、程序等提出初步建议。初步建议向学校党委主要领导成员报告后，在一定范围内进行酝酿，形成工作方案。

第十条 民主推荐。选拔任用处级领导干部，必须经过民主推荐。民主推荐包括会议推荐和个别谈话推荐，推荐结果作为选拔任用的重要参考，在一年内有效。

领导班子换届，民主推荐按照职位设置全额定向推荐；个别提拔任职，按照拟任职位推荐。

选拔教学科研岗位处级领导干部，会议推荐由所在单位领导班子成员、副教授以上教师、系（所、室）负责人、党支部书记、科级以上干部等人员参加。人数较少的，可以由本单位全体人员参加。选拔管理岗位处级领导干部，参加会议推荐的人员范围由党委组织部根据工作需要和岗位职责要求确定。参加个别谈话推荐的人员参照上列范围确定，可以适当调整。

第十一条 考察。根据工作需要和干部德才条件，综合考虑民主推荐、一贯表现、人岗相适和班子结构等情况，研究确定考察对象，防止简单以推荐票取人。对确定的考察对象，由党委组织部进行考察，全面考察其德、能、勤、绩、廉，突出考察政治品质和道德品行，注重考察工作实绩，加强作风考察，强化廉政情况考察。考察组由两名以上成员组成。考察人员必须坚持原则、公道正派。考察必须形成书面考察材料，建立考察文书档案。已经任职的，考察材料归入本人档案。

党委组织部应就考察对象的党风廉政情况听取纪检监察部门的意见。对拟提拔的考察对象，应查阅个人有关事项报告情况，必要时进行核实，对不如实填报或隐瞒不报的，不得提拔任用。对需要进行经济责任审计的考察对象，应委托审计部门按照有关规定进行审计。对拟选拔任用干部的档案，应严格进行审核，发现有问题的，未核准前不得提拔使用。

在严格考察并充分听取考察对象所在单位及相关单位意见的基础上，党委组织部综合分析考察情况，与考察对象的一贯表现进行比较、相互印证，全面准确地对考察对象作出评价，并研究提出任用建议方案，向学校党委报告。

第十二条　讨论决定。干部任用建议方案，在提交党委常委会讨论决定前，应在党委书记、校长、分管组织工作的副书记、纪委书记等范围内进行充分酝酿，并根据职位和人选的不同情况，分别在不同范围内征求意见。处级领导职务拟任人选，应当充分征求分管（联系）校领导的意见。非中共党员拟任人选，应征求统战部门的意见。

选拔任用处级领导干部，必须由党委常委会集体讨论作出任免决定。党委常委会讨论决定干部任免事项，必须有 2/3 以上成员到会，并保证与会成员有足够时间听取情况介绍、充分发表意见。与会成员对任免事项，应当发表同意、不同意或者缓议等明确意见。在充分讨论的基础上进行表决，其中对拟提拔任用的干部，采取无记名投票方式表决，以应到会成员超过半数同意形成决定。

第十三条　任职。提拔担任处级领导职务的，经党委常委会讨论决定后，在全校范围内进行公示。公示期为 7 天。公示结果不影响任职的，办理任职手续。任职时间自党委常委会决定之日起计算。

对决定任用的干部，由学校党委指定专人同本人谈话，肯定成绩，指出不足，提出要求和需要注意的问题。处级领导干部任职前要签订管理投入、廉政勤政和学术诚信等内容的承诺书。

实行职务任期制。中层领导班子每届任期 4 年，任期届满应当进行换届。根据工作需要，任期内可对领导班子成员进行个别调整。处级领导干部在同一职位连续任职不超过两个任期或 8 年。

第四章　竞争上岗和公开选拔

第十四条　竞争上岗、公开选拔是处级领导干部选拔任用的方式之一。竞争上岗在学校内部进行。根据学校事业发展需要，可面向海内外公开选拔教学科研岗位的领导干部。

竞争上岗、公开选拔应当从实际出发，合理确定选拔职位、数量和范围，科学规范进行测试测评，突出岗位特点，突出实绩竞争，注重能力素质和一贯表现，防止简单以分数取人。

第十五条　竞争上岗、公开选拔工作在学校党委领导下进行，由党委组织部组织实施，主要程序是：

（一）公布职位、资格条件、基本程序和方法等；

（二）报名与资格审查；

（三）采取适当方式进行能力和素质测试测评，比选择优（竞争上岗也可先进行民主推荐）；

（四）组织考察，研究提出人选方案；

（五）党委常委会讨论通过；

（六）履行任职手续。

第五章　交流、回避

第十六条　交流。交流的对象主要是：因工作需要交流的；需要通过交流锻炼提高领导能力的；在同一职位上任职时间较长的；按照规定需要回避的；因其他原因需要交流的。

加强干部交流统筹。推进校部机关与学院之间、学院与学院之间、校部机关部门之间以及校区之间的干部交流，推进党务和行政之间的交流任职以及班子成员的分工调整。对关键岗位的干部，视情况随时调整交流。

第十七条　回避。实行领导干部任职回避制度，任职回避的亲属关系为：夫妻关系、直系血亲关系、三代以内旁系血亲以及近姻亲关系。有上列亲属关系的，不得在同一单位担任双方直接隶属于同一领导人员的职务或者有直接上下级领导关系的职务，也不得在其中一方担任领导职务的单位从事组织人事、纪检监察、审计、财务工作。

实行领导干部选拔任用工作回避制度。讨论干部任免，涉及与会人员本人及其亲属的，本人必须回避。干部考察组成员在干部考察工作中涉及其亲属的，本人必须回避。

第六章　免职、辞职、降职

第十八条　处级领导干部有下列情形之一的，一般应当免去现职：

（一）达到任职年龄界限或者退休年龄界限的。

（二）受到责任追究应当免职的。

（三）辞职或者调出的。

（四）非组织选派，离职学习期限超过一年的。

（五）出国（境）时间超过一年的。

（六）因工作需要或者其他原因，应当免去现职的。

第十九条　辞职。辞职包括自愿辞职、引咎辞职和责令辞职等。辞职应当符合有关规定，手续依照有关规定程序办理。

第二十条　引咎辞职、责令辞职和因问责被免职的处级领导干部，一年内不安排职务，两年内不得担任高于原任职务层次的职务。同时受到党纪政纪处分的，按照影响期长的规定执行。

第二十一条　降职。处级领导干部在年度考核中被确定为不称职的，因工作能力较弱、受到组织处理或者其他原因不适宜担任现职务层次的，应当降职使用。降职使用的干部，其待遇按照新任职务的标准执行。

降职使用的干部重新提拔，按照有关规定执行。

第七章　纪律和监督

第二十二条　选拔任用处级领导干部，必须严格执行本办法的各项规定，并遵守下列纪律：

（一）不准超职数、超机构规格配备领导干部或违规提高干部职级待遇；

（二）不准采取不正当手段为本人或者他人谋取职位；

（三）不准违反规定程序推荐、考察、酝酿、讨论决定任免干部；

（四）不准私自泄露动议、民主推荐、民主测评、考察、酝酿、讨论决定干部等有关情况；

（五）不准在干部考察工作中隐瞒或者歪曲事实真相；

（六）不准在民主推荐、民主测评和组织考察中搞拉票等非组织活动；

（七）不准利用职务便利，私自干预干部选拔任用工作；

（八）不准在工作调动、机构变动时，突击提拔调整干部；

（九）不准在干部选拔任用工作中封官许愿，任人唯亲，营私舞弊；

（十）不准涂改干部档案，或者在干部身份、年龄、工龄、党龄、学历、经历等方面弄虚作假。

第二十三条　加强干部选拔任用工作全程监督，严肃查处违反组织人事纪律的行为。对违反本办法规定的事项，按照有关规定对有关人员及责任领导作出组织处理或者纪律处分。

对无正当理由拒不服从组织调动或者交流决定的，依照有关规定予以免职或者降职使用。

第二十四条　党委组织部负责受理有关干部选拔任用工作的举报、申诉，制止、纠正违反本办法的行为，并对有关责任人提出处理意见建议。

纪检监察部门按照有关规定，对干部选拔任用工作进行监督检查。

第二十五条　实行组织部门与纪检监察部门等有关单位联席会议制度，就加强对干部选拔任用工作的监督，沟通信息，交流情况，提出意见和建议。联席会议由党委组织部召集。

第八章　附　则

第二十六条　本办法由党委组织部负责解释。

第二十七条　本办法自公布之日起施行。

中共山东大学委员会关于加强优秀年轻干部培养工作的实施意见

（山大党字［2014］39号）

培养选拔优秀年轻干部，是加强领导班子和干部队伍建设的战略任务，事关学校事业长远发展，必须高度重视并常抓不懈。为贯彻落实中央关于加强和改进优秀年轻干部培养选拔工作的意见，建设一支数量充足、结构合理、素质优良、能力过硬的年轻干部队伍，结合学校实际，现就加强优秀年轻干部培养工作提出如下实施意见。

一、提高年轻干部队伍素质

把思想政治建设放在首位。加强马克思主义基本原理、中国特色社会主义理论体系教育，加强习近平总书记系列重要讲话精神的学习培训，教育引导年轻干部提高理论素养，提高运用马克思主义立场、观点、方法分析解决实际问题的能力。加强党性党风党纪和党史国史教育，严格党内生活锻炼，使年轻干部不断增强党的意识和党性观念。

把作风建设作为重要任务。突出马克思主义群众观点和党的群众路线教育，引导年轻干部自觉抵制形式主义、官僚主义、享乐主义和奢靡之风，树立正确的权力观、事业观、政绩观、进步观，戒除浮躁和急功近利心理，淡泊名利、远离庸俗。牢记“两个务必”，做到严于修身、严于用权、严于律己，谋事要实、创业要实、做人要实，始终保持朝气蓬勃、奋发有为的精神状态。

把实践锻炼作为根本途径。强化实践导向，注重在实践中培养锻炼干部，鼓励和引导年轻干部到直接联系服务师生的一线和条件差、困难多、任务重的岗位经受锻炼，提高服务师生员工、处理实际问题和应对复杂局面的能力，打牢世界观、人生观、价值观的基础。

把道德建设作为突出内容。深入开展社会主义核心价值体系教育，引导年轻干部不断提升思想境界和道德修养，增强为人师表的师德意识，始终保持积极的人生态度、良好的道德品质和健康的生活情趣，恪守社会公德、职业道德、家庭美德。

二、增强年轻干部队伍生机活力

完善选拔工作机制。严格执行《党政领导干部选拔任用工作条例》及有关规定，破除论资排辈、平衡照顾观念，注重选拔在艰苦岗位和复杂环境中经受过实践锻炼的优秀年轻干部，大胆放到重要和关键岗位使用。注重从干部作风和一贯表现上识别干部，强化党组织选拔任用和考察识别的责任，把年轻干部选拔配备寓于干部日常管理、经常性工作之中。完善竞争性选拔干部方式，拓宽选人视野和渠道，形成有利于优秀年轻干部脱颖而出的选人用人机制。

优化年轻干部队伍结构。着眼于学校事业长远发展和中层领导班子建设需要，科学合理选拔配备年轻干部。中层领导班子中 40 岁以下的年轻干部，应保持一定的数量，其中要有适当数量的正职。学院领导班子中一般应有两位 40 岁以下年轻干部，其中应至少有一位 35 岁左右的青年干部；机关部门及直属单位应配备一位 40 岁以下的中层干部。着眼于丰富年轻干部履职经历和岗位历练，统筹推进校部机关与学院之间、学院与学院之间、校部机关部门之间以及校区之间的干部交流，积极推进党务和行政之间的交流任职以及班子成员的分工调整。注重培养年轻女干部和非中共党员干部。正确处理培养选拔年轻干部和用好其他年龄段干部的关系，充分调动整个干部队伍积极性。

加强后备干部队伍建设。后备干部队伍建设是培养选拔优秀年轻干部的重要举措。建立健全后备干部工作制度机制，合理把握数量规模，优化人选结构，及时把德才素质好、工作实绩突出、群众公认度高、发展潜力大的优秀年轻干部选拔进后备干部队伍，始终掌握一定数量的优秀年轻干部，防止急用现找，做到长流水、不断线。建立健全培养锻炼、适时使用、定期调整、有进有出的动态管理机制。

三、加强年轻干部管理监督

强化制度约束。坚持把从严要求贯穿到年轻干部培养选拔全过程，严格教育、严格管理、严格监督，防止失之于宽、失之于软。认真落实学校党委《关于加强干部监督管理的十项规定》，加强年轻干部日常管理监督，建立健全与年轻干部谈心谈话制度，严格落实个人有关事项报告、函询诫勉、述职述廉、任前承诺等制度，始终把年轻干部置于党组织管理监督之中。

落实管理措施。教育引导年轻干部正确认识自己，正确对待组织要求，自觉主动到教学科研一线和艰苦复杂环境经受锻炼，扎实走好成长道路。对年轻干部的苗头性、倾向性问题，要早提醒、早纠正，防止小毛病演变成大问题。对不讲规矩、不守纪律的，要严肃批评教育、记录在案，不得委以重任，情节严重的要坚决调整下来。在严格管理的同时，注意关心爱护年轻干部，充分调动他们工作的积极性和主动性。

全校各级党组织和领导班子要从全局和战略的高度，充分认识加强优秀年轻干部培养工作的重要意义，切实把这项工作摆上重要议事日程，加强组织领导，落实工作措施。主要负责同志要把这项工作时刻放在心上、牢牢抓在手上。学校有关部门要充分发挥职能作用，认真组织实施，加强舆论引导，营造有利于年轻干部健康成长的良好环境。

党的建设与思想政治工作

中共山东大学委员会2014年工作要点

2014年学校党委工作的总体要求是：高举中国特色社会主义伟大旗帜，以邓小平理论、“三个代表”重要思想、科学发展观为指导，深入学习贯彻十八大、十八届三中全会和习近平总书记系列讲话精神，扎实做好党的群众路线教育实践活动后续工作，全力推进学校各项改革，全面加强党的建设，为完成学校全年教学科研等中心任务提供坚强保证。

一、完成群众路线教育实践活动，切实抓好整改落实工作

1. 深化整改落实

做好教育实践活动后续工作，认真抓好整改落实。落实山东大学党委班子党的群众路线教育实践活动整改方案，把整改工作纳入党委常委会重要议事日程，坚持高标准、严要求，按照具体整改任务书、线路图和时间表，一件一件抓好落实，把师生反映的“四风”方面突出问题切实解决好。

2. 加强制度建设

建立健全改进作风各项规章制度，形成作风建设长效机制。抓好中央八项规定和《党政机关厉行节约反对浪费条例》等规章制度的贯彻落实，并根据中央有关规定，制定落实办公用房、公务用车、公务接待等制度改革具体实施办法。对学校已有制度进行全面梳理，列出清单和时间表，扎实做好废、改、立工作。

3. 巩固活动成果

加强规章制度执行力度，确保活动成果落到实处。加强对改进会风文风、端正学风教风、加强调查研究、转变机关作风、推进民生工程、规范公务接待、严格出访管理、厉行勤俭节约、从严管理干部等规章制度执行情况检查，从校部机关和党员领导干部做起，从具体问题抓起，坚决防止反弹，严格执纪监督，加大惩戒问责，巩固和深化教育实践活动成果。结合教育实践活动，研究制定加强和改进群团工作的意见，充分发挥工会、共青团、妇委会、学生会、研究生会等在联系师生中的桥梁纽带作用。

4. 提高管理水平

加强精细化管理，以作风建设新成效推进提高工作执行力和工作效能。强化效率意识和成本意识，建立和完善建设节约型校园、绿色校园的相应制度和工作机制。强化以服务为核心，修订完善加强学校机关作风、效能建设的实施意见，建立以首接负责制、主辅岗制等为主要内容的机关服务工作标准和检查监督机制。加强工作计划性，明确责任，完善督办机制，提高执行力。加强学校合同管理，维护学校权益。加强对学校信息化建设的统筹领导，加快推进智慧校园建设。加强统一战线工作。加强老干部工作。加强保密和国家安全工作。推进平安校园建设，切实维护学校和谐稳定。

二、加强组织领导，深化重点领域改革

1. 深化内部管理体制改革

成立学校综合改革工作领导小组，统筹谋划和协调推进学校各项改革工作。按照教育部核准的《山东大学章程》，加快内部管理体制改革，完善学校内部治理结构，推进学校治理体系和治理能力建设。积极探索多校区管理模式创新，推进统筹布局一体发展。总结和完善机关大部制改革和学部制改革，按实际需要对有关机构进行必要补充和调整。继续推进医学教育体制改革，加快提高医学教育水平。深化校院两级管理体制改革，切推动人、财、物等管理重心下移。

2. 深化人事制度改革

成立学校编制委员会，统筹规划管理学校编制工作，严格管理机构编制，优化工作流程，合理配置机构、编制、职数资源。建立健全分类管理、分类评价制度。创新教学科研组织模式，促进学科交叉融合和协同创新。完善公开招聘办法，全力推行聘用制度，积极探索退出机制。继续深化校内收入分配制度改革，建立与学校实际收入水平相适应、与国家政策相衔接的校内岗位津贴分配制度。

3. 完善人才工作体制机制

成立学校人才工作办公室，统筹规划和管理人才培养、引进、使用、考核、评价等工作。加强以师资队伍为主体的人才队伍建设，重点培养和引进高层次学术人才特别是青年人才，建立人才工作目标责任制，完善人才工作运行机制。坚持“引育并举”方针，建立健全具有国际竞争力的人才支持体系和引才聚才体制机制。

三、全面加强党的建设，保证学校事业科学发展

1. 加强干部队伍建设

做好选任工作。认真贯彻执行中央《党政领导干部选拔任用工作条例》。坚持党管干部原则，注重发挥党组织在干部选拔任用中的领导和把关作用，着力构建有效管用、简便易行的选人用人机制，选好用好善于办学理校的好干部。加强能力建设。研究制定中层领导班子和领导干部理论学习和教育培训计划。做好处级以上领导干部学习贯彻习近平总书记系列讲话精神集中轮训、新任中层领导干部上岗前后的教育培训和干部参加上级主管部门培训和校内外挂职锻炼的组织选派工作。研究制定加强青年管理干部队伍建设的具体措施。从严管理监督。按中央要求从严管理干部队伍，落实干部问责制，把从严治党要求贯穿到对干部选拔任用、考核评价、管理监督的全过程。强化任期目标责任制，健全和完善干部问责制和考核监督机制，抓好领导班子和领导干部试用期考核、年度考核、日常考核、重大事项跟踪考核和重点工作专项督办等工作。坚持和完善谈心谈话制度，严格执行并不断完善党员领导干部述职述廉、报告个人有关事项、诫勉谈话、函询等制度。做好领导干部效能监察、任期经济责任审计等工作。研究制定中层干部工作职责管理规定，确保校部机关领导干部把全部精力用在管理上。继续大力推进对干部“庸懒散”专项治理。

2. 加强意识形态工作

落实中央要求，牢牢把握意识形态工作的领导权和主导权。加强思想政治理论课建设，加强校报、校刊、校内广播电视和出版社建设，加强课堂、讲座、社团活动和校园网络管理，确保导向正确、阵地巩固、引领到位。坚决抵御境外各种敌对势力利用学术研究或宗教对学校进行渗透，确保学校始终成为宣传科学理论和传播先进文化的坚强阵地。继续推进校园文化建设。

3. 加强基层党组织建设

创建服务型党组织。优化党组织设置，推行在实验室、课题和项目组、科研基地设置党支部。推进党组织进学生社区、进公寓、进社团。抓好以教师支部、学生支部为重点的党支部建设，选好配强支部班子，注重从党员学科带头人、党员教学科研骨干中选任党支部书记。做好基层党组织换届选举工作。研究制定进一步加强学校基层党支部建设的意见。加强党员教育管理。建立党员教育培训的长效机制，制定党员教育培训规划。深入开展新党员、新生党员和毕业生党员、党务干部专项教育。加强党员日常管理，落实党内生活各项制度，丰富党组织活动形式。严格党的组织生活。注重在青年教师和优秀大学生中发展党员。

4. 加强和改进德育工作

大力推进立德树人，深入开展中国特色社会主义和中国梦宣传教育。推进中国特色社会主义理论体系进教材、进课堂、进头脑。召开思想政治教育研讨会。积极开展大学生“培育和践行社会主义核心价值观”学习教育活动。修订加强和改进研究生思想政治教育的意见。重点加强青年教师思想政治工作。通过理论学习、实地考察、志愿服务和挂职锻炼等方式，提高青年教师的思想政治素质。继续推进辅导员队伍专业化、职业化建设。建立和落实校领导、机关部门联系学院班级制度。加强和改进学校网络思想政治教育工作。扎实做好全国大学生思想政治教育测评迎评工作。开好共青团山东大学第十六次代表大会。

5. 加强党风廉政建设

加强对党风廉政建设和反腐败工作的统一领导，全面落实党风廉政建设责任制，加强廉政风险防控体系建设，研究制定五年工作规划实施办法。深入开展反腐倡廉教育，深化对党员领导干部尤其是重要岗位重点部位人员的廉洁教育。强化反腐倡廉监督检查，认真执行党内监督条例和领导干部述职述廉制度，加强对干部选任、招生录取、基本建设、财务管理、招投标等重点领域和关键环节的监管。进一步加强科研经费管理。完善学术不端行为惩治查处机制。深入开展纠风和专项治理工作。

纪检监察工作

2014 年，山东大学纪检监察工作紧紧围绕学校中心工作，充分发挥监督、执纪、问责职能，为学校事业发展提供有力保障。

1 月，山东大学纪委组织青岛校区党政领导干部和工作人员统一签订廉政承诺书，进一步推动青岛校区党风廉政建设，科学构建青岛校区廉政风险防控体系。

2 月 27 日，山东大学组织参加教育系统廉政建设视频会议。当日，2014 年教育系统党风廉政建设工作暨全国治理教育乱收费部际联席会视频会议在京召开。山东大学在中心校区明德楼设视频分会场。校党委常务副书记李建军，党委副书记、纪委书记尹作升，副校长娄红祥出席分会场会议。山东大学校长助理，校纪委委员，各单位党政主要负责人，以及省教育系统、部分驻济高校有关负责人参加山东大学视频分会场会议。

3 月 13 日，山东大学 2014 年党风廉政建设工作会议在中心校区知新楼召开。校党委书记李守信出席会议并讲话，校长张荣主持会议。校党委副书记、纪委书记尹作升在会上传达了十八届中央纪委三次全会精神。校领导，全校纪委委员、副处级以上干部等 460 余人参加了会议。威海校区、青岛校区设视频分会场。

5 月 6 日至 7 月 8 日，山东大学纪委办公室、监察处作为联络部门，负责配合教育部巡视组做好与学校及校内各部门间的沟通和协调工作。

7 月 7 日上午，中共山东大学党委书记李守信在中心校区主持召开中共第十三届党委常委会第十二次会议暨党风廉政建设专题会议。参加会议的常委有：张荣、李建军、王琪珑、仝兴华、尹作升、张永兵、娄红祥、陈炎、韩圣浩、曹升元，陈子江列席会议。会议学习传达了中央关于落实“两个责任”的文件摘要和习近平同志、王岐山同志的重要讲话精神；学习传达了《中共教育部党组关于落实党风廉政建设主体责任的实施意见》。会议审议并原则通过了《中共山东大学委员会关于落实党风廉政建设党委主体责任、纪委监督责任的实施意见》。

10 月 11 日至 12 月 10 日，山东大学纪委办公室、监察处协助党委做好教育部巡视组反馈意见整改落实工作。

11 月 27 日，山东大学处级以上领导干部集中培训党风廉政建设和反腐败工作专题报告会在中心校区举行，中共山东省纪委常委、省监察厅副厅长司家军作了题为《让廉洁成为一种生活方式》的报告。中共山东大学党委常务副书记李建军主持报告会。校党委副书记、纪委书记尹作升在会上通报了原山东大学实验动物中心主任兼山东大学新药评价中心副主任刘兆平采取虚开发票的方式，骗取科研经费等贪污案件的有关情况。副校长张永兵、总会计师曹升元出席活动。校长助理贾磊、王滨（挂职）参加会议，侯俊平以及全校副处级以上领导干部400余人听取报告。山东大学青岛校区设视频分会场。

11月25日，山东大学纪委办公室、党委组织部为全校副处级及以上党政领导干部统一配发了《落实中央八项规定精神政策图解》《十八大以来党风廉政建设和反腐败法规制度汇编》。

12月2日，山东大学纪委从浙江桐乡廉政漫画大赛获奖作品、河北邱县廉政漫画展、中央纪委"清廉中国"漫画征集活动作品及媒体公开发表的廉政漫画作品中精选出两百余幅，在纪检监察网开设优秀廉政文化作品展览专题网页进行集中展示。本次展览共分为"坚持群众路线""执行八项规定""落实廉政准则""规范科研经费""倡导廉洁新风""强化执纪监督"等六大板块，在各栏目版块中均设有政策学习专栏和留言评论互动区。

2014年，山东大学纪委新制定、修订了《中共山东大学纪律检查委员会全委会议事规则》《山东大学关于建立健全党员领导干部谈话和函询制度的暂行办法》《山东大学纪委向党委报告党风廉政建设情况制度（暂行）》《山东大学贯彻落实〈建立健全惩治和预防腐败体系2013～2017年工作规划〉实施办法》《山东大学基层党组织纪检委员工作暂行办法》《中共山东大学委员会关于加强党风廉政教育的实施意见》《山东大学关于加强重点部位、关键环节监督工作的暂行规定》《中共山东大学委员会关于落实党风廉政建设党委主体责任、纪委监督责任的实施意见》《山东大学关于加强重点部位、关键环节监督工作的暂行办法》《山东大学党风廉政建设责任制考核暂行办法》《山东大学党风廉政建设责任制责任追究办法》等11项党风廉政建设制度，努力形成用制度管权管事管人的格局。

山东大学纪委进一步规范办信查案工作，制定并执行《关于进一步规范学校纪检监察信访举报工作的意见》，明确信访件规范管理的相关工作规则。纪委共受理和处理信访件90件，切实维护广大师生员工的根本利益。纪委按照相关规定处理违纪违规人员3人，约谈提醒3人，诫勉谈话2人。

山东大学纪委监察处加大重点部位、关键环节的监督力度。全年共开展各类监督监察380余场（人）次。牵头开展学校党政管理干部办公用房清理调整工作，共腾空办公用房35间，使用面积总计1212.6平方米。

山东大学纪检监察队伍综合素质进一步提升。落实"三转"工作要求，聚焦主责主业。制定纪委业务学习制度，每年对纪检干部集中培训，每两周组织一次内部业务学习研讨。本年度先后选派2名同志参加北京大学纪检监察业务培训；4名同志参加在南京召开的2014年全国卫生计生系统纪检监察干部第一期培训班，学习案件检查有关制度和案例分析；2名同志参加在中国矿业大学（徐州）召开的教育部纪检组第一片组会议，研讨《基于严明党的纪律增强高校党员领导干部组织纪律性》课题和高校纪检监察部门的三转工作。

（巩　勇）

组织工作

2014年，学校组织工作在学校党委的领导下，坚持围绕中心、服务大局，以提高组织工作科学化水平为核心，统筹推进各项工作，为学校事业发展提供了坚强组织保证。

一、完善体制机制，加强领导班子和干部队伍建设

一是推进制度建设，构建务实管用选人用人机制。严格执行《党政领导干部选拔任用工作条例》，研究制定学校《处级领导干部选拔任用工作实施办法》，用制度保证选人用人严肃规范。充分发挥纪委监督作用，坚持和完善选拔任用领导干部征求纪委意见制度，建立健全组织部门与纪检监察部门等有关单位干部监督工作联席会议制度，把好选人用人廉政关。结合中层班子实际，对处级领导干部职务任期制、交流制、年轻干部配备等作出明确规定，进一步激发了干部队伍活力。坚持把加强党组织领导作用与充分发扬民主结合起来，健全民主推荐、民主测评制度，完善竞争性选拔干部制度和差额选拔干部机制，改进干部考核考察，提高了学校选人用人工作的制度化和科学化水平。

二是坚持正确导向，选好配强中层领导班子。着眼建设符合学校事业发展要求的高素质干部队伍，采取推荐考察、竞争上岗等方式，对部分中层班子进行了配备调整。结合学校“三定”工作，积极稳妥做好处级领导干部调整安排工作。注重优化领导班子结构，统筹考虑岗位要求和干部年龄、经历、专业、专长、性格等因素，着力增强班子的整体功能和合力。认真做好选人用人“一报告两评议”工作。从教育部反馈结果看，我校上年度选人用人工作和新任中层干部各项评议指标的满意和基本满意率均高于72所直属高校的平均值。

三是强化纪律意识，从严管理监督干部。严肃党的纪律，狠抓作风建设，严格落实中央从严管理监督干部的要求，研究制定了《加强干部监督管理的十项规定》《校内巡视工作暂行办法》。以“严格党内生活，严守党的纪律，深化作风建设”为主题，组织开好2014年度党员领导干部民主生活会，切实增强发现和解决自身问题能力。强化干部日常管理监督，完善抓早、抓小、抓预防的组织措施，健全并落实谈心谈话、述职述廉、任前承诺等制度，始终把干部置于党组织的管理监督之中。强化岗位责任意识，引导领导干部正确处理管理工作和个人学术工作的关系，全身心投入管理工作中。按照中央和教育部党组部署要求，认真抓好领导干部在企业兼职（任职）规范清理、个人有关

事项报告、出国（境）管理等工作。

四是注重学用结合，加强干部教育培养。以学习贯彻党的十八大、十八届三中、四中全会精神和习近平总书记系列讲话精神为主线，以理论武装、党性教育、能力提升为重点，组织实施了2014年度干部教育培训工作。会同党校做好领导干部集中培训，先后举办9场专题报告会，培训效果良好。有计划、有重点地选派干部到中央党校、国家教育行政学院、干部学院等参加专题培训。建立健全领导干部学习档案制度。注重优秀年轻干部培养使用，研究制定了《关于加强优秀年轻干部培养工作的实施意见》，强化年轻干部的教育培养、作风建设、实践锻炼和管理监督。注重多岗位锻炼干部，选派多名干部教师到地方、上级职能部门、对口支援高校挂职锻炼，促进干部教师在服务国家和地方经济社会发展中拓宽视野、增长才干。

五是突出岗位责任，完善干部考核评价体系。积极构建符合学校实际、体现岗位要求的中层领导班子和领导干部考核评价体系。对领导班子的考核，以思想政治建设、领导能力、工作实绩、党风廉政建设为重点。对领导干部的考核，以岗位要求为依据，在全面考核德能勤绩廉的基础上，加强对执行民主集中制、工作作风以及管理精力投入的考核。坚持定性与定量相结合，在干部年度考核中增加人才工作、教学工作、科研工作单项考核，以及党风廉政建设责任制、安全稳定专项考核。在“三定”工作中开展干部履职尽责情况和作风状况考核，进一步强化干部责任意识。研究起草了《关于实行处级领导班子任期目标责任制的暂行规定》，推进以学校事业发展规划为依据的目标考核，引导领导班子和领导干部推进学校内涵式发展。

二、坚持从严从实，切实抓好教育实践活动深化整改

一是狠抓整改落实，确保各项整改承诺落到实处。建立两方案一计划整改工作台账，逐条逐项明确牵头领导、责任单位、完成时限等，加强跟踪督办，落实销号管理，不折不扣落实整改方案，一条一条兑现整改承诺。召开深化整改工作座谈会，及时公布整改进展情况，交流工作经验，分析问题不足，提出明确要求。加大对“四风”突出问题专项整治工作力度，对整治文山会海、检查评比泛滥等21项重点内容逐项自查并严格把关，深入推进专项整治。截至目前，按照整改时限要求，学校两方案一计划确定的88项整改任务全部完成。

二是认真开展“回头看”，扎实推动深化整改工作。深入学习贯彻习近平总书记在党的群众路线教育实践活动总结大会上的重要讲话，对教育实践活动整改落实的进展、效果和存在问题进行全面深入的梳理自查，形成下一步继续抓好的45项工作清单，及时反馈给各牵头领导和责任单位，督促整改措施切实落到实处。树立持续整改、长期整改的思想，从稳步推进综合改革、严格党内政治生活、夯实基层党建基础、持续用力抓好作风建设、解决民生问题等五个方面明确了下一步推进深化整改工作的措施，确保每项整治任务有人抓、不落空、见实效。

三是明确具体措施，巩固和拓展教育实践活动成果。根据中央和教育部党组关于深化“四风”整治、巩固和拓展党的群众路线教育实践活动成果的指导意见，结合实际，研究制定学校深化“四风”整治、巩固和拓展党的群众路线教育实践活动成果实施意

见，重点从持续深入抓好整改落实、推动作风建设常态化、严肃党内政治生活及夯实基层党组织建设基础四大方面，研究提出 12 条具体措施并抓好贯彻落实。

三、抓基层、打基础，扎实开展基层党建工作

一是认真开展基层组织换届选举。根据各基层党组织条件成熟情况，对全校基层党组织换届选举工作区别对待、分类指导，统一部署、分步实施。严格按照规定程序和选举办法，专门结合学校实际，编写基层组织换届选举工作手册，将有关文件规定、相关选举办法、各类讲话文稿以及选票样式等四个方面、共 19 个文件材料汇编成册，为基层党组织开展换届选举工作提供样本和参照。研究制定《中共山东大学基层组织换届选举工作方案》，自 12 月开始集中开展全校基层党组织（基层党委、党总支、直属党支部）换届选举工作。截至本学期末，环境科学与工程学院等 30 个单位的党委（党总支、直属党支部）已顺利召开党员（代表）大会，换届选举各项工作进展顺利。

二是扎实开展党组织立项活动。做好 2013 年立项活动总结验收与 2014 年立项申报评审工作，2013 年共开展立项活动 95 项，91 项活动通过验收，评选出优秀立项活动 35 项。2014 年全校共申报立项方案 110 项，90 个方案获得立项。中组部《党员教育通讯》2014 年第 11 期（总第 55 期）以“山东大学以党组织精品活动教育引领师生”对我校党组织立项活动进行了报道。

三是落实基层党组织建设经费投入。经过充分调研论证，从 2015 年起设立学校基层党建工作专项经费，列入学校经费预算。进一步完善党费拨返制度，将返还的党费用于基层党支部开展党组织活动。注重从制度机制上保障基层党支部书记的合理经济待遇，明确基层教师党支部书记待遇不低于同级行政负责人的岗位津贴，基层学生党支部书记按勤工助学岗位给予一定的工作补贴。

四是深入基层党组织调研。通过召开基层座谈会等形式，全面了解基层党委在贯彻落实基层组织工作条例、加强党组织建设方面的情况，摸清底数，研究问题，提出措施。对反映出的问题，能马上解决的就第一时间落实，需要进一步沟通核实的，就进一步查实，并对不能解决的问题做好解释工作。明确基层党委和书记职责，加强对基层党建工作的指导，增强了基层党委抓党建工作的主体责任，促进了基层党组织职能和作用的发挥。

四、做好党员教育管理和发展党员工作

一是抓好党员教育培训。坚持日常教育与集中教育相结合，抓住“七一”、毕业季、新生入学教育等关键环节，以增强党性、提高素质为重点，加强党员教育、管理和服务工作。在毕业生党员中开展“为党旗增辉，向母校献礼”主题教育实践活动，“七一”前夕集中组织新党员入党宣誓活动，在新生党员中开展集中教育培训活动等。充分发挥山大党建手机报作用，帮助广大党员干部及时了解中央及学校党建最新动态，全年共编发党建手机报 37 期。为基层党组织订阅教育学习资料，为全校各基层党组织开展党员教育工作提供了保障。

二是做好发展党员和党员管理工作。按照“控制总量，优化结构，提高质量，发挥作用”的原则，全面落实发展党员工作新要求。2014 年度，全校共发展新党员 1917 人，发展党员质量进一步提高。认真做好组织关系接转和新生党员审核工作，分别为 3726 名和 3517 名党员办理组织关系转出和转入手续，完成 1332 名新生党员的党员资格和入党材料的审核工作，对发现问题建立台账，建立销号管理制度和问题解决跟踪机制，将工作落到实处。

三是推进党员教育管理信息化。进一步加强党员党组织信息库建设，确保信息维护及时、准确、规范。顺利完成 2014 年度党内统计工作，完成教育部思政司 2014 年全国高校基层党组织和党员队伍状况统计工作。我校组织申报的两项课题获得省高校党建研究资助经费课题立项，推荐的两项研究成果获得省高校党建研究基地优秀成果一等奖。

（刘　珂）

宣传思想工作

2014年，宣传部认真贯彻落实学校党委工作要点及行政工作要点，围绕中心，服务大局，突出重点，做到强化理论武装、内聚师生力量、外树社会形象，为推动学校改革发展提供思想政治舆论保证。

一、加强理论武装，巩固学校发展的思想道德基础

（一）积极开展教职工思想政治工作

修订山东大学《加强和改进党委中心组理论学习建设》文件，进一步做好校院两级党委中心组的学习安排，组织校党委中心组专题学习习近平总书记群众路线教育总结大会上的讲话。起草《2014年教职工理论学习安排意见》等文件，编发教职工理论学习重点和参考资料19期，发放学习资料4000余册。利用山大师风网、宣传部网站、官微平台编发理论学习信息3300余条。利用“两会”“教师节”“烈士纪念日”“国家宪法日”等节点，开展相关主题教育活动。举办“学习习近平总书记教师节重要讲话”座谈会，校报、山大主页开辟专栏刊登教师心得体会，活动经验在教育部网站得以推广。做好群众路线理论研究工作。组织专家完成教育部群众路线重点专项研究课题4项，其中王韶兴教授撰写的《提高党密切联系群众的制度化水平》在《人民日报》理论版刊发，并因此获邀参加全国高校群众路线教育实践理论研讨会。编写学校群众路线教育实践活动简报7期。

（二）加强思想政治理论课建设

发挥“山东高校思政课教师培训基地”作用，开展8期专项培训；认真组织30余名教师参加全国及山东省哲学社会科学骨干研修、2014暑期高校思政课教师骨干社会实践研修。组织开展2014年思政课青年教师择优资助计划、社会主义核心价值观教学展示活动、“思想政治教育中青年杰出人才支持计划”等申报工作；徐艳玲教授获评全国2013年高校思政课教师影响力人物并入选全国高校思政课教改“择优推广计划”培育项目；张路园入选“全国高校思想政治理论课社会主义核心价值观教学展示活动”。开展思政课教师基本情况调查、教学情况调查，撰写调研报告2篇。

（三）加强意识形态工作优化育人环境

开展社会主义核心价值观教育，举办学习“时代楷模”朱彦夫座谈会，在校报推出学习朱彦夫专版；做好教育部社会主义核心价值观教育典型案例征集等工作；开展“六

五”普法活动情况阶段性总结，撰写总结报告。加强意识形态管理工作。5月，在全校开展哲学社会科学报告会、研讨会、讲座、论坛排查工作，52家单位提交自查报告。强化管理和监督，完善审批备案流程，全年共计审批备案活动90余场次，确保哲学社会科学健康发展。组织开展教职工思想状况调研。完成教育部2014年高校师生思想政治状况滚动调查工作，开展教职工思想状况调研2次并形成调研报告，撰写并向上级主管部门报送各类思想理论舆情信息18次。

二、坚持正确思想导向，营造良好校园舆论文化氛围

（一）发挥山大新闻网—山大视点网站在校内网络宣传坐标中的引领作用

做好新闻稿件采编发布工作，全年发稿8216篇，其中山大要闻609篇。出台《山东大学改进新闻宣传报道的实施办法》，初步建立汰稿机制，基层单位投稿、传稿、编稿的积极性不断提升。完善系列报道工作流程，坚持做好前期策划、中期采访和后期总结，形成综合性、立体化、全方位的专题策划报道模式，创新性推出“图解”报道方式，共推出群众路线教育实践活动、尼山论坛等系列报道13个。做好山大日记品牌建设工作，完善宣传推广机制，全年发布文字及图片日记1422篇，访客留言1700余条，网站总访问量达240余万次。校党委书记李守信、校长张荣、终身教授刘大钧、艺术学院名誉院长范曾、美国哈佛燕京学社社长裴宜理分别为山大日记题词。加强通讯员队伍建设，完善网站后台投稿机制，共设立通讯员账号127个，开展相关培训10余次，有效提升基层单位投稿的自觉性、自主性。建立和完善“山大人物”采访工作机制，全年共推出人物报道43篇。探索网上舆论引导新模式，时评、短评与“编者按”相互结合，提高了网上舆论引导的效果。开展网络新闻资料储存整理与服务工作，全年储存重要新闻图片近3万幅、重大新闻活动音频资料70余人次、文字资料30余人次。开展“十件大事”评选调研，制定山东大学年度“十件大事”评选的办法，组织山东大学“2014年度十件大事”评选活动。改进网络宣传评优机制，完善《山东大学网络新闻宣传工作评优工作方案》，首次设立网络宣传先进个人、十佳通讯员、优秀（十佳）作者等荣誉称号，调动工作积极性。推出山大视点微信，打造网站、微信互动的新闻宣传格局。

（二）校报办报水平不断提高

全年共编辑、出版校报44期，包括2014年新年特刊、教代会专刊、继续教育专刊、尼山世界文明论坛专刊、毕业生专刊、青岛校区专刊、登州文会馆150周年纪念专刊、孔子学院十周年专刊等。积极开发并使用新媒体扩大校报影响力，提升传播效果。2014年3月，《山东大学报》官方微信正式上线。微信公众账号设置有“资讯纵横”“学界视点”“励学求知”等板块，由每周两期发展到每周四期推送。加强学生记者队伍建设，2014年4月，制定了《山东大学报好作品评选办法》，鼓励学生记者深入采访、撰写优秀新闻作品。积极参与山东省高校校报研究会、中国高校校报协会等组织的有关工作。

（三）广播电视台积极开展新闻宣传、服务学术交流、丰富校园生活和文化

广播方面，制作各类节目560多期，对学校重要事件进行及时报道；创办山大日记深度访谈类节目《日记有约》，剪辑、制作并播出知新楼大钟名曲300余首；围绕高校

校园广播的播出模式、栏目设置等问题开展问卷调查，并形成调查报告，提高工作针对性。调整和更换广播机房的广播线路及设备，完成山大广播网页改版工作。电视方面，及时、准确报道学校重大新闻和活动，共拍摄各类视频新闻200余条，累计视频素材近1000分钟。精心制作《饶宗颐与山东大学》《登州文汇馆》等多部高质量电视专题片。《饶宗颐与山东大学》获山东省高校校园文化建设优秀成果一等奖。拍摄“山大日记”，讲好山大故事，做好视频山大日记的拍摄剪辑工作，全年共制作视频山大日记22期。不断丰富山东大学学术精英影像资料素材库，全年拍摄知名教授学者13人次，拍摄素材时长22个小时，整理文字逾25万字，采访人物包括李希凡、刘玉柱、朱玉湘等10人。参与老科学家学术成长资料采集工程之王文兴项目，共采集王文兴院士800余件实物资料，撰写8000余字的人物年表、近3万字的人物长编以及14万字的人物传记，各项采集和撰写工作已基本完成。继续举办针对学生的电视艺术培训班，培训活动逐渐形成特色品牌。全方位、多层次记录学校重要活动全过程，如2014年新生开学典礼、迎新晚会、毕业典礼等。积极配合各院系、单位，不断促进校园各项文化建设和教学工作。

（四）加强网络建设，提高网络舆论引导能力

做好校内新建网站审批、网站变更（改版）登记、网站撤销登记、校园网交互式栏目审批、上网服务场所备案等工作，全年共有70余家网站办理了新建、更改、撤销备案登记。做好特殊时期网络安全防范工作，防范网络攻击30万次，积极应对并处理网络事故38次。积极推进网站群建设，组织网络管理员参加网站群建设培训，提升学校网络安全性能。配合全校网络漏洞扫描检查，对70多家网站提出整改要求。认真做好全校优秀网站评选，推进网站建设水平。认真做好日常舆情监控，开展舆情研判，全年监控关注近50000余条信息。针对袁腾飞讲座、学生跳楼等突发事件以及特殊时期，扩大舆情监控范围，形成舆情报告，并积极协调有关部门及时处置相关事件。积极筹划建设网络评论员队伍，起草《关于加强网络舆论引导工作的实施办法》，认真做好教育部骨干网评员的推荐、申报工作。根据形势发展，制定山东大学《新媒体管理办法（试行）》《校园网公共信息发布管理办法》等文件，完善校园网络管理制度。

（五）加强文化建设，营造良好育人氛围

做好春节、教师节等重大节庆日和学校重大活动期间的氛围营造工作。打造校园街景文化，做好各校园新华影廊海报栏、道旗的设计更新，做好宣传栏、阅报栏的报纸日常更新维护。加强校园文化宣传环境监管，完善校内资料性出版物、电子传播资料等的审批制度，做好校园文化环境巡视。做好明德楼、知新楼标识导示系统更新维护工作。推出山东大学文化建设工作官方网络平台——“山大文化网”。设计完成《山东大学手绘文化地图》。完成《山东大学视觉形象系统（2014）》的改版。阶段性完成塔钟音乐文化建设工作和《“十大”系列评选成果汇编（2005～2012）》。围绕新生入学，开展“文化一堂课”“新生笑脸墙”“军训摄影大赛”等“新生主题文化月”活动。利用新媒体手段，打造“图片山大”，制作推出《军训侧记：一个故事、两段回忆》《冠军是怎样炼成的》等30余期图片专辑。启动山大文化网“随手拍”主题摄影图片征集活动，推出第一期主题：“拾忆2014”。策划、编辑出版《斯文一脉》《2013山大日记》，《斯文一脉》

获山东省高校校园文化建设优秀成果理论学术类一等奖。举办齐鲁大讲坛（山大场）讲座 6 期，活跃校园学术文化氛围。

三、加大外宣策划力度，优化学校发展外部舆论环境

（一）立足传统媒体，扩大对外宣传层次水平

对外宣传工作保质保量完成“平均每月在全国重要媒体、每周在省内媒体上有关于山大的专题信息，平均每天在媒体上有山大的新闻报道”的总体宣传任务，和“进一步加大在中央媒体的报道力度”“争取在深度报道方面有所突破”的具体目标。新闻报道数量、层次、质量大幅提高。新闻发稿总量（含原发和网络转载）77.7 万篇，较去年 47.6 万篇增幅达 63%。仅新华社、中央电视台、《人民日报》《光明日报》《中国教育报》等中央重点媒体原发报道达 800 余条，平均每天都有中央媒体报道，比去年同期（500 条）增长约 60%。围绕学校人才培养、教学科研、社会服务、文化传承、合作交流、改革发展等中心工作，以召开新闻发布会、邀请记者入校采访等形式主动策划、突出重点，收到良好效果。重点策划的活动主要有：世界大学学术表现排名山大在中国大陆高校排名第 9 位、江丙坤受聘山大名誉教授、第三届尼山世界文明论坛、中国高等教育研讨会、登州文会馆 150 周年纪念活动、丁肇中来访山大、AMS 项目成果发布会、2014 年学生阅兵典礼开学典礼、《文史哲》英文版首发式等。

（二）建设新媒体平台，展现学校良好形象

研究新媒体特点，打造山大官方微博、官方微信为主体的对外宣传工作的新平台。学校新媒体建设成效显著，已走在全国高校前列，山大腾讯官方微博粉丝数 27.2 万，山大新浪官方微博粉丝数 21.6 万，山大官方微信关注人数 2.7 万。山大腾讯官方微博、山大新浪宫方微博在全国高校影响力排名中稳居前列；山大官方微信在南方周末发布的中国高校官方微信影响力 10 月份总榜中位居第七。山大官方微博被教育部新闻办评为“2013 年度教育系统十佳官方微博提名奖”，山东大学新浪官方微博被评为“十大最具影响力官方微博”。新媒体平台的建设有效推动学校对外宣传工作。截至 2014 年 12 月初，山大新浪官方微博发布微博 2000 余条，转发评论数达 11 万余次，阅读数达 5000 万余次，点赞数达 7 万余次；腾讯官方微博发布广播 1500 余条，转播及评论数 1.5 万余次，阅读数 1200 余万次。官方微信发布图文消息 860 余条，总阅读数 160 余万次，点赞数 2.5 万余次，分享转发次数近 10 万次。山大官方微博、微信推出的“舌尖上的山大”、创意毕业照、学校青岛校区建设等内容，经《人民日报》、中国新闻网、人民网、央视网等媒体转发后，引起广大师生、校友及社会各界的广泛关注，大大提高学校知名度和影响力。

（三）加强与媒体合作沟通，建立新型媒体关系

完善沟通机制，通过 QQ 群、微信群等形式，与 40 余家新闻媒体的 120 余位记者建立良好的沟通机制，成为学校及时发布信息的重要平台。构建新型媒体关系，策划中央电视台、《人民日报》《中国教育报》等走进校园开展深度合作交流；与中国新闻社山东分社建立签约作者工作模式；与中国高等教育杂志社共建学生通讯社；与大众网建立战略合作关系并成立记者站，开辟大众网山大专栏；学校英文主页与《中国日报》、光

明网建立了良好合作关系，实现了双方资源共享、合作共赢。

（四）抓好日常工作，营造良好氛围

做好关于山大新闻报道信息的报纸收集整理及外宣网站“媒体看山大”日常维护工作，全年共收录各大校外新闻媒体原发报道 8000 多条；协助做好与省委宣传部共建新闻学院工作；协助做好第三届尼山论坛等大型活动的服务工作；做好校园活动、校园宣传品和校内出版物审查审批工作，营造良好校园氛围。

四、宣传思想工作的主要成绩

做好“礼敬中华优秀传统文化”评选、第七届全国高校百佳网站网络评选、全省高校思想政治优秀成果评选等的组织申报工作。其中，周向军、高奇的《社会主义核心价值观是当代中国第一软实力》获全国思想政治研究会优秀论文二等奖。“山东大学就业信息网”获评全国高校百佳网站。获 2014 年山东省高校校园文化优秀成果一等奖 3 项、二等奖 5 项、三等奖 1 项。获全省 2013 年度高校思想政治教育优秀成果一等奖 2 项，二等奖、三等奖各 1 项。获 2013 年度山东省高校校报新闻奖一等奖 8 项、二等奖 6 项。获中国高校校报协会 2013 年度好新闻奖一等奖 2 项、二等奖 3 项。《寻找本科生中的科研种子》（刊登在《中国科学报》）获 2013 年度山东高校十大新闻提名奖。电视专题片《登州文会馆与山东大学》获得第四届国际大学生新媒体文化节优秀作品奖。在山东省高校校报研究会第九次会员代表大会暨 2014 年学术年会上，孙宜山被推选为省高校校报研究会副理事长兼秘书长；李萍、杨云雷、高潮获评“从事高校校报工作 30 年特别奉献奖”。山东大学荣获“2014 年度教育系统新媒体宣传综合力十强”称号，这是教育部新闻办在全国教育系统新媒体建设方面颁发的最高奖项。中共山东大学党委宣传部获教育部、中国教育报刊社颁发的中国教育报 2014 年度事业发展贡献奖。

（赵　海）

统战工作

2014年，党委统战部积极适应高等教育改革提出的新任务和新要求，围绕中心、服务大局，夯实基础、拓展领域，发挥优势、凝心聚力，进一步巩固和壮大了最广泛的爱国统一战线，为统一战线服务科学发展注入新动能。

一、“同心”思想引领迈出新步伐

2014年，党委统战部以十八大、十八届三中、四中全会精神和山东大学第十三次党代会精神为指导，以坚持和发展中国特色社会主义学习实践活动为主线，大力加强统一战线“同心”思想引领，进一步夯实了统一战线共同思想政治基础。5月，党委统战部制定了《山东大学统一战线坚持和发展中国特色社会主义学习实践活动实施方案》，印发了学习资料。11月12日，发布了《党委统战部关于统一战线认真学习宣传贯彻党的十八届四中全会精神的通知》，向全校各民主党派基层支部发放了《中共中央关于全面推进依法治国若干重大问题的决定》单行本。全校各民主党派、统战团体积极发挥优势，开展了一系列思想教育、理论学习和实践服务活动，进一步增强了广大统一战线成员的中国特色社会主义道路自信、理论自信、制度自信。

二、民主党派建设取得新进展

（一）思想建设稳步推进

民革山东大学委员会组织各支部积极开展坚持和发展中国特色社会主义学习实践活动。连洁教授于9月1～3日参加了民革全省基层组织主委培训班；刘玉光教授于10月28～31日参加了由中共山东省委统战部、山东省民政厅联合举办的第二期全省社会组织党外代表人士培训班。

民盟山东大学委员会深入开展盟员教育活动。5月，中心校区总支和齐鲁医院总支分别组织新盟员及入盟积极分子前往台儿庄战役纪念馆进行入盟教育。6月30日至7月4日，李辉教授参加了民盟中央在中央社会主义学院举办的“民盟盟务工作骨干培训班”。11月30日，齐鲁医院总支盟员45人前往聊城开展纪念孔繁森逝世20周年活动。

民建山东大学委员会各支部注重加强理论研究，不断增强会员的参政议政意识。11月27日，民建山东大学中心校区支部开展了十八届四中全会精神学习研讨活动。

民进山东大学总支部委员会深入探索提高参政议政工作水平的新思路。12月30

日，民进山东大学中心校区支部召开会议，就如何发挥基层支部作用、推进参政议政和提案工作进行了深入研讨。民进山东省委副主委、山东大学总支部委员会主委王凤山，民进山东省委参政议政部副调研员席林出席研讨活动。

农工党山东大学基层委员会积极开展十八届四中全会精神学习活动，并结合对农工党党章与党史的学习，加深了党员们对建设社会主义法治国家内涵的理解。

致公党山东大学基层委员会把提高党员的理论水平和思想素质放在首位，组织了学习十八届四中全会精神等思想教育活动。徐文方主委参加了第十四届中央委员培训班，向各支部传达了会议精神和工作部署。选派 20 余名新党员参加了致公党省委举办的新党员学习班，组织多名支部主委和副主委参加了致公党省委举办的参政议政能力培训班。

"九三学社"山东大学委员会通过开展学术活动加强思想建设和工作交流。12 月 20 日下午，"九三学社"山东大学委员会在中心校区知新楼举行学术报告会。"九三学社"山东省委副主委解士杰、王志玉、组织部长王龙然，中共山东大学统战部部长戴智章，"九三学社"山东大学委员会主委刘树伟，及全校近 100 名"九三学社"社员出席报告会。张淑兰教授作了题为《中国特色的政党制度——理论问题解析》的报告，焉传祝教授作了题为《脑血管病的早期发现和防治》的报告，赵洪太教授介绍了《山东大学"九三学社"史》的编写情况。

（二）组织建设不断加强

按照"坚持标准，提高质量，优化结构，保持特色"的原则，党委统战部协助全校各民主党派做好组织发展工作，全年共审批发展对象 52 人。包括长江学者特聘教授、国家杰出青年基金获得者、泰山学者特聘教授在内的一批新成员的加入，为我校民主党派发展注入了活力。

加强基层组织领导班子建设，认真做好换届工作。2014 年 1 月 3 日上午，民盟山东大学千佛山校区总支部委员会举行换届选举大会，选举李辉为主任委员，曹成波、李树忱、范润华为副主任委员，李金雁、宋文彬、郝丽萍、商洪海、杨立才、赖艳华为委员。1 月 7 日下午，民盟山东大学齐鲁医院总支部委员会举行换届选举大会，选举孙青为主任委员，王旭霞、李学忠为副主任委员，李丽珍、王清宝、赵川莉、冷发贞、张希全、尚若愚为委员。2014 年 9 月，民盟山东大学委员会被民盟中央评为"中国民主同盟基层组织建设先进基层组织"。

（三）履职尽责成果丰硕

2014 年，我校各民主党派基层组织及其成员充分发挥自身优势、突出党派特色，积极履行参政议政、民主监督和服务社会的职能，取得了突出成绩。

民革山东大学委员会积极推动参政议政和社会服务工作，被民革山东省委评为"2013～2014 年度反映社情民意信息工作先进集体"。4 月，主委刘玉光教授提交的有关"非公立医院价格放开问题"的建议被民革中央采用，其本人被民革山东省委评为"2013～2014 年度反映社情民意信息工作优秀信息员"。9 月 4 日，刘玉光教授参加了山东省政协召开的医改专题协商会并作重点发言。他提交的《关于建立廉价药品目录的建议》的议案被山东省发改委采纳。宋全成教授提交的《停止收取分户计量非供热用户管道占用费的建议》被济南市政府采纳，其本人被评为“济南市优秀政协委员”。11月19日，民革山东大学委员会赴济宁开展文化服务活动，并在济宁市实验初中举办了科普教育讲座。民革党员积极推动两岸学术和文化交流。7月，名誉主委盛玉麒教授赴台参加了“第八届海峡两岸现代汉语问题研讨会”，又应邀参加了中共常州市委统战部举办的“港澳台海外华人同心夏令营”并作专题讲座。宋全成教授与台湾有关部门联合召开了海峡两岸恐怖主义与国家安全学术研讨会。

民盟山东大学委员会积极探索建言献策和服务社会的新途径。10月22日，山东省政协副主席焉荣竹主持召开提案办理协商座谈会，王成国教授和张建教授提出了完善科研经费管理制度、提高科研经费使用效益等建议，受到政府领导高度重视。民盟盟员充分利用挂职等方式，进一步拓展了山大民盟参政议政和服务社会的渠道。盟员范润华被推荐担任德州市经济技术开发区副区长，孟令军被安排担任德州市临邑县副县长。11月12日，民盟山东大学委员会“科技盟光”服务团赴德州经济技术开发区开展科技服务活动。山东省政协副秘书长、民盟山东省委副主委董利忠，山东省政协常委、民盟山东大学委员会主委王成国，民盟山东省农科院总支副主委、省农科院实验基地管理中心主任乎孟银和我校工学专业近30名盟员参加活动。

民建山东大学委员会加强社会调研和理论研究，进一步提高了议政建言水平。3月至4月，徐超丽副教授参加了山东省政协2014年一号专题协商“山东省混合所有制发展”调研组，并在专题协商会上作了发言。4月16日和6月初，马来平教授应邀分别在中南海和山东大厦参加了由中央办公厅调研室和国务院办公厅召集的“研讨关于加强协商民主建设理论与实践问题”的专家座谈会，并作题为《关于协商民主的若干认识问题》和《协商民主应当成为政府决策的制度化程序》的发言，受到主持会议的领导的赞扬和与会者的关注。发言经整理，刊发在《人民日报》社的内参清样和《贵州社会科学》上，直接为中央决策提供了参考。7月23～26日，马来平教授到临沂专题调研农村妇女科学素质问题，同当地干部群众探讨提高农村妇女科学素质的对策。

民进山东大学总支部委员会围绕经济社会发展的热点问题，通过总支成员中的人大代表和政协委员积极建言献策。以山东省政协常委侯风云教授为主撰写的8件提案，受到了省政府相关部门的重视。侯风云教授多次接受《大众日报》等媒体采访，就政府相关政策进行解读；作为山东省审计厅特约审计员，针对审计工作积极建言献策。山东省大人常委王凤山教授在山东省人民代表大会第三次全体会议上提交了《关于加大力气治理农村环境脏乱差的建议》和《关于教育部直属学校建设的省重点学科重点实验室享受省属学校同等待遇的建议》两个代表建议，前者已经得到有效落实；在“山东省人大常委会对大气污染开展专题询问”的会议上作为主要询问人之一进行了询问；接受了山东卫视的采访，并就如何保卫低价药这一问题发表了看法。

农工党山东大学基层委员会充分利用自身优势，积极开展社会服务活动。11月1日，农工党山东大学基层委员会组织40余名党员前往济阳县孙耿镇老杜村，开展了义诊活动和农村环境卫生、医疗状况调研。齐鲁医院支部于3月6日组织党员到济南市历城区西营镇敬老院开展献爱心活动，6月5日协助农工党济南市委到槐荫区吴家堡街道办事处协办第七届“中国环境与健康宣传周”活动，9月28日到历城区西营镇小南营村开展义诊活动，11 月 15 日在农工党山东省委的组织下到平阴县玫瑰镇开展义诊活动。第二医院支部多次前往济南市老年托管中心开展义诊活动；4～5 月间多次到滕州市工人医院开展义诊活动，支部主委周涛教授亲自为 30 余名患者义务做周围微细血管手术，受到当地媒体和患者的赞扬；6 月到在平中医院参加义诊活动；10 月到阳谷县医院参加义诊活动。

致公党山东大学基层委员会充分发挥侨海特色，深入开展海外联谊与学术交流活动。趵突泉校区支部以刘新泳、方浩、李敏勇等党员为主举办了“第十届中美华人化学教授会议”“第一届中澳健康科学研究中心研讨会”等国际会议，支部多名党员受邀到美国、英国、比利时等国家开展了学术交流活动，增进了华人科学家和国际友人对中国特色社会主义的认同感，被致公党山东省委评为“海外联谊工作先进集体”。致公党山东大学基层委员会依托党员专业优势，积极开展社会服务活动。趵突泉校区支部组织教师团到省内多个地市的药企开展了科技对接与服务活动，取得了良好的社会效益和经济效益。齐鲁医院支部坚持服务患者、回报社会，被致公党山东省委评为“社会服务工作先进集体”。第二医院支部分别到临沂高新区医院、玲珑集团医院、聊城市第二人民医院开展帮扶工作。全校 8 名致公党党员被致公党山东省委评为“同心·创先争优”优秀党员。第二医院支部主委魏来临教授在生命最后时刻仍然坚持工作，《联合日报》头版发表了《燃烧生命铸就医者仁心》、《大众日报》发表了《用生命诠释医道仁心》，致公党山东省委五届六次全委会作出了“关于开展向魏来临同志学习”的决定。

山东大学“九三学社”社员利用多种平台积极参政议政、建言献策。解士杰教授在 2014 年全国两会期间参与了多项提案的讨论撰写，受到媒体高度关注。张淑兰教授于 2014 年 1 月被选为“九三学社中央坚持和发展中国特色社会主义学习实践活动宣讲团”成员。徐凌忠教授在省政协“深化医药卫生体制改革，提高基本医疗保障水平”专题调研和专题协商中作出了突出贡献。12 月 28 日，“九三学社”山东大学委员会组织齐鲁医院专家 20 余人到广饶县人民医院开展义诊活动。

三、党外代表人士队伍建设取得新突破

党委统战部认真落实《中共山东大学委员会关于加强党员领导干部与党外代表人士联谊交友工作的意见》（山大党综字［2013］1 号），加强联谊交友工作，多次就如何做好统战工作征求党外人士的意见和建议。

积极为党外代表人士发挥作用搭建平台。根据工作需要，充实了党外人才数据库，认真做好党外代表人士的社会安排工作。5 年 29 日，徐超丽、刘德山被续聘为山东省监察厅第五届特约监察员。6 月 19 日，侯风云被续聘为山东省审计厅第四届特约审计员。

协助做好走访探望领军人物相关工作。11 月 17 日，全国政协原常委、全国妇联原副主席、山东省政协原副主席、山东大学教授孔令仁先生欣逢九十华诞。中共山东省委常委、组织部部长高晓兵，省委常委、统战部部长颜世元，省政协副主席、党组副书记焉荣竹，省人大常委会副主任、民盟山东省主委温孚江，中共山东大学党委书记李守信等专程来到孔令仁先生家中，祝贺先生九十华诞。省委组织部副部长、省委老干部局局长厉彦林，山东大学党委常务副书记李建军一同看望。

加强联谊交流推动党外知识分子工作。12 月 26 日下午，山东大学无党派知识分子联谊会、济南市党外知识分子联谊会、济南留学人员联谊会在山东大学联合举行新年茶话会。山东大学党委常务副书记李建军，中共济南市委常委、统战部部长雷天太等出席活动，济南市副市长、市党外知识分子联谊会会长巩宪群主持茶话会。山东省党外知识分子联谊会会长、山东大学无党派知识分子联谊会会长程林作了主旨发言。

四、港澳台海外工作取得新成效

（一）认真做好联谊参访和人选推荐工作

1 月，组织学校部分归侨侨眷参加济南市侨界 2014 年新春联谊会。2 月，组织学校部分归国专家学者、归侨侨眷参加济南市侨联组织的参观济南市公安局指挥中心和警察博物馆活动。3 月，推荐济南市侨联青年委员会委员 5 名。接待济南市侨联副主席米文芃一行来山东大学调研。6 月，济南市新侨联谊会召开成立大会，我校推荐会员 8 名，贾春江当选第一届新侨联谊会副会长。9 月，组织学校部分归侨侨眷参加济南市侨联组织的济南市侨界中秋联谊会；组织部分归侨侨眷、新侨联谊会成员参加济南市侨联组织的参观济南市气象局、气象博物馆活动。

（二）圆满完成港台同胞参访接待工作

2 月 13 日，第十三届台湾高校杰出青年大陆参访团访问山东大学，并同山大学生进行了深入交流。6 月 26 日，参加中华职教社第五届台湾大学生研习营的 80 余名青年大学生到山东大学参观访问，与山大学生进行了“心连心，手牵手，一对一”交流活动。台湾贤德惜福文教基金会董事长、本次研习营名誉团长周荃，台北大学公共行政暨政策学系副教授、台北大学政治经济研究中心主任、本次研习营团长郑又平，中华职业教育社总干事陈广庆，中共山东省委统战部副部长牟强，山东大学党委副书记尹作升出席活动。中共中央统战部、中华职业教育社、中共山东省委统战部、山东省中华职业教育社等相关单位负责人，山东大学百余名师生参加活动。

7 月 19 日下午，台湾夏潮联合会山东教育文化参访团来我校访问。哲学与社会发展学院教授、博士生导师颜炳罡为参访团作了题为《儒家文化与中小学教育发展》的讲座。

8 月 15 日，第二期香港“中华同根文化齐鲁行”参访团一行来到山东大学开展交流活动。参访团 20 余位青年与山大学子亲密互动，在山东大学中华传统文化研究与体验基地感受了传统文化的魅力。

由山东大学协办的台湾高校杰出青年大陆参访团山东参访活动和中华职教社第五届台湾大学生研习营山东行被评为 2014 年度山东省优秀对台交流项目。

五、民族宗教工作拓展新领域

1 月，组织民族宗教界代表人士参加了山东省暨济南市民族宗教界迎春茶话会。3 月，推荐山东省民族事务委员会山东省民族团结协会理事、会员山东大学人选 3 名。5 月，参与第三届世界尼山论坛中外宗教界人士的接待工作；协助济南市民族宗教事务局办理了济南市少数民族联谊会山东大学会员的登记、办证工作。7月，组织回族等信仰伊斯兰教的教职工，到济南南大寺等清真寺参加开斋节庆典活动，并向各穆斯林寺赠送了乜贴。完成了全校少数民族教职工的普查摸底，草拟了《山东大学少数民族教职工联谊会章程》（讨论稿），为学校成立少数民族联谊组织开展了一系列调研工作。

六、统战理论研究实现新跨越

4月16日，山东省政府参事、民建山东大学总支部委员会主委、山东大学儒学高等研究院教授马来平，政治学与公共管理学院副教授马奔参加由中央办公厅调研室主办的“关于加强协商民主建设理论与实践问题”专家座谈会并发言。

4月17日，山东省统战理论研究基地（山东大学）揭牌仪式暨山东大学统一战线“同心讲堂”首场报告会在我校举行。

12月4日，山东省人民政协理论研究会第二届会员代表大会暨理事会会议和理论研讨会在济南召开。傅永军当选为山东省人民政协理论研究会第二届理事会副会长，王韶兴、葛荃当选为常务理事，马奔当选为理事。12月16，山东省人大工作理论研究会换届会议在济南召开，刘玉安当选为山东省人大工作理论研究会第三届理事会常务理事，齐延平、石绍宾当选为理事。

在2014年度山东省统战理论调研宣传“四新工程”评选中，党委统战部荣获2014年全省统战理论调研宣传“四新工程”先进单位，马来平教授撰写的理论文章《关于协商民主的若干认识问题》获调研类成果一等奖；我校党委统战部、《中国统一战线》杂志社靳贤锋、刘丽采写的人物专访《太空里的“中国高度”——记全国人大代表、山东省党外知识分子联谊会会长程林》获宣传类成果二等奖。

七、部门自身建设出现新气象

（一）教育实践活动取得阶段成果

按照“为民务实清廉”的总要求，党委统战部以整风精神深入开展党的群众路线教育实践活动，狠抓整改落实，制定规章制度12项。3月17日，召开专题会议，部署本部门党风廉政建设工作。3月31日，召开党的群众路线教育实践活动总结会议。

（二）开展党员教育加强思想建设

7月4日，党委统战部党支部赴山东沂蒙党的群众路线教育基地——沂蒙红嫂纪念馆，开展了以“弘扬沂蒙红嫂精神，践行党的群众路线”为主题的“特色党日”学习教育活动。9月30日，在国家设立的首个“烈士纪念日”，全体党员来到山东辛亥革命烈士陵园开展纪念革命烈士活动。

（三）密切协作交流提升工作能力

5月，党委统战部会同党委学生工作部，完成了2014年“同心·光彩助学行动”，推荐50名同学为受助对象。7月14日，同中南大学统战工作访问团就如何做好新形势下高校统战工作进行了交流，进一步更新了工作理念，拓宽了工作思路。

（朱恪川）

学生工作

一、切实加强思想引领，大学生思想政治教育质量进一步提升

（一）创新开展社会主义核心价值观教育

有效发挥宣传教育主渠道作用，精心打造形势政策“互动课堂”，引导大学生主动参与宣传教育，受到师生热烈欢迎。充分发挥基层单位积极性、创造性，开展“2014年度大学生思想政治教育活动立项”41项，其中校级项目9个，院级重点项目23个，院级一般项目9个，深入开展社会主义核心价值观教育。组织“十百千”即“十场全校报告、百场学院报告、千场主题班会”系列教育活动，邀请学校一级教授、著名法学家杨海坤教授等十位专家学者为大学生作专题报告，深化社会主义核心价值观教育。注重发挥先进典型的模范带头作用，组织学生党员利用暑期开展“以信仰凝魂聚气，用实践固本强基”赴延安、重庆、临沂社会主义核心价值观宣讲调研活动。开展“身边的榜样”学生道德实践优秀事迹评选活动，选树16个优秀事迹典型。其中形势政策“互动课堂”获评教育部社会主义核心价值观教育典型案例，《中国教育报》要闻版头条刊发山东大学的经验做法，得到广泛好评。

（二）精心组织毕业生教育、新生入学教育和大学生国防教育等专题教育活动

在毕业生党员中开展以“七个一”为主要内容的“为党旗增辉，向母校献礼”主题教育。创办“缘来山大人2014”新生专属微信号，深入开展新生入学教育系列活动。认真组织大学生军事理论课教学，科学组织大学新生军训。组织夏秋季征兵工作，帮助6名大学生参军入伍，新编83名师生入民兵组织。

（三）不断加强大学生思想政治教育阵地建设

完善大学生思想动态调研机制，共组织各类学生调研12次，为增强工作针对性发挥重要作用。精心打造形势政策课堂阵地，推进授课方式、考核办法、考试命题改革，推出公开教学观摩课、教学创新成果展示、优秀答卷评选，组织教师参加山东省高校微课教学比赛和山东大学青年教师讲课比赛等四项举措。举办第六届校园网络文化节和全国大学生网络文化发展论坛；立足学生需求和工作需要对“学生在线”网站全新改版，精心打造学生网站和新媒体应用群，以“指尖上的群众路线”服务师生。2014年，学校选报的形势政策教师姜楠获山东省首届高校思想政治理论课教学比赛一等奖，董雪梅获山东省高校微课教学比赛二等奖。《人民日报》（2014年8月21日第23版）对我校

利用新媒体开展大学生核心价值观教育的经验做法进行专题报道。

此外，在学校党委的领导下，学工部协调有关部门圆满完成全国大学生思想政治教育测评自查自评和迎评工作，经教育部检查考核，我校获得优秀成绩。

二、深化学生发展指导，大学生综合素质进一步提高

（一）以人格完善和全面发展为导向，以评优创先为载体，促进大学生综合素质全面提升

组织人格培育工程实施情况和典型案例经验交流，推进大学生人格培育工作。2014年评选出校长奖学金30人，国家奖学金370人，优秀学生奖学金6256人，单项奖学金674人，社会奖学金520人。评出30名全面发展标兵，30名省级优秀学生，15名省级优秀学生干部，11名山东大学十佳班长，667名校级优秀学生干部，1045名山东大学三好学生。10个省级优秀班集体，60个校级优秀班集体。通过公开答辩会、邀请学生担任评委、开通网络专题、制作宣传栏、先进个人全校巡讲等途径大力宣传先进典型事迹，发挥榜样的引导作用。同时加强学生日常行为规范和引导，学生违纪人数同比减少53.2％。

（二）用心、用情做好民族学生教育管理工作

坚持“平等相待，真情关怀，促进融合，助力成才”的工作思路，扎实做好民族学生经济困难资助、学业和发展指导、日常行为管理等各项工作。有关工作经验在教育部网站首页专栏报道。中共中央政治局常委、全国政协主席俞正声到我校调研时给予充分肯定。

（三）深化实施“添翼工程”

将培训内容确定为综合能力培养模块、专业技能提升模块、文体才艺拓展模块、初入职场指导模块、新生适应成长模块等5个模块15项培训课程。我校在山东省高等学校学生教育与管理研究会2014年年会上作典型发言。

（四）做好受助学生“励德塑行”工作

2014年共组织爱心社团开展公益活动167次，参与活动学生5434人次，唐仲英爱心社申报的“‘心系商河，伴你成长’系列活动”项目获首届中国青年志愿服务项目大赛金奖和阿克苏诺贝尔志愿服务大赛铜奖，该项目被共青团中央、中国青年志愿者协会授予“第十届中国青年志愿服务优秀项目奖”。

三、精心做好服务保障，大学生成才基础进一步巩固

（一）完善机制制度，维护校园稳定

组织各学院加强学生安全教育，落实各项管理制度，密切关注学生动态，及时妥善处理各类突发事件6起，有力维护了校园安全稳定。

（二）完善学生资助事务管理，精心打造全覆盖、全方位、全过程的资助服务模式

全年共向8633名经济困难学生发放资助款4741.86万元。深入实施“暖心工程”，全年累计发放临时困难补助88.739万元，为20名地震受灾、孤儿、大病学生减免学费7.1345万元。为675名新生办理“绿色通道”，缓交学宿费425.9万元，发放“爱心能

量包”400份，为10名经济困难新生发放临时困难补助5600元。由于资助工作成效显著，2014年学校获得教育部绩效奖励1000万元。

（三）改进教育机制，促进管理、服务与教育紧密结合

以诚信、感恩为主题，联合经办银行、基层学院、学生社团的力量，四方联动，密切合作，举办诚信教育活动约110次，参与学生达11860余人次；制作发放《漫话贷款》折页1100份、组织征信知识图片展6场次、组织资助政策12场次；完善贷后管理，国家助学贷款不良率控制在4.6%。

四、着力推进能力提升，辅导员队伍建设进一步加强

（一）辅导员专业化建设成果显著

164名辅导员参与编著的《大学生思想政治教育学》《大学生发展指导学》《大学生事务管理学》《大学生人格培育学》于2014年7月在人民出版社正式出版。辅导员个人获2014年度全国高校辅导员工作优秀论文一等奖1项、三等奖1项。获2014年度山东省高校学生教育与管理工作优秀科研成果优秀著作一等奖1项，优秀论文一等奖2项、二等奖2项、三等奖2项。获2014年山东高校辅导员工作论坛优秀论文一等奖2项、二等奖1项、三等奖1项。此外，有1名辅导员参加海外研修项目，59人参加省部级专题培训。

（二）辅导员职业化建设稳步推进

学校承办第三届全国高校辅导员职业能力大赛决赛和全国高校辅导员工作现场会，举办第二届“辅导员文化节”，开展职业能力竞赛、优秀论文评选、体育风采大赛、队伍建设成果展示等活动。开展辅导员“三访”工作，组织百名辅导员走访学生家庭100余个，山大校友300余人，用人单位100余个，增强了学生思想教育和发展指导工作的针对性。推选吕宁、薛冰、张嵩迎等3名辅导员参加山东省首届辅导员职业能力大赛名列前3名，并获大赛一等奖。郭春晓获评全国高校辅导员年度人物提名奖，朱伟获批主持全国高校辅导员工作精品项目，高弟获评山东高校十佳辅导员，赵罡等3人获评山东高校优秀辅导员。评选表彰山东大学优秀辅导员20人，优秀班主任32人，学生工作先进个人12人。

（袁　芳）

工会工作

一、第二届教职工代表大会第五次会议召开

2014 年 3 月 7 日，我校第二届教职工代表大会（以下简称教代会）第五次会议在知新楼 A 座三层报告厅召开。参加会议的正式代表 384 人，特邀代表 14 人，列席代表 63 人。大会由学校党委常务副书记李建军主持。中共山东大学党委书记李守信在会上致词。

本次会议的主要议题是：

（一）听取讨论张荣校长作的题为《解放思想，深化改革，提升内涵，强化特色，努力开创建设世界一流大学的新局面》的学校工作报告；（二）听取讨论曹升元总会计师作的《山东大学二届五次教代会财务工作报告》；（三）讨论通过张永兵副校长作的教代会提案工作报告；（四）听取王琪珑常务副校长作的《山东大学青岛校区建设情况汇报》；（五）讨论通过《山东大学教职工代表大会实施办法》。

校长张荣的学校行政工作报告分三部分：第一部分，2013 年度学校工作回顾。第二部分，学校发展面临的问题与努力的方向。第三部分，2014 年学校重点工作。

关于 2013 年工作，报告分八个方面作了总结：（一）学科建设取得新突破；（二）教师队伍水平整体提升；（三）科学研究取得较好成绩；（四）人才培养开创新局面；（五）对外合作交流迈上新台阶；（六）各校区工作稳步推进；（七）和谐校园建设进一步深化；（八）附属事业健康发展。

关于学校发展面临的问题与努力方向，报告强调要努力做到“三个坚持”：（一）坚持统筹布局、一体发展；（二）坚持提升内涵、强化特色；（三）坚持人尽其才、物尽其用。

关于 2014 年学校重点工作，报告分八个方面作了概括说明：（一）加快学科建设；（二）做好人才队伍建设；（三）创新人才培养方式；（四）推动科研创新；（五）提升服务地方水平；（六）提升国际化水平；（七）推进全校一体化；（八）加强精细化管理。

曹升元总会计师代表学校作的财务工作报告分四部分：第一部分，2013 年学校财务工作回顾；第二部分，2013 年学校财务状况和收支情况；第三部分，2014 年财务工作思路；第四部分，2014 年度预算安排方案。

张永兵副校长代表提案工作委员会作的提案工作情况报告分两部分。（一）第二届

四次教代会提案落实情况；（二）五次会议提案征集情况。四次教代会共收到提案 130 件，根据涉及的问题性质划分为 16 个类别，分别由 16 个职能部门承办。五次会议征集提案 127 项。

王琪珑常务副校长作的青岛校区建设情况汇报分三部分。（一）校园基本建设情况；（二）教工住宅和配套设施情况；（三）青岛校区首批学科设置初步方案。

二、工会概况及主要工作

工会概况：截至 2014 年底，我校校工会以下院处级基层工会组织 45 个，下设部门工会或工会小组 496 个。

基本工作：2014 年，校工会在学校党委和上级工会的领导下，认真贯彻《工会法》和《工会章程》，紧紧围绕学校中心任务，根据自身的性质和特点积极履行职能，团结、动员和带领广大会员和教职工，在学校改革、发展和稳定中作出了应有的贡献，圆满地完成了年度工作计划制定的各项目标。

（一）2014 年 3 月 7 日，组织召开了山东大学第二届教职工代表大会第五次会议，通过并实施了《山东大学教职工代表大会管理办法》。

（二）二级教代会工作扎实推进。按照学校党委统一部署，本学期末达到所有二级学院全面覆盖，二级教代会制度进一步健全完善。

（三）继续开展送温暖工程，资（捐）助贫困家庭教职工和困难学生；积极开展慰问全国劳模活动。

（四）开展丰富多彩的文化体育活动。积极开展秋季运动会和教职工羽毛球比赛。

（五）教工之家建设成效显著，为广大教职工提供贴心服务。

（六）重视女教职工工作。开展了三八妇女节系列活动，组织单身教职工参加了驻济高校联谊会。

（七）基层工会换届工作稳步推进。指导部分已经到届的基层工会组织开展换届工作，确保基层工会工作的连续性和稳定性。

（八）健全完善工会工作管理制度，修订了《山东大学工会先进个人及基层工会考核办法》《山东大学“三八”红旗手（集体）、五好文明家庭、妇女工作先进个人（单位）考核办法》《山东大学工会经费管理使用办法》《山东大学工会经费使用报账流程》等，实现了工会工作的制度化、规范化和科学化管理。

（李　达）

妇委会工作

2014 年，妇委会在学校党委和行政的领导下，在上级妇联组织的指导下，按照 2014 年工作要点，紧密围绕学校中心工作，以联系妇女、服务妇女、维护妇女合法权益为根本任务，以全面提高广大妇女的综合素质为目标，充分发挥她们的积极性和创造性，团结带领全体妇女为加快世界一流大学建设而努力工作。

一、政治思想工作

深入学习贯彻落实党的十八大和十八届三中、四中全会精神，学习贯彻妇代会精神，学习优秀妇女代表的先进事迹，加强女职工思想政治教育，提高女职工的综合素质，倡导和培育社会主义核心价值观，力求使全体女职工保持积极向上的精神状态，更好地教书育人、管理育人、服务育人。

二、维护妇女合法权益，关心女教职工的身心健康

关心了解女教职工生活，经常征求她们的意见和建议，及时反映她们的呼声，力所能及地帮助她们解决问题；关心女教职工的身心健康，举办了两期妇女保健知识讲座；联系保险公司，为 604 人办理了 2014 年平安女性安康团体重大疾病保险的续保工作；组织 70 多名单身职工参加了省教育工会组织的驻济高校“爱心牵手”联谊活动，积极为单身教职工牵线搭桥，提供交友平台。

三、文体活动

召开了纪念“三八国际劳动妇女节”表彰大会，表彰了为我校改革发展作出贡献的个人和集体，并通过各种渠道宣传她们的事迹；积极动员、组织女职工参加运动会，营造健康、积极向上的良好风气，培养女职工的进取精神，加强女职工之间的联系，增进友谊，促进和谐。

四、女大学生工作

开展了女大学生思想道德调研的问卷工作，以便更好地有针对性地做好女大学生的工作；与部分学院党委副书记多次沟通，探讨新形势下做好女大学生工作的重要性；积极为女大学生就业、创业搭建平台。

五、自身建设

加强妇委会队伍建设，一方面成立妇女工作委员会（目前除妇委会主任外都是兼职）；另一方面，主动与基层工会主席协商，配齐女工委员，形成妇女工作的网络；加强妇女干部的培训和学习，提高服务水平。带领妇委会成员、全体女工委员深入学习贯彻十八大精神，认真学习习近平总书记同新一届全国妇联领导班子的谈话精神和全国妇女代表大会会议精神，强化妇女干部的奉献精神和服务意识（因为大家都是兼职），尽心尽力为广大妇女做好服务。

六、理论研究

2014 年，积极推动山东大学妇女理论研究并取得丰硕成果：

1. 参加了中国妇女理论研究会教育委员会第七届年会暨教育公平与妇女发展研讨会，朱桂英鲍红提交的论文《基于“三个平等”下的高校女教职工职业发问题分析及对策研究》获得研讨会三等奖。

2. 在中国教科文卫体工会举办的“知识女性与实现中国梦”优秀论文评选中，山东省教育工会推荐的李娟、朱桂英撰写的论文《知识女性家庭冷暴力的心理分析及对策》获全国一等奖（全国共 10 个）。

3. 组织参加了第五届妇女/性别研究优秀博士学位论文推选工作，所推荐 2 篇论文在全国第五届妇女/性别研究优秀博士硕士论文评选中获奖，其中化学与化工学院孙国翠副教授的论文《女性创业成功影响因素及作用机制研究——基于山东省服务业创业女性的实证研究》荣获二等奖，文学院果娜老师的论文《中国古代婚嫁称谓词研究》荣获三等奖。这是山东大学首次在该项评选中获奖。

4. 组织参加了第三届中国妇女研究优秀成果评选活动。

5. 获得山东省妇联重点研究课题一项。

6. 获得省人文社科课题一项。

七、获得荣誉

2014 年度，山大妇委会获得山东妇女工作创新奖（全省共 10 项，高校 1 项）；孔子学院办公室荣获山东省“三八”红旗集体荣誉称号；政治学与公共管理学院杨鲁慧教授获山东省巾帼建功标兵荣誉称号。

（朱桂英）

共青团工作

在 2014 年的共青团工作中，山东大学团委在学校党委和行政的直接领导下，按照团中央和团省委的统一部署，自觉把握工作大局，牢牢抓住青年成长成才这一需求，重点在以下方面开展了工作，并取得一定成绩。

一、思想引领和思想政治教育工作全面推进，稳定发展格局进一步确立

发布了《关于推动培育和践行社会主义核心价值观长效机制建设的实施方案》，举办了“奋斗的青春最美丽”“讲人生”“与信仰对话”系列报告会，组建了山东大学社会主义核心价值观“大学生百人讲师团”。组织全校 1080 个团支部开展了“三走”“升国旗”主题团日活动。青春山大网站获评“2013 年度山东大学十佳网站”。

二、组织建设工作扎实开展，系统发展构架进一步完善

组织召开了共青团山东大学第十六次代表大会。制定实施了《关于进一步规范基层团组织建设的指导意见》，加强并规范团的基层委员会设置，公开选拔聘任校团委兼职副书记 2 名、校团委兼职副部长 8 名。落实《关于推进研究生基层团组织建设工作的指导意见》。制定《关于建立山东大学共青团荣誉体系的通知》（山大青字［2014］20 号），规范共青团荣誉体系建设。编辑出版《共青团在山大（1922～2013）》（ISBN 978-7-5607-5008-8）。山东大学团校 2013～2014 学年培训班结业并评选优秀学员 35 名，团校 2014～2015 学年培训班开班，集中培训团支书、大学生骨干和社团骨干 450 余人，院级培训学生骨干 1000 余人。山东大学外国语学院 2010 级英政团支部获评“山东省五四红旗团支部”，管理学院团委书记王萌获评“山东省优秀共青团干部”荣誉称号，山东大学大学生记者团总编胡静获评“山东省优秀共青团员”。

三、创新创业教育向纵深拓展，创新发展动力不断增强

组织“科学畅想曲”“创业大讲堂”“挑战杯系列培训”等讲座十余场。医学院“乳腺癌临床医学转化团队”获评 2014 年全国“小平科技创新团队”荣誉称号。组织开展山东大学 2014 年“创青春”全国大学生创业大赛校赛，参与山东省赛获得 11 项金奖，6 件作品入围国赛，以团体总分第一名的成绩捧获“创青春杯”，在国赛中获金奖 1 项、银奖 2 项、铜奖 3 项，并获得优秀组织奖。

四、校园文化建设点面开花，全方位立体发展氛围更加浓厚

举办“大家讲坛”“科学畅想曲”“人文纵横”等论坛讲座110余场。开展科技文化艺术节。组织开展中国科学院大学博士合唱团成立10周年山东大学专场演出、山东大学历届校园十大歌手演唱会、舜歌艺术讲坛、2014年山东大学校园十大歌手比赛、山东大学第四届合唱艺术节、山东大学大学生艺术团曲艺团成立五周年专场演出等，组织山东大学2014年小树林毕业晚会、2014年迎新晚会等，组织舜歌合唱团参加第九届中国音乐金钟奖合唱比赛斩获全国优秀奖。组织“我心目中的好导师”评选、山大杯系列比赛及研究生合唱比赛。开展社团文化节、百团大战、社团风景线等活动；举办第五届星光达人秀，组织参与山东省国学达人挑战赛；组织开展全国部分高校历史文化类学生社团骨干青年汇活动。组织学生理论社团开展“弘扬中华优秀传统文化践行社会主义核心价值观”系列活动立项，活动被评选为教育部社会主义核心价值观践行案例。

五、社会实践和志愿服务工作取得新亮点，跨越发展势头得到进一步巩固

修订文件《山东大学本科学生社会实践活动管理办法》（山大学字［2014］29号）；2014年共新增山东大学学生社会实践基地17个，“服务济南社区行动”不断推进。开展“青春筑梦”暑期学生社会实践立项工作，共组建学生社会实践团队1127支，其中3支团队获得国家级立项。组织学生参加“调研山东”暑期社会调研、“青年中国行”“远洋之帆”等专项社会实践活动。山东大学团委获得山东省社会实践优秀组织单位称号，18支团队为省级优秀团队；23位教师获“优秀指导教师”称号，45名同学获“社会实践活动先进个人”称号。山东大学“创研”调研团队赴济南、青岛、莱芜三地开展大学生创业环境分析获推荐参加团中央全国大学生优秀团队评比。派出第16届研究生支教团23人赴山西灵丘、新疆伊犁开展支教活动，组建完成24人组成的第17届支教团。2014年7月15日的《人民日报》对山东大学研究生支教团的事迹进行了报道。山东大学在首届中国青年志愿服务项目大赛斩获金奖和银奖各1项、入围奖1项。组织开展山东大学青年志愿者组织成立20周年礼赞活动。

六、学生组织和青年联合会不断优化，科学发展面貌不断增强

积极探索实践学生组织发展新模式，将之前社团联合会、大学生艺术团、大学生记者团、青年志愿者联合会、学生创新创业实践中心等学生组织整合成立新的学生会组织，召开山东大学第三十三次学生代表大会和第十五次研究生代表大会，设立学生会常务代表委员会作为学代会闭会期间的学生会常设权力机构，由山东大学各学院学生会作为团体委员单位构成，时任学院学生会主席作为代表参与事务。

召开首届学生社团联合会理事大会、山东大学青年志愿者联合会第八次理事大会。依托山东大学青年联合会开展羽毛球联谊赛等活动为青年教师搭建交流合作平台；组织青年教师赴苏州研究院进行项目对接。召开了山东大学青年联合会第一届二次常委会。

（夏芊芊）

机关党委工作

一、加强理论学习，营造良好学习氛围

认真组织机关处级领导干部参加学校处级干部培训，确保较高的出勤率。同时根据今年学校处级干部学习安排比较密集、部门整改任务异常繁重的情况，积极督促各支部自行采用多种形式组织学习，机关各支部都举办了富有特色的讲座活动，营造了良好的机关学习氛围。

二、推进整改落实，巩固扩大教育实践活动成果

机关党委认真开展“回头看”和整改落实工作，督促机关各部门进行“四风”突出问题专项整改；加强对机关窗口单位的服务监管，重点整治“门难进，脸难看，事难办”现象，作风建设初见成效；及时汇总各单位作风建设成效、总结交流经验、培育先进典型。

三、强化制度建设，构建机关作风长效机制

负责起草出台了《中共山东大学委员会关于加强和改进机关作风建设的意见》，并督促各支部认真学习落实，督促已“三定”结束的部门公布岗位职责、服务流程、责任人。召开两场机关有关部门处、科级干部座谈会，征求关于加强改进机关作风的意见，在此基础上，起草了《山东大学机关作风建设考核办法》（讨论稿）。

四、创新基层党建，提升支部活力

在各支部开展了以“转变作风，服务师生”为主题的特色党日活动。现已汇总 22 个支部开展情况，明年开学初将进行总结表彰；指导各单位支部建设和党员立项活动，有 6 个支部获得组织部立项；配合学校综合改革，新成立 5 个支部，发展新党员 22 名；20 名预备党员按期转为中共正式党员。

五、开展文化体育活动，凝聚发展正能量

5 月份，举行机关第三届广播体操比赛，机关 21 个单位的 600 余名教职工参加比赛，对获得一、二、三等奖单位进行了奖励。10 月份，举行校部机关教职工运动会选

拔赛。参加学校运动会，取得团体总分第二名的成绩。12 月份组织两个队参加学校教职工羽毛球比赛，赛前机关组织了选拔赛。

做好年底“爱心一日捐”、特困职工补助、部门工会评选、年度考核等工作。

本年度存在的主要问题及建议：机关党建工作的创新性有待加强。特别是机关作风建设方面，落实力度不够。希望学校作风建设领导小组认真研究机关作风建设考核问题，明确要求，提出具体措施，使《加强和改进机关作风建设的意见》落到实处。比如每年评选优秀部门、服务标兵，并作为年底考核、职务、职级晋升的依据。

（刘国栋）

行政工作

山东大学2014年行政工作要点

2014年学校行政工作的总体思路是：贯彻落实党的十八大和十八届三中全会精神，巩固深化党的群众路线教育实践活动成果，聚焦目标、抢抓机遇、深化改革、突出重点，以学科建设为龙头，以队伍建设为核心，以立德树人为根本任务，以体制机制改革为抓手，全面深化学校各项改革，促进内涵发展和特色发展，增强学校事业发展活力，努力加快世界一流大学建设步伐。

一、完善学科布局，推进学科现代化

1. 完善学科布局

以新一轮“985工程”、“211工程”、省部共建启动以及青岛校区建设为契机，结合国家战略和区域经济社会发展需求，着眼学校发展战略全局和三地办学实际，按照特色发展要求和错位布局原则，制定完成山东大学整体学科布局方案，统筹规划各校区学科布局，构建完善的学科管理体系。

2. 推动学科提升

打破学科壁垒，加强学科力量整合，凝练主流学科和学科的主流研究方向，强化优势学科，发展特色学科，培育新兴、交叉学科，制定重点学科培育计划和优势学科提升计划，实现学科现代化。改革“985工程”学科建设经费管理办法，优化经费投向，重点支持建设一批有实力、有潜力的学科，提升学科竞争力。

二、完善人才引育机制，加强师资队伍建设

1. 加大高端人才引进力度

落实“引育并举”方针，以学科发展为导向，谋划和统筹高端人才的引进、培养。梳理现有人才制度，制定高端人才引进计划和领军人才培育计划，建立人才经费保障制度。利用“千人计划”“长江学者奖励计划”等重大人才队伍建设项目，坚持“学科、领军人才、团队”三位一体，采取有效措施，从海内外引进一批学科领军人才和高水平创新团队，重点引进新型学科、交叉学科及重点发展学科急需人才。

2. 加强青年教师队伍建设。积极谋划青年骨干人才培养体系，依托学校重点学科、研究基地、重大科研项目等，实施优秀青年教师“百人计划”，搭建青年骨干教师成长平台，鼓励青年人才更多地参与项目决策管理、承担重大课题和重大科学工程，自主培养和重点扶持一批创新思维活跃、学术视野宽阔、发展潜力大的青年骨干教师和学科带头人。

三、创新人才培养方式，提升教育教学质量

1. 大力推进本科教学改革

全面实施学分制改革，健全学分制改革的相关制度，搭建与学分制改革相适应的教学管理、评价体系与运行机制。完成新一轮本科专业培养方案修订，深化国际化专业建设改革，突出社会需求和学生就业导向，打造本科专业“升级版”。完善以学生为主导的教学质量评价体系，通过奖励、培训等方式，保障本科教学质量稳步提升。强化拔尖创新人才培养，完善泰山学堂、尼山学堂培养机制。加强统筹与中科院的“科教协同育人计划”，大力推进实施卓越工程师、卓越医生、卓越法律人才等系列“卓越计划”，推动与法律实务部门合作培养人才，推动与省委宣传部合作共建新闻学院。深化“三跨四经历”培养模式改革。强化实践育人工作，增加实践教学比重，积极发挥校院两级创新平台作用，加强学生实习实践基地建设。深化教育拓展工作，推进自主招生改革，进一步提高生源质量。做好毕业生就业工作，实现就业数量质量双提升。召开本科教学工作会议。做好迎接新一轮本科教学评估的准备。

2. 全面推进研究生培养机制改革

加大改革力度，继续做好优秀生源拓展工作，显著改善生源结构和提升生源质量。探索研究生招生数量与就业率和就业质量挂钩的新机制。推进研究生教育收费机制改革，构建新的研究生奖助体系。提升博士生导师的招生条件。加强实践基地建设，促进专业学习与科研实践有机结合，探索、完善产学研用相结合的培养专业学位研究生的新模式。加强研究生课堂教学管理，推进教学内容、方式、方法的改革。成立山东大学研究生教育教学指导委员会，对研究生教学过程和教学质量进行督导、检查和评价。继续提升研究生教育国际化水平，进一步推进全英语课程建设。

3. 推进继续教育转型发展

加强信息化平台建设和培训研究，推进内涵建设，提升继续教育现代化水平。构建校企、校地学习联盟，建设开放式、应用型继续教育人才培养新模式。推动学习方式转变，建设100门系列微课程、MOOCs课程和移动课程。实行管办分离，规范并拓展涉外培训工作。

四、推进协同创新，提升学术实力

1. 探索科研体制机制改革

推动科学研究的方向与国家战略目标、地方经济社会发展需求的结合，构建研究和应用交叉的合作平台，以点带面，创新科技体制机制。改革科技评价体系，建立导向明确、激励约束并重的分类评价标准和开放评价方法，实现创新驱动发展。推进“2011

计划”组织实施，实现学术组织创新和研究体制创新，积极做好国家级、省级协同创新中心的立项和建设工作，力争“儒学与中华文化复兴”、“金融风险定量计算与控制”进入第二批认定的国家级协同创新中心。

2. 加强科研组织和管理

积极组织各类科研项目的申报，突出杰出人才和重大项目的规划与组织，争取承担更多的“973”“863”、科技支撑计划与自然科学基金等国家和地方重大科研项目，科研经费实现较大幅度增长，经费总量超过 9 亿元。努力提高科技成果影响力，产出更多的高水平论文，SCI 总量保持全国高校前 10 名。做好国家三大奖的申报工作，力争在国家科技奖励上有所突破。做好各级各类项目的动态过程管理工作。推出人文社科繁荣计划行动方案，实施配套改革，完善管理体制。

3. 加强平台基地建设

谋划并推动国家重点实验室、国家工程技术研究中心等国家级科研平台的申报工作，力争有所突破。做好教育部人文社科基地评审、立项新建文科实验室、数据库建设工作。加强军工重大专项建设，推进国防重大专项工作顺利开展，力争新建 1 个教育部国防平台。

五、加强产学研合作，服务经济社会发展

1. 提升服务地方能力

大力推动山东省工业技术研究院建设，积极协调省市有关部门尽快实施。建立健全技术转移体系和激励机制，结合山东工业技术研究院建设和全校服务地方工作，理顺关系，统筹推进大学科技园建设。积极参与山东“一黄一蓝”“一圈一带”的建设，提高产学研合作、科技成果转化的成效和水平。

2. 推动校地校企合作

围绕国家重大科技计划，加强与大型企业集团合作，争取新增合作伙伴 3～7 家，搭建 3～5 个校企合作平台。积极推动建设深圳、苏州、东营等驻校外研究院。

3. 发展校办科技产业

依托学校科技优势资源，加强技术创新和产品创新，培育新的经济增长点，增强产业持续发展能力。进一步促进骨干企业发展，对基础条件好、具有发展潜力的企业实施股份有限公司改造，为企业上市创造条件。加强对长期亏损企业的清理和整顿工作，防范经营风险。

六、加大对外交流与合作，提升国际化能力

1. 推进国际化战略

按照建设世界一流大学的需求，明确国际化战略目标和主要任务，把国际化作为重要的资源、手段和途径，融入到办学实践中。召开全校国际合作与交流工作会议，对国际化工作进行全面部署。组建国际化发展委员会，为学校国际化发展提供战略咨询和高端指导。出台具体行动方案，加快推进学科国际化、学者国际化、学术国际化、学生国际化。抓好品牌项目建设，打造国际学术交流新亮点。参与国际学术组织以及大学国际

组织，重视涉及影响大学评价的指标建设，提高学校国际影响力。进一步拓宽与台港澳地区的交流形式与渠道。

2. 提升国际化能力

依托科技创新平台，积极参与或牵头组织国际或区域性大科学计划和大科学工程。以国际前沿学科发展为基准，引进国外优质教育资源，开展中外合作办学项目，探索新型及交叉学科快速发展模式。发挥“文史见长”的学科优势和地缘优势，打造国际儒学重镇。整合校内人文科学力量，争取在韩国研究的基础上，新设立1～2所教育部区域与国别研究中心，为国家外交需要提供智力支持。加大优质智力资源的引进，增加留学生特别是学位生的人数。以“孔子新汉学计划”为核心，促进与世界高水平大学学者的交流合作。依托海外孔子学院，打造海外招生平台。完成美国加州大学圣巴巴拉分校孔子学院的签约并揭牌。做好2014年第三届尼山世界文明论坛的组织工作。做好2015年世界历史科学大会的筹备工作。

七、统筹谋划总体布局，推进全校一体发展

1. 加快青岛校区基本建设

加快工程进度，严格控制预算，强化工程质量监管和廉政监督。确保教学楼E区年内如期竣工。积极推进学生公寓、学生食堂、图书馆等其他年内开工项目的建设工作，确保高质量完成年度建设计划。加强青岛校区教职工住宅建设管理，做好住宅预售相关工作。

2. 谋划青岛校区学术与管理工作

按照世界一流大学标准，科学编制青岛校区学科布局与学术机构设置方案，细化青岛校区的学科规划与建设方案。启动师资队伍建设工作，着手遴选PI，组织创新学术团队，吸引和汇聚海内外高层次人才，为校区发展储备力量。组织队伍，启动参与青岛国家海洋实验室有关研究工作。科学设计青岛校区管理组织架构和管理机制。

3. 强化威海校区办学特色

加强“天、海、韩”特色学科建设，凝练研究方向，集聚高层次人才，探索组建跨学科研究团队，提升整体科研水平。以“国外优质课程体系引进”和“世界名校访学计划”为抓手，积极开辟高端国际教育合作项目，做好高水平国际合作网络构建工作。做好与澳大利亚国立大学、西澳大学合作办学项目，启动与澳大利亚国立大学联合共建研究生院的前期工作，初步形成高水平、有特色的中外合作办学体系。结合校区创建30周年纪念活动，进一步梳理办学理念和改革思路。

4. 支持附属医院发展

充分挖掘附属医院的综合医疗优势，推动医学学科提升，积极发挥其在临床教学中的重要作用。扩大“齐鲁”品牌影响力，打造区域医疗健康中心，向周边地区延伸医疗服务。

八、加强精细化管理，提高工作执行力

1. 推动内部治理结构改革

坚持统筹布局，一体发展，探索多校区管理模式创新。涉及校区发展的规划、重要资产变更、大额资金流转使用、基本建设等重大事项，须经学校党政联席会议或党委常委会批准；在全校一盘棋的前提下，要赋予各校区充分的发展空间，释放各校区发展活力。深化校院两级管理体制改革，适应高校的分权组织特征和学术自治要求，实现人、财、物等管理重心向学院下移，扩大学院办学自主权。深化医学教育管理体制改革，明确齐鲁医学部功能定位，以此为试点，探索院系设置和学术管理体制改革的新路子。

2. 深化人事制度改革

完善人才工作机制，理顺工作关系，成立人才招聘、管理、服务一体的人才工作办公室，加快形成吸引人才、稳定人才、激励人才的机制，实现能进能出、能上能下，增强用人活力。积极探索流动编制可行性，推进分类管理改革，完善学术评价体系，建立完善岗位职责、聘期考核、准入与退出机制等方面的人才管理制度。稳步推进校内收入分配制度改革，建立与学校实际发展水平相协调、与国家政策相衔接的校内岗位津贴分配制度。

3. 大力推进依法治校

以《山东大学章程》的核准、颁布为基础，加强制度建设，构建完善高效的制度体系，推进大学治理体系和治理能力现代化。建立学校法律顾问制度，建立校园法律纠纷预防与调解机制。做好学校制度性文件的废、改、立工作，确保各项制度符合现行有关法律法规及国家政策规定，符合现代大学发展规律和学校实际。大力推动信息公开。

4. 加强精细化管理

切实落实中央有关规定，做好党政管理干部办公用房清理和学校公务用车改革等工作，建立健全相关工作机制。推动实施《加强学校机关作风、效能建设的实施意见》，建立以首接负责制、主辅岗制等为主要内容的机关服务工作标准和检查监督机制，明确工作职责，完善工作流程，落实问责制，提高机关工作执行力和工作效能。推动节约型机关建设，做好新形势下的接待、会议、领导公务活动安排等工作，提升机关服务质量。

5. 加快“智慧校园”建设

加强组织领导，理顺体制，统筹规划，整合资源，集中管理。以办公自动化系统（OA）的运行为契机，稳步推进信息化建设。加快校园信息网络基础设施完善、提速和升级，以网络资源、信息共享和互联互通为核心，建设安全、便捷、环保、开放的智慧校园，实现教育、管理和服务内容、手段、方法的现代化。

6. 优化办学资源配置

强化资源意识、成本意识、效率意识，围绕学校发展重点，优化办学资源配置方式，健全办学成本校院两级分担机制。完善办学用房有偿使用制度，逐步推行办学用房调整使用与人才引进、学科建设相结合的办学资源分配调整机制，盘活校内资源。规范企业国有资产管理，确保企业国有资产保值增值。

7. 强化财经管理

积极开源节流，力争实现学校收入快速增长。改进管理手段，推进中央专项预算执行。创新预算分配体制，推动主动预算管理，增强学校调控能力。引入绩效考评机制，实行全过程管理，形成“花钱必问效、无效必问责”的机制。加强对“三公”经费的管理，严格控制涉及“三公”业务的经费预算，严格审批环节，严格报销流程，开展统计分析，推进涉及“三公”业务的财务信息公开。

九、改善办学条件，加强后勤保障

1. 做好安全稳定工作

进一步完善安全稳定责任追究机制，建立健全安全防范联动机制，切实增强安全稳定工作效能。制定预案，做好敏感时期、重要节点的稳定工作，维护学校政治稳定。深化平安校园建设，进一步完善突发事件预警方案，切实维护校园治安安全。制定《山东大学消防安全管理规定》，构建校园消防安全“防火墙”。做好卫生防疫工作，确保师生员工身体健康。争取地方政府有关部门支持，加大学校周边环境整治力度，着力解决各校区校门交通秩序问题，确保师生员工出行安全。

2. 大力拓宽筹资渠道

充分发挥教育基金会、校董会、校友会的作用，调动各个学院和广大海内外校友的积极性，加大海内外资源开拓力度，多渠道筹集办学资金，广泛争取社会资源。

3. 加强校园基本建设

开工建设千佛山校区教学科研综合楼和中心校区学生公寓。启动趵突泉校区动物实验中心、口腔医学院教学楼扩建、兴隆山校区深部岩体工程与灾害控制工程教学实验室等项目。加快中心校区南院危旧楼拆迁工作。对校园环境及水电管网、供暖管网等基础设施设备进行综合改造。构建节能监控平台，落实管理责任，推进节约型校园、绿色校园建设。

4. 加强校园保障工作

控制学生食堂伙食成本，增加菜品种类，抓好品牌餐厅建设，提高餐饮服务品质，保持饭菜价格基本稳定。积极改善学生宿舍硬件条件。做好青年教职工公寓租赁选房以及教职工住房管理和房产确权发证工作。探索职工医保、公费医疗管理与服务新模式，改善医疗服务条件，提高医疗服务能力。推动附属中小学和幼儿园健康发展，不断提高教育质量。

人才培养

本科招生

一、招生录取总体情况

2014 年，我校普通本科招生计划 10000 人（济南总校 6500 人，威海校区 3500 人），济南总校实际录取新生 6559 人。其中普通文理学生 5879 人（含自主招生 325 人、贫困专项 297 人、农村自主 93 人、试验班 78 人）、保送生 34 人、国防生 60 人、定向西藏就业学生 15 人、新疆和西藏内地班学生 73 人、少数民族预科转正 80 人、艺术类学生 171 人、体育类学生 70 人、高水平运动员 21 人、港澳台学生 156 人。

我校在大部分省份的专业志愿满足率都得到了提高，考生第一专业志愿满足率为 49.9％，考生全部专业志愿满足率为 91.8％。

二、招生模式改革与创新

1. 专业级差调整，最大限度地满足考生志愿。针对目前全国 29 个省份高考实行平行志愿以及录取分数扁平化的现状，学校将专业级差由“3，1，1，1，1”改为“2，1，1，0，0”，提高了考生专业志愿的满足率。

2. 改革自主选拔录取专业及考试方式。根据本校学科和专业特色，开放了 21 个专业（类），学生可以报考其中 3 个，达到提档线保证满足其中 2～3 个专业，以招收有学科特长学生。

3. 护理学专业在湖北省尝试“有志愿录取”。为了解决护理学专业报考低的问题，学校在湖北省采取“一批次单独投档”的方式，只招收有志愿考生，录取线上生源不足时，可降分录取，入校后不允许转专业。在湖北录取情况良好，顺利完成招生计划。

4. 艺术类产品设计专业使用省统考成绩。产品设计专业按照专业省统考成绩和高考成绩加权形成的综合成绩录取，生源质量和报考率大幅提高。

三、深化内涵，加大教育拓展力度

1. 日常拓展成果丰硕。优秀生源输送基地建设继续巩固，新增 15 所优秀中学成为基地，总数量达到143个，辐射24个省份。“请进来”20余所中学2400余名学生、500名家长参加“校园体验月”。学校领导和20余名长江学者、学院院长“走出去”开展名师科普巡讲，宣传山大。1000余名在校大学生以“相约山大·励志启航”为主题回访中学母校。

2. 集中拓展实效显著。省内外45个拓展组在集中填报志愿期间深入各省份、地市、中学进行招生宣传工作，共参加29个省份的招生咨询会200余场，走访中学800余所，参加网络、报纸、电视、电台访谈等宣传节目近百次。召开2014年招生拓展工作总结会议，总结年度教育拓展工作，表彰教育拓展先进集体和优秀个人。

3. 开发新媒体宣传效果增强。以学生视角为导向，全新改版本科招生网站，及时发布学校动态和招考信息，适时推出特色主题。创建官方微信注重新媒体宣传推广。精心设计报考指南满足考生需要。

四、调整机构，建章立制，打造一流工作团队

根据学校“三定”方案，本科招生办公室明确工作分工，制定工作规范，外树形象，内练素质，努力打造符合一流大学的招生团队。建立文件传阅制度、档案管理制度、财务管理制度、信件登记制度、会议纪要制度等规章，规范各项招生工作，形成招生工作规范严谨、拓展工作务实推进、信息工作推陈出新、综合事务有条不紊的本科招生工作机构。

（徐志全　滕振珍）

本科生教育（全日制）

2014年，深入学习党的十八大、十八届三中全会精神，全面贯彻《山东大学2014年学术与行政工作要点》，全面推进学分制改革，不断提升人才培养质量。

一、全面推进学分制改革

1. 2014年3月，召开全校学分制改革启动会。

2. 2014年4月3日，围绕学分制改革出台了关于印发《山东大学本科学生学分制管理暂行规定》的通知（山大教字［2014］15号）。

3. 全面修订完成了新一轮本科专业培养方案，更新了课程数据库，新增课程近400门，为实施学分制改革奠定了坚实基础。

4. 为适应学分制改革顺利进行，与清华大学签署了二次开发《综合教务管理系统》协议。

二、强化拔尖创新人才培养

1. 5月20日，本科生院组织召开拔尖人才培养工作交流会，讨论交流了学校近几年在本科生拔尖人才培养方面的工作经验，分析了建设中存在的问题，提出了“强化

'精英'理念，分类培养，各具特色"的建设思路。

2. 以申报"本科教学工程"为依托，进一步完善四个"卓越工程师教育培养计划"，组织申报了土木工程专业"卓越工程师培养计划"项目；启动并实施了"卓越法律人才培养试验计划"的"双百计划"；依托临床医学"5＋3"培养模式改革，进一步规划了"卓越医生教育培养计划"培养方案；申报了"卓越新闻传播人才教育培养试验计划"。

3. 山东大学和中国科学院上海精密光学机械研究所联合设立了"尚光英才班"（山大教字［2014］45号），并于12月13日举行开班仪式。目前，我校与中科院设立的"科教结合协同育人"实验班数量达到9个，稳居全国高校第一名。

4. 尼山学堂人才培养成效凸显，2012届学堂第一届毕业生超50％保送进了国内"985高校"，教育部简报报道了尼山学堂人才培养经验。

5. 2014年泰山学堂2011级数学取向学生王维佳被巴黎高等师范学院录取并获International Selection项目奖学金，这是仅有的6名获得资助的大陆学生之一。

6. 泰山学堂11级计算机取向学生曹琉在导师指导下撰写的论文*Historical Trajectories Based Location Privacy Protection Query*，被中国计算机学会（CCF）推荐的国际会议Ubiqutious Intelligence and Computing（UIC2014）以长文形式录用，并作口头报告。该会议是为国际学术界所认可的重要会议。

7. 泰山学堂化学取向2010级学生徐昱以第一作者身份在SCI发表文章2篇；化学取向2011级学生邓永恺在SCI发表文章1篇。

8. 2014年8月，由全国计算原子与分子物理专业委员会主办的第五届全国计算原子与分子物理学术会议上，山东大学泰山学堂物理取向的郑沄、徐海和黄浩三名学生参会并获大会"特别荣誉奖"。这是五届学术大会以来首次设立并且为本届获奖成员中仅有的本科生。

三、推进本科专业现代化改革与课程建设

1. 4月，颁布了《山东大学关于修订本科专业培养方案的指导意见》，开展培养方案修订工作，维护更新课程数据库，经过四轮反馈与修订新增课程近400门。

2. 对现设本科专业进行了认真梳理，完成山东省教育厅有关本科专业优化布局调研及教育部专业基本状态数据填报；开展校内转专业工作调研，形成了调研报告，为制定下一步工作方案提供了依据。

3. 学校决定自2015年起停办临床医学七年制、口腔医学七年制、临床医学（药学方向，试办）七年制本硕连读专业，进而探索医学"5＋3"人才培养模式（5年临床医学本科教育＋3年住院医师规范化培训）。申报并获批临床药学（五年制）本科专业，学校目前本科专业数量为117个。

4. 3月25日，组织召开国际化专业建设评审会，对已启动的国际化专业建设项目从培养方案、师资队伍、教材教案、课程网站、课堂授课5个方面的全英文化建设情况进行了检查，确定临床医学、生态学2个专业为本年度重点建设的国际化专业项目。

5. 5月，印发了《山东东大学关于开展第一批慕课（MOOCs）课程改革立项的通

知》（大教字［2014］27号），开展第一批慕课课程改革项目申报工作。8月，公布了第一批慕课（MOOCs）课程改革立项项目（山大教字［2014］53号），认定15项首批慕课（MOOCs）课程改革立项项目。本年度完成8门课程建设，全部上线公开发布，在“中国大学MOOC”平台上线的课程数量居“985”高校并列第四位（根据10月31日统计数据）。

6.12月，学校组织开展了2013～2014年度“双语教学课程”认定工作，确定《语言与文化》等32门课程为我校2014年双语教学课程（山大教字［2014］76号），学校将给予获得认定的双语教学课程每门2000元的建设经费资助。截至本年度我校已认定的双语课程总数已达229门。

7. 学校公布第三批通识教育核心课程建设项目（山大教字［2014］17号），经学院推荐、专家评审，共评出山东大学第三批通识教育核心课程建设项目24项，并对于已正式开课的17门课程下拨了建设经费每门5万元，以支持课程网站、视频、教材等建设。

8. 推荐4门课程申报国家精品视频公开课并全部入选，使我校国家精品视频公开课总数达到12门。

四、加强本科教学改革工作

1. 本年度共申报省级教学成果奖参评项目45项，均为校级教学成果奖一等奖和部分二等奖的获奖项目。在山东省第七届高等教育教学成果奖评选中，我校共获得一等奖10项、二等奖18项、三等奖10项。

2.2014年，高等教育国家级教学成果获奖项目，全国共评选出特等奖2项、一等奖50项、二等奖400项。我校荣获国家级二等奖4项，本次获奖项目均为山东省第七届高等教育教学成果奖一等奖获奖项目。

3.2014年获“本科教学工程”700万元人民币经费分配方案，组织申报2015年“本科教学工程”建设项目，并撰写建设方案上报教育部，获得1000万元经费资助。对现有“本科教学工程”项目进行了梳理与检查，督促经费执行。

4.8月份，完成山东省高等学校教务与教学管理学会换届工作，组成了新一届理事单位，我校继续担任学会秘书长单位。12月份成功举办“山东省高校慕课（MOOCs）课程建设与教学模式创新专题报告会”，共有来自全省43所高校的500余名代表参会。

五、扩大创新教育覆盖面

1.2014年5月，组织开展了“2014年度国家大学生创新性实验计划”项目申报及结题工作。2014年“国家大学生创新创业训练计划项目”立项124项（其中创新训练项目117项、创业训练项目5项、创业实践项目2项），5月和12月进行了两次部分国家大学生创新性实验计划结题答辩工作。

2.2014年5月完成了山东大学校级科技创新基金各项工作。“山东大学大学生科技创新基金项目”立项436项（其中重点资助62项，一般资助374项），吸引1471名学生参与，资助金额100万元，并于12月完成了校级科技创新基金中期检查工作。完成了 2014 年度创新基金结题工作。

3. 继续加大创新教育平台投入，创新教育成果显著。

2014 年，山东大学投入创新教育平台运行经费 200 万元，2014 年，各创新平台共组织各级各类培训 75 次，累计参与学生 12000 人次；组织及参与校级、省级、国家级竞赛 59 次，累计参与学生 11360 人次；开设课程 90 门次，累计参与学生 6100 余人次；获得国际类竞赛一等奖 8 项、二等奖 50 项，国家特等奖 3 项、国家一等奖 23 项、国家二等奖 33 项、国家三等奖 46 项，省一等奖 124 项、省二等奖 76 项。

4. 2014 年 5 月完成了“2013 年大学生创新学分”的认定工作。全校共有 27 个教学单位的 297 名本科生获得山东大学创新学分，学分总数 589 分。在学生申报和认定的项目中，已发表的论文 98 篇，其中核心 A 类 6 篇，核心 B 类 5 篇，核心 C 类 6 篇，EI3 篇，SCI 有 42 篇，一般性期刊 20 篇；参加各类竞赛 350 余项，其中国际特等奖 1 项，国际一等奖 8 项、国际二等奖是 26 项，国家特等奖 2 项、一等奖 4 项、二等奖 76 项，省级奖励 172 项；实用新型专利 23 项；国家级创新创业项目 38 项。

六、规范教学管理工作

1. 2014 年，教育部推出了研究生网上报考与录取平台，推免研究生进入一个全方位的改革阶段，具有推免资格的学生可以自主报考学校，不受母校限制。我校 1704 名推免生中，近千名学生被国内知名大学录取。

2. 按时完成了 2014 级新生 6593 人网上数据核对及注册工作。

3. 精确地为 2014 届应届及往届 7431 位毕业生、1004 名双学位学生，制作、发放毕业证、学位证学历 15000 余份，并顺利地完成了 2014 届学生的教育部学历、学位注册工作。

4. 组织完成了 2015 届毕业生 6414 余人网上图像信息核对及图像信息采集工作。

5. 完成全校在校生 28156 人 2014～2015 学年教育部网络管理系统学年注册工作。

6. 完成 2014～2015 学年度全校学生高基报表的数据整理、上报。

7. 日常办理全校的休、退、转、复等学生学籍管理工作。及时维护我校和教育部学籍管理系统的各类学籍信息、奖惩信息等。为 20 余名应届毕业生修改规范身份证号和姓名。

8. 2014 年 3 月完成了“2014 年山东省优秀学士学位论文”的评选和推荐工作，最后有经济院等 27 个学院的 29 名学生的毕业论文（设计）被推荐为 2014 年山东省优秀学士学位论文。2014 年 6 月完成了 2013 届山东大学优秀毕业论文（设计）的评选工作，按照毕业生人数 2%的比例，2014 届全校共评选出优秀毕业论文（设计）123 篇，10～12 月并组织编印了《山东大学 2013 届优秀毕业论文（设计）选集》；共 300 册。组织进行了 2014 届毕业论文（设计）抄袭检测的试行工作。6 月在毕业论文（设计）工作定稿后，按照毕业生 20%比例进行了毕业论文（设计）抄袭检测工作，全校共检测 1123 篇毕业论文（设计），第一次检测通过率为 99%，复检后全部通过。2014 年 10 月中旬，组织我校督导专家对文理工医各学院 2014 届毕业论文（设计）进行了质量检查。

9. 加强实习工作管理和监督，对全校各学院教学基地进行了统计和调查，现学校有各种教学实习基地共212个，其中国家级实习教学基地7个，校级实习教学基地46个。本年度，新建3个院级实习教学基地。

七、教学促进与教师发展中心

2014年，教学促进与教师发展中心各方面工作都在积极推进并取得一系列重要成果。

（一）中心管理体制建设

根据学校“三定”改革工作的安排，对中心的管理体制进行了调整。中心由四个科室缩减为三个科室，分别是教师发展科、教学督导科和教学支持科。

（二）教师发展工作成效显著

1. 系列化教师培训机制建设。2014年与人事部协调，制订了《山东大学教师教学培训办法》，设计了面向教师和教学管理人员的系列化培训课程，包含10个课程模块，于每月最后一周的周四、周五、周六开展系列化教师培训。首次系列化培训于11月27日正式启动，共开课13学时，有306人次参加培训学习。

2. 组织各类教学研讨会议及研修活动。2014年举办全国性大型教学发展研讨会1次，省内高校参与的教师教学发展骨干研修班2期，小型研讨会、教学午餐会8次，邀请海内外知名专家17人到校作学术报告，举办工作坊等。平均每个月都有一到两次研讨活动。参加各类活动的校内外教师、教师专业发展、教学管理人员有800余人次。

3. 加强教学咨询员队伍建设。招募了第三批教学咨询员，教学咨询员队伍扩大到86人。教学咨询员在学院开展青年教师培训、中期教学反馈、教学咨询等工作，还作为主讲教师承担学校青年教师教学培训任务。2014年暑期选派9位优秀教学咨询员赴台湾大学教学发展中心学习。还先后派出30余人次骨干教师到北京大学、北京师范大学、北京外国语大学、上海交通大学、中央财经大学等高校教师发展中心参加包括概念地图、质性研究方法、案例教学法、新媒体技术改善教学等的培训。

4. 组织各级各类教学评优评奖活动。组织开展了山东大学青年教师课堂教学比赛和“我最喜爱的老师”评选活动。有12位教师作为“山东大学2014年度‘我最喜爱的老师’”在教师节受到表彰。有103名教师获得“山东大学2013～2014学年青年教师课堂教学比赛”一、二、三等奖和优秀奖。为获奖教师设立教学研究项目103项。

5. 教学研究项目申报、立项和管理。中心设立“2013～2014学年教学促进与教师发展全校申请研究项目”50项、“教学咨询员教学促进与教师发展基金项目”42项、“教促中心委托项目”11项，共计103项，总金额38万元。组织全校青年教师申报《2015年山东省青年教师教育教学研究课题》，推荐3名教师重点资助项目，已获得资助。

6. 对外开展定制化培训。承接宁夏医科大学基础学科的22名教师和新疆医科大学医学专业的27名教师到山东大学培训。派出培训团队赴山西吕梁学院开展了青年教师培训，协助开展了新疆昌吉学院管理干部培训。出台了《山东大学接受国内高校教师教学进修管理办法》，2014年下半年，首次接管教师进修业务，有2名教师来我校进修并为其提供教学能力提升培训。

中心先后赴天津大学、中国石油大学（华东）、青海大学、山东艺术学院、聊城大学、解放军信息工程大学、西北民族大学等高校协助教师发展培训。参加教育部高校教师网络培训中心、大学化学化工课程教学报告会等培训工作。

（三）完善教学质量监督保障机制

1. 加强学校层面质量督导工作

（1）建立本科教学状态基本数据平台。根据教育部本科教学基本状态数据统计平台的建设要求建设了学校的数据平台。5 月召开了数据平台试运行动员会，9 月组织部分学院上线试运行，并针对发现的问题进行了完善。10 月进行了教学基本状态数据库的正式上线运行，并完成了教育部基本状态数据库数据的录入工作。

（2）对本科教学进行常规检查。对第八届教学督导员进行了增补。完成了新一届 116 名学生信息员的聘任。建设了网上督导员、信息员听课评估系统，及时反馈督导意见。组织教学督导员开展了期中教学检查、试卷检查、毕业论文（设计）检查、双语教学课程申报评定等教学质量监督工作。组织了开学第一周公开课，开设“公开课”161 门，近 480 名教师参与观摩学习。开学 1～4 周问卷调查。进行了每学期的期中教学检查工作，对存在的问题协调相关部门进行解决。校督导员共听课 1600 余课时，提交小结、总结、问题汇总 30 余篇，取得了很好的效果。学生信息员完成了听课计划并提交了 3000 余份听课记录表，完成了“1～4 周教学情况调查”。

（3）开展学情调查。继续与清华大学本科教育学情课题组合作开展专题研究调查。6 月，对我校 30 个学院的本科生数据库进行随机抽样。共发放问卷 3771 份，回收有效问卷 3763 份，回收率为 99.79％。对 2012 年调研情况进行了分析和反馈。

（4）开展“2013 年度课堂教学质量优秀教师”评选。通过学生课堂评教、督导员听课、学院推荐、本科生院审核和公示，确定了 86 名优秀教师为“2013 年度课堂教学质量优秀教师”并予以奖励。

（5）编制《2013 年度山东大学本科教学质量报告》。该项工作于 4 月启动，5 月完成编制任务，并在学校网站向社会发布。

2. 加强学院质量保障体系建设

发布《关于编制 2013 年学院本科教学质量报告的通知》，全校共有 31 个院（部）提交了 2013 年度学院本科教学质量报告。根据学校本科教学的各项评估指标，组织对各学院本科教学质量进行评估。

3. 加强专业评估和认证工作

完成了材料成型及控制工程专业工程教育专业认证现场考查，并通过认证。召开了《山东大学工程教育专业认证工作会议》，教育部评估中心领导和专家出席。组织了电子信息工程、电子科学与技术、通信工程、无机非金属材料工程、测控技术与仪器等专业的工程认证申报工作。

4. 不断完善课堂评估

落实校领导、学院和职能部门主要负责人听课制度。完善新的课堂评估系统，探索提高学生参评率的办法；加强接力课的评估，缩短了课堂评估周期。开展期末阶段的课堂评估，对课堂评估结果进行分析，并向各教学单位公布评估结果。继续完善网上督导员、信息员听课评估系统。重点组织教学督导员开展通识核心课、课评后5%教师的评估工作。并与教师发展科协作，开展教师的个性化培训。

（四）加强教学服务工作

1. 进一步推进课程平台建设

共编写发布了16期《山东大学课程中心建设进展报告》，及时通报课程中心建设情况。在国际教育学院、法学院、化学院等学院召开了以“课程中心建设”为主题的教学午餐会，推进课程平台建设工作。组织2014年度优秀课程网站、优秀组织单位评选，并划拨经费。联合校团委组织了第二届课程中心模板大赛。评出一等奖作品5个、二等奖作品10个、三等奖作品30个、优秀奖作品100个。还评选出软件学院、计算机科学与技术学院、机械工程学院、医学院、艺术学院、历史文化学院等六个单位为优秀组织单位。招聘课程平台助教70余名，对新聘助教进行了课程中心平台基本操作要领的技术培训。定期进行助教聘用与考核。编写《课程中心简介》加入新生入学教育选课手册，加强课程中心宣传。购置并安装课程中心备份服务器和备份存储，定期维护中心硬件系统和软件系统，升级平台系统。汇总课程中心存在的问题，及时与卓越公司沟通，帮助师生解决使用中的问题。截至2014年12月，山东大学课程平台已建设课程2900门，总点击量超过2700万人次，建设速度和质量均位居国内前列。

2. 大力开展技术支持服务

2014年中心共录制编辑教学录像1500余课时。拍摄编辑山东大学2014青年教师讲课大赛30多位教师的比赛课程。承担了慕课课程《局部解剖学》的录制编辑制作全程共60讲。录制教育部网培中心培训课程《局部解剖学》10讲。完成医学院和药学院动画教学视频制作4部。

录制编辑数学院国际数学大会暨Peter荣誉博士授予仪式视频，第二期高校骨干研修班、山东省第二届教学促进与教师发展研讨会议的摄像编辑与全程摄影报道；承担了宁夏医科大学教学能力提升研讨班、第三期高校教师发展骨干研修班、台湾大学叶丙成Moocs学术报告会、新疆医科大学教学能力提升研讨班、山东大学工程教育专业认证会等会议的技术支持工作。

协助标准化考场工程领导小组进行验收以及仪器设备、资料的接收和管理，对趵突泉校区图东和图西教学楼的设备机房进行了迁移和改造，并通过验收；对巡检中心的控制电脑进行了更新；对各个校区教室内的电源开关箱进行了锁具改造。承担研究生入学考试、英语四六级考试、全国中学生物理竞赛等各级各类考试50多场。

（王智洁）

研究生教育

2014年，研究生院坚持服务需求、提高质量的发展主线，继续深化研究生培养机制改革，积极推进研究生教育质量保障体系建设，高层次人才培养水平显著提升，较好地完成了各项工作任务。

一、人才培养概况

2014年，共录取硕士生4561人、博士生913人，毕业硕士生3693人、博士生783人，授予硕士学位5750人、博士学位1060人。目前，全日制在校硕士生12421人、博士生3942人。

二、研究生招生工作

1. 积极拓展优秀生源。继续实施了“山东大学研究生优秀推荐生奖励基金”、“优秀大学生暑期夏令营”、推免生互推计划、二志愿调剂等创新举措，共奖励优秀推免生177人，资助14个单位举办优秀大学生暑期夏令营。全日制硕士生中985高校生源数为2242人，占比达54%；外校985、高水平专业类高校生源总量达到1009人，占比为24%，超额完成800人的预定计划；985高校、高水平专业类高校、“211”高校生源总量为2467人，占招生总量比重为59%。

2. 继续推进博士生选拔申请审核制改革。在博士生选拔中继续围绕国家级重大课题及杰出学者试行申请审核制改革，共选拔博士生31人，并积极总结选拔工作的经验、存在不足，为进一步优化选拔机制奠定了基础。

3. 创新研究生指标分配机制。首次为杰出人才单列博士生招生指标、优先满足其科研需求。首次将研究生就业率纳入指标分配体系，实现研究生招生与服务经济社会发展需求的直接对接。

三、研究生培养工作

1. 规范研究生课堂教学管理。经过一年来的强化管理，研究生教学未正常开课率与2013年同期相比由16.54%下降到5.12%。

2. 研究生教育国际化稳步推进。积极向国家留学基金委推荐优秀研究生赴海外攻读博士学位和联合培养，共155人获国家资助赴海外留学，总量居全国第四位；继续组织实施山东大学研究生中外联合培养基金资助项目、研究生出境参加高水平国际会议资助项目，共资助485名研究生出国出境交流学习，有效地开阔了研究生国际视野。稳步推进了全英语、双语精品课程建设，为学校提升留学生攻读非语言类学位研究生的数量与质量奠定了基础。

3. 创新专业学位研究生培养模式。首次试行临床医学、口腔临床医学专业学位研究生与住院医师规范化培训并轨培养，积极创新专业学位研究生培养模式。继续落实专业学位研究生在企事业单位进行一年实习实践工作，进一步推进企事业单位与培养单位的实质性合作。加强研究生实践基地建设，共建设研究生社会实践基地23个。

4. 研究生培养机制日臻完善。积极推动各培养单位搭建学术平台：共资助20个单位开设研究生学术论坛，举办学术讲座500多场，聘请专家约400人，听讲受众达40000人次；资助8个培养单位举办研究生暑期学校。建立并实施优胜劣汰机制：40人获评山东大学博士生学术新人奖；奖励研究生高水平科研成果378项；111人未按时通过中期考核。

四、研究生学位工作

1. 改革导师遴选机制。首次试行硕士生导师由基层单位学位评定委员会评聘，鼓励各单位支持优秀青年教师担任研究生导师、参与研究生培养工作。

2. 严惩学位论文造假行为，努力营造风清气正的研究生培养氛围：撤销1人硕士学位，取消18名学位申请人员学位申请资格，暂停16名导师研究生招生资格。

3. 授予法国法兰西学院院士程抱一先生山东大学名誉博士学位，进一步提升了学校的国际影响力。

五、在职研究生教育工作

服务经济社会发展需求能力稳步提升。共录取在职攻读及同等学力申请硕士学位人员3003人，在职临床医学博士744人，在职研究生教育收入达到1.1亿元。

六、研工部工作

1. 进一步完善了研究生资助体系。经过校内外调研，结合我校研究生培养实际，研究制定印发了《山东大学2014年研究生奖助体系改革方案》，初步构建起2014级起研究生新生全面收费后我校研究生新的奖助体系，建立健全了国家、学校、导师、学生四位一体的成本分担及资助体系，研究生生活待遇和投身科研的积极性得到提高。

2. 研究论证了关于加强基层培养单位研究生教育管理机构建设的实施方案，目前正在调研、征求意见阶段。

七、制度建设

制度建设成果丰硕。修订了硕士生、博士生培养方案，出台或修订了《山东大学研究生转专业管理办法（试行）》《山东大学研究生校外学习课程学分认定及成绩转换管理办法》《山东大学关于硕博连续培养研究生工作的规定（修订）》等管理办法，强化研究生培养的过程管理；制定《山东大学关于加强在职人员攻读硕士专业学位和授予同等学力人员硕士、博士学位管理工作的规定》，进一步规范了在职研究生教育管理工作。

（陈一远）

继续教育

2014年，在学校党委、学校行政的坚强领导和正确指导下，学院秉承“为天下储人才，为国家图富强”的办学宗旨，坚持“以需求为导向，以学生为中心，以质量为根本”的办学理念。学院坚持塑造优质品牌形象，提升市场竞争力；深化推进科学发展，创新思路转变方式。各项业务收入达到2.339亿元，超额完成了学校制定的年度工作任务。学校继续（网络）教育进入转型和发展的新时期。

一、加强制度建设，完善长效机制保持常态发展

1.2014 年，我院健全和完善制度机制，教育实践活动整改工作贯穿全年，不断提高工作效率，坚持在管理上继续按照网络化、扁平化的思路，分工协作，努力做到管理与服务的和谐统一，较好地完成了资产管理、档案管理、用工管理、收费管理、统计、宣传等各项行政工作，为学习中心、办学学院、教师和学生以及我院各部门提供良好的保障服务工作。学院坚持用制度管权、管事、管人。建立健全决策权、执行权、监督权既相互制约又相互协调的权力结构和运行机制。继续贯彻三项基本制度：院长例会制度、月计划月总结制度和工作审计制度，做到公开、民主和集体决策，不断提高决策的科学性，不断提高工作的计划性与执行力，在工作中切实将根本制度落到实处。

2.2014 年我院坚持群众路线全心全意组织好会议和活动，服务于团队建设和人的发展，提高组织的凝聚力和战斗力。2014 年，分别组织召开了网络教育工作会议、暑期工作研讨会，评选先进，研讨工作等。3 月 13 日，召开了 2014 年继续教育工作座谈会；4 月 12 日，召开了网络教育食品质量与安全专业论证工作会；5 月 7～9 日，举办了 2014 年网络教育工作研讨会；8 月 6～7 日，召开了全国“执业药师能力与学历提升计划”项目推广研讨会，等等。

二、牢固树立创新意识，不断开创工作新局面

全面推动转型发展不断提升办学水平。2014 年，我院全年新增网络教育学习中心 9 处，新增 2 个国家级继续教育基地，新增 2 个网络教育合作办学行业、14 个网络教育合作办学企业，办学网络覆盖到全国 25 个省市、自治区及省内 17 地市。全国“执业药师能力与学历提升计划”项目推广实现突破，新增广东、浙江两个实施省份；与中兴通讯集团、青岛酒店管理职业技术学院等分别启动了专业共建工作；与玲珑集团等 40 余家企业洽联了定制式人力资源提升项目合作；与西藏自治区卫生厅、澳发署、富士康集团等签署了后续合作协议；以执业药师培训为抓手启动了远程培训工作，首批与 4 个单位成功开展了合作。我院在新一届全国远程教育协作组遴选中，首次被推选为副理事长及副秘书长单位。还作为教育部在线教育联盟的发起者之一以及作为牵头单位首批发起成立了“优秀执业药师能力提升 e 计划”，联合两家企业参加了教育部“大学与企业继续教育联盟”项目，并当选为常务理事单位。

三、资源建设水平显著提升，数字化资源更加多元化、多样化，教学研究实现了历史性突破，人才培养质量不断提高

2014 年，我院实施了首批资源建设立项，共立项建设新型数字化资源 79 项，涵盖品牌专业、课程、微课程及数字教材等多个类型。我院创新教学理念，运用全自动录播技术，实现了授课、录播、课件制作一体化，网络教育教学理念得到全面更新，资源建设保障条件得到极大改善。我院完成的 1 项教研成果获 2014 年国家级教学成果二等奖，完成的 1 项教研成果获省级教学成果二等奖，填补了学校继续教育获得国家级教学成果奖的空白；我院负责建设的 9 门课程成为首批山东省成人高等教育精品资源共享课程，

2门课程获得2014年省级特色课程立项，3门2013年省级特色课程通过建设验收。全年制作完成数字教材6部、网络课程课件73门、1832课时，在全国微课程、多媒体课件及计算机课件评比大赛中成绩优异，共获得一等奖2项、二等奖6项。

四、与老年大学进行合作

我院与山东老年大学启动了山东大学老年教育学院暨山东老年大学山大校区共建工作，在全国高校首个探索建立了普通高等学校参与老年教育“实体示范班级＋远程教育体系＋老年教育研究＋青年志愿服务”的“一体化”新模式。

这作为学校服务山东社会发展的具体体现，彰显了我校社会服务的功能，同时作为学校服务终身学习社会建设的重要内容，丰富了我校继续教育的办学体系，形成了良好的社会声誉。

五、创新服务理念，提高服务水平，扎实推进服务体系建设

全面推进了招生、教学、学籍“一体化”服务体系建设。在全院形成了以学生学员为中心、方便学习中心、方便函授站、方便办学学院的服务理念，实现了招生服务人性化、教学服务细致化、考试服务严密化、学籍服务终身化。

以网络教育为主体，以非学历培训（含远程培训）、涉外培训为促进，以成人教育、网络助学、考试为补充，办学效益保持增长。全年共招收网络教育学生34087名，较2013年增长14.5%；全年招收成人教育学生7753名，基本保持稳定；有6个学院举办网络助学工作，全年招收自考助学班学生1521人；举办网络助学项目8个；举办涉外培训项目7个；以与智联招聘的合作为起点，对考试品牌建设进行了初步探索。严格规范涉外办学等管理。制定实施了《山东大学涉外培训项目管理办法》及实施细则，对全校涉外培训项目进行了清理与规范，按照管办分离的原则，顺利完成了原属继续教育学院办学项目的移交，开发建设了《山东大学涉外培训监管网》，增加了项目公开程度、强化了项目监管力度；在网络助学工作中，加强了招生预警、提高了教学质量、强化了学生管理，促使3个学院与4家单位分别合作，对“网络助学＋证书考试”模式进行了初步探索。我院还初步建立了继续教育的荣誉体系，对继续教育终身学习服务体系建设作了初步探索。

六、举办重要活动

（一）召开2014年山东大学继续教育工作座谈会

3月13日上午，山东大学2014年继续教育工作座谈会在知新楼召开。会议结合党的“十八”精神和学校新学期工作会议精神，就我校继续教育的转型发展及2014年工作进行了深入研讨。

（二）山东大学召开网络教育食品质量与安全专业论证工作会

4月12日，山东大学2014年网络教育食品质量与安全专业论证工作会在公共卫生学院召开。来自国家卫生和计划生育委员会、国家食品药品监督管理局的8位领导及专家，来自山东省食品药品监督管理局、山东省疾病预防控制中心及济南市食品药品监督

管理局的6位领导及专家，以及山东大学继续教育学院、公共卫生学院有关负责人、网络教育食品质量与安全专业建设团队成员参加了会议。

（三）山东大学举办2014年网络教育工作研讨会

5月7～9日，山东大学2014年网络教育工作研讨会在东营研究院召开，来自全国25个省市、自治区70多个网络教育学习中心的近120名代表参加了会议。会议以网络教育竞争力的提升及研究院发展与网络教育为主题，采用“实地考察＋专家报告＋专题研讨＋大会发言”相结合的全新组织方式，在两天的时间里安排了丰富多彩的活动。

（四）加大项目推广建设力度，强化学员实践能力培养，打造一流执业药师队伍

8月6～7日，全国“执业药师能力与学历提升计划”项目推广研讨会在山东大学（威海）召开，会议由国家食品药品监督管理总局执业药师资格认证中心与山东大学共同举办。国家执业药师资格认证中心主任周福成、山东大学副校长陈炎、威海校区党委副书记赵玉璞、全国“执业药师能力与学历提升计划”项目管理委员会部分委员出席会议，已成功实施该项目的12个省、市、自治区，计划实施该项目的江苏、浙江、河南、广东、广西、贵州、甘肃、山西等8个省食品药品监督管理局的领导同志以及山东大学在药监系统设立的14个网络教育学习中心的负责同志，共62名代表参加了会议。

（五）教育部一项继续教育研究课题结题研讨会在山东大学举行

12月18～19日，教育部“高等学校继续教育理工类课程（含实验）互选互认的研究与实践”研究课题结题研讨会在山东大学举行。来自华东理工大学、哈尔滨工业大学、大连理工大学、山东大学、江南大学等参与高校的课题组成员参加了会议。

（纪颖颖）

国际教育

一、党建工作

2014 年学院党建工作坚持高举中国特色社会主义伟大旗帜，深入学习贯彻党的十八大、十八届三中、四中全会和习近平总书记系列讲话精神，扎实做好党的群众路线教育实践活动后续工作，配合学校各项改革，全面加强党的建设，为完成学院全年教学、科研等中心任务提供坚强保证。

1. 完成群众路线教育实践活动，切实抓好“两方案，一计划”的整改落实工作。落实国际教育学院领导班子党的群众路线教育实践活动整改方案，把整改工作纳入党政联席会重要议事日程，坚持高标准、严要求，按照具体整改任务书、线路图和时间表，一件一件抓好落实，积极深入群众，开展一线调研，切实解决好师生反映的突出问题。

2. 加强党员教育管理，改进德育工作。建立党员教育培训的长效机制，制定党员教育学习规划，全面开展各支部学习与交流活动；加强党员日常管理，落实党内生活各项制度，丰富党组织活动形式；积极开展“培育和践行社会主义核心价值观”学习教育活动，重点加强青年教师与优秀大学生思想政治工作。通过理论学习、实地考察、志愿服务等方式，提高青年教师与学生的思想政治素质。

3. 顺利完成学院党总支换届工作。认真总结上届党员大会以来的各项工作，明确学院进一步发展的思路，选举产生学院新一届总支委员会，进一步提高党组织的战斗力、凝聚力和创造力，充分发挥党员的先锋模范作用，同心同德，齐心协力，团结拼搏，乘势而上，为全面开创学院工作新局面而努力奋斗。

二、学科建设和人才培养工作

2014 年，学院不断完善汉语国际教育本科专业培养方案，制定了本科课程任课教师遴选办法，确定了各门本科课程的负责人与教学梯队；逐步完善教学管理的各项规章制度，不断改进教学方法与教学模式，积极培育精品课程体系，着力培养学生的汉语、文化素养及综合应用能力。

2014 年，我院成功组织了第一届优秀大学生夏令营，拓展研究生优质生源；组织了第一届研究生论文写作大赛和第二届教学技能大赛，并确定为年度例行的教学安排，成为研究生教学改革和人才培养的新途径；成功举办第三届“汉语国际教育海峡两岸研究生论坛”，使学生切实拓宽了国际视野，提高了科研水平和教学能力。

三、来华留学生工作

（一）留学生招生数量质量稳步增长

2014 年，学院着力加强留学生招生拓展工作，与美国、荷兰、韩国、泰国、沙特等国的高校探索实施新的合作模式。2014 年，我院共接收来自于 95 个国家的 1100 余名留学生在我院学习。其中，教育部来华留学预科新生 175 人，学位生（本科、硕士、博士）57 名，约占学院全部学位生的 40%，展现了学院的国际化办学特色。

（二）对外汉语教学工作保持较高水平

面对繁重的教学任务，学院通过优化课程方案、更新教材内容、调整教学形式等多种方式不断强化对外汉语教学质量管理，继续保持在行业中的领先地位。预科教育一直走在行业前列，汉语水平考试（HSK）和结业考试通过率一直稳定在较高水平，2014 年，我院组织 114 名预科生参加 HSK 考试和教育部组织的预科结业考试（基础汉语＋医学汉语），其中，HSK 考试 4 级通过率为 94.74%，结业考试通过率为 95.54%。学院积极参与预科教材的编写，出版了《西医汉语听说教程》《西医汉语读写教程》等教材。此外，还承担了全校各学院 120 余名留学生学位生汉语教学工作。

（三）短期项目对扩大学校对外交流、提升国际化水平起着越来越大的作用

2014 年，学院承接来自国家汉办、海外孔院、友好学校各类来华项目 20 余期，共 650 余人，项目类型包括文化教育交流、师资培训、文化研修及各类汉语进修团组，成员涵盖议员、教育官员、中小学校长、汉语教师及大中学生，来自美国、法国、德国、韩国、西班牙等 20 个国家。其中国家重点项目有：7 月承接的“汉语桥—美国高中生发现中国历史夏令营（山东）”项目，共有 91 名高中生及 10 名带队老师来我校体验；8 月份承接的澳大利亚南澳州议员中华文化研修项目共有包括南澳州前自由党领导人伊泽贝尔·雷德蒙德（Isobel Redmond）女士在内的 4 名议员参加。

四、中华传统文化研究与体验基地工作

中华传统文化研究与体验基地完成体验馆（二期）工程施工、场景制作等基本建设工作，形成建设面积 2462 平方米、涵盖 16 个文化专题和百余个文化体验点的综合性文化体验与教学系统；面向学校国际学生和短期来华学员的文化教学课程按照每学期教学计划进行，全年常规课程约 240 课时；承担公共文化服务工作，参与接待学校重大外事活动、中央有关部门调研考察、校际考察与交流，以及中央有关部门委托学校承担的各类文化教育项目。

以教育部《完善中华优秀传统文化教育指导纲要》为契机，统筹校内外优质资源，加大在校学生传统文化教育力度，通过实施“添翼工程”学生传统文化教育项目，形成针对在校中国学生的传统文化教育方案。2014 年 10 月，《光明日报》以《山东大学：体验馆里感知中华文化》为题进行专门报道。在教育部主办的“礼敬中华优秀传统文化”系列活动中，以基地传统文化教育为主要内容的活动成为我校报送的唯一候选项目。

五、汉语教师志愿者工作

2014 年，山东大学共向 13 个国家派出汉语教师志愿者 56 人次。其中，赴泰国 18 人，赴韩国 13 人，赴法国 6 人，赴蒙古 4 人，赴英国 3 人，赴新加坡、荷兰、澳大利亚、西班牙各 2 人，赴俄罗斯、阿塞拜疆、吉尔吉斯斯坦、爱尔兰各 1 人。志愿者中，研究生 36 人，本科生 19 人。2007～2014 年，学校共派遣国际汉语教师志愿者 456 人次。

2014 年，学院积极应变与沟通，协调并保障志愿者项目在学校既定方向内良性运转；把我校赴法志愿者项目融入汉办正常招募选拔体系并初获成效；首次参加英国助教项目，为我院应届毕业生开辟新的渠道；小语种项目确认开展法语、俄语和西班牙语国家，相关招募选拔更加规范；首次招募赴西班牙、吉尔吉斯斯坦、爱尔兰志愿者，为学生“三跨四经历”进一步拓宽了海外实践平台。

六、教研、科研工作

2014 年，学院教研、科研工作以服务教学、激发师资科研参与、凝练教研成果为目标，促进教研与科研的协同发展。同时，以融入当前学校科研主流为导向，按照本行业本学科的特点和规律，探索从教研到科研的转换与培育机制，通过因地制宜地搭建教研平台、制定相应机制措施，形成具有行业特色、学科特色的代表性科研成果。通过两年的努力，各项科研工作稳步推进，科研成果增量显著。

针对我院的教学现状、学科特点和总体教研科研水平，在继续开展“教学工作坊”和“教学研讨会”的基础上，重点采取三项措施：一是建设国际汉语教育教学资源数据库，打造面向一线教师的公共服务平台，提高教学效率、稳定教学质量；二是启动“语言与文化传播研究基金”（学术发展基金），资助教学创新和教研课题、孵化培育科研成果、凝练学院重点科研方向、支持建设学术团队；三是制定相关政策，资助教师参加海内外学术会议、业务培训和语言与文化传播研究基金项目。

通过积极引导、科学规划、机制保障等措施，教师们进行教研科研的积极性显著提高，2014 年，新申请到国家社科项目 2 项、教育部人文社科项目 2 项、省级项目 9 项；形成一批具有行业和学科特色的代表性成果，其中包括山东省社会科学成果奖等奖项，以及《国际教育学院关于特色新型高校智库建设的思路》《来华预科留学生汉语学习策略研究》和《语言与文化传播研究》等专著、论文集和研究报告等，以及约 40 篇 CSSCI 来源期刊论文，科研总量在全校人文社科的排名显著提高。

七、孔子学院工作

2014 年度，我校在原有工作基础上，继续加强孔子学院工作，在学校各部门的支持下，努力提高办学质量和水平、增强社会影响力、发挥综合文化交流平台作用，为中外文化的交流和我校国际化发展战略作出了积极贡献。本年度，我校孔子学院建设取得的主要成绩有：

1. 完成美国加州大学圣芭芭拉分校孔子学院的筹建工作。经过两年多的艰苦筹划，山东大学与美国大学圣芭芭拉分校合作建设孔子学院事宜通过各方面审批，并开始运行。

2. 再次荣获“孔子学院先进中方合作机构”奖。在 2014 年 12 月举办的第九届孔子学院大会上，张荣校长代表学校接受了国务院副总理、孔子学院总部理事会理事长刘延东颁发的“孔子学院先进中方合作机构”奖。这是我校第二次获得该奖项。另外，山大法国布列塔尼孔子学院荣获 2014 年度“全球先进孔子学院”奖。至此，山大孔子学院共获得全球孔子学院先进集体与个人荣誉 16 项。

3. 作为首批承担“孔子新汉学计划”的国内 14 所高校之一，截至 2014 年，我校共有近百名专家学者入选学位项目和海外讲学项目。2014 年，经过严格筛选和层层选拔，共有 2 名海外博士（马来西亚和韩国）1 名语言学家（俄罗斯）通过该项目来我校学习研修。

4. 召开“2014 年山东大学孔子学院工作会议”，形成《2014 年山东大学孔子学院工作会议纪要》，为进一步促进 2015 年乃至今后一段时期孔子学院工作良性可持续发展奠定了一定的基础。

另外，2014 年，为配合国家汉办“孔子学院十周年”的庆祝活动，孔子学院办公室组织艺术学院 20 名师生赴韩国孔子学院巡演 6 场，取得了预期效果。

八、学生工作

学院推进中外学生一体化管理，推行管教分离，实行班主任制度，打造精品学生活动，促进中外学生文化互动、融合，营造学院国际化氛围。

2014 年，学院为中外学生组织 30 余场次学术、文化以及体验活动，中外学生得以充分交流、和谐共处。2014 年，学院申报的《建设国际学生的中华传统文化素养提升培育体系》获评山东大学“礼敬中华优秀传统文化”系列活动优秀成果。学院积极组织落实“孔子学院十周年”系列纪念活动和征文比赛，取得优异成绩，孔子学院总部特地致信表彰。

（孙鹏程）

学生就业

2014 年，学生就业与发展指导服务中心在学校党委和行政的领导下，在各院（部）和有关部门的大力配合下，紧紧围绕学校党委和行政工作要点，立足学校总体建设规划和人才培养目标，坚持以发展为本、以育人为先、以管理为基、以服务为重，科学谋划，多措并举，狠抓实绩，力促实效，圆满完成了本年度工作任务。

一、转变作风，建章立制，规范化管理成效显著

1. 规范完善现有制度体系。将中心制度建设与党的群众路线教育实践活动紧密结合，结合中心工作实际制定出台了《主任办公会会议制度及议事规则》《信息和宣传工作实施方案》《学生就业市场拓展管理办法》《校园招聘场地使用管理办法》《信息建设与网络安全管理办法》《财务报销管理办法》《公务接待管理办法》《请销假考勤制度》《公函写作基本规范》等规章制度。同时，加大中心制度执行力度，有效提升行政效能和服务质量，形成了制度严明、执行有力、奖惩有度的规范化管理氛围。

2. 修订完善各项制度性文件。组织多次调研讨论，对合校以来由本部门起草、以学校名义颁布实施、面向全校的各项现行制度性文件进行认真梳理、查漏补缺，修订完善并正式发布了《山东大学学生就业工作考评办法》（山大学字［2014］11 号）《山东大学关于引导和鼓励我校毕业生面向西部、基层和国家重点行业就业的意见》（山大学字［2014］9 号）《山东大学学生就业管理工作暂行规定》（山大学字［2014］10 号）《山东大学优秀毕业生评选办法》（山大学字［2014］8 号）等四项制度性文件。

二、整合资源，强化指导，逐步提升学生就业质量

2014 年，我校共有毕业生 10771 人。经全校上下共同努力，毕业生总体就业率达 94.68%，其中本科毕业生就业率达 93.91%、硕士研究生就业率达 95.58%、博士研究生就业率达 96.74%，591 人获评“山东省优秀毕业生”，圆满完成毕业生就业数量和就业质量双提升的任务。毕业生就业行业分布和地域分布渐趋合理，国有企事业单位仍是毕业生就业的主要选择，毕业生在东部经济发达地区就业仍占主流，但到中西部的基层、重点行业的就业比例有所提升。

1. 努力实现学生充分就业。全程化就业指导体系不断完善，专兼职队伍培训取得实效，职业生涯规划课程开设 30 课堂，惠及学生 1500 余人；搭建创新创业、团体辅导

和个性化指导平台，与中科招商集团合作建立了山东大学学生创新创业俱乐部和学生创业孵化基地，吸收了近100名有创业意愿或者已创业学生；开展了“暑期求职训练营”，全校500余名学生参加；举办了6期“启航讲堂”，举办了山东大学第四届职业生涯规划大赛、山东大学创业计划大赛等系列活动，涉及学生3000余人次；编制了2015届毕业生就业指导手册，开展了“就业指导月”系列活动。简化就业手续办理，完善就业预警动态监控机制，重点关注和帮扶援助就业特殊群体，遴选特困毕业生538人，帮助100名家庭困难毕业生就业。

2. 重点推进学生高质量就业。加快校园招聘基础设施建设，更好地满足校园招聘场地需求，先后对千佛山校区主楼报告厅、18号楼东侧连廊进行改造并投入使用，有效地缓解了招聘高峰期场地紧缺的难题，年度新增就业宣讲招聘场地1798.66平方米，19个小型报告厅、面试间、洽谈室、形象室，招聘环境和工作平台焕然一新。创新市场培育模式，实施“区域划片，学院分组，片组对应，相对固定”“广播与深耕”相结合的就业市场拓展办法，组织开展了珠三角、长三角、西南等片区的拓展活动。打造高端择业平台，全年来校宣讲招聘单位2170家，提供可选择岗位12.1万个，成功举办首次知名校友企业专场招聘会，建立并首次使用双选会网上报名系统。优化升级学生就业与发展信息网站，全年页面访问量（PV）达1457万，审核发布招聘信息4045条，策划网络专题9个，解答学生咨询2600余条，网站荣获2014年“第七届全国高校百佳网站”；创建“山大就业微信”平台，其影响力在全国高校同类微信排行榜中位列前茅。

三、关注诉求，科学引导，扎实推进学生心理健康教育

实施“理念为先，机制完备，体系健全，服务完善”的心理健康教育工作模式，努力培养学生健全人格。制定了一系列心理健康教育实施细则及危机干预预案，建立了心理健康教育三级网络和心理危机干预五级机制，跨校区设立了3个心理咨询室，形成了普及教育体系、课程教育体系、团体辅导和训练体系的教育模式，大力普及心理健康教育宣传，举办“心理健康教育宣传月”活动，组织“走进心灵”精品讲座171场；全年开设4门课程，选课人数2300余人，为6494名本科新生、4421名研究生新生进行心理普测建档，实施新生“六个一”助跑工程和“123”工程；建立“心理危机预警库”，强化危机干预、个案督导和追踪监控，全年咨询总量1960人次，组织危机干预10次；组织和承办辅导员培训和省级专业技能培训10期。

四、改善条件，提升服务，稳步建成安全和谐学生公寓

1. 改善学生公寓条件，以环境育人。梳理目前学生公寓现有资源，为学校学科、学院布局提供决策依据。切实改善学生公寓基础条件，铺设楼内无线网络，为有条件的公寓楼安装72台饮用热水器、34台自动售货机，8栋楼安装了淋浴设施；健全智能控电、门禁管理、消防监控等安全防控体系，开展新生安全培训和消防演习，举办“学生公寓消防安全月”系列活动。

2. 服务学生成长成才，以文化育人。举办学生公寓服务人员技能大赛，提高管理服务人员业务能力，增强岗位责任意识，三名工作人员获评山东省“感动公寓人物”称

号；大力加强学生公寓文化建设阵地，成功举办了“学生宿舍文化节”；构建并试运行学生公寓管理信息系统，动态监控公寓管理情况，及时有效掌握学生住宿信息；夯实公寓简报、社区网站两大文化宣传阵地，在公寓楼内外建设视频信息发布平台和LED大屏幕信息宣传平台，大力推进心理健康教育、就业指导服务进公寓。

（李　抗）

人文社科研究

一、科研项目

2014 年，人文社科各类科研项目立项 333 项，其中，横向项目 124 项，纵向项目 209 项；国家社科基金项目获准立项 51 项（含重大项目两项），教育部项目 30 项，省规划项目 49 项。本年度科研到账经费 5066 万元，其中纵向项目经费 3024 万元，横向项目经费 2042 万元。

二、科研成果

2014 年，我校人文社科类论文共发表 1400 余篇，出版著作 150 余部。2013 年 CSSCI 来源期刊论文 1176 篇。本年度，山东大学获山东省第二十八次社会科学优秀成果奖 43 项（重大奖 1 项，一等奖 8 项，二等奖 18 项，三等奖 16 项）；2014 年山东高校优秀科研成果奖 36 项（一等奖 10 项，二等奖 8 项，三等奖 18 项）。另外，我校范学辉教授的《宋代三衙管军制度研究》和高鉴国教授的《中国慈善捐赠机制研究》两项成果入选 2014 年度《国家哲学社会科学成果文库》。

三、学术交流

2014 年，我校共举办人文社科类高层次、大规模、有重要影响的全国性和国际性学术会议 30 余次，其中包括第三届尼山世界文明论坛的成功举行。

附录：

国家社科基金项目

项目名称	项目所属单位	负责人	项目级别	项目类别	立项经费（元）
济南大辛庄遗址考古发掘及综合研究报告	历史文化学院	方　辉	国家社科基金项目	重大项目	800000.00
完善现代文化市场体系与培育骨干文化企业研究	管理学院	潘爱玲	国家社科基金项目	重大项目	800000.00
比较视阙下中国经典诠释传统现代化路径研究	哲学与社会发展学院	傅永军	国家社科基金项目	重点项目	350000.00

续表

项目名称	项目所属单位	负责人	项目级别	项目类别	立项经费（元）
深化税收制度改革与完善地方税体系研究	经济学院	李齐云	国家社科基金项目	重点项目	350000.00
地方治理中党的执政方式创新研究	马克思主义学院	方　雷	国家社科基金项目	重点项目	350000.00
企业原始创新的决定因素与影响效应研究	经济学院	李长英	国家社科基金项目	重点项目	350000.00
文化企业兼并重组的实现路径及效应评价研究	管理学院	潘爱玲	国家社科基金项目	重点项目	350000.00
中国儒学通志	儒学高等研究院	庞　朴	国家社科基金项目	重点项目	350000.00
全球化与中国特色社会主义的自信	马克思主义学院	徐艳玲	国家社科基金项目	后期资助项目	200000.00
“政治鲁迅”研究	政治学与公共管理学院	钟　诚	国家社科基金项目	后期资助项目	200000.00
环境资源犯罪常规性治理研究	法学院	侯艳芳	国家社科基金项目	后期资助项目	200000.00
苏诗评点资料汇编	文学与新闻传播学院	樊庆彦	国家社科基金项目	后期资助项目	200000.00
中国共产党联系群众的动力机制研究	马克思主义学院	张士海	国家社科基金项目	一般项目	200000.00
山东方言语法比较研究	文学与新闻传播学院	岳立静	国家社科基金项目	一般项目	200000.00
公平、效率、国际竞争力原则博弈下的个人所得税改革研究	经济学院	李　文	国家社科基金项目	一般项目	200000.00
要素价格上涨与环境规制趋紧下的中国制造业转型升级路径研究	经济学院	余东华	国家社科基金项目	一般项目	200000.00
对新农合实施效果的跟踪研究	经济学院	陈　东	国家社科基金项目	一般项目	200000.00
优先股股东权利保护法律制度研究	法学院	耿利航	国家社科基金项目	一般项目	200000.00
“潜在市场”发育驱动的中国产业升级研究	经济学院	刘国亮	国家社科基金项目	一般项目	200000.00
孔子学院立法问题研究	法学院	王丽萍	国家社科基金项目	一般项目	200000.00
我国战略资产获取型对外直接投资与产业竞争优势升级研究	经济学院	张　宏	国家社科基金项目	一般项目	200000.00
我国导游职业管理体制与机制创新研究	管理学院	王晨光	国家社科基金项目	一般项目	200000.00

续表

项目名称	项目所属单位	负责人	项目级别	项目类别	立项经费（元）
中国情境下领导风格、团队伦理气氛与员工偏差行为关系研究	管理学院	刘　冰	国家社科基金项目	一般项目	200000.00
城市公共体育设施布局与居民休闲体育生活空间耦合机制研究	体育学院	石振国	国家社科基金项目	一般项目	200000.00
在一般均衡框架下决定法币名义价值的微观机制研究	经济研究院	谢志平	国家社科基金项目	一般项目	200000.00
当代中国农民民主意识发展问题研究	政治学与公共管理学院	楚成亚	国家社科基金项目	一般项目	200000.00
技术、制度与偏好共同演化视角下的演化增长理论研究	经济研究院	黄凯南	国家社科基金项目	一般项目	200000.00
开放经济条件下国有股份比重的内生决定研究	政治学与公共管理学院	韩丽华	国家社科基金项目	一般项目	200000.00
唐朝应对个体农户流亡分化的政策调控及成败鉴戒研究	历史文化学院	刘玉峰	国家社科基金项目	一般项目	200000.00
加拿大社会住房政策史研究	历史文化学院	李　巍	国家社科基金项目	一般项目	200000.00
汉末荀郑虞三家易学与经学精神的重建研究	哲学与社会发展学院	王新春	国家社科基金项目	一般项目	200000.00
社会服务的国际比较研究	哲学与社会发展学院	程胜利	国家社科基金项目	一般项目	200000.00
反馈在英语写作中作用的社会文化认知研究	外国语学院	王　颖	国家社科基金项目	一般项目	200000.00
海岱地区商周农业的考古学研究	历史文化学院	陈雪香	国家社科基金项目	一般项目	200000.00
多视角下的明代文学复古研究	文学与新闻传播学院	孙学堂	国家社科基金项目	一般项目	200000.00
俄罗斯文学经典与公民道德建设研究	外国语学院	李建刚	国家社科基金项目	一般项目	200000.00
唐五代敦煌音系研究	文学与新闻传播学院	王新华	国家社科基金项目	一般项目	200000.00
刑事诉讼中行政执法证据运用问题研究	法学院	冯俊伟	国家社科基金项目	青年项目	200000.00

续表

项目名称	项目所属单位	负责人	项目级别	项目类别	立项经费（元）
构建面向生活质量的养老机构质量评价体系研究	护理学院	徐东娟	国家社科基金项目	青年项目	200000.00
近代来华基督教传教士与中史西传研究	历史文化学院	崔华杰	国家社科基金项目	青年项目	200000.00
奈特不确定性条件下的内生增长与资源约束问题研究	经济研究院	林　晨	国家社科基金项目	青年项目	200000.00
基于义类词典的语义组合研究	国际教育学院	李　安	国家社科基金项目	青年项目	200000.00
20世纪“新史学”典范的生成及影响研究	历史文化学院	刘永祥	国家社科基金项目	青年项目	200000.00
汉语方所词历史源流研究	国际教育学院	冯　赫	国家社科基金项目	青年项目	200000.00
胶东沿海地区大汶口文化早期的生物考古学研究	历史文化学院	宋艳波	国家社科基金项目	青年项目	200000.00
出土战国至汉初简帛所见人物名号汇释与研究	文学与新闻传播学院	王　辉	国家社科基金项目	青年项目	200000.00
济南大辛庄遗址出土人骨的整理与研究	历史文化学院	赵永生	国家社科基金项目	青年项目	200000.00
移动互联网时代性教育问题的社会学研究	哲学与社会发展学院	王　昕	国家社科基金项目	青年项目	200000.00
当代环境哲学中的审美问题研究	外国语学院	曹　苗	国家社科基金项目	青年项目	200000.00
英国学校核心价值观教育研究	马克思主义学院	邱　琳	国家社科基金项目	青年项目	200000.00
《中国正义论的重建》（英文版）	外国语学院	侯萍萍	国家社科基金项目	中华学术外译项目	250000.00
《一个华北村落的百年变迁》（英文版）	哲学与社会发展学院	林聚任	国家社科基金项目	中华学术外译项目	400000.00

教育部项目

项目名称	项目所属单位	负责人	项目级别	项目类别	立项经费（元）
人权的历史性展开及其制度化保障	法学院	李道军	教育部人文社科项目	基地重大项目	100000.00
生态文明视野中的中国传统生态美学思想研究	文艺美学研究中心	曾繁仁	教育部人文社科项目	基地重大项目	200000.00
百年中国美育的回顾与反思	文艺美学研究中心	胡友峰	教育部人文社科项目	基地重大项目	200000.00
道家、道教易学通论	易学与中国古代哲学研究中心	李延仓	教育部人文社科项目	基地重大项目	200000.00

续表

项目名称	项目所属单位	负责人	项目级别	项目类别	立项经费（元）
佛教在罪犯矫治中的应用研究	犹太教与跨宗教研究中心	张全国	教育部人文社科项目	基地重大项目	200000.00
北宋易学哲学的生态维度研究	易学与中国古代哲学研究中心	乔清举	教育部人文社科项目	基地重大项目	200000.00
《圣经》在近代中国的诠释及受容研究	犹太教与跨宗教研究中心	李炽昌	教育部人文社科项目	基地重大项目	200000.00
当代南亚的左翼思潮与实践	当代社会主义研究所	张淑兰	教育部人文社科项目	基地重大项目	200000.00
统一战线的发展与社会主义协商民主制度化建设	当代社会主义研究所	李　俊	教育部人文社科项目	基地重大项目	100000.00
梁启超与中国文学的转变	文学与新闻传播学院	李开军	教育部人文社科项目	后期资助项目	100000.00
我国出口企业市场进入次序的动态选择：基于出口等待的视角	经济学院	綦建红	教育部人文社科项目	规划基金项目	90000.00
动态混合 Copula 的非参数建模及其应用研究	经济研究院	吴吉林	教育部人文社科项目	规划基金项目	100000.00
制造业研发采购的质量控制模型及关键技术研究	管理学院	温德成	教育部人文社科项目	规划基金项目	100000.00
多元读写能力评估指标体系研究	外国语学院	张　征	教育部人文社科项目	规划基金项目	100000.00
“语境疗法”与脆弱人群健康关怀机制研究	外国语学院	苏永刚	教育部人文社科项目	规划基金项目	100000.00
中国梦的社会公平正义价值蕴涵研究	马克思主义学院	陈家付	教育部人文社科项目	规划基金项目	100000.00
机构养老老年人护理需求评估体系及实证研究	护理学院	王克芳	教育部人文社科项目	规划基金项目	95000.00
学分制收费改革与高校教学管理模式创新研究	马克思主义学院	刘雅静	教育部人文社科项目	规划基金项目	100000.00
《正统道藏》插图研究——以神仙题材图像为中心	历史文化学院	张鲁君	教育部人文社科项目	青年基金项目	80000.00
金融网络，系统性风险及金融监管制度研究	经济研究院	隋　鹏	教育部人文社科项目	青年基金项目	80000.00
垄断结构下的中国经济增长机制与转型路径研究：基于嵌入行政垄断的政府竞争框架	经济学院	付　强	教育部人文社科项目	青年基金项目	80000.00

续表

项目名称	项目所属单位	负责人	项目级别	项目类别	立项经费（元）
民营银行：发展障碍、经营风险与法律制度克服——以民营银行开闸为时代背景	法学院	马　一	教育部人文社科项目	青年基金项目	80000.00
《论语》与《阿含经》比较研究	儒学高等研究院	李　琳	教育部人文社科项目	青年基金项目	80000.00
空气污染与心肺健康：基于转型期中国的经验研究	经济学院	刘　颖	教育部人文社科项目	青年基金项目	80000.00
人民币汇率制度改革的收入分配效应研究	经济学院	李　颖	教育部人文社科项目	青年基金项目	80000.00
近代中国女基督徒群体研究：以英国圣公会女部为中心（1883～1949）	马克思主义学院	尹翼婷	教育部人文社科项目	青年基金项目	80000.00
FDI对中国经济增长质量的作用：演化视角下的数量研究	经济学院	随洪光	教育部人文社科项目	青年基金项目	80000.00
学校体育中的自甘风险研究	体育学院	田　雨	教育部人文社科项目	青年基金项目	80000.00
宗教、经学嬗变下的汉末士人活动与文学批评	儒学高等研究院	宋亚莉	教育部人文社科项目	青年基金项目	80000.00
“口味”的社会建构：以茶叶生产和消费为例	哲学与社会发展学院	舒　萍	教育部人文社科项目	青年基金项目	80000.00
从科学发展观到习近平系列讲话：马克思主义方法论的新发展	马克思主义学院	刘明芝	教育部人文社科项目	中国特色社会主义理论体系研究专项	50000.00
中国特色社会主义生态文明建设保障机制研究	马克思主义学院	张乐民	教育部人文社科项目	中国特色社会主义理论体系研究专项	50000.00
高校马克思主义学院凝聚力研究	马克思主义学院	周金龙	教育部人文社科项目	委托项目	100000.00
走进世纪伟人毛泽东的哲学王国	马克思主义学院	周向军	教育部人文社科项目	普及读物项目	150000.00
大学生思想政治教育针对性、实效性制度体系建构研究	辅导员工作研究会与培训基地办公室	神彦飞	教育部人文社科项目	高校思想政治工作专项	20000.00
基于信息管理系统架构的高校辅导员网络文化建设管理机制研究	辅导员工作研究会与培训基地办公室	夏晓虹	教育部人文社科项目	高校思想政治工作专项	30000.00

山东大学获“山东省第二十八次社会科学优秀成果奖”一览表

序号	题目	第一申报人	作者单位	学科组	获奖等级
1	鲁东南沿海地区系统考古调查报告	方　辉	历史文化学院	历史学	重大
2	立法后评估研究	汪全胜	威海校区	法学	一等
3	上市公司高管辞职的动机和效果检验	曹廷求	经济学院	管理学	一等
4	中国非农自雇活动的转换进入分析	解　垩	经济学院	经济学	一等
5	中国审美文化民族性的现代人类学研究	仪平策	文学与新闻传播学院	文学语言学	一等
6	马克思主义文艺理论研究的边界、问题与方法——一个基于问题意识的历史反思和创新展望	谭好哲	文艺美学研究中心	文学语言学	一等
7	科学的社会性和自主性：以默顿科学社会学为中心	马来平	儒学高等研究院	哲学社会学	一等
8	试论易学象数起源与《周易》文本形成	林忠军	易学与中国古代哲学研究中心	哲学社会学	一等
9	我国社会转型期的阶层分化与社会心态问题研究	马广海	哲学与社会发展学院	哲学社会学	一等
10	论我国学术自由的宪法基础	王德志	法学院	法学	二等
11	法律内在逻辑的基调演变	郑智航	法学院	法学	二等
12	控制权激励双重性与技术创新动态能力——基于高科技上市公司面板数据的实证分析	徐　宁	管理学院	管理学	二等
13	Multiple-resource and multiple-depot emergency response problem considering secondary disasters	张江华	管理学院	管理学	二等
14	横向并购效率抗辩中的最低要求效率研究	余东华	经济学院	经济学	二等
15	转型时期消费需求升级与产业发展研究	臧旭恒	经济学院	经济学	二等
16	不完全合同理论的新视角：基于演化经济学的分析	黄凯南	经济研究院	经济学	二等
17	Will carbon motivated border tax adjustments function as a threat?	李爱军	山东发展研究院	经济学	二等

续表

序号	题目	第一申报人	作者单位	学科组	获奖等级
18	南宋三衙马政问题试探	范学辉	历史文化学院	历史学	二等
19	纪事本末体创始说辨正	葛焕礼	历史文化学院	历史学	二等
20	即墨北阡遗址人骨稳定同位素分析：沿海先民的食物结构	王　芬	历史文化学院	历史学	二等
21	青州龙兴寺历史与窖藏佛教造像研究	李　森	历史文化学院	历史学	二等
22	思想世界的概念系统	曾振宇	儒学高等研究院	历史学	二等
23	煤炭行业循环经济发展理论与应用	袁学良	可持续发展研究中心	普及与应用	二等
24	两宋辞赋史	刘　培	文史哲编辑部	文学语言学	二等
25	明代歌诗考——兼论明代诗学的歌诗品质	孙之梅	文学与新闻传播学院	文学语言学	二等
26	他心的直接感知理论	王华平	哲学与社会发展学院	哲学社会学	二等
27	道路与真理——解读《约翰福音》的思想史密码	谢文郁	哲学与社会发展学院	哲学社会学	二等
28	*A Note on a Comparison of the Ocean Governance System between Mainland China and Taiwan*	张晏瑲	法学院	法学	三等
29	现代结核病控制政策评价	徐凌忠	公共卫生学院	管理学	三等
30	母子公司文化控制与子公司效能研究	陈志军	管理学院	管理学	三等
31	新生代农民工的城市融入——框架构建与调研分析	王佃利	政治学与公共管理学院	管理学	三等
32	*A note on tariff policy, increasing returns, and endogenous fluctuations*	陈　言	山东发展研究院	经济学	三等
33	民国时期工业企业劳资关系研究（1912～1937）	金京玉	威海校区	经济学	三等
34	回应“挑战”：刘大年晚年关于革命史范式的思考	黄广友	马克思主义学院	历史学	三等
35	唯物史观与实验主义——民国学界关于中国经济史研究方法的探索	陈　峰	儒学高等研究院	历史学	三等
36	文明之旅（五册）	高　奇	马克思主义学院	普及与应用	三等

续表

序号	题目	第一申报人	作者单位	学科组	获奖等级
37	王氏四兄弟与清初神韵诗潮	王小舒	文学与新闻传播学院	文学语言学	三等
38	重论“十七年”乡村题材小说的理想性问题	贺仲明	文学与新闻传播学院	文学语言学	三等
39	魏晋南北朝庄学史论	马晓乐	国际教育学院	哲学社会学	三等
40	孟子与“疑经”时代	沈顺福	儒学高等研究院	哲学社会学	三等
41	基督教信仰的理性诠释——康德“哲学释经原理”批判	傅永军	哲学与社会发展学院	哲学社会学	三等
42	拉丁美洲社会主义及左翼社会运动	崔桂田	当代社会主义研究所	政治学	三等
43	“列宁主义观”历史流变研究	张士海	马克思主义学院	政治学	三等
2013 年入选国家哲学社会科学成果文库的重大成果					
1	合作网络范式下企业集团管理控制研究	潘爱玲	管理学院	管理学	重大

山东大学获“2014 年山东高校优秀科研成果奖”一览表（人文社科）

申报排序	成果名称	第一完成人	成果形式	学科评审组	获奖等级
1	论依法行政的规范选择	柳砚涛	论文	法学	一等奖
2	俄罗斯联邦共产党第十五次代表大会评析	李亚洲	论文	法学	一等奖
3	基于心理契约理论的母子公司财务冲突及其纾解策略研究	潘爱玲	论文	管理学	一等奖
4	奈特不确定性与非流动资产定价：理论与实证	高金窑	论文	经济学	一等奖
5	社会合作秩序何以可能：社会科学的基本问题	韦　倩	论文	经济学	一等奖
6	先秦华夏史观的变迁	张富祥	论文	历史学	一等奖
7	中英临终关怀比较研究	苏永刚	著作	社会学	一等奖
8	二十世纪中国社会变迁与社会称谓分期研究——社会语言学新探	孙剑艺	著作	文学	一等奖
9	“性”与中国哲学基本问题	沈顺福	论文	哲学	一等奖
10	道体的失落与重建——从《庄子》、郭《注》到成《疏》	李延仓	著作	哲学	一等奖
11	地理标志法律保护新论	王笑冰	著作	法学	二等奖
12	左翼进步政党的内部分裂原因探析	焦　佩	论文	法学	二等奖

续表

申报排序	成果名称	第一完成人	成果形式	学科评审组	获奖等级
13	服务型跨国公司模块化	夏　辉	著作	管理学	二等奖
14	农村信贷对农村居民消费的影响——基于状态空间模型和中介效应检验的长期动态分析	陈　东	论文	经济学	二等奖
15	“丁卯之役”中金鲜间“纳质”“岁币”问题由来考辨——兼论后金首次征朝期间的外交策略	石少颖	论文	历史学	二等奖
16	初婚年龄的影响因素分析——基于CGSS2006的研究	王　鹏	论文	社会学	二等奖
17	苏轼诗文评点的文献整理与理论研究	樊庆彦	系列论文	文学	二等奖
18	论清华简《筮法》的筮数系统及其相关问题	李尚信	论文	哲学	二等奖
19	解释论视野中的民事督促起诉	刘加良	论文	法学	三等奖
20	后危机时代的金融监管变革之道	于永宁	著作	法学	三等奖
21	政治断层带的嬗变——东欧政党与政治思潮研究	方　雷	著作	法学	三等奖
22	学生思想政治教育内容体系整体构建研究	郑敬斌	著作	法学	三等奖
23	消费社会对现代政治的解构——齐格蒙特·鲍曼的消费政治思想简析	范广垠	论文	法学	三等奖
24	基于社会网络的多维多属性聚类方法及其在客户关系管理中的应用	赵培忻	论文	管理学	三等奖
25	深化医改政策中有关“政府主导”的几个需要澄清的误区	曹永福	论文	管理学	三等奖
26	新变权缓冲算子的构造方法及其内在联系	高　岩	论文	管理学	三等奖
27	冲动学习中的冲动	丁洁瑶	论文	经济学	三等奖
28	转型期俄罗斯中产阶级问题研究	王广振	著作	历史学	三等奖
29	唐代刑部尚书的出身阶层与入仕途径	王建峰	论文	历史学	三等奖
30	电影的档案价值探析	赵爱国	论文	图书情报	三等奖
31	如何拉近档案馆与公众的距离——解读西方公共档案馆公众教育职能的演变	谭必勇	论文	图书情报	三等奖
32	维果茨基最近发展区理论及其应用研究	王　颖	论文	文学	三等奖
33	转喻能力的构建及应用性研究——以英语阅读教学为例	李　克	论文	文学	三等奖
34	伦理嬗变与文学表达	马　兵	专著	文学	三等奖
35	从宣美习俗到话语实践：中国民间歌谣中的身体意识	曹成竹	论文	文学	三等奖
36	马克思辩证法的三个维度	付文忠	论文	哲学	三等奖

（刘后德）

科学技术工作

2014年，山东大学科学技术工作紧紧围绕学校建设世界一流大学的发展战略，以创新求发展，以改革促创新，克服经济发展放缓等大环境变化带来的不利因素，在科研立项、平台基地建设、创新团队建设、科研成果等方面取得了新进展。

一、科研项目

2014年，自然科学科研项目（不含基本科研业务费资助项目）实到经费67241.38万元，新上项目1874项，立项经费79037.92万元。

（一）自然科学基金

2014年，山东大学自然科学各类基金项目实到经费21595.57万元，新上项目670项，立项经费30360.7万元。

2014年，山东大学申报国家自然科学基金项目1525项，申报数列全国依托单位第7位，其中406项获批立项，立项经费26801.7万元，立项经费列全国第10位。

2014年，山东省自然科学基金项目获批立项254项，立项经费3558万元。立项数量和立项经费大幅度增长，较2013年的133项、1442万元分别增长91%和147%。

2014年各类基金项目新上项目数及实到经费

项目类别	新上项目数	实到经费（万元）
国家自然科学基金（含国际合作）	406	20842.68
山东省自然科学基金（含山东省杰出青年基金）	254	685.00
教育部留学回国启动基金	19	56.00
其他	2	11.89
合计	670	21595.57

1. 杰出人才基金

2014年，山东大学4位学者获得国家自然科学基金杰出青年基金资助，3位学者获得国家自然科学基金优秀青年基金资助，资助金额共1780万元。

13位青年学者获得山东省自然科学杰出青年基金资助，资助经费共780万元。

2. 重点项目基金

2014 年，山东大学 13 位学者获得国家自然科学基金重点资助，立项金额共 4018 万元。

颜世申教授申请的“电场调控氧化物磁性异质结的记忆电阻、磁电阻和交换偏置”项目获国家自然科学基金重点项目资助，资助金额 360 万元。

夏光敏教授申请的“小麦黄酮醇合成酶 TaFLS1 通过调控气孔运动提高抗旱性的机制研究”项目获国家自然科学基金重点项目资助，资助金额 340 万元。

江怀东教授申请的“面向肿瘤治疗生物材料的 X 射线多尺度生物成像与图像处理”项目获国家自然科学基金重点项目资助，资助金额 323 万元。

陈子江教授申请的“TOX3 在多囊卵巢综合征卵泡发育异常中的作用及转化医学研究”项目获国家自然科学基金重点项目资助，资助金额 320 万元。

赵家军教授申请的“高甘油三酯对甲状腺功能减退症的影响及机制”项目获国家自然科学基金重点项目资助，资助金额 320 万元。

刘成卜教授申请的“复杂化学体系的多体格林函数方法的发展及应用”项目获国家自然科学基金重点项目资助，资助金额 310 万元。

李国君教授申请的“基于高通量 RNA-seq 数据转录组拼接的关键技术与算法研究”项目获国家自然科学基金重点项目资助，资助金额 280 万元。

刘新泳教授申请的“含噻二嗪杂环新型碱基核苷酸类 HIV 逆转录酶抑制剂的设计、合成与活性研究”项目获重点国际（地区）合作与交流项目资助，资助金额 300 万元。

郝京诚教授申请的“粘弹性凝胶自组装材料、组装过程、性质和响应功能与应用研究”项目获重点国际（地区）合作与交流项目资助，资助金额 240 万元。

邹桂征副教授申请的“电致化学发光光谱采集系统及相关仪器技术开发”项目获国家重大科研仪器研制项目资助，资助金额 355 万元。

谭保才教授申请的“玉米籽粒形成关键基因的克隆和生物学功能分析”项目获重大研究计划重点支持项目资助，资助金额 300 万元。

彭军教授申请的“骨髓造血组织调控骨髓浆细胞在免疫性血小板减少症中的作用及免疫干预研究”项目获重大研究计划重点支持项目资助，资助金额 300 万元。

张铭湘教授申请的“高血糖介导内皮细胞间充质化的分子机制与糖尿病动脉粥样硬化预防新靶点的研究”项目获重大研究计划重点支持项目资助，资助金额 270 万元。

（二）高新技术

2014 年，山东大学国家级各类计划科技项目实到经费 20914.15 万元，国家各级政府高新技术项目新上 455 项，立项经费 13703.227 万元。国家重点基础研究发展计划（“973”计划，含重大科学计划）课题主持立项、参与课题 10 项，实到经费 4367.27 万元；国家重大科技专项主持 2 项、参与课题 12 项，实到经费 2428.37 万元；国家高技术研究发展计划（“863”计划）主持 4 项、参与课题 8 项，实到经费 2239.70 万元；国家科技支撑计划主持及参与课题 6 项，实到经费 616.14 万元；科技部国际合作专项课题主持立项 2 项、其他国际科技合作项目立项 6 项，实到经费 501.36 万元；山东省自主创新重大专项主持立项 5 项，实到经费 1800 万元。

2014 年国家级重大项目实到经费及新上项目情况

国家级项目类别	新上项目数（主持及参与）	实到经费（万元）
重大基础研究（973）	13	4367.27
高技术研究（863）	12	2239.70
国家重大科技专项	14	2428.37
国家支撑计划	6	616.14
科技部其他计划	9	438.90
国际合作	8	501.36
合计	62	10591.74

计算机科学与技术学院陈宝权教授作为首席科学家的国家重点基础研究发展计划（“973”计划）项目“城市大数据的计算理论和方法”获批立项，项目概算国拨经费 1500 万元。

生命科学学院周传恩教授作为首席科学家的国家重点基础研究发展计划（“973”计划）青年科学家专题项目“复叶发育的分子调控网络研究”获批立项，项目概算国拨经费 500 万元，这是山东大学首次获批 973 计划青年科学家专题项目。

体育学院伊向仁教授主持承担的科技部科技基础性工作专项项目“老年人健康评估工具与参数规范研究”获批立项，项目概算国拨经费 1395 万元。

以山东大学为牵头单位的国家高技术研究发展计划（“863”计划）项目“四足仿生机器人”经过培育整合后即将出库启动，其中控制科学与工程学院荣学文副教授主持课题“面向野外环境的四足仿生机器人实用技术研发”，课题概算国拨经费 1043.7 万元。

机械工程学院刘战强教授主持承担的“高档数控机床与基础制造装备”科技重大专项课题“基于长服役寿命的航空发动机典型难加工材料零件高性能切削技术”获立项资助，立项总经费 1800 万元，其中国拨经费 1569.96 万元。

生命科学学院张伟教授主持承担的“转基因生物新品种培育”重大专项课题“干旱、盐害及低磷营养胁迫关键功能基因及调控元件的发掘、克隆和功能验证”获批资助，立项国拨经费 175.95 万元。

信息科学与工程学院袁东风教授主持承担的科技部国际合作专项“第五代移动通信系统关键技术研究”课题立项经费 190 万元，计算机科学与技术学院主持承担的科技部国际合作专项某课题立项经费 350 万元。

（三）国防军工

2014 年，国防军工项目实到经费 5433.21 万元。国防军工项目新上 35 项，合同额 7500 万元。

（四）基本科研业务费资助项目（自然科学专项）

2014 年，山东大学基本科研项目业务费资助 5400 万元，其中自然科学专项 2611 万元，共计 139 项获得立项资助，其中交叉学科培育项目 43 项，中澳国际科技合作项目 10 项，仪器和产品研发项目 17 项，科研组织建设项目 29 项，前言和新兴学科团队导向项目 32 项，重大计划组织培育项目 8 项。

（五）科技开发

2014 年，山东大学科技开发实到经费 19298.45 万元，签订横向技术合同 714 项，合同额 27474 万元。百万元以上横向项目合作 47 项（200 万元以上 21 项）。

山东大学加强与济南、泰安、德州、徐州、中广核等地市和企业的产学研合作，与济南市政府、山东省科技厅达成山东工业技术研究院共建框架协议和建设实施方案；与济南历城区、德州禹城等合作共建产学研合作平台；与济南新材料产业园区共建“国家胶体材料工程技术研究中心”、与青岛达能环保设备股份有限公司共建“山东大学达能节能减排研究院”等 14 个科技合作研究平台；与山东金达科技有限公司、海信（山东）空调有限公司等 10 家企业建立了产学研合作关系。山东大学作为重要技术支撑单位，参与了中国智慧城市产业技术创新战略联盟等 7 个战略联盟。

二、平台基地建设

2014 年，国家胶体材料工程技术研究中心及国家辅助生殖与优生工程技术研究中心顺利通过科技部组织的专家验收；计算机科学与技术学院与清华大学联合申报的电子商务交易技术国家工程实验室、山东省电动汽车工程实验室获批立项建设。

山东大学 12 个省级重点实验室顺利通过山东省科技厅组织的年度考核及医学领域评估，其中 6 个医学领域实验室中有 3 个获得优秀，并且得到省财政的奖励经费。20 个省高校重点实验室顺利通过山东省教育厅组织的考核。

在省科技厅开展的山东省工程技术研究中心的提质升级工作中，山东省植被生态工程技术研究中心、山东省水污染控制山东省智能制造与控制系统工程技术研究中心获批升级，新增山东省智能制造与控制系统工程技术研究中心。

山东大学完成了国家重点实验室指南建议的推荐申报工作；完成了教育部高校国际联合实验室的申报工作。

2014 年山东大学平台基地数量一览表

平台基地分类	数量
国家重点实验室	2
国家工程技术研究中心	3
国家工程实验室	1
教育部重点实验室	11
卫生部重点实验室	3
教育部工程研究中心	4
山东省重点实验室	11
省部共建国家重点实验室（培育基地）	1

续表

平台基地分类	数量
山东省工程技术研究中心	35
山东省工程实验室	1
山东省“十二五”高校重点实验室	20

三、创新团队及人才建设

（一）创新团队

山东大学现有 2 个国家创新人才推进计划重点领域创新团队、3 个国家自然科学基金创新群体、9 个教育部“长江学者和创新团队发展计划”创新团队、3 个山东省优秀创新团队。

（二）国家杰出青年基金获得者

2014 年，山东大学 4 位教授获得国家自然科学基金杰出青年基金资助。刘战强在“切削、磨削加工工艺与装备”研究领域、马春红在“HBV 感染、免疫与肝病”研究领域、张澄在“动脉粥样硬化”研究领域、胡锡俊在“哈密顿系统”研究领域分别获得国家自然科学基金杰出青年基金经费资助。2000 年至今山东大学共有 35 位国家杰出青年基金获得者。

（三）创新人才推进计划

2014 年，马春红、张建教授入选科技部“创新人才推进计划”中的“中青年科技创新领军人才”。山东大学现有 4 人入选国家创新人才推进计划中青年科技创新领军人才。

（四）教育部新世纪优秀人才

2004 年至今，山东大学共有 155 人入选教育部新世纪优秀人才。

四、自然科研成果

（一）科技奖励

2014 年，山东大学获省部级以上奖励共计 49 项。国家奖 3 项（含合作 1 项），其中自然科学二等奖 1 项，科技进步二等奖 2 项；教育部高等学校科学研究优秀成果奖 6 项（含合作 1 项），其中一等奖 1 项、二等奖 5 项；山东省科学技术奖 33 项（含合作 10 项），其中一等奖 4 项、二等奖 22 项、三等奖 7 项；其他省部级奖励获奖 7 项。

数学学院刘建亚教授等完成的“自守形式与素数分布的研究”项目荣获国家自然科学二等奖，这是山东大学，也是我省自 2008 年获自然科学二等奖之后，再次获得国家自然科学奖；土建与水利学院李术才教授等完成的“隧道与地下工程重大突涌水灾害治理关键技术及工程应用”项目荣获国家科技进步二等奖；山东大学齐鲁医院作为第二完成单位参与完成的“肝胆胰腹腔镜手术技术体系及应用”项目获得国家科技进步二等奖。

（二）科技论文

山东大学 2013 年度发表的科学引文索引扩展版（SCIE）收录文献 2975 篇，论文 2871 篇，列全国高校第 8 位；其中表现不俗的收录论文 1069 篇，列全国高校第 10 位；科学引文索引扩展版（SCIE）2004～2013 年收录的 12471 篇论文被引用 124603 次，在全国高校中排名第 12 位。工程索引核心部分（Ei）收录期刊论文 1721 篇，列全国高校第 18 位。科技会议录引文索引（CPCI-S）收录论文 327 篇，列全国高校第 29 位。国内论文收录 1584 篇，列全国高校第 34 位，国内引证 7951 篇 12081 次，列全国高校第 20 位。在 SCI 收录中国学科领域科技论文机构排名中，数学领域科技论文列第 4 位，生物领域科技论文列第 8 位，医学领域科技论文列第 9 位，化学、环境科学、材料科学、物理领域分列第 12、12、17、19 位。

此外，山东大学晶体材料研究所刘宏教授课题组发表在 *SMALL*（2013，9 [1]：140-147）上的学术论文“Synthesis of Few-Layer MoS2 Nanosheet-Coated TiO2 Nanobelt Heterostructures for Enhanced Photocatalytic Activities”入选 2013 年中国百篇最具影响国际学术论文。数学学院史开泉教授于 2009 年发表在《山东大学学报（理学版）》上的论文《内 P-集合与数据外一恢复》、岩土中心李利平教授于 2010 年发表在《岩土力学》上的论文《岩溶地区隧道裂隙水突出力学机制研究》被评为 2013 年中国百篇最具影响优秀国内学术论文。

生命科学学院张友明教授作为共同通讯作者在 *Nature Nanotechnology* 发表论文“Biosynthesis of magnetic nanostructures in a foreign organism by transfer of bacterial magnetosome gene transfer”。教育部和卫生部心血管重构和功能研究重点实验室张澄研究员和蒋凡教授共同撰写“血管紧张素转化酶 2（ACE2）和血管紧张素 1-7（Ang 1-7）：新的治疗靶点”的综述，在线发表于 *Nature Reviews Cardiology*。医学院韩丽辉、赵伟两位教授作为共同通讯作者在 *Nature Communications* 发表论文“Aryl hydrocarbon receptor negatively regulates NLRP3 inflammasome activity by inhibiting”。医学院李景新教授作为唯一通讯作者在 *Nature Communications* 发表论文“Dysregulation of hydrogen sulphide metabolism impairs oviductal transport of embryos”。

（三）专利申请与授权

2014 年，山东大学共申请专利 1093 件，其中发明专利 912 件，较上年度增长 8%，PCT 专利申请 6 件，实用新型专利 175 件。授权专利 802 件，其中发明专利 521 件，较上年度增长 17%，国外发明专利 3 件，实用新型专利 278 件。

2014 年，山东大学通过 PCT 途径申请的三件专利：“一种刚性阳极板表面水膜布置工艺及装置”获得美国授权，“埃博霉素苷类化合物和以其为活性成分的组合物及其应用”“7，2 脱水葛根素及其盐类衍生物以及其制备方法与应用”获得日本专利。

（任敏利　林　硕）

人事工作

2014 年，人事部紧紧围绕学校党委和行政工作要点，解放思想、扎实工作，努力营造汇聚和造就人才的良好氛围，积极推进人事制度改革，加快推进世界一流大学建设，较好地完成了年度工作任务。

一、实施人才强校战略，加强师资队伍建设

1. 创新用人机制，制定了《山东大学科研教师岗位招聘管理办法（试行）》（山大人字［2014］33 号）。截至 12 月 12 日，2014 年新入校教职工 141 人，含教学科研岗位 75 人，统招博士后 43 人，其他专业技术人员 11 人，选留保资辅导员 4 人，接收军转干部 5 人，解决引进人才配偶 3 人。其中，教学科研岗位 75 人，占新进人员的 53%。其中，海外博士 32 人，占新进教师的 43%，具有一年以上海外留学经历 43 人，占新进教师的 57%；来自国内其他著名高校或研究机构以及海外留学回国共计 58 人，占新进教师的 77%。

2. 岗位招聘与岗位聘用工作一并推进。在以往工作的基础上，2014 年增加了公示环节、加强校外同行专家评议、全面实行网上申报、修订职员申报条件等内容。

3. 促进教师队伍国际化。充分利用各类平台，拓展教师赴海外进修途径。2014 年各类公派出国项目录取 73 人，派出出国留学人员 103 人，留学回国人员 80 人。完善教师准入制度，构建多元化教师队伍。继续推动后备师资培养计划，积极拓展外籍教师招聘渠道，2014 年新聘外教 18 人，其中学术类 5 人。

4. 推进新聘青年教师专业发展。强化新聘教师培训，2014 年有 23 位教师通过了山东省教师资格认定，154 人参加岗前培训，10 人进行了普通话测试。加强基本科研业务费的管理，促进青年教师提高科研水平。

5. 建立和完善师德规范体系和运行机制。制定了《山东大学关于进一步加强教师职业道德建设的意见》，逐步构建山东大学教师职业道德规范制度体系。

6. 继续做好博士后工作。健全博士后工作制度，稳妥推进校博士后招收管理工作。组织申报第 55、56 批全国博士后科学基金面上资助，有 149 位博士后获得资助，总资助额 856 万元，列全国高校第 3 位。组织申报第 7 批全国博士后科学基金特别资助，有 35 位博士后获得资助，总资助额 525 万元，列全国高校第 2 位。组织完成 2014 年度博士后国际交流计划引进、派出和学术会议工作。

二、完善体制机制，推进人事制度改革

1. 开展机关单位“三定”工作。根据学校推进综合改革工作的部署，与综合改革办公室协调配合，按照学校“职责分明，界限清晰，分工合理，权责一致”的要求，分批次对机关各单位实施“三定”工作。目前，已有两批单位完成“三定”。

2. 继续推进校内收入分配制度改革，制定了《山东大学岗位绩效工资调整方案》。以进一步发挥岗位绩效工资的激励作用，充分调动全校教职工的工作积极性和创造性，逐步建立与现代大学管理体制相适应的收入分配制度。

3. 转换用人方式，创新用人机制，制定了在计算机科学与技术学院开展预聘制教师聘用试点工作方案，为今后在学校更好地推行预聘制度积累经验。

4. 做好专职科研队伍建设的前期准备和试点工作。以准备暑期校长读书班材料为契机，加强国内外高校专职科研队伍建设的调研，在专职科研队伍构成、岗位设置、岗位待遇、经费分担机制和晋升通道等方面做了有益的探索，为学校下一步试行专职科研队伍建设奠定了基础。

5. 依法治校，完善学校制度体系建设，制定了《山东大学教职工劳动纪律与考勤管理办法》，以切实整治“慵懒散”，保障教学科研和管理服务等各项工作顺利进行，提高办学效率。

6. 完善非事业编制人员管理办法，加强对非事业编制人员管理。通过划分用工类型、岗位分类，实施契约式管理，通过聘期调整，使用工形式、人员布局更加科学合理。

7. 继续做好干部人事档案改版工作。根据中组部档案改版工作要求，深入研究改版工作，完善了工作流程，加强了对改版人员的组织管理，确保此项工作顺利完成。

（王旭锋）

离退休工作

2014 年，离退休党委、离退休服务中心在学校党委、行政的正确领导下，在全校上下的大力支持配合下，紧紧围绕学校的中心工作，抓住重点，主动作为，较好地完成了离退休服务管理的各项工作任务，为学校的改革、发展、稳定作出了应有的贡献。

一、求真务实，加强离退休干部党的建设和思想政治工作

（一）落实和完善党支部政治学习和组织生活制度，加强老干部党建和思想政治工作

一是加强组织建设。不断完善支部设置、强化总支和支委会班子建设。按党章要求选配党性强、作风好、威信高、身体健康、乐于为老同志服务的老党员担任总支书记和支部书记，定期组织培训学习，提升支部工作水平。

二是按照“政治坚定，思想常新，理想永存”的总要求，建立并坚持支部书记、行政组长每月一次例会、各支部坚持每月一次的支部学习和组织生活会制度。制定好学习计划，做到“人员、内容、时间、地点”四落实，全年共发放学习材料 4000 余份。

（二）与时俱进，做好经常性的思想政治工作

针对新形势下离退休老同志的特点和思想实际，充分发挥离退休党支部的战斗堡垒作用、桥梁纽带作用和党员的先锋模范作用，不断加强离退休党员的教育和管理工作，做到及时传达上级及学校有关文件和会议精神，注意听取建议和意见，解惑释疑，理顺情绪，化解矛盾，做好深入细致的思想政治工作。

二、以人为本，扎实全面地落实好离退休干部政治生活待遇

（一）完善制度，落实离退休干部的政治待遇

学校坚持并完善了老干部阅读文件、走访慰问、通报情况、征求意见、参加有关重要会议和重要活动等制度，每逢学校和各院部的有关重要活动和会议，必邀请老干部出席或参加；学校每项改革措施或重大决策出台前，都要事先听取老干部的意见和建议。为使离退休老同志及时了解学校各方面工作情况，自 2006 年始学校拨出专款，为全体离休干部和 2300 余名副处级、副高级职称以上的退休干部，每人赠阅一份《山东大学报》，同时在老干部阅览室设置了微机，方便老同志上网浏览校内外新闻，受到老同志们的一致好评。

（二）落实政策，完善措施，在生活上关爱离退休干部

学校党委非常重视离退休干部生活待遇政策的落实，离退休服务中心注重发挥职能作用，积极当好学校领导的参谋和助手，积极向学校领导和有关部门反映涉及离退休老同志切身利益和普遍关心的诸如共享学校改革发展成果、减轻离休干部自费药负担、健康查体和活动场所改善等等方面的问题，努力做到件件有着落，事事有回音，对暂时解决不了的问题及时向老同志做解释和疏导工作。

多年来，学校每年从离休活动费中拿出600元发到每位离休干部手中；每逢九九重阳节，学校都要发给老同志30元节日慰问金，并为年满90岁及以上的离退休老人每人发放1000元慰问金；对离休干部的医疗费用，学校每月固定报销时间，并按规定予以报销。学校还专门为老干部配备了3部车，基本满足了老干部用车的需要；2013年，学校为在职人员增加工资，离退休中心积极向学校有关部门反映争取，经学校研究同意按“离休干部每人每月400元、退休人员每人每月300元”标准给离退休人员增加生活补贴等等。

随着我校离退休人员的逐年递增，特别是空巢、多病老人的增加和离休干部整体进入“双高期”，离退休老同志对生活服务性工作提出了更高的希望和要求。针对离退休工作出现的这些新情况和新特点，离退休中心在完善“七条”亲情服务措施的基础上，坚持做到省部级干部专人服务，离休干部重点服务，协调原工作单位为全校鳏寡、独居及长期卧病的老人建立信息档案，通过大学生志愿者等多种形式，与老干部结成帮扶对子，提供亲情服务。

在老干部阅览室、活动室建设方面，离退休中心以实现老同志健康长寿为目的，着力加强活动学习阵地建设。2014年，学校又腾出380平方米作为老干部活动场所，并拨款30多万元进行了装修和购买设备，同时离退休中心还为三个校区活动室分别配买了2万元左右的钢琴一架，极大地满足了老干部的急需，为广大老同志创造了优雅舒适的学习环境和活动娱乐场所。

三、创造条件，搭建平台，充分发挥老干部在建设和谐社会、和谐校园中的作用

1. 把离退休干部纳入我校全员育人体系，学校聘请了21名老同志为大学生德育指导教师，引导大学生健康成长。

2. 组建了山东大学老干部、老教授报告团，为青年学生作革命传统报告，引导学生树立正确世界观、人生观、价值观，做合格接班人。

3. 鼓励和支持离退休干部党支部与大学生开展“老少互动，和谐共建”活动，这一活动的开展为老同志发挥作用搭建了“平台”，使教育者和被教育者和谐互动，优势互补，取长补短，共同提高。

4. “老少互动，双向关爱”，动员支持老同志自愿参加爱心助学活动。自2006年起组织开展活动，许多老同志自愿加入爱心助学这一行列，体现了老同志关爱贫困生、关注祖国未来的责任心和使命感。

5. 支持老年社团深入学生中开展文艺演出活动。夕阳红艺术团、老年京剧社等文艺社团通过参加学校重大纪念日演出、与学生联欢、京剧选修课等形式，潜移默化地对大学生进行爱国主义教育、传统文化的教育和熏陶，取得了很好的效果。

6. 推荐老同志担任教学督导员和医风监督员。近年来，推荐60余名有教学水平和经验的老专家、老教授参与学校教学研究，促进教学水平的提高。推荐6名德高望重的老干部对校区医院服务管理工作进行监督，对医德医风建设建言献策。

四、组织参观考察，开展丰富多彩的文体娱乐活动，丰富、活跃和充实老同志的离退休生活

1. 参观游览活动：本着安全、适度的原则，每年多次组织老同志省内游和济南近郊游，为老同志提供休闲相聚和交流的平台，使身心融于自然、开阔眼界、愉悦身心、延年益寿。

2. 体育健身活动：每年组织两次老同志“800米健步走”体育健身活动，每次参加人数多达3000人；每年组织开展各种棋类、牌类、球类、踢毽等适合老同志特点的体育友谊赛活动，选拔、组织部分老同志参加省直老体协举办的桥牌、门球、围棋、乒乓球、象棋、柔力球等比赛活动，2014年9月老年柔力球队参加了省直单位首届夕阳红健身运动会柔力球邀请赛，在40支代表队中，我校代表队获得“集体规定套路第一名、集体自选套路第二名”的好成绩。2014年，我中心被省直老体协评为先进工作单位。

3. 文化娱乐活动：每年两次紧紧围绕本年度主题，积极支持组织老同志举办主题鲜明、情趣高雅的书画、摄影巡回展，每次近300人次的老年优秀作品参加了展览；积极支持老年文艺团体立足于校区，立足于校内，自娱自乐地开展健康有益的文艺演出活动，每年各个校区都举办多种形式的文艺演出，为广大离退休老同志送去喜闻乐见的健康节目；积极组织“夕阳红”艺术团参加省直主管单位举办的各项比赛活动，2014年6月份由62名离退休老干部组成的“夕阳红”合唱团参加了“唱响中国梦、颂歌献给党”省直单位合唱比赛，荣获一等奖。9月份，由20名老干部组成的“夕阳红”舞蹈队参加了省直单位舞蹈比赛，荣获一等奖。

五、严格要求，提升素质，不断加强离退休工作队伍建设

1. 不断加强离退中心团队自身建设，特别是班子建设，明确岗位目标责任，要求工作人员熟悉政策，爱岗敬业，不断加强政治学习和业务学习，不断强化岗位和首接负责意识，全面提升工作水平和工作自觉性，进一步提高服务质量。

2. 认真实施党风廉政建设责任制、校务公开实施细则，每年年末按规定活动费使用情况，一笔一笔地向老干部公布，自觉接受老干部的监督。

3. 畅通信息报送渠道，及时采集和上报老干部工作信息，建立并完善离休干部信息库、退休职工信息库和离退休党员信息库，进一步提高工作效率。

4. 加大宣传力度，加强离退休服务中心网站建设，努力营造全校上下尊老敬老爱老助老的良好氛围，2014年中心被评为“山东大学网络新闻宣传工作优秀组织单位”。

5. 强化两级管理，力促离退休工作齐抓共管。密切与老同志原工作单位的联系，不断加强对二级单位的业务指导和督促检查，确保党和国家离退休干部工作的方针政策落实到位。

（牛艳华　吕　波）

发展规划

2014年，发展规划部在学校党委和行政的正确领导下，以科学发展观为指导，深入学习贯彻落实党的十八届三中、四中全会精神，坚持学校“内涵发展，质量发展，特色发展”的办学道路，秉承学校建设“世界一流大学”的办学目标，紧紧围绕《山东大学2014年党委和行政工作要点》的要求，团结协作、开拓创新，保质保量地完成了全年各项工作任务。

一、启动“2015～2020年一流大学建设规划”编制工作

召开各相关职能部门会议，认真梳理现状，按照目标导向和问题导向的原则，研究提出2015～2020年发展思路、重点建设任务和主要改革举措，汇总形成学校“2015～2020年一流大学建设规划”提纲。

二、积极做好“985学科建设”工作

以新一轮“985学科建设”工作为契机，全面梳理山东大学学科建设现状，特别是“985工程”经费使用情况。在学校领导下，组织完成了学校2014年度“985学科建设经费”使用方案的制定工作，并监督实施。

三、深入实际，围绕学校改革发展主题开展调查研究和政策论证

就学校发展规划、学科建设、多校区管理体制等重大改革问题，一方面在校内积极开展调查研究，广泛听取意见，同时，赴部分“985”高校实地考查多校区延伸管理及学生书院制管理模式，完成相关调研报告。同时就学部制、医学教育改革、PI制（课题组长负责制）等改革课题进行广泛调查研究，完成相关调查报告并结合山东大学实际提出初步改革建议。

四、积极推进《山东大学校园建设规划》整改落实任务

根据学校整改落实工作总体部署，起草、制定了《关于成立山东大学校园建设规划委员会的说明》和《〈山东大学校园建设规划〉编制工作实施方案（讨论稿）》，启动相关工作。

五、积极做好青岛校区制度建设研究和学科建设工作

编制青岛校区首批学科布局和科研机构设置方案，上报学校第十三届常委会第十五次会议研究并通过；论证青岛校区部分学院和研究机构的建设可行性并制定建设方案，包括青岛校区海洋研究院、健康工程研究院、政府管理学院、德国学院、数字技术研究院、先进信息研究院及设计学院等学术机构；针对青岛校区校院两级管理体制、管理架构与组织体系、教学科研组织模式、人事分配制度改革等核心问题开展研究，并提出初步建议。

六、开展统计数据核查、上报工作，完善综合校情分析系统，进一步提升统计工作科学化水平

根据教育部“关于做好2014年教育事业统计数据核查和上报工作的通知”要求，组织协调全校23个部门完成了《山东大学2014年度高等教育学校统计报表》填报工作，并对学校近几年统计数据进行全面细致的核查，形成核查报告上交教育部。完成学校能源资源消费统计上报、《行政事业单位月度统计报表》和《规模上服务业行政事业单位基层表》等一系列报表的填报工作。

努力提高统计工作信息化水平，进一步完善学校统计信息系统和综合校情分析系统的功能。深入开展科学研究，成功申报2014年度山东省统计科研重点研究课题《基于高等教育统计信息的“大学综合校情分析系统和网站”建设研究》。

（李良杰）

国际合作

2014年，国际事务部继续围绕学校建设世界一流大学的目标开展工作，在推动深层次国际学术交流、扩大山东大学海外影响力、发展学位留学生教育、健全引进海外智力制度体系、加强信息化系统建设、推动国际化发展重点项目建设等方面取得丰硕成果。

一、对外交往保持繁荣

全年接待各国及地区政要包括：泰国公主诗琳通、马尔代夫前总统、法国、泰国、以色列等国大使、台湾海峡交流基金会原董事长江丙坤。诺贝尔奖得主包括：丁肇中、勒克莱齐奥先生、Myron S. Scholes。世界一流大学校长包括：瑞典卡罗林斯卡医学院、美国莱斯大学、日本横滨国立大学、荷兰莱顿大学等校校长。尼山论坛海外代表等政要、友好学校校长、学者代表团130余个，近900人。新签校级合作协议29个，续签6个，与卡罗林斯卡医学院、加州大学圣巴巴拉分校、亚利桑那州立大学等境外名校在联合建立实验室、校际合作高级平台建设、共建科技园区等方面有突破，推动了深层次国际学术交流。学生海外经历继续蓬勃发展，派出学生数量稳中有升，全年派出各类赴海外学习学生800余名。

二、派出工作成效显著

年内出台学校因公出国（境）管理办法及出访公示制度，严控计划外出访团组，使用三公经费出访的团组批次和人数与去年同期相比有所下降。全年共派出1300余个各类出访团组，交流人员2000余人次。其中校级出访团15个，以拓展与世界名校深入合作为目的先后访问了香港大学、香港科技大学、首尔大学、牛津大学等高校，推进合作；分赴中国香港、法国为国学大师饶宗颐及法兰西学院院士程抱一颁授山东大学名誉博士学位，扩大了我校在香港地区及法国的影响力。

三、引智工作体系日趋完善

2014年，外专引智专项获国家支持经费909万元；全年聘请34名流动岗位特聘教师、170名短期境外专家；在校长期外籍教师73人，专业课教师占外教总数的71%；全年举办国际会议26场。对引智工作进行制度梳理，出台了相关管理办法；进一步完善了学校引智支持体系，重点支持院系反应效益明显的项目；积极推动外籍教师趋同化管理，规范了语言类和专业类外籍教师的聘任和管理程序。

四、留学生工作长足发展

2014年，我校留学生共计3290人次，包括来自110多个国家的914名学位在校生。严格留学生学费收费制度，杜绝了不交、缓交学费现象，全年增收学位留学生学费293万元。留学生本科教学趋同化进一步提高；扶持了“中国学”、iMBA等英文授课专业；全年办理居留许可等签证手续1000人次；办理医疗保险1200余人，处理意外事件20余起；组织“国际文化节”以及“文化体验”等文体活动。外事服务中心全年完成留学生468个房间的整修；自2014年9月起，可为学校每年节省租住外部留学生宿舍经费230万元；全年征收自费留学生住宿费480多万元；完善了留学生宿舍服务和管理制度。

五、制度化建设和信息化建设

国际事务部和信息化建设办公室联合开发基于学校综合电子信息管理平台之上的“引智工作管理信息子系统”、留学生信息管理及招生系统。加强对工作流程的梳理，引入量化管理和过程控制等概念，促使部内工作的管理模式逐步向科学管理、规范管理、过程管理、量化管理的转化。

六、国际化发展重点项目有突破

年内推动了一系列国际化发展重点项目，有效地利用国际化发展带动学校重点建设学科快速向前发展。如与卡罗林斯卡医学院在医学领域联合成立其世界范围内首批4个校外联合实验室，实现与世界顶尖医学院联合开展密切科学研究项目的突破；启动山东大学“全球汉籍合璧与传播工程”项目，全面提高我校在世界范围内人文学科的影响力；规划青岛—山东大学中美国际科技创新园建设项目，搭建与美国高校在科技转化、创新创业领域的高水平合作平台；同时利用重点国际合作项目推动农学、海洋等山东大学新兴学科的发展。

（姜宏敏）

国内合作

2014年，合作发展部紧紧围绕学校党委、行政工作的总体要求，“布大局，重基础，求创新”，加强合作发展工作体制机制调查研究和推进力度，在资金募集、国内合作、校友工作和驻校外研究院建设等方面取得了新的成效。截至2014年12月19日，全年捐赠资金到账5400万元，争取教育部配比奖励3146万元。获取校地校企综合经费1507万元。通过牵线搭桥，推动校地校企科研经费协议额16033万元，到账经费5610万元。各项指标比去年有较大增长。

一、加强调查研究和工作探索

通过对校内各学院和多所高校调研，明晰社会筹资及校地校企合作顶层设计思路。培育校园慈善捐赠文化，启动了毕业生小额捐赠活动，配合威海校区和校内十几家单位争取社会捐赠40余项。

二、突出重点，加强重大筹资项目设计

2014年，先后为趵突泉校区学生活动中心、青岛校区博物馆考古实验室等学校发展中的急需项目筹集大额捐赠资金2400万元。

三、不断规范基金会运行，加强资金运作监管

截至2014年12月19日，通过购买银行稳健理财产品等方式，实现运作收益和银行利息收入230.81万元。

四、密切校地合作，实现互利共赢

省内多次与青岛、济南、莱芜、烟台、济宁、威海、枣庄、泰安、临沂、德州、滨州、潍坊、淄博等地市洽谈合作。与定陶合作共建“山大附中实验学校”；与即墨市共建“山东大学县域发展研究院”；省外与南京、扬州、溧阳、南通、江阴、苏州、深圳、太原、沧州等地进行产学研对接。在人才培养、科学研究、咨询服务、成果转化等方面全面推进校地合作的开展。协调派出15名教师干部到省内外有关地市挂职并进行了专门调查研究。

五、深化校企合作

2014 年，新增山东国华、山东金达、宝洁（北京）公司、永华集团、海易集团等 5 家合作伙伴。内容涵盖联合办学、共建平台、科学研究和成果转化、人才培养等内容。搭建“山东大学威高研究院”“山东大学一宝洁胶体化学联合研究中心”“山东大学人口健康信息技术研究中心”“山大永华研究中心”等校企合作平台 5 个。继续深化与玲珑集团、潍柴集团、辉山集团、海信集团等 30 余家大型企业合作，落实推动相关合作项目。举办“潍柴动力校园创新设计大赛”“玲珑轮胎校园广告设计大赛”等活动，深受校内外师生好评。

六、获取合作经费再上新台阶

年内获取校地校企综合经费 1407 万元，其中捐赠创收经费 1191 万元。通过合作，各类人才培养经费也相应增长。校外研究院获取各类经费达 2500 余万元。

七、校外研究院建设

校外研究院建设初见成效，制定出台了《关于山东大学驻校外研究院建设与发展若干问题的意见》和《山东大学关于加强研究院财务管理工作的指导意见》，获取各类经费达 2500 余万元，推进了“山东大学晶体材料国家重点实验室深圳基地”“国家糖工程技术研究中心深圳研发中心”等产学研合作平台落地。

附件（一）：山东大学第二届校董会校董成员名单

名誉主席：

项怀诚　原财政部部长、原国家社保基金理事会理事长
史大桢　原电力工业部部长
曲格平　中华环境保护基金会理事长、原国家环保局局长
韩寓群　十一届全国人大常委、财经委副主任委员，山东省原省长
张福森　十一届全国政协常委、社会和法制委主任，原司法部部长
王文泽　原国家开发投资公司总经理、中国投资协会会长
杨衍银　港澳台侨委员会副主任
刘振亚　国家电网公司董事长和党组书记
孙　震　原台湾大学校长
张信刚　原香港城市大学校长、荣休教授

主　席：

李守信　中共山东大学党委书记

校　董（按姓氏笔画排序）：

卜昌森　山东能源集团董事长

于泽水　国家开发银行山东省分行行长
方润华　香港协成行集团董事总经理、方树福堂基金、方润华基金主席
王　晨　ARTEFACE MEDICAL INVESTMENT LTD Hafod Biocience . B. V 董事长
王　锋　玲珑集团有限公司副董事长
王建宏　中国银行北京分行行长
王金玉　北汽福田汽车股份有限公司总经理
王琪珑　山东大学常务副校长
王　勇　西王集团董事长
王　伟　山东银丰投资集团有限公司董事长
宁高宁　中粮集团董事长
刘庚子　北京元丰盛业科技发展有限公司董事长
吕春泉　陕西省电力公司总经理
孙　亮　山东省高速集团有限公司董事长
孙公准　山东省烟草专卖局（公司）党组书记、局长
孙丕恕　浪潮集团有限公司董事长
衣淑凡　台湾立青文教基金会董事长
宋文瑄　山东省农村信用社联合社理事长
宋作文　南山集团有限公司党委书记、董事长、总经理
张才奎　山水集团董事长
李　玮　齐鲁证券有限公司董事长
李贵斌　光耀东方集团董事长
杨　凯　辽宁辉山控股集团总裁
杨绍东　香港培新集团董事、总经理
杨卓舒　卓达集团董事长、总裁
周厚健　海信集团有限公司董事长
周伟林　招商银行股份有限公司济南分行行长、党委书记
金在烈　韩国高等教育财团事务总长
赵玉山　瑞阳制药有限公司董事长
郭可尊　原神州数码网络（北京）有限公司董事长
曹升元　山东大学总会计师
曹培玺　中国华能集团公司总经理
黄智雄　香港出路社会服务中心董事会主席
黄克斯　中建八局董事长
傅克辉　山东鲁信置业有限公司总经理
董明珠　珠海格力电器股份有限公司董事长、总裁
谢硕文　澳门名嘉集团董事长
臧健和　通用磨坊（国际）食品有限公司董事及顾问

谭旭光　山东重工集团有限公司董事长

樊丽明　上海财经大学校长

薛　峰　中国建设银行山东省分行行长

校董单位：

兖矿集团董事局　山东省国家税务局　山东省地方税务局　中国工商银行山东省分行　中国银行山东省分行济南分行　财政部驻山东专员办　鲁南制药集团股份有限公司　山东电力集团公司

附件（二）：山东大学教育基金会第二届理事会理事名单

理事长：

李守信　中共山东大学党委书记、山东大学校董会主席

副理事长：

王琪珑　山东大学常务副校长

曹升元　山东大学总会计师

理　事：（以姓氏笔画为序）

马晓丹　山东天石集团有限公司董事长

井海明　山东大学教授

王　飞　山东大学合作发展部部长

王玉莲　山东大学监察审计部副部长兼审计处处长

王琪珑　山东大学常务副校长

刘大钧　山东大学终身教授

刘学祥　山东大学校友总会秘书长

刘洪渭　山东大学财务部部长

何兴祥　中国农业发展银行副行长

陈宏伟　山东大学人事部部长

李守信　中共山东大学党委书记

邵公全　香港万友贸易有限公司董事长

邹　难　山东大学国际事务部部长

胡金焱　山东大学本科生院院长

赵炳新　山东大学继续教育学院院长

贾　磊　山东大学校长助理兼研究生院常务副院长

曹升元　山东大学总会计师

梁绍庄　东利洋行董事经理

戴智章　中共山东大学党委统战部部长

监　事：

黄智雄　香港出路社会服务中心董事会主席

肖金明　山东大学教授

（罗桂花）

校友工作

校友工作办公室紧紧围绕学校中心工作，加强校友工作的规范化建设，努力建好校友联络、服务、合作、筹资等各种工作平台，积极繁荣校友文化，提高工作实效。

一、加强制度建设，进一步规范校友会日常工作

按照《山东大学校友会工作十年规划》和民政部的检查评估要求，对校友会工作认真整改，适应创建世界一流校友工作的要求，加强了制度建设。由于学校校长的变动，校友会秘书处向国家民政部提出校友会负责人变动申请，4 月 24 日民政部下发了《社会团体法定代表人变更通知书》（民社登［2014］第 2076 号），同意山东大学校友会法定代表人由徐显明变更为张荣，并抄送教育部。校友会重新修订了《山东大学校友会重大事项表决河报告制度》《山东大学校友会财务管理办法》《山东大学校友会档案管理办法》和《山东大学校友会印证管理制度》等规章制度。

二、规范校友会例会制度

6 月 14 日，在山东大学中心校区知新楼召开了山东大学校友会 2014 年度常务理事会，山大校友会会长、校长张荣出席会议并讲话。副会长宋文瑄校友主持会议。秘书长刘学祥代表秘书处作了工作报告。来自全国各地的 33 位常务理事（或代表）参加了会议。大会通过了副会长李鸿阶宣读的《山东大学校友会常务理事会关于明年 5 月份如期举行校友代表大会进行换届的决议》。会议代表就校友会工作与母校世界一流大学建设等进行了讨论，布置了明年校友总会第三次校友代表大会工作，督促各地校友会调整换届。10 月 18 日，在云南昆明云南师范大学召开了 2014 年理事会和各地校友会秘书长会议。秘书长刘学祥代表秘书处作了工作报告。与会人员讨论并表决通过了《山东大学校友会第二届理事会换届方案》。大家结合校友工作实际就如何做好地方校友会组织建设、如何为青岛校区建设作贡献、如何开展校友文化活动等主题进行了充分交流。

三、积极推进地方校友会工作

齐鲁大学校友会举行第四次代表会议进行了换届工作，天津校友会和济宁校友会举行了换届大会。甘肃、济南、青岛校友会召开了校友年会。成立了扬州校友会和济南校友会高新产业分会等按区域行业建立的校友会组织，济南医学校友会和青岛药学校友分

会也在积极筹备之中。山大德国校友会成立。山大威海校区也在青岛、菏泽、临沂、泰安、枣庄等地成立了山东大学威海校区校友会。校友办走访了北京、上海、辽宁、吉林、大连、甘肃、贵州、湖南和济南、青岛、烟台、潍坊、枣庄、临沂、菏泽、聊城、东营等地校友会。继续在江苏和浙江两省推进以地市为单位的校友会组织建立。另外对校友企业家俱乐部进行了审计和相关工作，撤销了其在山东省民政厅的社团登记。

四、努力做好校友返校活动

校友办积极配合各有关学院做好校友返校服务协调工作，继续推进校友班级理事制的落实。为返校校友回报母校做好咨询服务。全年有医学64级、医学79级、药学79级、卫生79级、口腔医学79级、哲学80级、中文80级、物理80级、材料80级、药学90级、经济90级、社会学90级、建筑99级、经济00级等70多个班级3000余名校友积极返校开展各种纪念庆祝活动。

五、积极邀请杰出校友回校，校友文化活动丰富多彩

校友办分别邀请了清华大学副校长薛其坤院士和中科院石广生院士出席了2014年本科生和研究生毕业典礼，邀请山东省肿瘤医院院长于金明院士出席2014年新生的开学典礼。代表全体校友发表演讲表示祝贺，激励学生感恩母校，发奋成才。指导大学生服务校友志愿者协会和有关学生社团开展校友寻访活动。各地校友会和学院校友分会也举办了丰富多彩的校友文化活动。青岛校友会举办了梅花桩传统武术推介会和联谊晚会；上海校友会举行了与兄弟高校校友会的足球联赛，成立了上海校友会山音海韵合唱团，并举行了中外爱情歌曲合唱音乐会等演出活动；潍坊胡孟祥校友举行了“彩梦文化在中国”艺术展览；河南马俊欣校友《生命的追问》一书出版并举行了首发式；济南校友会举行了校友论坛讲座；东营校友会举行了迎新春座谈会，经济学院校友分会举办了2014年校友恳谈会。

六、积极培育校友捐赠文化

在今年毕业生中开展了校友意识和捐赠文化的培育。在校友捐赠方面重点突出青岛校区建设项目，推动校园建设、教室、会议室、树木认捐和校友专项基金，筹备发起设立校友救助基金捐赠等项目，设立了青岛校区“小树林”校友基金，井强校友向该基金捐赠了首笔资金，并决定每年定期向母校捐赠，以感激母校的培育之恩。推进“感恩母校　荣我山大”校友年度小额捐赠项目。王晨校友再捐3050万元用于支持学校大学生活动中心建设和设立齐鲁医学奖学基金。薛禹胜校友捐资300万元设立教育基金。河南校友会、张凯、安丰宝、黄承梁、唐齐飞等校友分别向母校山大人书库捐赠图书。许多校友积极捐赠各学院校友基金，为学校建设添砖加瓦。

七、进一步加强校友工作宣传阵地建设

继续做好山大校友网站、校友官方QQ服务平台和校友信息库建设。开设了山东大学校友总会微信。校友工作出版物《天南地北山大人》编辑出版了第14辑、15辑以及电子版校友刊物。

八、积极开展校友工作研讨交流

校友办参加了全国校友工作研究分会常务理事会和第二十一次研讨会议。组织召开了山东高校校友工作联盟 2014 年会议。山大威海校区校友会举行了校友工作研讨会。校友办与来访的美国俄亥俄大学代表团召开座谈会交流了开展校友工作的经验。浙江大学、苏州大学、华北电力学院、邯郸学院、河南师范大学、山东科技大学、聊城大学等十几所高校来我校学习交流校友工作。

（于德宁）

财务管理

2014 年是学校深化综合体制改革、完善制度建设、优化蓝图规划的重要一年。学校财务工作深入贯彻《国家中长期教育改革和发展规划纲要》，紧紧围绕学校各项中心任务，以依法依规理财为基本要求，积极主动推动各项工作，有效支撑和保障了学校各项事业快速、持续、优质地发展。

一、统筹谋划，开源节流，圆满完成 2014 年度财务工作

1. 调整收入结构。在主动申请各级政府拨款与政策支持的同时，积极拓宽筹资渠道，寻找新的收入增长点，各项收入均实现持续增长。2014 年全年共实现收入 44.12 亿元，较 2013 年增长 5.41％。

2. 加大对经费支出的监管力度。适时调整经费支出结构，重点保障学校中心任务与重点学科建设，规范财务管理，完善相关制度，转变管理理念，关注民生，控制运行成本。2014 年学校实际支出 38.02 亿元，占总收入的 86.17％，较 2013 年增加 6.42％。

二、以巡视整改为契机，规范学校财务管理

1. 完成以巡视整改为主的各项检查工作。配合学校完成了以教育部巡视检查和校长离任审计为主的各类检查。检查期间先后抽查各类凭证十余万份，检查结束后还针对工作组提出的意见对问题进行分析，提出相应整改措施；按教育部要求牵头组织了财务管理自查自纠工作和执行八项规定、严肃财经纪律以及“小金库”专项自查自纠工作，提交了相关自查报告，并按照报告对检查出的问题进行整改；完成了财政部票据专项检查工作，对 2008 年前的票据进行了登记造册与清理。

2. 加强制度建设，规范学校财经秩序。以《行政事业单位内部控制规范（试行）》为指导，以巡视整改为契机，以全面推进财务管理为目标，制定出台了以《山东大学关于进一步加强财经工作的意见》为主的十余项制度。这其中既有总体性的要求，又有具体的操作措施；既有对人的要求，又有对财、物的规定。通过这些制度，切实完善了校内财务管理体制和运行机制，明确了违反规定的追责程序，实现了校内财经规章制度系统化，经济行为制度化的全覆盖。

3. 梳理风险管理理念，建立财务分析制度。为使学校领导能够及时掌握学校经济

运行状况，建立了季度财务分析报告制度。报告将评价学校整体财务状况作为分析的主要内容，并定期参照其他同类高校的财务状况撰写对比分析报告，为学校决策提供了参考，切实提高了学校财务管理水平。通过努力，我校在教育部 2013 年直属高校财务管理状况评价中取得了第六名的好成绩。

4. 加大内部稽核力度。有针对性地开展了一系列专项稽核工作，跟踪检查各项制度，尤其是新出台制度贯彻执行与落实情况，起到了扶正纠偏的作用。

三、推进主动预算管理，提升预算管理的规范化

紧紧围绕学校事业发展，结合学校财力，按照精细、科学、绩效管理的要求，合理编制预算，加强预算执行，推动预算分配改革，初步建立起“预算编制有目标，预算执行有监控，预算完成有评价，评价结果有应用”的预算全过程管理。

1. 主动参与学校事业计划编制工作。提前启动年度预算编制工作，将预算安排与切实可行的事业计划相结合，实现了财务管理的关口前移，提高预算的可执行性。

2. 推进预算管理改革，增强管理主动性。实施校内预算实行分级管理，学校负责全校的预算管理工作，二级预算单位负责本级预算管理工作。二级预算单位年度预算，各自平衡。改变校内预算编制方式，启动中期财政规划，编制三年滚动预算，以促进校内预算的执行，提高预算支出的约束力。

3. 取消机关、职能部门管理费。将相关的专项业务经费和对外公务接待费，纳入预算安排；将机关处室运行经费实行定额拨款改革，通过定额加专项的方式核定经费预算。规范资产配置，结合资产存量，加强资产配置的必要性、经济性论证，规范资产设备配置标准；提前布置校内预算，及时同职能部门之间沟通、协调、商谈预算，确保预算安排必要性、可执行性、效益性。

4. 严格预算调整程序，建立项目余额回收机制。严格预算调整与追加程序，凡涉及学校预算调整或追加的事项，必须严格履行预算调整或追加程序，追加金额原则上不得超过当年学校可控财力收入的 2%。强调年度预算为年度可执行预算的要求，既建立长期项目的滚动预算机制，同时建立项目余额回收机制，在预算年度终了前对预算项目进行分类分析和清理，年终余额原则上一律收回学校。

5. 加强绩效管理，建立绩效约束机制。推行预算绩效管理，尝试开展绩效评价工作，将预算安排与预算执行效益结合，一方面对预算编制、执行和结果实施全面的追踪问效、问责，另一方面将绩效考评结果作为以后年度安排预算的重要依据，有效地提升了资金使用效益。

四、加强专项资金管理，完善绩效考核机制

1. 提前介入专项的立项工作，提高专项的可操作性。财务部门积极参与项目可行性论证和立项管理，建立与校内其他职能部门的联动机制，加强中央项目立项评估和项目库管理，细化项目预算。对重大专项和专业性较强的项目委托专业机构或专家进行独立评价，以确保项目论证的客观、充分；对评估过的项目全部纳入项目库管理，在根据需要滚动实施的同时，确保了项目的可行性性。

2. 将管理端口前移，提前启动中央财政专项项目论证。发挥财务部门在预算编制和经费分配工作中的作用，提高立项科学性、合理性，确保预算切实可行、经费及时到位。提前启动专项资金分配，统筹谋划全校所有专项，强调专项资金的分配和使用要与学校事业发展相结合，避免专项资金的重复支持，提高了专项资金的使用效益，为来年中央财政专项预算执行奠定了基础。

3. 加强对项目的过程管理和支出环节控制，提高中央专项资金的预算执行力。一是通过季度财务分析定期汇报中央专项预算执行进度，促使学校领导层高度重视预算执行工作，保证校领导能够及时掌握学校中央专项的预算执行情况。二是建立预算执行通报制度，按月向职能部门和项目负责人通报中央专项预算进度，督促项目负责人加快预算执行。三是通过召集座谈会或单独约谈等方式督促执行不好的项目加快执行，切实盘活各类闲置和沉淀资金。

4. 重视专项资金的使用效益。引入绩效考评机制，对各类专项使用效益进行考核，对后勤运行支出控制实施绩效考核，形成“花钱必问效，无效必问责”机制。

五、继续加强科研经费管理，规范科研经费使用

1. 认真落实国务院《关于改进加强中央财政科研项目和资金管理的若干意见》（国发［2014］11号）等文件精神。出台了以《山东大学科研经费管理办法》为代表的一系列专门用于科研经费管理的制度，形成了具有学校特色的科研经费管理体系。

2. 加强对科研经费的全过程管理。配合科研管理部门做好科研项目的立项管理工作，纯化科研项目；加强对科研项目的预算编制指导，通过完善预算控制模板，设定支出限额等方式对预算执行进行控制；加大科研项目结题结账工作力度，实现了科研经费的结题、结账管理的常态化。

3. 落实二级单位监管责任，建立二级单位报销初审机制。将单笔5万元以上的重大业务以及科研经费外协、劳务费支出交由学院负责人审核，堵塞了利益输送漏洞。

4. 加大科研经费管理培训力度。通过在网站开辟专栏、印发制度汇编、举办有针对性的专项培训等措施，提升了科研人员理解和把握政策制度的能力和对科研经费公款属性的认识。

六、注重效益、节约资源的财务运行机制日益完善

1. 严格落实中央“八项规定”和《党政机关厉行节约反对浪费条例》。严格控制公务接待与因公出国经费预算与支出审核，并对各单位公务接待支出情况进行公示；按要求重新修订了学校的差旅费管理办法，出台了会议费管理办法，用制度来约束行为；大力推进公车改革工作，配合资产与实验室管理部完成了公车的封存与拍卖工作。通过这一系列努力，学校“三公经费”和会议费支出大幅降低。

2. 树立成本意识。遵循“谁受益，谁分担”的原则，正确界定学校与产业、附属医院等独立核算单位的财务关系，学校内部逐步建立起办学成本核算体系，建立共同建设、成本分担机制，合理界定校院两级财务的支出内容。

3. 创建资源节约型校园，加强对水电暖等能源支出的定额管理。各类能源支出按

类别与用途安排预算，并对其进行分担，体现了“谁使用，谁付费”的原则。通过切实可行的管理措施，一方面减轻学校的负担，另一方面促使各单位、各部门厉行节约。

4. 开展主动的资金管理，盘活学校闲置资金。根据学校资金状况，分析资金周转规律，将部分活期存款置换为定期存款，提高了学校利息收入。2014 年，为学校增加利息收入 400 多万元。

七、扎实做好会计核算与会计服务工作

1. 顺利完成了新旧会计制度转换工作。学校按照新《高等学校财务制度》和《高等学校会计制度》要求，通过升级财务管理系统、新旧科目体系转换、增加资金来源核算维度等方式完成了新旧制度的转换。其中，会计科目设置按照新制度要求，层级清晰，便于日常核算；来源维度设置包含资金性质、经费类型、支出功能分类、支付方式使用等多方面信息，满足了核算与报表要求；项目设置包含经费类型、管理、使用部门等信息。

2. 加强经费支出审核力度，确保各类开支依法依规。严格经费支出审核工作，遵循“公私分明，尺度统一，风险警示，实事求是”的原则开展会计核算工作。制定了“三公两费”具体报销办法与控制程序，压缩“三公消费”。

3. 实时监控银行账户资金，合理调配资金。建立现金日报制度，加强对现金使用合理性的审核，加大对现金流的监控力度，日现金使用量由过去的近 300 万元减少到不足 30 万元。通过网银系统对账户资金进行实时监控，掌握银行资金动态，核对大额支出，关注资金余额。定期向校部领导提供银行余额情况，严格执行资金调户审批手续，合理调配资金，保证了学校各项资金的安全。

4. 加大暂付款清理力度，以负责的态度解决历史遗留问题。经过本年度两次集中清理，共核销各类暂付款 23506 万元，其中 2013 年以前的暂付款由 643 笔减少到现在的 77 笔，笔数减少 566 笔，金额减少 6116 万元。初步解决了附属医院代购设备等历史遗留问题，对一些陈年旧账理清了头绪，收集了基础材料，对核销暂付款做了重要准备工作。

5. 继续推进不等候报账工作，优化无现金报账流程。对预约系统作了进一步完善，提高了预约系统的易用性；推动对公网银支付、转卡支付系统的应用，缩短了资金结算时间，提高了工作效率，排队拥堵状况得到明显改善；改进报账大厅现场管理，为满足老师要求，设置了报销现金窗口、支票窗口、薪酬发放窗口、入账窗口、外汇窗口、现场叫号窗口等，改善了报账环境。

6. 积极搭建收费平台，提高服务能力。积极协调银行及相关部门，搭建网络收费平台，加大了学生缴费工作的管理力度，建立了学生收费管理的联动机制，尤其是与本科生院、研究生院之间联动机制的形成，为学生缴费管理打下了坚实的基础。开通网上学生缴费信息查询平台，使学生收费管理上升一个新台阶；启用学生资助发放系统，规范了学生资助的发放与管理工作，提高了管理与服务的效率。

7. 做好财务信息公开工作，切实提高师生群众知情权。根据教育部关于高等学校财务信息公开工作的要求，制定了山东大学财务信息公开实施细则；在学校网站开辟专

栏，主动公开财务制度、收费政策、办事指南、预决算数据等信息；通过学校教代会和其他工作会议，公开财务预算执行情况、预算编制与调整方案，尤其是公开了学校各单位“三公经费”使用情况。对于依申请公开项目，经学校信息公开办公室认真研究，在规定期限内予以答复。

八、继续扎实推进学校招标采购工作

学校招标采购工作在教育部统一要求下，不断完善招标采购管理制度，规范招标采购操作流程，努力提高工作质量，圆满完成了各项招标采购工作任务。2014 年，共完成采购项目 374 项，采购预算为 90369.21 万元，实际采购金额 74961.22 万元，节约资金 15407.99 万元，资金节约率为 17.5％。

1. 创新工作方式，开展纸张、耗材等办公用品和机票的定点采购招标工作。经过一年努力，相关政策得到了学校师生的理解与支持，各项服务类采购工作执行情况良好，为今后学校扩展服务类采购范围积累了宝贵的经验。

2. 全过程参与校园物业管理招标，为优化招标管理工作打下了良好的基础。一是参与编制物业需求量清单，形成了物业招标标底，并据此作为预算的依据；二是根据调查资料并研究分析，出具了物业考察报告，就当前物业的一些问题进行了剖析，并提出了部分解决方案；三是分析物业费用组成，得出人工费用占据物业总费用 75％左右的结论，提出缩减岗位减少用人数量节约物业费用的目标。经过努力，三年期物业费有上期招标价 93027000.02 元缩减至 78733902.78 元，节省支出约 1400 余万元。

3. 出台《青岛校区建设指挥部和学校招投标管理部门联席会议制度》和《山东大学青岛校区建设指挥部基建工程招标前期工作规范》。理顺了济南校区与青岛校区招标工作的关系，明确了各自的权利与义务，规范了招标管理部门和建设指挥部必须沟通的事项，消除了因沟通原因带来招投标工作的隐患。

九、加强财会队伍建设，提高财务人员的素质与能力

1. 认真落实《教育部关于加强直属高校直属单位财务队伍建设的意见》精神，结合学校实际，多举措提升财务队伍素质，有效地保障了学校事业发展的需要。

2. 遵循“人尽其才，人岗相适”的原则科学合理配备会计人员。通过事业编制和非事业编制的“双轨制”的形式建立了学校财务管理和会计服务两支骨干队伍；改革会计系列职称管理模式，通过评聘分离的方式评审高级会计师，促进了会计职称结构的优化；注重加强对二级单位财务的监管和指导，将在二级单位设置的“财务专管员”作为对财务队伍的补充，实现了部门财务与学校财务的对接。

3. 注重业务学习，努力打造成为“学习型、研究型”的团队。建立定期学习制度，通过专题讲座、科室间业务研讨、派出骨干参加培训等形式切实提高业务技能。鼓励开展业务研究，积极参与会计学会组织的科研立项活动，并先后有四人成为山东省高端会计人才。强化财会人员全局意识、责任意识、服务意识，切实提高职业道德水平。

（刘洪渭　李　俊）

资产与实验室管理

2014年，资产与实验室管理部紧紧围绕学校中心工作和创建世界一流大学的办学目标，努力推进学校资产的分类管理和全过程管理，不断提升学校教学科研技术服务能力和条件保障水平。

一、加强学校实验教学平台的内涵建设

医学虚拟仿真实验教学中心获批国家级医学虚拟仿真实验教学中心，管理学科虚拟仿真实验教学中心目前已通过教育部网上评审。2014年，投入教学实验室建设经费1632万元，申报2015年"改善基本办学条件专项资金"8440万元，其中"本科教学实验室建设项目"1600万元。实验室软件项目建设立项50项，验收80项，引导教师和实验技术人员利用现有条件开发创新性实验项目、实验教学课件及自制实验教学仪器等。进一步推动实验室开放，为实验教学提供条件保障。

二、推动大型仪器设备公共技术平台建设

公共技术平台大型仪器设备管理系统已纳入4个校级平台和6个院级平台，共计入网设备68台，其中40万元以上设备41台，较去年增长2.24倍。系统共服务课题组265个，较去年增长了1.5倍；测试用户959位，较去年增长1.18倍。显微表征平台仪器使用2014年总机时为5898小时，呈现稳步增加的趋势。同时，完成了新增仪器的购置论证、招标采购和启用推广工作。

三、规范服务功能平台建设

切实加强服务保障平台建设，2014年设备购置计划管理3541份，9000件，价值1.65亿元。仪器设备采购招议标156次，1.3亿元。签订合同245份。召开设备论证、验收会共40余次。办理海关免税507台（套）191单。附属医院免税工作90台（件）9000万元。截至11月底全校设备入账8610台，价值1.63亿元。低值设备入账4628台（件），总额276.1万元。家具入账9116万件，金额698.1万元。共完成各项统计报表30项。贵重仪器设备使用效益评价1355台。全年报废设备招标24次，设备2643台件，原值2437万元，收回残值超过130万元。调剂闲置设备210台（件），涉及26个单位。教学设备维修服务1200台次，支出68万元。开展大型仪器维修42台次，维修

支出 52 万元。完成报废鉴定 2800 台（件）。环境改造招议标总额为 302 万元，申报总额为 354 万元，节资率为 14.6%。2014 年执行材料购置申请 161 份，价值 700 余万元；完成易制毒化学品采购 129 批次。建立集中定点采购模式，对公务差旅机票和办公耗材进行集中定点采购。切实做好实验室技术安全管理工作。

四、制订校办企业发展规划，做好顶层设计

推进建立以管理资本为主的企业国有资产管理体制，制订了《山东大学关于将经营性资产划转资产经营公司管理工作方案》，进一步理顺校办企业管理体制；依法管理校办企业，制订了《山东大学派出企业董事、监事管理办法（暂行）》《山东大学派出企业财务总监管理办法（暂行）》，统一组织校办企业财务年终决算审计工作。加大校办企业清理、改制工作力度，制订了《山东大学关于全民所有制企业、集体所有制企业清理及改制工作方案》；厘清了校办企业产权关系，完成了 40 家校办企业产权登记工作，梳理和查找校办企业成立及产权变动存在的问题，提出整改方案，维护所有者权益。

五、推进公房管理体制改革，创新公寓管理模式

落实公房管理办法，推动建立校院两级公房管理体制。对各单位办学用房定额配置、效益考核相关的人员、学生、科研成果等数据进行了初步核实。对各单位办学用房效益考核进行了初步模拟测算。本年度组织实施房屋调整，共调整房源 5479 平方米。全面推行经营性用房合同管理，实现经营性用房资源占用费收入 200 万元。申请国家专项重点文物建筑保护基金 2677 万元。规范土地证使用管理，坚持土地巡察工作，维护土地安全与完整。完成了《趵突泉校区近现代建筑群落文化资源调查与宣传》项目。

基本完成兴隆山校区专家公寓启用前的各项准备工作。在环东家园建设宾馆式房间 5 套，方便了专家短期居住，提高了房屋使用效率。全年收取公寓租金 230 万元，安装了监控系统，升级换代了消防报警系统，加大了对物业公司的监管力度，提高了物业服务质量，优化了专家生活环境。

六、规范产权管理，推进资产管理信息化

规范资产管理，完善和健全资产管理规章制度，初步形成了《资产制度汇编》《工作流程汇编》。推进学校公务用车改革，对学校部分车辆进行了公开拍卖、增资、报废等处置工作。完成了我校 8 家事业、37 家校办企业产权登记的审核上报工作。规范了资产处置程序，探索总结出了我校资产处置工作的规范操作流程并已实施。

进一步推进资产管理信息化工作。推进仪器设备全面管理信息化，完成了仪器设备计划购置管理系统的设计与开发。完善和升级了设备管理和维修管理信息系统。推进教学实验室信息化建设。兴隆山校区综合实验楼实现门禁、监控系统以及实验项目预约等信息化管理。完成公房管理信息系统框架设计。将历年形成的 30 余册、近 2000 份公房档案扫描为电子档案。目前公房管理信息系统已基本具备上线测试条件。

（马　宁）

审计工作

2014年，审计处以“三个服务”为指导，围绕中心，服务大局，拓展审计领域，创新工作机制，以“强管理、防风险、促发展”为目标，在“深化，规范，提高”上下功夫，积极发挥内部审计的保障作用，在新常态下实现了审计工作的新发展。2014年共完成各类审计项目939个，审计资金共计17.04亿元。发现账务处理不当等问题资金635.74万元，损失浪费资金19.1万元，违纪违规资金49.51万元，提出审计建议61条。

一、全面开展科研经费审计

作为巡视整改的一项重要措施，以规范科研经费管理与使用、落实管理责任为重点，全面开展了纵向科研经费审计和横向科研合同审计调查工作。

召开科研经费审计联席会议，研究确定纵向科研项目管理使用审计和横向科研合同审计调查的实施方案，并做出周密部署安排。成立四个审计组，利用近两个月的时间，完成了269个国家自然科学基金、省自然科学基金和其他纵向科研项目的审计，审计金额9910万元；对2011年立项的80万元以上的横向科研项目47项、合同金额1.24亿元的合同进行审计调查。审计项目涉及33个院、所、中心，覆盖面约为当年该类项目的30%。同时，实施对各类科研资金结题项目的审签工作625项，审签资金1.41亿元。

针对审计发现的问题提出建议，加强问题的整改落实，促进科研人员合规使用经费，防范廉政风险，提高科研经费使用效益。审计结束后，学校科研经费审计联席会和校长办公会专门通报审计结果，针对问题提出处理意见，对下一步科研经费管理提出明确要求。

二、配合教育部审计组开展工作

2014年4月18日至5月27日，教育部审计组开展对徐显明校长离任经济责任审计工作。按照“统一领导，分工负责”的原则，审计处作为总牵头部门，做好组织协调、沟通联络、现场配合、督促落实、保障服务、意见沟通反馈等工作。一是建立联络员制度，各部门积极配合，形成有序的工作网络，建立了顺畅的沟通协调机制；二是全力做好服务保障工作，由于人员配备到位，保障服务到位，沟通交流到位，保障了审计顺利实施，圆满完成了工作任务。

三、探索审计工作转型与发展

关注形势发展和学校工作重点，加强对二级单位的审计监督，对经济活动频繁、资金流量大的重点单位开展了财务审计工作，注重发挥审计的“体检诊断”功能，及时发现和揭示学校经济活动中存在的风险隐患，从政策、制度、机制和管理等方面进行综合分析，提出行之有效的意见和建议，实现以财务审计和风险、管理审计并重的内部审计转型与发展。

2014 年，校本部主要开展了 3 项对二级单位的财务审计，出具 3 份审计报告。其中：受学校国资委的委托，对威海国际学术中心改变经营管理模式之后的经营状况进行了审计，审计金额 2792 万元，为领导决策提供依据。配合学校纪检部门对一些举报事项开展审计工作，发挥纪检审的监督合力。一是对山东大学校友企业家俱乐部 2011 年以来的财务收支情况进行了审计，针对审计发现的 7 个方面的问题逐项提出建议，并配合纪检部门对问题进行核查落实；二是对继续（网络）教育学院 2008 年以来的财务收支情况进行审计，审计金额 7.58 亿元，该项审计时间跨度长、资金规模大、经济业务繁杂，审计处指派经验丰富的审计人员加班加点完成了任务。

四、继续加大“跟踪审计”工作力度

一是在前期加强控制，把好招标文件和招标控制价的审核关，合理控制招标控制价；二是在工程实施过程中加强控制，在招标、合同审核、设计变更、现场签证、隐蔽工程、竣工结算等各环节严格审核把关；三是监督检查跟踪审计人员工作，加强对造价咨询单位的工作质量考核。工程审计人员深入现场，掌握第一手资料，及时发现、纠正建设环节中出现的问题，大胆提出意见和建议。在保证济南校区基建、修缮工程审计的同时，积极支持青岛校区建设，及时充实审计力量，长驻建设现场，全过程跟踪审计。济南校区完成工程审计 649 项，审计额 4.93 亿元，审减额 5700 万元；青岛校区完成 7 项，审计额 2053 万元，审减额 350 万元。

五、加强制度建设

2014 年 11 月，出台了《科研经费审计联席会议制度》（山大审字［2014］3 号），完善了科研经费审计办法，形成部门合力，落实管理责任，建立科研经费监管长效机制；2014 年 11 月出台了《山东大学干部经济责任审计结果运用管理暂行办法》（山大字［2014］15 号），明确各部门职责，将经济责任审计结果作为对干部管理的参考依据，强化问题整改落实和责任追究，进一步加强干部监督管理，推进党风廉政建设。

六、队伍建设常抓不懈

采取多种形式，努力建设一支具有较高政治素质和业务素质、作风过硬的审计队伍。组织审计人员参加各级部门组织的教育培训和交流业务，鼓励审计人员参加社会执业资格考试；在审计处内开展业务培训和研讨，每个人轮流讲课，既是老师又是学生，从不同角度对审计工作建言献策。

2014 年 3 月，为配合青岛校区建设需要，校内招聘展有杰从事青岛校区工程审计工作；2014 年 7 月社会公开招聘应届毕业生刘晓晨，进一步充实审计队伍，努力实现审计队伍年轻化、专业化。

七、圆满完成其他工作任务

在资金管理、招标工作、各项检查中积极发挥审计作用。继续做好审计课题研究审核银行对账单、余额调节表 381 份，金额 170.68 亿元；参与学校基建、维修工程、货物、服务招标工作 200 多次；积极参与配合财务管理、国有资产管理等各项检查工作；对工作中形成的审计档案进行整理移交，2014 年归档的案卷质量合格率达 100％。

2014 年，审计处人员参与的一项省级课题结题，在 CSSCI 发表论文两篇；王玉莲、范晔被评为“山东省内部审计工作先进个人”；王善举被评为“山东省教育审计先进个人”；范晔参与了《教育审计》杂志“我与教育审计”主题征文活动并获二等奖。

（王善举　王玉莲）

图书馆工作

一、党政工作

1. 加强党建工作。根据学校党委组织部要求，结合图书馆业务实际，对基层党支部进行了调整，在原有文理分馆、政法分馆、医学分馆、工学分馆、兴隆山分馆、软件园分馆、文献技术七个党支部基础上，增加了总馆办公室和信息咨询中心两个党支部；积极培养和发展党员，2014 年发展预备党员 1 人，转正预备党员 1 人；使用“校园一卡通”系统，由党员个人主动向党组织缴纳党费。

2. 积极开展群众路线教育实践活动和党风廉政建设。围绕“树立群众观点，改进工作作风，解决突出问题，建立长效机制”活动部署，紧密结合业务工作，认真听取党内外群众意见和建议，切实解决职工关心的问题，亲民、务实、勤政；通过召开专题民主生活会，认真进行自我剖析，聚焦“四风”突出问题边查边改，相继完成了“学习教育，听取意见”，“查摆问题，开展批评”和“整改落实、建章立制”等各阶段的任务，取得了实实在在的成效，实现了学习教育与业务工作两促进的目标。

3. 三项基层党组织活动方案立项申请获得学校党委组织部批准。分别是总馆办公室党支部的“山东大学图书馆馆史探寻”，文理分馆党支部的“建立全方位、开放性、一站式服务模式提升文献信息服务水平”，医学分馆党支部的“文明与书香相伴　修养与梦想齐飞”。

4. 进行了党委改选。2014 年 12 月 27 日，召开了中共山东大学图书馆党员大会，选举产生了由刘相金等 9 名委员组成的新一届图书馆党委，刘相金同志于 2012 年 6 月 4 日由学校党委任命为图书馆党委书记，在本次党员大会上正式当选。

4. 召开了图书馆第一届教职工代表大会第一次会议暨工会会员代表大会。听取并审议了图书馆工作报告、提案工作报告和规章制度编纂和修订情况说明的报告，通过了大会决议，选出了由孙姝等 7 人组成的新一届图书馆基层工会委员会，汲言斌当选基层工会主席。本次教代会有效地发挥了全馆职工参与民主管理的积极性，有力地推动了图书馆各项工作的顺利开展。

5. 联合校学工部、研工部、团委三部门成功举办了第一届图书馆文化节，该活动荣获中共山东省委高校工委颁发的“全省高校校园文件建设活动类优秀成果一等奖”；制作了图书馆宣传片《知识的海洋》。

6. 编纂完成了2014年版《山东大学图书馆规章制度》。

7. 建立了业务学习制度。每周三下午组织馆员进行业务培训和交流。

8. 实行全物业管理模式。积极参与学校的物业招标工作，制定了符合图书馆实际的物业招标细则，明确了物业公司的职责；修订完善了《物业监督管理办法》，细化了人员进出管控、馆舍安全、卫生清洁和维修等监管内容，增加了监管考评措施，确保物业公司高标准地完成工作任务。

9. 认真做好离退休老干部工作。组织了老馆员“回家看看”的活动，参观兴隆山新馆，亲身感受图书馆现代化建设的成就。

二、读者服务工作

秉承“读者第一，服务至上”理念，不断开拓创新各项读者服务工作。

1. 借阅服务水平。继续推行大流通服务模式。借鉴洪家楼校区分馆实行大流通服务模式的成功经验，相继对趵突泉校区分馆、中心校区分馆、软件园校区分馆进行了馆舍改造和布局调整，实现了大流通服务模式，优化了环境，增加阅览座位1000多个，开放时间延长至98小时/周，缓解了三个分馆人员不足的问题；2014年度借书543087册；开辟了新生专栏；安装了借阅一体机、电子显示屏、座位管理系统等先进设备；电子阅览室免费开放。

2. 信息咨询工作。继续开展查新、查收查引和文献传递等工作。2014年完成科技查新报告132项、收录引证报告3000余个、馆际互借图书131册、文献传递3000件。完成咨询业务27688件，包括QQ在线咨询7082件、电子邮件咨询3848件、电话咨询11910件、读者到馆咨询2736件、微博819件，其他907件等。开通了山东大学图书馆微信公众平台，推送信息200多条。

3. 学科和专题服务。不断加强学科服务和专题服务等深层次服务。2014年，为中心校区22个院系的副教授以上人员推送专业电子资源服务邮件510份；为10个学院开展专题讲座；为我校硕博士研究生开题查新，相关信息推送至全校各学院负责研究生工作副院长及教学秘书，以及已经获得邮箱信息的教授；探索了科研课题嵌入式信息服务模式，为信息学院科研课题组2个研究方向提供文献资源资讯。

4. 数据资源建设尝试开拓。为更好地教学科研提供便捷服务，继续完善资源整合工作，完成了Summon一站式检索平台的后台数据梳理与配置；搜集并梳理Web of Science和Ei Village数据库源刊中OA（Open Access）资源，从多角度揭示数据和资源，以便我校师生查找和利用。

5. 读者教育与培训。继续开设文检课教学。根据2014年学校任选课教学计划调整方案，本科素质教育通选课由32课时全部调整为不超过16课时，信息中心及时调整教学大纲、制定新的教学计划，确保课程效果。本年度为本科生开课30门，共计850课时，受众3292人；为研究生开课288课时，受众216人。

继续开展培训讲座。本年度新增春季讲座，全年举办讲座共计49场，受众4000余人。

开辟了网络教育导航：读者信息素养栏目。

三、资源建设与管理

1. 资源采访与编目。2014 年度，文献购置经费支出 2295 万元，完成全年经费支出计划。采购图书 13 万多册，新增中文数据库 1 个。其中，根据专家荐书购置重点大型文献有《元史研究资料汇编》《密勒氏评论报》《南京大学图书馆藏稀见方志丛刊》《普林斯顿大学东亚图书馆藏永乐大典》《清代军机处随手登记档》《中医地方志集成》等；接收大型文献捐赠《子海》《中华再造善本二期》《湖湘文库》《山东通志》《济南“五三”惨案史料汇编》等 2888 册，彰显“文史见长”馆藏特色。

教育部文科专款采购：CASHL 协调经费 457 种，459 册；CASHL 自主经费 478 种，494 册。

完成院系“985”项目经费验收：图书 4351 册，期刊 5782 册，报纸 35 份，数据服务费 1 项，信息服务费 1 项，光盘 1 套，图书加工费 1 项。

2. 编目与加工。完成图书编目 134590 册；回溯建库 10 万余册，整理过刊 marc 数据近千条；接送通借通还图书 72840 册。

3. 古籍管理与保护。进一步加强古籍管理和资源利用。对古籍数字化过程中的部分古籍进行了评估和论证；申报的 124 部古籍入选山东省第三批珍贵古籍名录；完成了古籍图书数据与汇文主库的合并。

四、技术保障

加强软硬件系统及网络基础环境建设，做好汇文、金盘、一卡通、电子资源校外访问、学位论文、图书馆网站门户等应用系统的日常运行、维护和管理工作，确保各项业务的正常运行，配合全馆大流通改造，完成了汇文系统配置、规则设置，参与制定强、弱电方案规划、配备相关设备、设施；完成了 CADAL-CASHL 技术支持服务工作；开通了 CALIS-CARSI 校外访问系统，山大师生可以在校外直接使用此系统访问 Thomson Reuters，IEEE，英国皇家化学学会（RSC），Nature 等四个数据库。

五、CALIS 省中心和 CASHL 学科中心工作

作为 CALIS 省中心，继续做好 CALIS 业务在山东省成员馆中的宣传、推广和培训。完成了聊城大学、山东建筑大学、山东科技大学、青岛职业技术学院、山东青年政治学院等院校联合认证系统的参数配置、测试工作；做好各校联合认证接口开发、馆际互借和虚拟咨询系统培训、咨询和服务推广工作。

作为 CASHL 学科中心，积极为全国高校提供馆际互借与文献传递服务，2014 年获 CASHL 管理中心颁布的“CASHL 优质服务三等奖”。

六、合作与交流

接待了俄亥俄大学和中国海洋大学等图书馆同仁的来访，促进了山大图书馆与国内外图书馆界的交流与合作。

（蒋秀丽　李剑峰）

档案、校史工作

2014年，档案馆、校史办在校党委、校行政的领导下，围绕学校中心工作，圆满完成了各项任务。

一、加强班子建设，积极开展党的群众路线教育实践活动

通过活动，建立健全一批工作制度，尤其一些馆内管理制度，如馆内议事制度、考勤制度、财务制度等。通过制度的落实，做到了重大事情馆长、主任办公会讨论决定；严格工作纪律；财务收支两条线等，保障了决策民主化、科学化的实现和干部队伍勤政廉洁，各项工作上了新台阶。同时，通过活动的开展，解决了一些馆内遗留问题。完成内部机构、人员微调工作，加强充实了业务指导部和信息技术部。

二、加强了档案资源建设工作

2014年，继续加大档案资源建设工作的力度。通过深入各部门调查研究，协调工作、开展多种形式的业务培训等手段，解决一批遗留档案的归档入库工作。2014年，较为圆满地完成了2013年度档案归档工作。全年共收集归档1.5万余卷，整理校史资料162卷，收集照片8660余张、光盘123张，接收印章146枚及其他实物档案。

三、突出服务意识，方便档案检索利用

以为教学、科研、管理服务为目标，积极热情对待来馆阅档的师生、校友，及时、准确地完成日常档案借阅、出具档案证明等任务。利用暑假期间，承担了学校基建资产清查及威海分校、院系院史资料查阅等专项查档任务。对档案借阅室进行了改造，更换了借阅桌椅，改善了借阅环境。2014年，累计接待4400余人次，调卷12000余卷次，出具档案证明10000余份。

四、启动数字档案馆二期建设

与学校信息化办公室共同启动数字档案馆二期建设。二期建设的重点是进一步完善《山东大学档案管理系统》，启动馆藏档案数字化工作。2014年，起草完成《山东大学数字档案馆建设规划》，提出资金到位后，可用5～6年时间完成馆藏档案的数字化工作；完成与教务系统、社科系统数据对接及导入；启动与OA系统的数据对接工作。

五、维护、完善现有档案管理系统的运行

2014 年，《山东大学档案管理系统》正常运行，接受当年归档的全部档案案卷级、文件级数字信息；《山东大学校报发布系统》依申请对外开放，报纸查阅全部网上完成，保护了报纸原件；2014 年校报数据的导入任务顺利完成。

六、配合学校中心工作，投身校园文化建设工作

2014 年 3 月，编辑制作了电视片《饶宗颐与山东大学》；2014 年 6 月，编辑制作了电视片《衣林氏家族与山东大学》；2014 年 9 月，配合学校做好政协主席俞正声的接待和服务工作；2014 年 10 月，完成臧克家《友情与墨香》编辑出版工作及学校“臧克家日”纪念活动等工作。

以上工作，丰富了校园文化生活，收到良好的效果和师生的一致好评。

七、参与学校重大活动，承担“登州文会馆 150 周年纪念活动”重要任务

2014 年，是登州文会馆建馆 150 周年纪念，是学校中心工作之一。针对这一课题，档案馆提前准备，主动积极参与，积累、调研了大量资料。先后主办“中国现代高等教育之源——登州文会馆 150 周年纪念”学术研讨会、纪念登州文会馆 150 周年教职工书画展、纪念登州文会馆 150 周年图片展，制作推出登州文会馆专题片《登州文会馆——中国现代第一所大学》，在校内外形成极大影响。通过开展纪念登州文会馆创办 150 周年系列活动，初步形成以下共识：登州文会馆在办学体制、课程设置等方面引领了中国现代高等教育的发展，对中国现代高等教育发展作出了巨大贡献；登州文会馆是中国宝贵的历史文化教育资源，发掘和传承登州文会馆的文化精髓，对于推动当代高等教育发展和世界一流大学建设具有重要意义；山东大学是登州文会馆主要传承者，是中国现代高等教育起源性大学。

八、年鉴编写及史料收集

完成 2013 年度的《山东大学年鉴》的编辑出版工作；完成《山大史话》的编辑工作；指导马克思主义学院、外国语学院院史编写及资料查阅审定工作。

九、完成校史馆开放维护工作

2014 年，校史馆依约开放，成为学校接待来访、新生入学、中学生开放日活动、校友返校的重点参观机构。全年共接待 2 万余人次参观学习，成为学校文化建设的窗口。2014 年，完成校史馆维护及维修工作。

十、深入院系、其他院校，开展了广泛的调研工作

档案馆重视调研工作的开展，将其作为落实“八项规定”、反对“四风”的重要举措，每次调研均有明确的主题。2014 年，调研主题紧紧围绕“卷改件”的立卷改革和数字档案馆建设等，先后对省内高校、江浙等地区高校开展了多种形式的调查研究。至

年底，初步形成了“卷改件”的立卷改革方案，完成了《山东大学数字档案馆建设规划》的制定。

十一、严格库房管理，保障档案安全

及时进行库房消杀工作，做到库房“五防”；开展消防知识讲座一次；在库房严重紧张的条件下，挖潜新增档案橱柜51组。

十二、促进全省高校档案工作开展

2014年5月，山东省高校档案管理专委会成立，刘培平馆长担任专委会第一届理事长。作为山东省高校档案专业委员会理事长单位，承担全省高校档案工作的组织、引导工作。

（楼蔚文）

博物馆工作

2014 年，博物馆在学校党委和行政领导下，完成了各项任务。主要工作如下：

1. “大辛庄遗址出土青铜器保护修复项目”和“山东大学博物馆馆藏陶器保护修复项目”获得国家重点文物保护专项补助资金。山东大学是唯一通过国家文物局审批获得可移动文物保护专项资金的高校单位，这也是我校博物馆首次从校外争取资金用于博物馆文物保护修复。

2. 我馆举行了第三届山东大学博物馆讲解员大赛。同时参加了山东省第六届（金牌）讲解员大赛并获得三等奖。

3. 2014 年 5 月博物馆在全国高校博物馆育人联盟举行的活动中，《山东大学博物馆青年文博人协会项目》获得二等奖。在育人联盟标志征集活动中，获得三个优秀奖。

4. 2014 年 5 月博物馆成为第七批省级社会科学普及教育基地。中共山东大学党委书记李守信与中共山东省委宣传部副部长刘致福共同为我馆揭牌。

5. 我馆文物参加山东博物馆举办的“玉润东方——大汶口－龙山·良渚玉器文化展”。

6. 为加强博物馆的管理和业务水平，李慧竹副馆长参加了全省的馆长培训班，同时保管部研究人员赴上海科技馆参加标本养护国际培训班。

7. 博物馆完成了馆藏部分陶器的保护和修复工作。

8. 2014 年，博物馆共接待国内外观众达 9530 人次。

（沙晓红）

基本建设

2014 年，在学校党委和行政的领导下，在学校各相关部门的支持下，基建直属党支部、基建部认真学习贯彻党的十八大精神和十八届三中、四中全会精神，紧密结合学校改革发展和基建部工作实际，以巩固群众路线教育实践活动成果和教育部巡视整改为工作重点，深化改革、锐意进取、勇于担当，努力做好学校基本建设工作，圆满完成了各项任务。

一、加强理论学习，抓好廉政教育和制度建设，为基建工作的高效、安全运行提供保障

（一）按照学校党委的部署，组织全部职工的政治理论学习

全年先后组织了对习近平教师节重要讲话精神、系列讲话精神、十八届四中全会精神及基本建设法律法规和管理办法的专题学习，增强了大家对党的路线、方针、政策和学校党委重大决策部署的理解，提高了认识，统一了思想，坚定了走中国特色社会主义道路的自觉性，增强了贯彻学校党委重要决策的积极性。

（二）进一步巩固群众路线教育实践活动的成果，加强领导班子思想作风建设

一年来，先后组织大家学习贯彻《中共山东大学委员会关于加强机关作风建设的意见》《山东大学教工劳动纪律与考勤管理办法》等文件精神，加强机关作风建设，爱岗敬业，强化责任意识和担当精神，尽职履责，做好本职工作，热心为基层和师生服务，克服“庸懒散”现象。按照群众路线教育活动整改方案，在整改落实上下功夫，进一步强化贯彻落实中央“八项规定”的各项措施，继续开展反对“四风”，不断加强领导班子作风建设，组织好班子中心组的政治理论学习，不断进行理论武装；贯彻民主集中制，重大问题集体研究决策，坚持“三重一大”政务公开制度；坚持深入基层、深入施工现场的承诺，热心为基层服务，调查研究，及时掌握施工现场第一手资料，随时为他们解决遇到的困难问题。

（三）配合巡视整改，不断推进基本建设管理

根据教育部巡视组和财务审计组巡视整改要求，正确分析当前高校基本建设面临的新形势和工作特点，强化基建部职工基建法律法规和管理办法学习，提出了依法依规进行基本建设管理的要求。结合学习贯彻十八届四中全会精神，组织全部职工专题学习《山东大学基本建设管理办法》和《山东大学基本建设工程设计变更及现场签证管理办

法》，针对存在的管理粗放、超投资计划严重的问题，修改制定了《山东大学基本建设工程设计变更及现场签证管理办法》，以学校文件形式下发，堵塞了漏洞，强化工程项目管理组的责任，对控制工程现场设计变更和签证，加强造价管理，控制工程造价起了积极的作用。

（四）加强制度建设，促进基本建设规范化管理

根据基建工作面临的新形势和基建管理工作的特点，组织大家反复讨论修改，先后制订修改了一系列规章制度和管理办法，同时，又根据基建部机构设置情况重新划分了职责范围，明确了岗位设置，规范了基建部内部工作流程，共形成 21 项规章制度和管理办法，并已装订成册。这些规章制度和管理办法的制订，促进了基本建设科学化、规范化管理。

（五）积极采取有力措施、加强党风廉政建设

全年三次组织召开基建部全体职工廉政建设专题会议，学习贯彻学校党委 2014 年党风廉政建设工作会议精神、《中共山东大学委员会关于落实党风廉政建设党委主体责任、纪委监督责任的实施意见》及《山东大学党风廉政建设责任制考核暂行办法》《山东大学党风廉政建设责任制责任追究暂行办法》《山东大学贯彻落实建立健全惩治与预防腐败体系 2013～2017 年工作规划实施办法》等文件精神，切实落实党风廉政建设“一岗双责”，不断增强廉政意识，贯彻落实中央“八项规定”，不断提高大家廉政建设的自觉性，将基建部廉政责任层层分解，落实到人，部科长以上全部分别签署《廉政责任书》，组织大家收看高校基建领域腐败案例警示教育片，以实际案例警示教育人，同时，还组织职工到焦裕禄纪念馆参观学习，增强公仆意识和服务意识，不断增强廉政建设的自觉性。

（六）积极组织换届选举工作

按照学校部署，精心组织、积极筹备召开了基建直属党支部党员大会，总结了三年来党支部工作，明确今后基建直属党支部的工作目标和任务，会议按照《中共山东大学基层组织换届选举工作暂行规定》组织换届选举工作，充分发扬了党内民主、基层民主，为今后基建直属党支部更好开展工作奠定了基础。

（七）积极做好基建工作的宣传报道工作

全年在学校新闻网等刊发报道 14 篇，及时介绍了学校基本建设的进程及我们的工作动态。按照学校工会的要求及时完成了学校工会布置的各项工作，充分发挥工会职工参政议政民主管理学校的积极性，及时反映他们的意见和要求，关心他们的生活，积极了解掌握职工的工作、生活情况，尽可能帮助他们解决困难。

二、精心组织，周密安排，扎实推进基建部各项工作

（一）加强在建工程管理，确保工程质量和安全

目前有“千佛山校区教学科研综合楼”和“中心校区学生公寓”两个工程项目正在施工建设，截至 2014 年 12 月，千佛山校区“教学科研综合楼”项目完成投资 7000 万元，中心校区“学生公寓”项目完成投资 3291 万元，趵突泉校区“动物实验中心”项目完成投资 153.6 万元。为了保证工程质量和安全，我们采取了一系列综合措施，收到

了明显成效。一是实行项目组负责制，明确责任主体；二是加强检查督导，党政主要负责人每周到工地巡查督导3～4次；三是严格执行合同，加强变更和签证管理，严格控制工程造价。千佛山校区教学科研综合楼基坑开挖过程中遇大量坚硬岩石，总量达4.3万立方米，施工单位多次向公安局申请爆破未获批准，为了加快施工进度，采用化学试剂膨胀和机械破碎相结合的施工工艺，增加成本285万元，施工方要求学校增加相关费用。我们根据合同相关条款规定，否决了施工单位的要求，同时同意施工单位通过技术手段减少岩石开挖量，节约成本70余万元。仅基坑开挖与支护一项，就为学校节约资金210余万元。在中心校区学生公寓项目施工过程中，因基底土质松软，根据勘察及设计方要求，需深挖2米。在地基回填处理和基坑支护两项工作中，回填处理和基坑支护方案虽经我们确认同意，但增加费用未经我们确认批准即完成了施工，违背了“变更及签证管理办法”相关程序要求，我们不予确认。施工单位提出了异议，一是认为数额较大，增加造价分别为92.4万元和499万元，超过了企业的承受能力；二是方案确实经过我们批准。经专家论证，并与财务部、监审部协商一致，报永兵校长批准，决定分别按增加造价50万元予以确认，其余多出部分作为施工方对学校的优惠让利。施工方最后同意按此方案解决，实际上给学校节约资金491.4万元。四是认真执行济南市相关规定，落实五方主体责任，明确工程质量终身负责制。千佛山校区教学科研综合楼工程被确定为“济南市安全文明示范工地”，在济南市历下区建委的历次检查考核中，综合成绩一直排名第一，省级“安全文明示范工地”正在评审中。

（二）积极做好开工前期准备工作

完成动物实验中心、口腔医学院楼扩建工程和土建学院“深部岩体工程与灾害控制工程教学实验室”方案招标工作，目前正在进行优化、勘探和报规工作，为明年开工建设奠定了基础。

（三）努力做好2015年立项申请工作

2014年申请工程立项三项，分别是趵突泉校区学生活动中心、中心校区南院危楼改造工程和出版大厦工程，目前已完成评估等相关工作，教育部将于2015年初批复。

（四）扎实做好常规工作

完成了2014年基建投资计划、调整计划以及2015年基建投资建议计划（包括威海校区、青岛校区）的编制、申报、调整及审核汇总工作。严格把关，认真做好合同签订工作。全年共签订各类合同32份，合同总额约2.03亿元。做好已竣工项目的尾款支付、档案整理和复制、竣工备案证办理等扫尾工作。截至2014年12月30日，共支付尾款7014.3万元。目前中心校区知新楼、体育馆、运动场改造、经管楼改造、办公楼扩建和趵突泉校区学生食堂等6个工程已具备固定资产结转和下计划的条件。

（侯岱云）

后勤服务

2014 年是后勤不断深化党的群众路线教育实践活动和教育部巡视问题整改工作之年，是全面深化后勤改革之年，是后勤亮点工程、品牌建设之年。一年来，后勤党委、后勤保障部在学校党委、行政的正确领导下，紧紧围绕学校党政工作要点，以问题和目标为导向，精心组织，科学实施，全面加强基层党组织建设，积极推动后勤社会化改革，较好地完成了各项任务，后勤各项事业呈现出科学发展态势。重点完成了以下几方面工作：

一、深化教育实践活动，持续推进作风建设

（一）以“四风”方面存在的问题为导向，持续加强作风建设

按照学校党政部署，后勤领导班子认真贯彻执行中央八项规定，各级党员干部从自身做起，从师生群众反映强烈的突出问题抓起，扎实持续推进作风建设，以实际行动践行了向师生群众作出的承诺。2013 年，后勤领导班子民主生活会上对照检查、归纳总结的领导班子 14 项“四风”方面的问题都得到了不同程度的解决，学风日益扎实；注重后勤发展顶层设计，决策科学化、民主化水平明显提高；逐步摆脱文山会海，领导干部能够深入基层、解决实际问题；班子成员担当精神和意识普遍增强，正风肃纪持续开展，作风建设得到强力推进。种种举措深入人心，凝聚起强大正能量，赢得了师生群众一致好评。

（二）深化教育实践活动和教育部巡视问题整改工作

后勤领导班子以群众反映的问题和学校发展要求为导向，充分发挥领导作用，以“两方案一计划”和领导干部立项承诺为抓手，建立两级整改台账，实行销号式管理，已完成 90％以上的整改任务。教育实践活动初期，后勤征询到的各方面意见建议 18 类 1200 余条，梳理归类为 428 项，后勤在此基础上进一步认真梳理，用问题来倒逼工作、整改落实。目前已完成 400 项，尚有 28 项涉及政策性、发展规划以及历史遗留的问题正在努力调研研究，协调相关单位积极推进。

高度重视教育部巡视问题整改，确定了整改方案、任务分工及完成时限，制定了危楼管理应急预案和巡查记录制度，建立了危楼基础档案资料；启动了校园内部分楼的加固修缮论证，完成 2 栋楼的加固维修；制订方案，积极争取地方政府政策支持，推动解决教职工宿舍危楼问题。教职工住房确权发证工作得到强力提速。

二、全面落实从严治党，着力加强基层党组织建设

（一）加强教育培训，后勤干部职工思想政治建设有新提升

后勤领导班子坚持把理论武装放在首位，不断强化理想信念教育；坚持党委中心组学习；全年领导干部参加学校组织的培训8次，后勤组织较大范围学习教育培训活动9次，切实把干部职工的思想和行动统一到中央和学校的整体部署上来。定期督查领导干部学习情况，检查《后勤领导干部理论学习情况记录表》；督促领导干部自觉完成干部在线学习课程内容；规定了领导干部必读自学书目；营造后勤良好学习氛围。

高度重视宣传工作，始终坚持正确的舆论导向，大力宣传学校办学理念，深入报道后勤工作动态，积极展示后勤改革发展新成就，弘扬先进事迹，传播正能量，对内形成了和谐氛围，对外树立了良好形象。我校获得2013～2014年度全国教育后勤系统信息宣传工作先进单位、后勤获得山东大学2014年度网络新闻宣传工作优秀组织单位、后勤网站获评2014年度山东大学优秀网站。

（二）基层党建取得新突破

1. 启动后勤基层党组织建设实效性研究课题。从关怀服务入手，凝聚党员；从转变作风入手，凝聚群众；从改革创新入手，拓展党的工作领域。不断丰富支部活动，夯实支部工作基础，增强了党支部的凝聚力、战斗力，发挥基层党组织战斗堡垒作用。组织发展、宣传教育培训体系初步形成；基层党务工作的分级考评模型出了初稿；组织活动方案和支部立项工作、群团组织建设进入新常态；新型基层党组织建设体系构架工作正在有序开展。

2. 树立法治意识，加强制度建设，建立长效机制。坚持和完善三重一大、党委会议、部长书记办公会等议事决策制度，不断提高决策科学化、民主化水平；坚持民主生活会、组织生活会等党内监督机制，领导班子成员通过双重组织生活，广泛听取意见，充分发扬民主；坚持和完善党务部务公开等师生群众监督机制，使工作透明化，自觉接受监督；不断完善并落实理论学习、密切联系师生、作风建设、廉政风险防控、干部管理、责任追究等制度，做到以法办后。

3. 大兴调查研究之风，健全领导干部深入基层调查研究机制；领导班子成员协管校区、联系学院制度化，广泛征求师生意见、充分了解基层情况，将工作调研落到实处，努力研究新情况、提出新思路，破解工作难题。各单位组织各类调研活动达到70余场次。

4. 党风廉政建设取得显著成效。坚持“标本兼治，综合治理，惩防并举，注重预防”的原则，创新机制，深化服务承诺，从教育入手，以制度作保障，以督导为手段，认真落实党风廉政建设责任制；严格落实中央八项规定；积极推进和深化廉情分析预警、廉政风险防控机制建设；推进党务部务公开，完善信息发布制度，保障后勤民主管理和监督；积极构建后勤系统反腐倡廉建设长效机制，促进了工作作风的较大转变和服务质量的提高。

三、全面深化后勤改革，民生工程、品牌建设成效显著

（一）统筹谋划，后勤社会化改革持续深化

1. 教职工医疗改革顺利实施，顺利完成与省直医保的各项对接和运行，基本医疗呈现良好态势。校医院通过加强医保政策宣传，取消挂号费、增加药物新品种、降低药品加成等让利师生举措，实现了政策调整后工作的平稳过渡，全年完成门急诊工作量16万多人次，各项业务毛收入2200万元。出台《山东大学部分职工医疗保障管理规定》，审核、报销未参保人员医疗费总额约1358.5万元，审减140.7万元；审核发放职工大病困难补助基金103万余元；离休干部医疗费结算1558.8万元。

2. 交通车班车改革取得成功。淘汰黄标车26辆，克服困难，安全完成学校运输保障任务；创新票务服务管理模式和运行机制；探索收发业务改革新模式，规范收发业务管理。

3. 探索物业管理新模式，切实推进物业服务的市场化运作和社会化管理。校园物业整体托管完成新一轮招标和交接，实行管办分离模式，优化了物业结构，修订了监管办法和考核细则，校园物业总体运行平稳；教职工住宅区物业改革将发放教职工物业补贴和物业服务社会化同步推进，改变福利物业管理形式，逐步推进教职工住宅物业服务社会化改革，实现社区民主自治。

4. 供暖改革迈出坚实步伐。中心校区、洪家楼校区解决了加入济南市集中供暖问题；年内投入大量人力物力做好供暖基础设施维修改造，各校区的供热效果都较往年有所提升。

5. 节能改革步入新水平。完成节能监控平台一期建设，积极筹备二期建设方案；实施公共楼宇照明LED项目试验改造，效果良好；完成公共楼宇节电和学生宿舍公厕节水试验，公共楼宇节电项目已开始实施；完成中心校区体育场下停车场照明智能控制，节电率为30％，全年水、电、燃气用量同比分别下降4.8％、4.97％、12.18％。

6. 后勤资产管理改革驶入快车道。健全完善资产管理规章制度，全面普查后勤资产；完成后勤保障部2015年中央改善基本办学条件专项资金购置设备计划编报，申报项目11个，总额1370.4万元；完成后勤房产普查登记、资产报表编报等工作。

7. 启动后勤保障体系建设研究课题，以学校“三定”工作为契机，科学整合后勤资源，创新管理体制、运行机制和服务模式，为构建适应学校发展要求的新型后勤保障体系奠定了坚实基础。

8. 启动后勤安全体系建设研究课题，以“防患未然，杜绝事故”为目标，把握稳定大局开展安全工作，安全管理得到极大推进。建立健全各项安全生产制度；加强宣传教育，提高师生员工安全防范意识和技能；层层落实安全责任，做到责任到人；不断完善各类突发事件应急预案；健全二次供水点档案资料；加大安全监管力度．全年组织7次安全大检查，及时消除安全隐患。公共卫生管理推行贴心服务，加强健康教育、政策宣传、卫生督察与病媒防治。全年无大的安全责任事故，安全管理意识、氛围得到较大提升。

（二）民生工程显著提升

1. 改善基础设施和办学条件。全年工程立项 220 项，金额 4400.24 万元，已竣工 197 项。引入社会资金，借助济南市政府推广项目在中心校区、洪家楼校区多个楼宇实施屋顶绿化 7641.30 平方米。公安处更新、维护室外消防器材 4023 具，更新急灯具和疏散标志 4852 具，维护保养监控设备 32 处，保证了学校消防、技防设施的正常运行。校医院更新了部分 HIS 系统终端设备，进行了软件升级和部分新功能开发，系统运行得到进一步优化；完善了查体软件和职工查体电子档案，实现了查体信息网上查询功能；完成了千佛山校区厕所改造及部分墙面粉刷工程，改善了就医环境。饮食中心自筹资金 524 万元用于就餐环境和加工条件的改善。幼教中心自筹资金 200 余万元改善办园条件。

2. 房改确权发证工作取得较大进展，全年办结确权审核发证手续近 1500 户；青年教职工公寓管理进入规范化新常态，青年教职工公寓租赁选房工作制度化，全年 2 批次 156 名青年教职工选到满意住房。

3. 全面启动教学科研及教职工宿舍危楼问题解决方案。

4. 公安处不断强化校园交通秩序管理。加强路面巡逻，规范机动车交通行为；规范校园车辆通行卡的申办程序，清理无关的通行卡和校内僵尸车辆；采取措施拓展机动车停车位 170 余个；确保校园交通安全。

5. 校医院认真做好校园传染病防控，全年共发现和处置各类传染病 270 人；完成学生结核病筛查 17700 余人；积极配合外事办和国际交流学院认真做好埃博拉出血热的防控工作。持续加强健康教育，全年举办各类健康讲座 32 场，大学生健康教育通识课授课 160 学时，咨询义诊 27 次，制作宣传栏（板）74 期，发放健康宣传资料 2 万余份。完成大学生疫苗接种 23983 人次、儿童计划免疫 8192 人次、开展妇幼保健、对 65 岁以上老人及高血压、糖尿病、冠心病等慢病进行随访干预，使我校教职工身在校园也能共享国家提供的公共卫生均等化服务。

6. 群团工作取得新成果，爱心捐款、捐物活动常态化，慰问离退休职工、资助困难职工等活动制度化，和谐后勤软环境作用得以显现。

（三）亮点工程、品牌建设成效显著

1. 学生伙食工作以师生需求为导向，创新管理服务模式，塑造餐饮品牌新形象，全年实现 11.91% 增长，推广创新 90 余个饭菜品种，“舌尖上的山大”赢得了师生与业内同行的广泛赞誉。

2. 学前教育品牌得到较大提升。幼教服务中心以科研促保教，承担了部分国家、省、市、区科研与培训任务，取得优异成绩，获得多项省、市、区荣誉，提升了幼儿园品牌形象。

3. 治安管理创品牌，我校获得山东省四星级（最高级）安全管理高校荣誉。公安处加强信息调研收集，做好重点群体和人员工作，确保校园政治安全。加强消防管理监督，充分发挥“人防”“物防”和“技防”作用，做到安全检查到岗、责任落实到人；加强安全检查和安全教育力度，全年共组织全校安全检查 6 次，校区抽查计 68 次；组织师生各类安全培训 23 次，确保校园消防安全。调动干警工作能动性，充分发挥校园

“110”、各治安、交通岗亭作用，确保校园和重点区域的安全有序，全年校园“110”共接处警600余次，实施救助500余次，调解各类纠纷200余次，处理各类应急突发事件20余起，解救轻生人员7起，抓获各类犯罪嫌疑人16名，有效地维护了校园治安安全。完成学校大型活动、重要来宾安保任务60余次，其中规格较大的有15次，出动警力3000余人次，确保了重要活动的秩序和安全。

4. 校医院服务态度、就医条件和服务水平明显改善。开展了“改善服务态度，提高服务质量”专项整治活动，规范了服务行为。全年组织职工查体11000余人次，学生查体44000余人次，对查体发现的问题及时反馈，督促病人及时就医，真正发挥了查体工作早发现、早诊断、早治疗的作用。

5. 高质量完成大型活动服务保障任务。圆满完成高考阅卷，国家大学英语四、六级阅卷，尼山论坛等大型活动供餐、用电、用水、用车以及医疗保障等，后勤整体保障服务水平得到高度评价。

6. 后勤总体工作、伙食工作、治安管理、能源管理、校园绿化、学前教育、信息与宣传等工作始终保持在全国高校前列。

（张新达　杨汝元）

安全保卫

2014 年，公安处在学校党委、行政的领导下，巩固开展党的群众路线教育实践活动的成果，创造平安、稳定、和谐的校园环境，做好校园安全秩序整治和管理服务工作，确保了校园安全稳定。深入开展平安校园工作，建设平安校园。2014 年，学校安全稳定工作突出，被济南市评为“四星级平安单位”。

一、加强学校校园安全制度建设，依法依规开展工作

2014 年，公安处对涉及学校安全工作管理服务制度和公安处内部管理制度进行了整理和修订。根据新消防法、教育部高校消防安全管理规定，制定了《山东大学消防安全管理规定》，根据新形势下学校安全工作要求制定修改了《公安处工作职责》《公安处（610 办公室）经费分配、使用管理办法》等 9 项工作制度。

二、加强信息调研工作，确保校园政治安全

重视学校政治安全的基础工作，密切关注有关信息舆情影响学校安全的引擎作用，注重正面言论的引导。在国家重大活动、重要节点密切关注各种舆情，深入到学院和相关部门，开展走访摸底调查活动，整理汇总上报信息材料 150 余份。加强对重点群体的日常情况掌控。做好某某籍学生的信息掌控，会同学生管理部门及时做好工作。加强与地方公安部门的联系，做好重点人员的管控工作，在重要节点和敏感时期实行全时段管控，遇有特殊情况采取特办处理原则，全年未发生对校园及社会有影响的问题。针对暴恐安全形势严峻的复杂情况，及时掌握信息，根据学校实际情况制定了“山东大学加强校园反恐怖工作的应急预案”，确保了全年各个重要活动的顺利进行，维护了社会和学校的安全稳定。

三、深入开展消防安全专项工作，确保教学科研生活安全

2014 年，加强消防管理监督，确保校园消防安全。按照学校消防安全要求，安全检查到岗、责任落实到人，组织全校安全检查 6 次，校区抽查总计 68 次。加强消防安全教育。按照计划举办消防常识讲座和组织新生消防技能培训和逃生训练，全年组织培训 23 次。更新、维护室外消防器材 4023 具，更新急灯具和疏散标志 4852 具，维护保养了监控设备 32 处，保证了学校消防、技防设施的正常运行。2014 年仅发生一起在物

业交接过程时因物业保洁员责任造成的小火情。

四、加强校园道路交通秩序管理，确保校园交通安全

2014 年，将学校大部分警力投入校园道路交通秩序管理，在校园主要道路、路口加强交通秩序维护，路面巡逻，规范机动车交通有序停放，采取各种措施拓展机动车停车位 170 余个。

加强“三防”基础建设，发挥干警工作能动性，有效地维护校园治安安全。利用校园“110”，各治安、交通岗亭的作用，确保校园和重点区域安全有序。2014 年，校园“110”共接处警 600 余次，实施救助 500 余次，调解各类纠纷 200 余次，处理各类应急突发事件 20 余起，解救轻生人员 7 起，巡逻中对未锁自行车、电动车推回，保管后发还失主 410 余辆，抓获各类犯罪嫌疑人 16 名。

五、做好大型活动安保及重要来宾的安保任务

公安处高度重视做好大型活动安保及重要来宾的安保工作，配合主办单位，联系地方公安机关认真分析安保任务，制定严密的安保方案，全面落实不同特点大型活动的各项安全措施，全年完成学校大型活动、重要来宾安保任务 60 余次，其中规格较大的有 15 次，出动警力 3000 余人次，确保了安保任务的顺利完成。

六、提高服务意识，做好户政服务工作

2014 年，迁出毕业生 1066 人，市内移居 2000 余人，新生落户 525 人。流动人口居住证登记 3000 余人次，居住证发放 1000 余人。办理借还户籍卡 3000 余人次，咨询服务 5000 余人次，得到了教职员工的广泛好评，收到感谢信 13 封，锦旗 5 面。

七、做好高校保卫学会工作，利用学会平台，加强安保人员校园安全管理培训

山东省高校保卫学会秘书处设在山东大学公安处，我处的部分领导担任学会理事长、秘书长和学术部长，承担着学会的主要组织工作。工作中，积极组织各会员单位开展高校保卫工作理论研究和工作交流，给我处保卫干部多创造参加机会．采取“走出去，请进来”的工作方法，进行校园安全管理培训，努力提高我处保卫人员的校园安全管理水平。

（吴雪松　高月辉）

齐鲁医学部

1. 医学学科国家重点项目与高层次医学人才申报取得重大突破。2014 年，医学学科共获国家杰出青年科学基金 2 项，国家自然科学基金重点项目 2 项，重大国际合作项目 1 项，重大研究计划项目 3 项。医学学科重点重大项目中标数占全校 50%以上。

2. 深化临床医学教育管理体制改革。圆满完成了第一年临床医学、口腔医学硕士专业学位与住院医师规范化培训并轨工作；完成了《山东大学关于开展“5+3”临床医学人才培养模式改革试点相关工作情况的报告》并上报教育部。

3. 医学学科精品课程及课程群建设取得重大突破。新增校级精品课程 25 项，占全校新增总数的 92.6%。新增校级精品课程群 7 项，占全校新增总数的 100%。

4. 落实教育部加强附属医院管理的巡视整改工作要求。制定了《山东大学附属医院重大事项定期汇报制度》和《山东大学附属医院管理办法（试行）》。

5. 成功举办“齐鲁医学大讲堂”系列学术报告会。报告会为师生提供了近距离接触国内外大师级生物医学专家的机会，师生反响热烈，参加人数超过 2000 人次，有效地扩大了我校医学学科的影响力。

6. 医学国际合作交流开创新局面。圆满完成瑞典卡罗琳斯卡医学院院长访校活动，实现 SDU-KI 医学教育及科研全面合作协议的签约，并成立 4 个实质性合作研究实验室，这是卡罗琳斯卡医学院首次和国内高校共建实验室；与南澳州大学开展了 3 次实质性的医学学术交流互访活动，巩固了长效合作机制。

7. 扎实做好医学学科调研统计和规划。编写完成了《山东大学医学学科师资队伍建设 2013 年度报告》和《山东大学医学学科建设规划的调研报告》。

8. 医院合作发展工作取得重要进展。初步与省内 3 所优秀专科医院达成合作意向，形成学校与教学医院优势互补的合作发展新模式。协调附属医院圆满完成对口支援河南省确山县的医疗扶贫及医疗技术人员的进修培训工作。

9. 牵头完成动物实验中心大楼功能定位的优化设计和建筑区域单位的躲迁安置工作。

（李　泉）

兴隆山校区管理

一、遵守政治纪律、落实八项规定和转变作风的情况

兴隆山校区管理办公室是一个“特别能吃苦，特别能战斗，特别能奉献”的集体。班子成员把学校的褒奖作为工作的动力，能够坚持政治理论学习，自觉执行党的路线、方针、政策，自觉维护中央权威，坚决贯彻学校党委的要求，遵守党的政治纪律，在思想上、行动上始终与党中央保持一致。

班子成员认真执行中央八项规定，想问题、办事情、作决策能够坚持从党性原则和工作实际出发，发挥党员先锋模范作用和党组织的战斗堡垒作用，积极推进校区管理，对中央、学校党委的规定要求以身作则，强力推动，不打折扣，不搞变通，创造干净干事、勤政廉政的良好工作氛围。

班子作风建设常抓不懈。“党的作风，关系党的形象，关系人心向背，关系党的生命”，班子成员始终把抓落实作为改进工作作风的突破口，坚决抵制“四风”问题，能够坚持从党性原则和工作实际出发，坚持民主集中制，密切联系群众，听取师生员工意见，积极提升校区管理水平，让广大师生员工感受到安全、舒心的校园环境。

二、完成了学校年初下达的各项具体任务

1. 通过贯彻落实群众路线教育实践活动。兴隆山校区管理办公室制定和修改了9项规章制度，真正做到制度管人、制度做事。

2. 完成了锅炉脱硫除尘的招标采购工作。总投资400余万元，现已基本完工，确保了2015年达标排放。

3. 完成了11000万吨锅炉燃煤的采购工作。氮化物、硫化物及发热量指标比往年有显著提高，达到了质量好、价格低的目标。

4. 先后完成了学生公寓屋面及卫生间、地下暖气管网改造、校区内水电暖、道路、桥梁、绿化等大小维修项目50余个，投资近1400余万元，保证了校区的正常运转，取得了良好的经济效益和社会效益。

5. 投资200万元为专家公寓和青年教师公寓配备家具528套，保证了专家公寓和青年教师公寓的正常使用。

6. 完成了校区物业公司更换工作。为学校节约资金80万元，实现了物业有序、平

稳的过渡；创新物业监管模式，采取物业监管、以管为主的办法，保证了学校各项服务工作的正常进行，受到师生员工高度肯定。

7. 校园安全持续稳定。去年校区 110 共接求助 1700 余次、报警 97 次、抓获 4 名犯罪嫌疑人、挽回经济损失 2 万元、清理“僵尸”自行车 170 余辆，与交警联合整治校园交通秩序，使校园中机动车辆乱停乱放、超速行驶等现象得以根治，连续评为“济南市金牌执勤点”，并荣获“济南市公安系统集体三等功”。

8. 与市中公安分局合作，在兴隆山校区设立警务室；民警在校园为师生办理各种业务，当地公安部门定期在兴隆山校区处理与师生有关的问题方便了师生，保证安全。

9. 完成了整个校区的资产清理工作。建立了二级台账，保证了国有资产的完好。

10. 配合外环路高架桥施工。完成了占用我校土地补偿款的收缴、地上物补偿等任务，争取到包括土地、地上物等补偿金 200 万元，保证了学校利益。做到守土有责、守土负责、守土尽责。

11. 加强与当地政府的联系，完成计划生育宣传、消防演习、经济普查、创建卫生城等政府下达的任务，为学校发展创造了良好的外部环境。

三、廉政建设工作

加强对党风廉政工作的领导，单位一把手负责，各科室科长带头抓落实，定期对党风廉政建设工作进行自查并针对自查结果进行及时整改；通过兴隆山校区联席会议定期接受校区师生员工的监督；组织兴隆山校区管理办公室全体党员干部与职工签署履行廉政责任书，将各项廉政建设与风险防控责任落实到人，坚决杜绝走形式、走过场；坚持单位信息公开，接受群众监督。

制定兴隆山校区管理办公室“三重一大”决策制度及工作会议制度，严格履行决策程序，保证校区内各项维修等工作全部执行招标程序；坚决落实办公用房、公务用车、公务接待、招标管理等制度，严格办事程序，严肃工作纪律，在控制经费支出、转变工作作风、公房公车改革等方面发挥了重要的监督作用。目前所有干部职工已形成贯彻落实八项规定的良好行为。

（赵　龙）

青岛校区建设

2014 年 5 月 12 日，经第九次党委常委会研究，决定成立青岛校区启动运行办公室，组成人员如下：主任：王琪珑，副主任：孔令栋、韩明涛（专职）。成员由政治学与公共管理学院、信息科学与工程学院、计算机科学与技术学院、生命科学学院、环境科学与工程学院等学院党委书记，有关单位主要负责人，学校办公室、人事部、学科规划建设办公室、财务部、资产与实验室管理部、后勤保障部、工会等部门负责人组成。2014 年，在学校党委和行政领导下，按照青岛校区建设领导小组要求，启动运行办公室统筹谋划、多措并举，扎实推进启动运行工作，取得了初步成效。

一、深入调研，全面掌握青岛校区启动运行的总体情况

为全面掌握情况，青岛校区启动运行办公室成立后，立即与学科规划建设办公室、青岛校区建设指挥部对接工作，掌握青岛校区规划建设基本情况。深入到生命学院等 6 个涉及搬迁学院进行调研，就青岛校区启动运行的有关问题深入听取了学院领导班子成员、教师代表的意见和建议，并通过不同形式与 30 多位学术带头人和研究机构负责人进行了沟通，全面掌握涉及搬迁学院的搬迁态度、存在的困难和问题，为全面开展工作打下了坚实的基础。

二、整体谋划，做好青岛校区启动运行的顶层设计

6 月 3 日下午，校党委书记李守信在中心校区明德楼二层会议室主持召开青岛校区建设领导小组会议，研究青岛校区建设与启动运行议题。校长张荣出席会议。会议对青岛校区启动运行工作作出部署：一要制定总体工作方案，二要做好政策制定工作，三要做好宣传工作，四要做好动员部署。

青岛校区启动运行办公室在调查研究的基础上，按照青岛校区建设领导小组的要求，进行整体谋划和顶层设计，倒排工作时间表，明确工作任务，制定青岛校区启动运行路线图和工作方案并提交党政联席办公会议研究通过。召开启动运行工作会议，明确职责分工，做好了各项工作的有效衔接。

三、统筹布局，确定青岛校区首批学科设置方案

青岛校区启动运行办公室按照“统筹布局，一体发展”的方针和“错位，占位，升位”的原则，形成了学科布局和科研机构设置的初步意见并提请学校党委常委会研究决定。

2014 年 10 月 7 日上午，学校召开中共山东大学第十三届常委会第十五次会议，专题研究首批青岛校区学科布局和科研机构设置问题。会议为青岛校区启动运行工作的全面展开奠定了基础。首批青岛校区学科布局以及搬迁学院和相关科研机构的确定，意味着青岛校区的启动运行进入实质性阶段，全校各有关单位要积极做好各项准备工作，确保青岛校区的平稳启动运行。常委会决定在青岛校区重点规划建设海洋学科、信息学科、生命学科、环境学科、社会科学等学科板块，并决定信息科学与工程学院、计算机科学与技术学院、生命科学学院、环境科学与工程学院、政治学与公共管理学院、法学院等 6 个学院和国家糖工程技术研究中心、燃煤污染物减排国家工程实验室、环境研究院、光学高等研究中心、蓝色经济区发展研究院、海洋研究院、高等研究院、粒子科学技术中心等科研机构，作为首批相关学院和科研机构整建制迁到青岛校区发展。学科布局的确定，标志着青岛校区的启动运行进入了实质性阶段。

会议对今后工作提出明确要求：第一，学校各职能部门要在“延伸管理”总的指导思想下，积极行动起来，把青岛校区的管理和服务工作摆在突出的工作位置，作为责无旁贷的分内之事，努力保障青岛校区顺利启动运行。第二，首批已确定搬迁青岛校区发展的学院、机构以及相关师生员工，要积极响应学校号召，服从大局，努力做一流大学建设的排头兵。第三，青岛校区启动运行部门要会同青岛校区建设部门、有关职能部门和有关学院、科研机构，对整个青岛校区启用工作总体规划、周密设计、细心实施，做好让广大教职工满意的服务和管理工作。会议特别强调，全校教职员工要切实振奋精神、团结协作、排除万难、不辱使命，为真正把青岛校区建设成为学校冲击世界一流大学的先行校区而努力。

四、充分论证，制定保障青岛校区运行的政策文件

妥善解决搬迁学院教职工关心的工作和生活问题，是保证青岛校区顺利启动运行的前提。2014 年 7 月 18 日，山东大学召开座谈会，研讨青岛校区启动运行工作，就安排好青岛校区教职工工作和生活条件的若干意见征求相关学院、科研机构意见。校党委常务副书记李建军主持会议，常务副校长王琪珑出席会议。青岛校区启动运行办公室综合青岛市有关人才政策、信息，加强数据分析，同时积极争取新资源、新机遇，研究出台学校层面有关政策。经多次论证修改，7 月 30 日，学校出台了《关于安排好青岛校区教职工工作和生活条件的若干意见》，从教职工住房、岗位津贴、子女入学入托、交通生活补贴等方面解决了教职工关心的问题，为教职工工作和生活创造了良好的条件。

五、周密部署，努力做好青岛校区教职工住房选购工作

学校高度重视青岛校区教职工住房选购工作，青岛校区建设领导小组多次召开会议研究教职工住房选购问题。青岛校区启动运行办公室按照学校的学科布局，明确首批搬迁机构人员；通过专题调查，初步掌握管理人员的工作意愿和购房意向；多次召开相关学院、部门负责人座谈会，听取教职工意见和建议，借鉴其他高校新校区教职工住房选

购的经验，制定住房选购实施办法（讨论稿）。

2014年12月5日下午，山东大学二届五次教代会主席团会议在中心校区举行，会议审议研究通过了住房选购实施办法。2014年12月5日，学校召开青岛校区教职工住房通气会，通报住房开发建设情况、青岛市有关政策以及住房选购实施办法的有关情况。按照优先满足青岛校区教职工购房需求的原则，青岛校区教职工住房选购工作分三批次进行。

青岛校区启动运行办公室按照住房选购实施办法制定了每个批次工作方案。选购组织工作包括报名、资格审核、公示、摇号、选房、购房确认等环节，从细节着眼，环环相扣。人员资格和房源等信息全部通过办公信息网和启动运行办公室网站及时公开。摇号采用获得国家专利技术的系统进行，公证部门对整个摇号过程和摇号结果予以公证。选购工作全程在纪委监察处监督下进行，公开透明。政府公积金主管部门和金融机构现场办公，为教职工购房提供最大的便利和帮助。教职工普遍认为住房选购工作公正公平，信息公开全面及时，组织周密，秩序井然，为民务实。截至2015年2月6日，青岛校区教职工住房第三批次教职工住房选购工作全部完成。青岛校区教职工住房选购工作历时两个月，共分三批次进行，累计确定选出住房1593套。

六、科学核算，规划出台青岛校区办学用房配置初步方案

在调研统计相关学院和研究机构办学数据信息的基础上，结合青岛校区教学科研用房建设整体规划，按照学科相对集群的原则和《青岛校区教学科研用房配置原则》，经数据核实、分类核算，规划出台青岛校区办学用房配置初步方案；组织各学院科研机构提出具体办学用房设计需求，与指挥部、设计机构充分对接，保证了青岛校区办学用房设计建设的针对性、实用性。

七、关注舆情，加强青岛校区启动运行正面引导工作

全面准确地宣传学校为保障青岛校区启动运行和建设发展而制定的政策措施；与相关单位党政负责人保持密切联系，及时处理和化解了影响稳定的突出问题；密切关注网上舆情，在QQ群和运行办网站及时发布相关政策信息，控制正确舆论导向；通过正面引导，打消了搬迁学院教职工的顾虑，增强了广大师生员工建设青岛校区的信心和决心。

联合宣传部成立了青岛校区建设宣传报道组，深入青岛校区建设一线，对青岛校区建设指挥部领导和一线建设职工、青岛蓝色硅谷核心区管委会负责人、核心区重点建设项目负责人、校区周边房地产市场和当地居民等进行采访和调研，通过山大新闻网、校报、电视台和广播台进行宣传，全景展示青岛校区规划建设的基本情况和周边环境；组织相关力量，建设青岛校区启动运行专题网站、沙盘和专题片等多种方式，进行立体化宣传，全面准确地传达青岛校区建设、规划信息，让每位教职工都知晓政策，形成正确的舆论导向。

（盛瑞金）

校办产业

2014 年，校办产业认真贯彻落实教育部直属高校资产管理工作会议精神，按照规范管理、科学发展的指导方针，准确把握 2014 年的经济形势与任务，认真抓好群众路线教育实践活动和教育部巡视组反馈意见的整改落实，围绕校办产业的持续发展，完善管理体制、规范决策程序、强化风险管控、加强技术创新、培育新的经济增长点，不断取得新的业绩。

2014 年，产业集团实现销售收入 21.3 亿元，同比增长 14%；实现净利润 4182 万元，同比增长 32%；归属于母公司的净利润是 9947 万元，同比增长 17%。上缴学校利润 2204.46 万元，返还事业编制人员工资 847.1 万元，上缴财政部国有资本收益 766.42 万元。

一、校办产业经营管理与发展

（一）创新工作思路抓落实，适应产业发展新常态

通过加强政策研判、专题研究和学习培训等多种形式，破解校办产业发展中遇到的新情况、新问题，适应发展新常态。3 月 4 日，产业集团召开 2014 年产业工作会议，会议全面总结了 2013 年度产业工作，深入分析了校办产业面临的形势和发展环境，部署了 2014 年工作任务。张永兵副校长在会上作了重要讲话，对企业经营管理层提出了创新发展的要求。产业集团总经理张兆亮做了题为《加强科技创新、增强竞争优势、促进持续发展》的工作报告，并代表产业集团与所属企业签订了 2014 年经营目标责任书。为进一步开阔视野、形成新思路，推进新发展，先后组织部分集团企业负责人走访了清华大学、北京大学、西安交通大学、西南交通大学、南京大学等部属高校的资产经营公司，进行专题调研、经验学习。安排企业高管人员参加了教育部在武汉、南京和天津举办的企业管理培训班。产业集团领导多次到教育部财务司就有关国有资产管理相关政策问题进行请示、咨询和业务沟通，及时掌握国家相关政策精神和高校产业最新动态，努力为山大校办产业营造良好的发展环境。

（二）骨干企业健康发展，经营业绩持续攀升

山大华特：医药产业以“为儿童量身定制药物”为理念开发新产品，积极推进儿童健康食品的新产品上市。环保产业加强相关业务的整合，壮大发展实力和整体规模，提升了环保板块的整体实力。2014 年达因药业利润突破 3 亿元，环保产业实现利润 3300 万元，

卧龙学校、物业公司利润均超过 1600 万元。公司整体经营业绩再创历史新高。公司位于济南高新区的环保产业制造中心的建设工作进展顺利。山大华特 2014 年度实现销售收入 13.74 亿元，归属于母公司的净利润 2.17 亿元，分别增长 25.4％和 41.82％。

地纬公司：积极推进上市进程，8 月份完成了创业板上市辅导相关工作，针对创业板上市所需时间较长的实际，公司及时调整了上市步骤，采取先上新三板、再上创业板的两步走战略。于 12 月底拿到了国家同意山大地纬公司新三板挂牌的批文，证券简称“山大地纬”，证券号为“831688”，按照工作安排，预计 2015 年初正式在新三板挂牌。为适应企业的发展，公司投资 7100 万元，在济南高新综合保税区购买了新的办公大楼，大楼目前正在进行装修和准备工作，计划在 2015 年上半年投入使用。2014 年，公司还顺利通过了 CMMI5 管理体系评审，CMMI5 管理体系为软件行业最高等级标准，标志着公司软件能力成熟度和项目管理水平上升到一个新的台阶。2014 年，该公司继续保持了持续发展的良好势头，实现销售收入 2.26 亿元，利润 4019 万元。

山大鲁能：按照“优化战略布局，加强技术创新，促进自有业务发展”的指导思想，贯彻“安全运营、稳步发展”的经营方针，加大产品创新力度，随市场的变化调整产品结构，自有产品业务得到良好的发展。公司的知识产权管理体系的认证工作也取得积极成果，在合同管理、人员招聘、人员任用、人员离职、采购、外协、对外销售等方面，有效地控制和降低了知识产权方面可能造成的风险，全面提升了企业管理水平，具有一定的推广意义。

鸥玛公司：坚持把抓企业管理、抓产品创新、抓市场开拓、抓服务质量、抓人才队伍建设作为公司持续发展的着力点。2014 年，公司在信息服务平台建设、数据处理服务业务、无纸化考试产品的推广、考试安全保障服务体系的运用方面，以及 TS3500 专用高速智能扫描仪的市场开拓和考试管理平台系统的研发等方面都取得较好的成效。TS3500 专用高速智能扫描仪今年一上市就销售到全国近 1/3 的省份。2014 年实现净利润 2090 万元。

电力公司：积极适应行业形势的新变化，依靠过硬的产品赢得市场，提升公司对外影响。2014 年完成了国网公司协议库存招标，中标故障录波器及时间同步系统合同额 6000 余万元，带动业绩大幅提升。2014 年实现销售收入 1.9 亿元，净利润 2889 万元。公司在保持故障录波器、GPS 全站对时装置、电能质量在线监测等产品行业技术领先优势的同时，2014 年又成功研发了高压输电线路综合测距装置，该产品属国内首创。新产品的研发成功不仅丰富了公司产品结构，而且还大大提高了公司的活力、抗风险能力和持续发展能力。2014 年公司还顺利通过了 ISO9001 和 ISO14000＼18000 质量管理体系审核工作，IS 等管理模式的运用，使公司的内部管理更加科学规范。

学府酒店：2014 年面对经营环境及市场的巨大变化，主动调整经营策略，不断创新工作思路，在满足学校公务接待服务的同时，加强资源整合，以客户为中心，抓服务细节、抓服务质量，为顾客提供规范、时尚、舒适、便利的服务；2014 年，公司把微信平台引进酒店，开展了酒水团购业务等。这些措施有效地提高了酒店营销能力，2014 年，学府酒店成为济南市党政机关定点采购酒店。按照学校要求，公司 2013 年 5 月接管山大威海分校国际学术中心，截至 2014 年 9 月，实现营业收入 1504 余万元，净利润约 318 万元，扭转了亏损的局面。

山大华天：通过强化产品创新、内部管理和市场营销等策略，推动公司不断发展。2014 年应急电源及智能照明疏散系统产品的销售实现签约 7567 万元，电能质量产品实现签约 4228 万元。2014 年公司顺利通过了 ISO9000、CCC 认证、CQC 认证年检，通过了 FEPS 产品的 CCC 认证年度监督。公司消防应急电源通过了山东省消防产品年度在青岛质检所进行的监督抽查，2014 年公司被 CQC 评为首批 A 类企业。

（三）加强国有资产监管力度　做好企业治理工作

2014 年，按照教育部有关要求，通过加强对集团企业国有资产的监管，使决策能力、管理水平和执行力进一步提升。

1. 加强学习培训，增强监管意识。9 月 12 日，由产业集团会同资产与实验室管理部联合举办了校办企业董事监事培训班，张永兵副校长出席会议并作了重要讲话，产业集团总经理张兆亮就产业集团派出董事、监事管理的相关问题作了主题发言，培训班邀请管理专家作了《外派董监事工作机制探讨》专题讲座。产业集团董事、监事，资产与实验室管理部直属企业董事、监事，产业集团所属企业派出董事、监事及相关人员 60 余人参加了培训。此次董事、监事培训班是近年来覆盖面最广、参加人数最多的一次培训班。4 月中旬，在产业集团所属企业进行了《教育部直属高等学校、直属单位国有资产管理工作规程》系统培训，进一步增强了国有资产管理的规则意识、程序意识，从管理制度、工作程序等方面查缺补漏，建章立制，进一步规范企业行为。

2. 组织进行了企业国有资产产权登记工作。国有资产产权登记是国有资产规范管理的一项十分重要的基础性工作，按照教育部要求，下半年组织产业集团所属企业认真开展了产权登记相关工作。通过产权登记，建全完善了产权登记档案，对集团所属企业产权登记变动情况有了全面的了解和掌握，特别是通过对所属三级、四级企业的产权登记，进一步明晰了企业产权关系，为我校产业规范管理、科学发展奠定基础。对在产权登记中发现个别企业在增资、股权转让过程中未按规定程序进行评估和未按国有资产产权管理规定履行报批备案程序的问题，提出了整改方案和措施。

3. 完成了国有资产管理自查自纠工作。按照教育部财务司《关于开展直属高校、直属单位国有资产管理自查自纠工作的通知》要求和学校的统一部署安排，下半年，在产业集团所属企业范围内开展了国有资产管理自查自纠工作，对企业资产管理中存在的问题进行了剖析，对个别企业在成立和股权转让及增减注册资本时，未按申报程序履行资产评估、评估备案、手续不完备的问题进行了认真整改。

4. 开展了企业财务管理自查自纠工作。按照教育部和学校要求，上半年，对产业集团所属企业的财务管理情况进行了一次全面自查自纠，特别对企业向职工借款（集资）情况进行了专项治理，提出了具体整改意见和措施。对存在的产业集团与学校资产重复记账问题，通过协调，学校将产业集团成立时划转到产业集团的资产进行了“非转经”划转手续，解决了产业集团与学校资产长期重复计算的问题。

5. 结合产业发展实际，新修订完善了《山东山大产业集团有限公司企业负责人经营业绩考核暂行办法》。加强对集团企业经营业绩考核工作，进一步落实了国有资产经营责任，明确了企业经营管理者的权利、义务，调动、激励和保护了校办企业管理层的创新创业积极性。

6. 积极配合学校完成了教育部审计组对原山东大学校长的离任审计工作。上半年，教育部审计组对产业集团与学校之间的资金、投资往来、利润上交、工资返还以及产业集团本部近五年的财务收支、财务报表、集团下属企业利润上交、工资返还进行了全面审计。针对审计组提出产业集团投资的13家企业多年无收益和学校投资与集团账面资金不符等事项，都一一进行了认真的反馈说明，教育部审计组基本上认可产业集团的财务管理工作。

（四）抓实教育部巡视反馈意见整改措施的落实

按照教育部巡视组巡视反馈意见，完成了由产业集团牵头落实的两项整改问题：一是产业集团为下属控股子公司提供担保缺乏相应的风险管理机制；二是产业集团账面参股企业长期没有投资回报。对巡视组反馈的上述问题，产业集团及时成立了整改工作领导小组，多次召开专题会议，研究制定整改落实措施，细化分解任务，落实责任到人。结合群众路线教育活动的制度建设，修订完善了《产业集团对外担保管理暂行办法》《产业集团参股企业管理暂行办法》和《产业集团派出董事监事管理考核暂行办法》等三项管理制度，进一步增强了产业集团对所属企业国有资产的监管力度。

（五）规范企业运营管理，关停亏损企业进展顺利

清理扭亏无望的企业，退出发展前景不好、规模较小的参股企业，减少潜在的经营风险是2014年度校办产业管理工作的一项重要任务。产业集团从实际出发，实施分类指导，协助企业狠抓落实。

1. 积极推进天宇公司股权转让工作。经过扎实有效的工作，截至年底，天宇公司股权转让工作已进入挂牌转让公示阶段，预计2015年年初完成该公司股权转让工作。

2. 启动了泰克、意达等公司的股权转让程序。泰克公司按程序完成了审计评估，目前正在办理教育部报批手续；意达公司清产核资立项工作已进入到上报教育部审批阶段。

3. 办理完成了产业集团所持联润公司股权划转到山大鲁能公司的各项变更手续。

4. 加强对有色金属公司的管理，多次与该公司负责人进行沟通，积极推动产业集团所持公司股权的转让工作。

（六）坚持科技创新，推动企业可持续发展

1. 加强校办企业与学校科研机构和相关院系的联系，推动学校科技成果转化。通过加强校企结合，努力形成以校办产业发展推动学科建设，以学科优势带动校办产业发展的格局。为适应学科发展，学校责成产业集团牵头依托土建水利学院、碳纤维工程技术中心、山东大学深圳研究院、山东大学苏州研究院成立组建新的学科公司。在前期调研和充分论证的基础上，提出了组建“山东山大土木与水利工程研究院有限公司”“山大同维碳纤维复合材料有限公司”的方案。

2. 积极协助集团企业做好国有资本金预算支出项目的申报工作，充分利用国家政策，争取资金支持。2015年，集团企业共申报中央国有资本金预算支出项目四项。“深海探测机械装备高科技成果转化及产业化平台建设”及“建设碳纤维及其复合材料产业化综合评测平台”两个项目已经通过教育部审核，按程序已提交财政部审核和人大批

准，预计上述两个项目可获得3000万～4000万元的扶持资金。

3. 加大科技研发投入力度，持续推动企业技术创新。2014年，坚持把科技创新作为集团企业持续发展、培育新的经济增长点的重要举措。积极引导和支持下属企业的技术创新，利用国家政府鼓励和扶持企业发展的有利政策及措施，推动企业创新发展。2014年，地纬公司投入1000万元，组织了70余人的技术攻关队伍，对公司社会保障领域核心产品进行换代升级研发，目前已与多家用户签订了数千万元的合同意向书。鸥玛公司2014年完成知识产权申报25项，其中专利1项，软件著作权7项，软件产品登记8项，软件评测10项。“低成本、低能耗、高可靠嵌入式终端与信息服务平台”项目荣获山东省科技进步一等奖。山大鲁能投入468万元，进行技术创新和新产品的研发工作。山大华天公司电能质量装置项目列入山东省第一批技术创新项目计划；该公司“面向智能电网的电能质量控制技术及装置的研究与应用”已申报山东省科技发展计划项目。吕美公司2014年再次被认定为国家高新技术企业，授权国家发明专利1项，并获得教育部技术发明二等奖1项。拓普公司2014年海洋公益专项科研项目进展顺利，并取得多项专利成果。与国家海洋局第一海洋所、国家深海基地管理中心联合申报国家海洋公益专项资金项目，获批两个项目经费共计412万元。

4. 积极引导和支持集团所属企业加强与政府相关部门的联系合作，推动企业加强项目、专利和科研经费资助的申报工作。2014年，产业集团多数企业在科技项目的申报和科技创新方面都取得明显成效。本年度共到位国拨科研经费703.9万元。5项科研项目获奖（其中：国家级1项，省级1项，市级2项，区级1项）。申请专利20项，其中发明专利15项；授权专利14项。著作权45项。

二、党的建设和思想政治工作

2014年，产业各级党组织以深入落实中央八项规定为主线，以转作风、促发展为目标，坚持党建工作融入中心工作，积极推动学校产业快速健康发展。

（一）加强政治理论学习，适应新形势、新常态发展需要

围绕提升校办产业各级领导干部的综合素质和能力水平，2014年，认真抓了集团企业领导干部的理论学习活动。一是抓学习制度落实。严格落实自学和集中学习制度，定期将学习材料发给企业负责人和党支部书记，并购买了《十八大以来党风廉政建设和反腐败法规制度汇编》《国有企业领导人员廉洁从业综合读本》等法律法规书籍，在集团企业领导干部中形成了浓厚的学习氛围。二是抓活动开展。在集团企业组织开展了理想信念、社会主义核心价值观和依法经营等多种形式的教育活动。三是抓培训。全年两次组织由产业党委、产业集团领导班子、企业党总支（支部）书记和企业负责人参加的党风廉政建设专题学习会，分析产业党风廉政建设的形势，研讨交流学习体会，统一思想，提高认识，增强廉政勤政、廉洁自律、依法经营的意识。

（二）贯彻落实学校工作部署，以廉政建设促企业发展

积极贯彻落实学校党风廉政建设工作部署，以廉政建设促进企业发展。一是认真抓了中共中央印发的《建立健全惩治和预防腐败体系2013～2017年工作规划》和学校党委纪委有关文件精神的贯彻落实。制订了产业党委2014年党风廉政建设工作计划，把

党风廉政建设和反腐败工作与经营管理工作紧密结合来，认真落实“一岗双责”。二是产业党委和产业集团领导成员经常深入所属企业开展调研活动，帮助企业解决经营管理中遇到的实际问题，形成齐抓共管、层级管理的工作机制。三是严格廉政风险防控措施，加强企业内部控制机制建设，从源头上防治腐败滋生。在工作中严格执行决策程序和议事规则，凡涉及产业的重大事项都经过党政联席会、集团办公会、董事会、监事会及相关会议集体讨论决定，确保了“三重一大”制度的落实。四是认真落实党员领导干部述职述廉及报告个人有关事项制度，主动接受群众监督，防止失职渎职和不廉行为发生。

（三）严格落实八项规定，切实抓好“四风”整改落实

2014 年，把落实群众路线教育实践活动的整改工作作为产业党委的一项重要工作，按照学校群众路线教育活动的总体要求，制定了《产业党委、产业集团群众路线教育活动专项整改方案》，明确了整改工作重点、内容、责任人及时限要求，确定了 12 个方面 20 项具体整改措施。截至目前，产业党委、产业集团群众路线教育实践活动整改方案中提出的各项整改任务已全部完成。在会务活动上，产业集团举办的各种会议和培训活动都在校内进行。在公务用车上，对产业集团现有的两辆公车进行了处理，对集团所属企业公车使用提出了明确要求。在办公用房上，对产业党委、产业集团领导班子成员的办公用房进行了调整，符合学校要求，不超标准。在公务接待上，制定了《产业党委公务接待办法》，明确接待要严格报告、审批和标准等事项，规定了各种会议和对外接待一律不摆鲜花、水果，不搞欢迎宴会，杜绝腐败和浪费现象。在制度建设上，制定了《产业党委、产业集团党的群众路线教育实践活动制度建设计划》。对产业党委、产业集团现有的 40 余件文件、规定、制度进行了梳理，一一列出清单，对过时和不适应校办企业发展的文件进行了废除，对继续使用的一些文件进行了修订完善，结合企业发展需要重新修订了多项规章制度，进一步增强了制度建设的针对性、有效性和执行力。

（四）适应企业发展需要，建立完善党的基层组织

2014 年，围绕校办产业发展需要，进一步加强产业党组织建设，充分发挥产业党组织在企业发展中的战斗堡垒作用。一是针对集团企业党支部书记大都兼职的特点，采取以会代训的方式适时对企业党政干部进行了业务培训。二是根据企业重组改制和党组织成员的变化，及时组建调整了企业基层党组织。上半年，结合地纬公司重组改制工作和党员现状，规范组建了地纬公司党总支，下设三个党支部，选举任命了党组织负责人。针对部分企业党支部成员的变化，及时对支部委员进行了充实调整，确保党组织在企业创新发展中不缺位。三是积极做好产业职工党员发展和入党积极分子的培养工作，6 月份举办了一期产业系统入党积极分子培训班，有 25 名产业职工入党积极分子参加了培训学习，培训由产业党委成员授课，收到较好的效果。

（五）加强企业文化建设与安全工作，创造良好的企业内部发展环境

在企业经营管理中，积极倡导以法治思维和法治方式管理企业、以道德规范引领企业文化建设。2014 年，坚持把企业文化融入到企业发展的全过程，用企业文化凝聚职工的力量，规范职工的行为，促进企业发展。一是坚持以人为本，把解决思想问题与解决实际问题结合起来，积极为职工排忧解难，维护职工合法权益，定期对所属企业依法

用工情况进行检查，保证了职工队伍的情绪稳定。二是按照学校统一部署要求，组织集团所属企业党支部开展基层党组织立项活动，把基层党组织立项活动的影响力转化为促进企业发展的动力。三是加强对共青团、工会等群团组织的领导与指导，发挥产业工会组织联系职工的优势，鼓励其围绕企业中心任务，组织开展丰富多彩的体育文化活动。四是认真履行社会责任，积极参与公益事业活动。2014 年，产业职工爱心一日捐款 18530 元。五是重视安全生产，加大对集团企业安全监督检查力度。一年来，结合季节特点和重大活动，多次组织相关人员对集团所属企业安全生产情况进行集中检查和抽查，及时发现解决问题，结合产业实际，重新修改制定了《企业安全生产监督管理办法》。

附件： **2014 年山东大学校办企业一览表**

序号	企业名称	法定代表人	注册资金（万元）	产业集团所占股份（万元）
1	山东山大产业集团有限公司	张永兵	30000	
2	山大鲁能信息科技有限公司	任年峰	12690	12690（100%）
3	山东山大华特科技股份有限公司	张兆亮	18025.4989	4017.7450（22.29%）
4	山大地纬软件股份有限公司	李庆忠	5250	2677.5（51%）
5	山东山大鸥玛软件有限公司	马　磊	1233	613.7175（47.95%）
6	山东山大电力技术有限公司	梁　军	2040	918（45%）
7	山东学府大酒店管理有限公司	潘超平	1100	1100（100）
8	山东山大华天科技集团股份有限公司	李宇兵	6000	1638.6（27.31%）
9	山东山大科技园发展有限公司	贾　磊	1535	1379.965（89.9%）
10	山东山大环保水业有限公司	王申金	800	504（63%）
11	济南亿泉水处理设备有限公司	王申金	220	140（70%）
12	山东吕美熔体技术有限公司	郑　波	150	99（66%）
13	山东拓普液压气动有限公司	郑　波	200	140（70%）
14	济南意达医药有限责任公司	朱效平	140	140（100%）
15	济南大工科技有限公司	张振忠	90	90（100%）
16	济南方智管理咨询有限公司	张　浩	67	67（100%）
17	山东地纬数码科技有限公司	孟祥旭	65	65（100%）
18	济南天宇科技有限公司	吴承科	100	70（70%）
19	济南华赛金属工艺材料有限公司	郑　波	88	88（100%）
20	济南山大有色金属铸造有限公司	朱效平	100	41（41%）
21	济南矽华科技有限公司	马洪磊	50	50（100%）
22	山东实成精细高分子材料有限公司	郑　波	150	119（79.33%）

（郭思东）

出版工作

2014年，出版社在山东大学校党委的正确领导下，改革、发展工作思路更加明确，各项管理制度更加健全，机构和队伍建设不断加强，从业人员和管理层的素质有了进一步提高，产品结构有了很大的改善，社会效益和经济效益均稳步提升，出版社进入了健康稳定发展的新阶段。

一、把关定向，深化改革

在2014年的出版工作中，出版社认真学习贯彻十七届六中全会和十八大精神，围绕党和国家的中心工作，全面贯彻为人民服务、为社会主义服务的方向和百花齐放、百家争鸣的方针，坚持正确出版方向，以更多的优秀出版物来弘扬以爱国主义为核心的民族精神和以改革创新为核心的时代精神，树立和践行社会主义荣辱观。处理好社会效益和经济效益的关系，讲政治，把好关，把坚持正确的出版导向贯穿出版工作的始终，坚持社会效益放在首位的原则。工作中牢固树立阵地意识，做好把关工作。同时，坚持大学出版社为高等学校的教学、科研服务的办社宗旨，贯彻落实党对新闻出版业提出的“加强管理，优化结构，提高质量”的总要求，严格遵守国家关于图书出版的法律、法规和各项管理规定，把握正确的出版方向，不断深化出版改革，切实优化选题结构，进一步完善内部管理机制，逐步提高经营管理水平，使我社的工作走上了可持续发展的道路。

出版社继续深化体制改革，完善机制制度和法人治理结构，提高资本运营水平，推进人事、劳动、分配“三项制度”改革，建立竞争、激励和约束机制，建立合理有效的奖惩办法，宣传教育与严格管理相结合，进一步调动了职工工作热情和积极性。积极推动国家财政部扶持的数字出版项目，目前，《“电子书包”的研发及示范应用》项目已接近完成。同时，不断加强人才队伍建设，补充新鲜血液，并积极参加教育部、新闻出版总署、省新闻出版局的各种培训和学习活动。

出版社严格遵守国家新闻出版总署、教育部、山东省新闻出版局为我社规定的专业分工和出书范围，所有图书选题均按有关规定上报山东省新闻出版局和主管单位国家教育部，经双方批复后，认真按批复文件执行。对于按国家规定需经学校党委审稿的选题，我们都按要求请学校党委审稿把关，经学校党委同意出版后方予出版。2014年出版社从未出版过一本违反图书选题管理规定的图书，也没有任何有政治问题或格调低下、内容不健康的图书。在严格管理的同时，出版社严格控制出书品种，进一步优化图书结构，图书质量明显提高。在新闻出版总署和省新闻出版局的各项质量抽检工作中，出版社被抽检的图书全部为合格产品。

二、出精品，创名牌，树特色

2014 年，出版社进一步出精品，创名牌，树特色，全力打造“精、专、特”为特点的大学出版社。使出版物在思想内容、学术价值、装帧设计、印刷包装等环节达到更高品位、更高质量的要求，狠抓出版质量，出版传世之作，培养本社品牌。继续推出了“莫言研究书系”系列：《莫言创作的经典化问题研究》、《莫言与世界：跨文化视角下的解读》、《莫言创作的自由精神》。毫无疑问，这是学界对莫言研究成就的第一次展示，全面包含了国内态势和海外视域。其中既有作为绝对主流的“专业”性研究，也有作为难得资源的“划要”式眼光。《中国古代地方政治研究》、《新史学沙龙》、《环境政治学译丛》等一大批学术水平高、社会效益和经济效益具佳的图书也在今年继续出版发行。同时，策划组织了《戏里戏外》一书，该书为著名作家刘玉堂先生所作，著名书画家于明铨专为《戏里戏外》作精美插图，是一本“为了逐渐消失的纪念”的书，是乡愁与乡戏的“备忘录”。出版后在在文化及收藏界引起了不小的反响。

同时，出版社立足于文化普及与文化建设，以习近平总书记关于中华优秀传统文化的重要论述为指针，对齐鲁文化经典进行全新的研究与解读，突出当代文化的实际需求，拉近社会大众与经典文化的距离，使广大读者能够轻松自由地走进齐鲁文化经典，组织了“品读齐鲁文化经典”、“齐鲁圣贤语录”、“走进齐鲁传统文化”三大系列丛书。并于 2014 年 6 月出版了《中国传统读本》一书，该书在编写中采用青年学子喜闻乐见的形式，在中西对比中，集中叙述了中国传统文化的起源、要义、基本架构、传承演变等主体内容，旨在为在校大学生提供一部兼具知识性与思想性的传统文化读本。该书出版后，得到了高校师生和社会读者的充分肯定，全省数十所高校订阅，很多高校学生人手一册。《教育部简报》（2014 年第 57 期）就我社《中国传统文化读本》在高校传统文化教育方面所引起的重大反响进行了介绍，并将其作为山东省大力弘扬传统文化的一项重要工作给予了肯定。2014 年 12 月 12 日的《中国教育报》也就此事刊发了题为《用优秀传统文化滋养大学生——山东编写〈中国传统文化读本〉，开展多种主题教育活动》的专题报道。

另外，出版了一批群众喜闻乐见、贴近市场的优秀出版物，如《神奇大自然》、《数学新玩法》、《我与家人朋友》等，从市场反馈的信息来看，反响非常不错。在基础教育和高等教育图书方面，在原有的保有量的基础上，保持了持续增长的态势。其中山东省地方课程系列教材《传统文化》今年销售超过了 500 多万册。

2014 年，出版社共出版图书 443 种，新版图书 213 种，重印再版图书 220 种。新版图书中，大中专及各类教材 58 种，学术专著 76 种，一般图书 79 种。重印和再版图书中，大中专及各类教材 126 种，中小学教辅材料 67 种，学术专著和一般图书 27 种，重印率达到 49%。全社图书（电子音像制品）共发行 1200 多万册，实现销售收入 4400 多万元，同比减少 16. 31%；利润 2000 余万元，同比减少 29. 28%。在第二届山东省新闻出版奖评选中，于良春获优秀人物奖，《两汉赋评注》、《CT 导向微创诊疗法》获图书奖，《中国文化读本》获装帧设计奖。马新获“首届齐鲁文化名家”。

三、2014 年新版图书目录

1.《绿色种植活动设计》
2.《山东商事审判（2013)》
3.《自闭症儿童康复训练方法》
4.《大学生就业创业指导》
5.《工程机械液压系统结构与检修》
6.《中介语句法习得的语用研究》
7.《民族传统体育文化及其传承研究》
8.《莫言小说英译风格研究：基于语料库的考察》
9.《大学外语教学改革创新研究》
10.《山东省教育财务管理研究第 5 辑》
11.《中老年健康指南》
12.《节日民俗事象与文学书写》
13.《传统文化与现代中国文学名家》
14.《汉语言文学专业教学研究与改革探索》
15.《现代化视野下的中国近代启蒙思想研究（1895～1923)》
16.《测土配方施肥指导手册》
17.《全面风险管理导向下企业内部控制评价研究——以农业上市公司为例》
18.《山东省骨科志》
19.《太平洋岛国的历史与现实——“太平洋岛国研究高层论坛”论文集》
20.《诗意的学习——中央党校进修学习诗笔记》
21.《习惯养成教育·一年级·下》
22.《习惯养成教育·二年级·下》
23.《习惯养成教育·三年级·下》
24.《习惯养成教育·四年级·下》
25.《习惯养成教育·六年级·下》
26.《习惯养成教育·五年级·下》
27.《船舶动力设备拆装》
28.《论公平与效率——关于公平与效率的理论分析和历史考察》
29.《文化传播视野下的先唐说唱文学》
30.《探究东巴文字的解构设计及其在平面设计中的应用》
31.《机械零件质量检测》
32.《工程机械底盘结构与检修》
33.《模拟电子技术》
34.《电工技术项目教程》

35.《传播前沿——山东广电博士后研究成果文集》
36.《中国传统文化读本》
37.《电网运行的可靠性、适应性和经济性研究》
38.《多元文化的存在与浸染——扎迪·史密斯小说中文化杂糅的文体学分析》
39.《协商民主：民主理论的变迁与实践》
40.《静默的山楂树》
41.《攀登》
42.《高校网络舆情导论》
43.《跨境人民币业务指南》
44.《英美文学漫笔》
45.《李退溪美学思想研究》
46.《日常生活》
47.《神奇大自然》
48.《数学新玩法》
49.《我与家人朋友》
50.《农户投资结构研究：以山东省为例》
51.《泺尚·创意中国调研报告（2014）》
52.《工程图的绘制与识读习题集》
53.《宗教与哲学：西方视域中的互动关系研究》
54.《古典芭蕾舞基训钢琴伴奏》
55.《区域再生水资源循环利用》
56.《济南市平阴县城镇化研究》
57.《2012 年山东半岛蓝色经济区和黄河三角洲高效生态经济区建设理论研究》
58.《社会文化视角下的西方翻译传统》
59.《护士执业资格考试指导》
60.《国家公务员制度概论》
61.《浮世》
62.《崮乡叙事》
63.《相约图文巴》
64.《做个真正的读书人》
65.《伴着那泉水清音》
66.《山峦也懂得静默》
67.《路边税务所》
68.《泡泡王国覆灭记》
69.《中德关系史研究》
70.《形而上学的远与近：海德格尔与形而上学之解构》
71.《中国北方常见园林植物》
72.《山东大学章程》

73.《道路运输安全管理与事故处理》
74.《基础医学与临床（一）》
75.《肿瘤护理学》
76.《幼儿学习与发展活动指导操作材料（小班上）》
77.《冷眼看热点：拯救欧洲》
78.《莫言创作的经典化问题研究》
79.《科学社会主义重要文献导读》
80.《气候和土地变化下的中国粮食主产区生产力研究》
81.《国际贸易实务》
82.《液压与气动技术》
83.《电路与电子技术项目化教程》
84.《工程图的绘制与识读》
85.《英语冠词系统习得中的标记理论和语言迁移研究》
86.《英语议论文写作中语篇特征实证研究》
87.《法语全球推广和传播研究》
88.《小学数学思想方法教学探讨》
89.《莫言与世界：跨文化视角下的解读》
90.《当代中国律师管理概论》
91.《普通高中总复习手册·生物》
92.《诗醒了，世界便睁开眼睛》
93.《烽火硝烟中的英雄乐章》
94.《中国农村居民健康与幸福感研究》
95.《济南古建筑轶事》
96.《后民族政治的内在张力及其认同路径：以欧盟为例》
97.《黄河三角洲民俗信仰调查与研究》
98.《启航》
99.《英语文体学》
100.《山海花韵——李善杰国画作品集》
101.《美国文学研究（第7辑）》
102.《山东大学法律评论（2014）》
103.《基于演化范式之股票定价理论研究》
104.《肥城耕地》
105.《中小学心理健康教育实战指南》
106.《幼儿学习与发展活动指导操作材料（中班上）》
107.《幼儿学习与发展活动指导操作材料（大班上）》
108.《高校思想政治理论课教学创新研究》
109.《远方的地平线——欧美旅游见闻·印象》
110.《投融资理论与实践》

111.《成功的项目始于卓越的管理》

112.《20世纪下半叶新疆地区歌剧创演及其音乐研究》

113.《基于非负矩阵理论的投入产出技术——产出变化与价格调整对经济系统的影响与作用》

114.《卫生政策系统综述方法与应用研究》

115.《山东省排污权交易的实践与探索》

116.《普通高中同步练习册 历史（选修）近代社会的民主思想与实践》

117.《升级与突围：成就卓越城市品牌》

118.《创新与超越：企业品牌传播革命》

119.《血友病知识问答》

120.《临床疾病诊疗常规（外科）》

121.《亚太发展研究（第6卷）》

122.《公共行政的价值反思与理性重构——西方新公共行政学研究》

123.《剪纸艺术》

124.《艾兴学术论文选集——贺艾兴院士从教六十五周年》

125.《短笛无腔》

126.《寿光耕地》

127.《史前时期海岱地区的艺术与文化》

128.《直销运作模式研究》

129.《张继东中医学术文集》

130.《思想政治理论课整体性教学研究》

131.《高血压的防治》

132.《临床及护理学》

133.《中学生奥林匹克物理竞赛实验教程》

134.《威海经区民间文化志（上、下)》

135.《科技创新教育》

136.《拉图尔眼中的科学行动者》

137.《二语写作过程研究》

138.《唐代经济结构及其变化研究——以所有权结构为中心》

139.《山东省优秀统计科研成果汇编（2012～2013)》

140.《冷眼看热点：资源战争》

141.《莫言的另类解读：西蒙与莫言写作比较》

142.《文化资源学》

143.《学习·实践·创新》

144.《自主学习丛书·历史·选修（I)、必修（I)》

145.《自主学习丛书·历史·必修（Ⅱ)》

146.《自主学习丛书·高考专题复习·历史》

147.《友情和墨香——臧克家和他的师友们》

148.《汉语动词语法化的多视角研究》
149.《普通高中同步练习册·历史（选修）·20世纪的战争与和平》
150.《第二届尼山世界文明论坛论文集》
151.《山东省深化医药卫生体制改革资料汇编》
152.《青州蜜桃》
153.《山东民居地域特色研究》
154.《资本多数决的滥用与纠正》
155.《胶州耕地》
156.《一乐斋诗集》
157.《时间尺度上动态方程振动理论》
158.《音乐世界中的女性》
159.《莫言：全球视野与本土经验》
160.《山东大学（威海）志（2004～2014)》
161.《公文五讲——党政机关公文常见错误解析》
162.《糖尿病的防治》
163.《心律失常的防治》
164.《产房护理管理工作手册》
165.《我国物流产业安全研究》
166.《当代中国立法变迁机制研究》
167.《乡村琐忆》
168.《当代科学社会论与科学创新问题研究》
169.《微时代与大格局》
170.《周敦颐理学美学思想研究》
171.《傅斯年与中国传统文化》
172.《山东高校档案工作概览》
173.《学科融合》
174.《金乡耕地》
175.《创新型团队组织建设》
176.《民国时期新词语研究》
177.《创新高地 放飞梦想》
178.《级差含义的语用—符号研究》
179.《冠县耕地》
180.《中国特色社会主义理论基本著作及重要文献选编》
181.《气体放电在工业中的应用研究》
182.《建设新中国初期的历城》
183.《国际刑法国内化研究》
184.《朱东水诗草》
185.《戏里戏外》

186.《莫言创作的自由精神》
187.《共青团在山大》
188.《德才兼备通论》
189.《英语专业研究生句法与翻译基础》
190.《冷眼看热点：城市革命》
191.《马克思主义研究辑刊（2014 年卷）》
192.《当代美国拉美裔文学研究》
193.《劳动人事争议仲裁理论与案例评析》
194.《文化产业经营管理》
195.《岱岳耕地》
196.《网事悠悠》
197.《网海语航》
198.《多维度视界》
199.《海悦千流（2014）——山东大学（威海）本科生科研成果汇编》
200.《会计先锋》
201.《风险社会视阈下大学生风险防范意识教育问题研究》
202.《路上的路人》
203.《中国农村卫生适宜技术筛选评估研究》
204.《“狂欢化”写作——莫言小说的艺术特征与叛逆精神》
205.《山东发展统计报告（2014）》
206.《排斥与融入：人口城市化进程中农民市民化研究》
207.《中国政治制度史》
208.《英语单词用法集注》
209.《新高等学校会计实务》
210.《长清耕地》
211.《影像编辑实战教程》
212.《冉昭德文存》
213.《山东大学年鉴（2012）》

（陈海伟）

高教研究

一、积极为学校改革发展服务

发挥高等教育研究中心研究特长，围绕学校主要工作，开展信息调研等活动；参与学校对于登州文会馆历史沿革的考证、研究和整理工作，参与主持了学术活动，撰写论文；接受中央电视台、新华社、山东卫视等众多媒体采访，向社会大众宣讲国家教育改革的形势，提出改革建议等。就大学通识教育问题接受《中国科学报》专访，并推动了校内通识教育的开展；参与学校留学教育研究工作，为学校国际化发展提供智力支持；承担学校相关部门委托的“山东大学本科生学习情况调查”的研究课题。参与学校人才培养综合改革报告的讨论撰写，为学校的教学工作积极进言献策。

二、研究生教育工作

1. 完成今年高等教育学硕士研究生招生、阅卷、初试、复试及其录取工作。共招收研究生 5 人，留学生 2 人。完成了 2011 级研究生毕业论文答辩和在校生的中期筛选工作。

2. 完成了 2013 级、2014 级硕士研究生教学任务。共讲授高等教育哲学、前沿讲座、比较高等教育、教育研究方法、专业外语、经济学原理、高等教育管理学（含管理学基础、大学发展分析）、高等教育评价、教育财政学、高等教育经济学等课程。

3. 完成了思想政治教育、德育等各项考核工作。

4. 日常管理。（1）奖学金评审。成立评审委员会，设计评审程序及规范。今年，有 1 名同学获研究生国家奖学金和山东大学优秀研究生；有 1 名同学获山东大学优秀研究生干部奖学金。（2）“助管”“助研”岗位聘任。共有多名学生获在学校机关党委、本科生院、教学促进与教师发展中心、国际事务部和高等教育研究中心担任助管、助研工作。（3）班级社团管理。建立健全完善班级组织，成立高等教育研究中心研究生会，定期开展活动。（4）开展有特色职业规划和就业、创业教育。完成 2014 届研究生就业派遣和研究生就业追踪任务。（5）积极开展研究生心理健康教育。

5. 学术文化与社会实践。支持研究生参加高等教育研究中心“高等教育前沿讲座”，锻炼其研究能力；组织研究生参加社会实践活动，参观山东大学传统文化研究与体验基地；多名学生在导师带领下参与学校教学促进与教师发展中心“教师发展”和本科生院“中国大学生学习与发展追踪研究”课题研究。

6. 研究生党建工作。完善研究生党小组相关制度建设，注重对研究生入党积极分子日常考察、发展和培养。今年共有 4 名同学（含 2 名预备党员）均通过转正考察；对 1 名入党积极分子进行了重点考察。

7. 中心资料室建设。本年度订报刊和购买图书计款 1.5 万元，确保了高教研究和研究生教学工作的顺利开展。

三、科研成果

1. 发表论文、参编著作。本年度，发表在 CSSCI 核心期刊上论文，共计 10 余篇，另外完成书稿一部。

2. 承担研究项目与课题。本年度，立项校内外各级各类课题，共计 10 余项。在研“教育部人文社科规划课题”《大学内部重点建设的组织行为学研究》；继续参与 2013 中国教育发展战略学会研究课题《中美研究型大学创新能力比较研究》和 2013 年教育部人文社会科学研究专项，《高校辅导员职业发展标准研究》取得阶段性成果。另外，完成了 2014 年山东大学人才引进专项；参与山东大学本科生院“中国大学生学习与发展追踪研究”课题研究；完成省教育厅委托山东省本科教学质量报告，山东省本科高校综合评估重点课题论证，山东教育史志办《山东省志·教育志》编审等工作。

四、开展学术交流（访问）活动

1 人完成赴美访学工作；1 人完成在北京大学教育学院“教育部青年骨干教师国内访问学者项目”访问学者工作；1 人参加北京大学“社会调查数据分析方法”暑期学校；1 人参加山东大学教师教学发展培训。

五、举办高等教育前沿讲座

高等教育研究中心坚持每周围绕一个主题，以讲座形式召开一次学术研讨会，本学期共举办高等教育前沿讲座共计 10 场次。

六、《高教动态信息》发布和内刊《医学教育》编辑

完成每周 1 期《高教改革与发展动态》信息的搜集整理与发布，全年共发布 37 期，共计 660 余条，受到学校领导、中层干部和教师赞扬。全年编辑出版《医学教育》内刊共 2 期，发表论文 90 余篇，计 12 万余字，与全国 40 余所高等医学院校进行了交流。

七、为地方经济建设服务

1. 认真做好山东省高等教育学会、山东高等工程教育研究会秘书处各项工作。编辑刊发山东省高等教育学会网《高教信息动态》稿件百余篇；参加 2014 年在中南大学召开的中国高教学会系统秘书长工作会议；布置完成山东省高教学会“十二五”教研课题结题工作；协助二级分会开展工作。

2. 认真做好山东省高等医学教育研究中心及省医学会医学教育分会办公室工作。

完成医学教育课题和省高等医教中心 2013 年第六批 53 项课题的中期检查；组织召开了山东省医学会第十四次医学教育学术会议暨省高等医学教育研究中心 2014 年学术年会；完成医学教育优秀论文评选、医学教育分会换届及会史撰写等工作。

八、完成学校其他工作

按照学校统一部署，认真完成高教中心党风廉政工作规划、落实 群众路线教育工作的整改落实工作；修订、制定了 8 个制度文件；参与 2013 年校级课题“趵突泉校区近现代建筑群调研与宣传”于今年 7 月顺利结项，被学校评为优秀课题。

（李卫东）

工程训练

2014年，山东大学工程训练中心党政领导班子以“为学生谋成才，为职工谋福祉，为中心谋发展”为使命，按照“整体设计，优化完善，突出特色，注重创新”的发展思路，带领中心全体教职员工，攻坚克难，改革创新，全力实施《山东大学工程训练中心“十二五”发展规划》，各项工作跃上新的台阶，一些重点工作实现新的突破。

一、教学条件趋于完善

2014年，中心获批55.68万元实验室建设经费，购进美国哈希设备4台套、热处理设备20台套、三维打印机5台、计算机5台、人工智能与机器人创新平台3台套、慧鱼机器人19台套；与北京大学联合共建“机器人创新实验室”；与控制学院联合共建“仿真工厂实验室”；与历史文化学院共建完成了“文物保护实验室”；获赠美国德州仪器（TI）大学7万余元设备；获赠北京大学智能控制实验室单关节机器鱼等2万元设备；获学校调拨设备4台，价值120.08万元；工程文化体验馆新增仪器设备47台套；内部调整搬迁设备70余台；维修设备80余台。

二、队伍结构趋于优化

2014年，引进硕士学位人员1名；聘用工程技术人员2名；4人晋升工程师，1人晋升助理工程师；管理系列2人晋升七级职员，4人晋升八级职员；选派8名教师外出培训。

陈言俊当选国际水中机器人联盟副主席、中国工程机器人及国际工程机器人联盟（TFER）中国委员会副主席、山东省物联信息工程创新教育联盟首届秘书长；朱瑞富当选华东高校工程训练教学学会理事长、山东高校工程训练教学学会理事长、山东省大学生工程训练综合能力竞赛组委会常务副主任；刘新当选山东省大学生工程训练综合能力竞赛组委会副主任等。

刘刚、周小泉、洪新伟获评山东省大学生工程训练综合能力竞赛优秀指导教师，王立志获评“Robocup中国机器人大赛洛阳公开赛优秀指导教师”，陈言俊获评山东大学2014年度“我最喜爱的老师”，陈言俊、宋思利获评山东大学2013年度课堂教学质量优秀教师，吴涛获评2013年度山东大学网络文化建设与管理先进个人，曹庆峰获评山东大学2013～2014年度教育拓展工作先进集体和优秀个人，刘健获评山东大学2014年度网络新闻宣传工作先进个人，洪新伟获评山东大学 2014 年度网络新闻宣传优秀通讯员，陈言俊获评山东大学 2014 年度网络新闻宣传优秀作者，刘新、魏国玲、左凌燕、杨传利、冯森、刘保国、李曙光获评山东大学工会积极分子，左凌燕、管清云获评山东大学计划生育先进个人等。

三、实践教学实现突破

2014 年度，共接受全校各学院工程训练等各类学生 13064 人次，创历史之最；开设选修课程 29 门次；3 门通识教育核心课程分别在四个校区开课，选课学生 743 名；保质保量地完成了学校下达的各项教学任务。

成功举办“山东大学工程训练综合能力大赛”；成功举办“山东省大学生工程训练综合能力竞赛”，获省级一等奖 3 项、二等奖 3 项。

与本科生院联合制定了《工程训练中心加强创新实践教学实施方案》，积极推动工程训练进入《2014 版山东大学本科教学计划》。在《本科生院 2014 年工作计划》中特别指出：充分发挥工程训练中心作用，吸引更多学科的学生接受工程训练。

四、创新训练再创佳绩

组队参加各项赛事 12 项，获各类竞赛奖 113 项，其中国际冠军 1 项；全国冠军 1 项、亚军 1 项、特等奖 3 项、优秀作品奖 1 项、一等奖 11 项、二等奖 12 项、三等奖 21 项；省级一等奖 20 项、二等奖 20 项、三等奖 4 项；校级一等奖 3 项、二等奖 4 项、三等奖 1 项；2014 年指导和完成 2013～2014 年度国家级大学生创新训练计划 9 项，其中获校一等奖 3 项、二等奖 3 项、三等奖 2 项；指导和完成山大大学生科技创新基金 21 项，全部通过答辩；获批 2014～2015 年度国家级大学生创业训练计划项目 2 项、创新训练计划项目 4 项；申报山大大学生科技创新基金立项 23 项；成功举办各类科技创新赛事活动 10 项，累计受益学生已达 3900 人。

五、暑期教学形式多样

中心暑期学校开设 4 门课程，参训学生 192 名；接待电气、控制、机械等卓越班工程训练参训学生 411 名、威海分校工程训练参训学生 986 名；对参加全国大学生电子设计竞赛、人工智能与机器人基础训练的学生开展大赛强化训练和专项练习，111 名学生参训；参与全国青少年高校科学营——“感悟名校，放飞梦想”活动，240 名山东分营营员参观中心，并在陶艺训练室亲手体验陶艺制作。

六、教研科研全面丰收

参获 2014 年高等教育国家级教学成果二等奖 1 项、第七届山东省高等教育教学成果一等奖 1 项、二等奖 2 项；获山东省教育技术与装备协会 2014 年度优秀学术论文一等奖 1 项、二等奖 4 项；入选国家精品资源共享课程 1 门；获批教育部工程训练教学指导委员会教育科学研究项目 2 项（主持、参加各 1 项）、省级科研项目 1 项、校软件建设项目 3 项、横向科研项目 16 项；结题省自然科学基金项目 1 项、校软件项目 6 项；

校课程中心平台课程数由6门增至22门，其中6门获评“工程训练中心优秀课程网站”；发表教科研论文10篇；主参编教材4部；获批实用新型专利4项，申请发明专利2项；开发制作水晶内雕、孔子像、科教仪器等教学产品百余件。

七、培训招生增量提效

2014年，培训科共计实现毛收入156.84万元。其中，网络学历教育实现招生829人，中心直招生297人，目前在线学生共1473人，毛收入85.26万元；完成各种技能培训245人次，毛收入14.04万元；安全技术培训190人，毛收入11.54万元；签订安全生产标准化评审合同16家，毛收入46.00万元。

八、生产发展势头良好

通过“调拨调整，补充完善”方式，搭建了完整配套的外协加工和产品生产两大平台，先后从学院调拨加工中心1台、数控车床1台、数控铣床1台、线切割机床1台，从中心调整到生产线切割机床1台、数控铣1台、数控车1台、磨床2台、铣床2台；2014年通过ISO9000质量认证，机械厂生产开始实施全面质量管理。研制成功金工实习专用中频感应加热电炉5台、金工实习专用中频感应加热熔炼炉1台；完成各类零件加工3200余件，实现产值68万余元；已签订140万元真空泵外协加工生产合同；养鸭场饲料配送机正在开发生产；生产条件显著改善，生产环境明显改观，生产管理得到强化，表明中心生产开始步入新的历史发展阶段。

九、中心管理趋于细化

制定《工程训练中心规章制度体系建设方案》，已完成98%制度的修订和汇编工作，其中制修订规章79项，新定制度20项；修订和完善了工程训练教学计划、大纲等教学文件；先后组织召开了中心党的群众路线教育实践活动总结大会、第二届教职工代表大会暨第二届工会会员代表大会和全体党员大会；完善了党政联席会、主任办公会等制度；制定和实施了《2014年工程训练中心岗位绩效工资调整方案》，民生工程全面改善；申报2014年党组织课题立项3项；验收2013年党组织课题立项3项，其中获一等奖1项、三等奖1项；发表网站新闻稿件53篇，更换宣传栏2期，制印机械厂宣传彩页（2000册）、中心宣传册（2000册）；中心网站获评2013年度山东大学优秀网站，山东大学2014年度网络新闻宣传工作优秀组织单位；在全国高校“礼敬中华优秀传统文化”系列活动评选活动中，山东大学“中华文化体验与教育活动”获评全国十佳示范项目。山东大学工程训练中心的“传播工程文化，培养卓越人才——秉承博大精深的中华工程文化打造山大特色的工程文化育人平台”作为其中8项优秀成果一并入选。完成机床设备负责人标牌、卫生责任区标牌、办公室告示盒（100个）、危险警示牌（4个）、可移动宣传栏（4个）的设计和制作；完成会议室文化环境设计与建设（文化墙、网络电视、巨幅油画等）等。

十、全面开展民生改善

2014 年，继续增加岗位津贴（平均增加 20%）、提高公积金。免费提供纯净水、消毒液、汽车清洗、降温茶、运动鞋、劳保用品、加班费、暑假午餐费、讲课费、收入提成、先优奖励、学费报销、出差补助等；全员发放交通费、定制工作服、提高丧葬费标准等；另外，设立中心交通班车、美化室内外环境、改善办公条件等公共民生工程进一步改善。

十一、示范辐射作用增强

共举办各类竞赛活动及会议 13 项，累计受益学生已达 2500 人。先后两次到中国矿业大学参加新工程训练中心建设论证会和建设方案评审会；应邀在“山东省现代实验室管理论坛”和“山东省高校实验室及装备建设工作研讨会”上做《国家级实验教学示范中心的申报与建设》经验介绍 2 次；参加山东省实验中学科技创新运动会 2 次；当选华东高校工程训练教学学会理事长单位、山东省高校工程训练教学学会理事长单位、山东省大学生工程训练综合能力竞赛组委会常务副主任单位；获评中国工程机器人大赛暨国际公开赛“教育与竞赛示范基地”称号、2012～2014 国家大学生创新创业计划实施先进单位称号等。

在新的一年里，我们要深入贯彻落实党的十八届四中全会精神，坚持科学发展、内涵发展、质量发展、特色发展，以更加强烈的责任感、使命感和紧迫感，进一步解放思想，求真务实，改革创新，扎实做好各项工作，努力开创中心事业发展新局面！

（朱瑞富　洪新伟）

网络与信息建设

一、校园网建设

完成青岛校区智慧校园规划、设计工作；实现了济威青三校区间的2.5G网络互联；完成济南各校区27座楼宇的无线全覆盖、前端设备改造和中心校区机房供电环境改造工作，及楼宇间17条光纤备用链路建设，实现部分楼宇专网业务的独立光线互联和接入设备的千兆上联；完成2014年500万元中央预算项执行推进工作。

二、应用系统建设与技术支持

新建学生电子迎新系统、教职工服务平台、学生综合服务平台、资产平台、后勤工程修缮申报系统，继续对人事、学术等已有系统进行后续建设和二次开发、维护；重点时期对重点系统进行重点保障；完成10余门软件工程硕士课程和MOOC教学平台的建设与维护工作。

三、网络安全管理

完成了10栋楼宇的上网认证改造，实现终端实名制上网；部署web应用防火墙，拦截对服务器的攻击；制定虚拟主机网站上线安全审核制度、木马病毒定期查杀制度，已纠正漏扫问题网站20余个、清理木马入侵网站30余个；“六四”前后，每天24小时技术值班，对校园网信息系统及网站进行安全保障。

四、校园卡工作

完成校园卡电子服务平台和掌上一卡通的论证、招标、开发、部署和上线工作；完成校园卡部分业务子系统整合、迁移、支持工作，以及校园卡系统核心设备运维、调优、业务功能拓展等工作。全年完成各类制卡4.5万张，充值1.53亿元；完成上缴学校各类收入共计325.85万元。

五、电子政务服务

启用新的办公自动化系统、统一门户与办公信息统一认证系统。自试运行以来，已经处理、发布各类文件、通知、合同审核等2000余条，通过系统发送的提示短信近

20000 条。为教育部公文与信息交换平台、教育厅公文传输系统、学校保密工作提供技术支持。视频会议。为今年 30 余次视频会议提供技术支持与现场服务。

（刘　琪）

辅导员工作研究会与培训基地

2014年，辅导员工作研究会与培训基地办公室坚持以邓小平理论、“三个代表”重要思想和科学发展观为指导，紧紧围绕高校辅导员队伍建设实际，扎实推进各项工作，不断提升工作科学化水平，有力地推动了全国高校辅导员队伍专业化、职业化建设。

一、研究会工作开创新局面

（一）开展第六届“全国高校辅导员年度人物”评选活动

与教育部思政司联合组织了第六届“全国高校辅导员年度人物”评选活动，评选出“全国高校辅导员年度人物”10名、荣誉奖1名、提名奖39名、入围奖150名。5月4日，刘延东副总理专门接见了10名第六届“全国高校辅导员年度人物”并与他们亲切座谈。在全国高校辅导员工作现场会上，对第六届“全国高校辅导员年度人物”进行了表彰。年度人物评选活动的引领作用和年度人物的典型示范作用不断增强，对凝聚辅导员职业理想，引领辅导员走专业化、职业化道路，起到十分重要的作用。

（二）举办第三届全国高校辅导员职业能力大赛，着力提升辅导员专业素质

举办了第三届全国高校辅导员职业能力大赛，以赛代训、以赛代练，着力提升辅导员专业化水平。大赛分初赛、复赛和决赛三个阶段，初赛由各省（区、市）教育工作部门组织；复赛首次以分赛区组织的形式开展，全国共分6个赛区组织复赛；决赛在山东大学举办。第三届大赛结束后，研究会面向有关专家、参赛选手及辅导员征求了意见，制定了统一的职业能力大赛复赛和决赛手册。大赛的覆盖面不断扩大，更多的辅导员参与到赛事中来，赛制规程更加统一，比赛内容更加科学，集中展现了广大辅导员昂扬的精神风貌、高尚的道德品质和精湛的职业能力和专业素养。

（三）召开全国高校辅导员工作现场会，部署辅导员队伍建设

5月9日，全国高校辅导员工作现场会在山东大学召开。教育部党组副书记、副部长杜玉波出席会议并作重要讲话，对高校辅导员队伍建设作出部署。山东省副省长夏耕，研究会会长、中共山东大学党委书记李守信等领导出席现场会。教育部思政司领导出席会议，各省（区、市）党委教育工作部门、新疆生产建设兵团教育局的相关处室负责人，教育部直属高校学工部长、研工部长，“全国高校辅导员年度人物”及年度人物提名奖获得者等参加会议。会上展示了第六届“全国高校辅导员年度人物”事迹视频，表彰了辅导员年度人物评选和第三届全国高校辅导员职业能力大赛的获奖选手。会议还

进行了优秀辅导员工作交流，全场辅导员进行了庄严宣誓。通过召开现场会，充分展示了优秀辅导员的先进事迹、精神风貌，谋划部署了辅导员队伍建设工作，对进一步推动高校辅导员队伍的专业化、职业化建设，发挥了重要作用。

（四）召开大学生思想政治教育工作研讨会，研究提升工作质量新举措

2月27～28日，2014年大学生思想政治教育工作研讨会在哈尔滨举行。教育部思政司司长冯刚作会议主报告，教育部直属高校、部分部委直属高校和省属高校党委学工部、研工部等有关单位负责人参加会议。本次会议由研究会主办、哈尔滨工程大学承办，会议总结交流了大学生思想政治教育创新发展的经验和成果，分析了工作面临的新情况、新任务，研讨了提升工作针对性实效性的举措，对新形势下大学生思想政治教育有关工作作出了部署。

（五）举办全国高校辅导员工作优秀论文评选，推动辅导员工作研究深入开展

研究会组织开展了2014年全国高校辅导员工作优秀论文评选活动。各地各高校高度重视，认真对本地本校上报的辅导员工作论文进行评审，推荐了一批高水平论文参加评选活动。辅导员工作优秀论文评选活动的开展，对于总结辅导员工作经验、促进辅导员工作交流、展示辅导员研究成果，提升辅导员理论研究水平起到了重要作用，充分调动了一线辅导员开展工作研究的热情。

（六）举办第七届全国高校辅导员工作创新论坛，搭建辅导员交流提升平台

12月20～22日，由研究会主办、华中师范大学承办的第七届全国高校辅导员工作创新论坛暨全国高校辅导员职业能力发展培训班在武汉举办。各省（区、市）教育工作部门推荐的辅导员骨干、2014年度全国高校辅导员工作优秀论文评选获奖论文作者参加活动。论坛期间，表彰了2014年度全国高校辅导员工作优秀论文，教育部思政司领导及有关领导专家作了专题报告，获奖作者代表进行了主论坛发言。与会人员围绕“提升专业水平和职业素养，做学生满意的辅导员”等五个主题，开展了分论坛研讨，并在华中师范大学学生事务大厅等进行了现场学习观摩。

（七）深入开展辅导员国内高校交流活动，为辅导员提供多岗位锻炼平台

辅导员国内高校交流活动每学期组织一次。2014年，为近百名辅导员提供了跨校工作交流和多岗位锻炼的机会，有效地整合了教育资源，促进了校际交流与合作，取得了良好的效果。参加交流的高校范围不断扩大，既有教育部直属高校，也有省（区、市）所属院校；既有“985”“211”工程院校，也有普通院校；既有本科院校，也有高职高专院校。来自不同类别、不同层次高校的辅导员，在第二校园开阔视野、交流经验、丰富经历、学习本领，个人工作能力、专业化水平得到全方位提升。

（八）建立全国高校辅导员联系机制，密切与广大辅导员的联系

为探索辅导员队伍专业化、职业化建设的新举措，密切与广大辅导员的联系，及时了解和掌握辅导员工作情况，加强信息沟通和工作研判，为教育主管部门提供决策依据，研究会建立了全国高校辅导员联系机制。从全国高校遴选出131名辅导员担任联系人，通过电话、QQ群、电子邮箱等方式，与联系人密切开展信息交流，及时发现辅导员工作中的经验做法，提出意见建议，帮助辅导员解决实际问题。

（九）积极参与“社会主义核心价值观协同创新中心”建设

与“社会主义核心价值观协同创新中心”签订组建框架协议，由研究会会长、中共山东大学党委书记李守信牵头，依托研究会，开展高校社会主义核心价值观教育主阵地队伍建设平台建设。“社会主义核心价值观协同创新中心”由清华大学牵头，上海市教卫工委、山东大学、东北师范大学等多家单位共同参与。该中心的主要任务是坚持理论与实践相结合，在社会主义核心价值观的研究、教育、传播方面，不断取得突破性进展。该中心将集中力量建设好六方面的学术平台，共同申报“2011 计划”。

（十）深入开展辅导员职业能力标准研究，为《职业能力标准》的颁布提供主要依据

承担了教育部人文社科研究项目“高校辅导员职业发展标准研究”“高校辅导员职业能力标准研究”等课题，按照行业发展规律和辅导员自身发展的内在需求，通过组织研讨、调研和论证等，并充分利用《高校辅导员》杂志这个平台，开辟专门栏目，集全国辅导员之合力，开展了辅导员职业能力标准研究，为颁布的《高等学校辅导员职业能力标准（暂行)》提供了主要依据。

（十一）加强全国高校辅导员信息管理系统和网站建设，为相关活动的开展提供数据信息支持

受教育部思政司委托，研究会承担了教育部委托课题“基于信息管理系统架构的高校辅导员网络文化建设管理机制研究”，开发了全国高校辅导员信息管理系统。该系统集辅导员信息采集、检索、统计、管理功能于一体，能够及时、准确、全面地掌握全国高校辅导员信息，对辅导员信息进行实时统计和动态管理，为辅导员各项政策制定、活动开展、科学研究提供数据信息支持。与之相配合，研究会还进行了“高校辅导员”网站的改版工作，着力打造高校辅导员信息管理、信息发布、工作研究、职业培训、活动组织和资源共享等方面的平台，突出网站的学习交流功能。

二、辅导员培训和研修基地工作再上新水平

（一）圆满完成教育部交付的培训任务

承办第 85 期全国高校辅导员骨干培训班。7 月 26～29 日，由教育部思政司主办、教育部高校辅导员培训和研修基地（山东大学）承办的第 85 期全国高校辅导员骨干培训班在青岛举办。来自全国各地的 2014 年高校优秀学生工作者出国研修项目留学人员参加培训。

（二）认真做好山东高校辅导员培训培养工作

举办高级研修班，培养高校辅导员骨干。4～5 月，第六期山东高校辅导员高级研修班在山东大学举行。全省高校 82 名辅导员骨干参加研修。举办山东高校辅导员高级研修班，是加强高校辅导员骨干队伍建设、提高大学生思想政治教育工作质量的重要途径，对于帮助辅导员开阔视野、拓展思路，提高理论水平，增强创新意识，提升育人能力，培养一批辅导员工作的骨干、专家和领军人物，具有十分重要的意义。

举办辅导员工作论坛，提高育人水平。

3. 建设名师工作室，打造辅导员行业领军人物

为进一步落实《高等学校辅导员职业能力标准（暂行）》和《普通高等学校辅导员培训规划（2013～2017年）》要求，推进辅导员队伍专业化、职业化建设，提升大学生思想政治教育工作质量，12月2～6日，中共山东省委高校工委、教育部高校辅导员培训和研修基地（山东大学）联合组织山东高校辅导员名师工作室主持人赴中山大学、华南理工大学、福州大学、厦门大学等高校开展学习交流，就高校日常思想政治教育、网络思想政治教育、辅导员队伍建设、“第二课堂”建设等进行了研讨。

（三）大力推进山东大学辅导员专业化、职业化建设

1. 开展山东大学辅导员职业培训等级认定工作

按照《山东大学辅导员职业培训实施办法（试行）》有关要求，基地办公室组织开展了2014年度山东大学辅导员职业培训等级认定工作，14名辅导员通过高级职业培训等级认定，86人通过中级职业培训等级认定，38人通过初级职业培训等级认定。职业培训等级认定工作的开展，进一步推动了我校辅导员队伍专业化、职业化建设，完善了辅导员队伍可持续发展的长效机制，提升了辅导员工作科学化水平。

2. 做好山东大学辅导员职业培训工作

为拓宽辅导员视野，提升辅导员育人能力和工作水平，推进辅导员队伍建设，基地办公室扎实开展山东大学辅导员职业培训工作，充分利用各种资源，提高我校辅导员的知识水平和业务素质，加强我校辅导员队伍专业化、职业化建设。一年来，办公室先后安排辅导员职业培训选修课程24门，并组织辅导员到北京航空航天大学、北京师范大学、清华大学进行了学习。

（四）着力做好辅导员博士生培养相关工作

基地依托马克思主义学院做好高校辅导员在职攻读思想政治教育专业博士研究生专项计划的招生培养工作，2014年度招收了8名辅导员博士。积极做好辅导员博士生信息统计工作并上报教育部。制定实施《高校辅导员在职攻读思想政治教育博士学位管理规定》，结合辅导员特点，对辅导员博士生报考、招生、培养、管理等工作作出具体要求。

三、不断提高《高校辅导员》办刊质量

《高校辅导员》自2010年4月创刊以来，坚持把内容质量看作刊物的生命线，明确了约稿、组稿制度，制定了选稿标准，把发表高水平论文作为提升刊物质量的重中之重。2014年，《高校辅导员》刊登文章123篇，既有教育主管部门领导的宏观指导，又有思想政治教育专家的理论分析；既有思想政治教育工作者尤其是辅导员的理论研究，又有他们开展工作的感悟和体会。杂志每期订阅赠阅量接近1万份。目前，杂志被引频次超过800次，web下载量总计超过6.4万次。杂志办刊质量越来越高，搭建了思想政治教育工作者开展理论探索、工作交流的重要平台，建设了辅导员的“精神家园”，在很大程度上解决了辅导员工作研究专业性学术期刊缺少、辅导员发表研究成果难等问题，对全国高校辅导员队伍建设提供了有力指导。

（孙大永）

《文史哲》编辑部

2014 年，通过编辑部同仁的齐心努力，除了期刊日常的编辑组稿工作外，主要做了以下工作。

一、《文史哲》英文版编辑、出版与发行

为了让世界学术界更好地了解和观察中国，更好地感受中国思想界的动态，更好地把握中国人文学术的变化与走向，为中外学术界搭建沟通对话之桥，2011 年起，《文史哲》编辑部着手筹备《文史哲》英文版（*Journal of Chinese Humanities*）的编辑出版工作。经过三年多的努力，《文史哲》英文版已于 2014 年 6 月份创刊发行。2014 年 6 月 25 日，“方法与路径：中国文化如何走出去”学术研讨会暨《文史哲》英文版创刊号首发式在青岛举行。

英文版的编辑、出版与发行，由《文史哲》编辑部与荷兰博睿学术出版社（Brill）合作完成。《文史哲》编辑部负责选题策划、组约稿件和编辑加工，荷兰博睿学术出版社（Brill）负责出版与发行。英文版的出版发行方式为数字出版，线上发行。期次初定为半年刊，待条件成熟再出版季刊。英文版严格遵循国际学术规范，实行国际学术期刊界通行的匿名同行评审制度。英文版编委会由余英时、王靖宇、安乐哲、池田知久等 20 余位海内外一流学者组成。

《文史哲》英文版的与众不同之处，在于以“专题”形式呈现，每期集中讨论一个海内外学界共同关注的重大学术问题。英文版创刊号主题为“中国社会形态问题”，首期刊发中国学者文章 6 篇，海外学者文章 3 篇。

二、举办“方法与路径：中国文化如何走出去”学术研讨会

由《文史哲》编辑部主办的“方法与路径：中国文化如何走出去”学术研讨会暨《文史哲》英文版创刊号首发式 25 日在青岛举行。来自中国各大高校和科研机构的 30 余位具有海外学术背景的专家学者相聚一堂，共同探讨中国文化如何走出去，并就《文史哲》英文版的进一步发展提出诸多建设性意见。

三、召开 2015 年选题策划工作会议

2014 年 10 月 18～19 日，《文史哲》编辑部召开了 2015 年选题策划工作会议。会

议着重围绕各专业领域中的学术热点、研究动态展开深入探讨，并据此提出对 2015 年选题思路及稿件编辑工作的设想。

四、推进期刊数字化进程

2014 年，在 2012 年对编辑部网页改版的基础上，进一步推出新的改版措施。主要内容是：开设英文版专栏；每期推出 PDF 格式全文数据；加强人文学术信息和动态的跟踪报道。此外，已经开通“《文史哲》官方微博”，通过手机终端提升期刊的社会影响力。

（刘京希）

《山东大学学报》(哲学社会科学版)

一、学术侧重鲜明的学报出版

重点关切、刊发重大学术理论创新问题和重要社会经济发展问题的研究成果。2014年，仍将“国家社科基金项目成果专栏”“当代中国重大现实问题探讨”“本刊特稿”“年度学术报告”“产业经济理论与政策”“诠释学与经典诠释”作为重点特色栏目，新辟“社会治理方式创新研究”“政治学研究”等专题研究栏目，在各栏目发文的学者有汤吉军、马新、罗润东、刘炳君、武树臣、郭明瑞、张贤旺、肖金明、陈金钊、桑玉成、马来平等，其研究成果具有较高学术水平和学科前沿创新价值，受到学界及社会关注。全年双月刊6期发文凡107篇，约175万字。

二、基金项目论文所占比重增大

国家社科基金项目的论文计27篇，占全年发文量的25%；各类基金项目的论文为107篇，占全年发文量的74%。显示论文学者研究的活跃、持续、系统、深入、优质、前沿性。

三、复合影响因子排序居前

2014年《中国学术期刊影响因子年报》(人文社会科学)(2013)显示：在综合性人文社会科学类期刊复合影响因子排序中，《山东大学学报》(哲学社会科学版)列全国第27位，表明《山东大学学报》(哲学社会科学版)学术质量较高，学术影响力较大。据《2014年度“复印报刊资料”转载学术论文指数排名》统计，在“高等院校主办学报排名”中，“全文转载量排名”计18篇列第31位、“全文转载率排名”列第29位、“综合指数排名”列第31位。

四、被评为全国高校精品社科期刊

在四年一度的第五届全国高校社科期刊评优活动中，本刊被评为全国高校精品社刊期刊。评优活动由全国高校文科学报研究会举办。

五、参与合办国际学术会议

6月14日至15日，《山东大学学报》（哲学社会科学版）编辑部与山东大学博弈论与经济行为研究中心、经济学院等共同主办了“第九届产业经济学与经济理论国际研讨会”，来自加拿大卡尔顿大学、美国南加州大学、香港岭南大学、台湾中央研究院、清华大学、南京大学、南开大学、中国人民大学、东南大学、中山大学、山东大学等海内外20余所高等院校、科研机构近80位专家学者与会。加拿大卡尔顿大学陈智琦教授、中国香港大学周文教授、清华大学 Michael R. Powers 教授、美国南加州大学 Harrison Cheng 教授、中国香港岭南大学与山东大学林平教授等作了大会专题报告。

（牟　进）

《山东大学学报》（自然科学版）

2014年，编辑部承担着《山东大学学报》（理学版）（月刊）、《山东大学学报》（医学版）（月刊）、《山东大学学报》（工学版）（双月刊）、《山东大学耳鼻喉眼学报》（双月刊）的编辑出版任务。本年度在职人员中，事业编制16人，其中编审2人，副编审10人，编辑4人；非事业编制4人，劳务协议人员1人。2014年，在学校及编委会的正确领导下，在同志们的共同努力下，承办的4个期刊的学术质量、编辑印刷质量及相关引证数据稳定提高，各项工作都取得了较大的进步。

1. 英文刊办刊获得出版许可证。由编辑部组织申报、彭实戈院士为主编的英文新刊 *Probability, Uncertainty and Quantitative Risk*（中文刊名：概率、不确定性与定量风险）在去年“中国科技期刊国际影响力提升计划”获准立项的基础上，2014年11月获得出版许可证，中国科协一次性支持经费50万元到位。这是国家批准我校创办的第一本英文科技期刊。

2. 大力提升服务水平。注重与编委会及专家联系，强化对学科的针对性数据分析，密切了与相关学科关系。进一步推进数字出版相关工作，稿件处理时间进一步缩短；期刊网络优先出版平均发表时滞比纸质期刊缩短1～2个月。特色栏目建设取得一定成效，与相关学术组织合作进一步拓展和规范。

3. 加强内部制度及编辑队伍建设，规范、科学管理。出台多项内部管理制度；鼓励学科编辑积极参加相关学科学术会议及去兄弟编辑部学习，促进了编辑部建设与管理。

4. 引证数据基本保持稳定。据科技部中信所最新公布的2014版《中国科技期刊引证报告》（核心版）显示，学报引证数据稳定在去年的水平，需要进一步努力提高（见下表）：

理学版、医学版、工学版、耳鼻喉眼学报2002～2013年主要引证数据

项目类别 时间	理学版			医学版			工学版			耳鼻喉眼		
	核心总被引频次	核心影响因子	核心他引率	核心总被引频次	核心影响因子	核心他引率	核心总被引频次	核心影响因子	核心他引率	核心总被引频次	核心影响因子	核心他引率
2002年	80	0.066	0.80	178	0.120	0.85	165	0.311	0.27			

续表

时间 \ 项目类别	理学版			医学版			工学版			耳鼻喉眼		
	核心总被引频次	核心影响因子	核心他引率	核心总被引频次	核心影响因子	核心他引率	核心总被引频次	核心影响因子	核心他引率	核心总被引频次	核心影响因子	核心他引率
2003 年	112	0.136	0.91	250	0.174	0.90	155	0.210	0.56			
2004 年	183	0.239	0.83	225	0.138	0.91	117	0.092	0.83			
2005 年	220	0.231	0.86	383	0.255	0.91	166	0.194	0.83			
2006 年	278	0.311	0.87	349	0.160	0.94	202	0.192	0.92			
2007 年	327	0.327	0.85	427	0.195	0.94	240	0.155	0.96	159	0.182	0.82
2008 年	366	0.214	0.86	522	0.230	0.94	325	0.215	0.94	186	0.213	0.83
2009 年	451	0.287	0.88	652	0.320	0.92	340	0.250	0.94	252	0.198	0.92
2010 年	416	0.345	0.81	736	0.277	0.93	395	0.298	0.93	250	0.177	0.88
2011 年	707	0.492	0.84	840	0.266	0.90	465	0.380	0.82	332	0.222	0.91
2012 年	669	0.391	0.83	996	0.399	0.86	557	0.389	0.77	375	0.293	0.89
2013 年	653	0.357	0.87	923	0.328	0.88	513	0.382	0.88	365	0.239	0.82

5. 理学版论文入选百篇最具影响国内学术论文。在中国科学技术信息研究所“2014 年中国科技论文统计结果发布会”上，我校数学学院史开泉教授于 2009 年发表在学报理学版上的论文《内 P-集合与数据外——恢复》被评为“2013 年中国百篇最具影响国内学术论文”。连同 2011 年获奖 2 篇，理学版共有 3 篇论文获此项荣誉。

6. 获奖：《山东大学学报》（理学版）、山东大学自然科学学报编辑部分获第二届山东省新闻出版政府奖“报纸期刊奖”和优秀团队，各获奖金 2 万元和 1 万元；《山东大学学报》（理学版）《山东大学学报》（耳鼻喉眼）在教育部科技司组织的第五届中国高校精品·优秀·特色科技期刊评比中分获“中国高校优秀科技期刊”奖和“中国高校特色科技期刊”奖。

7. 圆满完成 4 个版学报近 40 期 1000 万字编辑出版等任务，相关收入 140 多万元。增刊出版等创收工作有了一定突破。

（靳光华）

第一附属中学

2014年，一附中坚持“教师发展的沃土，学生成长的乐园”的办学理念和“关怀生命成长”的教育追求，落实“养心育德，养根育能”的教育观。孕育关怀文化，缔造人文精神。以“聚焦课堂，关注学生”为抓手，继承优良传统，坚持改革创新，遵循教育规律，研究学科发展的方向与策略，实现各学科优质均衡发展，打造山大附中学科品牌，为学生的全面发展提供有力支撑。

1. 组织全体教工认真学习十八届四中全会精神，扎实有效地推进党的群众路线教育实践活动整改工作。组织了党支部改选工作由原来的数学支部、文科支部、理科支部调整为语文支部、数学支部、英语支部、理综支部、文综支部、艺体支部。

2. 加强党风廉政建设和领导班子建设。完善反腐倡廉制度建设，构建了具有本单位特点的惩防体系，坚决纠正“四风”，规范权力运行，推进阳光治校，为学校教育事业改革发展提供了有力的保障。强化制度落实，确保科学民主规范管理，领导班子成员根据分工对职责范围内的党风廉政建设进行分工负责，中层领导干部签订《党风廉政建设责任》书，全体教师签订了《山东大学附属中学师德教风建设责任书》。

3. 山东大学与菏泽市定陶县签订协议，在定陶县新建山大附中实验学校，并委托我校管理。积极探索多校区办学机制，附中各部门总结梳理了工作流程，向辅仁、定陶校区输出先进的管理方式。充分发挥附中本部先进教育教学经验的辐射带动作用，在8月份组织了三校区的青年教师培训工作。探索并实施三校区教研一体化模式，共组织了十余次教育教学交流活动，有效地促进了教师的成长和理念的更新。

4. 努力提升德育队伍的建设。在班主任培训方面，通过德育总体培训，理念提升、指导与落实，评价引领，家校合作，班会教育活动，班级常规建设等方面，逐渐形成一系列培训课程。以山东大学青少年研究所为平台开展德育课题研究，在山东大学专家教授指导下，创新德育工作。

5. 注重教育教学常规优质化，确立教学常规优质化的管理底线，各学科从各个环节制定了相应的细致要求。明确规范了教学各环节的工作思路，即遵循理论依据、事实依据—做什么—怎样做（时间、责任人、基本要求）—预期成果—反思（改良、推广）的工作思路有效开展教育教学活动。

6. 开展了教育信息化研究，现代教育技术为促进教学方式的转变提供了技术支持，初步探索尝试翻转课堂、智慧教室的使用，成立了有骨干教师组成的研究团队，开展试验工作。网上阅卷为教师跟踪学生的学习过程提供收集大数据的可能，开展了网上阅卷与数据分析的实验工作。

7. 教育科研工作继续围绕着“教育科研引导并提升学校全面发展，推进素质教育”这一指导思想展开，着重抓住课题研究总结，学习、提升理念。集中校内外学术力量，形成各学科的研究团队，包括校外专家力量、教研组长、学科骨干教师。本年度与华师大庞维国教授合作开展《基于学习科学的有效教学研究》的课题研究取得了阶段性成果。

8. 实施“山大附中教师人文素养研修”，提升教师人文素养。本年度完成了“史学与人生”专题。

9. 合作办学取得显著成绩。山大辅仁学校在习惯养成教育、课程建设、课堂教学改革、衔接教育、学长制、德育课程体系建设等重点工作方面均取得阶段性成果，其中习惯养成教育在2014年12月召开的山东省基础教育论坛上作典型经验交流。山大附中实验学校建立和完善了学校各项管理制度，科学系统地开展教师培训，提升教师理念和教育教学能力，也带动了定陶县整体教育水平的提升，受到当地政府和群众的一致赞誉。

10. 完成了教学楼和综合楼的改造工程，建设智慧教室，智慧校园，加强硬件建设，为教育教学提供有力支撑，为学生的发展、教师的发展和学校的发展创造优良的环境。更新更换部分老化硬件设施，如投影机、微机、广播系统、网络服务器、交换机等，进一步改善教师办公条件。

11. 本年度在各种比赛评优中教师获国家级奖励14人次，省级奖励70人次，市级奖励29人次。孔磊、李彦、林小佳、马晓蕾、薛璐、杨茜、张伦超、张永获历下区教学能手荣誉称号，黄福霞、赵辉获历下区优秀班主任，朱子炎、李彦获历下区教师职业道德建设先进个人，马晓蕾、王道远、薛海东获历下区优秀教师，牛珺、姚璐获历下区未成年人思想道德建设先进个人，郑廷伟获历下区优秀教育工作者。学生获国家级奖励31人次，省级奖励37人次，市级奖励6人次。中考成绩再创新高，毕业生共615人，推荐生录取25人，省实验中学统招线以上204人，占毕业生人数的33.17％。

本年度学校先后被评为历下区教书育人先进单位、历下区教师职业道德先进单位、历下区未成年人思想道德建设先进单位等荣誉称号。

2014年9月，新进教师苏晓虎、李建全、赵然、刘霞、王媛、郭琳、李欣、魏巍、王玉翠、于海涛、魏弢、宋晓爽、王峰、张如、范亚男、徐娇、赵付美、徐小婷、董梅、张永坤、陈琦。

（郑廷伟）

第二附属中学

第二附属中学现有35个教学班（其中小学部16个班），在校生1873人，教职工117人。一年来，我们时刻遵循“为学生的终身发展奠基”的办学理念，围绕“创一流业绩，办精品学校”的奋斗目标，全校师生努力实践“志不求易，事不避难”的校训，积极营造“和谐，淳朴，求精，创新”的校风，在教职工中大力提倡“博爱、严谨、求真、奉献”的教风，激励学生“博学，砺志，求索，奋进”，在各项工作中取得了较好的成绩。

一、党建工作

我校党总支认真贯彻党的十八大精神，借党的群众路线教育实践活动开展为契机，进一步加强领导班子和党员干部的组织、思想和作风建设，充分发挥党组织的战斗堡垒作用，取得显著的工作成效。

我校领导班子党的群众路线教育实践活动民主生活会于1月11日成功召开，班子及成员做了对照检查，并开展了坦诚的批评与自我批评，达到了深化认识、交流思想、增进团结、共同提高的目的。利用每周一上午办公会时间和周二下午组织班子成员和中层干部政治学习，四位校长认真参加网上在线学习和大学的处级干部集中培训等，切实提高班子成员的政治理论水平。为期一年多的党的群众路线教育教育实践活动，党总支严格按照规定程序，认真做好各阶段的工作，圆满完成活动任务，取得了积极的成效。实行领导班子民主决策制度，定期召开党总支委会议和党政联席会；定期召开教职工代表大会，重要制度和文件通过大教代会讨论和通过。

完成了党总支换届选举工作，成立了新一届党总支委员会，由9位成员组成，直属大学党委领导，下设一附小、二附小、二附中三个党支部，现有党员64人。在党总支的领导下，各支部开展了丰富的党员活动。二附中支部的大学基层党组织立项课题《从学科教学出发，立德树人，引导师生成就个人梦想》于2014年顺利结题并获得三等奖，2014年一附小支部申报的《传承经典返本开新》的和二附小支部的《引领成长——争当育人模范，勇为教学专家》均获得基层党组织立项。

二、学校管理

2014年，在全体师生员工的积极努力下，学校工作取得较大成绩，荣获历下区教书育人先进单位、历下区未成年人思想道德建设先进单位等荣誉称号；与高新区和国华时代公司签署协议，共建国华印象学校，实现经济效益和社会效益的双赢；获得山东省标准化建设项目的立项，2015年年底结题，将促使学校各项制度更加健全和规范。

（一）民主管理，依法治校

坚持校务公开、财务公开等办事制度，充分发挥民主监督作用。严格实行义务教育阶段“一费制”的规定，严肃查处违规收费行为，实施违规收费责任追究制。学校建立评价主体多元、评价方式多样的教育质量评价机制，每个学期末进行教师评议和学生评议。在教师评优评先、职称评定、岗位聘任、发展党员等方面，严格按照教师考核办法实施，并在全校范围内公示结果，公平公正，教职工满意度高。

2014年2月，召开了三届一次教职工代表大会，通过了《教师工作过程性评价量化标准（讨论稿）》《教职工考勤管理的有关规定（讨论稿）》和《班主任津贴发放办法（讨论稿）》的修改，并完成了工会委员的换届选举工作，成立了新一届工会委员会。

关心教职工的身心健康，一年来先后组织教工参观了永锋钢铁集团公司和时传祥纪念馆，举行了教职工趣味运动会比赛，组织老师们定期查体，为老师们配备健身器材，关心离退休教师的身心健康，邀请离退休老教师重返校园，召开一年一度的重阳节座谈会。

（二）队伍建设

2014年4月，大学党委任命刘成军为二附中副校长，分管后勤工作，学校领导班子配备齐全。班子结构合理，有凝聚力，管理能力强，工作导向正确，分工明确，各司其职，团结合作，公正廉洁，责任心强，使学校各项工作有序、高效地运行，工作卓有成效，在群众中有较高威望。

学校成立师德教风建设领导小组，校长担任领导小组组长，全面负责师德教风建设工作。分管领导担任副组长，负责对教职工的监督与检查。通过家长评教、学生评教、行风测评、民意测评或各种评比的“公示”形式征求意见。采取平时抽查、半年检查、年终综合考核的办法，抓好日常的监督落实工作。与教师签订师德教风建设责任书，并将落实师德教风建设责任制的情况纳入年度考核。2014年的历下区教师节表彰大会上，我校的何虹、景玉岭、李艳荣获优秀教师称号，龚天雁、黄晨获得优秀班主任称号，王继萍、王兆贞获得优秀教育工作者称号，张婵娟、管慧获得职业道德先进个人称号，宋方奎、陈肖获得未成年人思想道德建设先进个人称号，另有63人次的老师在各类比赛中获奖。

坚持以师德建设为核心，实施了青年教师培养计划——青蓝工程。采取走出去请进来的方式，邀请著名教授、作家来校开讲座，先后派老师到杭州、淄博、青岛、温州等地进行学习培训。以岗位练兵为基础，坚持开展集体备课、校本研训，中青年教师一帮一结对子活动、青年教师展示课、教研组公开课等活动，有效地促进了教师教学业务水平。2014年1月16日，我校青年教师之家——“知友”俱乐部正式成立。“知友”俱乐部的成立，为广大青年教师搭建了一个展示自我、交流学习的平台。青年教师之家“知友俱乐部”被评为2014年山东大学“青年文明号”。

（三）德育工作

“以人为本，全方位育人，全程育人，全员育人”是我校德育工作的原则，让每一个学生都能成功、成人、成才，是我校德育工作的目标。建立健全完备的德育育人机制，形成校长、分管校长、德育主任、大队辅导员、级部主任班主任的德育教育主干线，人人、课课、时时、处处都育人的全员育人机制。

加强班主任的选拔和上岗培训与指导，利用教育年会，提高班主任的管理水平。教育年会中，“班主任班级管理论坛”开展得有声有色，来自一附小、二附小、二附中的七位班主任代表分别走上论坛，介绍管理班级的经验，分享自己在教育学生中的点滴收获和教育方法，精彩纷呈，各具特色；“教育疑难问题研讨”活动中，班主任们将自己在管理学生中遇到的疑难问题提了出来，大家围绕问题进行了交流和探讨。完善班主任考评制度，完善了班主任助理制度，实行德育导师制度。发挥家长委员会的育人作用，完善德育网络，形成了学校、家庭、社会德育工作的合力。征集我校优秀家长教育理念，于12月汇编成册的《陪伴　成长》，供全校交流分享。4月，印制了《学生在校言行规范》口袋书，并以此为蓝本，各班开展了为行为规范录制视频比赛活动。

艺术体育工作得到了长足的发展。游泳、篮球、网球、排球、羽毛球等成为我校的体育特色项目，体育工作出现了全面开花的新局面。艺术教育成绩稳中有升，艺术节从校内开始，人人参与，到片上演出，发掘艺术人才，实现了普及与提高的目标：2014年我校获得山东省首届少儿书画大赛优秀组织奖、小学在济南市第十二届中小学电脑机器人比赛获小学组机器人“寻宝”比赛一等奖、“搬运”比赛二等奖，中学在济南市第十二届中小学电脑机器人比赛中荣获初中组机器人FLL比赛二等奖；获得济南市“体彩杯”篮球比赛第七名、历下区第一名，“中国体育彩票杯”2014年济南市中小学排球联赛女子初中组第六名，省网球比赛单打第一名，历下区学生合唱节获一等奖。39人次的学生在各项全国、省、市、区比赛中取得奖项。

（四）教学科研

教学质量稳步提升。我校2014年学考获得优异成绩，总分居历下区第二名，九年级四班张骁奕同学以558分的成绩居历下区第一名。李婧玮同学考取了新加坡克信女子中学。

构建具有我校特色的课程体系。继续完善地方课程、综合实践课程和选修课的开设工作，实现地方课程、综合实践课程与国家课程的有机结合。开展校本安全课程建设，并于2014年4月成立了专题研究小组，开展了一系列教研活动。召开教学年会，围绕“立足校本研究，打造学校校本特色课程”这一主题开展研讨，深化了校本课程的研发工作，提升了老师们在教育教学工作中的理念

教科研工作在老师们的积极努力下，成绩斐然。正在进行研究的有省级规划课题《小学生自主学习课堂模式构建的实践研究》、市级规划课题《新课程理念下初中教师教学行为的现状分析及对策研究》和《小学生学习习惯现状调查及培养的实践研究》。今年新立项的省级课题有9项；王程晔等六位老师的《初中语文作文三年序列化的研究及其校本课程的研发》在济南市基础教育市级教学成果奖评审中荣获三等奖；何虹撰写的《初中英语网络课程资源开发与应用研究》中期总结报告荣获山东省教育科研优秀论文

一等奖，并获得研究成果一等奖，学校获得子课题研究优秀学校；2014 年有 62 人次教师获奖，在山东省优秀教育科研成果评选中，有 18 位教师撰写的论文、制作的课件获得省级一、二、三等奖奖励；积极参与济南市微课程的研究和实践，10 位老师制作的微课程在 2014 年济南市中小学优秀微课程评选活动中获奖。

（五）安全工作

落实安全责任，领导重视安全工作，成立以校长为组长的领导机构，聘请千佛山派出所所长为法制校长，做到校长亲自抓、分管领导具体抓、教师和班主任直接抓。建立教师学生执勤制度，做好校园检查。学期开学初召开安全工作会议，研究部署学校安全工作，坚持不懈地抓好安全教育工作。建立安全预警机制和突发事件应急预案，因为学校教学楼加固，在教学楼和操场重新安装了 44 个监控点。举办安全知识讲座和疏散演练，加强学生的安全教育，增强师生安全意识和自救自护能力。

（六）校舍改建工程

2014 年，在大学的大力支持下，经过我校的积极努力，多年的危房终于得到了加固改造。6 月份开始动工，10 月份基本完工，11 月中旬正式投入使用。整个工程约投入经费 800 多万元，此项经费由大学财务和我校自筹部分资金解决，扩建了六个教室，增加面积 830 平方米。教学楼改造后，我校又投入资金 60 万元，在 23 个教室安装了现代化的多媒体教学设备，更新了微机室和音乐教室、增加了书法、阅览等功能教室。各楼层安装了监控设备，安全措施也进一步加强。这是我校历史上一次较大的改造工程，也使我校的办学条件上升了一个档次。

（七）对外交流工作

2014 年，学校先后组织了 100 多名师生赴澳大利亚、法国、新加坡游学；作为山东省华文教育基地，2014 年接待侨办海外红烛故乡行教师团成员；魏培丽、陈肖两位老师代表学校接待澳大利亚基尔本圣布里吉德学校的两位教师；汪静老师受国务院侨办派遣，赴澳大利亚为当地华文教师培训；孙桂青、刘潇两位老师赴法国巴黎参加中华文化大乐园活动，为当地华人子女授课。以上活动，为师生成长搭建了更广阔的发展平台，拓展了师生的国际视野，受到各方的广泛赞誉。

（孙桂青）

山东大学国家大学科技园

2014年，山东大学国家大学科技园在校党委的领导下，主动适应国家和学校事业发展的新常态，深化内部改革，提升内涵，加快发展。在各部门的大力协助和支持下，先后与济南市中区政府、德州禹城市政府签署了重要战略合作协议，迈出了坚实的第一步。扩大了山东大学在社会的影响力和凝聚力。取得了显著的成绩。

一、党政工作

深入贯彻执行党的十八届三中、四中全会和习近平总书记系列重要讲话精神。深入落实中央八项规定精神，坚决整治四风，牢牢掌握意识形态工作中的领导权和主动权，巩固马克思主义在意识形态领域中的主导地位。严明组织纪律，认真开展“三严三实”专题教育，加大力度，严格落实党风廉政建设的主体责任和监督责任。在日常工作中加强对党员干部的思想管理，重点节点提醒、防范。强化源头，治理腐败。构建不敢腐、不想腐、不能腐的有效办公机制，坚决查处有令不行、有禁不止和“上有政策、下有对策”的行为。在党员干部中加强党性修养学习，自觉做到心中有党、心中有民、心中有责、心中有戒。认真落实学校决策，以学校发展大局为重，积极稳妥地进行孵化用房和办公用房调配，维护了学校的声誉和利益。

二、孵化工作

1.2014年3月29日，配合学校整体办公用房调整，山大国家大学科技园管理办公室由趵突泉校区培训楼搬到中心校区明德楼办公。

2.2014年6月28日上午，山东大学在济南与市中区政府及华润置地山东发展有限公司签署了共建山东大学国家大学科技园合作框架协议。学校党委书记李守信、副校长张永兵出席了签约仪式。

3. 济南市中区政府加大与山大科技园的合作力度，区政府投入200余万元，在军区五所租用了部分楼房，作为科技园的临时孵化场地，用以安置原趵突泉校区的孵化企业。目前已有17家孵化企业入驻园区。

4.2014年9月29日，山东大学与禹城市人民政府战略合作协议暨国家大学科技园禹城分园集中签约仪式在禹城举行。学校党委书记李守信出席并致辞。副校长娄红祥、材料科学与工程学院院长赵国群、生命科学学院院长谭保才等参加活动。李守信在致辞中表示山东大学与禹城市的产学研合作基础扎实、广泛、深入，山东大学将充分发挥人才、科技、信息优势，推进各项合作深入开展，促进科技成果有效转化，为德州市、禹城市的发展作出更大贡献。李守信和中共德州市委书记吴翠云为“山东大学国家大学科技园禹城分园”揭牌。

三、股权管理及其他

加强股权管理，理顺权责关系。2014 年，大学科技园无增加长期股权投资，原投资企业分红收入 38 万余元。

完成科技部火炬中心的统计上报及产权登记工作。规范管理社保账户，建立健全用工备案制度，完成与社保系统整合联动。

加强并完善园区网站建设。营造积极、稳定和谐的园区发展氛围。

（周　迎）

学院建设

哲学与社会发展学院

一、学科建设取得新进展

2014年，武书连大学专业排行榜上，哲学获全国第七，较2013年、2012年分别前进1名、3名。中国哲学成为省级特色重点学科，外国哲学、社会学继续成为省级重点学科，宗教学加入省级重点学科建设行列。

二、人才队伍建设又出新亮点

新增以色列特拉维夫大学张平教授为宗教学专业教育部长江学者讲座教授，我院长江学者奖励计划人才增至4人。新增德国洪堡大学哲学博士田洁副研究员，新增瑞典籍英国伦敦政治经济学院人类学博士殷莉副研究员。专任教师中博士学位人数占91.04%，高出学校平均比例21.84个百分点；取得海外博士学位教师总数31.15%，高出学校平均比例23.75个百分点；教师中外籍（港澳台籍）教师10人，占教师总数的14.93%，外籍教师比例居全校之首；具有一年以上海外经历教师占55.22%，高出学校平均比例17.72个百分点。

三、科研组织工作和科研成果成绩明显

获准国家社科基金重点、教育部人文社科重点研究基地重大项目等国家、省部级立项25项，入选2014年度《国家哲学社会科学成果文库》优秀成果1项；获省社科成果一等奖1项、二等奖2项、三等奖1项，获省高校科研成果一等奖1项。出版专著7部、编著2部、译著2部，发表CSSCI科研论文66篇、SSCI科研论文5篇、A&HCI科研论文3篇、EI科研论文1篇、发布咨询报告10篇；举办全国性学术会议4次。

四、人才培养工作再上新台阶

课程网站数量居全校第3位；新增2门通识教育核心课程，目前共15门，居全校

第1位；获2013～2014学年教学比赛三等奖1项、优秀奖1项，获省高校教师微课比赛一等奖1项；傅有德任2013～2017年教育部哲学教学指导委员会副主任委员；刘陆鹏获2014年全国模范教师称号；张洪英获“我心目中的好导师”称号；程胜利、张洪英获“山东省人民政府齐鲁和谐使者”称号；获大学生科技创新立项5项；获山东省优秀博士论文1人；2010级博士研究生田芳在《哲学研究》发表科研论文，并获校研究生优秀学术成果奖；研究生招生“211”和“985”高校生源比例稳中有升；聘请外国专家英语给研究生授课；经常性邀请海内外专家来此讲学；打造“爱智论坛”研究生学术交流平台；与国内外多所大学或研究机构建立经常性的交流与合作关系，派出学生海外学习。

五、学生教育管理工作注重实效

着力推进人才培养工程，推行学生成长导师制度助力学生成长，新建学生人文实践基地1处、社会实践基地1处，聘学生成长导师6人；获校长奖学金1人、省优秀个人6人次；获“山东大学五四红旗团委”“学生思政教育与管理工作先进单位”称号；获省级优秀班集体2个；获省挑战杯竞赛一等奖2项、二等奖1项、三等奖1项；社会实践1支团队受省级表彰；获辅导员职业能力大赛优秀组织单位；研究生参加全国学术会议50余人次；组织稷下讲坛、海右论坛、微光论坛、“思想者”系列论坛、爱智论坛等各类活动30余次；出版《思想者》学术杂志4期；举办各类文体活动共20余次；本科生就业率达92.7%，较去年增长6.5%百分点；研究生一次就业率达87%，创历年新高。

六、党的自身建设持续推进

全面推进党的群众路线教育实践活动持续开展，巩固教育成果；“四风”问题明显改善；建章立制和整改工作得到落实，修订、完善、新建规章制度52项；发展学生党员40人；召开了一届一次教代会；召开党员大会，完成了党委换届，选举产生了新一届党委书记和副书记；获党支部立项3项、三等奖1项；宣传工作再创佳绩，荣获2014年度优秀网站、网络新闻宣传优秀组织单位及多个优秀个人。

七、社会服务工作成绩斐然

积极参加和承担山东省老年大学、通用管理能力考试授课任务；大力推动贵州招生拓展工作常态化建设，新建优秀生源基地4个；获“山东大学教育拓展先进集体”称号。

（何立光）

经济学院

一、学院概况

山东大学经济学院位于山东大学中心校区，学院下设经济学系、财政学系、金融学系、国际经济与贸易学系、风险管理与保险学系5个系，以及产业经济研究所、泰岳经济研究中心、博弈论与经济行为研究中心等研究机构，拥有应用经济学、理论经济学一级学科博士学位授予权和应用经济学博士后流动站，目前设有9个博士专业、18个硕士专业（含6个专业硕士专业）和6个本科专业，其中产业经济学为国家重点学科，金融工程和财政学本科专业为国家级特色专业。学院拥有省级重点研究基地“山东省公共经济与公共政策研究基地”“山东省反垄断与规制经济学研究基地”“山东省应用金融理论与政策研究基地”“山东省金融风险控制方法与政策软科学研究基地”和省级工程技术研究中心“山东省金融风险控制工程技术研究中心”。学院现有教职工122人，专职教师99人，其中教授37人，副教授30人；博士生导师51人（含兼职、合作导师23人），硕士生导师68人（含兼职、合作导师25人）；国家“千人计划”特聘教授1人，“泰山学者”特聘教授2人，国家级教学名师1人，马克思主义理论研究和建设工程重点教材首席专家1人，教育部“新世纪优秀人才支持计划”3人，山东省有突出贡献的中青年专家3人，享受国务院特殊津贴专家5人。教育部“金融类专业教学指导委员会”委员1人。“金融学专业教学团队”“政治经济学系列课程教学团队”为国家级教学团队，“金融—数学跨学科交叉应用型人才培养实验区”为国家级人才培养模式创新实验区。

二、党政工作

2014年，学院完成了党的群众路线实践教育活动整改落实工作，聚焦“四风”问题，狠抓整改落实，在整改方案、专项整治、制度建设等方面，制定整改台账，逐项销号。学院新制定制度5项，修订制度12项，新建流程1个。12月25日，学院成功召开中国共产党山东大学经济学院党员大会，选举产生了新一届党委委员，举行了新一届委员会全体会议，选举了学院党委书记、副书记。本年度共发展党员87人，培养入党积极分子132人。

三、教学工作

2014 年，学院完成了本科培养方案修订工作。新增 1 本“十二五”规划教材，新增 1 门慕课课程，完成全部 5 门通识核心课、9 门各级精品课的网站建设；在全校率先基本完成在职攻读专业硕士学位专业课程视频录制；研究生全英文教学课程达到 12 门，2 人获得山东省优秀硕士论文，1 人获得山东省研究生创新成果奖，2 人获得博士生校长奖学金，2 人获得教育部学术新人奖；首次成功招收全英文授课、全英文写作与答辩的国际博士生 8 名；第八届国际教育项目招生 140 人，人数继续稳中有升。

四、科研与学科建设

2014 年，学院启动实施《山东大学经济学院学术繁荣计划》，推动科研工作，首批资助项目 3 项。本年度学院教师获批国家社会科学基金重点项目 2 项，一般项目 5 项；国家自然科学基金面上项目 4 项，青年项目 2 项；教育部人文社科基金规划项目 1 项，青年项目 4 项，山东省自然科学基金 7 项，山东省社科基金 3 项。获山东省第二十八次社会科学优秀成果一等奖 2 项、二等奖 2 项。学院实到科研经费总额达 551.85 万元，其中纵向课题 419.05 万元，横向课题 132.8 万元。新增山东省有突出贡献的中青年专家 1 人。

五、国内外合作

2014 年，继续巩固与世界名校合作项目，与美国加州大学伯克利分校、荷兰马城大学等续签合作协议，并成功申请国家留学基金委优秀本科生出国交流项目资助。从国家外专局成功申请“聘请外教特色项目”，并通过该项目等聘请外籍专家 59 人；22 位老师在本年度出国进行学术访问、合作研究和参加会议。159 名学生通过学校学院项目出国交流访学，其中 84 名本科毕业生出国深造，占总数的 24.34%，人数与申请名校数量均创历史新高；首次为贫困生提供了学院海外交流奖学金。23 名研究生通过“1＋1”项目到欧美名校进行学习和研究，成功举办第八届香港经济学会双年度国际会议等 5 个国际会议。充分发挥非学历培训在服务地方工作中的重要作用，“三化”战略粗具雏形，合同额首度突破千万元大关。

六、学生工作

2014 届毕业生一次就业率本科达 93.6%，研究生达 100%，获山东大学就业先进集体。1 位辅导员获省优秀辅导员，学生在 2014 年“创青春”全国大学生创业大赛中获 1 金 1 银。

七、校友工作

成立经济学院“校友工作办公室”及学生社团组织“校友服务社”，修订印制《山东大学经济学院校友名册》；成功举办了山东大学经济学院校友工作恳谈会暨聚贤教育基金理事会 2014 年度会议。

（朱子川）

政治学与公共管理学院

政治学与公共管理学院2014年运行平稳。学院领导班子认真贯彻落实学校党委和行政指示精神，学院工作有序进行。全体师生团结一致、求真务实，较好地完成了工作和学习任务。

2014年，学院在职人员75人，其中教学人员60人，教授24人。学院毕业本科生134人，硕士生81人（其中留学生11人，公共管理硕士79人），博士生13人（其中留学生1人）。招收本科生130人、硕士生82人、博士生25人、公共管理硕士167人（其中双证106人，单证61人）。

2014年7月，邢占军同志因学校另有任用不再担任学院副院长职务；2014年10月，学校任命马奔同志为学院副院长，王佃利同志不再担任学院副院长职务。

一、党政工作

抓好学院领导班子思想政治建设，努力做好群众路线教育实践活动整改落实工作，逐步逐项解决影响学院发展的问题。

加强领导干部党风廉政建设。制定学院2014年党风廉政建设工作计划。

建章立制，进一步规范学院各项行政工作。完善或新制定了学院《机关工作人员工作纪律》《研究生助管岗位工作规则及津贴发放办法》《办公用品及耗材申请采买管理规定》等规章制度，进一步规范了学院的各项行政工作。完成了学院领导用房和办公用房的调整整改工作。

做好搬迁青岛校区相关工作。根据学校总体规划，组织学院教工赴即墨青岛校区参观考察。组织协调全院教工完成青岛校区教职工商品房的申请、摇号、选房等各项工作。

做好财务工作。进一步优化学院财务资金，严格报销管理程序。根据学校要求，对学院科研项目经费开展了自查自纠工作。

2014年12月12日，召开学院一届一次教代会。教代会围绕创建国内一流学院的目标，总结了学院近五年来的工作，分析了存在的问题，研究了未来一段时间的工作规划和工作任务。大会审议通过了学院工作报告和学院教代会实施办法，选举新一届工会委员。

认真做好学院工会工作。组织参加了学校体育文化节，组织了学院教职工趣味运动会、乒乓球比赛等活动。认真组织做好学院2014年“山东大学爱心助学捐款”活动。做好学院教职工福利工作。就搬迁青岛校区、物业社会化等问题征求反映教职工意见，维护教职工权益。

计划生育和妇女工作扎实。学院被评为山东大学2014年度计划生育工作先进单位。

二、教学工作

本科教学发展相对平稳。科社专业特色办学取得突出成绩。与外语学院联合举办“英政班”发展良好，积极筹划举办“俄政班”。在样板课、视频公开课的申报等方面取得突破。积极申报和参与各级教改项目。深入推进学生的三种经历，本科学生实现海外交流14人次，第二校园交流27人次。

研究生培养工作有新发展。积极推动与中央社会主义学院合作共建“统一战线学”二级学科及相应博士研究生、硕士研究生学位授权点，推动学校聘任中央社会主义学院叶小文等5人为兼职博士生指导教师，为统一战线学专业于2015年招收首批博士研究生作好准备。制定硕博连读培养方案并报学校批准后实施，政治学理论、国际政治、行政管理各1人通过综合测试转博。大力拓展保研比例，争取优秀生源，在本年度保研工作中，招录了1名拥有国家专利的学生。

认真做好MPA的日常工作。组织全国MPA教指委案例教学研讨会。

继续加强学院实验中心建设。完成相关项目并通过学校验收。

三、学生工作

完善思想政治教育体系，丰富活动形式。开展以“践行社会主义核心价值观·共筑中国梦”为主题的专场报告会、班团会20余场；征集以“放飞中国梦·争做优秀公民”为主题的视频短片20个；组织以“激扬中国梦·诠释青春正能量”为主题的志愿服务活动、社会实践活动30余次等。

完善机制，争先创优，积极拓展党员成长平台。多个学生党支部活动方案在学校有关评比活动中获奖。

将志愿服务与德行培育相结合，继续在市中区东河小学、历城区文苑小学开展五彩课堂、二帮一等志愿服务活动。

2011级国际政治与英语双学位班获“山东省先进班集体”暨“校级先进班集体”“校级先进团支部”等荣誉；2012级政治学与行政学班获“校级先进班集体”的荣誉称号。

扎实推进学生分类指导，组织开展为期两周的“‘职等你来’职业能力提升训练营”。

涌现出一批优秀学生典型，如山东省优秀学生蒋瀚涛，校长奖学金获得者、山东省优秀学生干部缪琳娟，山东大学十佳班长邹密等。

2014届本科毕业生就业率达95％，研究生就业率达93.5％，学院被评为山东大学就业工作先进单位。

四、学科建设与学术交流

新增多所学科建设平台，包括山东大学与中央社会主义学院统一战线研究中心、山东大学人才战略与区域发展研究中心、山东大学社会组织与社会治理研究中心、山东大学中国政治思想与政治文化研究所等。成功聘任叶大年院士为山东大学特聘教授，并担任山东城镇治理与规划协同创新中心首席专家。

山东城镇治理与规划协同创新中心相关工作稳步前进。成功举办第一期院士讲座。推动与凤凰网、中国社会科学报等媒体的合作，在推介中心方面取得了较大进展。派出代表参加了由中国地理学会、中国社会科学院城市百人论坛、中国科学院地理科学与资源研究所在北京主办的“中国城市群发展高端论坛”，由凤凰网在济南举办的山东新型城镇化沙龙，举办了空间城市学术研讨会，并资助了学院教师学术著作的出版。与《上海行政学院学报》合作，为学院教师开辟学术研究新阵地。

项目申报有条不紊。认真完成了国家社科基金项目、教育部社会规划项目、山东省社科规划项目、山东省人文社科优秀成果奖等的年度申报工作。在学院内组织了三次科研项目申报工作研修会，邀请国家社科基金项目评审专家指导项目申报。

有层次、有重点地进行了一系列学术交流。邀请了1位流动岗教授来学院授课，邀请了4位短期专家来学院作报告开展学术交流。积极配合学校做好“尼山论坛”的组织工作。筹备、组织了“山东行政管理学会东方论坛”“院士系列讲座——叶大年、崔功豪讲座”“全国MPA案例教学研讨会”“空间城市学论证会”“山东大学—中央社会主义学院统一战线研究中心签约仪式”等会议。

学院本年度共有16人次出境进行学术交流活动。完成了上级部门以及学校安排的各种外事活动任务。

（高　山　李汉烨　鲁振环）

法学院

2014年，法学院教职工95人，其中专职教师74人、教授25人、副教授29人，山东大学人文社科一级教授3人，山东省泰山学者特聘教授1人，教育部跨世纪优秀人才3人。在校生规模1600余人，其中博士、硕士研究生1000余人，本科生680余人。拥有法学一级学科博士学位授权权，设有法学博士后流动站，为国家卓越法律人才教育培养基地、国家人权教育与培训基地。

一、科研与学术交流

1. 发表权威期刊论文30余篇，CSSCI论文80余篇，SSCI论文5篇，出版学术著作10余部。

2. 新增国家社科项目3项，教育部项目1项，其他项目10余项，新增科研经费200余万元。

3. 2014年4月山东大学人权研究中心获批第二批“国家人权教育与培训基地”。

4. 成功举办“中国梦与中国人权理论研讨会”、第二届“公民社会建设与法治中国论坛”等重要学术会议，举办“国家宪法日·世界人权日”系列学术论坛。

5. 邀请国内外和境外知名学者举办学术讲座40余场。

二、人才培养

1. 完成本科生和研究生培养方案的修订，课程设置更加科学。

2. 学院出资举办首届雅思考试培训班，80名学生参加培训。

3. 获立校级教改立项3项，教学促进与教师发展基金项目2项，慕课课程改革立项1项。

4. 与济南市中级人民法院签订共建“国家卓越人才教育培养基地”协议，建立高校一实务部门联合培养模式。

5. 第一批“教育部卓越法律人才教育培养规划教材”5本案例研习教材即将出版，第二批3本案例研习教材的编写工作已启动。

6. 成功举办法学院第二届研究生论坛，举办全国优秀大学生暑期夏令营。

7. 荣获2014年普莱斯英文模拟法庭亚太赛区第3名；2名学生获得校长奖学金。学生就业率达90%。

三、师资队伍建设

1. 齐延平教授获第七届“全国十大杰出青年法学家”荣誉称号。

2. 依托山东省“双百计划”，学院派出3名教授到法律实务部门挂职，3名实务部门专家来院任教。

3. 学院成立人才工作小组，以青岛校区建设为契机，延揽高层次人才。

4. 新增教授2名，新增副教授2名。

四、国际合作与交流

1. 与邓迪大学、岛根大学、卑尔根大学法学院签订师生交流互访和联合培养合作协议；完成九州大学、岛根大学2015年交换生选拔工作；开展与台湾高雄海洋科技大学学生双向交流工作。目前，10%毕业生在海外攻读学位。

2. 成功举办“中日韩东亚国家老龄社会的法律问题学术研讨会”和“中德海洋法与海商法国际研讨会”，邀请国外境外专家学者作学术报告20余场。

3. 聘请境外中长期专家5名。

4. 来自美国、英国、韩国、日本等国家和地区的30多位学者或学术团体来访我院；教师赴美国、法国、德国等国家和地区访学交流20余人次。

五、党建工作

1. 12月24日，召开了法学院党员代表大会，选举产生了新一届法学院党委；2014年完成了支部换届。

2. 召开了2014年度党员领导干部民主生活会，中共山东大学党委书记李守信到会指导并讲话，党委常务副书记李建军，党委组织部部长王炳学，第四督导组组长孙长俊等同志出席会议。

3. 认真做好党员发展工作，发展新党员62人。开展党建研究，2项课题列为学校组织部立项项目。

（江小荃）

文学与新闻传播学院

截至2014年12月，学院在职人员98人，其中专任教师82人，在岗教授38人，副教授26人，新增“长江学者”特聘教授1人。在校生总数1146人，其中本科生数695人、研究生451人、留学生10人。学院下设汉语言文学与新闻传播学两个系，均为一级学科博士学位授予点；拥有1个国家重点学科（文艺学）、4个省级重点学科（中国古代文学、汉语言文字学、中国现当代文学、比较文学和世界文学）、1个省级文化艺术科学重点学科（设计艺术学）和1个国家级人才培养基地班（汉语言文学）。

学院现任院长郑春教授，院党委书记王德胜教授。2014年，文学与新闻传播学院领导班子认真贯彻落实学校党委和行政指示精神，团结一致，锐意创新，较好地完成了学院本年度各项工作。

一、党政工作

1. 学院以作风建设为切入点，以师生满意度为标准，深入开展党的群众路线教育实践活动。严格落实中央“八项规定”和学校各项要求，抓好党风廉政建设、严格控制“三公”经费，进一步完善班子成员值班制度、联系教研室（支部）制度和听课制度，完善学院办公室规范化建设。召开青年教师、离退休教职工等座谈会5场次，设计并发放调查问卷237份，充分吸收教师对学院工作的建议。形成困难教职工的帮扶机制，共计走访和慰问教职工20余人次，为大病学生募捐2万余元。

2. 党委带领全院师生认真学习贯彻党的十八届三中、四中全会精神和习近平总书记系列重要讲话精神，开展丰富多彩的主题教育活动。在学校党委组织部基层立项中，我院党委3个支部项目获得全校基层党组织立项。

3. 召开学院第一届教代会，收集提案38份并逐一答复。审议通过了山东大学文学与新闻传播学院社会服务奖励条例、岗位考核实施办法、青年教师培养支持计划、会议场馆管理办法、办学用房管理办法。

4. 完成学院工会换届改选，沈文任主席，刘晓多任副主席，于海燕、马兵、方方、邱凌、郑丽丽任委员。完善了工会工作制度，积极开展组织文体活动，举办教职工趣味运动会，为困难教职工提供帮扶，为离退休教职工提供优良服务。

二、学科建设

1. 学科建设不断完善。我院中国语言文学一级学科是全国教学指导委员会秘书长单位，陈炎副校长为该委员会副会长，郑春院长为秘书长。2014 年，我院组织全国性学科会议 4 次，参与制定教育部“中文本科教学质量国家标准”制定。此外，我院与省委宣传部共建新闻学科取得实质进展，签署正式共建协议，启动资金已到位。

2. 加强师资建设，采取有力措施引进青年教师和学术骨干。新引进“985”工程骨干人才刘明洋教授，以及北京大学博士后王辉老师，师资队伍结构得到改善。

3. 科研项目申报取得重大突破，科研成果和获奖稳居全国同类院系最前列。我院已有国家社科基金在研项目 24 项的基础上，本年度新增 3 项。我院教授袁世硕担任首席专家的“马工程”教材已通过审核。谭好哲、仪平策、孙之梅、王小舒、贺仲明等共获省社科成果奖 5 项，另有张可礼教授获省社科突出贡献奖 1 项；谭好哲、郑训佐分获泰山文艺奖艺术理论研究类一等奖 1 项及书法类艺术作品一等奖 1 项，另有屠友祥、陈炎、黄万华等获刘勰文艺评论奖 8 项。此外，陈炎教授入选长江学者，贺仲明教授入选第三批齐鲁文化英才。

三、教学和人才培养

1. 2014 年度的课程平台建设工作成绩突出，平台课程网站总数达到 178 个，有 6 门课程被学校评为 A 类优秀网站，1 门课程被评为省级优秀视频课程，1 门入选教育部慕课课程。此外，我院继续加强教学经费的利用和教学硬件的建设，稳步推进“新闻摄影实验室”和“舆情调查实验室”的建设发展。

2. 国家级大学生校外实践基地“山东大学——大众报业集团大学生校外实践教育基地”建设初见成效，21 个建设子项目通过校内专家验收，共在各类媒体发表稿件、论文近 1000 篇，获得 200 多万字的调查报告，建成基地网站 1 个。

3. 编订出版 2014 届毕业班《闻一多学集》第一集，全书稿件近 40 万字，为学院基地班建设开拓了新方向。

4. 研究生培养和管理质量有了质的飞跃。在下半年的推免生工作中，拟录取的“985”“211”院校生源达 100%；19 名新生获“优秀生源奖励基金”，居全校之首；8 名研究生到高水平大学联合培养或参加国际会议；1 篇研究生论文获评山东省优秀博士学位论文，2 篇分获山东大学优秀博士、硕士学位论文。

四、海内外学术交流

1. 广泛参加多种形式的学术交流活动。我院多名教师先后参加现代文学学会代表大会、现代中文教育专题研讨会、媒体素养与跨文化教席大会，就学科建设、教学科研等问题与各高校同行进行广泛的学术交流与业务探讨；参与 2013 年度山东省广播电视节目评选，加强学院与省直机关、社会团体的联系，密切学界与业界的实质交流，同时也进一步彰显出文学院的整体实力和社会影响力。此外，我院选派四名学生赴台大中文系交流，建立稳定的人员交流机制，不断扩大在科学研究、人才培养等方面的合作，为学生提供更广阔的交流平台。

2. 成功举办高端学术会议及论坛。我院承办“第440期海右博士生学术论坛”“企业人文素养与管理提升论坛”“温故而知新：儒家思想与当代创意”国际学术研讨会、常芳校友长篇小说研讨会、“山东大学文学大讲堂第三期：中法诺贝尔文学奖获得者对话——文学与人生”等重大学术活动，有力地加强了学院与海内外学者的联系。邀请莫言、勒克莱齐奥、徐星、蒋丰等到访，促成诺奖获得者莫言与勒克莱齐奥与我院师生座谈，大大开阔了学院师生视野，使到访学者层次达到了新的水平。

五、学生工作

1. 2014年，我院成为全校唯一连续两年同时获评“本科学生思政工作先进单位”“研究生思政工作先进单位”和“学生就业工作先进集体”的单位。

2. 打造具有学院专业特色的校园文化与学术品牌活动，构筑学生成长成才的平台。我院以学术文化活动为主导，以“文学大讲堂”“新杏坛”“新锐下午茶”等品牌学术讲座、研讨会为载体，广泛邀请海内外相关学科知名专家学者或业界人士前来学院开办讲座，交流创新观点，引领学术潮流，构建文院高品位、多层次、受众广、影响大的文科学术讲座品牌体系。2014年，共举办16期“新杏坛”学术讲座、2次学术报告会，深受学生欢迎。此外，我院还建设推出了“山大闻多”“文新研记”等微信平台，加强与学生的互动交流，取得了良好效果。

3. 服务学生成长成才，提升学生综合素质。学院不断建立健全学生实习就业工作运行机制，将学生未来发展作为一切工作出发点和落脚点，积极打造实习平台，为毕业生提供更加便捷的就业渠道。2014年，我院本、研学生就业率分别达93.8%、93.2%。共评出450人次共计约92.3万元奖助学金。43名优秀本科生获得推免资格。“成建制”地组织学生赴《人民日报》社、新华社、中央电视台等国家级顶尖新闻媒体实习，提升了学生的实践能力，收获颇丰。

六、机关后勤和社会服务

1. 通过多种方式不断加强学院机关建设，完善后勤保障。本年度先后多次召开学院机关工作会，实行竞聘上岗，按需设岗。狠抓机关作风建设，转变机关服务形象。规范了机关各项管理，尤其是会议室、报告厅、教室的使用规范，使管理更为精细化。为改善办学条件，2014年先后装修改造了606、623两个教室，缓解了学院教室、报告厅紧张的局面；购置了多媒体设备，改善了办学硬件条件，为教学科研提供了保障。

2. 拓展合作领域，增加社会服务新渠道。举办“企业领袖人文素养与管理提升”论坛及研修班，承办中外办学项目，为实验中学举办优秀学生实验班，承担创新作文大赛山东决赛评审，为“山大附中学校发展联盟首届学校整体改革与发展论坛”全体教师授课等，努力通过多种渠道服务社会。特别是创立了公益性文学阅读平台——“文学生活馆”，邀请我院教授与知名学者作家举办“文学生活馆”讲座，共举办11期，内容包含小说品读、作家分析、诗文欣赏等各方面，为观众们从不同角度深度解读分析文学作品，观众反响热烈，纷纷与主讲人积极交流自己的阅读体验，影响广泛。

3. 积极做好校友工作。2014 年，我院共迎来中文系 80 级、90 级，中文新闻 2000 级校友和海外校友回访母校，学院积极参与校友来访接待，举办了多种纪念活动欢迎校友们的回访，为学院树立良好形象和声誉。学院领导和老师与校友们进行了亲切的交流。王言彬校友受学院邀请进行了交流报告。这些活动都有力地加强了学院和校友的密切联系。

（沈　文　杨俊娇）

艺术学院

2014 年，艺术学院下设 2 个系（音乐系、美术系）。有教职工 69 人，其中教授 10 人、副教授 10 人、讲师 30 人、助教 7 人、行政人员 12 人。在校学生 641 人，其中本科生 520 人、硕士研究生 106 人、博士研究生 15 人。名誉院长范曾，院长李晓峰，院党委书记史永志，副院长安宁、高迎刚、李平，院党委副书记姜楠，办公室主任孙亚娣。

一、教学科研工作

2014 年，学院再次修订了本科培养方案，微调了前一版培养方案需要改进的内容，进一步明确了培养目标和具体步骤。这些措施，进一步使艺术学院培养的学生成为既具有扎实的艺术功底又具有良好文化修养的高质量毕业生。

美术系在调研国内外先进教学经验的基础上，根据学院美术教学的实际情况和当前社会艺术人才需求发展趋势，将美术学专业分为美术学和视觉传达设计两个专业，在此基础上制定出更为科学合理的教学计划。如视觉传达设计专业教学计划的制定，是在优化原艺术设计专业方向课程体系的基础上，加入部分数字媒体课程体系，使之融合为科学合理的有机体。据此教学计划培养出的设计人才，更加符合我院“口径宽，基础厚”的培养高水平艺术人才的教学理念，同时，也更适应当前社会设计人才市场的需求。

为进一步完善学院课程中心网站的建设，学院在秋季学期邀请了教学促进与教师发展中心进行培训讲座。采用多种方式鼓励老师们进行课程网站的建设，78 门课程进行了初步建设。

中国高等教育学会美育专业委员会 2014 学术年会暨委员会换届大会于 10 月 18～19 日在重庆举行。全国 150 多个高校、研究机构和出版社的代表参加了会议。李晓峰院长当选为第六届中国高等教育学会美育专业委员会副会长。在 2013 年度山东省本科高校精品课程评选中，安宁教授的《西方音乐史》课程被评选为山东省本科高校精品课程。在学校 2013～2014 学年青年教师课堂教学比赛中，姜楠获三等奖。

举办各种实践音乐会、教学音乐会数十场，美术课堂习作展、师生美术作品展、教师美术作品展、校内外国内外交流展共计 30 多次，收藏优秀毕业作品 34 件，收藏优秀课堂习作 54 件，促进了实践教学，增加了校园的艺术气氛。举办学术讲座 15 场，活跃了学术氛围。

在各种专业比赛方面取得了不俗的成绩：如山东省第九届青少年舞蹈大赛，获 28 个奖项；第四届孔雀奖全国高校声乐大赛，获 7 个奖项。美术系教师参加各种形式的学术展览及艺术实践活动计百余次，屡获佳绩。姚榕华《烟台开埠》入选第十届中国艺术节·全国优秀美术作品展；周峰、姚榕华、房静入选《第十二届全国美术作品展览》；山东省首届高校美术院系应届毕业生优秀作品展（绘画），我院毕业生 13 件入围参展，本科生周浩然《城市环卫者》获金奖同时获“刘大为艺术奖”并被山东省美术馆收藏。

2014 年，山东大学交响乐团举办多场音乐会。如 11 月 13～14 日，《“茉莉花”——中外名曲交响音乐会》，12 月 30～31 日在省会大剧院和圣昆仑音乐厅举办了《“欢乐颂”——山东大学新年音乐会》。此外，乐团连续多年承担了我校毕业典礼暨学位授予仪式的文艺演出、现场配乐任务。2014 届本科生与研究生毕业典礼暨学位授予仪式分别举行，两场学校的重大活动均由我院声乐师生以及交响乐团的同学们承担演出任务。

民族乐团主要由艺术学院民乐专业师生组成，乐团致力于对中国民族音乐文化的传承与传播，多次应邀赴海内外参加重大国际艺术交流活动。为全面总结山东大学 2013 高雅艺术进校园、社区活动，促进济南、威海两个校区艺术学科的交流与合作，年初之时我院民族乐团赴威海举办两场新年音乐会。

研究生院培养工作，完成了招生初试题库调整、学术型研究生培养方案修订、申请招生导师资格审核等工作。在所有毕业论文答辩前均需通过外审的基础上，继续开展预答辩工作。此外，今年继续与临沂大学合作招收研究课程进修班。

科研工作无论在项目获批、著作出版，还是在论文发表方面，都取得了较好的成绩，2014 年度获山东省社会科学规划项目、山东省软科学研究计划项目、山东省艺术科学重点课题、山东省青年教师教育教学研究课题各 1 项，博士后科学基金面上一、二等资助各 1 项。共发表 CSSCI 论文 11 篇，SCI 论文 2 篇，其他论文 11 篇；出版著作 9 部。

二、国内外交流合作

受国家汉办委派，在学校孔子学院工作办公室和艺术学院的精心组织下，2014 年 9 月 22～28 日，山东大学民族乐团专程赴韩国高校孔子学院进行了为期八天的巡演活动，这是庆祝全球孔子学院创办 10 周年而举行的“孔子学院日”活动的一部分。七天中，民族乐团辗转韩国首尔、釜山、大田、春川等六所孔子学院进行专场演出。所到之处，乐团师生精彩的节目和良好的风貌赢得了韩国观众的热烈欢迎和高度赞赏，为传播中国优秀文化作出积极贡献，同时也进一步扩大了我校海外的国际影响。10 月 14 日晚，庆祝建校 113 周年暨山东大学民族乐团赴韩巡演汇报音乐会在中心校区圣昆仑音乐厅（科学会堂）举办，此次音乐会既是对山东大学 113 周年的献礼，又是山东大学民族乐团赴韩巡演的汇报音乐会，同样吸引了大量师生前往欣赏。

受中国文联和摩纳哥政府邀请，山东大学国乐团代表中国赴摩纳哥参加了 2014“今日中国”艺术周暨“摩纳哥中国节”活动。特聘教授、著名钢琴家秦川教授带领艺术学院教师在美国纽约卡内基音乐厅举办了专场音乐会；应邀赴美国芝加哥罗斯福大学表演艺术学院、台湾东吴大学音乐学院，进行了一系列包括举办钢琴演奏会和大师班等活动。钢琴教师孙天应邀赴奥地利参加了“Tyrolean 国际钢琴学术交流活动”。我院与济南法语联盟、留法学友俱乐部、法国高等教育署等联合主办《“蕾拉·布诺斯”现代音乐会》。邀请德国青年小提琴家杰拉德·迈斯纳来校举办独奏音乐会。

与奥格斯堡大学成功进行了第四次互访交流，在艺术教学、学术研究、作品展览等各方面进行多方面、深层次的交流。10月27日是山东大学范曾日，邀请名誉院长范曾先生到院进行学术讲座。充分利用各种机会，聘请在校内或国内做短期访问的学者顺访我院。本年度世界著名艺术史学者弗雷德·克莱纳教授（Fred S. Kleiner）、加拿大麦迪森海特学院（Medicine Hat College）视觉传达系王育林教授、德国青年小提琴家Gerald Meissner等三位外籍学者来学院交流，并与美国亚利桑那州立大学、美国瓦尔帕莱索大学、台湾立青文教基金会、英国安格利亚鲁斯进大学、比利时高等音乐与教育学院等5家国外教育和科研机构来我院进行学术交流，并商谈进一步的合作事宜。

文化部的培训基地工作面，本年度有重要进展。举办了14期培训班，其中文化部委托的4期，国家图书馆委托1期，山东省文化厅委托9期。通过开展培训工作，一方面积累了丰富的经验，形成了自己的风格，另一方面也积累了丰富的资源，为我们今后的培训和科研工作打下了基础。

三、党建与思政工作

加强领导班子思想政治建设、作风建设。2014年上半年，学院党的群众路线教育实践活动整改工作中，按照活动总要求，学院党委以领导班子为重点，以落实中央八项规定精神为切入点，坚持为民务实清廉，聚焦“四风”，找准突出问题，狠抓整改落实。10项集中整治整改任务以及34项建章立制整改任务于2014年6月全部如期完成。其中制定了学院领导班子成员深入教学一线听课制度；落实“三重一大”制度、制定学院贯彻中央“八项规定”的具体措施，进一步完善了学院会议制度，增强了领导班子的团结。12月5日，顺利召开学院第一届教职工代表大会，通过了《山东大学艺术学院教职工代表大会实施办法》；12月25日，顺利召开学院党员大会，完成学院党委换届工作，选举产生了新一届学院党委，新一届党委书记史永志、副书记姜楠，委员（以姓氏笔画为序）孔南、史永志、孙亚娣、李平、李晓峰、张义宾、姜楠。目前，艺术学院共有教职工党员33人，学生党员、预备党员99人，占全院学生数的19%。2014年12月13日，我院获得山东大学学生党支部活动案例征集评比活动二等奖。

积极开展社会主义核心价值观教育，青年志愿者实践活动取得新的成绩，组织学生开展文化下乡及社会调研，在禹城、武城建立了山东大学学生实践基地，获山东省社会实践优秀团队荣誉称号。积极拓展校外资源，拓宽就业道路，深化学生就业工作，2014年121名本科毕业生一次就业率达95%；研究生毕业50人，一次就业率达96%。

学院不断完善相关安全稳定方面的规章制度。制定了关于教学楼安全管理、学生请假、师生外出艺术实践活动的安全管理以及一系列教室、实验室安全管理规定等。在全院试行教学场所消防安全责任制度，首批签订了《研究生画室消防安全责任书》。5月，与公安处在艺术楼举办了消防疏散演习。10月，举办了师生消防器材使用学习和演练。

（史永志）

外国语学院

2014年，在校党委、行政的正确领导下，外国语学院深入学习、贯彻党的十八大及十八届四中全会精神，不断提升学科实力，各项工作取得了较多成效。

一、学科建设成效显著

新增2个二级学科硕士点；获批全国美国文学副会长单位、朝鲜语全国常务理事单位、中国高等教育学会外语分会常务理事单位、全国二语习得专业委员会常务理事单位；二语写作研究步入国际前沿；组织完成了MTI学位点年检工作；跨文化研究和国别研究增势明显，成立了俄罗斯研究中心和中日韩合作研究中心。

11月13～15日，山大团队在国际二语写作研讨会上作特邀报告；11月28日，中日韩举行中日韩研究中心启动座谈会。

二、师资队伍结构优化

新聘山东大学讲座教授1名、教授1人、副教授4人。在职考取博士生9人，引进海外博士2人。另聘流动岗特聘教授1名，短期专家5名，院系资助境外教授讲学2名；1人获评山东省有突出贡献的中青年专家，1人荣获全国宝钢教育优秀教师奖，1人荣获山东大学优秀教师奖；邀请海内外专家讲学近40人/次，教师外出参加学术会议近100人/次、外出讲学10人/次。举办国际学术会议2次、国内学术会议5次。其中，7月29～30日，承办“二十一世纪全国英语教学年会”；8月1日，举行《大中华赋》中外文对照版新书发布会；10月22日，与日本九州大学联合举办“中日研究论坛”；12月20日，举行了庆祝法语专业成立20周年大会。3月26～29日，王俊菊教授出席世界外语教师协会2014年学术年会；3月20日，吴钧教师出席东亚汉语教学论坛；5月29日，俄亥俄大学Jarvis教授作学术讲座；8月27日，杰出校友、北京外国语大学博士生导师金莉受聘山东大学讲座教授；等等。

三、学术研究成果丰硕

全年获批国家社科项目5项，教育部项目2项，山东省社会规划项目9项，山东省软科学项目1项，横向项目1项，校级项目4项，总计批准经费125万元。发表期刊论文约110篇，其中CSSCI期刊论文26篇；出版专著11部，译著5部；获省部级奖项6

项，国际奖项 1 项。其中，王俊菊教师获评“山东省有突出贡献的中青年专家”，李学岩教师获“俄语推广突出贡献奖”。

四、人才培养特色凸显

新设立英语专业拔尖创新人才培养实验班（梁实秋班）。一名研究生、一名本科生分获山东大学校长奖学金。本科生荣获国家级奖项 7 项、省级奖项 60 余项；研究生荣获国家级奖项 1 项、省级奖项 1 项。

五、国际合作交流进一步扩大

与阿德莱德大学、彼尔姆大学和友谊大学等国际知名院校进行了学生交流与合作办学等方面的协商交流。近 10 所海外大学来访。

六、启动院史编纂与老教授影像资料库建设

搜集院史文字资料 40 余万字、图片 1000 余幅，录制老教授影像资料 5 期。编辑《外院简讯》2 期。9 月 19 日，举办了金诗伯教授百年诞辰图片展。

七、深入学习、贯彻党的十八大及十八届四中全会精神

坚持党委中心组学习制度，与党中央保持一致；坚持抓反腐倡廉；党建工作稳步推进。4 月 10 日，召开党委中心组（扩大）学习会议。

八、认真按照山东大学党的群众路线教育实践活动总体要求，采取有力措施做好整改落实相关工作

4 月 4 日，学院召开党的群众路线教育实践活动总结大会。

九、积极支持和努力配合学院行政工作，做好教职工队伍的建设与稳定

12 月 18 日，召开一届二次教职工代表大会，学院发展坚持民主、科学、健康、长久。

十、学生管理工作规范有序

荣获就业工作先进集体、学生思想政治教育与管理先进集体、学生资助工作先进集体，以及多类赛事优秀组织单位等荣誉；荣获研究生思政教育与管理工作先进单位。2014 年本科生一次就业率为 97.7%，研究生一次就业率为 98.2%。

高弟获全国十佳辅导员称号；2013 级商务英语班学生卢芳珠荣获“华澳杯”英语大赛一等奖；12 级学术刁文卿荣获省科技英语大赛特等奖。

（程殿梅）

历史文化学院

一、本科教育

高度重视本科教学工作，全面提升教学质量，人才培养体系不断完善，教育教学质量不断提高。召开了学院教学工作会议，制订了《关于进一步提升本科教学质量的若干意见》(征求意见稿)；完成了新一轮6个本科专业教学方案的制定工作。与山东高速、山东省政府办公厅、高青县人民政府、博兴县人民政府共建专业实习实践基地。两个项目获得山东大学2012年教学成果奖二等奖。两位教师获评2013年山东大学课堂教学质量优秀教师，一人荣获山东大学第三届青年教师讲课比赛二等奖和“山东大学青年教学能手”称号，一人获评2014年山东大学“我最喜爱的老师”。优秀本科生推免研究生工作成绩突出，有25人进入北京大学等C9高校和中科院有关研究所继续深造。2011级考古专业本科生蔡宁荣获2013年度山东大学校长奖学金。

三个项目获得山东大学教学促进与教师发展研究立项。一门课程入选山东大学第一批慕课（MOOCs）课程改革立项项目。“中华传统文化研习营”获得山东大学2014年暑期学校精品项目。本科教学国际合作进入实质阶段，考古专业先后派出3名本科生到荷兰莱顿大学进行为期半年的交流学习。同时，2014届有12名优秀毕业生被多伦多大学、伦敦大学学院等国外知名高校录取为硕士研究生。

一篇学士学位论文入选山东省优秀学位论文。一名本科生获山东大学“五·四青年科学奖”，该年级各专业同学在正式刊物发表学术论文40余篇，其中CSSCI来源期刊发表论文6篇。两个本科生团队项目获得校级科技创新基金重点立项。组建了40支社会实践团队，在全国20多个省市地区展开了丰富多样的社会实践活动，两支团队获评省级优秀社会实践团队。

“凡人歌”图文映像系列活动入选教育部2014年高校辅导员工作精品项目建设计划，是山东大学目前唯一获得该立项的大学生日常思想政治教育立项，《中国教育报》对该项活动予以重点报道。一人两次获评山东大学优秀辅导员，一人获评山东大学优秀班主任，工作成果得到校领导和师生好评。一名同学取得2014年全国大学生桥牌锦标赛并创造了山东高校桥牌历史成绩的最高纪录；我院学生担任主力的山东大学普通生篮球队获得第23届省运会男子第五名、女子第四名的好成绩。

2014年，学院门户网站实现全新改版，并获评山东大学网络新闻宣传工作优秀组织单位。

二、研究生教育

（一）招生

积极配合学校研究生院，加大宣传力度，研究生生源较为充足。学院教职员工同心协力，按学校的统一部署，严格组织了命题、组织考试、复试及录取工作，圆满完成了研究生招生工作。共录取2014级硕士研究生79名、博士研究生21名。

（二）培养

1. 继续坚持抓实抓牢学生党建工作，以研究生党支部为抓手，积极发展新党员。以红色理论社团党史学习研究会为阵地，开展形式多样的思政教育活动。聚焦时事热点，举办竞赛、读书沙龙等党员交流活动共6场，做好研究生的思想引领工作。

承办支部	主题
2013级硕士、博士研究生党支部	“涵养社会主义核心价值观”党员风采大赛
2013级硕士研究生党支部	“涵养核心价值观·弘扬青春正能量”读书会
2014及硕士研究生党支部	“历”志“历”行——践行核心价值观
2012级博士研究生党支部	“师生共聚话青春”五四青年座谈会活动
2013级博士研究生党支部	“培育和践行社会主义核心价值观”主题教育活动
2014级博士研究生党支部	“明党史·知感恩”党史观影评析

2. 2014年是研究生全面收取学费的第一年，也是研究生奖助体系改革的第一年，按照《山东大学2014年研究生奖助体系改革方案》和《山东大学优秀研究生奖学金评审办法（试行）》工作要求，结合2013年学院奖学金评选过程中出现的问题及同学们反映的意见与建议，在原有办法基础上重新修订了《历史文化学院优秀研究生奖学金评审办法（试行）》，在参评要求、分值设定等多方面均有一定修改。同时制定《历史文化学院研究生综合素质测评办法（试行）》以及《历史文化学院研究生新生学业奖学金评选方案（试行）》，从力求从全角度、多维度地对研究生同学进行量化考评，相关奖助工作均圆满完成。本年度共有32人次获奖，获奖总金额达到28万余元。其中9名同学获得国家奖学金，特别是2012级档案学专业硕士研究生闫静同学凭借4篇CSSCI来源期刊获得评委的一致赞誉，成为本年度校长奖学金15名获奖者中仅有的2名人文学科获奖硕士研究生之一。另外，2011级博士研究生杨谦获评2014年山东大学博士研究生学术新人奖、2012级文化产业管理专业硕士研究生朱祥同学获评首届赵惠新研究生创业奖学金。

3. 成功申请研究生院“长风”研究生论坛专项项目（5万元），结合学院推行的“读书·成长·分享”学生读书计划，继续面向研究生同学推行“长风”系列活动。包括学术讲座、长风小讲坛（4场）、长风研究生学术研讨会（3场）。继续坚持《长风》《长风月报》的编纂及整理工作，使研究生的学术思想与成果能落到实处，避免眼高手低，一味空谈。同时使优秀的学术资源可以更好地做到再利用。本年度共出版《长风月报》3期、《长风》杂志1期。

4. 着力营造研究生积极进取、诚信做人的氛围，坚决反对学术造假等学术不端行为，举办“青春有约”的教师系列访谈活动共3场，讲述老师求学之路与治学之道，弘正气，树学风。

活动题目	主讲人
听青年教师说求学、学术研究、职业规划和生活	崔华杰、付晓青
史学研究的空间	陈尚胜
读研读博那些事儿	代国玺、孙丽芳

5. 针对目前研究生就业日趋困难的问题，在去年首届的基础上，继续举办研究生职场生存能力大赛，大赛过程力求完全真实模拟，所邀请评委均为学院毕业生就业分布较多的公务员、文化机构以及中学教师相关单位的一线面试官。赛后，针对比赛中同学们出现的各类问题，由评委老师开设专门讲座进行培训指导。由比赛开始，为实战服务。

6. 开通研究生会官方微信公众账号——SDU _ HISTORY _ 研究生会，本平台自2014年秋季学期开始至寒假共推送文章224篇。单篇文章——《山东大学不够美，但有这些就足够了!》最高阅读次数达到78701次，点赞数209次。截至2015年2月，本平台关注人数达到1112人。

7. 2014年新建研究生社会实践基地2个。

基地名称	共建单位	负责人
东营日报社研究生社会实践基地	东营日报社	董雪梅
“齐文化”考古研究实践基地	高青县文物局	方　辉

（三）毕业与就业

2014届学院共毕业硕士研究生80人（包括在职申请学位）、博士研究生23人。由于全院重视，导师认真，学生努力，博士生8人抽中盲审，全部通过；硕士6人抽中盲审，全部通过。博士论文答辩会组织得非常成功。2014年上半年我院申请答辩的硕士生共85人（1名在国外未归），实际参加答辩84人，全部全票通过答辩；申请答辩的博士生共25人（全日制23人，在职2人），全部顺利通过答辩。

截至2014年12月，硕士毕业生就业率达92.7%，博士毕业生就业率达100%。均为近年来同期最高。同时，在就业层次、升学情况以及就业选择多样化等方面均较往年有了提升。87.5%的博士毕业生选择高校就业，较之去年提升了12.3%。更有4名硕士毕业生以专业教师身份在高校就职，占毕业硕士总数的7.6%。此外，硕士毕业生各层级公务员单位就业率达17.2%。比去年同期增长4.3%。共有13名硕士研究生被国内外高水平高校录取，占学院硕士毕业生总数的20%，比去年同期增长15%。其中，就读学校包括法国昂热大学、美国耶鲁大学、美国匹兹堡大学、香港中文大学、中国人民大学、中国社会科学院和山东大学等诸多国内外知名高校。国内读博“985”高校比例达100%。

三、科学研究

（一）科研立项

本年度新增科研立项又有显著增长，各类经费到账总额621万元，居全校人文社科各院系第一名。其中新增省部级以上科研立项13项，项目经费总额159万元，为历年新高。

负责人	项目名称	项目来源	项目级别	项目经费
刘玉峰	唐朝应对个体农户流亡分化的政策调控及成败鉴戒研究	全国哲学社会科学规划办	一般项目	20万元
崔华杰	近代来华基督教传教士与中史西传研究	全国哲学社会科学规划办	青年项目	20万元
宋艳波	胶东沿海地区大汶口文化早期的生物考古学研究	全国哲学社会科学规划办	青年项目	20万元
赵永生	济南大辛庄遗址出土人骨的整理与研究	全国哲学社会科学规划办	青年项目	20万元
刘永祥	20世纪“新史学”典范的生成及影响研究	全国哲学社会科学规划办	青年项目	20万元
李　巍	加拿大社会住房政策史研究	全国哲学社会科学规划办	一般项目	20万元
陈雪香	海岱地区商周农业的考古学研究	全国哲学社会科学规划办	一般项目	20万元
张鲁君	《正统道藏》插图研究——以神仙题材图像为中心	教育部社会科学司	教育部一般	8万元
毕　牧	山东解放区现代化道路研究	山东省社科规划项目	研究报告	2万元
王广振	山东省文化产业发展的策略与系统	山东省社科规划项目	研究报告	2.5万元
牛淑萍	生死与共甘苦同当——鲁西北抗日根据地党群关系历史经验研究	山东省社科规划项目	一般项目	2万元
朱修春	两宋之际理学的传承及地域化发展研究	山东省社科规划项目	研究报告	1万元
彭淑庆	近代中国民间信仰之宗教生态研究——以基督教在华传播为参照	山东省社科规划项目	青年项目	3.5万元

本年度学校下拨学院科研津贴94万元，居全校人文社科各院之首，也创学院历年新高。

（二）成果发表

2014年度，全院共出版各类著作（专著、译著、编著）12部，分别是昝胜锋的《体育赛事双边市场构建与竞争研究》（福建人民出版社）、谭景玉的《齐鲁商贾传统》“魏晋隋唐宋元卷”和“明清卷”（齐鲁书社）、刘旭光的《孟子家族的记忆——孟府档案管理研究》（中国出版集团、世界图书出版公司）、霍艳芳的《中国图书官修史》（武汉大学出版社)、刘玉峰的《唐代经济结构及其变化研究：以所有权结构为中心》(山东大学出版社)、朱修春《北京：寺庙与城市生活(1400～1900)》(上、下；台湾稻乡出版社)、方辉《地球人：世界史前史导论》(山东画报出版社)、方辉《大辛庄遗址研究》(科学出版社)、张鲁君《文化创意与策划》(福建人民出版社)、赵兴胜《黄埔人生：黄埔军校山东同学传记资料选编》(上下；山东友谊出版社)。

共发表各类学术论文115篇，其中包括刊发在《世界历史》《近代史研究》《中国史研究》、*Science China* (*Earth Sciences*) *Journal of Archaeological Science*、《史学理论研究》等国内外知名学术刊物上的专题论文。

(三) 成果获奖

2014年度，学院共获得各类科研奖励14项，其中省部级以上奖励6项，创近五年来新高。

姓名	获奖名称	成果名称	获奖级别	发奖单位
范学辉	入选国家哲社科学成果文库	宋代三衙管军制度研究		全国哲学社会科学规划办
方　辉	山东省人文社科优秀成果奖	鲁东南沿海地区系统考古调查报告	重大	山东省社会科学院
范学辉	山东省人文社科优秀成果奖	南宋三衙马政问题试探	二等	山东省社会科学院
葛焕礼	山东省人文社科优秀成果奖	纪事本末体创始说辨正	二等	山东省社会科学院
王　芬	山东省人文社科优秀成果奖	即墨北阡遗址人骨稳定同位	二等	山东省社会科学院
李　森	山东省人文社科优秀成果奖	青州龙兴寺历史与窖藏佛教造像研究	二等	山东省社会科学院
王广振	山东省高等学校人文社科优秀成果奖	转型期俄罗斯中产阶级问题研究	三等	山东省教育厅
王建峰	山东省高等学校人文社科优秀成果奖	唐代刑部尚书的出身阶层与仕途径	三等	山东省教育厅
谭必勇	山东省高等学校人文社科优秀成果奖	如何拉近档案馆与公众的距离	三等	山东省教育厅
赵爱国	山东省高等学校人文社科优秀成果奖	电影的档案价值探析	三等	山东省教育厅
石少颖	山东省高等学校人文社科优秀成果奖	“丁卯之役”中金鲜间“纳质”“岁币”问题由来考辫	二等	山东省教育厅
孙一萍	山东社科论坛	略论法兰西第二帝国的“诉诸人民”理论	二等	山东省社科界联合会
张熙惟	山东社科论坛	山东学术史论要	三等	山东省社科界联合会
宋艳波	广西壮族自治区人民政府	百色革新桥(研究报告)	三等	广西壮族自治区人民政府

（四）《中国历史评论》创刊

《中国历史评论》是山东大学为筹备“第22届国际历史科学大会”而创办的一份以书代刊的学术期刊，编委会主任为中国史学会会长张海鹏，主编为山东大学教授、山东省历史学会会长王育济。《中国历史评论》除秉持一般的学术通则外，还强调：“第一，注重历史学在知识群体、政治精英、企业精英中的普遍影响力；第二，偏重发表公众关注度比较高的学术话题；第三，关注国际历史科学大会动态，每期均刊发与大会有关的文献、研究成果；第四，注重传承《史地学报》和《文史哲》初创时的精神，将办刊与学生的读书和培养有机地结合起来。”据此而设有国际历史科学大会、学术集成、经典重温、史家与著述、新研究新观察、图志、史学新著新译、海外译稿等栏目。

《中国历史评论》每年出版6辑，第1～3辑由上海古籍出版社出版社出版，第4辑后改为上海文化出版社出版。创刊以来得到中共山东省委宣传部、山东省财政厅的专款支持，得到山东大学国际历史科学大会筹备基金、韩连琪学术基金、王仲荦学术基金，以及山东省东方历史文化基金的经费支持，得到陈其泰、刘明翰、陶文钊、张广智、冯天瑜、张顺洪、姜生、侯建新、高岱、陈红民、陈谦平、张其凡、吴根友、沈汉、［美］夏明德、［英］狄金森、杜继东、等236位专家学者的成果支持、书面肯定和改进建议。

山东大学将借鉴《美国历史评论》的经验，借助“第22届国际历史科学大会”的召开和大会的推动和已有的在国际化方面已有的良好基础和影响力，把《中国历史评论》办成一个中外史学家充分交流的平台，办成一个能在国际上讲好“中国故事”的平台，办成一个具有长久影响力的权威学术平台。

四、人事工作

本年度全院共有在职教职员工113人，其中专职教师94人（内教授31人，副教授25人，讲师33人），行政人员20人（其中管理8人、思政6人、技术3人、高级工1人、非事业编2人）。各专业教学科研力量分配具体如下：

1. 中国古代史26人，其中教授11人、副教授5人、讲师8人、博士后研究人员2人；
2. 中国近现代史15人，其中教授8人、副教授1人、讲师6人；
3. 世界史10人，其中教授2人、副教授5人、讲师2人、博士后研究人员1人；
4. 考古学18人，其中教授5人、副教授3人、讲师9人、博士后1人；
5. 档案管理学7人，其中教授2人、副教授3人、讲师2人；
6. 文化产业管理学专业11人，其中教授1人、副教授5人、讲师5人；
7. 文化遗产研究院6人，其中教授2人、副教授3人、讲师1人。

五、外事工作

（一）国际历史科学大会筹备工作

1. 历史科学大会工作行文方面，该年度，学校分别就大会筹备事项、领导工作、经费申请、大会相关问题、成立山东省筹备工作领导小组、发行纪念邮票等，向教育部、山东省、省邮政局等发文8次，为大会的筹备提供了全方位的准备与保障。

2. 日常工作方面，秘书处与国际历史学会密切联系，做好大会的网上注册等工作；加强了与注册学者的联系与答疑工作；为次年1月21日召开的第22届国际历史科学大会新闻发布会做好前期准备工作。

（二）日常外事交流活动

1. 举办国际会议二次。分别是：2014年10月12～15日，承办“全球化视野下的中国高等教育史暨登州文会馆150周年国际学术研讨会”；2014年6月26日～7月2日，中华职业教育社第五届台湾大学生研习营由我院承办，研习营由来自台湾13所高校的78名学生组成。

2. 国外学者来访与讲座。2014年，国外著名大学的著名学者多次来访历史文化学院。来访并为学院作讲座的学者先后有：日本京都大学和德国鸿鲁尔大学的Jan Schmidt教授，德国法兰克福大学考古系的K·Krause教授、阿梅龙教授，奥地利维也纳大学的魏格林教授，爱丁堡大学文科学部主任艾尔文·杰克逊（Alvin Jackson）教授，前英国皇家历史学会副主席、历史协会主席、爱丁堡大学历史与古典学学院荣休教授哈里·狄金森（Harry Dickinson）先生，美国科学院院士、世界著名考古学家、密歇根大学人类学系A. C Spaulding distinguished University Professor（教授最高荣誉）、山东大学环境与社会考古创新引智（111基地）学术大师及立青讲座教授Henry Wright先生，香港大学饶宗颐学术馆学术部主任、高级研究员、山大兼职博导郑炜明先生，瑞典乌普萨拉大学中国项目协调人殷正元先生，莱顿大学考古学院副院长Peter Akkermans教授、David Fontijn博士，美国伊利诺斯大学香槟分校Stanley Ambrose教授，加拿大安大省博物馆研究员沈辰博士，加拿大驻华大使馆唐兰（Sarah Taylor）公使，南澳州历史管理局首席执行官Margaret Anderson，等等。

3. 教师出访和参加国际会议。2014年12月初，方辉院长随张荣校长赴法国、奥地利和英国考察，加强与牛津大学、维也纳大学、巴黎一大等国际知名学府交流，同时宣传国际历史科学大会。访问巴黎期间，山东大学代表会晤了法国巴黎一大校长菲利普·布缇和国际历史科学大会秘书长富兰克（Robert Frank）。此外，方辉、栾丰实、王强、靳桂云、王芬、谭必勇、王广振等参加了国际学术会议并在会上发言共计8次，在海外举行专题讲座2次。

4. 学生联合培养协议。2014年6月，历史文化学院与南澳大学签订3+1+1学生联合培养协议。确定了两校联合培养本科生和硕士研究生的基本框架。

5. 学生对外交流。2014年度，考古、中国史、世界史和文化产业管理系的14名本科生参与了海外交流。分别赴美国加州大学伯克利分校、英国曼彻斯特大学、加拿大不列颠哥伦比亚大学、荷兰莱顿大学、日本广岛女学院大学、日本爱媛大学、韩国中央大学、韩国仁和大学、台湾大学、台湾政治大学、台湾淡江大学、香港科技大学、香港浸会大学等不同专业的学习与交流。

（赵兴胜）

数学学院

2014年，数学学院全体师生员工共同努力、学院领导班子团结协作，学院在学科建设、科学研究、人才培养等各方面都取得了重要进展，圆满完成了各项任务。

一、思想政治

（一）扎实推进党的群众路线教育实践活动

学院党委把深入开展教育实践活动作为首要政治任务来抓，集合全院教职工力量，聚焦“四风”逐一查摆问题，找准问题根源，严格归纳剖析，确保教育实践活动卓有成效。

学院领导班子把群众路线贯穿于工作中，使活动目标得到进一步提升，主要体现在：第一广大党员的思想认识和宗旨意识明显强化。党员的思想得到了一次深刻的洗礼，思想和行动自觉性得到了明显提高。第二是领导班子工作作风与精神风貌得到提升，党员干部通过对“四风”问题的认真审视对照，全心全意为人民服务的使命感和责任感进一步增强。第三是领导班子与群众的关系进一步改善。通过活动促进学院领导班子求真务实、真抓实干、艰苦奋斗、谦虚谨慎的作风，干群关系融洽，工作氛围和谐，将为学院的建设作出更多的努力和实现更好的发展。

（二）按照学校的统一部署，落实党委各项日常工作

采取形式多样的学习方式，推动师生员工认真学习、贯彻党的十八大及十八届四中全会精神。积极推进党组织建设，组织各教工、学生党支部开展内容丰富的党组织活动。严格按照组织程序发展学生党员，圆满完成年初指定的党员发展计划。

二、学科建设

2014年，在全院师生员工的共同努力下，数学学院在学科建设、科学研究、学术交流等多方面都取得了突出成绩。

（一）在学科建设方面

一是杰出人才队伍建设取得新成绩，刘建亚教授、吴臻教授入选中组部首批“万人计划”，吴臻教授入选“长江学者”特聘教授，胡锡俊教授获国家杰出青年基金。二是以刘建亚为带头人的“数论及其应用团队”入选科技部重点领域创新团队。三是以刘建亚为第一完成人完成的“自守形式与素数分布的研究”获国家自然科学二等奖。

（二）在科学研究方面

2013 年共发表 SCI 论文 107 篇，EI 论文 50 篇，在 2013 年度 SCI 收录中国学科领域科技论文机构排名中，数学领域科技论文列第 4 位。科研立项取得较好成果，总经费突破 1200 余万元。其中国家自然科学基金 12 项：国家自然科学基金重点项目 1 项，获资助 280 万元；国家杰出青年科学基金 1 项，资助经费 280 万元。

（三）在学术交流方面

一是举办了 Number Theory Conference in Honor of Peter Sarnak、The 7th International Symposium on BSDE 等国际学术会议，承办了“第十届全国概率统计会议”等重要学术盛会。邀请普林斯顿高等研究院、普林斯顿大学教授、沃尔夫奖获得者、美国国家科学院院士 Peter Sarnak 教授来院交流，并授予其山东大学名誉博士；邀请诺贝尔经济学奖获得者 Myron S. Scholes 教授、匈牙利科学院 Gergely Harcos 教授等国际知名学者作学术报告，聘请了堵丁柱等知名教授担任客座教授；选派大批中青年学术骨干到国外进修、培训或合作研究（共 29 人）。开展了与英国邓迪大学 3+1+1 本科、硕士联合培养项目，并和德国乌尔姆大学、英国莱斯特大学等签订了合作框架协议。

（四）在实验室建设方面

完成了“e 板书在线教学系统”的招标采购与部署工作。完成了实验室硬件及学院 6 个网站的市场管理与维护工作。为学院 13 门本科实验课程提供上机服务计 46992 人时。开设连续性模型、概率统计模型、Matlab 使用、优化规划模型等 4 门建模课程，提供连续上机服务 23 天；为“高教社杯”大学生数学建模竞赛、美国大学生数学建模竞赛提供不间断上机服务；为学院自学考试辅导与考核工作提供上机服务。

三、人才培养

（一）在研究生培养方面

截至 2014 年 12 月在校研究生博士 178 人，硕士 306 人（含金融研究院，下同）。2014 年公派留学到国外交流联合培养的博士 39 人、硕士 2 人，获山东省 2014 年度优秀博士论文 1 篇、优秀硕士论文 1 篇，山东大学 2013 年优秀博士论文 2 篇、优秀硕士论文 1 篇。黄炳荣、苏勇获山东大学学术新人奖。2014 年招生博士研究生 36 名；硕士研究生 115 名，招收高校优秀大学推免生优秀毕业生 68 名，为 2015 年招生硕士研究生作好了充分的准备。

数学院、金融研究院 2014 级硕士研究生获山东大学优秀生源一等奖学金 4 人、二等奖学金 7 人、三等奖学金 4 人。在校研究生 15 人次获国家奖学金，41 人次获其他优秀研究生及社会奖学金，121 人获研究生奖学金，助研奖学金 204 人。

2014 年中信所返回的数据显示我院 2013 年 SCI 发文 107 篇，其中博士第一作者就 63 篇，占我院全部 SCI 发文的 58.87%。

（二）在本科生培养方面

2014 年度，数学院本科教学工作进展平稳，既保障了本专业教学质量，又高效地调配师资，顺利完成泰山学堂数学取向以及全校大量的数学公共课教学工作。2014 年获得“第二批‘十二五’普通高等教育本科国家级规划教材”两项，“山东省优秀教学成果奖”一等奖 1 项、二等奖 2 项，获得“课堂质量优秀教师”称号 3 人，获得山东大学教改立项资助 6 项，教师发展基金项目 2 项，教研项目立项 4 项，获得国家级大学生创新创业训练项目立项 4 项，山东大学科创项目立项 11 项，获得“山东省优秀学士毕业论文”1 篇，“山东大学优秀毕业论文”4 篇。稳步推进国家数学基地建设和人才培养工作，积极指导学生参加国家数学建模比赛，协助组织第六届全国大学生数学竞赛（山东赛区）比赛，取得多个奖项。

（三）在继续教育方面

2014 年，我学院自考班交费人数为 100 余人，学费总计为 40 余万元，人数和学费相比去年均略有所减少。2014 级双学位新生实际注册报到人数为 54 人。根据继续教育学院要求，安排实施了七门课程的网络教育非实时辅导，同时请有关课程老师编写了网络教育 11 门课程的教学大纲和教学指导书，编写完成全部网络教育课程的教学大纲和教学指导书。今年是函授生的最后一批学生毕业，共有 4 人。组织了最后三门课程的考试和阅卷及函授生毕业证的发放工作。

（四）在学生教育管理方面

研究生教育管理方面，积极推进学生党建和思想政治教育工作，建立了切实有效的思想政治教育领导体系和工作机制，形成了梯队式的思想调研团队，全面提升我院研究生的思想政治素质；在学术道德与规范教育工作方面，建立了科学完善的学风监督管理评估体系；打造符合数学学院特色的学术品牌和文体活动；充分利用校地合作与国家的军工企业、政府机关部门建立了长期固定的合作关系，并在众多知名企事业单位架设实习平台，2014 届毕业生一次就业率达 96.2%，实现了历史性突破。

本科生教育管理方面，紧紧围绕立德树人这一根本任务，锐意进取，改革创新，悉心做好对全院学生的教育与引导。始终以社会主义核心价值体系为引领，充分发挥学生党团组织的先锋模范作用，打造了学生思想政治教育、学生党员先锋教育、形势政策课堂教育、网络思想政治教育、国防军训爱国教育五个教育平台。按照“制度健全，程序规范，责任明确，系统条理，公正透明，学风端正”的工作要求，在学生安全教育、学生档案管理、奖助勤贷评优、学生学风建设、迎新送老教育等方面扎实开展工作。重点打造“我与数学家面对面”名师系列访谈、大学生青春读书会、数院学子学习沙龙、成立华罗庚先生学习研究会、创办大学生《数意》杂志等，在学生中发挥了重要的教育引导作用。

（罗　超）

物理学院

物理学院现有教职工145人，专职教师104人，其中教授53人、副教授32人。国家“千人计划”特聘教授2人，教育部“长江学者奖励计划”特聘教授2人、讲座教授2人，国家杰出青年基金获得者4人，入选国家百千万人才工程2人，教育部跨世纪、新世纪优秀人才11人，山东省“泰山学者”特聘教授4人，山东省杰出青年基金获得者5人，入选山东省引进海外创新创业人才“万人计划”3人，国家优秀青年基金获得者1人；山东省有突出贡献青年专家2人；齐鲁青年学者3人，“985”学术骨干4人，山东省专业技术拔尖人才4人，享受国务院政府特殊津贴9人。

2014年，学院毕业本科生148人，研究生77人，截至12月底在校本科生590人，研究生302人。

学院设有凝聚态物理、粒子物理与原子核物理、光电材料与器件、原子分子物理四个研究所和物理实验教学中心和大学物理教学研究中心，三个教学系：物理系、应用物理系和微电子学系。拥有凝聚态物理和粒子物理与原子核物理2个国家重点二级学科；粒子物理与粒子辐照教育部重点实验室；与晶体材料研究所共同支撑晶体材料国家重点实验室；有低维材料物理、微电子材料与器件2个省重点实验室；拥有物理学国家理科基础科学研究与教学人才培养基地、国家物理实验教学示范中心、国家清洗技术推广中心。并设有泰山学堂物理取向班、王淦昌物理基地班、严济慈物理学英才班、黄昆半导体英才班等多种人才培养模式，致力于培养创新拔尖人才。

一、学科与平台建设

1. 学院积极探讨在新形势下相关学科的建设与发展。国务院取消国家重点学科的项目，山东大学启动青岛校区建设，为我院的学科发展提供了机遇和挑战。学院按照学校要求，协助“粒子科学与技术中心”“纳电子中心”等科研机构谋划2016年搬迁至青岛校区发展的前期准备工作。并争取以此为契机，进一步明确新形势下学院学科发展规划，积极准备迎接2015年学科自我评估工作。

2. 组织物理学院学科建设研讨会，邀请著名学者薛其坤院士指导学院学科建设，介绍清华大学物理系学科设置、科学研究、人事制度改革方面的经验，为今后我院学科发展提供指导。

3. 4月份，召开了“自旋电子学与声学国际合作研讨会”，加强我院教师承担的

“111 创新引智计划”项目在山大物理学科建设中的地位，努力创建一流的学科创新引智基地，创造具有国际影响的科研成果。

4. 教育支撑条件建设。顺利开展国家基础科学物理学基地人才培养一支撑条件建设基金项目（200 万元）和山东大学物理基地国家基础科学人才培养基金项目（400 万元），物理基地国家基础科学人才培养基金项目再次通过中期验收。编写了 2014 年度本科教学质量报告。顺利开展与中科院协同育人创新计划的特色班工作。顺利完成 2014 年实验中心建设项目及全年全校实验教学工作任务。学生获国家级、省级各种竞赛奖项数十项。为拓展本科生招生，开展了山东大学和山东省实验中学合作举办创新试点班工作。

二、科研工作

按照学校要求，组织实施了 2014 年度科研经费自查自纠工作，建立并逐步完善物理学院科研经费控制管理规定，组织完成科研组织建设项目的实施。2014 年学院立项科研项目总计 28 项，经费总额 2551.4 万元，到位科研经费 2900.5 万元。发表以山东大学物理学院为第一单位的 SCI 收录论文 165 篇，EI 收录 7 篇，其他核心期刊 5 篇；国家授权发明专利 11 项；出版学术专著 1 部。

三、师资队伍建设

2014 年，马连良教授和通过我院申报的许长补教授入选国家第十批“千人计划”资格，并与学校签署了工作合同，使我院“千人计划”“青年千人计划”特聘教授均增加为 2 人；宋晨获聘齐鲁青年学者；新引进教师 1 名。

四、本科生教育

1. 顺利完成 2014 年国家物理实验教学示范中心建设项目“物理学院基地实验室建设”(90 万元)。利用学校拔尖人才经费购置、更新 30 万元实验仪器。4 项实验室软件项目通过验收。

2. 物理基地国家基础科学人才培养基金项目顺利通过中期验收。

3. 积极参与泰山学堂的工作，顺利完成物理取向的选拔和培养工作。

4. 与中科院高能研究所和理论研究所、物理研究所及半导体研究所的合作，在对王淦昌基地班、严济慈物理学英才班和黄昆班的学生选拔和培养过程中不断探索和总结经验。

5. 注重教学研究，2014 年教师承担国家级教研项目 1 项，省部级教研项目多项。

6. 为拓展本科生招生，开展了山东大学和山东省实验中学合作举办创新试点班工作。

7. 对大学生进行各种科研训练培训、创新立项指导、科技制作辅导等，学生获国家级、省级各种竞赛奖项数十项。2014 年度国家及校级科技创新立项共 35 项，150 人次参与。

五、研究生教育

1. 根据学校安排，实行硕士研究生导师招生资格审核制，26名教师通过审核。首次评选研究生优秀学术成果奖，1人获2万元，12人分别获5000元奖励。1人获博士学术新人奖。修订了9个专业的25套培养方案。共有31名博士研究生获得博士学位，45名硕士研究生获得硕士学位并毕业。2篇论文获山东大学优秀博士论文，1篇论文获山东省优秀博士论文。

2. 制定了适合我院实际情况的研究生奖学金、助学金评价体系评定细则，52名硕士35名博士获得学业奖学金，11人获得国家奖学金，16人获得其他社会奖学金。

3. 强校企合作，在山东海强环保科技有限公司建立了研究生实践基地。加强校际交流。加强思政工作研究，一篇论文获得第三届“研究生思想政治教育工作研究”征文特等奖。学院获得山东大学研究生思想教育与管理先进单位。

4. 举办暑期夏令营，共有93名来自全国高校大三的本科生参加。2014年招收研究生105人，其中博士研究生35人、硕士生70人。毕业研究生76人。其中博士生31人，就业率达93.55％；硕士生45人，就业率达97.78％。

六、国际交流与合作

1. 先后4次举办国际学术会议（第五届国际固态材料结构——性质关系研讨会、自旋电子学与声学国际合作研讨会、STAR合作组会议暨“973”项目研讨会、北京谱仪实验国际合作组会议），全国性学术会议多次，聘请专家、学者作学术报告41次，增强学院的国际参与度。

2. 邀请境外短期专家12人、流动岗特聘教师1人，教师出国/境参加学术会议、科研合作等共83人次，提升教师的国际化水平。

3. 与日本千叶大学在教师互访、学生交流、联合组织研讨会以及信息互换等方面签署框架合作协议。

4. 全年共10名本科生通过我院本科生联合培养项目赴国外学习，另有17名同学通过参加会议、短期培训和校际学生交流项目等途径赴海外参会或短期交流学习，提高学生的国际化视野。

七、党委工作

1. 认真传达、学习习近平总书记的系列重要讲话和十八大精神。通过院党政联席会、党委扩大会和全院教职工大会等方式进行学习部署，发动各党支部通过丰富多彩的活动，对学生进行思想教育和专业培训，提高理论学习的效果。

2. 扎实开展了整改工作。制定了7个方面共19条整改方案、四项专项整治方案和制度建设计划。通过逐条分解、逐项落实、逐一解决的工作方式进行整改。

3. 加强党的组织建设。认真组织召开了全院党员大会，进行了党委换届工作；启动了基层党支部的改选，进一步完善以研究所为基础的基层党支部的建设工作；加强了研究生基层党团组织建设，以课题组、研究所为基础设立党团组织。2014年学院被评为山东大学研究生思想教育与管理先进单位，获全国研究生思政教育工作研究征文特等奖。

4. 重培养保质量，发展学生党员 30 名。

5. 指导工会开展好教职工喜闻乐见的各种活动，提高学院的凝聚力。改选了学院工会组织；成功召开了学院三届一次教代会；完善并启用了“教工之家”，举办职工文体活动 10 场次。

6. 以学生为本，做好培养教育工作。开展新生入学教育系列活动；完善了班主任制度；制定了研究生奖助学金评定细则，近 260 人次获得各类奖学金，1179 人次获得助学金；举办学生学术沙龙等学术活动 50 余场；建立 40 支社会实践队伍、一研究生实践基地；建立了学生工作网站。做好就业工作，就业率稳定在 90%左右，获得学生就业工作创新先进单位。

（于新好）

化学与化工学院

2014年，学院定为化学特色优势学科和人才培育与引进启动年，在学科建设、科学研究、制度建设、人才培养等各方面加大措施，在创新中寻求突破，注重安全稳定，紧紧围绕学校中心工作，稳步推进学院发展。

一、总体情况

学院2014年教职工人数为188人，其中专任教师124人，教授66人，行政管理、教辅人员为64人；全日制在校学生1431人，其中本科生810人、研究生621人。在职教育学生1056人。现有化学一级学科博士点，化学工程与工艺一级学科硕士点，拥有依托学院的国家胶体材料工程技术研究中心、两个教育部重点实验室、物理化学国家重点学科、国家理科基础科学研究和教学人才培养基地等国家、省部级平台；设有博士后流动站。

二、党政工作

2014年，学院加强党风廉政建设。定期进行警示教育，坚持将党风廉政建设和学院中心工作统一部署、落实。学院着力加强领导干部廉洁从政教育，教师和科研人员廉洁从教，在校学生廉洁修身教育，积极营造良好的文化氛围和廉政建设思想基础。进一步完善学院工作决策机制，加强学院管理。充分发挥学院党政联席会议、学术（位）委员会议、学院教职工代表大会在学院各项工作中的指导作用。努力使学院决策更加规范、民主。2014年，召开了学院第一届教职工代表大会第一次会议。制定了《学院办学用房管理细则》《学院调出人员管理规定》等各项管理制度。加强学院安全稳定，以强化管理弥补基础条件不足带来的安全问题，重点强化了院领导安全责任区制度，实验室导师负责制，推行实验室安全检查记录制度，建立了安全员定期经巡查制度，严格规范化管理易制毒试剂的管理。进一步做好统战、群团、离退休工作。一人被评为2014年度山东大学“三八”红旗手。学院网站获评2014年度山东大学优秀网站。

三、人才队伍建设

2014年，引进到岗各类青年人才2人，通过山东省泰山学者“攀登计划”和“海外特聘教授”评审各1人，推荐申请“国家青年千人”2人、齐鲁青年学者4人。2014

年新增教授 1 人，新增硕士生导师 5 人，新获聘博士研究生合作导师 1 人。

四、教学工作

2014 年，学院制定了教师参与网络平台课程建设、教学研究、教材建设、指导本科学生开放创新实验研究和科技创新活动等奖励政策；调整本科生培养方案，强化化工学科专业建设，完善学院领导和老教师听课制度，引导青年教师熟悉、掌握教学方法和规律。2014 年，学院启动了研究生教学质量年活动。制定了博士生导师年度学术报告制度，并成功举办了“化学与化工学院首届研究生导师学术年会”，钱逸泰院士、佟振合院士作了大会报告，37 位博士生导师作了分会报告。修订了研究生招生规定。5 位教师被评为山东大学 2014 年度课堂教学质量优秀教师、1 人被评为宝钢优秀教师。以“国家和学校大学生创新性试验计划”项目为依托，本科生参加国家各种科技创新大赛，均获得较好成绩；获得山东省优秀博士学术论文奖 2 项、山东大学“优秀生源奖励基金”9 项、“研究生优秀学术成果奖”27 项等多种奖励。

五、科研工作与学科建设

学院继续增强以一个国家工程中心、两个教育部重点实验室为中心的科技创新平台建设，提高学院学科建设和科研水平。2014 年，我院获国家自然科学基金项目 13 项，其中国家自然科学基金重点项目、重大仪器研制项目和国际重大合作项目各 1 项，资助总额 1539 万元，获得省基金 9 项，省博士基金 2 项。全年获得各类科研项目资助 3931 万元，今年学院共发表 SCI 和 EI 论文 360 篇，其中 IF＞3 以上论文 184 篇，IF＞6 以上论文 42 篇。

六、学生教育管理

学生工作从大学生思想政治教育、学生事务管理和学生发展指导入手，创新工作思路。主办了学院“化时代”学术讲座、第 47 期“稷下风”研究生学术论坛、“有机化学博士生学术论坛”、研究生安全知识竞赛。学院获得 2014 学生工作先进单位、学生资助工作先进单位、教育拓展先进集体、共青团组织建设先进单位和本科学生思政教育与管理工作先进单位、研究生思政教育与管理工作先进单位等荣誉称号；一名任课教师被评为 2014 年山东大学优秀班主任；有 400 余名学生在综合测评、社会实践、科技创新、志愿活动、校园文化等各项评比中获得校级以上奖励。发展学生中共党员 49 人。2014 年，本科生就业率达 90％、研究生就业率达 89％以上，学院评为山东大学就业工作先进单位。

七、国内外学术交流

2014 年，学院启动了二级学科邀请国内外高水平学者学术报告制度，加强了与国内兄弟高校与科研机构的交流与合作。邀请各类高水平专家来学院报告共计 30 余次，学院教师有近 20 人参加国际学术会议或交流访学，在国际国内学术会议作特邀报告 3 人次。承办了第二届“瓦克化学—英国皇家化学会”国际学术研讨会、2014 界面流变学和泡沫流体技术与应用研讨会等国际国内学术会议。

八、公共支撑条件建设

2014 年，学院购置了傅里叶变换红外光谱仪、总有机碳分析仪、全自动比表面积微孔径分析仪、透射电镜成像系统，总价值达 207 万元，补充了学院结构成分测试中心仪器平台。截至 2014 年 12 月底，学院共计拥有总资产 1.27 亿元，2014 年新增 1000 元以上设备 642 件，资产达 1000 余万元，报废设备 300 台件、108 余万元。

（季书豫）

信息科学与工程学院

2014年，信息学院继续贯彻学校“山大特色，全国一流，世界水平”的发展战略，强调人才建设的基础性地位，通过重大项目的展开，进一步推进学术评价机制的改革和国际学术交流活动，努力提升高层次人才培养的质量和服务国家、地方和社会的学术能力，在许多方面都取得了新进展。

一、党建和思想政治工作

学院党委坚持以“三个代表”重要思想和科学发展观为指导，不断加强领导班子队伍建设，强化班子的团队意识、责任意识、协作意识和创新意识；继续完善党政联席会议等制度，积极推动各种规章制度的制定与落实，尽力保证做事的规范性、科学性；坚持政务公开制度，努力建立和谐稳定、积极进取的学院氛围，为学院改革发展创造良好环境；促进院工会的制度建设，完善工会工作的组织体制和机制，2014年12月11日积极组织召开信息学院第一届教职工代表大会第一次会议，充分调动广大教职工参与学院建设与发展的积极性和创造性，为实现学院跨越式发展奠定了基础。

按照“八项规定”的要求，开展反腐倡廉教育，通过逐级签订责任书和建章立制，强化领导干部廉洁勤政的自律意识。学院先后制定了《信息学院党政联席会议制度》《山东大学信息学院关于落实“三重一大”制度实施办法》《信息学院信息公开实施细则》《信息学院财务管理制度》《信息学院研究生教学工作管理规定》等。

二、学科建设与人才引进

2014年，学院抢抓机遇，积极完善学科布局，经过全院的共同努力，新增一级学科博士点一个，新增省重点实验室一个，新增省级协同创新中心一个。现拥有三个国家一级学科（信息与通信工程、光学工程、电子科学与技术），两个省级研究中心（激光工程技术研究中心、半导体电子技术研究中心），两个山东省工程技术研究中心（山东省激光工程技术研究中心、山东省半导体光电子工程技术研究中心），一个省重点实验室（山东省激光技术与应用重点实验室），一个省“十二五”高校重点实验室（山东省宽带无线通信技术高校重点实验室），一个省级协同创新中心（中国虹计划协同创新中心），成功申报光学工程专业硕士学位点，学科平台建设进一步完善。

学院科研工作着重以光电子集成作为创新试点，以这些具有行业影响力的高端人才为导引，融合学院现存和新增教师与资源，打造一个面向应用、需求驱动、追求卓越和合作共赢的前沿科研团队和平台。在这方面，引进了三位世界顶级、均在光电芯片和期间方面具有学术界和工业界两栖的成就和经验光电子学者，同时也是山大的校友：李旬（电子77级），吴琦（物理77级）和李大伟（电子80级）。目前已通过学院学术委员会面试答辩，预计2015年上半年能够正式入职。另外，规划面向应用的智能家居/社区的研究方向，引进原海信国家重点实验室副主任，智能家居的专家李玉军博士。引进以高分通过青年千人答辩，麻省理工学院博士后的周洪超。

三、教学工作

（一）本科教学

学院成立本科教学指导委员会，根据原有的教学计划执行情况，配合学校学分制改革，删除原有教学计划中的不利于学科发展的冗余课程，改变了因人设课的旧传统，使课程设置更加合理、更加科学。积极调动广大教师参与本科教学和人才培养的积极性，确立学生在教学评估中的主体地位，不断提高课堂教学效果和人才培养质量。2014年学院本科生在多次竞赛中屡创佳绩：在“山东省大学生电子设计竞赛”中，10个参赛队全部获奖，其中省一等奖6项、二等奖3项、三等奖1项；在“全国大学生光电结合大赛”中，5个参赛队全部获奖，其中国家级二等奖2项、三等奖3项；在“第八届中国大学生ICAN物联网创新创业大赛”中，获国家级奖项18项，其中国家级一等奖2项、二等奖3项、三等奖15项；在“山东省物联网创造力大赛”中，获省级一等奖16项、二等奖2项、三等奖6项；在“全国大学生节能减排大赛”中，获国家级三等奖3项，校级奖20项；在“第十一届山东省大学生机电产品创新设计竞赛”中，获省级一等奖4项，校级8项。

（二）研究生教育

研究生招生规模不断扩大，培养质量进一步提升。博士毕业生发表至少两篇SCI文章，硕士毕业生也有发明专利或者发表论文。硕士生、博士生有8人荣获校长奖学金；有2人获得全国百篇优秀博士论文提名；有6篇博士论文获得山东省优秀博士论文；有12篇硕士论文获得山东省优秀硕士论文；获得山东省研究生优秀科技创新成果奖5项，获得省优秀学生干部11人。这标志着信息学科的研究生培养质量达到国内较高水平。

四、科研工作

（一）2014年，组织了2012年度和2013年度立项的山东大学自主创新基金项目结题验收。成功举办了学院生物医学信息处理方向专题研讨会、上一年度海信数字多媒体国家重点实验室开发基金的检查以及年度开放基金的立项研讨会。在山东大学“海信开放日”活动中，以海信数字国家重点实验室和海信研发中心技术人员交流作为平台，邀请了相关领域宝库IEEE Fellow，中组部“千人计划“专家和浪潮、积成电子、中科院声学所等省内外企事业单位，以“大数据时代的智慧家庭与人体健康”“光电子信息技术”和“数字多媒体与通信技术”为专题进行交流。拓展学院科研工作，及时传达并贯御学校学术研究部下达的各类科研申报计划，并与航天五院 503 所、513 所和中电 41 所、54 所的部分项目对接。山东大学信息科学与工程学院作为理事单位，参与了青岛市科技局青岛信息产业技术研究院筹建，为整体搬迁青岛校区提前谋划和准备。

（二）2014 年，学院实到科研经费总计 1400.55 万元，其中基金 514.25 万元，重点项目 469.4 万元，横向项目 340.7 万元，国防项目 49.2 万元。成功申报国家自然科学基金 11 项，其中三项青年基金，八项面上项目，经费额度 726 万元，此类经费达到建院以来最高额度。2014 年度我院申报山东省基金立项 7 项，其中面上项目 6 项，青年基金 1 项，经费额度 105 万元。山东省科技发展计划立项 5 项，经费额度 69 万元。

（三）2014 年发表 SCI 论文 115 篇，EI/ISTP 收录论文 73 篇，国家级出版社出版专著 3 部，授权发明/实用新型专利 74 项。获得 2014 年度山东省技术发明二等奖 1 项，获得 2014 年度东省高校优秀科研成果一等奖 2 项、三等奖 3 项。

五、国际交流与合作

信息科学与工程学院在国际交流与合作方面采用了“以国际交流与合作带动和促进学科发展”的战略思想，积极拓展国际交流合作渠道，2014 年在主办国际会议、申请重大国际合作项目、进行国际合作探讨与互访、接待流动岗特聘教授及短期境外专家、进行学生层次的国际交流等方面都取得了新进展。

（一）承担科技部国际科技合作专项课题

信息学院首次成功申请到科技部国际科技合作专项，课题题目为“5G 移动通信系统关键技术研究”，经费共 190 万元，项目执行期为 2014 年 1 月 1 日至 2016 年 12 月 31 日。本项目由中国及英国多家科研院所协作承担，中方协作单位由山东大学牵头，协同东南大学、华中科技大学、上海无线通信研究中心；外方协作单位由英国赫瑞瓦特大学和英国爱丁堡大学组成。本项目的研究目标是形成一套可支持第五代（5G）无线移动通信系统的关键技术方案。针对 5G 的指标需求以及其复杂异构的本质，本项目致力于解决无线频谱资源受限、提高频谱效率及系统容量、提高系统能量效率、提高移动系统的覆盖率等关键技术研究，并实现部分关键技术验证平台的研发。本项目对推动我国 5G 移动通信系统的发展、推动加强中英合作、大大提高我院和我校的国际学术声望和影响力有重要的作用。

（二）承办国际会议

2014 年 7 月 23 日科技部国家国际科技合作专项“5G 移动通信系统关键技术研究”项目启动会在山大中心校区知新楼第二讲学厅举行。爱丁堡大学 John Thompson 教授、上海无线通信研究中心杨旸教授、北京大学宋令阳教授、清华大学高飞飞副教授等专家应邀参加了启动会并作了精彩报告，信息学院部分师生聆听了此次会议。整个启动会报告现场气氛热烈融洽，各位专家耐心细致地回答了师生现场所提提问，并在报告之余与参会师生进行了深入的探讨与交流。

（三）进行国际合作探讨、互访及学生交流

信息学院与德国乌尔姆大学、不来梅大学，法国国立高等电信工程布列塔尼学院（Telecom Bretagne），法国雷恩国立应用科学院（INSA），英国赫瑞瓦特大学（Heriot-

Watt University)，韩国亚洲大学等 6 个大学进行了多次合作交流探讨、互访及学生交流。譬如，我院的本科生有多人在德国乌尔姆大学、不来梅大学交换或读研究生，我院也接收了来自 INSA 的国际交流生读硕士或博士。

（四）接待流动岗特聘教师

2014 年，我院共接待流动岗特聘教师 2 人次，短期境外专家 5 人次，开展了 10 多个前沿学术讲座和 20 余场师生见面会，受到了师生的广泛好评与喜爱，同时加强了我院与海外高校、高等研究院的交流与合作关系，为学院今后的发展奠定了良好的基础与契机。

（五）流动岗特聘教师

RONSIN Joseph 教授主要从事于图像处理科研工作，现任“法国国立应用科学学院电子和工业计算机科学专家委员会”副会长，“法国国立应该用科学学院电子教学部门管理委员会”成员。Joseph 教授分别于 2014 年 3 月 30 日至 4 月 30 日和 10 月 10 日至 11 月 7 日先后两次于信息学院开设了 32 学时的机器视觉与图像压缩的课程。

（六）短期境外专家的交流访问

短期境外专家的到来，为信息学院的工作开展提供了重要支持，丰富了在校师生的学习经历与见闻，同时加强了学校双方的互惠合作意识。以下是详细内容：

2014 年 1 月 13～16 日，来自于澳大利亚新南威尔士大学光子学 & 光通信研究中心的 Gangding Peng 教授对信息学院进行了访问。在信息学院四楼报告厅作了题为“Fiber Optic Seismic Sensing Systems”的学术报告，报告由张行愚教授主持，部分师生与会。

2014 年 4 月 5～12 日，来自德国汉堡大学激光物理研究所的 Christian Kr änkel 博士进行短期访问，并作了题为“从紫外到中红外：汉堡大学激光物理研究所激光器进展”的学术报告，从三个方面在半导体激光泵浦稀土离子掺杂介质近、中红外激光器部分和可见光和紫外波段激光部分，分别作了详细的讲解，对过氧化物晶体和镨离子掺杂晶体激光器的未来发展作了展望。

2014 年 5 月 26～30 日，来自 Synopsys，Inc. 的许成林博士对信息学院进行了 5 天的短期访问。许成林博士作为 Synopsys 公司电磁场数值计算方向的科研骨干，近年来针对于硅基光电子器件的数值仿真进行了多项改进，开发的电磁仿真软件也成为该领域主流的仿真软件，因此邀请许成林博士访问山东大学，并针对“硅基光子器件的模拟与设计”作学术报告，为信息学院在硅基光电子领域开展研究提供新的思路和技术支持。

2014 年，美国克莱姆森大学高志博士和意大利锡耶纳大学 Mauro Barni 教授也曾先后到访开展学术经验交流会，为师生奉献精彩前沿的学术讲座。

表 1　　短期境外专家一览表

序号	专家姓名	性别	国家/地区	职称	工作单位	专业领域	授课时间	实际授课时间（天）	报告题目
1	Gangding Peng	男	澳大利亚	教授	澳大利亚新南威尔士大学电气工程和通信学院	光子学，光通信，光电技术、光纤传感，激光量子电子学	2014.1.13～2014.1.16	4	Fiber Optic Seismic Sensing Systems
2	Christian Kraenkel	男	德国	副教授	Universität Hamburg	激光物理	2014.4.5～2014.4.12	7	从紫外到中红外：汉堡大学激光物理研究所激光器进展
3	高　志	男	美国	副教授	美国克莱姆森大学	生物工程系	2014.5.21～2014.5.24	4	Laser Techniques in Cell-Microenvironment Interactions
4	许成林	男	加拿大	高级工程师	Synopsys, Inc.	电磁场数值计算、光电子器件	2014.5.26～2014.5.30	5	硅基光子器件的模拟与设计
5	Mauro Barni	男	意大利	副教授	意大利锡耶纳大学	信息与通信工程	2014.9.24～2014.9.28	4	1. Digital watermarking: old and new 2. Game Theory in Multimedia Forensics

六、学生工作

（一）坚持把学生思想政治教育工作摆在人才培养工作的首位

学期初，学院召开班长、学习委员、生活委员等学生干部座谈会，全面了解掌握广大同学的思想、生活、学习情况和存在的突出问题，形成并明确学院学生工作思路，以理想信念教育为核心，以学风建设为重点，以思想政治工作为保证，以制度管理为保障，提高学生素质。

加强对家庭经济困难学生的资助工作和毕业生就业指导工作。健全了心理健康教育体制，不断完善心理危机干预机制。学生教育管理工作取得多项成绩和荣誉称号，并多次获得学校的表扬和奖励。

（二）积极稳妥地组织好党员发展工作

按照学校党委组织部的“坚持标准，保证质量，改善结构，慎重发展”的要求，学员从实际出发，确立了“加快工作进度，严格组织程序，保证发展质量，适当扩大规模”的学生党员发展工作思路，学院制定了积极稳妥的发展规划和实施方案，2014 年学院发展正式党员 120 名，预备党员 100 名。在每学年初的学生综合素质测评中各班名列前茅的绝大多数是党员，全院的优秀毕业生基本上全部是党员。学生党员的榜样作用得以充分发挥，党组织对广大同学的吸引力和凝聚力大大加强，积极向党组织靠拢的学生也越来越多。

（三）开展丰富多彩的校园文化活动

寓教于乐，摆脱单调的说教，是思想政治工作的重要内容和方法。2014 年，学院以校园文化建设为载体开展了丰富多彩的形式多样的有意义活动：中国好声音济南站海选，山东大学宿舍文化节棋王争霸赛，汪苏泷校园巡回音乐会暨信息学院元旦晚会，迎新晚会暨“大爱光学与概论奖助学金颁奖典礼，Digilent 杯科技创新比赛，神戎杯光电结合大赛等。活动中，学生们团结合作、努力拼搏，取得累累硕果：获得第四届研究生院杯师生羽毛球赛优胜奖、山东大学合唱节三等奖、山东大学研究生“中国梦山大情”合唱比赛二等奖、山东大学第十一届研究生篮球赛优秀组织奖、山东大学篮球赛季军等。丰富多彩的文化、艺术、体育等活动，增强了学习的兴趣和积极性，培养了科技创新思维和能力，即浓郁了校园育人氛围，又丰富了业余文化生活。

（四）学院领导高度重视，确保就业工作顺利开展

1. 学院根据社会需求，适时调整与优化人才培养计划。并根据新修订的人才培养计划，修订课程教学大纲，同时在课程设置方面积极探索，使培养的人才更能满足社会所需。

2. 结合专业特点，开展全程式就业指导。把就业指导工作前移并贯穿在大学四年教育的始终，针对不同年级的特点，有针对性、分层次地进行指导，帮助学生规划其职业生涯。

3. 组织开展各类专业竞赛活动，提高学生的创新能力和动手能力。2014 年，学院学生在全国科技创新、“挑战杯”、光电设计竞赛等一系列的竞赛中，共获得国家级一等奖 6 项、国家级二等奖 22 项、国家级三等奖 2 项、省级级一等奖 10 项。

4. 邀请成功校友和学院教授（博士），开展各类讲座、报告会等。对学生拓展知识面、了解学科发展前沿、学习借鉴校友成功经验起到了积极作用。

5. 加强与用人单位和校友联系，开展院企多方位合作。

通过以上有效措施的实施，学院培养了大批“基础扎实、能力较强、勤朴笃行、艰苦创业”的科技应用型人才，2014 届学院本科生及研究生就业率达 90%以上。

（赵　萍）

计算机科学与技术学院

2014年，在校党委、校行政的正确领导和统一部署下，学院认真学习党的十八大和十八届四中全会重要精神，以邓小平理论和“三个代表”重要思想为指导，以科学发展观统领学院发展全局，以人才培养为根本任务，以学科建设为龙头，以队伍建设为核心，以管理体制改革为突破口，大力推进全方位开放式发展战略、人才战略和教育创新战略的实施。全体师生员工锐意进取、努力开拓，学院各项事业取得了长足的进步。

一、思想政治工作建设

1. 学院党政领导以身垂范认真学习党的十八大精神，且精心安排、认真组织了全体师生员工的理论学习活动。

2. 以学院领导班子、班子成员为重点，深入开展党的群众路线教育实践活动，整改工作初见成效。

3. 学院党政领导班子认真贯彻落实党中央八项规定，服务意识和工作作风有了进一步的改善和明显的改进。

二、学科建设与科研工作

2014年，学院学科建设的重点是：发展特色学科方向，包含进一步加强传统优势学科和建立新型交叉学科；加强学科队伍建设，一方面制定高水平人才引进政策和机制，另一方面加强对学院教师分类管理，加强对青年教师的培养；营造良好学术氛围，一方面加强学术交流与宣传，提升学术影响力，另一方面加强学院科技活动，提升学院师生的研究热情。

2014年科研管理的宗旨是：做好科研管理与服务，力争外部、优化内部科研资源配置，为学院师生的科学研究提供良好的平台和环境。

经过一年的努力，在学科建设与科学研究方面取得了显著的成绩：以陈宝权教授为首席科学家成功申请了“973”计划项目，实现了学院历史性突破，学院在优势学科的地位得到进一步加强。学院组建了交叉研究中心，组织研讨并筹建计算新闻学、计算仿生、水下传感、城市与金融大数据等新的交叉学科方向。学院承担建设电子商务交易技术国家工程实验室和教育部数字媒体技术工程研究中心、山东大学（深圳）大数据联合实验室，联合合作单位申请海洋科技实验室、金融风险控制与计算实验室，与《中国青年报》联合成立计算新闻学联合实验室，与解放军信息工程大学联合成立密码研究协同创新中心等，使学院的科研平台水平更高、实力更加雄厚，为承担更高水平的科研任务奠定了良好的基础。

2014 年，依据学校学科用房政策，优化学科资源配置，制定了软件园校区学科用房分配方案及具体分配政策，完成了学科楼学科用房的重新分配。依据学校对青岛校区学科和办公用房政策，完成学院学科、办公及实验室用房的初步规划方案。

2014 年，学院组织申请并获得国家自然基金项目 7 项；申请山东省自主创新项目，承担或与其他单位联合承担项目 5 项。

三、本科教育教学工作

计算机学院围绕 2014 版培养方案修订、专业建设、队伍建设、课程建设、教研研究、本科教学实验室建设、学生创新创业等重点工作，致力于推进本科生培养和本科教学工作。

在培养方案修订方面，面向国家战略需求，以市场为导向，通过组建计算机科学与技术、电子商务、软件工程、数字媒体四个本科专业的教学改革工作组，深入调研分析国内外著名高校相关专业建设培养方案，通过反复论证，配合本科生院学分制改革，制定科学合理、与时俱进的各专业培养方案。

专业建设方面，继续重点开展泰山学堂拔尖人才培养、协同育人培养计划的全国际化专业建设和软件工程国家特色专业的建设，

队伍建设方面，通过岗位绩效考核改革，推动教学的专业化、团队化建设，建立课程群和主讲教师制度，实现核心基础课、专业课的团队化教学。青年教师教学比赛获得大丰收。

课程建设方面，打造泰山学堂、基地班全国际化课程体系；加盟“中国高校计算机教育 MOOC 联盟”理事单位；同时以课程群和课程中心平台、MOOC 课程建设为抓手，逐步实现以精品课程、主课程群为龙头，课课上网、内容形式丰富的课程内容建设。

教研研究方面，积极组织教研研究和教学方式创新，获得省级服务外包培训基地和校级教研教改项目多项。

实验室建设方面，面向 CCF 软件能力认证、本科生项目实训，建设实验和实训内容库，并计划实现题库和在线训练平台。

学生创新创业方面，进一步完善了本科生创新体系，通过科研助手、本科生导师、班主任、创新实验室等组织和平台，学生在 ACM 程序设计竞赛、数学建模、电子设计大赛、全国软件设计大赛等赛事获得佳绩。积极做好软件工程、数字媒体实训平台建设，完善从教学、实验、实训到产品制作的一体化实训体系，聘请了 IBM 等知名 IT 企业专家开设技术讲座或短期课程，作为学院相关专业课程的补充和拓展。

四、研究生培养

在学术型研究生培养方面，提高研究生招生、培养质量始终是研究生管理的宗旨。

2014 年，国家在研究生招生、转助学津贴为奖学金等方面作出了重大改革，学校也相应进行了改革。本年度研究生管理工作的重点是学习贯彻研究生招生、奖学金评定等国家和学校的新政策，向师生做好服务、解释和宣传工作；修改、制定学院的相关管理和激励政策，改重量为重质，使奖学金评定等工作始终以提高质量为三线，在公平、透明、公正的基础上充分发挥激励作用，为培养高质量的研究生奠定良好的基础。

本年度研究生工作的另一个重点内容是，进一步加强学术交流，加大邀请海内外高水平专家来学院交流的密度，使学生有机会与高水平学者接触并交流。以此拓展学生的学术视野，提高学生的学术追求和目标，提高学生的科研兴趣。

经过一年的努力工作，研究生管理工作取得了较大的成绩。在 2015 年学术型硕士研究生招生中，推免生比例达到 80％以上，比 2014 年增加了 30％。学院对优秀成果的激励政策起到明显作用，博士、硕士研究生发表 CCF-C 类以上论文数量明显上升。同时，学院组织了针对大数据、水下物联网等多个学科前沿研讨会（workshop），并邀请国内外著名学者 20 余人次进行学术讲座，博士、硕士研究生与国内外学者交流的机会大大增加。

五、国际交流与合作、人才引进及人事工作

2014 年，学院积极推进国际合作交流工作。与 10 位国际知名学者达成协议，聘其为学院学术指导委员会成员，为学院的学科建设、人才引进、人才培养、学术评价等提供指导与咨询。与美国罗格斯大学签署了合作备忘录，并向教育部申报了中外联合办学项目。2 位学生赴卢森堡大学攻读双学位项目，3 名学生通过与美国密苏里大学（哥伦比亚校区）2＋2 本科生联合培养项目赴美学习。来我院做学术交流的大陆以外学者约 30 人次，其中包括美国工程院院士 James Foley 等著名学者。参加国际学术会议 40 余人次，多名教师受邀国际学术会议上作大会邀请报告。主办了“大数据时代的计算机科学发展论坛”“水下感知技术研讨会”，承办了“亚洲设计与数字工程大会”等由国内外高水平专家参加的学术会议。陈宝权教授作为会议主席主持了国际顶级图形学大会 SIGGRAPH Asia 2014。

学院积极探索人才引进新模式，在与学校充分沟通的基础上，制定了《计算机科学与技术学院预聘制教师聘用办法（试行）》，在学校率先探索预聘制制度，以进一步创新用人机制，建立与学科发展相适应的薪酬体系，提升人才引进竞争力。学院成立了教师招聘领导小组，负责预聘制教师招聘的一系列工作，目前已受理申请 30 余份。学院成功引进了德国萨尔大学郭炅教授，获得泰山学者称号，使学院杰出人才水平上了一个台阶。同时郭教授的加盟进一步加强了算法方向的队伍实力和在国内的学术影响力。另外，计算机图形学国际知名专家以色列希伯来大学 Dani Lischinski 教授亦获聘外籍泰山学者（短期）。

学院出台了新的岗位职责考核与岗位津贴分配办法，指导思想是：对学院全体教师进行分类管理和考评；进一步强化岗位职责，将岗位考核和岗贴分配相统一。通过对教师的综合考核，择优对教师进行奖励。

组织申报“千人计划”等各类人才计划项目。组织两批次的短期境外专家项目申

报，共6位专家获批；1次教学流动岗项目的申报，共2位专家获批。

六、实验室建设与管理工作

建立和完善了实验室管理的相关规章制度，根据学院安排对实验中心，五个校区计算中心人员进行了调整，定岗定编，按照新的岗位职责试运行。进一步落实了实验室管理、实验室值班和指导实验三大岗位责任。圆满完成了计算机学院、泰山学堂、菁英班计算机上机和实验课。认真组织实验室建设项目申报，协调申报了物联网与嵌入系统实验室和网络信息安全实验室的建设工作，申报和实施了“系统分析与软件设计”创新教育平台，完成数学建模实验室调整建设任务。推动数字媒体技术教育部工程研究中心建设，完成了学科实验室的调整与装修。

七、学生思想教育与管理工作

学院致力帮助学生树立感恩思想、稳定专业思想、开拓创新思想，通过系列教育活动使学生懂得自己所肩负的使命，增强事业心和责任感，更加明确大学期间的主要任务，树立远大的奋斗目标，用实际行动回报学校、回报社会。坚持“以人为本”的工作理念，周密安排、多措并举，积极引导毕业生树立“成长思源，毕业思进”的理想信念，将毕业教育内化为感恩教育、关爱教育，开展了“七色彩·未来梦”系列活动。毕业生就业工作稳步推进，学生就业质量和市场竞争力有所提升，毕业生就业工作再创佳绩。软件学院2014届毕业生本科生就业率达97.68%，研究生就业率达100%。

通过对社会实践活动的课程化、制度化、实效化管理，实现了对学院社会实践的精英性、全面性的统筹兼顾。课程指导、实践指导相结合，指导学生开展形式各样的社会实践活动，深入推进学生“社会实践经历”教育工作，今年利用各类社会资源建立院级以上团队53支，其中国家级立项团队1支，取得良好效果。

学生创新能力的培养一直是学院人才培养目标的重要方面。几年来，学院学生工作围绕如何有效培养学生创新能力进行不断尝试和改进，依托“一个创新平台、一个实验室、一个俱乐部”，充分调动学生创新积极性，激励学生全方面参与专业学术活动、专业学术竞赛。ACM/ICPC程序设计竞赛今年获全国邀请赛金奖1项，银奖2项、铜奖1项；亚洲区竞赛银奖2项、铜奖4项；山东省赛金奖2项、银奖1项，成功卫冕捧得冠军奖杯。数学建模竞赛方面，共获国家一等奖2人次、国家二等奖6人；山东省一等奖18人、山东省二等奖21人、山东省三等奖10人；美国数学建模一等奖2人、美国数学建模二等奖24人；深圳杯二等奖3人。

学生军训工作取得优异成绩，计算机学院所在方队荣获“军训先进连队”和“军训阅兵十佳方队”荣誉称号。

（杨现航）

生命科学学院

生命科学学院按教学体系下设四个系：生物科学系、生物技术系、生态学系、生物工程系。一个本科实验教学中心。两个教学基地：国家生命科学与技术人才培养基地、国家生物学基础科学研究与教学人才培养基地。拔尖人才培养试验班泰山学堂一生命之家。科研机构设五个研究所：微生物学研究所、发育生物学研究所、细胞与遗传学研究所、生物化学与分子生物学研究所、生态学与生物多样性研究所。科研平台有微生物技术国家重点实验室、国家糖工程技术研究中心、植物细胞工程与种质创新教育部重点实验室、山东省动物细胞与发育生物学重点实验室、山东省植被生态工程技术研究中心、山东大学海洋生物技术研究中心。学院科研平台有公共实验中心，仪器设备全院共享，并开展对外服务。学院目前有两幢教学科研大楼，总建筑面积约27000平方米。学院拥有仪器设备总值已超过1亿元，其中价值20万元以上的设备百余台（套）。

一、人才队伍、学科建设

（一）人事工作

截至2014年底，学院在职教职工189人。教授56人（博导45人），副教授39人，副研究员2人，讲师26，助理研究员2人，全职博士后21人，其他人员1人（李福利，在编不在岗），合计147人。工程类应用研究员1人，高级工程师8人，高级实验师2人，工程类及管理人员合计42人。

“千人计划”特聘教授2人，“青年千人计划”特聘教授2人，国家百千万人才1人，“杰青”2人，泰山学者5人。

引进（4人）：李爱英（2014年4月入校，华中师范大学调入）、樊敏（2014年9月19日入校，美国卡内基研究所博士后）、赵阳（2014年9月22日入校，山大博后出站）、黄启来（2014年11月24日入校，齐鲁青年学者）、孙峰（2014年12月入校，香港中文大学）。

全职博士后入站：刘睿（导师谭保才，2014年3月入站）、丁硕、（导师谭保才，2014年3月入站）、吕宏君（导师王仁卿，2014年6月入站）、李春龙（导师王仁卿，2014年6月入站）、于晓娜（导师郭卫华，2014年6月入站）、杨英杰（导师李越中，2014年5月入二站）、吕丙盛（导师丁兆军，2014年7月入站）、高珊（导师丁兆军，2014年7月入站）、陈宗良（导师谭保才，2014年6月入站）、杨银莉（导师肖敏，

2014年6月入站）、李瑞娟（导师张友明，2014年8月入站）、王俊芳（导师白明义，2014年9月入站）、杨雁卓（导师谭保才，2014年10月入站）、Raghvendra P. S.（导师李越中，2014年7月入站）、尹佳（导师张友明，2014年12月入站）、李云霄（导师黄启来，2014年12月入站）。

在职博士后入站：刘霞、胡晶红、许醒、魏天迪（联合）、张兴晓、李忠海（联合）

荣誉称号：张友明入选千人计划，张玉忠评为山东省有突出贡献的中青年专家，白明义入选青年千人计划，谭保才入选泰山学者海外特聘专家。

（二）重点实验室建设和科技创新平台建设

1. 与德国亥姆霍兹感染研究中心（HZI）和药物科学研究所（HIPS）合作共建山东大学—亥姆霍兹联合生物技术研究所。

2. 主办了"环境微生物学与环境生物技术研讨会"。

3. 举办了第一届中国DNA重组工程培训班，来自上海交通大学等5家单位的20名师生参加了实验技能培训。

4. 筹建了生命科学学院设备工作委员会。由具高级职称、有较多设备管理经验的教师组成，具有广泛的代表性，主要负责仪器平台建设规划、设备技术指标调研、设备采购及大额维修监督，是生命学院深入贯彻落实群众路线、与依法治校有机结合、创新设备管理体制的重要举措。

二、本科教学工作

在校本科生918人，生命科学类共620人：2011级164人，2012级139人，2013级145人，2014级172人。其他专业共298人：临床八年制60人，临床七年制207人，口腔七年制31人。承担骨干课程76门，专业基础课30门，专业必修课41门，通识核心必修课8门。选修课101门，专业限选课73门，通识选修课28门。

重视教学质量，基本教学秩序持续保持良好；推进课程平台建设：学院建设课程网站数量位列全校第一，通识课程建设完成率达100%；在2014年国家级大学生创新创业训练计划中，有8个项目获得立项资助；在全国高校微课教学比赛中，荣获一等奖1项、三等奖1项、教学设计奖1项、鼓励奖1项；与瑞典乌普萨拉大学生物教育中心和英国曼彻斯特大学签署合作培养协议；11月份成功承办了第九届高校生命科学课程报告论坛；按照"山东大学关于修订本科专业培养方案的指导意见"的要求，对我院本科专业培养方案进行了修订。

三、研究生教育与培养

2014年，硕士研究生招生专业11个，硕士生毕业127人，硕士生招生160人，硕士生在校467人。博士招生专业数11个，博士生毕业60人，博士生招生55人，博士生在校202人。在校硕士博士研究生共计669人。组织和邀请了十多位国内外知名专家学者为我院研究生讲授学位课程《生命科学研究前沿进展》。本年度2名博士生和1名硕士生分别获得山东省优秀博士论文和山东省优秀硕士论文奖；3名博士生获得山东大学优秀博士论文奖，1名硕士生获得山东大学优秀硕士论文奖；2人获2014年山东大学博士研究生学术新人奖。有 85 名研究生获得各类奖学金。方诩教授荣获“山东省留学人员回国创业奖”；谷立川教授荣获 2014 年度山东大学第六届“我心目中的好导师”称号。

四、科学研究工作

2014 年，在全校 49 个评估单位中，生命学院科研论文专著排名第一，项目实到经费总额排名第二，总分排名第一，科研实力明显提高。2014 年山大 8 个项目获国家自然科学基金重点项目或重大研究计划资助立项，生命学院取得了 2 项的好成绩。

新上项目 91 项，项目经费总额 4997.65 万元。其中，纵向项目 75 项，经费总额 4686.15 万元，实到 2323.17 万元；横向项目 16 项，合同经费 311.5 万元。纵向项目中，国家级项目 48 项，经费总额 3816.15 万元。其中，国家自然科学基金重点项目 1 项：夏光敏教授申请的“小麦黄酮醇合成酶 TaFLS1 通过调控气孔运动提高抗旱性的机制研究”总金额 340 万元；国家自然科学基金重大研究计划重点项目 1 项：谭保才教授申请的“玉米籽粒形成关键基因的克隆和生物学功能分析”总金额 300 万元。周传恩教授担任首席科学家的项目成为山大首个“973”计划青年科学家专题立项。

发表论文 200 余篇，其中 SCI 论文 140 余篇，高影响因子如 PNAS 和 Plant Cell 共 3 篇，影响因子 5.0 以上的论文 20 余篇，影响因子 3.0 以上的论文 100 余篇。凌建亚教授团队科研项目“蒙山九州虫草的基础研究与开发应用”获山东省科技发明二等奖（JB2013-2-99-R201）。授权发明专利 19 项。

五、外事工作

按照以教学带科研、通过优势互补开展实质性国际合作的思路，深入开展与乌普萨拉、熊本大学、亚利桑那州立大学、卢森堡大学的国际合作与交流。邀请佛罗里达大学的 Andrew Mark Settles 教授和衣阿华州立大学的 Philip Becraft 教授在校内为学生分别授课 32 学时，在提高学生专业外语水平、培养多元化思维模式、开拓国际视野等方面作出了卓有成效的努力与尝试。

六、本科生管理和思想工作

组织“生命领航”系列讲座近 20 场，参加中科院研究生论坛，组织辅导员赴企业、合作单位“三访”。

大力拓展专业类实践基地，新建 6 个实践基地，为学生深入生产实践提供平台。

获“创青春”大学生创业大赛全国金奖 1 项（全校仅我院一项）、山东省金奖 1 项、银奖 1 项。2014 年获学校本科学生思政教育与管理工作先进单位、学生资助工作先进单位、红旗团委，连续第四年获得学校运动会道德风尚奖，获省级先进班集体 1 个、省级优秀学生 1 名，校级先进班集体 2 个。

七、研究生管理和思想工作

1. 研究生思想政治教育。开展“生命引航”系列入学教育活动，包括专业学习教育、山大校史教育、职业规划、心理健康、安全纪律教育；开展学习贯彻党的十八大四中全会精神主题学习班会3次、“我的梦，生院梦”主题教育活动2场、安全主题教育活动2场。

2. 有针对性地进行研究生发展指导工作。包括职业发展指导工作、心理发展指导工作等。

3. 研究生事务管理工作。出台了《生命科学学院研究生新生学业奖学金评选细则(2014试行版)》，修订了《山东大学生命科学学院研究生德育考核及奖学金评选实施细则》《山东大学生命科学学院选拔研究生参加高考阅卷管理办法》等制度。顺利完成2014级研究生新生学业奖学金评选工作。

4. 开展了第二届生命科学优秀大学生暑期夏令营，“985”高校营员比例占到50%以上，“211”高校营员占比43%，优秀生源比例较往年显著提升。

八、党委、行政后勤工作

（一）党组织建设

全院党员人数466人，其中教职工党员99人，本科生党员59人，研究生党员308人。全院设党支部23个，教职工党支部8个；研究生党支部11个，本科生党支部4个。

认真参与学校党委基层党组织建设立项活动，本年度新立项两项活动：2012级本科生党支部与2013级硕士生党支部及行政党支部联合申报的《山东省生态文明村建设情况调研活动》、2013级博士党支部和行政党支部联合申报的《走近生命科学，拥抱未来科技》。本年度举办党课培训班两期。退休党支部进行了改选，李本智当选为退休支部的书记。

（二）组织发展

本年度举办党课培训班两期，第一期培训学员87人；第二期培训47人。本年度党员发展计划59人，截至2014年12月已发展党员30人，29人正在预审中。发展博士生党员8人、硕士生党员19人、本科生党员32人，为54名同志办理预备党员转正手续。

（三）关爱离退休老干部

学院现有离退休人数100人。今年退休4人（李永晓、张华坤、辛益群、刘庆元），病故4人（聂延富、于永振、杨青、江伯英）。80岁以上17人，70岁以上55人。空巢老人9人（刘友清、刘自镕、李翔太、王玉萍、陈雅丽、张长凯、郭秀君、徐誉太、赵立东），独居老人2人（于家驹、王霁）。

健全离退休人员信息档案，为老同志办实事。协助学校有关主管部门组织好老干部的健康查体工作。及时看望住院老同志，协助院办做好去世老同志的丧事处理工作。在节假日期间开展老同志慰问活动，向他们送去问候和祝福。

（四）积极完成计划生育工作

2014年未出现一例研究生无报计划怀孕情况。计划生育率、晚育率、避孕节育措施落实率、计划生育统计合格率均达到学校要求。

（五）行政后勤保障工作

1. 制度建设。制定完善了学院党政联席会议制度，坚持学院重大发展事项集体决策、民主决策。梳理完善了人才评价、学生奖学金评价、印章管理、安全管理等多项管理制度，坚持以制度管人、以制度管事，推动学院的规范化管理。

2. 筹备青岛校区搬迁工作。协调学校相关职能部门做好学院搬迁青岛校区前的规划、启动、协调工作。积极参与青岛校区科研楼设计对接工作，紧紧依靠各专业专家教授，征询对新的实验室的建设需求，反馈给青岛校区办；积极做好动员工作，沟通信息，广发征求老师对住宅及新校区的意见及建议，并及时向学校汇报；认真完成了教职工在青岛校区购买住宅相关工作。

3. 资产管理。完成2014年度科研用房超标部分的占用费收缴共104.7万元；完成2014年度电费收缴共97.9万元。

4. 安全工作。认真落实安全责任制，督促物业公司更新楼内过期的灭火器具；为实验室设置了消防沙桶和钢瓶固定架；定期进行实验室安全检查和教职工、研究生安全消防教育；学校公安处多次送达楼道内设备阻塞防火通道的安全隐患整改通知书，院内通过会议传达、书面通知等多种形式及时传达到相关的科研组，但因为物理空间紧张，一直无法解决，这是学院多年来一直存在的最大安全隐患。

（曲　刚　谭保才）

材料科学与工程学院

2014年，学院在校党委、校行政的正确领导和大力支持下，紧密围绕学院中心工作，团结带领全体党员和广大师生员工，解放思想、与时俱进，克服各种困难，凝心聚力，学院各项事业取得了明显进步。

一、党的建设与思想政治工作

学院领导班子深入学习贯彻党的十八大三中、四中全会和习近平总书记系列讲话重要精神，进一步增强了政治意识、大局意识、责任意识。一是加强领导班子建设，充分发挥民主集中制的作用。学院党委高度重视党员干部的理论学习，坚持党政联席会议制度、民主生活会制度、党风廉政建设责任制度及领导班子学习研讨制度等，深入基层听取群众意见，自觉接受群众的民主监督。二是强化师生思想政治工作，全面提升党员思想水平。学院加强师生思想教育，精简活动，凸显特色，形成了适合我院师生特点的思想教育方法和途径。通过丰富多彩的主题教育活动，教育和引导广大教师教书育人，为人师表，树立良好的师德风范；通过新生入校教育、毕业生感恩意识教育、校友意识教育、廉洁诚信教育、党员奉献教育等，对学生进行全面教育；教育和引导学生端正学习态度，勤奋学习，培养学生良好的学风。以党风建设带动和促进院风、教风、学风建设，实现了党风与院风、教风、学风的良性互动。

二、学科、平台与队伍建设工作

学科建设、平台建设及人才队伍建设成效明显。学科建设和教育部重点实验室建设稳步前进。完成了“985工程”建设阶段总结，完成了“211工程”学科评估，学科进入全国同类学科前10%；完成了大型实验设备安装调试等科研硬件平台建设工作。完成了国家重点学科年度建设任务。

学院着力强化人才队伍建设，积极推进人才战略，在人才引进与培养方面取得了明显进展。获批中组部青年千人计划特聘教授1人，海外泰山学者特聘教授1人，新增齐鲁青年学者1人，引进海外优秀人才4名。学院晋升正高1人，晋升副高4人。学院教师队伍的学历、学缘结构有了明显改善，教师队伍规模不断扩大，水平不断提高，发展趋势良好。教职工总人数达到153人，其中专职教师人数达到102人。

三、本科教学和研究生培养工作

2014 年，本科教学工作主要集中在人才培养体系建设、专业建设、课程建设、特色培养等几个方面。一是完成了新版培养方案的修订，进一步强调了培养目标和培养要求在培养方案中的先导作用，在各专业开设工程设计与实践课程。期间组织了材料基地建设十年座谈会，对提出的课程设置不系统、基础课尚需进一步加强等问题，在培养方案中也进行了完善。二是组织完成了材料成型及控制工程专业的工程教育专业认证工作，该专业和学院相关教师、毕业校友、用人单位等积极配合、协调一致，圆满地完成了现场考察工作。三是继续推进了学校课程网站建设和学院优秀课程评选工作。在课程中心达标课程网站评审中，学院 9 门课程达标，期中 A 类 5 个，B 类四个，学院被评为课程中心建设优秀组织单位。在学院优秀课程评选中，13 门课程被评为优秀课程。

2014 年，孙康宁老师主持的“高校工程实践教学改革的探究与实践”项目获山东省省级教学成果一等奖和国家级教学成果二等奖；孙康宁老师入选万人计划第一批教学名师，黄晓慧老师被评为山东大学我最喜爱的老师；我院教师在 2013～2014 学年山东大学青年教师课堂教学比赛中获得一等奖 1 名、二等奖 1 名、三等奖 2 名、优秀奖 1 名，其中于美杰、刘峣老师获得“山东大学青年教学能手”称号；学生获校级科技创新立项 31 项，获国家级创新创业训练计划项目立项 9 项；学院被评为教育拓展先进集体。

2014 年，我院对研究生的招生、入学、中期管理、毕业等繁杂工作进行了梳理，按照时间节点，形成了研究生管理工作规范，为规范研究生培养工作起到了积极促进作用。积极应对研究生招生工作新的改革形式，制定了相应的规范化措施，完成了研究生的推免工作，共录取推免研究生 70 名。举办了研究生暑期学校—海外论坛。积极申请了校级博士论坛并获立项，工作进展顺利，并取得了良好的效果。

2014 年，学院共获省优秀硕士论文 2 篇、优秀博士论文 1 篇，获省级研究生教育管理项目立项 1 项，获学校优秀生源奖励基金 7 名，获校博士生新人奖 1 人，获校长奖学金 2 人、省级三好学生 1 人、山东省优秀毕业生 10 人，1 名硕士生获山东大学第四届职业规划大赛一等奖。基本健全了材料科学与工程一级学科全英语课程体系，健全了培养海外留学生的课程培养体系，并招收海外硕士留学生 1 名、海外博士后 1 名，公派出国攻读博士学位 4 人，联合培养 4 人。我院博士研究生的“求才论坛”成为学校的品牌学术论坛；学院 2014 届研究生就业率达到 99.16%，获山东大学学生就业工作优秀组织单位称号，山东大学职业规划大赛优秀组织单位称号。

四、科学研究与学术交流合作工作

2014 年，学院纵、横向科研项目立项数为 110 余项，到位总经费 3000 万元，其中，国家自然科学基金立项数目为 12 项，到位经费 547 万元，重点项目到位经费 598.48 万元，横向经费到位 1157 万，国防科研到位 673 万元。2014 年材料学院以山东大学为第二完成单位，获得 4 项省部级科技成果奖励，其中一等奖 1 项、二等奖 2 项、三等奖 1 项。共发表论文 305 篇，其中 SCI 收录文章 158 篇，影响因子大于 3 的为 38 篇，与 2013 年基本持平，大于 5 的 16 篇，大于 10 的 3 篇；EI、ISTP 收录文章 77 篇，较 2013 年减少 30 篇；国内期刊发表论文 13 篇。从发表论文的影响因子来看，高影响因子的论文数量有所上升，但材料科学一区文章仍相对偏少。

2014 年，学院继续稳步推进各项国际合作交流工作。8 月份，组织了 12 人学术团队，赴德国乌尔姆大学进行了生物与纳米材料的学术研讨会；11 月份，与大阪大学举办了第四届中日焊接热物理双边研讨会；积极配合和协调与莱斯大学材料系的合作，获批海外齐鲁学者 1 位，并积极推进联合实验室的组建；承办了中日韩工科学术论坛；举行两次日本小松公司的产学研合作交流，并组织相关教师到日本小松驻济宁地区公司，对产学研合作课题进行考察论证；邀请大陆以外学者来学院学术交流近 30 人次。积极配合学校工作，与国外 6 所大学相关学院进行了合作交流洽谈。与德国乌尔姆大学建立了人才培养和学术交流的合作关系。

学院国内合作工作有继续保持良好的发展态势，先后与禹城县政府、山东特种设备检验技术研究院等政府及事业单位、通裕重工股份有限公司、裕航特种合金与装备有限公司、汇丰铸造有限公司等大型企业单位建立了产学研基地、联合实验室等。本年度与辽宁北票市开发区、枣庄市科技局、淄博市科技局、江苏丰县科技局等进行了合作洽谈，组织 100 余人次教授与企业对接，部分对接工作已开始出现成效，为学院教师产学研合作拓展了空间，也为学院研究成果的转化奠定了基础。

五、实验室建设与管理工作

积极推进本科实验教学改革，顺利完成了省级实验教学示范中心的年度建设工作，完成了本科专业认证有关支撑条件的建设工作，顺利通过了专业认证专家的现场考察与评估。完成了学校规定的实验教学任务，进一步加强了综合性实验、创新性实验教学训练的内容，进一步开放本科教学实验室。认真组织教育部改善实验教学条件实验室建设项目的申报，共获批 4 项本科实验室建设项目；申报并获批教育部实验室信息化建设项目、专业认证实验室建设项目和兴隆山校区实验室预约建设项目，共获建设经费 120 多万元。认真组织实验室软件建设项目，获批 4 项软件建设项目。完成了 3 项实验室硬件建设项目和 3 项软件建设项目。多方筹措大型仪器设备的维修经费 50 余万元，完成了场发射扫描电镜、高分辨透射电镜等大型仪器设备的维修，完成了新进透射电镜、连铸连轧设备的安装，保证了学院教学和科研工作的开展。

六、学生思想教育工作

2014 年，学院学生工作紧抓学生思想教育，精简活动，凸显特色。先后开展了以学习十八大报告、中国梦一山大梦，安全教育等思想教育为主的主题班会和知识竞赛活动，举办了师生共同参与的兴隆山校区春季趣味运动会、千佛山校区专业师生排球赛活动。通过在兴隆山校区举办各类学术讲座，先后集中开展“多姿多彩的材料世界”“充满希望的材料世界”“走在科技前沿的材料世界”等系列讲座活动，解决了低年级学生和学院领导、教师、研究生见面少、交流不够的问题。举行了迎新晚会、毕业晚会、中秋晚会等。认真组织和开展了学生迎新工作、毕业感恩教育、“五四”青年节和“12·9”评比等工作。

进一步梳理了辅导员与班主任工作的协作与配合关系，辅导员负责日常的事务管理，班主任主要负责学生的学习兴趣、科创意识的培养，对学生做好“三涯”规划指导和学业指导等。加强与班主任老师的沟通，形成了辅导员与班主任工作的一体化工作机制。本年度学院共有39名班主任，黄晓慧和郑洪亮老师获得校优秀班主任称号。

学院积极探索学生组织在学生管理和教育工作中的作用。通过学生权益委员会、学生组织调研等，了解学生的实际需求和建议，修改、完善了《大学生科技创新工作条例》《本科生特殊群体帮扶办法》等多项条例和办法。

学院2014届（2010级）本科生就业率达99.41%，获得山东大学就业工作先进单位称号。校运会中学生团队精神发挥出色，获得男团体第一的好成绩，校运会连续四年荣获团体第一，获阳光体育二等奖/优秀组织奖。1名本科生获得2014年校长奖学金。

七、校友、工会、离退休工作

2014年，学院继续推进校友工作，巩固和发展校友联络渠道和联系成果，召开了班级理事会议，讨论通过了班级理事章程。设立了材料学院教育发展基金，成立了材料学院教育发展基金理事会，制定了学院教育发展基金管理章程和管理办法。基本建立健全了校友和教育基金工作制度，为学院校友工作奠定了坚实基础。

2014年，学院工会组织召开了三届三次教代会，继续深入推进教职工参与学院民主管理、民主监督、民主决策的进程。学院工会继续开展了教职工登山比赛、职工羽毛球比赛以及踢毽子、跳绳、掷飞镖等丰富多彩的业余文体活动，丰富教职工业余文化生活。学院派出了由30人组成的教职工参赛队伍参加校田径运动会，获得全校团体第六名的历史最佳成绩。学院工会积极响应学校爱心一日捐活动，学院151名职工，145人捐款，占96%。2014年，院工会共向校有关部门推荐“三八”红旗手1人，工会工作积极分子7人，妇女工作先进个人1人。

2014年，学院荣获“山东大学教育拓展先进集体”“山东大学网络课程中心建设优秀组织单位”“山东大学优秀网站”“山东大学网络宣传优秀组织单位”。

（吕宇鹏）

机械工程学院

机械工程学院位于山东大学千佛山校区。学院党政办公地点在教学6号楼，各系、所、室等主要分布在教学6号楼、教学8号楼、先进制造技术中心楼、主楼等。

2014年，学院设有制造工程、车辆工程、过程装备与控制工程、工业设计系4个系和机械设计及理论、数字化技术2个研究所。制造工程系下设机械制造及其自动化、CAD/CAM、机电工程3个研究所；车辆工程系下设车辆工程研究所；过程装备与控制工程系下设过程装备与控制工程研究所；工业设计系下设现代工业设计研究所。学院还拥有高效洁净机械制造教育部重点实验室，精密制造技术与装备、CAD两个省级重点实验室，高效切削加工、特种设备安全、生物质能源、CAD、石材、冶金设备数字化等6个省级工程技术中心和1个省级工业设计中心；先进制造技术、可持续制造技术、先进射流工程技术、虚拟工程、建材与建设机械、数控技术、特种设备安全保障与评价、产品生命周期管理（PLM）技术等10余个校级研究中心；振动冲击与噪声控制研究室、CIMS研究室、生物质能源技术开发中心、制造业信息化研究中心、数字化制造技术研究中心等科研室。学院机械基础实验教学示范中心为国家级机械基础实验教学示范中心，下设机械设计制造及其自动化专业实验室、过程装备与控制工程专业实验室、工业设计专业实验室、机械基础实验室、机械工程创新综合实验室、切削实验室、机电工程实验室、车辆工程实验室、CAD/CAM实验室、智能检测实验室、机械CAI中心等实验室。

学院设院长1人，副院长4人，黄传真教授任院长。学院党委设书记1人，副书记2人，仇道滨教授任书记。学院在职教职工158人，专任教师121人，其中中国工程院院士3人、国家“千人计划”学者2人、“长江学者”特聘教授2人、国家杰出青年基金（A类）获得者2人、山东省“泰山学者”特聘教授4人、国家“青年千人计划”学者1人、“百千万人才工程”国家级人选2人、享受国务院政府特殊津贴专家5人、山东省有突出贡献的中青年专家4人和教育部“新世纪优秀人才支持计划”7人，博士生导师33人，教授54人，副教授36人，具有博士学位者86人、硕士学位者31人。

学院有博士后科研人员36人，在校博士研究生152人，硕士研究生442人，工程硕士655人，本科生1388人；其中2014年进站博士后5人，招收博士研究生31人，硕士研究生146人，工程硕士180人，本科生344人。

加强了学院党建与思想政治工作。一是制定实施了群众路线教育实践活动“一方案两计划”，制度建设框架已基本形成，领导班子建设得到了加强；二是开展了党支部立项活动，发展党员 85 名，其中青年教师 1 名；三是做好教职工理论学习和思想政治工作，深入宣传贯彻党的十八大和十八届三中、四中全会精神；四是构建完善学生人格培育体系，加强了学风建设，制定实施了学生创新实践、班主任、新入职青年教师担任辅导员等实施办法，完善了研究生培养节点管理；五是做好安全稳定等工作，召开学院二届一次教代会；六是拓展学院发展空间，启动了学院校友理事会、教育基金的筹备和院史的编撰工作，实施了学院社会捐赠管理办法。

制订学院“十三五”规划，参与学校海工装备学科建设规划。推进实施科研倍增计划，出台多项科研工作制度、办法。新批国家自然科学基金 13 项，其中国家杰青（A 类）1 项。学院实到科研经费 2838 万元。

学院新增双聘院士 1 人，山东省“泰山学者”海外专家 1 人。启动了新进青年教师科学研究基金。引进助理研究员 1 人。派出 6 名教师去美国等国进行合作研究。组织开展短期专家交流访问项目 10 余人次；接待“春晖计划”德国学者团体来访；流动岗特聘教师项目 1 人；聘请外籍教师 2 人。与美国亚利桑那大学工业设计系达成联合培养意向。成功举行艾兴院士从教 65 周年暨学术研讨会，承办了第 35 届航天精密加工技术交流会，成功申办 2016 年全国机械学院院长联席会议和 2018 年第 13 届设计与制造前沿国际会议。

1. 本科教育。推进各专业的教学改革，完成了 4 个专业、5 个专业方向的教学计划修订。强化实践和毕业设计环节，促进国家级工程实践教育中心的建设。推进“机械设计制造及其自动化”专业的国际化建设，13 名教授参加了授课示范性讲课。遴选了 6 名本科生赴美、2 名本科生赴德、6 名本科生赴韩交流学习。加强与美国 VT 的 3+2 合作培养。培育教学名师。确定 2 门课程进行 MOOC 课的试点工作。启动了车辆工程和化工机械专业的国际工程专业认证工作。1 人获省优秀本科毕业论文奖。

2. 研究生培养。启动博、硕士培养过程质量控制实施方案。1 人获省优博，2 人获博士研究生学术新人奖。新增山东省研究生教育创新计划自筹经费项目立项 1 项。制定并实施学院 2015 年度硕导申请审核工作实施办法。

3. 社会服务、继续教育和培训工作。新拓展走访企业 20 余家，工程硕士新增 180 人。

4. 完成国家教学实验示范中心软硬件年度建设；完成先进制造共享平台部分硬件建设；完成国家级虚拟仿真示范中心的申报工作。做好用电有偿使用工作，加强了学院办公室整体工作的管理科学化和运行规范化，加强了调查研究、信息沟通、文件材料管理、会议服务、走访慰问和综合协调等各项工作。

（李建勇）

控制科学与工程学院

截至 2014 年底，控制学院共有教职工 151 人，其中教授 38 人、博士生导师 23 人、副教授 27 人。长江学者讲座教授 2 人，国家杰出青年基金获得者 2 人，教育部长江学者特聘教授 2 人，山东省“泰山学者”3 人，山东省海外学者“泰山学者岗”3 人，山东大学“齐鲁青年学者”2 人。共有在校生 1799 人，其中本科生 1250 人、硕士研究生 427 人、博士研究生 549 人。

学院设院长 1 人，副院长 4 人，王玉振任院长，学院党委设书记 1 人，副书记 2 人，王志明任党委书记。

一、党建与教职工思想教育

学院党委发扬传统，认真做好教职工的思想教育，按照学校党委、宣传部的安排要求，认真部署，抓好落实，丰富内容，将教职工的思想统一到建设世界一流大学上来。

学院党委进一步落实教育实践活动整改方案，进一步健全完善有关制度，巩固扩大实践活动成果。在此基础上，筹备并成功召开了学院首届教职工代表大会；积极筹备、召开了党员大会，完成了学院党委的换届工作。

将教职工思想教育与学院的实际工作，包括加强教学工作、提高教育教学质量、培养创新型人才结合起来，与出高水平的科研成果结合起来，积极开展党组织活动立项，其中自动化党支部《发挥“传、帮、带”作用，加强年轻党员教育》获得学校党建立项评选二等奖。广大党员在学院教学、科研和各项活动中较好地发挥了先锋模范作用。

院工会 2014 年春天组织了第六届登山趣味运动会，教职工踊跃参加，受到大家的好评；积极参加学校运动会及各项文体活动，今年又一次被评为工会工作先进单位。

二、人才培养（本科生、研究生教育）

学院对卓越工程师计划班的建设进行了实质性的改革与创新，注重对学生学习兴趣的激发和进行专业引导。本科学生的实践创新活动力度不断加大，学院组织并承办了第三届全国虚拟仪器设计大赛山东大学选拔赛，成功召开了贝加莱（B&R）学界联盟大学生创新实践活动启动与研讨会。学院积极响应本科生院组织的青年教师讲课大赛活动。

两个教学研究课题分获高等教育国家级教学成果二等奖和山东省高等教育教学成果

一等奖，山东省高等教育教学成果三等奖。全面推进人格培育工程，被学校评为“就业工作先进集体”“阳光体育运动”优秀组织单位及田径运动会“体育道德风尚奖”，控制学院在新生军训中两个连队被评为“军训工作先进连队”。2011级自动化卓越班被评为“山东省优秀班集体”和山东大学十佳团支部，王建坤同学获得山东省优秀学生称号，山东大学自强之星学生称号，袁松获得山东省优秀学生干部称号。2011级王建坤、牛景昊同学获的2013年度“校长奖学金”。

学院继续促进研究生质量工程建设，加大了推免保送研究生的招生比例，积极拓展校外“985”院校研究生招生宣传工作。全面修订了研究生培养方案，加强研究生培养的国际化建设，建立了英文教学网站并对开出的12门全英文课程进行了检查和内部验收。有多名研究生通过公派留学或导师及对方资助到美国、加拿大、新加坡等国家知名高校攻读博士学位或联合培养。

三、科研与获奖

2014年，控制科学与工程学院的科研工作实现了新的突破。全院共获得各类国家自然科学基金课题立项10项，其中优秀青年科学基金1项。国家“863”课题、国家科技支撑课题申请、出库形势喜人，值得期待，为明年科研业绩实现较大提升奠定了良好的基础。2014年，我院SCI收录论文77篇，其中一区论文23篇、二区论文21篇、三区论文22篇；EI收录论文126篇，是我院历史上论文收录数量和质量最好的一年。获山东省科学技术进步奖一等奖、二等奖各1项。

四、人才工作与国际合作交流工作

2014年，学院做了大量的工作，出访及接待国内外知名专家来访达70人次，增进了同海内外著名高校之间的交流。其中，丹麦奥尔堡大学、加州大学戴维斯分校、英国曼彻斯特大学、澳大利亚中昆士兰大学、新加坡南洋理工大学、意大利比萨圣安娜高等学校、芬兰拉彭兰塔理工大学以及南澳大利亚大学健康科学学院等多所国外知名院校的专家学者都应邀访问控制学院并作学术报告，扩大了学院师生的国际化视野，加深了学院与国内外著名高校间的沟通了解。

在中外合作办学项目和3+2联合培养体系建设方面，学院先后加入了和美国弗吉尼亚理工学院、英国邓迪大学以及加拿大渥太华大学的3+2联合培养体系，已经进入推送学生阶段。

（辛　帅）

能源与动力工程学院

学院下设热科学研究所、能源与环境研究所、内燃机研究所、热能工程研究所、制冷与低温工程研究所、热工与流体研究所、交通运输研究所、能源与环境系统工程研究所等8个研究所和热能与动力工程实验中心、动力机械与交通运输实验中心等2个实验中心。学院已具备本科一硕士一博士一博士后构成的完整的人才培养体系。设有“能源与环境系统工程”校级人才培养基地班、“热能动力工程”和“交通运输”3个本科专业，“热能与动力工程”专业为国家级特色专业；设有“动力工程及工程热物理”一级学科博士学位和硕士学位授予点，热能工程、工程热物理、动力机械及工程、制冷及低温工程、流体机械及工程五个专业均具有博士和硕士学位授予权，交通运输专业的载运用具运用工程具有二级学科硕士授予权；设有“动力工程及工程热物理”博士后科研流动站。“动力工程与工程热物理”学科是“211工程”“985”的重点建设学科之一。“动力机械及工程”“工程热物理”和“热能工程”3个学科为山东省重点学科，学院现有燃煤污染物减排国家工程实验室；环境热工过程教育部工程技术研究中心；能源碳减排技术与资源利用山东省重点实验室；热交换、节能工程、工业生态、能源与环境4个山东省工程技术研究中心。

学院专任教师队伍中有教授24人，博士生导师19人，副教授及相应职称专业技术人员30人。其中，有国家973计划首席科学家1人，“长江学者”特聘教授1人，“国家级有突出贡献的中青年专家”1人，入选国家“百千万人才工程”第一、二层次的2人，山东省“泰山学者”特聘教授1人，入选教育部“新世纪优秀人才支持计划”2人，享受国务院特殊津贴的专家5人。学院设院长1人，副院长4人，田茂诚任院长；院党委设书记1人，副书记1人，史良君任书记。中国科学院院士、国家“973计划”首席科学家、清华大学过增元教授任能源与动力工程学院名誉院长。学院有在校博士、硕士研究生294人，本科生1153人。

一、人才培养

本科生教学工作方面，完成了2014版本科培养方案的修订工作；设立了院级教学改革项目；完成了节能减排创新平台网站建设；与英国杜伦大学工程学院签署“3＋2”联合培养协议；与英国爱丁堡大学工程学院就本科硕士联合培养达成意向；与德国乌尔姆大学在本科生交流与硕士生开展实质合作；并派出2名本科生赴该校交流学习1年。

突出能源与环境系统工程专业国际化特色，毕业生中有 8 人分别被美国普渡大学等录取，占该专业毕业生总人数的 1/3。2014 年立项的实验室建设项目通过验收。更新电厂仿真教学实验平台。建设了传热学等 8 个实验项目，新增 66 万元实验设备。

研究生教育培养方面，重新修订了招生专业介绍、博士和学术型硕士的培养方案。2014 年招收的研究生中，来自“985”高校的人数比例是全校最高的学院之一；增加使用英语原版教材的研究生课程；举办了研究生“暑期学校”，全年举办研究生各类论坛活动 10 余次；有 1 人获得省优秀博士论文，1 人代表学校参加全国百优论文评选，1 名博士生论文入选全国最有影响力的百篇论文。

二、学科建设与科研工作

2014 年，学院科研经费总量 3690 万元（含可持续研究中心），人均科研经费全校名列前茅；省自主创新重大关键技术专项经费 500 万元；组织广大教师认真学习国家、学校有关科研经费管理制度，未发生不规科研经验经费支出行为；论文质量、数量大幅度提高，共发表 SCI 论文 29 篇，其中一区 SCI 论文 8 篇。授权专利数量 54 项（其中发明专利 25 项），在全校名列前茅。孙奉仲教授的大型湿式冷却塔三维空间均匀进风的关键技术及配套设备项目荣获山东省科技进步二等奖。

三、对外合作交流

英国爱丁堡大学 Tom Bruce 博士一行、英国布鲁奈尔大学机械系主任赵华、澳大利亚南澳大学左剑先后来访，达成了系列合作意向；参加了学校与德国乌尔姆大学、美国弗吉尼亚理工大学两校的联合培养项目。

四、学生工作

实施“一带两路三平台”专业素养教育工程，强化高年级助理带动作用，深化科技创新和社会实践两条路径，优化挑战杯、节能减排、潍柴动力三大平台。在全国第六届大学生节能减排社会实践与科技竞赛中获得一等奖 1 项；学院获研究生教育与管理工作先进单位；博士研究生李辉获“2014 年山东大学博士研究生学术新人奖”荣誉称号；2011 级能源 5 班获山东省先进班集体，1 名同学获山东省优秀学生，1 名同学被评为山东省优秀学生干部；2014 届毕业生就业率达 100%（含灵活就业），连续 9 年获校就业工作先进单位。

五、党政管理

认真做好党的群众路线教育实践活动整改落实工作；认真做好统战、离退休、综合治理、工会等工作；召开了学院党员大会，完成了学院党委换届工作。

（刘灿伟）

电气工程学院

电气工程学院下设电力工程、电机工程、电力经济3个系，设电力系统研究所、继电保护研究所、电机与电器研究所、电力电子研究所、电工理论与新技术研究所、高电压与绝缘技术研究所、电气工程实验中心和可再生能源与智能电网研究所（校级）。拥有“电网智能化调度与控制”教育部重点实验室、“电力系统动态模拟与仿真”山东省高校重点实验室、“特高压输变电技术与装备”山东省重点实验室和“电动汽车”山东省工程实验室以及四个省级工程中心。

学院现有教职工134人，专任教师100人，其中博士研究生导师23人、硕士研究生导师54人、教授32人、副教授45人。现有教师中有国务院政府特殊津贴专家5人，国家百千万人才工程第一、二层次1人，省级有突出贡献的中青年专家3人，教育部“新世纪优秀人才”2人，“长江学者”特聘教授和讲座教授各1人，“泰山学者”特聘教授1人，“泰山学者”海外特聘专家1人。

学院设院长1人，副院长4人，刘玉田教授任院长；学院党委设书记1人，副书记2人，王钧研究员任书记。

学院现有在校博士、硕士研究生446人，本科生1284人。

一、党建和思想政治工作

1. 继续深入开展党的群众路线教育实践活动。学院领导班子及班子成员深入改进作风，强化岗位意识，严肃党内生活，狠抓整改落实和建章立制，取得了良好效果。

2. 规范管理制度，推动依法治院。进一步健全和完善了学院的规章制度体系，用制度管权、管事、管物、管人的良好氛围正在逐步形成。

3. 成功召开学院党员大会。回顾了学院党委过去七年的工作和取得的成绩，指出了学院目前发展所面临的机遇和挑战，并提出了未来几年学院的工作思路和主要任务，选举产生了新一届学院党委委员。

4. 加强基层组织建设，充分发挥政治核心和战斗堡垒作用。切实做好在优秀青年教师和青年学生中的党员发展工作，2014年共发展党员83名。在党支部中开展了主题党日活动、践行社会主义核心价值观主题教育活动等系列主题活动和党支部立项活动，有两项支部立项活动获得学校党委资助，一项支部立项活动获奖。

5. 加强党风廉政建设，全面落实廉政建设责任制。严格按照廉政风险点和流程图进行排查和防控，完善了学院廉政风险防控体系，学院主要负责人与领导班子副职签订了党风廉政建设责任书。建立健全了多项党风廉政建设制度，开展了廉政风险预警，提高了预防腐败的针对性和有效性。

同时，学院切实加强宣传、工会、老干部和共青团等工作，先后举办了“学院师生趣味运动会”“教职工登山比赛”等活动，荣获校“工会工作先进单位”称号。以弘扬主旋律为宗旨，宣传党的路线、方针、政策，宣传教学科研中心工作，宣传先进事迹和人物，学院网站荣获山东大学优秀网站称号。

二、教学和学生教育管理工作

1. 深入推进卓越工程师人才培养体系建设，人才培养质量得到较大提升。总结近几年人才培养改革试点的基础上形成的教学成果《“强互动、重实践”卓越电气工程人才培养的探索与实践》项目，获山东省教学成果二等奖；研究生招生质量显著提升，2014 年学院接收推免研究生人数达到 73 人。其中，“985”、“211”等国内知名高校毕业生达到 72 人（为全校名列前茅），既确保留住了本校优秀生源，又吸引了其他知名高校的优秀生源。

2. 学院的人才培养工作得到了社会的广泛认可。人才培养质量的提升带动了招生和就业质量的提升，学院连续七年本科招生分数列学校前三位，本科生一次就业率达 98%以上，研究生就业率达 100%。我院毕业生保送清华大学等国内知名大学的研究生和到国外知名大学、研究机构攻读研究生学位人数逐年增加；2014 年，校友薛禹胜院士个人捐资 300 万元设立“山东大学薛禹胜教育基金”，支持学院人才培养和学科建设；国家电网公司联合发电集团、电力设备制造企业在学院设立了“特高压电网奖学金”，每年奖励 15 名品学兼优的学生（山东大学和清华大学最多）。

3. 学院学生教育管理工作成绩突出。一年来，学院采取多项措施积极加强学生教育管理工作。学院学生社会实践活动、科技学术活动、志愿者服务活动、班级建设、就业工作、心理健康教育等均取得了较大成绩。在本年度先后荣获“山东大学红旗团委”“山东大学教育管理工作先进单位”“山东大学研究生管理工作先进单位”“山东大学就业工作先进单位”。

三、科研与学科建设

1. 人才队伍建设。2014 年，学院从加拿大麦吉尔大学、美国田纳西大学、新加坡南洋理工大学、清华大学等国内外著名电气工程学科引进优秀青年教师 6 人；电气工程领域国际知名学者丹麦奥尔堡大学 Frede Blaabjerg 教授受聘我校讲座教授。

2. 科研与学科平台建设。“特高压输变电技术与装备”山东省重点实验室被列为 2014 年强化建设的山东省实验室，并被列为首家高校与企业联合成立的产学研结合创新驱动平台试点；申请并成功获批山东省电动汽车工程实验室，成为省发改委依托山大成立的第二个工程实验室；国家自然科学基金获批 11 项（列全国高校第八位）；获教育部自然科学二等奖 1 项（学院历史首次）。

3. 国内外交流与合作。组织教师参加国内外学术会议 100 余人次，邀请国内外知名学者来学院讲学 30 余人次。与许继集团建立了联合研究中心，开展了一系列合作研究。与德国奥格斯堡应用技术大学签署了合作协议，启动了本科生的海外交流工作。

四、服务社会工作

1. 继续教育工作。报考我院的在职工程硕士研究生上线人数达到 230 人，创历史新高。

2. 成果转化工作。学院充分利用现有成果转化平台，进一步加强了故障录波器、小电流接地装置等产品的研发力度，做好技术革新和市场开拓工作，确保了产品利润的提升。

（王晓龙）

土建与水利学院

2014 年，土建与水利学院在学校党政领导下，坚持创建世界一流学院的工作目标，促进学院协调可持续发展。

一、继续深入开展党的群众路线教育实践活动，党建为龙头，各项措施落到实处

1. 深入开展党的群众路线教育实践活动及党的十八四中全会精神，努力把工作落实到教学、科研、服务工作的实际行动中。制订了鼓励教师、学生发展的各项措施，并分工责任人落到实处。

2. 继续推进学习型党组织建设。坚持党员双周四政治学习。筹备召开党员大会。

3. 获得 2014 年度校级党支部立项 3 项。

4. 保质保量完成学生党员教育和党员发展工作。

二、教学工作稳步发展

新增山东省教学成果一等奖 1 项、暑期学校优秀项目 1 项；组织了我校第三届青年教师课堂教学比赛（工科组）；完成了土木工程专业申报卓越工程师计划申报工作；大力开展课程中心平台建设，2014 年已建网站数量 168 门，网站建设数量及质量均有大幅提高。

三、科研工作再创新高

1. 获得国家基金立项 8 项。

2. 省基金申报 13 项；省科技发展计划立项 6 项；山东省中青年科学家奖励基金申报 3 项。

共申请 59 项，截至 2014 年 12 月 10 日纵向科研经费到账 1195 万元。

3. 积极参与企业重大、重点工程项目。实到横向经费为 3200 万元。

4. 本年度科研经费达 4395 多万元。

5. 获省部级以上奖励 2 项。

6. 发表论文 211 余篇，其中 SCI、EI、ISTP 收录预计 139 篇以上。中文核心论文 72 篇。

7. 完成专利预审核 138 项。

8. 配合全院老师横向项目结题170余项。

四、外事工作稳步发展

1. 2014年，共邀请和接待了来自美国、英国、德国、挪威、日本、韩国、新加坡等国家和地区的国际知名学者53人次。大力提升了学院的国际合作与交流的水平和合作的层次。

2. 学院派出第二批本科生赴海外合作院校（杜伦大学和邓迪大学）进行双学位的联合培养工作。

3. 2014年2月，由李术才院长和刘健副院长带队，赴英国剑桥大学、南安普顿大学、杜伦大学和邓迪大学开展了交流与合作。

五、研究生工作扎实开展

顺利完成了2014年研究生教学培养日常管理工作。获2014年山东省优秀博士论文1篇。侯和涛等产学研一体化研究生教学模式研究荣获2014年山东大学研究生教育创新三等奖。

2014年统招硕士研究生121人，比2013年增长21%；博士生2014年招生20人，比上一年增长11%。

2014年邀请中国科学院院士、中国工程院院士，外国专家学者在内的知名专家学者共40余人次来学院为研究生作学术领域的前沿讲座。

六、本科工作异彩纷呈

在扎实做好各项基础工作的基础上，不断打造学院学生工作特色。继续评选“十大优秀学生”“十大优秀特长生”和“十大雷锋标兵”，弘扬正气。推动创新能力培养，举办了科技创新暨创意设计竞赛、结构设计竞赛、“挑战杯”系列竞赛，被评为学生科技创新教育工作先进集体。举办大学生讲堂40余期，组织比赛，评选出一等奖2名、二等奖3名、三等奖5名，其中一等奖每人奖励5000元。提升学生综合素质和竞争力，2014届本科毕业生一次就业率达99.33%，位居全校第2名。

（吉　颢）

环境科学与工程学院

2014年，在学校的统一领导下，按照《中共山东大学委员会2014年工作要点》《山东大学2014年行政工作要点》《山东大学学术振兴行动计划》和《攀越计划》等文件精神，积极落实《环境科学与工程学院2014年工作计划》，以积极饱满的工作热情和勤恳务实的工作作风，在人才培养、学科建设、科研与服务地方、国际交流作等方面努力工作取得了丰硕成果，努力实现学院整体办学质量的全面提升。

截至2014年底，学院在职教工共66人，其中专任教师42人。在专任教师中有教授18人、副教授16人、副研究员3人、讲师7人；有博士生导师15人（含兼职2人），硕士生导师21人，教育部新世纪优秀人才5人（王睿、刘汝涛、王曙光、张建、裴海燕），国家“优秀青年科学基金”获得者1人（裴海燕），张建教授入选2014年国家创新人才推进计划。教师队伍中具有博士学位者，占专任教师总数的88%。陈建民教授任院长，王曙光、刘汝涛、李玉江任副院长；赵永新任学院党委书记，张权、王斌任副书记（2014年4月张权调到学校人才办公室，任副主任）。2014年，拥有环境科学与工程一级学科博士学位授予权，设环境科学与工程博士后流动站，环境工程为山东省重点学科。学院拥有“山东省水环境资源污染控制与资源化”重点实验室和“山东省水污染控制工程技术研究中心”。环境工程专业为国家特色专业，环境科学专业为山东省品牌专业。设环境科学、环境工程和资源循环科学与工程三个本科专业。

到2014年底，学院有全日制在校本科生437人，全日制在校博士、硕士研究生284人。2014年招收本科生118人，招收博士生、硕士研究生98人；有99名本科生毕业，有8名博士研究生毕业，有63名全日制硕士研究生毕业。

一、党政工作

2014年，学院党建工作紧紧围绕“群众路线”和“作风建设”主题抓好整改落实工作，进一步加强对学院班子、基层党支部和全体党员的组织建设和思想建设，强化了党内制度建设和廉政建设，注重实效，使学院各项工作更加规范、公开。坚持学院党政联席会议集体学习交流和集体决策制度、贯彻执行“三重一大”制度、信息公开制度，做好信息传达和通报及经常性的思想教育工作，保证信息畅通、院务公开和工作落实，促进学院又好又快地发展。

1. 进一步注重政治思想建设，加强新形势下党的建设。认真抓好全院教工的思想政治教育、时事政策的学习和工作信息交流。2014 年，注重学习了习近平总书记系列讲话和十八届四中全会的精神及学校领导寒暑假后新学期工作会议的精神，确保中央精神和学校党委要求得到正确贯彻和执行。

2. 做好整改落实工作，继续抓好学院领导班子的思想建设、组织建设、作风建设和党风廉政建设工作，认真贯彻执行中央八项规定和反对四风的部署，严格遵守学校财务规定，并根据学院实际制定了《关于进一步规范学院财务支出的规定》。

3. 认真贯彻实施群众路线教育实践活动整改计划，加强联系系（中心）、青年教师和学生班级；同时，加强党员的学习和教育，组织教工党员参观了莱芜战役纪念馆。

4. 按照学校党委部署，召开了环境学院党员大会，总结了上届党委工作提出了新的要求希望，顺利完成了各项议程，并选出了由赵永新、王斌、王曙光、刘汝涛、李玉江、宋红明、谢隆艳等七人组成的新的一届党委，赵永新任学院党委书记，王斌任学院党委副书记。

5. 组织召开了学院第一届教代会，完成了各项议题，选出了由苏继新、聂伟、王信东、王新华、王璞等五人组成的新的一届工会领导班子，苏继新任工会主席、聂伟任副主席。

6. 加强了宣传工作，学院网站被评为 2014 年山东大学优秀网站，学院被评为宣传先进组织单位。

7. 在学校教代会和学校党委提出环境学院整体搬迁去青岛校区后，学院领导班子及时与老师们沟通，全面反映广大老师对青岛校区建设、学科建设与学院发展、教职工生活等方面的诉求，协同有关单位多方反映，让学校领导和有关部门更加全面的了解，在制定出台政策时予以充分考虑。大家顾全大局，统一思想，齐心协力，顺利地完成了前期的选购住房等方面的工作。

8. 继续加强与社会合作，学院与聊城的碧水蓝天公司签订合作协议，碧水蓝天公司设立总额 50 万元的奖教金，每年发放 10 万元用以奖励环境学院的教职工。

二、学科与人才队伍建设

2014 年，围绕学院的发展目标，坚持引进和培养并举的人才战略等。推荐了澳大利亚、美国等 3 位学者申报国家青年“千人计划”和山东省泰山学者海外计划。2014 年有 1 名教师晋升为教授，有 1 名讲师晋升为副教授。另外，有 2 名优秀博士毕业生充实到教师队伍，有 2 名教师出国访问一年；还有几名博士进入“环境科学与工程”博士后流动站。

三、本科教学和学生工作

2014 年，学院在本科教学和教学研究、学生教育和管理等方面取得了显著的成效。

1. 组织完成了本科生新的学分制培养计划；获得了山东省优秀教学成果二等奖 1 项。

2. 以系为单位，组织学生座谈和教师座谈，旨在协调解决本科教学过程中教学内容重复的问题。

3. 完成了第一届“环境与健康菁英班”的教学、推荐保研等工作，保研学生达到66.7%，取得了初步成效；完成了第二届菁英班的招生与部分课程的教学工作，第二届共招收36名学生。

4. 完成了2014年学院教学实验中心实验室建设的各项任务；学院危废的规范管理与全部规范转运工作。初步规划了青岛校区本科教学实验室建设的工作。

5. 顺利完成国家奖学金、国家励志奖学金及校、院各项奖助学金评审工作，1名学生获校长奖学金；5名学生获国家奖学金；13名学生获国家励志奖学金；78名学生分获山东大学优秀学生奖学金、光华奖学金、清大国华奖学金等。

6. 第五届大学生节能减排科技作品创新大赛国家一等奖1项，校级奖励8项；“创青春”全国大学生创业计划竞赛国家铜奖1项，省金奖2项，校级银奖1项；大学生创新实验计划国家立项2项，校立项3项；大学生环保作品创意大赛省二等奖1项。

7. 山东省大中专学生志愿者暑期“三下乡”社会实践活动优秀团队1支，省级社会实践先进个人1人，省级社会实践优秀指导教师1人；山东大学十佳志愿服务团队1支，十佳志愿者1人；院清泉环保协会、绿色风协会分获山东大学精品社团、山东大学优秀社团。

四、研究生教学培养和学生工作方面

2014年，在完成研究生招生、培养、答辩等常规性工作的同时，开展了以下有特色的工作，一是与法国奥尔良大学签署了研究生交流合作协议，每年互派3名硕士研究生交流学习，已选拔出派出的硕士生；同时，为了吸引法国的学生来我校学习，也为对方相关网站的建设提供了宣传材料；二是成功举办了优秀大学生暑期夏令营，为吸引研究生优秀生源打下了基础；三是大力开展了在职工程硕士的宣传工作。在山东省，分几个组到地市进行招生宣传和拓展生源。

1. 截至2014年12月15日，2014届毕业生就业率分别为硕士95.2%、博士100%。

2. 2014年招收硕士生85人，招收博士生13人。

3. 顺利完成国家奖学金及学校各项奖学金评审工作，有1名硕士、1名博士荣获校长奖学金；3名博士、7名硕士获国家奖学金；59名同学分获小松中日奖学金、清大国华奖学金等。

4. 组队参加山东大学第四届研究生安全知识竞赛，荣获团体优秀奖；选拔研究生组队参加“中国梦·山大情”研究生合唱比赛，荣获一等奖。

五、科研与学术交流工作

组织开展了国家自然科学基金项目及其他省部级课题的申报工作。2014年，共申报国家自然科学基金各类项目23项，有8项国家自然科学基金和6项省部级研究课题获得立项资助。2014年，全院实到科研经费2201万元（其中基金类项目经费429万元，重点计划项目经费555万元，横向经费1217万元）。2014年公布的学院2013收录的SCI和EI论文213篇（其中SCI论文128篇、EI论文85篇）。2014年，学院获得省部级科技成果奖励 3 项。另外，2014 年，申请国家专利 65 项，获得授权专利 27 项，出版著作 3 部。

学院组织了 3 位流动岗位特聘教授、7 位短期教授的交流活动。与美国亚利桑那州立大学交流并形成了本科生交流的意向。1 项联合国资助的国际合作项目圆满结题。学院有 50 多人次参加了国内外的学术会议，并有 40 多人次作口头学术报告。16 位国内外专家到学院进行学术交流活动。

（赵永新）

公共卫生学院

一、群众路线教育实践活动

继续深入开展党的群众路线教育实践活动，先后制定和完善了《党政联席会制度和议事规则》《党政班子成员联系学生班级制度》等50余项制度。

二、党的建设和班子建设

扎实推进思想政治学习，制定了《党支部政治理论学习制度》《基层党支部考核评价细则》。加强党风廉政建设，制定了《公共卫生学院党风廉政建设责任实施办法》和《公共卫生学院三重一大事项实施细则》等一系列制度。

制定了《党政班子成员政治理论学习制度》，积极参加学校处级干部培训班和网上学习，提升了班子成员能力。举办我院第一届二次教代会。制定学院发展规划（2015～2019）。

三、学科建设和科学研究

对学科布局进行规划和调整，成立10个系。申报了《健康领域重大社会问题预测与治理》“2011”协同创新平台。对学科布局进行规划和调整。通过了“山东省食品安全监督管理与风险评估工程中心”的中期考核工作。参加创立“中澳健康合作中心”。承办全国首席职业卫生监督员培训工作。申报《健康领域重大社会问题预测与治理》“2011”协同创新平台。

新增国家自然基金5项，省科技发展计划4项，省自然科学基金4项。发表论文150篇，其中SCI论文81篇，影响因子10分以上3篇。

获得科研成果奖励有：

1.《山东省食品安全现状调查与对策研究》

山东省软科学优秀成果一等奖　刘　萍

2.《PPARγ2基因多态性以及炎症因子在Ⅱ型糖尿病发病机制中的作用研究》

山东高等学校优秀科研成果奖一等奖　王　霞

3.《现代结核病控制政策评价》

山东省社会科学优秀科研成果三等奖　徐凌忠

4.《济南市机构养老服务发展及对策研究》

山东省软科学优秀成果奖三等奖　李士雪

5.《山东省自然科学学术创新奖（人才类）》　一等奖　薛付忠

6.《现代结核病控制政策评价》　山东省医学科技奖　徐凌忠

主编、编写“十一五”“十二五”规划教材多部。

四、本科教学和研究生培养

圆满完成了全部教学任务和教学方案的修订，新增 1 门通识教育核心课程。主编、参编 14 部全国高校规划教材。获得多项校级教学改革立项项目。招生拓展取得了优异成绩。

科学合理地修订了研究生培养方案；实行不定时查课制度，完善了专业学位学生校外授课考评体系。举办“山东大学研究生《医学统计学》教学改革专家咨询研讨会”。

五、国际合作和继续教育工作

成功举办了“山东大学气候变化与健康国际学术研讨会”。与澳大利亚悉尼大学、昆士兰科技大学、格林菲斯大学、北京大学、中山大学等联合创立了“中澳健康合作中心”。

新设食品质量安全专业，制定出食品质量与安全本、专科专业网络教育培养计划。举办了全国首席职业卫生监督员培训工作。继续教育新设食品质量安全专业。

六、实验室管理

制定了实验室安全规章制度，完成了《预防医学环境因素、放射防护学实验教学建设》实验室建设项目。

七、学生教育管理

学生工作团队先后获得研究生教育管理工作先进单位、就业工作创新单位等十余项奖励。荣获省级、校级社会实践优秀指导教师等多项个人荣誉称号。

八、校友、工会工作

完成校友返校接待工作，邀请部分校友进行入学教育和专题讲座。成功召开了学院第一届第二次教代会。

（王　庆）

医学院

2014年，医学院党政领导班子认真贯彻落实党的十八大、十八届三中、四中全会精神，狠抓党的群众路线教育实践活动整改落实工作，积极推进依法治院，在党建、教学科研和人才培养等工作中取得了新的成绩。

一、高度重视学院党建和思想政治工作

针对广大师生在群众路线教育实践活动中提出的意见和建议，学院召开了领导班子民主生活会，制定了“两方案一计划”，在领导班子自身建设、专项整治“四风”、制度建设等方面狠抓整改落实。对71项文件和规章制度进行梳理排查，废止旧制度18项，修订和新制定制度38项。以党支部活动立项为抓手促进基层党组织建设，15项活动方案获得院级立项，2项获得校级立项，1项获得校级一等奖，7项获得院级奖励，10个党支部获得院级先进党支部。加强党员的教育和管理，严格党员发展质量，全年共培训入党积极分子179人，发展新党员106人，转正预备党员162人，转出党员315人，转入党员160人。严格按照干部选拔任用规定，完成了22个临床学系负责人换届选举工作。以登州文会馆建院150周年为契机，开展院史教育，加强学院文化建设，弘扬优良师德师风。陈鑫入选山东大学先进教育工作者，张岫美入选山东大学优秀教师，杨其峰入选山东大学第六届“我心目中的好导师”。政治辅导员队伍素质不断提高，孙钰入选山东省高校优秀辅导员，薛冰荣获山东省辅导员职业能力大赛一等奖。

党风廉政建设取得新成效。认真落实年初制定的党风廉政建设计划，领导班子每周定期开展党风廉政专题学习活动，严格执行政治纪律和组织纪律，坚持民主集中制，严格请示报告制度和个人重大事项报告制度。认真落实党风廉政建设一把手负责制和责任追究制。实行信息公开，通过各种形式和途径倾听师生的意见和建议，凡是需要教职工参与、了解和知情的事项，涉及学院发展的“三重一大”事项等一律公开，接受群众监督。规范重点岗位、关键环节权力运行，在职称评审、学籍管理、研究生招生、科研经费使用、“三公”经费支出、财务管理、资产管理、学生工作评优、各类奖学金的评定等领域，加大监督检查力度，保证工作有序开展，构建了党风廉政建设的制度体系和规范的领导干部权力运行机制。

以学生党、团支部为抓手，以思政教育课程为平台，开展了“青春勇担当，梦想在路上”学习践行社会主义核心价值观系列活动、“习杏林岐黄之仪，展优秀医者风貌”

医学生风采活动、“青春相伴，梦想相随”医路同行医学生成长论坛、“家书传情”母亲节专题活动、“三行情书”微语言创作等丰富多彩的学生活动，深入对学生进行“中国梦”和社会主义核心价值观主题教育，举办以“溯源文会馆，寻踪山医路”为主题的纪念登州文会馆建院150周年院史教育系列活动。结合医学专业的人才培养要求，探讨并构建了医学生必备人格的培育内容和途径。加强学生就业工作，五年制本科生就业率达92.38%，七年制本科生就业率达100%，研究生总体就业率达96.51%。就业率创历史新高。

二、人才引进和培养力度不断加大

制定了《医学院优秀青年教师培育计划》，积极申请各类人才支持计划，马春红教授获得国家杰出青年基金，迟洪波入选长江学者讲座教授，引进齐鲁青年学者张文程。陈子江、周庚寅入选首届齐鲁名医，薛冰获得全国“第四届医学（医药）院校青年教师教学基本功”大赛二等奖。启动了优秀博士后支持计划，充分发挥博士后在科研工作中的作用，2名博士后入选香江学者（全国57人，山大2人均来自医学院），2人获得博士后国际交流计划派出项目资助（全国88人，山大3人），1人获得博士后国际交流计划学术交流项目资助（全国100名，山大3人），目前在站博士后人数达到165人，本年度获得各类博士后基金402万元。

三、学科建设和科研工作取得新进展

在目前“985”等学科建设项目经费支持情况下，学院自筹经费630万元支持学科建设，解决了学科发展急需。积极组织老师申请各类科研项目，本年度获得国家自然科学基金38项，其中国家杰青1项，面上项目24项，经费2512万元，获山东省杰出青年基金项目1项。科研成果丰硕，本年度发表SCI论文153篇，其中Nature子刊2篇，影响因子大于10论文4篇，获得山东省科技进步二等奖1项、三等奖2项；举办了齐鲁生物医学论坛和青年教师论坛。为鼓励发表高水平科研论文，提高科研成果的水平，学院制定了高水平论文奖励办法，并对部分论文进行了奖励。

四、推进教学改革，创新学生培养模式

启动临床医学五年制卓越医师培养计划和生命科学（生物医学方向）专业建设，制定了临床实习“一对一”带教制度、强化实习管理若干规定等临床教学文件，召开了全国虚拟仿真实验教学研讨会，学院新增国家级资源共享课程6门、省级精品课程25门，51门课程网站建设达到A级标准，占学校A级达标课程的56.7%，3门课程获得学校首批慕课立项，试点推行翻转课堂。获省级教学成果一等奖1项、二等奖5项，获“第三届全国大学生基础医学创新论坛暨实验设计大赛”一等奖1项，二等奖1项，2名本科学生获北京协和医学创新一等奖。3人获校长奖学金，1人获十佳班长称号，6人获山东大学第五届学生“五四”青年科学奖，获奖人数占到全校的1/6。

启动专业学位硕士研究生规范化培训试点工作，84人研究生参加试点。修订了留学生研究生、并轨专业学位研究生培养方案。毕业研究生共发表SCI论文575篇，平均

影响因子 2.67；4 篇博士论文入选山东省优秀博士论文，5 篇硕士论文入选山东省优秀硕士论文；2 人获得“山东省研究生优秀学术成果奖”，3 人获得“山东大学博士研究生学术新人奖”。举办“代谢与疾病”研究生暑期学校、第四届“齐鲁风”优秀大学生暑期夏令营、“稷下风”“海右”博士生学术论坛，形成暑期学校、学生论坛、专家论坛三位一体研究生学术交流体系。

五、国际合作与交流不断拓展

举办纪念文会馆成立 150 周年“肿瘤免疫国际研讨会”“动脉粥样硬化最新进展国际研讨会”。美国内布拉斯加大学医学中心等 7 所国外大学来访，组织教授团访问日本熊本大学、和歌山县立医科大学，开展学术交流和深化交流合作，派出 11 名学生赴加拿大多伦多大学、5 名学生赴美国内布拉斯加大学医学中心、6 名学生赴美国加州大学洛杉矶分校、5 名学生赴香港中文大学进行为期 3 个月的科研实习/医院轮转。学院也接收了来自多伦多大学 5 名本科生，他们分别进入我院各基础实验室开展了为期 9 周的科研实习。

六、留学生教育和在职教育稳步推进

留学生课程纳入本科生院的教学管理体系，完成留学生授课由 5 年制课程到 6 年制课程的过渡，确保了课程安排和衔接的顺利进行。建立了留学生教学质量的评教系统。改革招生办法，在招生中基于高中成绩进行学生筛选，提高生源质量，本年度招收留学生 81 人。加强在职研究生培养质量控制，严格毕业审核和严把论文质量关；录取在职申请临床医学专业学位博士 710 人，同等学力申请硕士学位 160 人，在职申请临床医学专业学位硕士 112 人，成人教育在校生 2401 人，培训执业医师 296 人。扩大了学院的社会影响。

（李玉蓉）

口腔医学院

2014年，口腔医学院共有在职职工308人，专任教师69人，其中教授12人、主任医师9人、副教授19人、副主任医师11人、高级实验师4人、高级会计师1人、副主任护师1人。学院共有在校学生629人，其中博士研究生20人、硕士研究生145人、七年制学生200人、五年制学生264人。2014年毕业生共计118人，其中博士研究生11人、硕士研究生54人、七年制学生27人、五年制学生51人。学院共有成人教育学生182人，其中本科生164人、专科生18人，2014年毕业70人。学院领导班子院长1人，副院长4人，徐欣任院长；书记1人，副书记1人，办公室主任1人，赵华强任书记。2014年口腔医学院重点做好如下工作：

一、党建工作

1. 深入推进党的群众路线教育实践活动。按照学校要求，组织召开群众路线教育实践活动民主生活会和总结大会，圆满完成各项工作任务，认真做好“回头看”，严格落实整改方案，巩固党的群众路线教育实践活动成果，重点在深入基层解决实际问题，围绕中心破解发展难题和加强制度建设规范日常管理等方面下工夫，实现了领导班子宗旨意识进一步强化，干群关系进一步密切，促进学院发展的正能量进一步凝聚。

2. 创新形式加强政治理论学习。一方面完善党委中心组理论学习制度，创新学习组织形式，依托党政联席会开展党委中心组理论学习，重点围绕习近平总书记系列重要讲话精神，由值班领导组织学习活动，每次一个专题，学习成效显著，党委中心组理论素养、执政能力得到提升；另一方面，围绕党的十八大、十八届三中和四中全会精神，通过院领导专题讲座、观看学习视频等形式开展职工教育，依托基层支部加强职工思想政治教育。

3. 切实加强中层干部队伍建设。精心组织中层干部调整工作，完成对医院教研所、临床医技科室负责人的集中调整，并根据实际工作需要对部分行政部门负责人进行调整，选拔了一批青年骨干充实到干部队伍中去，提升了中层干部队伍的活力和战斗力；加强中层干部培训工作，邀请兄弟医院专家开展干部培训讲座，集中组织中层干部到国内知名高校和兄弟医院开展参观考察，开阔了干部队伍视野，提高了干部队伍的工作能力。

4. 持续推进基层党支部建设。对教工党支部委员进行调整，从党员学科带头人、教学科研骨干中选拔支部书记、委员充实到党支部领导力量中，焕发基层党支部工作活力；围绕建设一流口腔医（学）院的奋斗目标，结合工作实际，开展党支部活动，完成学校支部立项活动2项，成功申报立项3项；进一步规范党员组织发展工作，完成党员发展计划调整和发展任务。

5. 重点强化党风廉政建设。强化领导班子理论学习，开展领导班子反腐倡廉教育；规范制度建设，制定《党风廉政建设党委主体责任、纪委监督责任的实施办法》；配合学校做好教育部巡视组反馈意见的整改落实工作；结合等级评审工作，明确各部门岗位职责和工作流程，减少廉政风险；开展医德医风考评，将考评结果纳入绩效考核，完善奖惩机制，营造良好氛围；邀请省委党校专家开展反腐倡廉专题教育，组织学习医疗卫生行业“九不准”学习，引导各级干部、教师和医生廉洁从政、廉洁从教、廉洁行医，引领行风正气。

6. 加快推进文化建设及宣传工作。指导组织开展文化调研活动，在征求职工意见的基础上，凝练了以服务患者为中心的核心价值理念，形成了院风、愿景和办院宗旨等文化成果；推进网络宣传工作，促进师生网络平台建设，发挥新媒体在服务患者、职工交流和学生教育管理等中的作用，提高宣传工作水平。

二、人才人事工作

1. 优化人才队伍结构。启用了山东省口腔医院事业编制的规划使用，本着充实一线、优先解决急需岗位和高层次专业技术人员用编的原则，面向社会公开招聘了具有博士学位或具有临床经验的一线专业技术人员10人，为学院的可持续发展提供了人才支撑。制定了杰出人才引进政策，通过校友资源和海外媒体，积极延揽海内外优秀人才。积极推荐优秀教师进入国家、学校荣誉体系，1人获评山东大学“我心目中的好导师”，1人享受国务院政府特殊津贴。

2. 规范聘用制职工管理。积极探索聘用制人员人事管理模式创新，按照医院聘用制人员管理办法，规范了招聘工作流程；通过严格聘用条件，增设考试内容，严格面试规程等有效措施，顺利完成聘用制职工招聘任务，改善了医护人员短缺的局面；参照学校标准，制定了聘用制人员专业技术职务评审条件，进一步拓展了聘用制人员的发展空间。

3. 不断推进人事分配制度改革。深化绩效改革，推进全员绩效考核，优化科室绩效考核方案，在确保每位职工切身利益不受损失的前提下，积极探讨医院绩效考核和人事分配制度改革的有效途径，调整部分薪酬发放方式，充分体现医德医风、技术能力、服务质量和数量的评价，收入分配向临床一线倾斜，有效地提高了临床一线的工作积极性。

4. 完善博士后工作管理制度，加强博士后科研流动站建设。吸引海内外优秀博士毕业生来院从事博士后研究工作，重点招收非在职应届毕业博士生入站，着力改善在站博士后的结构，提高博士后的学术贡献率。不断改进博士后人才培养模式创新，召开了首届口腔生物医学博士后论坛，产生了广泛的社会影响。结合住院医师规范化培训，对新聘职工进行有计划、有目标、有考核测试的标准化培训，培训效果明显改观。

三、学科建设、科学研究与对外交流

1. 重点实验室建设取得成效。口腔生物医学重点实验室以优异成绩通过了省科技厅的评估验收，获得了科技厅在经费扶持、政策倾斜以及平台建设方面的重点支持。同时，实验室举办了第三次学术委员会会议，中国工程院院士邱蔚六等一大批国内知名专家为实验室建设提出了宝贵的意见建议，使得实验室研究方向进一步凝练。

2. 科研管理进一步规范。研究修订了多项科研奖励与科研管理制度，并完成了2012年及2013年度的论文奖励工作，共计发放奖励38万余元。规范了科研经费及科研项目管理，支持实验室开放课题20万元，青年基金课题12万元，初步建立了科研团队，激发了科研人员的工作热情。

3. 对外交流得到拓展深化。在深化与日本大学齿学部、北海道大学牙学院等合作单位传统友谊的基础上，拓展了与俄罗斯圣彼得堡巴甫洛夫医科大学的合作，举办了中日再生医学论坛，并与日本大学联合申报科研项目。同时，奥地利维也纳医科大学、韩国高丽大学等国外知名专家也先后来我院开展学术交流，营造了良好的学术文化氛围，为提升学院学术竞争力奠定了坚实基础。

2014年，学院科研成果取得稳步提升，共发表SCI论文26篇，承担省级以上科研项目38项，获得科研经费622.2万元，申请国家级专利2项，获省部级奖励8项。

四、人才培养工作

1. 积极推进课程平台建设。七年制所有课程均在录像教室进行授课，实行了全课程的实时动态摄录，并且多名青年教师实行全英文及双语授课。口腔颌面外科学获得省级精品课程，在山东大学2014年课程网站建设评选中，学院课程中有1门获得A级课程，4门获得B级课程，1门获得课程中心优秀课程网站，进一步提高了课程的质量、授课水平和教学效果。组织学院师生参加了山东大学第二届课程中心模板大赛，有5项作品获奖，通过参加大赛，口腔医学院师生不仅展现了较强的设计创作能力，而且还进一步推进了学院课程网站建设。

2. 加强青年教师队伍建设。举办了2013～2014学年第二学期青年教师讲课比赛，经过学院前期的认真筹备，共有来自本院和六家教学实习医院的35名选手参加了本次比赛。此次讲课比赛的成功举办不仅为青年教师提供了很好的教学交流和学习平台，而且还对学院推进青年教师队伍建设、交流和推广教学经验起到了极大的促进作用。

3. 重视实践教学，切实推进临床技能培训中心建设，促进实践教学的改进与发展。组织召开了实践教学研讨会，包括山东省立医院、山东大学齐鲁医院、山东大学第二医院、济南市口腔医院、济南市中心医院、千佛山医院以及济南军区总医院在内的7家教学医院的领导及带教老师参加了研讨会，交流总结了实践教学经验，对加强教学基地建设、规范实践教学管理、提高人才培养质量提出了新的意见和建议。成立了新一届教学指导委员会，并充分发挥专家的指导作用，制定了新的培养方案和计划，特别是针对口腔医学七年制改成八年制的要求，制定了八年制口腔医学人才的培养模式和培训计划。在本科生毕业考试中进行改革，除了常规进行笔试和操作技能的考试外，增加面试内容，由本院综合科的老师及各教学实习基地的老师共同担任考官，对本科生进行逐一面试，重点考核学生医德医风、诊疗技术及进行分析问题、解决问题等全方面的素质与能力。

4. 积极拓展教育、教学平台，切实推进教学改革。组织教师参加华东地区第六次口腔医学学术大会，三位教师在大会上作了关于教学、临床的主题发言并获得好评，争取到了2015年学术大会的主办权。参加了由教育部高等学校口腔医学专业教学指导委员会主办的“口腔医学教育质量研讨会”，应邀作了主题发言，并重点介绍了学院的教学督导制度。组织6名教师参加了2014年全国口腔医学教育教学模式研讨会暨全国口腔医学院校青年教师授课技能竞赛，一名教师代表学院参加了此次讲课比赛并荣获优秀奖。经过认真申报和组织协调，获得2015年实验室建设专项经费资助37.5万元，进一步改善了实验室条件。

5. 研究生培养质量得到提升。开设了两门研究生双语课程，获得良好评价。加强了研究生临床轮转监管，制定了并轨培养方案。试行将住院医师规范化培训纳入专业学位研究生培养体系，完善住院医师规范化培训工作机制，申报成为了住院医师规范化培训国家级基地的协同单位。举办了首届研究生临床技能大赛，提升了研究生临床技能，为医院人才招聘提供了参考。2014年获得了校优秀博士论文1篇、优秀硕士论文1篇，1名学生荣获校长奖学金，并在全球Mimics创新大会上获得一等奖。

6. 学生教育管理不断完善。开展了“志愿服务在医院”活动，促进了学生参与医院工作的积极性。针对困难学生开展了提升医患沟通能力的“添翼工程”项目，完成了牙防基金会的社会实践公益项目3项。组织了毕业生告别晚会和元旦晚会，丰富了学生的校园文化生活。在中华口腔医学会第二届口腔健康科普作品创作大赛中，我院学生一举囊括一等奖1项、二等奖2项、三等奖5项，成为全国高校中获奖最多的单位，充分展现了我院的人才培养水平。2014年，学院研究生就业率达100%，本科生就业率达96%。

五、医疗工作

1. 进一步加强医院医疗质量与安全管理体系建设。建立健全了以院长为第一责任人的医疗质量与安全管理体系，调整完善了医院质量与安全管理委员会及其下设的医疗质量与安全、护理质量与安全管理、医院感染管理等7个管理委员会，明确了各委员会的管理职责。完善以科主任为第一责任人的科室质量与安全管理小组，定期对小组活动进行指导、制定了医疗质量与安全活动小组活动方案，明确了科室管理的各专项工作内容，加强了科室疗程管理、三级指导等工作。初步建立医院质量安全指标体系，科室按要求月度上报。

2. 加强医疗质量与安全监管，持续提高医疗质量。狠抓医疗安全，提高风险防范意识。加强了对医疗安全不良事件上报的管理，针对不良事件上报率低的情况，组织讨论，分析原因，设计了新的表格，进行了专门的培训，明确了奖励措施，三四季度上报率快速上升，逐渐形成良好的上报氛围。加强对识别查对和手术部位标识的要求，给拔牙操作科室发放了牙位核查记录本，要求拔牙操作必须医护双核对。手术部位标记落实情况也得到了大幅改善。

3. 加强医疗技术管理。重新修订了全院一类技术目录，高风险技术目录和手术分级管理目录，规范了一类技术、高风险技术和手术分级授权的流程和标准，授权具体到每一个人和每一项技术，通过授权规范医师、技师的操作权限。手术分级有动态管理，初步建立了医务人员技术档案。进一步加强新技术管理。严格按照新修订的《医疗新技术准入及临床应用管理制度》对新技术项目进行审批立项，并制定了《新技术临床应用记录表》《登记表》及《随访记录表》等配套表格，要求科室制定并与开展新技术的患者签订知情同意书，对新技术的疗效、安全、质量等进行全程追踪管理及随访评价。

4. 加强医疗质量与安全管理的监管反馈，促进整改措施的落实实施。加强对医疗质量与安全管理的监管反馈，每季度形成医疗质量简报，10 月、11 月对全院进行了两次全覆盖的大检查以及多次专项检查，及时进行了反馈，提出了整改建议，并对科室的整改落实情况进行了监督。

5. 加强制度建设，优化就诊流程。按照评审要求，建立了门诊部的各项规章制度，例如预约诊疗工作制度和规范流程、出诊医师管理制度、预检分诊制度、缩短患者候诊时间的措施、门诊高峰时段保障制度、医生停诊的替代方案、医疗资源调配方案、门诊与辅助科室之间的协调机制等。

6. 强化院感培训，提高医务人员院感意识。通过讲座、制作视频演练及光盘、院感培训大纲及知识手册等多种形式，采用全院集中培训与分部门专项培训相结合，开展全院各级各类人员的培训与考核。2014 年对入院新职工、实习人员、进修人员、物业保洁人员和维修人员、全院医护人员等的医院感染知识培训 775 人，考核合格率达 100%。

在此基础上，我院通过了专科医院三级甲等现场评审，医疗收入基本完成了年初制定的目标，增长率达 30%，较圆满地完成了 2014 年的计划。

六、其他工作

1. 制度体系初步建成。建设了包括《山东大学口腔医院规章制度》《山东大学口腔医院应急预案汇编》和《山东大学口腔医院岗位职责汇编》等在内的医院基础制度框架体系。在此基础上，各行政后勤部门规范管理工作，形成了符合实际情况，达到标准化要求的工作规范和工作流程。

2. 管理决策更趋完善。完善了各专项工作领导小组构成，调整了机构设置，规范了机构名称，完成了干部调整配备，进一步完善了党政联席会、院务委员会和职工代表大会等民主决策制度。规范了督办流程，改进了行政值班制度，提高了解决职工问题的效率。加强了院务公开载体建设，开展职工、患者满意度调查，管理决策民主化程度进一步提高。

3. 财务资产管理更加高效。注重“三重一大”事项的决策程序，提高了预算管理水平，探索了科学的成本控制方法，加强了财务分析能力，连续两年完成了医疗收入 30%的增长，为医院长远发展提供资金保障。完成了教育部布置的资产产权登记工作，开展了固定资产清查，成立了医学装备委员会，完成了 1000 余万元医疗设备等资产的购置工作，开展了设备效益分析，实现了国有资产保值增值。

4. 后勤安全管理逐步规范。加强了物业监管，保证水、电、气、暖的正常供应。强化了卫生管理，定期开展检查，保持了良好的卫生水平。加强了维修管理，开展季度检查，做好监管记录，完成了设备搬迁工作。建立健全了安保制度，成立了安全保卫部，配备了充足的安保及消防监控人员，维护升级了监控设备及消防器材，组织了多次安全知识培训，安全保障能力得到提升。

5. 空间拓展与环境改造取得成效。学院新大楼建设相关工作有序推进，医院在槐荫广场附近规划的分院正式启动建设。医院完成了对手术室的升级改造，实施了对病房的装修扩建，实现了对放射科的整体搬迁，新建了急诊科，更新了引导标识系统。

（柳　松　夏逸群）

护理学院

2014年，护理学院深入学习贯彻党的十八大、十八届三中和四中全会以及习近平同志系列重要讲话精神，坚持“立德树人”的根本任务，牢牢把握“提高质量，加快发展”的工作主线，全面落实学校第十三次党代会提出的任务，认真做好群众路线教育实践活动整改工作，扎实推进学院各项事业快速发展，基本完成了年初确定的各项工作任务。

一、加强政治思想建设，努力提高领导发展的能力和水平

通过群众路线教育实践活动的开展，班子成员进一步认识到，作为领导干部理想信念坚不坚、宗旨意识强不强、组织纪律严不严、工作作风实不实，不仅直接影响领导能力的强弱和工作业绩的大小，而且还直接关系办学目标和办学方向。基于这种认识，2014年学院班子在巩固群众路线教育实践活动成果的基础上，坚持把政治思想建设、提高工作水平放在班子建设的首位，坚持在思想上行动上与党中央保持高度一致。建立中心组理论学习制度，组织开展社会主义核心价值观教育，深入学习党的十八大报告，十八届三中、四中全会精神，习近平总书记系列讲话以及《山东大学章程》等重要文献。大家对建设中国特色社会主义的基本理论、基本路线、基本纲领以及现阶段的方针政策有了新的更深的理解，对高等护理教育在全面建设小康社会以及学院在建设世界一流大学进程中，所肩负的责任与使命有了更清晰、更到位的认识，对带领学院遵循教育规律、破解发展难题有了更准确更自信的把握。在办学实践中，坚持社会主义办学方向，认真贯彻执行中央和上级党委的部署与要求，牢记宗旨，勇于担当，正确处理改革发展与稳定的关系，为带领广大师生员工推动学院各项事业的良性发展提供了前提和保障。

二、坚持“立德树人”的根本任务，着力推进各项事业快速发展

2014年，学院的整体工作有较大推进，许多方面表现出让学院感到自豪的亮点。

一是在人才培养方面，2014年学院共招收本科生47名、研究生52名、成人教育学生3001名；毕业本科生49名、研究生59名、成人教育学生2531名。有3名毕业生赴宾夕法尼亚大学等世界知名高校攻读博士学位和联合培养。学院完成了四年制护理学本科、学术学位硕士、博士、硕博连读研究生培养方案的修订，实现了专业课程网站建

设全覆盖，进一步完善了教学质量监控体系。有两位教师获校青年教师讲课比赛奖励，一位教师获首届全国护理学青年教师教学基本功大赛二等奖；举办研究生学术论坛 31 期；成功举办了首次优秀大学生暑期夏令营，为扩大学院影响，吸引优秀研究生生源打开了一条新路；实验中心建设得到了进一步加强，启动了虚拟仿真实验教学平台建设。继续落实《天使成长引航工程》与《天使成长人格培育实施方案》，着力推进专业学习、创新创业、志愿服务、心理调适等成才成长的有机融合，举办不同类别、不同层次的实践、体验、交流活动 80 余场次，毕业生就业率达 100％，荣获学校就业工作先进单位荣誉称号。

二是在学科和人才队伍建设方面，学院坚持以学科建设为龙头，以人才建设为关键，以科学研究为重点，抓好院本部学术型、临床专业型和顾问专家型三支教师队伍建设，成立了齐鲁医院、千佛山医院、省立医院临床护理研究所，成功举办了首次齐鲁护理联盟论坛；继续推进和深化人才苗圃工程，启动学院科研基金项目，首批资助项目 10 个；2014 年学院分别举办导师培训班和专业教师学术论坛，举办学术报告会 10 余次。获批国家自然科学基金、国家社科基金 2 项、教育部社科基金和山东省自然科学基金 3 项，发表 SCI、SSCI 论文 18 篇，中文论文 32 篇。研究项目和发表论文的层次、数量都创造了学院学术发展的新高度。

三是在对外合作交流与社会服务方面，接访外宾 22 人次，承担教育部对港国际交流合作项目 2 项，获学校短期专家资助 3 项、中澳合作研究和山大一卡洛琳斯卡国际合作项目各 1 项，签署老年护理校企合作备忘录 1 项；接收境外交流和选派境外学习学生各 25 名，有 6 名教师出访国外、境外开展学术交流与合作。

积极研究新形势下继续教育发展的趋势和特点，大力推进函授教育与网络教育并轨，进一步强化网络教育内涵建设，举办护理高级培训班 2 期，函授、网络在校生规模达到 15035 人，社会服务的领域、能力进一步提升，实现了创收收入的稳定增长。

四是 2014 年工作的新亮点。盘点 2014 年的工作，以下几点尤其值得我们关注。第一，科研成就大步跃进，通过多年积淀，特别是近两年的凝练升华，所有年轻教师的个人研究方向更加聚焦，学术发展势头喜人。第二，在湖北试行本科专业单独划线招生取得成功，为破解本科招生这一困扰多年的难题打开了一个缺口。第三，在登州文会馆创办 150 周年之际，我院博士生崔乃雪同学在美国费城发现大量我校创办初期珍贵的历史史料，为学校的校史建设和学脉传承作出了护理人独特的贡献，彰显了我院在人才培养方面的成就。第四，所有获得保研资格的学生 100％选择了在山东大学就读，这是国家全面放开免试研究生内保外保限制之后，唯一一个把保研学生全部留在山东大学就读的学院。第五，本科生研究生就业率双双达到 100％。第六，我院人均对学校可控经费收入的贡献继续保持全校前茅。

三、加强党风廉政建设，落实党委党风廉政建设主体责任

按照党委既是党风廉政建设领导者，又是推动者、执行者的要求，进一步明确党委在党风廉政建设中的主体责任。认真贯彻落实学校党委、纪委关于党风廉政建设的工作部署和群众路线教育实践活动整改要求，多管齐下加强党风廉政建设。一是加强党风廉

政教育，努力提高广大党员特别是领导干部的党风廉政意识；二是认真梳理排查党风廉政工作风险点，前移防范关口，做到防患于未然；三是加强规章制度建设，先后修订制定各类规章制度20余项，进一步筑牢防范的底线；四是坚持走群众路线，坚持“问计于师生，问需于师生”，形成经常深入师生、了解师生的新常态；五是进一步完善院务会议制度，及时向广大师生通报学院工作，全面落实院务公开制度，主动接受师生监督；六是严格财务管理，进一步规范财务支出程序；七是严格执行中央“八项规定”，巩固深化群众路线教育成果；八是召开了首次全体教职工大会，广大教职员工参与学院管理和民主监督的制度进一步健全。

（曹　源）

药学院

一、基本情况

学院现有教职工 92 人（含博士后 2 人），专任教师中教授 28 人，副教授 21 人. 教职工中具有博士学位 56 人。

2014 年，本科药学类招生 137 人，本科药学专业毕业 116 人，制药工程专业毕业 14 人，临床医学（药学方向，七年制本硕连读）专业本科毕业 22 人。

研究生招生博士 28 人、工程博士 5 人、学术型硕士 55 人、工程硕士 10 人、药学硕士 41 人；招收在职攻读硕士学位专业学位研究生 30 人、同等学力申请硕士学位 7 人；博士毕业 28 人、硕士毕业 80 人、临床医学（药学方向，七年制）医学硕士毕业 27 人，在职研究生 63 人获得硕士学位。

函授招生本科 251 人、专科生 198 人，网络教育招生本科 2412 人、专科 3330 人。函授药学专业毕业 507 名（本科生 340 人，专科 169 人），其中 51 人获得学士学位；网络教育药学专业毕业生 2075 人（本科生 774 人，专科 1301 人），获学士学位 30 人。

2014 年，我院在校学生总数 1100 人，其中本科生 696 人（含七年制 131 人）、在校全日制研究生 404 人（硕士生 292 人、博士生 112 人）。

二、党委工作

（一）加强理论学习，做好班子建设：根据校党委工作部署，党政班子认真做好廉政教育，贯彻“一岗双责”要求，严格落实党风廉政建设责任制，推动民主决策进程，认真落实个人重大事项报告制度，注重班子团结，做好学院的安全稳定工作。

（二）顺利完成党的群众路线教育实践活动后续工作。

1. 认真组织召开了班子成员民主生活会，达到了预期成果。

2. 根据师生提出的意见建议和专题民主生活会查摆出来的问题进行深入剖析，制定了《药学院领导班子党的群众路线教育实践活动整改方案》《药学院关于在党的群众路线教育实践活动中开展“四风”方面突出问题的专项整治工作方案》《药学院党的群众路线教育实践活动制度建设计划》。

（三）完成学院中层管理岗位调整工作，修订了所长、室主任岗位职责。完成基层教工党支部换届调整工作。

（四）加强党建工作，全年新发展党员53人（含青年教工党员3人），转正74人；完成2项党支部活动立项课题。

（五）为患尿毒症学生组织捐款活动并从社会各方面筹措资金已超过12万元；组织重阳节老干部老教师座谈会，做好节日走访慰问；组织校运动会，完成“爱心一日捐”活动；成立威海药学校友会。

三、人才培养

（一）研究生教育工作

1.2014年招收两名国外留学生，推进了研究生国际化教育工作。

2.通过设立瑞康优秀生源奖学金和举办优秀大学生暑期夏令营等多种措施吸引优秀生源，录取推荐免试硕士研究生26人。

3.2014级实行研究生教育收费制度改革，我院2014级博士生实行博士生导师科研津贴发放新办法。

4.为加强研究生学术规范意识教育，严肃学术纪律，学院颁布实行了《山东大学药学院关于加强研究生学术规范的具体落实办法》。并首次实行答辩研究生科研原始实验记录审核制度。

5.成功举办了山东大学“药物领域前沿发展与关键技术”研究生暑期学校和山东大学2014年博士研究生学术论坛。

6.完成学术型研究生培养方案的修订及2015年研究生导师招生资格审核工作。

7.本年度获山东省优秀博士学位论文1篇，山东大学优秀博士学位论文1篇；获山东大学优秀硕士学位论文2篇。12位研究生获2014年山东大学研究生优秀学术成果奖。3位博士研究生获得2014年山东大学博士研究生学术新人奖。

8.制药工程领域工程硕士毕业生宋伟国，获得全国工程专业学位教指委第二届“作出突出贡献的工程硕士学位获得者”荣誉。

9.药学硕士专业学位研究生2人获得山东省首届专业学位研究生优秀实践成果奖。

10.成功举办全国药学专业学位研究生培养单位第二次年会，扩大了我院研究生教育在全国的影响。

（二）本科教育工作

1.2014年4月，药学院本科教学指导委员会完成换届工作。

2.根据学校学分制改革要求，全面修订了药学本科培养方案。为进一步规范教学管理，学院编制印刷了《山东大学药学院教学管理文件汇编》（2014年版），制定实施了《山东大学药学院教学维持费使用规定》，使学院本科教学维持费使用有章可依。

3.根据教育部加快推进医学教育改革工作要求，2015年停办临床医学七年制，学院临床医学（药学方向，七年制）即七年制临床药学专业停办。“临床药学”（五年制）本科专业被教育部批准自2015年开始招生。

4.《药物设计学》（人民卫生出版社）和《药物化学》（第二版，高等教育出版社）获2014年“十二五”普通高等教育本科国家级规划教材建设经费资助。

5.获山东省青年教育教学重点课题1项、山东大学教学研究课题4项；天然药物化学获校级精品课程、绿色药学列为校级通识核心课；药理学和药物化学分别获山东大学“课程中心优秀课程网站”。举行学院教学研讨会，组织学习“慕课与翻转课堂”教学法。

6. 在学校级讲课比赛中4位青年教师获得佳绩。方浩教授获得2014年度“我最喜爱的老师”荣誉称号。

7. 获山东大学2014年优秀学士论文3篇；获国家级大学生创新创业训练计划项目10项，校级项目35项；选派6名优秀本科生参加英国巴斯大学药学交流项目；1名本科生暑期参加了UCLA-CSST项目。

8. 本科“药学前沿学术讲座”活动获山东大学暑期学校优秀项目。学院举行了2014暑期学校表彰总结大会。

9. 药学省级实验教学示范中心获学校实验室建设项目，完成实验室二期建设。重点完成实验室建设中信息化建设、实验室安全化建设，对教学七楼通风设备进行了全面维修。

10. 新增校级实验室软件项目2项，结题校级实验室软件项目4项，其中1项获得优秀。学院编制印刷了《药学院教学研究论文集》，所载论文获山东省教育技术与装备协会优秀论文一等奖1项、二等奖4项、三等奖8项。

11. 新增山东瑞康医药院级实践教学基地。

（三）继续教育工作

1. 学院所承担的国家食品药品监督管理局执业药师能力与学历提升计划项目，已在14个省、市、自治区设立了17个学习中心，截至2014年底在籍学生达1.3万余人。

2. 我院《优秀执业药师能力提升e计划》列入教育部远程教育计划。

3. 网络教育获得第七届山东省高等教育教学成果奖二等奖［第二位，与山东大学继续（网络）教育学院联合申请］。

4. 药学院于1月18日召开首届继续教育工作会议。

5. 完成“执业药师能力与学历提升计划”柔性化课程设置，新增课程7门，完成20门课程（专科、本科）课件更新。组织《执业药师考前辅导》网络课程（中药、西药）录制工作。

6. 组织编写出版了《执业药师考前冲刺掌中宝》（西药）一套。组织适于执业药师群体的《药学概论》和《药物治疗学》课程及教材编写工作。

7. 《药物化学》与《分析化学》获得首批山东省成人高等教育精品资源共享课程。

8. 组织完成卫计委临床药师培训基地30个学员的理论课程培训工作；为福建泉州市科技培训中心执业药师进行考前培训。

9. 协助山东省执业药师中心举办执业药师继续教育高级研修班。协助继续（网络）教育学院组织全国“执业药师能力与学历提升计划”项目推广研讨会（威海）。参加“全国首届高等药学继续教育论坛”，特邀作了有关“山东大学药学成人高等教育”报告。

（四）学生管理

1. 2014年度本科生共获国家、省、校级荣誉400余人次，各类奖学金481人次，获各类助学金 259 人次。圆满完成 2014 届本、硕、博共 256 名毕业生就业工作，学生就业率达 95.31％。

2. 学生创新创业工作有所突破，学生创新项目“光泰科技有限责任公司”获 2014 年“创青春”全国大学生创业大赛山东省金奖、第五届齐鲁大学生创业计划竞赛山东省特等奖；2 名同学参加全国大学生“药苑论坛”中分获二、三等奖；1 人获山东大学第四届五四科学奖；在山东大学大学生创新创业计划基金立项评审中，有 10 项作品获得国家级支持。

3. 社会实践活动成果丰硕，张嵩迎老师获评省级优秀指导教师，2 名学生获评省级先进个人，“情暖桑榆”实践团队获评省级优秀团队；1 名本科生入选山东大学第十七届研究生支教团。

4. 辅导员队伍建设取得较好成绩，张嵩迎老师获得山东大学辅导员职业能力大赛一等奖，同时代表学校参加山东省辅导员职业能力大赛并获得一等奖；学生工作人员 2014 年共撰写研究论文 6 篇，发表第一作者论文 4 篇，成功申报教改项目一项。

5. 本年度学生工作取得的集体荣誉有：山东大学本科生思政教育与管理工作先进单位、山东大学学生就业工作创新集体、山东大学辅导员职业能力大赛优秀组织单位、山东大学辅导员文化节优秀组织单位、山东大学网络新闻宣传工作优秀组织单位、山东大学学生社会实践先进集体、山东大学资助工作先进单位、山东大学校运会女子团体总分第一名、男女团体总分第五名、体育道德风尚奖等。

四、科研工作

（一）本年度学院获得国家自然科学基金课题 12 项（其中面上项目 8 项，国际/地区合作与交流重点项目 1 项，重大研究计划培养项目 1 项，青年科学基金 1 项、国际/地区合作与交流项目 1 项）；获得国家科技部“863”计划青年科学家专题项目 1 项；获重大新药创制国家重大专项课题 2 项；获山东省自然基金、山东省科技发展计划项目等省部级项目 13 项；与企业签署横向药物研发课题 28 项。

（二）本年度发表学术论文 200 余篇，其中 SCI 收录论文 160 余篇，影响因子（IF）大于 5 的文章 23 篇。获得国家授权发明专利 30 项。

（三）方浩教授获得 2014 山东省科学技术进步奖（第二位）。张颖杰讲师获得第届中国药学会——施维雅青年药物化学奖。

五、学科与队伍建设

（一）药学院 6 月成功举办了主题为“化学生物学与新药发现”第十届中美华学家会议，参会代表 200 余人。11 月，成功举办了国家自然科学基金委“基于分子探针的信号转导过程研究”重大研究计划 2014 年度学术交流会。11 月，成了第一届中澳健康科学研究中心研讨会。首批受资助课题合作者汇报了研究进中澳基金评审委员会确定了 10 个第二批资助项目。

（二）申请获批国家“千人计划”1 人；由法国巴黎第五大学引进临床药干赵维教授，药剂学招聘科研教师 1 人；调离辅导员 1 人，退休 2 人，在

2 人。

六、国际合作与学术交流

（一）山大流动岗特聘教授张世军来校进行教学及学术交流，学校短期境外专家访问项目 6 人来院进行学术访问，其他应邀来访国外专家讲学 30 人次。

（二）本年度 3 名教师出国访学，3 名青年教师完成国外访学工作按期回国。出国参会及访问交流教师 17 人次，刘新泳率学院 4 人代表团赴芬兰参加 2014 年国际药学教育联盟会议（GPEN2014）。

（三）本年度博士后进站 7 人，其中统招博士后 1 人，在职博士后 3 人，与企业博士后工作站联合培养 3 人，出站博士后 5 人，其中统招博士后 2 人，在职博士后 2 人，与企业工作站联合培养博士后 1 人。

（四）完成对口支援单位宁夏医学院访学教师培养工作 4 人。

（刘丽娟）

管理学院

2014年，管理学院在学校党委的正确领导下，始终坚持以发展理念统领学院发展全局，认真学习贯彻党的十八大精神，紧紧围绕着建设世界一流大学的办学目标和国内一流高水平学院目标开展工作，学院领导班子齐心协力，团结进取，比较圆满地完成了一年的工作。

一、行政工作

（一）师资结构与团队建设

1. 新聘来自台湾的邵康华博士和来自澳大利亚纽卡斯尔大学的穆罕默德博士，学院外籍教师数量达3名。

2. 由杨蕙馨教授承担的教育部创新团队“产业组织与企业成长”团队通过建设论证，团队建设能力得到提升。

3. 以山东大学管理案例中心的设立为切入点，做好管理学科基础平台建设。在充分调研的基础上，形成管理案例中心的建设方案，同时开始积极探索案例开发团队与案例项目培育、案例研究工作坊制度等中心的运作机制与工作机制。

（二）科研管理

1. 积极组织申报国家级、省部级科研项目40项，其中获批立项国家社科基金项目重大项目1项、重点项目1项，一般项目2项，国家自科基金项目2项，根据学校要求加强横向课题的结题管理工作。

2. 推动《管理学院科研奖励与项目经费配套管理办法》的修订工作，起草了办法草稿并推动了在学院教师、党政联席会、学术委员会等各层面的讨论、修订与最终出台实施。

3. 积极开展2015年国家级科研项目的组织申报工作，邀请刘军、胡祥培、吕政知名学者与老师们开展项目申报经验交流工作，邀请国内外高校专家来校开展讲座余场。

（三）国际化建设

1. 邀请台湾辅仁大学管理学院院长李天行教授来学院，开展了AACSB国的培训、筹备、报告起草等工作；为2015年开始AACSB认证打下了基础。在要领导的委托下，起草了拟呈交学校的AACSB认证工作请示报告草稿供老师院领导决策。

2. 启动管理学院第一批全英文课程（专业）建设，第一批建设课程共计38门，其中研究生阶段课程19门、本科阶段课程19门。课程涉及工商管理硕士、项目管理硕士、旅游管理本科、国际商务本科等四个专业。根据办法规定，硕士阶段课程建设期总投入为5万元/门，本科阶段课程建设期总投入为3万元/门，第一批建设总投入预计152万元。首期拨付建设经费20%，共计30.4万元。

3. 与美国康涅迭戈州立大学、美国纽约州立大学、台湾辅仁大学洽谈3+1+1联合学位项目；接待全球友好院校、客座教授等外事访团10余批次。

4. 组织开展项目管理专业硕士留学生的招生工作。在系所与学校财务部、国际事务部以及研究生院的联系沟通中积极斡旋，协助促成了课程体系设计、收费审批、招生宣传、海外市场推介等环节的工作。

（四）本科教学工作

1. 结合学分制改革，调整完善教学计划，制定了10个专业的培养方案。

2. 组织“本科教学工程”项目申报。由杨蕙馨教授承担申报了《国际化视野的管理学科“四位一体”实践教学体系构建与实施》项目。

3. 组织青年教师参加课堂教学比赛。6位参赛老师有5位获奖，其中一等奖2项、二等奖1项。

4. 组织教学成果奖的申报。其中获得校级一等奖2项、二等奖1项；省级一等奖1项、二等奖1项；国家级二等奖1项。

5. 积极开展教材建设工作并组织规划教材、精品教材的申报，由刘卫东老师主编的教材获得十二五规划教材立项。

6. 激励教师进一步提升教学质量。本年度有张喜民、张绪柱、黄潇婷、盖建华、班博等老师获学校课堂评估优秀教师奖，张喜民老师获评“我最喜爱的十佳老师”。

（五）研究生培养工作

1. 硕士生来自“211”“985”高校的生源增加，加强研究方法的培养训练，推行导师填写研究生指导日历工作，严格论文成绩的评定。

2. 探索招生工作的创新，优化授课师资结构，加强日常过程管理，配合有关部门认真审查EMBA学员资格，开发MBA招生系统并正式投入使用。

3. 推进MBA双导师制，研发校友系统，搭建校友微信交流平台，搭建校友微信交流平台，进一步推进EMBA/MBA品牌建设，组织学生参与了一系列国内商学院挑战赛。

4. 招收专业硕士126人，全年毕业115人，聘请专业硕士合作导师160余人，设立并授牌专业硕士研究生工作站20家；申请取得了PMI（中国）校园社区的授权。

（六）继续教育工作

1. 管理学院的网络教育规模在学校是规模较大的学院之一，并通过行业办学、订单式培养不断拓展招生规模。函授教育现有在册学生2218人，其中院本部591人，各教学点（函授站）1627人。目前学院网络教育有工商管理等近10个专业，在册学生13000余人，2014年度在组织教师录制教学课件、进行网络教学实时辅导和非实时辅导以及进行网络学生的论文指导等方面承担了大量的工作。本年度圆满完成了3000余人的自考生论文答辩工作，其中上半年1723人、下半年人1992人。

2. 组织申报山东省第一批成人高等教育精品资源共享课程，其中王德刚教授的“旅游学概论”、张雷副教授的“战略管理”获得立项。

（七）实验室工作

1. 围绕实验教学的内涵建设，进行实验教学的顶层设计并在创新创业实践教学开展软硬件环境建设工作。

2. 结合学校实验教学软件项目，设计了校级实验教学资源管理的标准化、信息化平台。

3. 积极申报国家级虚拟仿真实验教学中心，已在中心建设、项目申报方面取得初步成果。

二、党委工作

（一）思想政治教育工作

1. 制订了详细可行的理论学习和党组织活动计划，组织全院师生认真学习了党的十八届三中四中全会精神和习近平总书记系列重要讲话精神，并开展了一系列理论教育活动，在全院集中开展了以社会主义核心价值体系为根本的思想政治教育、法制宣传教育和师德建设。

2. 始终坚持并进一步丰富完善了党委集中组织、党支部活动、个人自学、专题辅导报告、参观考察、成果交流“六位一体”的理论学习机制，促进了各项活动的顺利开展。

3. 注重宣传工作，加强了宣传舆论阵地建设，对院内宣传和院外宣传进行了分工，具体责任到人；对学院网络宣传阵地——“管理先锋”网站和“管理在线”网站进行了改版和定期维护，全年向学校有关宣传机构投稿500余篇。

4. 学院党委在组织广大教职工学习过程中，以党支部为单位及时编发学习资料，并建立学习制度检查检验学习效果，全年共编发了6份党支部学习材料；同时充分发挥和调动各教工党支部的作用，广泛开展学习经验交流会和谈心活动，真正做到学有体会，学以致用，切实促进了全院教工思想觉悟和理论水平的提高。

（二）党建工作

1. 根据校党委部署，在全院范围内完成群众路线教育实践活动的总结收尾工作，针对活动中反馈的问题进行专项整改，落实整改台账，注重师生反馈，在活动中，学院党委要求群众路线教育活动活动要做到与党支部立项活动、学习型组织建设、教书育人工作、领导班子建设、群团建设工作、和建设平安和谐学院工作结合起来，做到“六个结合”，力求实效。

2. 继续深入开展了党支部立项活动，鼓励学院师生之间和党支部之间进行联合立项，学院24个党支部全部参加了活动，在学校评选3个校级优秀方案的基础上，学院将全部党支部活动方案确定为院级优秀立项并予以经费资助，各党支部在党委领导下制定了详细周密的活动计划，广泛开展了形式多样的教育活动。

3. 积极做好入党积极分子的培养和教职工、学生党员的发展工作。举办入党积极分子培训班两期，参加党课人数 217 人，全年发展新党员 116 人，学院入党积极分子参加党课考试通过率达到 100%。

（三）党风廉政建设

1. 按照校党委的要求，全面落实“三重一大”相关制度，推动了学院党风廉政建设和反腐倡廉制度建设，认真落实党风廉政建设责任制，切实贯彻《中共山东大学委员会关于加强党风廉政教育的实施意见》和《山东大学贯彻落实〈建立健全惩治和预防腐败体系 2013～2017 年工作规划〉实施办法》，构建符合学院实际的惩治和预防腐败体系。

2. 坚持并发扬了民主集中制，进一步规范并完善了学院党政联席会议事制度、学院重大事情民主决策机制和院务公开制度；学院领导班子坚持定期召开党政联席会；坚持集体领导，分工负责，党政团结协作，班子成员密切合作，保持了学院领导班子一贯形成的团结、务实、勤政、廉洁的良好工作氛围。

3. 提升学院管理水平，进一步加强机关作风建设，提高工作效率，加大对机关工作人员的工作考核力度，督促他们将“服务学生，服务学者，服务学术”的管理理念体现在工作中的每一个环节，切实提高了工作效率、节约意识和服务质量，形成了协调有力、规范高效、反应迅捷的管理运行机制。

（四）统战、群团和离退休工作

1. 高度重视和关心离退休同志的生活和健康，坚持了每年家访离退休老同志的制度，认真听取他们对学院发展和改革的意见和建议。

2. 定期召开了师生代表座谈会，多渠道、多形式广泛征求对学院发展和建设的意见和建议，切实解决群众最关心、最直接、最现实的利益问题，促进学院的和谐、快速发展。

3. 充分发挥了工会、妇委会、共青团等群团组织的桥梁、纽带作用，开展了一系列丰富多彩的教工文体活动，营造了健康向上的生活氛围，取得良好的活动效果。学院工会组织了两次学院教工登山活动和趣味运动会。

（五）安全稳定工作

1. 进一步全面落实各科室的安全稳定责任制度，深入开展了安全知识教育和应急演练，提高全员防范意识，落实防火防盗措施。本年度集中进行了安全教育的检查工作。

2. 明确安全责任，细化到人，建立了以学院、系、科室主要负责人为第一责任人的管理工作体系；完善顺畅的信息反馈渠道，随时了解和掌握教职工和学生的思想、生活动态，及时化解影响稳定的各种矛盾，创造、维护安全稳定的学院环境，确保学院各项工作的顺利开展。

（六）学生工作

1. 重视学生人格健全发展，提出“阳光善良”的四字标准，即“内心善良，外表阳光”。学院整合社会、学校和学院的相关课程和资源为学生打造智库式的培养菜单和提升路径，帮助学生建立个性化的人格素养提升方案。

2. 注重加强有针对性、实效性的学生分类指导，做好学生基础数据和特殊学生数据档案的整理，建立了明晰的特殊学生群体跟踪指导档案，将特殊学生群体的跟踪指导情况及时进行记录，大大提高了特殊学生分类指导的效率。

3. 创新班级、社团活动模式，加强学生干部培养，学院暑期进行学生干部的培训大会，新生干部培训大会为新生班委们奠定工作基调和工作方法，特别是做好学年中各组织的培训会和交流会，加强班级建设和学生组织建设。

4. 以学生思想政治教育为基础，通过各种活动的开展、各种教育的进行，培养学生的内涵和修养，与学生一起追求举止风貌博雅、道德修养仁爱的境界。

（肖　柯）

马克思主义学院

一年来，马克思主义学院在学校党委、行政的领导和支持下，紧紧围绕着“全面提升马克思主义学院影响力”，在教学、科研、学科、队伍、民生和制度建设等项工作中，经过全体教职工的共同努力，取得了以下成绩。

一、党建和思想政治工作

（一）深入扎实开展党的群众路线教育实践活动，切实抓好整改落实，为各项工作的顺利开展奠定了坚实的思想基础

1.2014 年 1 月 17 日，召开学院领导班子专题民主生活会，达到查摆问题、交流思想、相互帮助、增进团结的目的。

2.2014 年 3 月，认真制定“两方案一计划”，建立整改落实台账，明确整改措施和具体任务，各项工作得到学校督导组肯定。

（二）注重政治理论学习，加强思想道德建设

1. 学院党委通过各种方式深入开展理论学习活动。9 月 5 日，召开院党委理论中心组学习会议，邀请党委宣传部部长做关于意识形态工作的辅导报告。

2. 积极开展党的重大理论方针政策的理论研究与社会宣传工作。2014 年，两项成果获得山东省高校思想政治教育优秀成果一等奖；多名教师发表学习十八届三中、四中全会精神的理论文章。

3. 加强网络与新闻宣传工作。2014 年 9 月，学院网站成功改版；制定《关于学院网站管理与维护责任分工的方案》，确保正确的舆论导向。

（三）加强基层党组织建设和党风廉政建设

1. 通过开展党支部立项活动，加强组织建设。2014 年，2 个支部获得立项；2013 年度 2 个立项中 1 项获三等奖。

2. 加强党员教育管理，丰富党支部活动形式，通过组织参观、社会考察等进行专项教育。

3. 注重在优秀学生中发展党员。2014 年，发展学生党员 8 名，4 名学生预备党员按期转正。

4. 加强党风廉政建设。2014 年 9 月 11 日，召开了领导班子党风廉政建设专题会议，随后又召开了全体党员干部会议，对全体党员干部提出党风廉政建设要求。

（四）重视群众工作，凝心聚力

1. 关心教职工工作、学习和生活，积极为他们排忧解难。2014 年 3 月 24 日，党政联席会讨论确定对教职工及其亲属生病等困难的慰问原则。

2. 充分发挥工会的桥梁作用，积极组织教职工参加学校、学院活动，凝心聚力。2014 年 12 月 18 日，顺利召开了学院第一届教职工代表大会；完成 2014 年“慈心一日捐”活动。

3. 关注女性教职工的健康发展，为全体女职工购买了平安保险，充分调动她们的积极性。学院获得 2014 年度“三八红旗集体”荣誉称号。

（五）加强离退休工作

1. 从学院实际出发，2014 年 9 月制定了《关于做好离退休同志服务工作的相关规定》。

2. 关心离退休人员的健康与生活，及时联系做好离退休同志的查体、节日慰问、生日祝福、生病探望等系列服务工作。

（六）认真做好计划生育法律法规学习宣传教育和政策咨询工作，签订《山东大学人口与计划生育目标管理责任书》，加强对我院计划生育服务和管理工作。

二、行政工作

（一）加强思想政治理论课建设，不断提升质量

1. 推进思想政治理论课教学改革。主要是：“原理”课进行了专题化教学内容改革；“概论”课与“纲要”课侧重于教学设计；“基础”课实行“教学，研究，实践”三位一体的教学模式；探讨“泰山学堂”特殊人才思政课的教学方式。

2. 参与各级教学活动，效果明显。2014 年 6 月，1 名教授荣获“全国高校思想政治理论课教师 2013 年度影响力人物”；11 月，1 名副教授主讲的《民主：社会主义核心价值观的重要内容》入选全国高校思想政治理论课社会主义核心价值观教学展示，同时其本人被授予 2014 年思想政治理论课教学能手称号；12 月，2 名教师获山东高校首届思想政治理论课教学比赛三等奖，1 名教师获优秀奖；2 名教师被评为“2013 年度课堂教学质量优秀教师”。

3. 争取各级各类教学改革立项。2014 年 1 名教授主持的“‘知识一方法一境界’的教改实践探索”获教育部思想政治理论课教学探索方法改革“择优推广”培育项目；1 名教授主持的“高校思想政治理论课教学重点难点问题研究”获得 2014 年教育部人文社会科学研究专项任务立项；2 名教授教授获得山东省教学改革立项。另外，还有多位老师获得校级教研课题立项；1 名教授主编的《政治科学研究方法概论》入选了“十二五”本科国家级规划教材。

4. 加强国家级精品资源共享课程建设，新建校内精品课、核心通识课、选修课等一批网络课程，为思政课教学提供更多优质教学资源。1 名教师主讲的《论辩的智慧欣赏与艺术指导》被评为校 2014 年度课程中心优秀课程网站；1 名教授的《领导科学与领导艺术》获得“精品培训课程”立项。

5. 改进研究生思政课实施方案，探讨专题化教学模式。学院开展的“科技与人文

面对面”效果良好，深受学生欢迎，得到了学校领导和有关职能部门的充分肯定。

（二）推动研究生培养机制改革，提升培养质量

1. 研究制定“全面提升研究生培养质量工程”实施方案，从生源保障、培养模式、教学内容与教学方法、导师责任等方面提出了严格要求、作出了明确的规定，为提高研究生培养质量提供了保障，并收到了明显的效果。

2. 在总结自主设置学科“学生事务管理与发展指导”硕士点经验的基础上，完成了“学生事务管理和学生发展指导”攻读博士学位研究生的培养方案。

3. 重视研究生的思想政治教育和学风建设，落实研究生奖助体系改革。2014 年 5 月，制定了《关于对考取“高水平”大学博士研究生的学生予以奖励的办法（试行）》；9 月，制定了《关于研究生管理工作领导小组人员构成和工作职能的相关规定》。加强学生评优工作，2014 年，2 名研究生获得国家奖学金；2 名获得山东高校优秀毕业生称号；1 名获得省级优秀学生干部。加强学生管理，组织学生参与各项活动，获得学校组织的“中国梦·山大情”研究生合唱比赛三等奖。

（三）加强学术组织建设和创新研究

1. 依托山东省统战理论研究基地、山东大学政党政治研究中心等学术机构，推进山东大学“政党政治发展战略”智库建设，提升资政水平，积极服务社会。

2. 积极组织科研项目申报，2014 年获得国家和教育部 13 项课题立项，累计科研经费达到 200 万元，创历史新高。获得省部级社科优秀成果 4 项；发表 CSSCI 期刊论文 29 篇。

3. 重视学术交流，把国内外知名学者请进来，以“尼山论坛”为契机，组织了两场外国学者学术报告会。2014 年，共举办 20 多次高质量的学术报告；同时鼓励教师参加国内外高层次学术会议，扩大学术影响力。

4. 顺利完成了 2013 年度马克思主义理论学科发展调研报告各项数据的提交工作。提交了 2014 年思想政治教育学科年度发展报告。

5 完成了省重点学科“马克思主义基本原理”的评估工作。

（四）师资队伍建设成效显著

1. 通过搭建学术团队，参与项目管理等平台，提升青年教师的成长空间。2014 年 9 月，制定了《马克思主义学院“学术团队项目”实施方案（试行）》，组建了 5 个学术团队，为学科发展集约力量，带动年轻教师成长。

2. 制定教学、科研等奖励措施，扶持、鼓励教师潜质发展，建设一支有活力、有张力的教师队伍。

3. 调整、优化教师社会实践经费使用管理办法，加大教师培训力度，鼓励中青年教师到国内外知名大学进修学习，引导教师结合教学、科研积极开展有益的社会实践活动。

4. 选派 1 名骨干教师到国家教育行政学院学习，2 名教师到中共山东省委党校学习进修。

5. 鼓励支持年轻教师到国外大学访学，2014 年 2 名教师赴英国剑桥、美国高校做访问学者。

（五）教学办公条件得到改善

1. 在马院楼增加办公用房300平方米的基础上，2014年7月争取学校同意把原有在趵突泉校区200平方米办公用房同面积置换到中心校区数学楼四层，使得房产资源充分发挥效益。

2. 办公条件得到优化。在学院楼进行全面修缮改造的基础上，2014年初争取学校追加预算经费25万元，新建了学术报告厅、教师学术活动室；为各行政办公室、教研室全部配置新的办公家具；7月，争取学校实验室建设经费，新建“中国特色政党政治发展战略”智库实验室；9月，配置建设学术团队办公室5个。

3. 图书资料室建设与管理工作不断加强，图书资料室使用面积进一步扩大，阅览环境得到较大改善。制定《马克思主义学院图书资料管理办法》和《马克思主义学院购书管理暂行规定》。完成图书资料室的搬迁工作，对图书资料重新登记、分类、上架，方便了师生的借阅。

（六）积极开展社会服务工作

1. 做好山东高校思想政治理论课教师培训基地工作。2014年，承办了7期师资培训；组织教学改革立项评审；“十百工程”学术带头人年度考核；山东高校首届教学比赛等工作。

2. 学院多位教师积极参与国家和山东省组织的各类宣讲活动。

（七）强化精细化管理，提高服务水平

1. 制定并不断完善管理规章制度，做到依法治院。2014年，制定《关于教职工集体活动考核的暂行规定》《关于对经济困难研究生进行补助的规定》《关于研究生档案管理的办法》《学院印章管理和使用办法》《教职工加班值班管理办法》。

2. 完成学院楼的整修改造，4月16日顺利回迁，保证了教学科研的正常进行。

3. 做好办公用房功能规划与管理，为教学科研提供优质保障。2014年制定了《学院办公用房管理办法》《办公用房使用效益考核办法》。

（齐子萍）

体育学院

体育学院下设社会体育系、竞赛训练管理中心、场馆管理中心、中心校区管理中心、洪家楼校区管理中心、千佛山校区管理中心、趵突泉校区管理中心、兴隆山校区管理中心。共有教职工 122 人，教师 89 人，其中教授 9 人，副教授 49 人，具有博士学位教师 8 人，教职工党员 57 人。

2014 年，体育学院招收本科生 90 人，硕士研究生 19 人，博士研究生 1 人。截至 2014 年 9 月，学院有全日制在校本科学生共 471 人，研究生 66 人，学生党员 74 人。建有男子篮球队、男女排球队、男子足球队、田径队、游泳队、乒乓球队、定向越野队等八支高水平运动队。

一、管理工作

一年来，学院进一步推进公共体育课的教学改革，出台符合实际、科学合理的改革方案，制定了新的公共体育课程教学大纲，在 2014 级教学中实施；启动山东大学体育产业研究中心、国家体育用具制造研究中心、山东大学数字健身中心三个高层次研究中心的建设工作，目前已建成山东大学体育产业研究中心和山东大学智慧健身协同创新中心；研究出台社会体育专业人才培养方案、高水平运动员人才培养方案、体育专业研究生人才培养方案；明确细化学院教职工的考核目标体制；研究综合体育馆的项目拓展和功能开发；加强高水平运动队的队伍建设。

陆续举办了中国健身产业技术创新战略联盟会议、山东省体育产业研发团队建设研讨会、山东省社科论坛——“发展体育产业，促进体育消费”。承办“2014 年第十一届全国体育信息科技学术大会”。在山东省学校体育协会换届大会上，孙晋海院长当选新一届山东省学校体育协会会长。

12 月 27 日，举行第一届教职工代表大会第一次会议，孙晋海作了题为《深化改革 团结进取 再创辉煌》的工作报告。

二、学校阳光体育工作

2014 年，通过上学期的全民健身月和下学期的体育文化节，大力推动了学校体育活动的开展，并举办田径运动会、篮球、排球、足球、羽毛球、乒乓球、网球、健美操、体育舞蹈等项目的校级联赛，通过提供更多的竞赛机会来丰富学生业余文化生活。

在各项比赛中，教师积极参与组织和裁判工作，保障了各项赛事的顺利进行，同时教师在裁判工作中指导学生裁判提高业务水平。为了鼓励学生裁判的积极性，学院启动了学生裁判等级评审制度，制定了山东大学等级裁判员证书。

严格执行国家学生体质健康标准测试工作，根据国家文件公布的新的测试项目及管理办法，我们主动调整测试方法及监督措施，开发我校体质健康标准测试信息平台，测试全程录像，保证测试数据的准确性。山东大学作为第四次全国国民体质监测工作山东省指定抽样测试单位之一，我院积极协调学工部及校医院，制定工作计划和工作流程，培训测试人员，顺利完成测试工作。

三、训练与竞赛工作

学院通过完善的高水平运动队建设和管理机制，配合学校进行高水平运动员的招生录取工作，加强日常的学习训练等基础工作，重视教练员与队员、队员与队员之间的互相交流学习。同时，加强对外合作交流，与国际事务部联合主办国际友好学校篮球交流活动，来自日本天理大学、北京体育大学和山东大学的男子篮球队队员、裁判员、教练员等共60余人参加活动。

2014年，高水平运动队收获累累。山东省第23届运动会大学生组比赛增加了普通学生组比赛，我校组队派出田径、定向越野、男女篮球、男女排球、男子足球、乒乓球、武术、游泳、健美操共9个项目11支运动队，获得丙组团体总分第1名。同时，我校承办了第23届省运会大学生组田径比赛和定向越野比赛，5月和6月又分别承办了大体协举办的全国“三人制”篮球和“五人制”足球的城市赛。

田径队，在第23届省运会（大学生组）比赛中，获得18金11银6铜，4人打破两项大运会纪录，以总分372分的总成绩居山东省各高校之首，包揽了丙组（高水平运动员组）男女团体总分第1名、男子团体总分第1名、女子团体总分第1名和金牌总数第1名。

男子足球队，特步中国大学生五人制足球联赛北区决赛，获得全国北区亚军，取得下一阶段全国前4名主客场淘汰赛的资格；全国大学生五人制足球争霸赛济南赛区比赛，山大一队获得济南赛区冠军，晋级全国总决赛。

乒乓球队，第23届省运会（大学生组）男子团体第1名，女子团体第1名。

排球队，男子排球队在第23届省运会（大学生组）上获得第三名；亚洲大学生沙滩排球锦标赛，代表中国队参赛的山东大学女子沙排队获得季军，山大男队获得第7名；第十届全国大学生沙滩排球锦标赛，山大男排祝天旭、徐强组合获得高水平组亚军。

定向越野队，在第23届省运会上获得6金、6银、4铜并分别获得丙组（高水平运动员组）、甲组（普通大学生组）团体总分第一；在全国学生定向越野锦标赛上，夺得男子团体冠军。

游泳队，获得第23届省运会（大学生组）丙组第2名，夺得24金11银8铜，其中5人打破5项大学生组游泳赛会纪录，金牌总数位列第1名。

男子篮球队，获得第23届省运会（大学生组）第5名。

桥牌队，在全国大学生桥牌锦标赛上，取得混双第3名、女子双人赛第6名、公开双人赛第7名的优异成绩，创造了山东高校桥牌历史成绩的最高纪录。

四、学生工作

结合我院实际，围绕学校高水平运动员和体育专业学生的培养办法，以适应普通高校培养优秀竞技体育人才和综合性大学培养优秀复合型体育专业人才的办学要求，坚持立德树人，以学生人格提升和能力提高为目标，通过学院专业教师、班主任、辅导员等齐心协作，使学生思想政治教育、发展指导、事务管理等方面的工作取得优异成绩。学院学生在思想道德、专业知识、素质能力等方面有了显著提升，毕业生就业率较高，社会反响很好。

2014年，结合各类实事要点和社会热点，学院团委积极组织策划相关主题，组织学生开展以团队为主、个人为辅形式相结合的社会实践活动，其中暑期立项7支团队，其中山东大学体育学院“翱翔者”赴济南六区关于居民体育生活调查团队等三支团队获得校级优秀团队表彰。

组织开展了丰富多彩、积极向上的学术、科技、体育、艺术和娱乐活动。社会体育专业学生组队，获得“山大杯”羽毛球、女子排球、女子篮球的冠军，在“冬季杯”腰旗橄榄球赛上，我院杜森队以全胜战绩夺冠，郭小玉队和周江队分获亚军和季军。

组织学生参加学校第四届合唱文化艺术节，与土建与水利工程学院、文学与新闻传播学院、管理学院联合主办的“魅力新主持”大赛，与经济学院、国际教育学院共同联合举办元旦晚会。

在2014年网络宣传工作中，我们通过山大新闻网、学生在线、青春山大等校内媒体以及中国大学生在线、中国学生体育网等社会媒体积极宣传学校学院工作，发稿量达150余篇，获得山东大学2014年度网络新闻宣传工作优秀组织单位、网络新闻宣传工作先进个人、网络新闻宣传优秀通讯员及网络新闻宣传优秀作者等多项荣誉。

在山东大学第四届职业生涯规划大赛中，我院的赵硕同学和徐方舟同学分别获得二等奖和优秀奖，体育学院获得优秀组织单位。

在学校阳光体育运动中，我院学生工作队伍积极配合阳光运动委员会，落实每年学校的各类全民健身活动。在体育文化节过程中，担负学校田径运动会、各类球赛、健美操比赛等的裁判员、志愿者、后勤保障、赛场宣传报道等工作，为全校体育文化的推进作出巨大的努力和贡献。同时我院学生每年担负着在校本科生的体质健康监测工作，工作时间持续两个月，为教育部、体育局、学校等部门提供了学生体质的一手资料。

一年内经过多方面努力，2014届毕业生就业率达到90%以上，学生就业满意度较高，用人单位反馈很好。2014年，共发展学生党员25人，2人获校长奖学金，7人获国家奖学金，17人获国家励志奖学金，3人获得社会奖学金，8人获得单项奖学金，8人获得山东省优秀毕业生荣誉称号，15人获得校级优秀毕业生荣誉称号，11人获校级优秀学生干部荣誉称号，2人获校级优秀团干部荣誉称号，42人获校级优秀团员荣誉称号，20人获得校文体先进个人，2010级社会体育团支部和2010级工商管理团支部获得山东大学先进团支部的荣誉称号。

（袁淑娟）

软件学院

2014年，在校党委、校行政的正确领导和统一部署下，学院认真学习党的十八大和十八届四中全会重要精神，以邓小平理论和“三个代表”重要思想为指导，以科学发展观统领学院发展全局，以人才培养为根本任务，以学科建设为龙头，以队伍建设为核心，以管理体制改革为突破口，大力推进全方位开放式发展战略、人才战略和教育创新战略的实施。全体师生员工锐意进取、努力开拓，学院各项事业取得了长足的进步。

一、本科教学

软件学院围绕2014版培养方案修订、专业建设、队伍建设、课程建设、学生创新创业等重点工作，致力推进本科生培养和本科教学工作。

截至2014年12月3日，软件学院在校本科生1451人，硕士研究生114人，博士研究生10人。为适应软件工程专业按照高层次、工程型、国际化的标准实施教学，培养具有扎实软件基础理论和工程知识的高级软件系统工程师，学院的本科教学在2014年围绕本科生培养方案修订、教师队伍建设及学生创新创业等方面进行了重点建设。

在培养方案修订方面，面向国家战略需求，以市场为导向，通过组建计算机科学与技术、电子商务、软件工程、数字媒体四个本科专业的教学改革工作组，深入调研分析国内外著名高校相关专业建设培养方案，通过反复论证，配合本科生院学分制改革，制定了科学合理、与时俱进的各专业培养方案。

在教师队伍建设方面，通过岗位绩效考核改革，推动教学的专业化、团队化建设，建立课程群和主讲教师制度，实现核心基础课、专业课的团队化教学。进行青年教师教学比赛，促进青年教师迅速成长。

教研研究方面，积极组织教研研究和教学方式创新，获得省级服务外包培训基地和校级教研教改项目多项。

实验室建设方面，面向CCF软件能力认证、本科生项目实训，建设实验和实训内容库，并计划实现题库和在线训练平台。

在学生创新创业方面，进一步完善了本科生创新体系，通过科研助手、本科生导师、班主任、创新实验室等组织和平台，学生在ACM程序设计竞赛、数学建模、电子设计大赛、全国软件设计大赛等赛事获得佳绩。积极做好软件工程、数字媒体实训平台建设，完善从教学、实验、实训到产品制作的一体化实训体系，聘请了 IBM 等知名 IT 企业专家开设技术讲座或短期课程，作为学院相关专业课程的补充和拓展。

二、研究生培养

在学术型研究生培养方面，提高研究生招生、培养质量始终是研究生管理的宗旨。2014 年国家在研究生招生、转助学津贴为奖学金等方面作出了重大改革，学校也相应进行了改革。本年度研究生管理工作的重点是学习贯彻研究生招生、奖学金评定等国家和学校的新政策，向师生做好服务、解释和宣传工作；修改、制定学院的相关管理和激励政策，改重量为重质，使奖学金评定等工作始终以提高质量为主线，在公平、透明、公正的基础上充分发挥激励作用，为培养高质量的研究生奠定良好的基础。

在工程硕士研究生培养方面，由于软件工程硕士自主招生政策的取消，学院转为大力开拓 GCT 招生，创建了“本科后流动站”等 GCT 招生体系，职业培训创新模式初步建立。专业学位工程硕士精细化培养战略得到了进一步的细化和有效的落实，与 Oracal、SAP、浪潮等国内外知名公司、国外知名高校加强合作，引进了多门工程类课程和十余名资深专家授课，提高了教师队伍的工程背景，完善了工程型课程体系。基于信息化平台的工程硕士学位论文控制环节进一步严格，论文质量得到了有效提高。学院严格了论文开题答辩、论文预审、学术不端行为检测等环节，对有效提高在职硕士论文质量方面发挥了巨大的作用。

三、国际交流与合作

（一）与国外知名高校开展合作

学院继续积极探索与教育发达国家的知名大学开展交流合作，力求在科研水平和高水平软件人才培养理念上与国际接轨。

1. 与美国罗格斯大学签署了合作备忘录，并向教育部申报了中外联合办学项目。

2. 根据山东大学与卢森堡大学达成的合作协议，选拔 2 名一年级硕士生赴卢森堡大学攻读双学位项目。

3. 根据山东大学与密苏里大学（哥伦比亚校区）2+2 本科生联合培养项目的合作协议，3 名二年级本科生赴美学习。

（二）引进海外高水平学者来院工作

1. 学院与 10 位国际知名学者达成协议，聘其为学院学术指导委员会成员，为学院的学科建设、人才引进、人才培养、学术评价等提供指导与咨询。

2. 通过“短期境外专家”项目，聘请 6 位国外知名专家来院工作，为学院师生开展高水平讲座；通过“教学流动岗”项目，聘请 2 位国外知名专家来院工作，为学院师生开展高水平课程。

（三）学术交流活跃

1. 邀请如美国工程院院士 James Foley 等著名学者来我院做学术交流，约 30 人次。

2. 主办了“大数据时代的计算机科学发展论坛”“水下感知技术研讨会”，承办了“亚洲设计与数字工程大会”等由国内外高水平专家参加的学术会议。

3. 我院教师参加国际学术会议40余人次，多名教师受邀在国际学术会议上作大会邀请报告。

四、实验室建设与管理工作

建立和完善了实验室管理的相关规章制度，根据学院安排对实验中心，五个校区计算中心人员进行了调整，定岗定编，按照新的岗位职责试运行。进一步落实了实验室管理、实验室值班和指导实验三大岗位责任。圆满完成了软件学院、泰山学堂、菁英班计算机上机和实验课。认真组织实验室建设项目申报，协调申报了物联网与嵌入系统实验室和网络信息安全实验室的建设工作，申报和实施了“系统分析与软件设计”创新教育平台，完成数学建模实验室调整建设任务。推动数字媒体技术教育部工程研究中心建设，完成了学科实验室的调整与装修。

五、学生思想教育与管理工作

学院致力于帮助学生树立感恩思想、稳定专业思想、开拓创新思想，通过系列教育活动使学生懂得自己所肩负的使命，增强事业心和责任感，更加明确大学期间的主要任务，树立远大的奋斗目标，用实际行动回报学校、回报社会。坚持“以人为本”的工作理念，周密安排，多措并举，积极引导毕业生树立“成长思源，毕业思进”的理想信念，将毕业教育内化为感恩教育、关爱教育，开展了“七色彩·未来梦”系列活动。毕业生就业工作稳步推进，学生就业质量和市场竞争力有所提升，毕业生就业工作再创佳绩。软件学院2014届毕业生本科生就业率达97.68%，研究生就业率达100%。

通过对社会实践活动的课程化、制度化、实效化管理，实现了对学院社会实践的精英性、全面性的统筹兼顾。课程指导、实践指导相结合，指导学生开展形式多样的社会实践活动，深入推进学生“社会实践经历”教育工作，今年利用各类社会资源建立院级以上团队53支，其中国家级立项团队1支，取得良好效果。

学生创新能力的培养一直是学院人才培养目标的重要方面。几年来，学院学生工作围绕如何有效培养学生创新能力进行不断尝试和改进，依托“一个创新平台，一个实验室，一个俱乐部”，充分调动学生创新积极性，激励学生全方面参与专业学术活动、专业学术竞赛。ACM/ICPC程序设计竞赛今年获全国邀请赛金奖1项、银奖2项、铜奖1项；亚洲区竞赛银奖2项、铜奖4项；山东省赛金奖2项、银奖1项，成功卫冕捧得冠军奖杯。数学建模竞赛方面，共获国家一等奖2人次、国家二等奖6人；山东省一等奖18人、山东省二等奖21人、山东省三等奖10人；美国数学建模一等奖2人、美国数学建模二等奖24人；深圳杯二等奖3人。

学生军训工作取得优异成绩，计算机学院所在方队，荣获“军训先进连队”和“军训阅兵十佳方队”荣誉称号。

六、校区运行和服务管理工作

根据学科用房需求完成了学科用房调整。利用暑期对教学楼所有多媒体设备以及供水、供电、供暖方面进行了维护和整修，确保了日常教学工作的正常进行。购置 mooc

设备并积极配合教学录播使用。利用高新区提供维修资金对办公楼、高性能楼、教学楼三区 5～6 层、学科走廊公共环境等内墙进行粉刷，校园面貌焕然一新。对学科楼卫生间、数字媒体实验室屋面、3 号公寓洗手间、浴室太阳能设备等进行了维修，卫生条件有了较大改观。在安全工作方面，加强制度建设，学院领导与各单位负责人、支部书记签订了安全责任书；狠抓防火和防盗工作，加强安全知识的宣传，开展经常性的安全检查，特别是对各部门的用电安全加强管理。在“11·9”前夕，组织 1000 多名新生开展了实地灭火演练等，保证了校园消防安全和治安安全。

（杨现航）

科研机构

儒学高等研究院

本年度，儒学高等研究院继续去年的良好势头，认真贯彻学校各项工作部署，进一步抓好教学科研和社会服务工作，取得了显著成绩。

一、研究生教学

在研究生教学方面，院里严格按照学校的规定，对研究生培养的每个环节实施科学有序的管理，圆满完成了各项教学任务。

在招生方面，组织实施了2014年博士研究生招生考试的命题、初试、阅卷工作。中国哲学、科技哲学、文艺学、中国古典文献学、中国民间文学、中国史6个专业共53名考生参加初试。经进一步复试，最终录取了上述专业的21名博士研究生。进行了2014年硕士生复试录取工作，录取了中国哲学、科技哲学、民俗学、文艺学、汉语言文字学、中国古典文献学、中国古代文学、中国史、中国民间文学9个专业的58名硕士生。组织了2015年硕士推免生复试工作，录取了15名推免生。

在日常培养方面，4月，对2012级56名硕士生进行了中期筛选工作，全体学生顺利开题。11月，开展了对2013级攻读博士学位研究生中期考核工作，中国哲学、中国古典文献学、中国民间文学、中国史4个专业共21人顺利通过考核。5月，学院集中组织57名硕士、13名博士进行学位论文答辩，全部答辩合格顺利毕业。11月，中国古代文学专业同等学力博士生孙金荣，中国哲学专业博士生王堃，中国科技哲学专业博士生王刚、杨爱东顺利通过学位论文答辩。12月11日，召开院学术委员会，新增列了杨华、郭震旦、常春兰、蔡祥元、江曦五位硕士生导师并审核通过了18名在岗硕士生导师的招生资格。

在教学改革方面，继续对2013级硕士生开设《人文科学方法论》课程，由各专业学术带头人就个人研究的专长和心得举行专题报告。6月6日，院学术委员会讨论了学术型研究生培养方案的修订办法，从2014级学生开始，实行新修订的培养方案，决定将《人文科学方法论》改名为《人文学术概论》，并向研究生院申请改为全校通选课程。以项目带人才，是儒学院在研究生教学中的一大特色，院内教师均承担着各个级别的科研项目，各年级学生在导师的带领下，积极参与到项目中去，在参与科研项目的过程中，获得更为全面的发展。

为开阔研究生的学术视野，邀请海内外各领域著名学者来院讲学，2014 年度，著名学者吴光、陈方正、彭国翔、赵世瑜、王琛发、白彤东、姚中秋先后应邀做客“尼山国学大讲堂”，作了精彩的报告。学院为研究生搭建学术交流平台，鼓励研究生积极参与到马国翰学术座谈会、“儒学和中国文学研究的未来走向”学术座谈会、第三届尼山世界文明论坛、“儒家思想与中国传统小说”国际学术研讨会、《二十五史艺文经籍志考补萃编》出版发布暨学术研讨会、山东省科协第三期泰山学术沙龙等学术会议中。同学们在论坛中发表论文、参加学术讨论，在学习专业知识的同时直接参与学术前沿问题的研究，提升了科研能力，扩大了学术视野。

2014 年 3 月，杜泽逊老师指导的硕士生张学谦的论文《武英殿本〈二十四史〉校刊始末考——兼及殿本〈十三经注疏〉》，被评为山东大学 2014 年度优秀硕士学位论文，6 月，此论文被评为 2014 年山东省优秀硕士学位论文。4 月中旬，博士生何灿、白晓帆、任志强、李玉诚、王坚、李长银，硕士生周东娜、林超、王坚共 9 名同学获得 2014 年山东大学研究生优秀学术成果奖。12 月，2013 级博士生李长银、李海云获得“2014 年山东大学博士研究生学术新人奖”。

二、本科教学

今年尼山学堂有三届学生进入日常学习，实现本科教学阶段的全覆盖，在维持正常教学秩序的同时又有所创新。

在招生和培养方面，2014 年 4 月 26 日，尼山学堂举行第三届招生考试。来自哲社、文学、历史、管理、韩国、外国语、软件、国教等 8 个学院的 25 名同学，通过自愿报名、国学基础笔试、专家面试的模式入选成为第三届学生。2014 年，修订了新的培养方案，由《中国经学与学术专题》替换了《中国学术源流》课程，增加了《西方汉学研究》课程，将《周礼导读》课程由选修课调整为必修课，专业选修课由每年开课调整为循环开课。同时，将游学考察、学年论文、人文高端讲座等学术实践列入培养方案的实践教学环节，明确了毕业实习和毕业论文的具体形式和要求。

在师资队伍建设和教学环境方面，除继续聘请上年度的 45 位导师外，增聘中央美术学院衣雪峰、儒学高等研究院孟巍隆作为尼山学堂导师，自此尼山学堂导师队伍达到 47 人。从 2014 年起，知新楼 B 座 128、134 两间教室划为尼山学堂专用教室，知新楼 A 座 1917 教室划为尼山学堂专用研修室，自此三个年级都有了专用教室，教室内配备了《汉语大字典》《汉语大词典》《辞源》《辞海》《康熙字典》《四库全书总目提要》《四库全书总目汇订》《中国丛书综录》《中国历史地图集》等大型工具书。

学院注重尼山学堂的实践活动。2014 年 3 月，尼山学堂 2012 级赴曲阜展开游学考察活动，曲阜师大文学院徐振贵教授应邀为同学们作专场报告。2014 年 4 月 11～12 日，尼山学堂举行第二届学术论文报告会。报告会聘请六位老师作为评委，2011 级、2012 级 46 位同学依次上台宣读论文并接受评委点评。在报告会中涌现出李举创《略论“败”的破读》、冯潇屹《二南新论》、薛莉《从意象角度比较李煜、李清照的创作渊源》、张怡雯《清代官修方志对抗清“殉节”历史叙述的演变——以江南五府为例》等优秀论文。2014 年 5 月 20～22 日，2011 级、2012 级同学参加第三届尼山世界文明论坛，全程参加明湖高端对话并作了精彩提问。2014 年 9 月 23 日，2011 级同学前往齐鲁书社实习，了解了书社概况和运转流程。2014 年 10 月 23 日，2011 级同学前往山东省图书馆古籍部实习，山东省图书馆古籍部杜云虹主任全面介绍馆藏的珍贵典籍，引领同学们到四库馆藏善本书室和古籍修复室进行专业学习，讲授古籍整理和修复的基本技能和工作方法。

本年度，尼山学堂取得较好的成绩。第一届 23 名学生中共有 13 位同学获得推免资格，其中李举创、马小菲被北京大学录取，李凯凯、马新月被北京师范大学录取，其他 9 位同学也均被“985”高校录取。有 2 位同学获得国家奖学金、8 位同学获得社会奖学金、18 位同学获得山东大学优秀学生一、二、三等奖学金。张怡雯等 12 人参加杜泽逊教授主持的《大清畿辅书徵》整理项目，马新月等 17 人参加庄大钧副教授主持的《群经平议疏解》项目。李举创等 9 人在各类期刊、报纸上发表文章 17 篇，其中韩博韬于《山西财经大学学报》（CSSCI 期刊）发表《“地盘”与“盟友”的抉择——孙吴对荆的态度试析》一文。在学术交流方面，张怡雯、冯潇屹入选厦门大学中国史研习营（全国仅邀请二十位同学参加）并顺利结业。在重视学生学业之余，尼山学堂鼓励学生积极参加各类能力竞赛和文体活动，本年度获得国学大赛一等奖、国学达人挑战赛二等奖、汉字拼写大赛优秀奖、辩论赛八强和最佳辩手、山大杯辩论个人挑战赛冠军、全国文学征文大赛优秀奖、2014 年第六届新月文学奖非穆斯林小说组二等奖等荣誉。

三、科学研究

2014 年，学院在研科研项目 139 项，其中国家社科基金重大项目 3 项，国家社科基金重点项目 2 项。新增科研项目 3 项，其中国家社科基金重点项目 1 项、教育部人文社会科学研究项目 2 项。学院纵向科研项目到账经费 503.5 万元，横向科研项目到账经费 17 万元。

本年度，学院教师共发表科研论文 58 篇；出版学术专著 12 部、古籍整理著作 11 部、编著 2 部；发布《中国民俗文化发展报告 2013》《国际儒学发展报告 2013》；出版了《文史哲研究院院刊》第六辑，著作 5 部；《杜甫全集校注》12 册 680 万字，历经 36 载终以高质量完成出版。《十三经注疏汇校》第一项成果《尚书注疏汇校》已告完成。《文史哲》英文版期刊正式在国外刊印发布。学院教师获得省部级科研奖励 8 项，其中山东省社会科学优秀成果一等奖 1 项、二等奖 2 项、三等奖 2 项，山东高等学校优秀科研成果一等奖 3 项。

学院邀请海内外知名专家学者开展学术讲座 20 余次并开设了高端学术报告系列“尼山国学大讲堂”。举办高端学术会议 7 次。1 月 24 日，山东人文社科研究协作体年会暨“学习习近平总书记曲阜讲话精神，开创儒学研究新局面”研讨会在山东大学举行；3 月 10～11 日，主办“儒家思想与中国传统小说国际学术研讨会”；5 月 10 日，举办第十届国际墨子鲁班学术研讨会；5 月 20 日，第三届“尼山世界文明论坛”山东大学召开。6 月 25 日，《文史哲》杂志英文版创刊号首发式举行，标志着这本被学界誉为

“高等学校文科学报之王”的期刊又迎来了新的发展阶段。11 月 10 日，举办山东省科协第三期泰山学术沙龙“传统文化与中国科技的命运”。11 月 13 日，举办儒学前沿高端论坛（2014）“重写儒学史——儒学现代化版本问题”。

四、党建和学生教育管理

本年度，院党委在继续做好基层党组织建设、思想政治工作的同时，重点进行了群众路线教育实践活动。召开了院领导班子民主生活会。对师生座谈会上反映的教师津贴计算、自习教室调整、安置开水炉、图书借阅等问题进行了立即整改。4 月 1 日，学院召开群众路线教育实践活动总结大会，对前段活动进行了总结，对今后的整改进行了部署。整个活动得到了学校督导组的充分肯定。

根据校党委统一部署，本年度对院党委进行了换届改选。12 月 26 日，院教职工党支部召开全体教职工党员会议，推送新一届院党委委员候选人预备人选，各学生党支部也分别召开党员会议进行推送，经无记名投票并综合五个支部意见，确定九位同志为新一届党委委员候选人预备人选，并上报校党委审批。12 月 30 日，学院召开党员大会，在职、离退休党员教职工及学生党支部代表计 44 人参加，会议严格按照组织程序进行，经无记名投票，最终差额推送出 7 名同志为新一届党委成员：王学典、巴金文、杜泽逊、颜炳罡、黄玉顺、戚良德、李鹏程。随后，新一届党委召开了第一次工作会议，按照组织程序一致推送巴金文任新一届党委书记，报学校党委审批。会议并对党委工作进行了分工，由杜泽逊任组织委员，戚良德任宣传委员兼教职工党支部书记，李鹏程任纪检委员。会后不久，学校党委对选举结果作了批复，同意儒学院新一届党委人选和党委书记人选。

在研究生教育管理方面，本年度以“内涵化协同培养”为学生管理工作宗旨，整合构建研究生协同工作系统。

2014 年，思政教育和学生党务工作有序开展，研究生就业工作整体提升。教工党支部和研究生党支部“弘扬儒家传统文化，践行社会主义核心价值观”活动获得山东大学基层党支部活动立项。党员发展有序进行，发展党员 20 人，预备党员转正 17 人。组织研究生各个班级开展“践行社会主义核心价值观”实践活动，完成全院研究生德育考核评定。顺利完成 2011 级 72 名博士、硕士研究生的毕业、就业工作，截至 2014 年 6 月 30 日签约率为 40%，9 月 1 日签约率为 97.22%，12 月 1 日签约率为 98.61%，高于去年，基本完成预期目标，被评为 2014 年度山东大学学生就业工作创新先进单位。

学术道德和学术规范教育常抓不懈。学生发表论文的数量和刊物质量有明显提高，其中 3 名博士和 5 名硕士获得国家奖学金，1 名博士获得校长奖学金。经过半年反复讨论和修改，修订完成《儒学高等研究院研究生综合素质测评实施细则（试行）》《儒学高等研究院优秀研究生奖学金评审细则（试行）》《儒学高等研究院研究生新生学业奖学金评审细则（试行）》《儒学高等研究院研究生科研成果评分细则（试行）》四份重要文件，为以后研究生各项评奖评优工作提供了科学依据。

学术活动和文体文化活动丰富多彩。开展系列精品学术文化活动，举办尼山国学大讲堂 3 期，知行讲堂 4 期，学校“稷下风”研究生学术讲坛 1 期，海右博士论坛 3 期，

《励学》总第 17 期正式出版。组织参加"中国梦·山大情"山东大学研究生合唱比赛，获得三等奖；参加山东大学研究生篮球赛、啦啦操比赛，获得啦啦操比赛二等奖。举办"儒期绽放"学院元旦晚会，邀请历届"知行讲堂"主讲嘉宾出席，在校内外产生广泛影响。组织参加山东大学第四届"研究生院杯"师生羽毛球比赛，组织院毕业生篮球友谊赛、院研究生羽毛球赛等体育活动。组织研究生赴九顶塔春游，与电气工程学院研究生联合开展联谊活动，策划组织清明节主题团日活动、女生节、"双十一"单身节、圣诞节等趣味节庆活动。2014 年暑期，组织"'遗美·泉城'民间美术类非遗传承现状调研实践"活动，我院研究生调研团选取济南蛋雕、济南刻瓷、济南剪纸、济南葫芦雕刻等六项济南民间美术类非遗项目，对项目传承情况进行深入访谈、调研，了解其传承、保护现状，进而提出科学合理的保护举措。该调研实践团被评为"省级社会实践活动优秀服务队"。一名老师（王敏）获山东省暑期"三下乡"社会实践活动优秀指导教师称号，两名研究生（孙明璐、朱振华）获山东省优秀志愿者称号。我院博士（吕晓钰）代表山东大学参加了在上海复旦大学举行的首届中美青年高峰论坛，并在"经济发展与科技生活"分论坛中作了主题发言。

在本科生方面，2014 年度，为推进学生党建和思想政治教育工作，先后举办了"学习习总书记传统文化讲话，做明辨、笃行尼山人"等活动。积极适应学校就形势政策与社会实践课课堂教学成绩考核办法的改革，改老师讲授为师生共同讨论，讨论课以学生展示为主，教师点评为辅，学生在课堂上采取"新闻联播""情境剧表演""微电影制作"等形式，创新了形势与政策课的教学模式。正式成立尼山学堂党支部，开展了推优入党活动。

进一步建立健全和贯彻落实尼山学堂各项规章制度，包括学习、班级活动、财务管理制度、奖惩制度、请假制度、班级档案制度。顺利完成 2014 年度尼山学堂学生综合素质测评、各类奖学金、助学金评比工作。2014 年度，共有国家奖学金 2 人、山东大学优秀学生一、二、三等奖学金 18 人，社会奖学金 8 人，国家助学金 11 人。

在学生发展指导方面，通过专题班会、座谈会等形式，号召每位尼山学子将儒家传统文化内化为个人修养。成立尼山学堂礼仪修订小组，开始修订《尼山学堂礼仪》。在班级确立民主制度，班委公开竞选。协助组织游学、元旦晚会等学生活动，鼓励学生参加国学达人挑战赛等活动。为学生提供心理健康教育与指导。经全体同学努力，尼山学堂 2012 级获得"山东大学 2014 年度校级优秀班集体""山东大学先进共青团支部"荣誉称号。

五、尼山世界文明论坛

本年度，尼山世界文明论坛在我校举行，自 1 月份开始，我院承担的各项筹备工作在去年基础上加紧进行。1 月 16 日，尼山论坛组委会在北京举行第八次工作会议，许嘉璐主持，叶小文、邢贲思、汝信、卢树民、许琳、张荣、徐向红、高述群、王学典、巴金文、宋开玉等出席，张荣校长代表山东大学汇报了《第三届尼山世界文明论坛实施方案》和《第三届尼山世界文明论坛·世界青年博士生论坛实施方案》，得到论坛组委会的认可。

2月15日，尼山论坛主席许嘉璐主持召开第三届论坛学术工作会，杨慧林、陈炎、曹卫东、肖虹、高述群、傅有德、朱小健、巴金文、颜炳罡、宋开玉、蔡祥元等出席，会议审改了尼山论坛秘书处与山东大学儒学高等研究院共同制定的第三届尼山论坛学术安排方案。

3月6日，学校在明德楼召开第三届尼山论坛筹备工作协调会，陈炎副校长主持，校内各有关单位：校办、后勤部、学术部、财务部、国际事务部、公安处、学工部、研工部、校团委、儒学院、艺术学院、宣传部、统战部、兴隆山校区管委会等参加。王学典在会上谈了第三届尼山论坛的缘起和筹备情况，巴金文代表筹备小组谈了校内各单位承担的筹备任务。

整个3月，院论坛筹备小组加紧工作。与校财务部按国家财政部2012年文件精神重新核算了经费预算，与北京译通信达翻译有限公司商定了论坛论文翻译、会场同声传译、交互传译、设备需要、译员要求、收费标准、协议签订等事宜，进行了论坛主题系列解读首场学术活动，对论坛整体方案和各个环节进行了细化落实。

4月16日，第三届尼山论坛筹备工作协调会在中心校区明德楼举行，中共山东省委常委、宣传部长孙守刚出席会议并讲话，尼山论坛组委会副主席、校长张荣出席会议，陈炎副校长代表学校汇报了前期筹备情况，省里各有关厅局、济南市、济宁市，校内有关单位，儒学院王学典、巴金文等参加了会议，会议对省、市、校各部门承担的任务进行了明确分工。

为落实省校协调会议精神，4月18日学校召开第三届尼山论坛筹备工作协调会，张荣校长主持并讲话，要求思想上高度重视，行动上加快筹备，学校办公室、宣传部、财务部、后勤部、国际事务部、学术部、本科生院、公安处、校团委、研工部、艺术学院、统战部、学人大厦、儒学院以及速录公司参加会议。

5月12日，第三届尼山论坛筹备工作第二次协调会在山大举行，第三届尼山论坛领导小组组长、中共山东省委常委、宣传部长孙守刚出席会议并讲话，山东省副省长季湘绮主持会议，山东省文化厅、外宣办、文明办、财政厅、公安厅、国家安全局、文物局、卫计委、外办、台办、民委（宗教局）、食品药品监督管理局、广播电视局、济南市政府、济宁市政府以及山东大学校办公室、宣传部、学术研究部、国际事务部、后勤保障部、儒学高等研究院等单位的负责人参加会议。

5月14日，张荣校长主持召开尼山论坛筹备工作第三次协调会，省文物局、学校办公室、宣传部、统战部、学工部、学术研究部、研工部、国际事务部、财务部、后勤保障部、公安处、校团委、兴隆山校区管理办公室、艺术学院、儒学高等研究院等单位负责人参加，会议就嘉宾邀请、论文整理、翻译配备、各场会议总负责人、媒体宣传、安保、志愿者培训、学生组织、会场布置、嘉宾接待、医疗交通、水电保障等进行了进一步交流部署。

5月19日，第三届尼山论坛新闻发布会在山大举行，新华社、《人民日报》、《光明日报》、《经济日报》、《中国日报》、《中国教育报》、《中国社会科学报》、中国新闻社、《香港文汇报》、《香港大公报》、人民网、新华网、新浪网、凤凰网、《大众日报》、山东广播电视台等近40家媒体，省外宣办、省文化厅、山大宣传部、儒学高等研究院等单位参加了发布会。

5月20～23日，第三届尼山世界文明论坛在山东大学中心校区举行，来自国内外200多位著名学者和世界青年博士生论坛的数十名青年学生，以及联合国教科文组织、联合国文明联盟、韩国安东市代表团、贵州省代表团、文化部观摩组等参加。本届论坛主题是“不同信仰下的人类共同伦理”，期间举行了3场明湖高端对话、6个场次计18次圆桌对话、2场大会主题演讲、7场学术讲座、1场国际合作会议、1场中韩对话、1场尼山书院活动和2场音乐会。与会学者倡议并签署了《在文明对话中培养人类福祉之责任意识尼山协定》。整个论坛参与人次达12000余次。5月23日上午，第三届尼山世界文明论坛胜利闭幕。

六、协同创新

本年度，学校决定继续进行“儒学与中华文化复兴协同创新中心”申报工作，由儒学高等研究院负责申报书的准备等项工作。自1月2日至4月9日，儒学院在学校学术部的指导下，先后召开了12次协同创新申报文本修改讨论会。3月25日，在北京召开了由“儒学与中华文化复兴协同创新中心”主办、儒学院承办的“社会主义核心价值观与中华优秀传统文化——学习习近平系列讲话精神学术研讨会”，3月29日在山大召开了《尚书注疏汇校》专家审稿会，4月6日在山大召开了儒学与中国文化研究的未来走向学术座谈会等会议，为协同创新中心的申报创造了良好的学术氛围。同时，与各协同单位以及众多学者，进行了多方沟通联系工作，使山大以儒学为主体的传统文化研究在学术界产生了重要影响，提高了山大人文学术在国内外的地位。

（刘丽丽　韩悦　温磊　王敏　马志欣　巴金文）

文艺美学研究中心

2014 年，山东大学文艺美学研究中心建设成效显著，在学术研究、学科建设、对外交流和基地建设等方面都取得重要进展。

一、学科建设

2014 年，本中心的学科建设工作继续在文艺美学、生态美学、审美文化和审美教育四个方面展开。文艺美学是本中心学术研究的基础，生态美学、审美文化和审美教育是本中心在新的历史时期结合国家和社会发展需要发展出来的新方向。2014 年，本中心在文艺美学研究方面强化基础理论研究，而在生态美学方面突出中国古代生态审美智慧研究，在审美教育方面突出生态审美教育研究，在审美文化方面突出艺术与其他门类文化之间的关系研究。

二、学术研究

2014 年，本中心的学术研究取得了突出的成绩。出版陈炎教授的学术著作《文化谐音》（山东出版传媒公司，2014 年）。发表学术论文 20 余篇，其中重点文章有：曾繁仁教授的《“气本论生态—生命美学”的发展及其意义——宗白华美学思想试释》（《文学评论》2014 年第 1 期，该文先后被人大复印资料《美学》2014 年第 3 期与《新华文摘》2014 年第 9 期转载）、《敦煌艺术中“天”的形象到“天人”形象的历史嬗变》[《复旦学报》（社会科学版）2014 年第 4 期]、《蒋孔阳教授在 20 世纪中国美学史上的杰出贡献——在“当前中国美学文艺学理论建设暨将孔阳先生诞辰 90 周年学术研讨会”上的发言》（《社会科学战线》2014 年第 4 期）、《再论作为生态美学基本哲学立场的生态现象学》（《求是学刊》2014 年第 5 期）等；谭好哲教授的《文艺理论研究问题性的时代维度》（《理论学刊》2014 年第 4 期）；陈炎教授的《从不语怪力乱神到奢谈天道性命——从认识论角度对儒学发展史的反思》（《复旦学报》2014 年第 6 期）、《再论文学艺术的超符号性质》（《南京社会科学》2014 年第 5 期）、《科学精神对西方艺术的双重影响》（《山东师范大学学报》2014 年第 2 期）；屠友祥教授的《索绪尔话语理论诠解》（《文学评论》2014 年第 4 期）；李飞的《从南北风气异同论刘勰“正纬”说》（《北京大学学报》2014 年第 1 期）；曹成竹的《叙事辅助和语言游戏：歌谣在民间故事中的两种功能》（《民族艺术》2014 年第 4 期）和《从“歌谣运动”到“红色歌谣”：歌谣的现代文学之旅》(《文艺争鸣》2014 年第 6 期) 等。

2014 年,本中心获得了多项省部级奖励,主要有:谭好哲教授获评首届山东省文化名家,他的论文《马克思主义文艺理论研究的边界、问题与方法——一个基于问题意识的历史反思和创新展望》分别获山东省第二十八届社科优秀成果一等奖和山东省泰山文艺奖;仪平策教授的著作《中国审美文化民族性的现代人类学研究》获山东省第二十八届社科优秀成果一等奖;曹成竹的《从审美习俗到话语实践:中国民间歌谣中的身体意识》获山东省高校优秀科研成果三等奖;陈炎教授的《本科学生全程化通识教育体系的创新构建与实施》获得国家级优秀教学成果奖和山东省优秀教学成果奖。

有多项研究获得了国家和教育部资助,其中教育部基地重大项目有曾繁仁教授的《生态文明视野中的中国传统生态美学思想研究》和胡友峰教授的《百年中国美育思想的回顾与反思》。

三、学术会议与学术交流

(一) 中心承办中国高等教育学会美育专业委员会常务理事会会议

中国高教学会美育专业委员会常务理事会会议于 2014 年 1 月 11 日在山东大学文艺美学研究中心召开,30 余名常务理事以及部分特邀代表与会。会议分三个时段进行:第一时段,围绕党的十八届三中全会提出的“改进美育教学,提高审美和人文素养”进行探讨,由常务副会长王旭晓教授主持;第二时段讨论通过《优秀美育工作者评选办法》《“高校美育优秀成果奖”(第六届) 评选办法》和《关于编选出版〈高校美育优秀论文集㈡〉的意见》,由秘书长秦志勇教授主持;第三时段讨论通过《关于第六届理事会换届选举工作的意见》,确定 2014 年学术年会的相关事宜(包括主题、时间、地点、议程等),由副会长郑小筠教授主持。之后,会长曾繁仁教授主持召开本届理事会会长会议,进一步明确和落实常务理事会上讨论的各项工作。会议进行得紧凑而富有成效。

(二) 倪平谈罗兰·巴特的《符号帝国》与佛教存在之空

2014 年 3 月 10 日下午 2 点半,法国法兰西学院东亚研究中心研究员倪平做客山东大学文艺美学研究中心,为大家带来了一场关于罗兰·巴特的《符号帝国》与佛家空无哲学的精彩讲演。讲座由中心主任曾繁仁教授主持。

(三) 台湾逢甲大学郑慧如教授应邀讲学

2014 年 4 月 9 日上午 9 点半,逢甲大学中国文学系专任教授郑慧如做客山东大学文艺美学研究中心,为大家带来了一场关于台湾现代诗的现实书写的精彩讲演。讲座由中心主任曾繁仁教授主持。

(四) 鲁枢元教授来我中心访学并举办系列讲座

2014 年 4 月 8 日到 4 月 10 日,苏州大学生态批评研究中心主任鲁枢元教授应邀来访,并为文艺美学研究中心硕博士研究生举办了关于文艺学的跨学科研究的三场系列讲座。

(五) 首都师范大学文艺学专业研究生来我中心访学

2014 年 5 月 27～28 日,来自首都师范大学文艺美学专业的桓晓红、王亚琴、蔡萍、周建勇、赖亚男等五位同学来我中心进行了为期两天的访问学习,并与我中心师生进行了座谈和交流学习。

（六）斯洛维克教授应邀造访文艺美学研究中心并讲学

2014 年 6 月 13 日上午，美国爱达荷（Idaho）大学英文系主任、国际著名生态批评专家、《文学与环境的跨学科研究》主编斯科特·斯洛维克（Scott Slovic）教授应邀在山东大学中心校区作了题为“生态批评与学术参与的诸种可能性”（Ecocriticism and the Possibilities of Academic Engagement）的学术讲座。山东大学文艺美学研究中心主任曾繁仁教授主持讲座，程相占教授参加讲座并对重点内容进行了现场翻译，该专业硕博士研究生与山东师范大学、山东建筑大学的有关师生前来聆听。

（七）文艺美学研究中心承办教育部社科委语言文学、新闻传播学和艺术学学部年度工作会议暨“社科领域综合改革”研讨会

2014 年 9 月 27～28 日，由教育部社科委语言文学、新闻传播学和艺术学学部主办，山东大学文艺美学研究中心和杭州师范大学弘一大师－丰子恺研究中心承办的“教育部社科委语言文学、新闻传播学和艺术学学部 2014 年工作会议暨社科领域综合改革学术研讨会”在杭州师范大学召开。出席会议的学者包括本学部的社科委员及国内相关领域特邀专家共 40 余人。学部召集人曾繁仁教授、学部秘书长陈炎教授以及本中心盛宁、谭好哲、王汶成、程相占等教授参加了会议，并作了大会发言。

（八）“温故而知新：儒家思想与当代创意”国际学术研讨会顺利召开

2014 年 11 月 15 日，由山东大学文艺美学研究中心与韩国成均馆大学东洋哲学系 BK21 事业团联合主办的“温故而知新：儒家思想与当代创意”国际学术研讨会在济南山东法官学院召开。来自韩国与国内部分高校的 50 多位学者和研究生参加了会议，与会的中韩两国学者和研究生围绕“儒家思想与当代创意”这一主题作了颇具特色性与创新性的发言，并就儒家思想、艺术哲学与当代人文学创意及当代审美文化与文化产业等问题展开了颇富创见与成效的讨论。会议由文艺美学研究中心常务副主任谭好哲教授主持。山东大学副校长陈炎教授出席会议并作主题发言，文艺美学研究中心主任曾繁仁教授、韩国成均馆大学东洋哲学系 BK21 事业团团长辛正根教授致开幕辞。

（九）首都师范大学博士生来我中心访学

2014 年 12 月 11 日星期四，来自首都师范大学的翟彬、田昊、吴桐、吴希秀等四位博士生来到山东大学文艺美学研究中心访学。当天下午，山东大学文艺美学研究中心主任曾繁仁教授专门为他们做了一场小型学术座谈会，就欧陆现象学经验论美学的核心人物及其观点和四位同学进行了探讨，并回答了同学们的提问。

（十）苏州基业生态园林股份有限公司代表团访问山东大学文艺美学研究中心

2014 年 12 月 29 日，苏州基业生态园林股份有限公司董事长季玉兰高级工程师，率领该公司董事、常务副总经理金伟高级工程师，董事、副总经理、常务副院长李正天高级园林工程师和孙日刚设计总监，专程从苏州来到济南访问山东大学文艺美学研究中心与山东大学生态美学与生态文学研究中心。中心主任曾繁仁教授、副主任程相占教授热情接待了来访客人。一同到访的还有苏州科技学院建筑与城规学院环境艺术设计系主任、环境艺术设计所所长郭晓阳副教授。中心博士后、天津大学建筑学博士张惠青参与了座谈。

（杨建刚）

经济研究院

一、科研工作

（一）学术专著、研究报告与论文发表

经济研究院教师2014年度共出版著作4部，完成课题研究报告9项；共发表论文60篇，在CSSCI来源期刊上发表论文36篇，其中发表在《经济研究》1篇，SCI来源期刊发表论文3篇，SSCI来源期刊发表论文11篇。其中在SSCI和SCI期刊发表论文有大的突破。

（二）课题立项

2014年，我院教师立项课题29项，其中国家社科基金项目3项，国家自然科学基金项目3项，国家自然科学基金外国青年学者项目1项，教育部人文社科规划项目2项，国家博士后基金项目5项，山东省自然科学基金项目1项，其他10余项。2014年的立项课题总经费为400万元。

（三）论文获奖

山东省社科优秀成果二等奖1项，山东省社科优秀成果三等奖1项，山东高校人文社科优秀科研成果奖一等奖2项，山东高校人文社科优秀科研成果奖三等奖1项，刘诗白经济学奖1项。

二、学科建设

（一）师资队伍建设

2014年，在学校相关部门的大力支持和领导下，我院积极引进海内外优秀学者，成功引进了新加坡国立大学李菁萍博士、武汉大学王高望博士和澳大利亚麦考瑞大学王海宁博士，促进了我院实验经济学、金融学和劳动经济学等相关学科的发展。

（二）办好《制度经济学研究》，打造该领域学术研究的国内权威期刊

由院长黄少安教授主编的《制度经济学研究》（季刊）杂志按期出版发行，学术水平不断提高，受到了同行的一致好评；目前该刊已经出版发行至第46辑，已经成为我国研究制度经济学的最为权威的期刊。

三、学术交流与合作

（一）主办或承办的学术会议

2014 年 7 月 4 日，由山东大学经济研究院主办的计量经济学国际研讨会在山东大学知新楼召开。本次会议邀请了英国伦敦政治经济学院教授 Peter Robinson、英国剑桥大学教授 Oliver Linton、美国加州大学圣地亚哥分校教授 Yixiao Sun；美国马里兰大学 John Chao 教授等国内外著名经济学家。此次计量经济学国际研讨会让计量经济学的前沿知识得到了更好的传播，让计量经济学研究者们得到了更好的交流，推动了计量经济学的进一步发展。

（二）学术交流

积极参加国内外学术交流。我院老师被邀请参会或讲学 32 人次，参加国内外重要学术会议 10 人次，有效地加强了与国内外高等院校及其他相关科研单位的合作与交流。在全国性学术会议论文征集中，我院师生的论文入选数量和质量也在不断增加，入选中国经济学年会、中国制度经济学年会和中国青年经济学者论坛的论文数量位居全国前三。

参加国际学术会议并作大会发言。黄少安教授作为教育部组织的代表团成员之一，随国务院副总理刘延东访问法国。参加了由刘延东副总理和法国外交部部长洛朗·法比尤斯（Laurent Fabius）共同主持的“中法高级别人文交流机制启动仪式”暨首次会议以及双方《联合宣言》签字仪式，听取了刘延东副总理在巴黎索邦大学（巴黎第四大学）的演讲，并作为专家代表参加了第二届中法语言政策与规划研讨会。黄少安教授在会上作了题为“交易成本节约与民族语言多样化需求的矛盾及其化解”的主旨发言。

举办经济研究院博士研究生学术论坛及 Seminar。经济研究院博士研究生学术论坛和 seminar 今年继续邀请一批有实力、有学术水平的国内外知名学者前来讲学，如澳大利亚社会科学院院士、新加坡南洋理工大学黄有光教授、堪萨斯大学蔡宗武教授、韩国汉阳大学柳熙汶教授、中山大学岭南学院李胜兰教授、中国社会科学院经济研究所唐寿宁研究员、新加坡南洋理工大学 Yohanes Eko Riyanto 副教授等。

四、国际合作

（一）山东大学首份英文经济学期刊正式创刊

2014 年 3 月 28 日，我院与世界最大的科技出版社之一的德国 Springer 出版社成功签署协议，创建英文经济学刊 *China Journal of Economic Research*（*CJER*）。*CJER* 是由山东大学经济研究院主办，教育部“长江学者”黄少安教授和国家“千人计划”、波士顿学院肖志杰教授联合担任主编。*CJER* 致力发表经济学理论和应用研究的最新进展，是一个综合类的经济学期刊，领域包括制度经济学、计量经济学、宏观经济学、微观经济学、健康经济学、金融经济学等，每期设有制度经济学研究专栏。*CJER* 尤其关注对中国转型经济的理论和应用研究。期刊面向的读者包括学术研究人员、政策制定人员和高校师生等。

（二）教学流动岗项目

澳大利亚莫纳什大学方涛教授于 2014 年 12 月来我院进行了短期教学工作，教授了有关劳动经济学的课程。

五、研究生培养

（一）创新教学模式，推进教学改革

学院积极参与申报山东大学博士研究生学术论坛，获得“制度经济学与产权理论博士研究生论坛”项目支持，并认真开展各项内容丰富的学术讲座活动，进一步开拓学院研究生的视野。

为不断培养青年教师队伍，提高课堂教学水平和教学质量，促进教师之间的教学科研交流，从 2015 年开始，学院计划每年开展一次教师讲课比赛。

（二）研究生生源情况

招生：硕士 85 人（推免生 31 人；学硕 51 人，专硕 34 人；男生 42 人，女生 43 人），博士 17 人（硕博连读 5 人，2 名巴基斯坦留学生）。2014 年我院硕士研究生生源情况好于去年，“985”高校学生 52 名，其中非山大“985”高校 35 名；占到 2014 级硕士总人数的 61.2%，比 2013 年提高了 28%。

为了更好地开拓 2015 级硕士推免生生源，学院积极组织并有效实施，分批安排老师到全国各大“985”等高校做招生宣讲，努力拓展优秀生源。

（三）研究生获奖情况

为了提高研究生培养质量，激励研究生勇于创新、全面发展，2014 年度各类研究生优秀奖学金通过学院及学校奖学金评审委员会公开公正评审，具体获奖名单如下：国家奖学金（傅利福、李睿、孙涛、宋文娟、王素素、兰枭颖、张原野、易益敏；硕士校长奖学金（孙涛）；浦发银行奖学金（赵阳、姜树广、李欣泽、李小琛、魏鲁彬）；研究生优秀奖学金（李成友，陈童、程欣、宋大朋、孟愈飞）；科研成果奖学金（苗妙、司海平）；社会实践奖学金（张帅、张阳、冯爽、季宏渊）；优秀干部奖学金（刘小鸽、高钰伟、覃黎晖、刘一鸣、程忠、何纯逵）；鲁光奖学金（待评）；光华奖学金（任栋、赵丽娟、姜雨潇、蒋盼）；潍柴动力奖学金（辛纳、张勇菊、倪佩）。2014 级 7 名博士、83 名硕士获得 2014 年度研究生新生学业奖学金。

一年一度的旨在提高研究生科研水平的研究生论文比赛本年度共评出 31 个奖项，其中一等奖 6 名、二等奖 11 名、三等奖 14 名。

为了进一步激励研究生勤奋学习、勇于创新、全面发展，今年学院设立了“孙冶方”经济学奖学金。

（四）研究生“三种经历”

2013 级硕博生李洋获得美国费城 Drexel University（德雷塞尔大学）获得全额奖学金资助攻读商科博士学位；2013 级硕博生刘姿彤获得美国波士顿 Boston College（波士顿学院）全额奖学金资助攻读经济学博士学位。另有 4 名同学公派出国研修。

（五）研究生文体活动

在院研究生会及各年级班委的共同安排下，学生积极参加学校组织的篮球赛。研一新生组织了秋游等系列文体活动赛事。通过这些文体活动，同学们锻炼了身体，增强了团队合作意识，加深了彼此的了解。另外，学院还组织了学习、就业经验交流会，导师与新生双向选择见面会等，通过各项互动交流活动，有利于同学们顺利完成从本科阶段到研究生学习阶段的跨越以及正确进行研究生三年学习期间的可行性规划。

元旦晚会是我院的传统活动，由研究生会主办。今年的演出精彩备至，不但为师生提前带来了新年的喜庆，而且还活跃了校园气氛，丰富了学生们的课余生活，激发了同学们的表演潜能和创意，增进了大家的友谊和交流，为同学们提供了一个展现自己文艺的舞台。

（六）毕业生就业情况（共毕业：82 人）

4 名硕士毕业生分别到厦门大学、山东大学知名高校继续读博，2 名博士毕业生分别到北京大学及中信银行攻读博士后；其他均落实单位，就业率达 100%。主要就业去向：中、农、工、建四大国有银行以及证券、信托等金融机构，其中部分考取公务员或其他院校事业单位。

六、服务经济社会发展

服务社会经济发展需要，结合我院教学特色，积极拓展培训工作，成功举办了国家开发银行系列培训、济南市现代服务业发展管理能力培训班、章丘市企业高级管理人才研修班，获得合作单位、参训学员一直好评，为学院对外培训工作树立了良好的口碑。

七、办公室工作

日常的教学管理、行政事务等各项工作紧张有序。办公室人员在日常工作中不断积累和学习一些好的做法，并及时总结，力争使琐碎的事务尽善尽美。

八、条件建设

资料室继续发挥服务教学、服务师生的作用，保障图书资料借阅流通，定期开展数据库培训、检查维护服务器网络及查询终端正常工作，以保障师生随时查询；及时搜集师生资料需求信息，做到按需采购、及时采购。

（田　川）

国家糖工程技术研究中心

国家糖工程技术研究中心（National Glycoengineering Research Center，NGRC，以下简称“糖中心”）于2007年4月13日经国家科技部批准组建，2011年4月12日通过国家科技部组织的验收。“糖中心”依托单位为山东大学，合作单位为山东省生物药物研究院、保龄宝生物股份有限公司、山东龙力生物科技有限公司、山东福田药业有限公司。“糖中心”是由依托单位和合作单位共同组成的相对独立的开放式机构，直属于依托单位山东大学管理。“糖中心”建设过程中依托单位和合作单位各有不同的功能区分，依托单位以前期研究开发和技术支撑体系建设为主，合作单位以中试生产、产品化和市场化为主。

一、师资队伍建设

2014年“糖中心”学术委员会对应聘本单位科研教师人员进行了三次相对集中的面试。部分申请人因科研业绩差、所学专业不对口、年龄偏大等原因没有通过，另外一部分申请人由于其他竞争单位待遇优厚而放弃对我单位的选择；最终我单位接收研究员、副研究员和助理研究员各一名。

二、实验平台建设

2014年，“糖中心”入库仪器设备共计51台，金额累计5535431元，包含快速制备纯化色谱系统、核磁共振波谱仪等一系列大型仪器设备，进一步增强了糖中心科研条件水平。“糖中心”自2010年就部分仪器设备对外进行服务性测试，发挥了“糖中心”实验设备和实验技术服务社会的经济效益和社会效益。

三、科研工作情况

“糖中心”科研工作紧紧围绕能源资源糖、糖类药物及功能糖三大研究方向展开，2014年度承担各类纵向科研项目63项，横向科研项目21项，累计到位经费1646.79万元（包含生命学院和药学院部分糖研究领域相关团队）。2014年，共有3位“糖中心”编制的老师申请国家自然基金，全部获得批准立项，批准经费共230万元。本年度“糖中心”署名国内外论文共发表40篇，其中SCI论文33篇，申请国家发明专利20项，获得授权专利9项。本年度承担的“863”项目、“973”项目、国家重大专项等各类科研项目均进展顺利。其中，曹鸿志副教授团队发展了一个“底物工程”策略，通过对酶的底物进行改造，首次运用细菌来源的唾液酸转移酶实现了多反应位点底物上的选择性唾液酸化，并运用此策略实现了双唾液酸化肿瘤相关糖抗原的高效、大量合成。相关工作发表在 2014 年的美国化学会志上（J. Am. Chem. Soc. 2014，136，5205-5208），影响因子为 11.444。

2014 年，“糖中心”继续大力推进了山东大学糖科学协同创新中心的培育组建，设立了山东大学糖科学协同创新中心培育基金并于武汉大学、浙江大学、上海交通大学等 13 所高校及科研院所签订了合作协议，促进了糖科学领域的协同创新研究，扩大了糖中心在国内糖科学研究领域的影响力。各协同单位均按照协议书要求与山东大学国家糖工程技术研究中心的研究人员开展了紧密的科研合作，目前已署名山东大学一糖科学协同创新中心的 SCI 论文共 7 篇，各协同单位申请发明专利 30 项，其中国际发明专利 2 项，已获授权专利 17 项，其中国际发明专利 1 项，预期在近 2 年内将会取得一系列协同创新的研究成果。

四、研究生培养

2014 年，“糖中心”招收硕士研究生 21 人，其中 2 人为推免生；招收博士研究生 6 人，招生人数呈增长趋势。强化研究生培养质量。本年度，“糖中心”组织和邀请了十多位国内外知名专家学者为我中心研究生作学术报告，拓展了研究生的科研视野；1 名博士研究生申请中外联合培养并获山东大学研究生海外留学基金资助；4 名研究生获得了研究生优秀奖学金，其中 1 名硕士研究生获得了国家奖学金。

（梁　敏）

晶体材料国家重点实验室

一、研究水平与贡献

2014 年，本实验室共承担国家重点基础研究计划“973”项目 10 项（其中参与 5 项），国家“863”计划项目 2 项，国家科技重大专项 3 项，国家重大科学仪器设备开发专项 1 项，国家自然科学基金 65 项，其中重点基金 1 项，基金重点培育项目 1 项，基金重大课题参与项目 1 项，国家重大工程项目 3 项，“973”计划前期专项 1 项，国家级其他项目 16 项，省部级项目 32 项，国际合作 1 项，横向 25 项，合计 159 项。

今年实验室共发表学术论文 292 篇，其中 SCI 收录 274 篇，EI 收录 11 篇，61 篇论文影响因子在 4 以上，82 篇论文影响因子在 3 以上。实验室在本学科领域 1 区发表的论文占总论文数的比例 7.19％，本年度共获得授权专利 25 项。在爱思唯尔发布的 2014 年中国高被引学者榜单中，重点实验室 6 名教授名列其中。

（一）代表性工作进展

方向一　功能晶体材料及其制备技术的探索和研究

大尺寸、高质量 KDP/DKDP 晶体：本年度完成了《400mm KDP/DKDP 晶体成型坯片批量生长工艺研究与验证工艺总方案及质量保证大纲》评审工作。工艺总方案明确了传统生长大口径 KDP 晶体成型坯片中试验目标、产品实现的工艺方法、工艺流程、工艺技术状态和工艺改进方案，并制定了全流程工艺资源配置方案。质量保证大纲明确了质量目标、质量职责和质量控制要求。初步完成该项目的中试线论证工作，为国家重大工程需求提供有力保障。

机械力诱导大尺度变化单晶相变：发现了 8-羟基喹啉铜（CuQ2）和-四氰代二甲基苯醌（TCNQ）共晶的一种新晶相，该晶体在很小的机械力刺激下可发生大尺度的结构相变：长度增加一倍，厚度减为原来一半。通过一系列的表征手段分析研究了相变所产生的晶体尺寸变化和晶体内部分子堆积模式变化的关系，对相变过程提出了合理的解释。探明这种相变的分子机制有利于研究分子晶体的相变动力学、设计新型的分子制动器件，这些研究成果有望在压力、温度等环境敏感器件中得到应用。相关成果发表在 *J. Am. Chem. Soc.* 杂志上（136，590-593，2014）

方向二　晶体物理性能及相关器件的研究

无序结构激光晶体生长及其脉冲激光特性研究：以 MoS2 和 VO2 作为代表性研究

对象，分别从材料缺陷和相变实现能带调制和设计，从第一性原理出发，计算了其能带变化；通过合适的脉冲激光沉积技术制备样品，并实现其光学和基本性能表征。相关研究工作发表在 *Adv. Mater.*（*Adv. Mater.* 26，3538-3544，2014），研究工作一经发表即被 Nature Photonics（8，422，2014）选为研究热点进行报道，认为这一发现有助于二维光电晶体的可变能带设计。

新型集成光学结构：提出了一种新型的集成光学结构，在 Nd：YAG 激光晶体上利用飞秒激光直写技术，在晶体材料中写入多条踪迹，制备单片晶体包络结构，实现三维光子微结构的单片集成，实现对光信号的传输模式控制，利用石墨烯作为光波导激光器谐振腔的一部分，利用其饱和吸收特性调制光波导内的品质因数，实现调 Q 脉冲激光输出。同时实现环形光束输出、光分束、脉冲波导激光输出等功能。研究结果对于飞秒激光写入构造复杂的集成光子器件和无源和有源激光介质晶体的单片光子芯片具有重要的意义。相关结果发表在 *Scientific Report*（4，5988，2014）上。

方向三　低维材料的制备及相关器件的研究

六方氮化硼（hBN）二维纳米片层的高效制备、性能及功能化复合研究：提出了吸附辅助插层制备二维材料的新方法，利用 NH4F 作为辅助插层将 hBN 粉末剥离成纳米片，并且充分利用 hBN 纳米片层表面和边界本身存在的大量悬挂键进行氟化引发局域磁矩，进而在材料中实现大面积的可控磁性，利用这种方法所制备的氟化氮化硼纳米片的尺寸在 3μm 左右，其厚度为 1.51nm，约为 3 个原子层厚度。首次实现了具有铁磁性的氟化 BN 的制备，证明了氟化氮化硼纳米片具有铁磁性质。为开发新型稀磁宽禁带半导体材料和器件提供了新的思路。相关在 *Angew. Chem. Int. Ed.* 杂志上发表（53，3645 -3649，2014）。

可见光及二氧化钛异质结构光催化材料：基于极性光催化材料的晶体结构设计理论和不同配位金属离子间的电荷转移模型，制备了具有宽光谱响应和高载流子分离效率的 Ag6Si2O7 硅酸盐光催化材料。该工作不仅验证了本课题组提出的新型光催化材料的设计理论，而且还大大拓展了具有广阔应用前景的高效可见光光催化材料体系，为进一步推动光催化技术的发展及其应用具有重要意义。相关工作发表在 *Chem. Mater.* 26，3873-3875，2014。另外应 *Chemical Society Reviews* 主编邀请，撰写了基于二氧化钛异质结构的光催化研究进展的综述文章（Chemical Society Reviews，43，6920-6937，2014）。

方向四　晶体生长基本过程及晶体材料基础研究

单脉冲 XFEL 测量晶体的三维结构成像方法：在相干衍射成像方法的基础上，利用新型光源—X 射线自由电子激光的高亮度、全相干及短脉冲的特点，通过单次测量（即单幅二维衍射图样），首次提出并实现了对称性样品的三维成像方法，探索了该技术在三维成像研究中的应用。利用 X 射线自由电子激光单脉冲照射具有对称结构的金纳米晶体，借助 X 射线晶体学的概念，通过样品的对称性来获得其三维衍射图样，从而实现样品的单脉冲三维图像重建，图像分辨率～5.5nm。该方法的建立为具有对称性或等同性的样品，如晶体、病毒、纳米颗粒等三维高分辨成像提供了新的研究方向，对发展新型成像方法具有重要意义。相关结果发表在 Nature Commun. 5，4061（2014）上。

碳化硅晶体中缺陷能级的自旋极化及应用：碳化硅晶体的缺陷对其电子特性具有重要的调控作用。为了进一步增强调控效应，采用 3MeV 的质子注入到 6H 碳化硅晶体中，提高空位缺陷的浓度。磁性测量表明：空位缺陷在碳化硅晶体中产生局域磁矩，并形成稳定的室温铁磁序，饱和磁化强度达到 0.17emu/g。理论模拟显示：质子与空位缺陷形成的复合缺陷是产生电子自旋极化和室温磁性的原因。XPS 测量结果也支持上述理论模型。此外还从理论上设计了一种非化学配比的碳化硅二维材料，证明它是拓扑不变量为 Z2＝1 的拓扑绝缘体，自旋轨道耦合带隙为 0.43meV，可以在低于 4K 的温度下实现量子自旋霍尔效应（QSHE）。上述研究结果为在碳化硅等半导体材料中利用特定的色心进行固体量子比特操控奠定了基础，相关研究成果发表在 *Phys. Rev. B* 89，195427。

（二）标志性成果（奖励）

奖种和等级：教育部自然科学二等奖

获奖名称：基于晶体学的有机光电材料机理研究

完成人和完成单位：陶绪堂（山东大学）

刘阳（山东大学）

袁春雪（山东大学）

杨家祥（山东大学）

王筱梅（苏州科技学院）

陈志刚（苏州科技学院）

陶绪堂课题组以晶体学为基础开展有机材料结构与光电性能之间关系的研究，尤其关注运用结晶学知识和方法探索材料特殊性质的起源，取得了一系列原创性的成果。(1) 提出激基缔合物荧光增强机理，打破了人们对 excimer 的形成会导致荧光淬灭的常规认知，开辟了一条制备高效固态发光材料的新途径。(2) 利用 Λ-构型 Tröger’s 碱衍生物作为分子骨架对材料固态下堆积模式产生的诱导作用，通过晶体工程学方法有效控制材料中发色团的堆积密度，调控材料光电性能。(3) 首次研究了半导体单晶载流子传输的三维各向异性与分子堆积模式的关系。本项目在国际著名期刊发表论文 100 余篇，其中 10 篇代表性论文他引 501 次。多次被美国化学会，Nature 等作为“研究亮点”专题报道，应邀在国内外学术会议上邀请报告 20 余次。

二、队伍建设和人才培养

（一）实验室队伍的总体情况

重点实验室现有固定人员 74 人，其中教授 43 人，副教授 17 人，副研究员 1 人，讲师 8 人，技术人员 4 人，专职管理人员 1 名，2014 年实验室重视年轻科研人员的培养。通过设立面向青年科研人员的人才培育课题鼓励年轻科研人员的创新研究，派出多名年轻的科研人员赴美国等地进行学习深造和科研交流。在研究生培养方面，实验室采取增加研究生基金、加强校（境）外联合培养研究生、健全导师负责培养机制，发挥研究生的积极性、拓宽基础知识、扩大选题自由度、增强科研素质、提高科研能力，培养博士、硕士研究生更加注重质量，虽然 2014 年招生总数有所减少但质量进一步提高。

2014 年实验室在读硕士生 198 名，博士生 173 名；毕业硕士生 25 名，博士生 42 名，在站博士后 27 名，出站 7 名。

（二）人才培养

本年度实验室新增国家优秀青年基金获得者于浩海一人。于浩海，男，1981 年 10 月出生，德国洪堡学者，中国光学学会会员，美国光学学会会员。2008 年毕业于山东大学晶体材料国家重点实验室，获得材料学博士学位并留校工作，毕业论文获“全国优秀博士学位论文”提名、“山东省优秀博士学位论文”以及“山东大学优秀博士学位论文”。主要从事光电功能晶体、激光技术与器件的研究工作。2007 年，受国家留学基金委“国家建设高水平大学公派研究生出国项目”资助，在新加坡南洋理工大学电机与电子工程（EEE）学院接受联合培养。2010 年，入选德国洪堡学者在德国 Max-Born-Institute for Nonlinear Optics and Ultrafast Spectroscopy 合作研究一年。在 *Adv. Mater.*、*ACS Nano*、*Laser & Photon. Rev.*、*Appl. Phys. Lett.* 等材料学、光学、物理类顶尖或权威刊物发表学术论文 100 余篇，受到国内外同行的广泛关注和重点评论，在国内外学术会议上做学术报告 10 余次；授权国家发明专利 10 余项；主持、参与包括国家自然科学基金、国家“863”项目等国家或省部级课题 10 余项；研究成果四次被评为“中国光学重要成果”，2014 年获国家优秀青年基金资助。

三、开放与合作交流

（一）学术交流

2014 年，重点实验室学术交流工作进一步深化，共邀请国外专家学者来访十余人次。2 月 17 日，美国工程院院士、威斯康星大学化学和生物工程系 Thomas Kuech 教授应邀到晶体材料研究所访问并作了题为“Growth of New Epitaxial Semiconducting Alloys”的学术报告。Kuech 教授在报告中分析了新型半导体材料合成中所需要考虑的热力学及动力学问题，他用生动实例描述了如何应用这些方法生长 GaAsSb、GaAsBi、GaAsSbN 等与衬底材料存在应力的新型材料，以及这类材料在太阳能电池领域的应用。Kuech 利用应力从而在低温条件下生长高质量材料的新思路吸引了大家，报告后 Kuech 教授一行与师生进行了热烈的讨论。本年度还邀请了新加坡南洋理工大学的张华教授，新加坡国立大学的刘小钢教授，澳大利亚南澳大学汪大洋教授，意大利比萨大学的 Mauro Tonnelli 教授，西班牙巴塞罗那大学的 Pilar Rivera Gil 副教授，加拿大西门菲莎大学的叶作光教授，Advanced Materials InterfacesHakim Meskine，主编等来实验室访问讲学。

6 月 22～27 日，由山东大学晶体材料国家重点实验室与物理学院联合主办的“第五届国际固态材料结构与性能关系研讨会”（5th International Symposium on Structure-Property Relationship in Solid State Materials，SPSSM-5）在青岛举行。来自中国、美国、德国、法国、英国、意大利、澳大利亚、新加坡、日本、韩国、沙特等 10 余个国家的 200 余名代表参加了本次会议。会议邀请了该领域的国内外著名科学家 27 人作大会主题报告，16 名中青年科学家作邀请报告，此外还有口头报告 28 篇，墙报展示 60 余篇。会议期间，与会代表就光催化材料与技术、光学材料、半导体物理与化学、功能材料、多铁材料、固态材料的理论计算等领域的最新研究成果进行了深入交流，对加强山东大学材料学、化学及物理学等学科的发展，促进同世界著名科学家们之间的学术交流合作，同时扩大相关领域在国际上的影响力具有重要的意义。

（二）实验室公众开放活动

按照国务院规定，每年5月第三周为科技活动周，在全国范围内开展大规模群众性科技活动。今年科技活动周的主题为“科学生活创新圆梦”，旨在宣传科技创造美好生活，创新驱动经济社会发展。晶体材料国家重点实验室于2014年5月16～24日举办科技活动周。5月16～17日科技活动周正式启动，活动周期间实验室接待了来自山大附中、济南外国语学校、枣庄三中和高青一中等学校的1600名师生，中学生们走进大学里的国家重点实验室，近距离地感受了科学的魅力与力量，体会了一下当“科学家”的感觉。通过参观，同学们感受到了晶体的神奇魅力，了解了有关晶体的科普知识以及晶体材料在国防和经济建设方面的重要应用，激发了同学们探索人工晶体材料奥秘的兴趣。

7月16～19日，重点实验室举办了第三届“未来晶体之星”暑期夏令营活动。来自吉林大学、兰州大学、中南大学、哈尔滨工业大学、安徽大学、海南大学、贵州大学、石河子大学、中国石油大学（华东）、南昌大学、合肥工业大学、山东大学（威海）等四十余所高校的90名优秀学生参加了此次夏令营活动。期间晶体材料国家重点实验室主任陶绪堂教授作了专题讲座，介绍了晶体材料国家重点实验室的发展历程及所取得的科技创新重大成果。部分老师作了相关学术报告，使营员们对相关研究领域有了更深的认识。通过参观晶体材料国家重点实验室展厅、实验室以及先进仪器设备，让营员们领略了国家重点实验室优秀的科研平台和雄厚的科研基础。师生互动导师见面会，使营员们有机会与研究生导师就各自的研究方向与同学们进行了详细的交流，为从事晶体材料领域相关研究的大学生们提供了一次实地参观与学习的机会，加深了对晶体材料国家重点实验室的认识与了解。

11月1日，山东大学2014年秋季校园体验月活动举行，来自滨州的160余名中学师生及200余名山东省重点中学的学生家长参加了此次活动。晶体材料国家重点实验室作为学校重要的对外展示的窗口，充分利用晶体自身的特色和在科研、人才和资源方面的优势，面向广大中小学生和科技爱好者在开展科普教育、宣传科学思想等方面做了许多工作，取得了良好的社会影响。

（三）大型仪器设备的开放与共享情况

重点实验室拥有完备的单晶和粉末X-射线衍射仪、X-射线荧光光谱仪、X-射线光电子能谱仪，X-射线定向仪、高分辨透射电镜、扫描电镜、原子力显微镜、热分析、热导率测试仪等。所有测试设备均有专人负责，对外开放共享。

四、专项经费执行情况与效益分析

（一）自主研究课题的设置及执行情况

本年度共设置自主研究课题26项，包括团队重点课题4项，自主探索课题14项，青年人才课题8项。各课题严格按照重点实验室自主课题的要求开展工作，年底召开了重点实验室全体人员学术会议，各课题汇报了本年度的工作进展及下一年度的工作计划。各个研究方向自主课题部署及执行情况简要如下：

1. 功能晶体材料及其制备技术的探索和研究方向

部署了KDP/DKDP晶体原料与光学元件成型坯片批量生产中试验证、SiC晶体缺陷的形成机理和P形掺杂研究等课题。其中许心光课题组已经成功生长了超大口径KDP晶体10余块，已为国家工程提供各类晶体坯片100余片，对于传统慢速生长晶体而言，这在国内外都是令人惊喜的巨大成就。首次成功加工了三倍频大口径DKDP（70%含氘量）晶体坯片。徐现刚课题组采用物理气相传输法对3英寸高纯半绝缘4H-SiC单晶的生长工艺进行了探索研究。通过优化生长工艺条件，实现了3英寸高纯半绝缘4H-SiC衬底的制备。突破了高纯半绝缘SiC单晶生长技术瓶颈，制备出的高质量3英寸高纯半绝缘4H-SiC衬底可应用于微波功率器件的研制。

2. 晶体物理性能及相关器件的研究方向

部署了GaN泵浦Pr3+：YLF可见光固体激光器研究、声波探测用压电铁电单晶等课题。其中何京良课题组的30W@2.0μm大功率中红外激光器取得了进展。采用大功率1064nm泵浦源和种子光加板条放大器的技术方案。种子光源采用三镜折叠腔，将激光晶体置于腔的中前部，使泵浦光和振荡光模式相匹配，保证激光器在较宽的温度工作范围内既具有较高的功率又具有较好的光束质量；放大器采用部分端面泵浦板条放大器结构；OPO部分采用2mm厚的PPLN光学超晶格晶体，利用简单的两镜直腔，通过优化泵浦光斑、晶体温度以及输出镜透过率等参数，在1064nm泵浦功率为65W时，最高获得了34W的大功率高效率2.0μm波段的中红外激光输出，功率不稳定性（1%，已累计工作）200小时。

3. 低维材料的制备及相关器件的研究方向

该方向部署了低维量子材料中的自旋电子及其输运、氧化锆晶体纤维和LAP相关晶体等课题。其中夏海兵教授首次利用高分子主体颗粒中的适度交联所产生的足够强的应力把在其内部形成的客体无机粒子（磁性纳米晶体）挤出。这些双体粒子（高分子球—磁性纳米晶体）可以自组装成空心球。这些双体粒子不仅可以成为研究合成的及生物油脂分子的自组装行为的模型，而且还可以作为新的构筑单元被直接或者间接地用作模板来创造新的药物包覆和运输的工具（ACS Nano，2014，8，11206）。

4. 晶体生长基本过程及晶体材料基础研究方向

部署了无序结构激光晶体生长及其脉冲激光特性研究、红外晶体生长与性能研究等课题。其中陶绪堂教授课题组系统开展了红外晶体LiInS2的生长与退火后处理研究。采用垂直Bridgman法通过优化工艺参数，生长出Φ16mm　50mm的完整LiInS2晶体。生长态的LIS晶体由于存在缺陷而造成光的散射、吸收等，影响晶体的光学质量。系统研究了不同条件下退火对LiInS2晶体的光学、电学性质的影响。相关研究工作发表在*Crystal Growth & Design*（2014，14，5957-5961），并被选为封面论文。

（二）开放课题的设置及执行情况

2014年，利用开放基金新设立开放课题12项，计划资助金额140万元。结题的开放课题12项。在研课题计24项。在开放基金的资助下，相关开放课题进展顺利，部分优秀成果简述如下：

1. 在开放基金的资助下，济南大学李业新副教授开展了利用平面多支分子构筑三维弱键体系及单晶场效应性能研究。合成了萘或苯并噻吩取代的平面多支化合物，以及分子量较小的苯并噻吩或苯并呋喃取代的双支、三支和四支苯乙烯类化合物，考察了分子形状对材料热学和光电性能的影响。相关工作结果发表在 *J. Mater. Chem. C* (2014，2，5954-5962.) 上。

2. 在开放基金的资助下，苏州科技学院王筱梅教授开展了有机金属杂化聚合物薄膜制备技术及其电致变色器件研究，取得了一系列有意义的结果，特别是三联吡啶配合物制备与电致发光/电致变色器件研究。作者设计和制备了拓扑结构的三苯胺三联吡啶结构单元，详细研究了化合物的紫外一可见吸收、光致发光、电化学等性质，并将典型材料应用于制作 OLED 器件，研究了其电致发光特性。相关工作发表在 *J. Mater. Chem. C*，2014，2，8507-8514 (IF＝6.82)。

（蒋宛莉）

易学与中国古代哲学研究中心

在2014年，本中心紧抓科学研究这个重心，针对新形势、新任务、新要求，注重基础理论特别是重大理论问题的研究，努力促进高水平创新成果的产出；积极开展学术交流，加强科研队伍和运行机制建设，在理论研究、书刊编辑、学术交流诸领域工作成效明显。

一、理论研究方面

中心诸同仁主要围绕《周易》经传以及易学史方面的问题展开研究，中心科研人员获教育部基地重大项目2项，在权威期刊发表论文13篇，收获颇丰，国家社科基金重大项目"百年易学精华集成"以及国家社科基金重点项目"象数易学史"也在继续研究当中，教育部基地重大项目"明清易学研究""马王堆帛书《易传》系统释义与哲学解读"也于今年结项。"易学文献的搜集整理与数据库建设研究"列为教育部基地重大项目，目前数据库已经进入试运行阶段，部分功能已经对外开放，现已收录《四库全书》的易类、术数类，现存的易学书目，以及《周易研究》的部分论文，下一步会将清代文集以及读书笔记中的易学资料进行整理并收录。

二、书刊编辑方面

中心共出版6期中文版《周易研究》，其中所刊发的论文中，有10余篇文章被人大复印资料全文转载，在中国哲学领域的转载量与转载率均属前列，另外还有3篇文章被《中国社科文摘》全文摘载，1篇论点摘编。合理使用国家社科基金资助，年度检查评估取得良好成绩，获得增加10万元的资助奖励。为推动易学的发展，实现哲学社会科学乃至文化的大发展、大繁荣贡献自己的力量。

三、学术交流方面

2014年1月7日，清华简第四辑整理报告《清华大学藏战国竹简（肆）》成果发布会在清华大学主楼接待厅召开。中心主任刘大钧教授、副主任林忠军教授出席发布会。刘大钧先生应邀就清华简中的易学文献作了专题发言。10月15日至10月20日，台湾教育大学孙剑秋教授受邀来本中心进行了为期7天的讲学并做了"易学研究国际化的困境与反思——以台湾为例"文字、"文物与文化——中华文化的基本精神与未来走向"

等多场学术报告；2014 年 11 月 15～16 日，由山东大学易学与中国古代哲学研究中心暨《周易研究》编辑部主办的“视域与方法：易学与中国哲学前沿论坛（之一）”在济南成功举行，参会者为来自清华大学、复旦大学、浙江大学、武汉大学、湖南大学、华东师范大学、韩国首尔大学、香港教育学院、山东大学等高校的 30 余名知名学者、教授，就《周易》古经的解读、《周易》研究的典范转移、易学与当代中国哲学的重建、《易传》与儒道关系、哲学视域中的易学三才之道、清华简《筮法》的学术史意义、乾嘉学派的解释学、人文易与民族魂、先秦的心性论、重思“metaphysics”等问题进行了深入的讨论；12 月 5～17 日，“泰山学术论坛——《清华大学藏战国竹简》与儒家经典专题国际学术研讨会”在烟台召开，作为本次会议的协办单位本中心在林忠军教授的率领下一行 4 人参加了会议。在本年度，陶英娜、张丽丽 2 位同学取得国家留学基金委的资助分别赴德国、新加坡学习。

（董　春）

深圳研究院

一年来，在学校党委、行政的正确领导下，在学校师生和深圳市人民政府、科技创新委等相关部门的大力支持下，努力开拓，勇于创新，为学校的发展和深圳的经济社会发展作出了积极贡献。2014 年，研究院荣获人才培养奖、实验室平台引进和建设奖、大型会议组织奖及获得市级科技项目奖等 4 项，受到了深圳市科技创新委的表彰和奖励。

一、努力开拓，人才培养特色体系逐步完善

网络教育已经形成了“123”特色体系：即 1 个面上的是所有专业面向深圳市招生；2 个特色是与名校名企共建通信工程和电子信息工程专业，为深圳药监系统打造职业药师能力与学历提升计划；3 个党政工团公益项目是助推广东省“圆梦计划”，新生代农民工骨干培养发展计划，助推深圳市总工会农民工“圆梦计划”，助推深圳市人民政府全民素质大提升项目，招生培养学生 1171 人。护理学硕士班和软件硕士班完成课程学习计划，40 名学生进入论文阶段，实习基地开展实践活动。

2014 年 4 月 13 日、6 月 21 日和 9 月 13 日，山东大学网络教育 2014 年开学典礼在深圳罗湖书城举行，206 名学生参加了考试。4 月 15 日，哲社学院刘杰院长、杨斌书记在王明星的陪同下，到深圳市职工继续教育学院考察。6 月 24 日，研究院成功晋级全民素质提升项目自主招生授权合作单位。3～8 月，深圳研究院申请成功山东大学成为由共青团广东省委等单位主办的广东省新生代产业工人“圆梦计划”项目，吸引 713 名学生报名，成功录取 414 名学生。7 月 9 日，研究院常务副院长王明星、副院长傅杰等前往共青团深圳市委员会洽谈助推“圆梦计划”等相关工作。8 月 31 日，山东大学网络教育“圆梦计划”秋季入学考试在深圳市职业技术学院举行，517 名考生参加考试。9 月 12 日，深圳研究院与中国 500 强企业——广田股份携手合作的“产学研基地”在广田总部揭牌。9 月 13 日，山东大学网络教育药师班入学考试在虚拟大学园举行，110 名考生参加了考试。9 月 16 日，深圳研究院与人深圳市人大干部培训中心联合举办的“人大圆梦班”开学典礼在深圳人大干部培训中心举行。10 月 25 日，山东大学在深圳研究院举行广东省“圆梦计划”深圳项目暨深圳市“执业药师能力与学历提升计划”项目网络教育开学典礼 316 名新生代表参加了典礼。12 月 27 日，山东大学网络教育云平台 2015 春第一批入学考试在深圳虚拟大学园举行，40 人参加了考试。

二、精心组织，科技项目立项实现突破

研究院组织学校22位专家教授申请了深圳科技创新委员会基础研究项目和南山区政府横向项目，并获准5个项目立项。分别是：鞠秀丽《儿童急性淋巴细胞白血病中转录因 Helics 异常表达与 Treg 细胞功能异常相关性的研究》、葛长字《亚热带复合污染浅水海湾组合式生物修复技术研究》、李福川《基于抗 Glypican-3 高亲和力抗体和 qPCR 的超高灵敏度肝癌早期诊断技术研究》、刘恒《基于 NFAT2 上 DYRK1A 作用位点设计的多肽药物抗弥漫性大B细胞淋巴瘤的研究》和徐凌忠《深圳市南山区卫生事业发展策略研究》。

2014年1月15日，学术研究部朱纪聪等同志到深圳研究院考察对接。5月29日至6月5日，齐鲁医院儿科鞠秀丽主任、机械与工程学院王勇副院长、国家糖工程中心李福川等22人参加深圳市科技创新委员会组织的基础研究项目答辩。11月7日，公共卫生学院卫生事业管理与妇幼卫生学系主任徐凌忠到深圳市南山区卫生局参加区卫生计生事业发展策略与规划研究答辩会。

三、发挥政府和市场优势，建设科学研究和成果转化平台

通过取得政府支持和市场化运作，获取社会资源，投入150万元装修了山东大学晶体材料国家重点实验室深圳基地、山东大学国家糖工程技术研究中心深圳研发中心和山东大学城市大数据联合实验室，面积共计1760平方米。

2014年6月13日，深圳研究院常务副院长王明星与山西红杉药业有限责任公司董事长张家跃在深圳签署了《共建“国家糖工程技术研究中心深圳分中心”战略协议》。7月26日，深圳研究院常务副院长王明星、副院长傅杰陪同山西红杉药业有限责任公司董事长张家跃、副总经理李晓萍一行考察国家糖工程技术研究中心。副校长娄红祥接待了张家跃一行。11月15日，晶体材料国家重点实验室深圳基地、国家糖工程技术研究中心深圳研发中心、大数据联合实验室启用揭牌仪式在深圳虚拟大学园产业化大楼举行。12月11日，晶体材料国家重点实验室深圳基地、国家糖工程技术研究中心深圳研发中心、大数据联合实验室验收仪式在虚拟大学园产业化大楼五楼正式举行。

四、先行先试，山大南山附属生殖医院落地深圳协议签署

经过数十次的调研、考察和论证，学校生殖技术项目于2014年9月22日以深圳医疗“三名工程”名义在北京签署落地协议，由深圳市南山区政府提供1栋5000平方米的医疗场地及部分设备购置、场地装修经费等，与学校共建山大深圳生殖专科医院。

2013年12月30日，深圳南山卫人委副局长胡亦农等一行来山东大学考察国家辅助生殖与优生工程技术研究中心，副校长陈子江接待了胡亦农一行。1月16日，研究院常务副院长王明星、香港中文大学路钢教授等一行前往南山区卫生和计划生育局参加南山人民医院、南山区妇幼保健院和南山蛇口人民医院。3月4日，6月24～25日，王明星陪同山东大学附属生殖医院院长马金龙等一行应邀考察深圳南山医院，并与南山区人民政府副区长王东座谈交流。4月17日，深圳市南山区人民政府副区长王东等一行

访问山东大学，洽谈校地合作，总会计师曹圣元接待了王东一行。9 月 22 日，深圳市人民政府在北京深圳大厦举办了深圳医疗卫生“三名工程”合作交流会。山东大学深圳研究院常务副院长王明星、山大附属生殖医院院长马金龙与深圳市南山医院院长骆旭东签署了建立山大生殖南山医院合作意向书。11 月 14 日，王明星陪同总会计师曹升元访问了深圳市南山区人民政府，并与南山区人民政府副区长王东就校地合作进行了座谈。

五、学校领导、师生和校友来研究院考察和指导工作，有力地支持了研究院的发展

研究院组织开展了山东大学与深圳市数十次专题对接和调研活动，学校及部院领导、专家教授、校友和学生 200 余人次来研究院指导工作或合作项目，有力地支持了研究院的发展。

2014 年 1 月 22 日，研究院举办山东大学深圳校友座谈会，常务副院长王明星向大家介绍了 2013 年的工作和 2014 年的设想，校友会常务副会长王立新等 20 余位代表出席。1 月 23 日，计算机学院院长陈宝权等一行莅临我院考察指导工作。2 月 13 日，山东省邹城市副市长刘刚一行莅临我院考察工作。2 月 21 日，山东大学机器人研究中心主任李贻斌教授等一行莅临我院考察指导。3 月 5 日，山东大学继续教育学院院长赵炳新一行访问中兴通讯股份有限公司。3 月 6 日，山东省邹城市科学技术局局长陈伟等一行 6 人莅临我院考察工作。3 月 11 日，山东大学李树强老师来深圳研究院对接国家晶体材料工程中心深圳基地入驻相关事宜。3 月 12 日，中国长城计算机深圳股份有限公司王永安等一行 4 人莅临我院考察。4 月 28 日，王明星陪同晶体材料国家重点实验室副主任徐现刚等一行到深圳市华为技术有限公司参观考察。5 月 19 日，管理学院副院长陈志军到深圳研究院考察指导工作。5 月 17 日上午，深圳研究院副院长王明星率领研究院工作团队参加第十届中国（深圳）国际文化产业交易博览会。5 月 24 日，副院长傅杰代表研究院参加了山东大学深圳校友在大鹏较场尾的校友活动。6 月 20 日，龙岗区坪地成人文化技术学校校长吴丹林一行来研究院考察。7 月 14 日，中兴通讯学院院长王殿平一行来深圳研究院考察指导工作。7 月 23～25 日，山东大学合作发展部暑期理论研讨会在青岛召开，深圳研究院常务副院长王明星作了研究院发展状况的汇报。8 月 15 日，中共河南省确山县县委副书记、县长路耕一行到研究院考察，王明星接待了客人，双方进行了座谈交流。8 月 20 日，学校就业与发展指导中心主任朱德建一行来深圳研究院考察指导。9 月 12 日，管理学院院长助理、EDP 中心主任罗新华率商界领袖班同学等一行 9 人到深圳研究院考察指导工作。10 月 15 日，红杉药业股份有限公司董事长张家跃一行来访深圳研究院。11 月 6 日，山大产业集团党委副书记刘永新到深圳研究院考察指导工作。12 月 13 日山东大学校务委员会常务副主任方宏建一行来深圳研究院视察工作。

六、学校领导和专家出席深圳虚拟大学园成立十五周年联席会议，推动了校地合作

2014 年 11 月 15 日，深圳虚拟大学园十五周年暨 2014 年联席会议在深圳软件大厦举行。山东大学总会计师曹升元，合作发展部部长王飞，晶体材料国家重点实验室主任、长江学者陶绪堂，书记黄柏标，副主任、长江学者徐现刚，国家糖工程技术研究中心深圳研发中心驻园代表李福川，大数据实验室驻园代表计算机学院副院长屠长河，深圳研究院常务副院长兼合作发展部副部长王明星等代表出席会议。以曹升元为代表的山大代表团积极参加了植树活动，把山大树种在了“深圳高校林”，表达了学校对深圳虚拟大学园成立十五周年诚挚的祝贺。2014 年 11 月 16 日，曹升元参加了深圳市第十六届中国国际高新成果交易会并出席开幕式，对山东大学的展出工作进行了指导。

七、山大文化在深圳快速传播，学校在珠三角的影响力不断加强

2014 年 10 月 18 日，央视百家讲坛主讲人马瑞芳教授做客深圳公益讲堂，讲授《从金瓶梅到红楼梦》；2014 年 3 月 27 日和 12 月 20 日副校长、长江学者陈炎做客深圳龙岗市民文化中心和深圳女财经家协会，分别讲授了《论儒墨道法》和《纵论轴心时代的中国思想家》，深圳千余市民受到了传统文化的熏陶。2014 年，山东大学全日制本科招生录取线在粤实现新突破，文科高于一本投档线 29 分，理科高于一本投档线 36 分。

八、“新校友，心关爱”活动如期举行，为校友创业创新发展提供了支持

2014 年 8 月 10 日，深圳研究院成立两周年暨“新校友，心关爱”2014 届深港校友欢迎会系列活动在深圳虚拟大学园举行。合作发展部部长王飞，校友工作办公室主任刘学祥，虚拟大学园管理服务中心主任王宁，山东大学香港教育基金理事会梁绍莊先生，深圳校友会会长尹昌龙，常务副会长王立新，校友会副会长傅杰、周生明、香港校友会秘书长吴疆，副秘书长、香港山东青年会副会长何捧捧，香港山东青年会代表井凯，深港校友代表王修鹏，2014 届来深港校友代表刘培超，中兴通讯学院培训部部长李俊龙，书城培训中心副校长曾凤华，深圳研究院常务副院长兼山东大学合作发展部副部长王明星及全体同志等近 200 人参加了座谈会和欢迎活动。王飞向校友们表达了学校的关切问候，刘学祥向大家介绍了学校校友会的建设情况，王明星向与会代表报告了深圳研究院成立以来的工作情况和未来发展的设想。尹昌龙代表校友会发表了讲话，王宁代表虚拟大学园管理服务中心致辞。校友代表王立新、王玉林，香港山东青年会代表井凯、2014 届新校友代表颜红博等先后发言。为庆祝研究院成立两周年，尹昌龙代表深圳校友会向研究院赠送了纪念花瓶，梁绍莊先生向研究院赠送了诗篇，王明星向深港校友会回赠了陈炎副校长著的《文化谐音》表示感谢。

九、对接需求，积极推进校企合作

研究院充分发挥学校优势学科，以市场需要为导向，积极开展科技成果转化工作，加快推进校企合作。2014 年 4 月 26 日与深圳极光世纪、中视迪威签订合作框架协议，合作内容为新型激光显示绿光光源的研发、绿光激光光源的封装工艺技术开发、全绿光激光光源在激光投影显示终端领域的应用开发。

2014 年 6 月 13 日，研究院与红杉药业签署战略合作协议《共建国家糖工程技术研究中心深圳研发中心》。7 月 18 日，研究院与深圳市药师协会签署《深圳市药学技术人员素质提升工程学历项目合作协议》。9 月 12 日，研究院与中国 500 强企业——广田股份建立“产学研基地”。11 月 16 日，傅杰陪同山东大学晶体材料国家重点实验室主任

陶绪堂一行考察了中兴通讯股份有限公司、大族激光科技股份有限公司等企业。11 月 26 日，深圳研究院受邀出席由中共深圳市龙岗区委组织部、龙岗区科技创新局主办的“校企同行协创未来”活动。

十、研究院自身建设全面加强，健康可持续发展局面初步形成

研究院随着不断发展，学校聘请研究院副院长傅杰于 2014 年 4 月到岗；2014 年 7～12 月期间，研究院聘任了办公室主任史超义、教育培训部部长刘丽、副部长余天豪和专业财务会计卢婧等人员，加强了研究院的队伍建设。办公场地由深圳虚拟大学园 B401 调整为 A301，办公面积由 50 平方米增加至 150 平方米。研究院依据规范管理、科学管理的要求，加强了建章立制工作，先后建立完善了《工作人员日常行为规范》《薪酬与绩效工作管理制度》《财务管理办法》和《固定资产管理办法》等制度，为研究院健康可持续发展打下了基础。

（赵映超　王明星）

苏州研究院

2014 年是苏州研究院的开局之年，各项工作全面展开，人才培养、科研发展、产学研合作、产业化和国际合作等等稳步推进。研究院在稳健中求创新，抢抓机遇，加快发展，边工作，边总结，边完善管理团队及运行机制；创新创业学院、云彩孵化器、移动互联研究所、新材料实验室等平台逐步建成运营。

一、研究院建设

学校、地方领导高度重视苏州研究院建设，多次到研究院考察指导工作，对研究院的发展给予很多支持。2014 年 5 月 2 日，张荣校长一行到苏州研究院考察指导工作，研究推动学校与长三角地区的校地合作，对研究院发展工作作出重要指示。2014 年 5 月 4 日，学校正式发文聘任山东大学总会计师曹升元同志担任山东大学苏州研究院院长。7 月 5 日，曹升元院长在伤未痊愈的情况下，视察研究院，召开座谈会，指导推动研究院工作的开展。2014 年 5 月 23 日，苏州独墅湖科教创新区管委会常务副主任蒋卫明到研究院考察指导工作。2014 年 11 月 24 日，经中共苏州独墅湖高等教育区委员会批准成立山东大学苏州研究院党支部，并任命吕明新为党支部书记。

自 2012 年 5 月，苏州研究院成立以来，先后当选苏州独墅湖科教创新区理事单位、校企合作委员会理事单位、苏州市社科联理事单位、高等教育国际化研究会会员单位、苏州市内资研发机构、苏州工业园区云计算产业联盟副会长单位。

苏州研究院成立以来，明确发展思路和目标，建立健全了适合研究院发展的工作制度，形成了以绩效考核、工作计划、工作日志、工作纪要为主干的工作机制，多项事业迅速展开。研究院运营队伍不断壮大，从 2012 年成立之初的 2 人，到 2014 年底增加到 20 人，其中具有博士、硕士学位人员占到总人数的 1/3。研究院的运营经费在 2012 年只有 100 万元，2013 年增加至 430 万元，2014 年全年运营经费超过 1000 万元。

二、人才培养

苏州研究院作为学校在长三角地区的人才培养异地在职教育平台，致力于打造立足苏州服务长三角地区的高层次人才培养基地。苏州研究院主要代表学校在苏州及周边地区组织开展同等学力人员申请硕士学位、临床医学博士的招生组织、宣传及现代远程教育、短期教育培训等工作。2014 年 5 月 9 日，江苏省教育厅下发正式批文（苏教高

［2014］6 号），新增山东大学苏州研究院现代远程教育校外学习中心为高等学校成人教育校外教学点。

2014 年，各类学历和非学历培训项目培养学生数量达 564 人，为学校实现教育培训收入 200 余万元，在人数和收入两方面都比 2013 年翻了一番。2014 年，研究院组织校内师生 600 余人次到苏州参加各类交流、实习、培训活动，促进山东大学与独墅湖科教创新区内高校间的交流。2014 年 10 月 20～30 日，山东大学软件学院 2012 级两批 400 余名学生来苏州开展认知实习。

三、科研发展

2014 年，苏州研究院重点围绕生物医药、云计算及互联网、新材料产业等方向开展技术工作，成立了“新材料实验室”“移动互联网技术研究所”2 个科研平台，共申报江苏省、苏州市科技计划 22 项，是 2013 年申报总数的 2 倍；立项 12 项，是 2013 年立项数的 2.25 倍；经费总额 365 万元，是 2013 年经费的 4.5 倍。

截至 2014 年底，苏州研究院共承担江苏省、苏州市科研项目 16 项，申请专利 9 项，7 人入选“金鸡湖双百人才”，苏州研究院引进的兼职高层次人才增至 10 人。2014 年 9 月中旬，苏州研究院成立移动互联网技术研究所，拥有 8 名研发人员，是研究院在探索“项目＋人才”同步孵化机制方面的试点。苏州研究院 2014 年引进孵化的“肌电手势识别”项目负责人倪华良被评为 2014 年工业园区科技领军人才，苏州研究院 2014 年聘任的张宝泉、张绪增两位企业家兼职教授被评为 2014 年工业园区科教领军人才。

2014 年，苏州研究院申请专利 9 项，其中发明专利 6 项，《一种自启动便携式垂直轴风力发电机》等三项专利获得授权。

四、产学研合作

为进一步推动产学研工作及校内科研成果的转化，2014 年苏州研究院联合地方政府、学校相关学院举办各类产学研对接活动 5 场，走访及参加活动的企业近 200 家，达成合作项目 11 项，走访数量和项目合作数量均是 2013 年的 4 倍。

2014 年 3 月 11 日，山东大学装备制造机械自动化成果发布会暨第 90 期园区领军产业沙龙在苏州科教创新区举行。

2014 年 4 月 29 日，苏州市科技成果转化网上对接会——常熟装备制造企业专场，共组织工程机械装备，智能自动化装备领域 10 组山东大学专家团队与企业进行在线对接。

2014 年 7 月 15 日，由山东大学苏州研究院和苏州市科技局联合举办的“科技行——走进山东大学”新材料、机电一体化领域科技成果对接会在苏州举行。来自山东大学材料科学与工程学院、机械工程学院、控制科学与工程学院的 10 余名专家与苏州市近百家企业代表齐聚一堂，就新材料、机电一体化领域的最新技术成果进行交流，洽谈推动产学研合作。

2014 年 8 月 13～15 日，山东大学苏州研究院联合苏州市科技局主办的“科技行——走进山东”产学研对接会在山东举行。苏州市科技局带领各市、区部门负责人，企业家共40余人赴山东大学、济南高新区、山东力诺集团、青岛海信集团、中国海洋大学等开展产学研对接活动。

2014年11月20～21日，山东大学青联委员代表团产学研对接会在苏州举行。

五、产业孵化

2014年，苏州研究院走访企事业单位200余家，参加各类活动20余次，成功引进高科技企业12家，科技项目30项，云计算类项目中1项获批云彩创新项目，2项获批云彩示范试点项目。2014年，苏州研究院组织申报园区科技领军6项，其中2项海外项目分别获得第三届中国创新创业大赛总决赛团队组第二名、2014年“千人计划”创业优秀团队奖，“肌电手势识别”项目获工业园区科技领军人才项目资助。

2014年12月，山东大学苏州研究院创新创业孵化器获批工业园区第二批云彩创新孵化器，享受相关政府政策支持。

六、国际合作

苏州研究院所在地苏州独墅湖科教创新区是全国首个“高等教育国际化示范区”，区内聚集近30家国内外知名高校及其研究院所。苏州研究院依托区内优势资源，广泛对接海内外高校，策划形式多样的合作项目，目前主要与美国代顿大学中国研究院、德国卡尔斯鲁厄大学、洛加大先进技术研究院、法国SKEMA商学院等高校开展交流与合作。

七、文化交流

苏州研究院积极参与苏州独墅湖科教创新区内、外组织的各类文化交流活动，连续两年向苏州独墅湖图书馆捐献山东大学出版社出版的书籍近400册，支持当地文化场馆建设。同时苏州研究院先后邀请山大副校长陈炎教授、文学院马瑞芳教授、周易专家徐国亮教授等专家学者做客苏州“湖畔论坛”，加强两地文化交流，论坛在苏州受到媒体和公众的广泛关注。

2014年，苏州研究院主办《新媒体环境下企业品牌的建立与传播》《直指人心的沟通表达术》《管理规范与管理创新》等公益公开讲座，推荐校内老师来苏州作专题报告，扩大了山东大学在当地的影响力。

八、校友工作

苏州研究院自成立以来，十分重视校友工作，与苏州校友会紧密联系，组织多次校友活动，使入会校友由苏州校友会成立之初的10余人发展到近300人。同时苏州研究院加强与上海、南京、常州、无锡、青岛校友会的互动交流，努力聚拢校友企业家资源，储备能量，为学校建设贡献力量。

（孟昭君　吕明新）

东营研究院

2014年，山东大学东营研究院紧紧围绕市委、市政府和山东大学的中心工作，充分发挥政府、学校两个方面的优势和积极性，通过协作创新、成果转化、资金引入等行动，推动科技和经济紧密结合，构建以企业为主体、市场为导向、产学研相结合的技术创新体系，为促进黄蓝国家战略实施、建设生态文明典范城市、推动东营经济社会又好又快发展做出了积极贡献。

一、积极与市校科研院所合作，推进基地平台建设

先后与东营市及台湾地区企业、高校合作建设山东大学东营研究院产学研合作对接基地、鲁台（东营）产学研合作对接基地；推动东营企业与山东大学成立“山东大学生命科学学院教学科研基地”、橡胶轮胎检测实践教学基地；与天津优瑞纳斯液压机械有限公司合作成立天津油井防喷耐压试验设备生产制造基地。

二、加强科研项目申报，积极引进科技产品，深入推动科技成果转化

积极申报东营市科技创新奖、东营市技术转移示范机构、河口区科技发展计划、山东省科技发展计划、东营市科技发展计划、东营市“十三五”发展规划建言献策活动等十余项奖励或资助项目，其中山东省科技惠民计划、山东省技术创新项目获得立项。

先后引入医疗器械、电源设备、海上作业安全管理系统、木鱼石净水器、妙蒜大蒜素等多项科技产品，并开展前期市场调研和市场推广。

三、加强人才服务平台建设，优化人才发展环境

加强与高层次人才联络沟通，先后引进“千人计划”学者2名、泰山学者海外特聘专家1名；外聘3名泰山学者海外特聘专家。

经山东省教育厅批准，正式设立山东大学现代远程教育山东大学东营研究院校外学习中心，2014年新增网络教育学员200余人，累计在校学员近400人。

四、积极开展科技、社会服务工作，进一步提升服务质量

科技服务方面，作为东营市科技企业协会会长单位，积极组织推动开展“12341县区科技行”，为企业搞好全方位服务，先后荣获东营市科学技术合作奖、东营市服务创

新领军人才等荣誉称号；与东营职业学院、利津县团委联手组织“青年博士助力县域发展利津行”；与济南科慧页岩化工技术有限公司牵头成立山东环保石油化工工程服务联盟；推动山东大学机械工程学院与信义集团合作建设博士后工作站。

社会服务方面，山东大学2014年网络教育工作研讨会在我院举行，参会代表共向利津县北宋镇实验学校捐赠图书1000余册、现金4万余元；成立“山东省信誉评级有限公司环渤海战略事业部”，为东营市企业提供信誉评级服务；与胜宏置业合作推动社区垃圾分拣工作；组织搭建山东大学东营校友交流平台，促进合作发展；建设瀚洋呼叫中心，以呼叫平台外呼形式为企事业单位提供招聘、招商、招生、市场调查等服务。

（王楠楠）

山东县域发展研究院

自2014年7月成立以来，山东大学县域发展研究院在中共山东大学党委、行政领导和即墨市政府的关心和大力支持下，秉承“扎根即墨，立足山东，面向全国”的办院理念，通过扎实开展各项科学研究工作，重点解决中国县域发展急需解决的重大和关键性问题，占领县域发展研究的学术高地，争创全国一流的县域发展智库，为山东大学世界一流大学建设贡献力量。

一、整合资源，依托即墨全面开展县域发展研究

整合山东大学经济研究院、山东发展研究院、管理学院、法学院、清华大学、北京大学、山东省宏观经济研究院、中国海洋大学和青岛大学等校内外科研资源，组建了六个课题组——“即墨农民市民化的成本分担机制研究”“传统产业升级和转型的新途径：‘红领模式’的经验和推广”“影响拆迁合作水平的关键性因素分析：以即墨为例的研究”“县域政府如何依法行政：以即墨为例的研究”“县域经济增长机制及其产业升级和结构转型研究”“即墨市十三五规划”。

目前，各课题已完成课题论证、合同签订，调研在即墨市全面展开，相继赴红领集团、海隆机械集团、即发集团、雪达集团、青岛森麒麟轮胎有限公司、青岛昌盛日电太阳能科技有限公司、即墨国际商贸城、中国（即墨）服装品牌孵化中心、青岛汽车产业新城、即墨统计局、即墨发改局等地调研40余家，60余次。实施定期课题汇报制度，召开课题组交流会，促使课题研究贴合即墨实际，促进各课题组之间信息资源共享。

部分课题的阶段性成果以呈阅件形式报送即墨市主要领导并获批示采用，如《信息化与工业化深度融合的典范——“红领模式”研究报告》《即墨经济增长驱动因素研究报告》等，为即墨相关产业政策的制定提供智力支撑。

二、多方合作，拓宽领域实现合作共赢

在与企业合作方面，研究院作为学术支持单位参与了阿里巴巴研究院主办的山东电子商务与县域经济论坛，并与一亩田集团达成初步合作意向。

在与政府合作方面，与即墨市委组织部洽谈教育培训合作事宜，致力于将研究院培训部打造成即墨政府人员培训的平台。并与即墨市合办“即墨科学发展论坛”，先后邀请中国社会科学院农村发展研究所宏观室主任党国英教授作了“推进城乡一体化的体制

创新空间”专题讲座，国务院发展研究中心宏观经济部副部长孟春和财政部财政科学研究所研究员，中国公私合作研究专业委员会秘书长孙洁进行“经济新常态下，推广运用PPP模式的思考”“PPP模式理论与实践”专题讲座。

推动国务院发展研究中心、中国社科院、中国科学院等专家前来调研和合作研究。

三、强化队伍，专兼结合推动研究院发展壮大

争取山东大学领导和即墨市政府的共同支持，与校有关领导和有关部门就协同创新机制、科研队伍成本分担机制、新进人员标准等具体问题进行了探讨，初步确定了研究院必须有稳定的专职科研队伍，采取专兼职结合方式，在山东大学人事体制改革的大方针下，建立县域发展研究院专职和兼职的科研队伍。专职人员既可以从山大现有人员聘用，也可以面向社会引进。同时，在山东大学青岛校区教职工生活区安排4个公寓，由即墨市政府出资购买，产权归即墨市政府，供研究院科研人员专用。

（林大治）

2014届毕业生名单

本科毕业生名单

哲　学

陈　垦　丁长坤　丁　一　李和依　钱　程　孙钦钦　修召阳　张　坤　张诗婧
金志昕　李雪莎　宋佳佳

文史哲基地

丁雪松　刘　洋　钱姗姗　王　玖　王　舒　姚　滴　赵丹丹　范敬如　刘思言
宋恩来　王少辉　于洪振　李小凡　李志璇　张智明　胡镤心　吴振宇　武新珍
苑晓帅　赵　彧

社会学

陈思宇　崔臻辉　兰　娇　杨　君　杨月宾　杜君斐　郝朝越　郝小帅　贺可利
胡筱婷　季觉苏　焦晓娜　李媛媛　梁　成　刘潇璇　陈晓东　李承罡　罗　璐
马　艳　宋文洁　王婕冰　王诗薇　叶丽晶　尤晨楠　赵熹城　韩明静　何含溪
蒋　莹　李立夏　林　琳　马开阳　梅　杰　潘歆梓　宋嘉诚　孙　岩　唐佳琪
肖　瑶　徐梦晨　徐永兴　许　希　杨　跃　张　彤　仲博文　朱　姝　朱文娜
霍振宁　姜凯旋　刘　晗　孙凌云

社会工作

冯立壮　庞海粉　吴孟珊　曹　琪　陈梅丽　高　雪　何玉环　李志远　钱媛媛
王欣宇　吴雪柳　张圣洁　张照辛　高芳东　韩　赫　李　冰　李瑞雪　路子韵
王爱播　王　敏　王珊珊　王双双　王亚桥　李加政　张同鹏　赵海迪　邹菲萍
邹镜仪　何骤毓

经济学

陈蔚然　李　凯　王天白　肖吉夫　杨　申　毕　然　曹　晓　侯方宇　侯贺文
刘　洁　刘奕聪　苗呈浩　邵　珊　陶雪娟　于晨光　邓蔚然　姜荣晨　李奕璇
马　健　毛嘉城　孙成昊　王奕伟　武文琪　许　欣　杨　猛　李天心　伊　诗
邢圆圆　程　文　朱晨斌

国际经济与贸易

冯鹏鹏　沈建邺　严　俊　李青峰　刘柏妤　毛文璐　齐千春　田　媛　王　丹
王　刚　王同阳　徐婷婷　曾德谦　毕思雯　代江波　杜笑云　何欣园　李贤伟
宋　纯　谢　帅　邢惠丽　杨晓海　于　静　程小军　郭若楠　李　潇　吕　斌
吕庭彪　聂焕宇　裴常琳　亓三川　钟晓曦　丁　威

财政学

韩子信　姜怡朵　刘　婧　马新宇　马馨雯　王　建　吴成军　周　雪　朱国松
白悦昭　德　央　甘泽政　刘　瑾　刘　倩　孙　哲　田桂凤　吴　凡　徐海燕
张　娉　冯舒晨　郭成强　郭　鹏　李佳潞　李晓宇　马媛媛　倪　萍　孙俊丽
田万里　王　鹏　吕　玥　普　冉　索朗卓嘎　王　彤　王志军　燕方方
于世康　余孟莲　张茜然　张群成　蔡　倩　陈学盼　费文娟　龚亚洲　马凯文
乔　敏　王　筠　王　杨　扎西央宗　张　研　刘方敏　戚锦康　佟熙敏
王潇南　赵　玲　何小勇　格桑达瓦

金融学

陈　旋　范鹏飞　宫　健　卢易雯　苏　迪　刘　超　孙雨蒙　岳婷婷　王　玥
辛　晶　杨云龙　袁　玫　张爱丽　包郑扬　韩质栩　黄燕蓉　刘陆宇　刘伟赫
万理智　王筋成　王梦溪　仵　悦　丁圣澜　丁　瑶　姜艺婕　李　晓　刘沐洋
覃婷婷　肖婷婷　徐　帆　杨　雪　张文珂　赵　亮　陈鸿振　陈若涵　戴雨汐
韩　青　黄慧文　黄　臻　姜　詝　马　浩　沈莹清　张仁斌　李嘉旻　刘冬雪
刘　敏　宋婷婷　王文浩　王竹君　吴世焰　杨梦娜　苑　蕾　张　文　陈　吉
陈　燕　党瑞琪　冷霄汉　苏文琼　吴　沁　于晓珂　张凯英　张晓璇　张雅文
陈　悦　冯嘉敏　高春龙　高　莹　杭　磊　何帅龙　姜　娇　李　景　李世明
罗宇翰　亓　芳　曲诞雪　孙可迅　孙晓晗　孙永坤　田　哲　王梦真　王天毅
徐伟博　杨岩桥　秦舒康　吴　莹　杨兆宇　张冠男　张　玲　张岳铭　张云鹏
张智哲　赵文嘉　钟　倩　安　安　陈　力　邓植升　冯华青　耿旖旎　刘见波
刘　雷　刘人硕　杨雪帆　战　迪　谌　威　崔华泰　邓章琳　顾圣宽　李杰人
李　蒙　吴太山　张思齐　张旭晖　赵　颖　杜　旭　段　楠　侯　垚　李舒婷
刘适然　宋　文　熊　峰　徐　冰　闫大硕　左莎莎　陈　君　陈蕾蕾　方毓丹
李　照　刘　敏　刘　洋　濮麟霁　沈　康　赵琳琳　周春云　蔡文婧　姜　楠

李　繁　刘家玮　孙滕强　孙　焱　孙怡靓　夏鑫荣　徐国扬　赵一忆　卢　超
孙　雪　孙益聪　王　凯　王　露　谢　琳　杨佳琦　杨舒涵　袁　方　张宸朝
池吉呈　高天行　申俊亚　陶天昶　王　琪　王婷婷　赵政岳

保　险

张明月　董一平　华　龙　黄亮节　李晓云　刘建波　王非凡　王佳宇　王　馨
辛志阳　张世宁　崔　蒙　韩　琳　韩玉帅　冷安丽　李　晗　李　菁　张　良
郑迪文

金融工程

王佳楠　杨　松　单小霞　董　娜　董照英子　郭　宇　佘美英　孙钰龙
王锦辉　王雪霏　张　晗　张珮菲　李彧晖　阮　睿　孙　方　孙宇辰　孙振南
涂海敏　许　琳　杨　燕　张　茜　张云芳　李　欣　苗　正　徐　丹　杨　立
余春燕　曾灵斌　张　忱　张夏萍　张莹莹　朱圣球　高　东　高　洁　金希晨
齐少敏　田佳琪　万　帅　信路晓　于　洋　张萌远　赵　充　陈晓飞　崔志斌
李翔宇　刘　栋　刘开宇　吕长青　苏高杰　许　硕

科学社会主义与国际共产主义运动

王丙洋　沙吾列提·哈勒　肖雨薇　徐　尚　许晨晨　朱振东

政治学与行政学

陈艺萌　龚　璟　刘昭顺　于　柳　袁晓乐　程　书　郭　莹　洪妍欣　江琳云
李　宸　李晓霞　李奕潼　吕倩倩　孙　菱　万　能　冯学知　黄　鹂　王淑燕
王鑫萱　吴　旋

国际政治

董　蕾　黄英杰　李佳益　刘洁冰　袁　昕　姜露煜　李明真　李　优　马　丽
嗯开尔·吾嗯阿　谭少怀　陶　彧　王侨民　叶　雨　张希方　徐方圆

行政管理

陈先云　陈秀丽　黄芊惠　蓝秀琼　李雪梅　王海燕　杨冠宇　杨学洋　张骁男
陈方琳　陈烨秋雨　李可心　李闪闪　宋林惠　覃俊瑜　王　涵　文　明
吴晨旭　吴玉娇　陈佩云　陈善清　陈　意　崔媛媛　邓　雄　苟晓曼　何秋梅
胡龙娇　黄松涛　蒋　朴　李小宇　李志宏　廖嫦娥　刘国立　刘明娇　刘冉冉
刘　宇　陆开月　陆　倩　毛庆铎　任　珍　师中原　石静娴　石丽君　王　冰
王　佳　王盼盼　王晓娇　徐　菡　颜　玲　宋秋萍　陶雪莲　展振华　张春红
张冬冬

公共事业管理

曹　畅 付　振 高志东 龚宇轩 谭　薇 荀洪越 郭长江 郭贤贤 罗　浩
苗茹祥 穆　杰 饶中尧 王文超 王　展 许晓彤 杨　光 白玛德吉
杨云云 张　浩 张连超 张世林 张禹桐 张紫薇 赵双洋 朱文斯 左晓青
马艳芹 孙　煜 铁雅婧 王晓龙 闫兵兵 杨家勇 益西卓玛 游　田
于海洋

法　学

常小溪 褚　嫱 古军华 何永海 林处章 柳　锴 王金鑫 王　展 杨雨潇
朱秋爽 艾　琳 陈汉明 陈瑞卓 房　蕾 冯　诺 冯　霞 高冬冬 辜慧芳
侯文瑶 胡君坦 华先举 李　杰 李乐乐 李智谋 刘倩婷 刘　震 门绪峰
任姝雯 万里行 王美淑 吐尔逊买买提 魏雯珺 魏湛凝 夏　斌 徐婉苏
张　哲 赵　进 赵祎洋 朱凌云 朱双美 蔡依萌 曹馨元 陈思维 杜　楠
郭文睿 王　臣 王　涛 吴　丹 薛　芳 英提扎尔·买提 阿卜杜麦吉提
储韩珍 顾亚群 蒋东阳 李　雪 滕玉琳 王盛民 亚库普·阿卜杜 张　慧
张　莉 戴佳丽 丁嘉宁 郭　鹏 王炳蔚 王海韵 王　越 薛如锦 张芳豪
赵炳林 赵　爽 阿勒腾别克·哈 邓中杰 郭凯丽 郭娜娜 韩林均 雷晶晶
李春燕 王清珍 王晓星 张健乔 李道珍 李　菁 刘丽杰 刘在航 王俣璇
吴佳慧 徐　宏 徐家全 张婉婷 张亚雄 贝玉萌 官文燕 黄思瑶 秦瀚堂
魏菱蕊 肖洁蕾 杨亚都 张宇娇 赵诺千 包瑞雪 高　萍 黄学梅 李　政
刘元元 娄安泰 吕新宇 王　璐 王雪妍 张乐乐 李　丹 芦　展 穆呈茵
秦　翔 王魁世 王志宏 魏海燕 岳庆才 张宇鑫 赵志超 李修竹 吕　蕴
闫　华 朱炳琪

汉语言文学

郝　静 刘淑静 姚启航 陈文歆 陈秀琪 崔传燕 崔新丹 范锡明 何　晗
郗梦菲 杨　悦 张竞文 张洋洋 党亚杰 董玉梅 杜以恒 甘　璐 高敏娟
高荣华 高月龙 谷园园 郭丰煊 姜俏冰 蒋祺阗 金　羚 景喜文 孔令一
李　丹 李佳楠 李润冰 李　政 李治华 林珈亦 刘　菲 刘相如 刘　亚
龙佳漪 娄　菲 卢远燕 吕振欣 马继超 宁晓琳 潘文凤 彭茂原 屈　阳
权新茹 石尧峰 宋艺博 孙　昊 王嫚玉 王朋超 王　硕 王　田 王小梅
韦鑫蓉 吴　娟 吴宇婷 吴雨泽 徐　笑 许梦飞 闫等等 杨嘉昕 杨胜男
卢月婷 杨帅毅 姚百惠 余　玲 曾雪梅 张路遥 钟亚妹 周　瑾 祝　希
庄　申 安莉莉 陈含黎 李昱颖 卢偲怡 乔生芳 孙淑云 索朗德吉
汪晓玲 王　淳 张恒韬 段蕴恒 何海若 刘冬梅 邱隽思 全通江 王俊岩
王烨炜 萧慧莹 杨广禄 衣兰馨 陈　冯 崔　政 盖　琳 吕　冰 马思悦
马兴涛 牛国林 朴文玲 邱　月 任　雪 巩文智 李子钰 魏　然 杨彩娟

张心怡　周　纯　周玮舒　布丽布丽·热哈提　尹伟民

新闻学

黄维佳　林巧婷　黄莎莎　孙璐畅　陶庆娟　王　琛　王　聪　徐艳丽　许清茹
杨佳欢　杨玉洁　杨志欣　韩　彤　孔　颖　裴雨惠　任　群　吴　莎　肖　俊
玄增星　杨佳钰　杨　雯　袁　梅　蔡姝凝　刁　雪　林　慧　牛书叶　王田歌
王旭杰　魏　颖　吴雯欣　谢琳菲　徐志伟　曹红红　陈秉宜　高　磊　李　晨
李蕃香　李禹城　马丽丽　倪塞美　曲　岩　王　聪　窦永强　王　玥　魏本敏
肖　雄　杨　芹　翟旭瑾　郑宛莹　仲乾坤　朱天浩　朱彦霖　陈诗羽　伏思颐
恒巴特·邓哈孜　库里加依娜·扎　刘丹妮　王宝璐　王英英　徐超超
张　伟　张　鑫　凌　艳　刘元元　鲁　悦　周秉娴

音乐学

陈婷婷　贺　晓　林媛媛　刘妍慧　王　珩　张闫女　薄　琳　曹莲生　高子涵
耿加伟　韩　蓉　黄　飞　姬　晨　吕明洁　徐华蔚　赵梦迪　兰　青　李灿灿
李潇雨　凌　俐　刘　琦　刘　欣　吕臣颜　亓志达　桑　昱　苏　灿　孙灵炜
王蓓蓓　王　斌　王蕾蕾　王　伟　魏　强　邬雨婷　于艳会　喻茗倩　张博雯
艾明旭　陈晓雨　高钰淇　黄孟秋　黄明媚　李萌芽　马明路　王亚强　于　琦
张天尧　刘颖哲　彭　菲　曲晨曦　苏晓晴　孙　乐　王　松　张梦琳

美术学

韩晓峰　孔　晓　潘　煜　申凌羽　石　浩　宋建伟　王纪强　武海超　颜景辉
毕晓洁　陈　莹　单凤阳　邓晓钰　董建聪　韩笑笑　邵光路　吴　珏　张　超
胡　秀　黄菲菲　黄涵杰　黄雅文　李宸瑶　李　婷　林俏怡　林志顶　刘景霞
刘　艺　吕倩倩　马悦翔　彭庆辉　商建帅　谭青青　童智超　王　露　王志慧
沃凯莉　吴　迪　侯媛媛　金蓓蕾　李　姗　刘　垒　罗司宝　吴美萱　张泓瑜
张　莉　张士辉　赵晓涵　常艳涛　程　鸣　高国伟　贾圣童　李梦圆　沈玲俐
师　旭　闫雨萌　杨贵玲　赵鲲鹏　齐璐璐　钱余娴　武晓军　杨　俊　张泽坤
周浩然　朱裕昊　燕　鹏

英　语

刘惟绰　孙　萌　周　琦　段浩明　方吏堃　冯旭颖　韩　玲　胡　彬　李世凤
李　洋　刘中瑜　孟小龙　邱若璇　纪倩文　李厚敏　李　美　李欣洋　刘思遥
刘　洋　刘　奕　吕文琪　濮　阳　宋丽娜　孙　芳　王　聪　王济深　王　菊
王俊美　王　玲　王　蓉　王　雪　王　言　王晔薇　刘梦蕾　武　娟　席靖竹
谢妙珍　谢玉茜　曾雨秋　张译元　张　政　邹　平　邹洋洋　程晶晶　董　博
范蓉蓉　高　展　黄雪佳　李楠楠　林帅一　平　旭　孙青青　谢志国　冯倩娴
刘晓天　潘肖蔷　翟春美　赵佳璐　周雅琨

俄　语

李书曼　林彩　魏婧超　赵晓蕾　毕憬　陈炯　盖瑞园　孙洪斌　孙晓
田山岭　张可　张敏　郑连连　朱铭娟　郭艳灵　李娅婷　马千惠　曲苗苗
王颖　余知秋　张微　张夏然　郑德隆

德　语

刘蕴泽　巩文慧　韩雅冰　李童　楼雪莹　马秀秀　田梦　王少辰　王胜男
于莉　张茜茜　鲍璐瑶　陈天正　陈彦君　冯蕙怡　付颖　胡超然　胡玥
李冉　李晓晓　吕晓婷　罗希　邵景东　石开诚　束涵　王晨　王笑
王雨欣　徐橙子　徐莆苒　杨崇跃　孙媛媛　魏昭燕　赵飘　修铭泽

法　语

金奕扬　景亚男　李亚男　刘丽丽　步云　程雅　盖金通　刘雨嘉　牟朝
吴安琦　姚俐衡　张乔乔　张婉怡　张雪艳　陈玉洁　杜康　李聃阳　刘玲玲
刘美娇　彭怡馨　孙迎新　王隆晓　王晓伟　张慧敏　陈娟　吉志　李琦琪
王恩红　王莹　杨冉　张露

日　语

褚楚　王天祺　赵诗菡　陈栋　成尉　成喜通　韩婷婷　胡鑫　孙梅
许冬婷　张庆怡　张阳　张展　崔嘉琪　郭巍　郭艳艳　韩净　郝梓
黄畑　贾晨迪　蒋靖宇　李茜　李庆庆　梁莹　刘晨阳　吕杨　马倩文
任宝贞　宋媛媛　涂楚雯　万安琪　王晓筠　张璇　刘潇涵　杨建楠　张龄心
赵倩楠　郑诗慧

朝鲜语

蒯琪　宁洋　杨宇婧　张美玉　赵喆　陈晨　黄路尧　李芊　李旸
田媛媛　王微笑　王誉璇　魏凯琦　温佳贝　闫子敏

科技英语

陈真真　黄艳婷　刘颉　罗奕　毛旭　毛韵霞　逄晓丽　王鹤　徐丽丽
殷荣庆　姜琳　康宁　刘颖聪　娄超凡　逄晓娟　孙元斐　杨帆　张琪
张潇　郭雅倩

西班牙语

陈鹏龙　李佩君　路雨婷　邱杨　阎龑　杨潇　赵英君　周牧青　陈琦
冯睿　李然　梁英豪　邵宇晗　田倩仪　王佳玮　王晴　吴茜　吴予珩
韩采杉　李倩　席悦　杨丰榕　伊风宁　张劭祺　张苑　张政　朱晓涵

邹媛媛　车胜男　成培培　李　辰　廖思慧　罗晓寒　邵　强

翻　译

董嘉宝　刘　畅　张睿思　房　田　李　蔚　刘亚昆　沈燕雯　王欢欢　王青霞
王艺臻　向天宇　张吉喆　赵　嫣　常　卉　董小玄　蒋俊一　刘志国　晏依婕
尹　宁　翟启凤　张嘉慧　张伊婷　赵　欢　康　硕　李　晴　刘米麒　王　静
杨亦然　张馨丹

商务英语

胡秀民　姜春燕　王伟宸　叶秋娟　蒋心宇　李红燕　李　莉　李　洋　刘华琴
马　宁　马孝文　聂　微　宋珊珊　孙文文　方　遥　韩　萌　邱亚伟　王凡菊
姚嘉琦　张　安　张念荣　赵　启　郑　健　周　泉　邓崇妍　许一晨

历史学

丁　冉　都　乐　方　圆　李玲珠　李晓明　刘雅坤　颜黎丹　叶　榕　纪婷婷
李睿宸　李文强　栗晨阳　刘廷戈　申丹悦　施明忻　徐铭灿　燕泽群　尹文浩
陈佰通　孔明熙　杨松林　赵为栋　吴　凡　张建新

考古学

陈心舟　李晓哲　穆东旭　吴晓桐　岳婧津　蔡　昶　李　伟　孙健刚　孙宇峰
韦山祖　赵天马　周　瑞

档案学

卜悦瑞　唐慧雯　张　劢　黑志刚　黄　亮　李　珍　刘佳慧　彭　鑫　孙　浩
王　静　王淋淋　王思诗　张玉凤　程广沛　丛江杰　笪群梓　孔　放　李明娟
毛天宇　吴　庆　赵　玉　郑晓彤

文化产业管理

周凤竹　巴　蕾　曹清清　常金凤　陈飞翔　狄　芃　李华国　毛　安　王清涵
王艺颖　严佳丽　陈　洁　陈祥好　高　嵩　郭　燕　荆　婧　雷旋彬　李恒扬
李　萌　李　欣　李道坦　刘兵权　刘晴晴　刘　雯　刘　霞　吕　凌　马锋杰
潘　超　彭　玥　桑　惠　王永辉　王　玉　夏振南　许世贝　阎韶宁　杨文山
岳梓月　张俊梅　张鹏妃　张若竹　郑佳妮　波塔克孜·夏依　曹如茵　丁　莹
格桑加措　格桑伟珍　刘　潜　刘雯雯　马显龙　王九涛　周弯弯
陈　琛　林　莹

数学与应用数学

包津榕　陈怡然　初　磊　何　昊　杨　帆　杨信智　常　城　谌　强　崔甲蓉

丁砚　冯嘉楠　李晓禾　石倩　唐涌川　杨曦　郑文婧　郭鑫　黄恩勋
金彦博　李建文　刘倩　刘演森　刘昭　栾军委　马宁　潘思祎　秦宇
孙淑晓　王丰林　王健　王金鑫　王新强　王颖慧　王梓　夏国斌　杨天宸
刘玲玲　刘翔宇　刘洋　邱璞　田雪　张国栋　张亚伟　赵春霖　赵云龙
邹翔宇　初琳淞　李月琪　林锦帆　全诗炫　田雨露　王帝　吴培涛　严兵
王渤月　付建杰　张桁

信息与计算科学

刘阳　常霄　陈楚娟　董哲　韩平　贾光钰　姜新　李娇娇　李瞳
吕建科　毛大鹏　彭啸　秦晓雪　邱家新　宋金明　王迪　王杰　王振华
杨立生　叶铁儒　叶志程　范兆英　姜泰莹　李荣辉　李珊　孙英超　尤天骄
余彦南　袁恺薇　张兴　赵勇　胡旭　李文涛　刘斌　夏一婷　杨东雷
张锴

统计学

李文静　李一骁　梁克垚　刘梦斐　刘如一　马晨峰　马浪　马志茹　钱晨
任玉晓　唐月月　刘莉莉　王迪　王薇　王宗连　徐雅晴　许耀升　杨昊源
苑洁　赵宇晴　邹婉平　戴琳琳　董琦　李鹏飞　李伟岸　李雅馨　刘杰
么瞳宣　潘琨　石海雪　伍玉路　蒋于龙　焦舒豪　王奕翔　赵玮

信息安全

敖成朵　初志晖　侯志鹏　李佳颖　李铮　徐道超　林尚雨　刘金泉　刘乐
刘立群　马凌云　吴静俭　吴晓曼　许亚芳　闫海伦　赵艳敏　杨帆　杨异凡
甄帅　周临风　朱冰心

金融数学

方诚　刘佳雯　王璠　李开元　卢俊有　栾顺超　孟令尧　宋唯实　王缤晨
王恩然　王旭辉　王跃鸿　吴文博　李漫雪　刘惠文　刘夏冰　刘亚昊　邵治铭
魏传奇　张文　赵德鼎　钟立娜　安云博　丁然　李佳　李婷婷　刘存栋
牟琨键　宋健　王海琳　邢瑶　张琬蕾　崔睿　栾强　郑骅

物理学

牟坤鹏　索剑鹏　张宸宁　张临强　艾旭光　陈天悦　陈喜亚　方苑　黄平平
王蒙　杨轩　陈璐　成城　刁硕涛　丁倚天　谷亚坤　何林安　胡发超
胡孟超　胡蕴琪　黄佩豪　蒋斌　靳晓笛　李成　李逸坦　刘光明　刘帅
刘肖　尚震　司伟男　隋行　孙峰　孙宇舟　王官志鹏　王浩宇
王健　王友为　吴鹏　吴云龙　咸海杰　肖莉莉　程瑞清　丁延春　高坤
王梦琦　杨舒笛　曾展鹏　张瑞梓　赵贺　周传兴　周祺　高雷　葛一雷

郭　昊　韩晓彬　何嘉丽　李向南　苏　畅　王宏乾　王　伟　王晓君　陈　潜
高兆艳　黄一渊　鞠季宏　刘贤涛　刘晓阳　张炳锋　张　静　张震丞　赵司南
裴楚君　吴望尘　袁　梦　朱天慧　田　雨　陈　阳　王　廷　韩　冬　李　昊
李瑞恒

应用物理学

江田辉　胡嘉南　康　屹　毛　鑫　全　熠　孙　岩　王芙凝　王嘉瑞　鲁扬超
谢岳君　杨　斌　叶诚恩　禹明福　张　冉　周昱成　邵行健　何若冲　张青龙
康晋涛　李　扬　钟安旭

微电子学

丁效天　周来临　杜丽丽　公静霞　韩肖靖　蒋贺丰　李　垒　李　强　李云鹏
刘　强　刘　松　罗小青　骆　鹏　苗　佳　潘　禹　任宇晖　石琳琦　苏大鸿
唐　峰　田　源　汪　菲　王冠宇　王天云　王晓朋　王玉春　王振中　夏修民
尹方元　尤红权　张秋旋　张晟智　赵辛宇　常博凯　李　宜　王家东　张少鹏
赵　伟　赵梓夷　郑发明　郑佳祺　周丽颖　朱文锋　夏彬杰　秦文玺　范叶嘉
付世伟　寇少雄　李森森　孙长勇

化　学

安　阳　陈　力　陈丽芳　陈　云　张　艳　杜伟男　郭益廷　韩兴君　冀方蕊
贾　宁　李海宁　李昊昱　李　娜　李婷婷　厉晓杨　刘少通　刘　伟　刘　雪
刘亚楠　刘志文　钱爱蕊　沈　蓉　施杰冲　石正阳　孙　丽　孙笑雨　唐　爽
王　金　王文贤　吴　乐　徐梦真　于秋兵　张齐徽　张　震　郑晓鑫
阿衣吐逊·阿布　草　原　管和根　郭　菲　侯胜珍　李华锋　李文哲　刘孟姚
闫雨晴　朱　豹　黄子晓　李宇翔　田　悦　王浩岩　王益彤　武柏屹　武文丽
肖兰兰　徐立超　张　建　韩其昌　彭洋洋　钱怡霞　秦　倩　尚鹏伟　王晓雪
杨学志　张家婧　张镕驿　赵思源　沈洁仪

应用化学

热皮卡提江·居　谭雅宁　白　晶　柏永成　曹惠杰　代巧玲　胡盈莉　贾晓冉
刘吉东　刘玉龙　潘卫娜　汪　林　王　琪　王　瑜　谢彩霞　许　刚　颜肖兵
燕　汝　叶宝玉　于强强　张斐柠　张　倩　阿里亚古丽·艾　冯新龙
李瑞如　刘　鹏　努尔江·达吾列　彭一龙　王亚辉　魏嘉莹　仲月瑶
朱文双　陈　智　李传鹏　李春娅　刘夷之　庞　博　王毅然　王英俊　吴望腾
张治青　阿布力米提·阿　王海滨　杜　江

化学工程与工艺

曹晓彤　陈　铖　程　阳　崔　青　邓　潇　周　林　段馨慧　韩善雷　衡　华

胡栋栋　孔繁宇　孔玥琪　李定宇　李　鸽　李慧亮　李建云　李晓梅　李占胜
连永波　梁慧娟　梁露露　林美佳　刘　昊　刘鸿宾　刘瑞峰　刘珊珊　刘暑光
刘新雨　鲁文静　秘　雪　牛　军　宿云婷　孙芙荣　孙亚娟　王海南　王力卉
王亚红　王　艳　王艳珍　王运坡　王铮铮　魏秋红　吴海超　吴玉榕　徐长栋
徐　畅　徐　亮　徐　铭　徐沂锋　许婧雅　闫　冬　羊　涛　张博琛　张孝智
赵根源　赵　顺　寇学伟　马纪艳　王　浩　杨泗满　郑　龙　郑　艳　何淑仁
吴晓亮　蒋昊原

化学基地班

董建桐　高　博　郭　宇　胡　奕　李明智　李　妍　刘　畅　刘恒旭　刘　舒
张成城　贺子欣　苏　凡　孙　洁　孙雅静　王　晟　徐博彬　薛荣荣　杨景舒
翟颖文　张　赫　董梦琦　房路加　冯培广　付　磊　胡俊一　李川川　林良栋
孙作榜　王靖慧　王倩玉　房立营　耿轶峥　梁龙跃　魏　鑫　张　贺　张　璐
张为宁　赵芳艺　王　岩

电子信息工程

张子瑾　白　月　常帅帅　陈　燃　丁倩倩　董光喆　杜　超　姜　博　李玉兰
梁泽滨　文　娜　房　明　冯遵山　付希凯　郭拾贝　侯晓霞　胡　锐　姜育宁
金　蕾　兰新宇　李海金　李　玥　李泽明　李志远　林坤海　刘　冲　刘天娇
刘旭卿　马闪闪　马星宇　满勇强　邱　莹　曲爱喜　盛君鹏　施恭林　司　婷
宋　丹　宋倩倩　苏　杰　孙春蕾　孙孟磊　孙媛媛　覃夏慧　王虹霁　王　磊
王　泽　魏芳芸　修　超　徐　帆　徐　凯　徐秀珊　徐艳艳　薛浩鹏　杨　楠
杨　阳　余志峰　张　欣　张雄堪　张译戈　张卓群　赵　洁　阿地力·艾买依
艾克然木·艾日　坚传辉　努尔热曼·阿布　热孜叶木·伊娜
赵雪琦　钟世承　周春晖　周琳琳　朱　慧　丁存芳　高　远　黎昌硕　李蒙蒙
娄佩婷　马　良　马玮婷　陶囡囡　魏传鹏　赵世航　范丹丹　孟凡松
木巴热克·安尼　宋雅茹　陶日明　杨红涛　尤沛涛　张　磊　张天祎
张　文　陈思秦　戴睿轩　高园园　李　天　秦　宁　杨本亚　张曾祎　焦　帅
李建民

通信工程

郭利泽　韩通洲　季名扬　贾泽宇　李瑞冰　刘文芳　谭靖虹　田雅薇　王凤君
王先林　吴　晨　蔡茹雪　陈书涵　陈晓洁　陈真真　董爱月　董艳莉　房海腾
高　健　郭高洁　郭江婷　黄禹铭　黄哲康　姜晓康　解志远　李俊卿　李　魁
李乐乐　李　潇　李翼飞　李悦恒　李　震　梁青山　刘　博　刘文超　刘晓芳
吕梦阳　梅培楠　苗立华　庞　潇　钱壮壮　曲彤晖　任艳芬　司文韬　孙家乐
孙庆磊　孙艳伟　唐文华　汪　辛　王宝宝　王善民　魏得路　谢　菡　徐凡一
徐华鹏　徐万琛　徐晓婷　徐兆犁　徐亚琴　薛　蕾　闫蕾芳　严亚玮　杨　帅

杨鑫阳　杨在田　姚婷婷　于　栋　岳雪凌　张达成　张倩倩　张巧玲　张世成
张笑青　张　艳　赵　冬　赵然佳　赵　玉　郑黎丽　郑文杰　种振江　周天琪
陈蓓蓓　高丽梅　刘培坤　吴润泽　许愫瑶　姚淅峰　叶星瑞　张维康　朱俊伟
朱　鹏　蔡一达　程志恒　韩彤炜　胡　琪　李　钊　刘　健　苏　洋　王耀鼎
王壮壮　杨振国　杨　宾　李洪星　梁微笑　刘民昊　刘一博　马西建　毛晓辉
乔亚芳　宋正飞　苏　阳　隋立昆　孙舒琬　孙　雪　谭　虎　王悍琪　王　露
王晓武　王英龙　吴　谦　熊可颖　吴　迪　徐东方　徐天祚　徐秀慧　杨　哲
殷　斌　于　洋　赵晓梅　赵叶茹　钟孟鹏　高　照　王俊杰　吴　昊　吴　凯
谢欣成　尹　伊　周新宇　朱　敏　左汉群　陈文伟　俞海波　张　昆　李兴剑
马源英　司奇乐　宗广丰

光信息科学与技术

初晓桐　邓　博　王　飞　董衍煜　何远东　王飞龙　徐伟栋　高智斌　胡智敏
李蒙蒙　李　铮　李　赟　刘金岩　潘　瀚　亓　琪　王筱静　包海阳　费　宬
桂万彬　李　敏　汤凯威　王志勇　徐琴昌　杨宇轩　郑博智　郑宇宽　张　策

电子科学与技术

白　震　洪朝龙　林　斌　王晓骏　陈　傲　黄　波　李江月　李　倞　李孝勐
吕虹玫　齐　宁　薛康福　张　栋　张　茜　曲国建　石倩芸　时　强　汤　婷
王　帆　王一伊　徐瑞恒　姚中敏　于璨璨　臧　婕　柯贤敏　王东亚　王洪敏
王强号　许　波　张清溪　张亚杰　张子越　赵　佳　邹健奇　高　武　韩　鲲
王　娟

集成电路设计与工程

曹　成　陈云翠　程世宝　迟归鹏　黎亚兰　李　钊　李元利　倪　暹　秦伟伦
王创国　王佳伟　王伟利　刘衍青　温宇聪　王潇潇　武继璇　尹　冰　周冉冉
曹　巍　戴金锐　范冬宇　冯君诗　傅　琳　孙　黎　王雪峰　杨同同　阿儒罕
李加林　马百利　郑　超

物联网工程

刘　浩　刘久星　刘衍青　温宇聪　张　聪　张鹏飞　张欣祥　哈　达　韩　超
胡骁勇　孔向云　刘　皓　罗亚慧　马　诺　桑　阳　王　恒　王宇飞　陈付祥
李冠军　宋英豪　田嘉伟　王传德　王海军　王淞露　王焱彤　吴锐鱼　张　强
路中州　索志良　相斐瀚　徐以彬　杨增森　叶冠杉　张　帅　张亚辉　赵　翠
周武祥　蔡　蕾　初岩芳　邓翰文　管凤根　韩婷婷　李　健　陆冬雨　王雅竹
王　越　夏梦恺

计算机科学与技术

包羽佳　柴　爽　陈　彬　陈挺明　陈未羚　陈泽峰　崔豪驿　崔振川　狄志刚
董　明　冯佳彬　高杰方　高宇阳　郭　武　韩福波　郝　运　侯宪龙　侯晓晨
贾志鹏　焦云鹏　康学平　久美曲央　孔　涛　孔　影　赖雪平　李冰洁
李　靖　李鹏鹏　李业栋　梁　爽　梁晓军　林福艺　刘　超　刘泓杰　刘　朋
刘　维　刘　阳　刘业朋　娄　东　鲁宗飞　陆雯雯　马海龙　马　毅　马　岳
倪珮珮　倪　鹏　邵安妮　邵　蕾　盛　男　史久泰　宋红霞　宋宗强　孙　洁
孙文超　孙晓烨　汤市建　唐俊杰　王　晨　王林宏　王婉梅　张　帅　王雅晴
王卓毅　魏成林　魏　飞　魏　旭　吴　凯　吴坤亮　吴丽琼　吴希光　肖登冰
谢　康　谢伟强　谢　翌　徐丹丹　徐婧扬　徐宇芹　许飞飞　许泽文　羊　颖
杨思学　刘晓龙　罗布扎西　汤盼盼　唐　娅　杨文磊　杨志炜　游小林
于悠洋　袁伟超　悦茹茹　张家鑫　张　帅　张　新　张　炀　张一帆　张玉杨
郑栋宇　郑思雨　钟远东　周　彬　刘　凯　吕晓旭　任永健　周吉阳　周　磊
朱海宽　朱锦程　朱　彤　祝　尚　彭　飞　宋炳瑶　艾润芝　丛肖达　郭　威
李静茹　佩帅辉　石玉珏　翁国斌　杨　帆　朱孟柱

电子商务

陈志鹏　杨延明　杨　阳　杨　智　张　彬　张　薇　张耀之　邹　琦　赵　璐
宗　宇　范树远　高山泉　钱福平　崔　斌　顾　剑　高　可　姜瑞雷　李士兵
许朋飞

生物科学

陈　敏　迟海琳　褚鹏程　高　东　管海鹏　何　来　李　婷　陆　亮　孟亚平
刘秋媛　刘子熠　栾绪科　宁　通　秦文俊　戈奕文　任双春　邵　璇　宋子豪
王方悟　吴晓萌　陈梦琳　李祎晨　王　童　杨雪纯　尹晓哲　袁增林　张　硕
周钦超　朱迦囡　朱旸阳　范慧娟　付智波　洪钧烨　李音丛　刘　恋　刘　旸
王　杰　薛　敏　杨燕茹　张　莹　黄　云　李江媛　刘　洋　苏　丹　田　莉
田　娜　王安祺　王　晟　王　溪　武玉东　李　佳　刘　伟　刘　欣　谢雨后
杨　航　于文君　张景雅　张　曦　郑川川　周翔宇　程子修　马志魁　张梦璇
时明辉　王　冠

生物技术

郭梦语　王文兴　徐正梁　张　晨　陈根清　贾晓霖　刘　洁　买克热古丽
潘晓光　孙晓萌　王　博　王梦楠　吴依璠　于云飞　陈姮玉　陈丽娜　贾若男
齐　翔　谢艳欧　于青青　张　健　张雅惠　赵晓毅　郑梦璐　阿力木　鄢仁鸿
菲若扎·巴图尔

生态学

李思奇　刘　燚　骆杨青　唐　赫　徐志新　杨胥悦　赵　松　于　婷

生物工程

崔宏岩　崔延冰　刘景成　邱立鹤　寿娟娟　孙　雷　肖　风　周　英　王　琼
熊　全　张连升　张孟强　张　晴　张　岩　赵方超　赵晶晶　郑文韬　周　翔
李黎明

生物技术（生命基地）

柴顺星　方楚涵　高　晗　吴特鹏　徐　静　阎珍珍　姚　健　喻曙光　李　慧
李兆东　刘世岳　刘文淑　满　聪　隋立乾　季　梅　阙文婷　王步森　杨碧莹
杨　帆　杨柳柳　刘　娜　刘新强　史　倩　辛永平　岳　雷　翟艳芳　张　姗
张晓丹　郑鸿雁　郑双平

无机非金属材料

陈　婷　冯玉润　栾骏鹏　唐忠敏　童　昆　王韶琰　武岚涛　王宇红　郭宏晨
韩　钰　何明臣　胡　凡　贾婧婧　姜玉洁　解培涛　金　涛　李　飞　张云香
李　峰　李加林　李　垚　刘俊超　刘　鑫　卢伟群　马保金　沙　婷　孙蒙雅
王　超　牛　航　欧阳昆翔　叶美麟　余锦程　张鸿宇　张　盟　张　倩
郑晓芬　沈春杰　王　婧　赵庆强　景　捷　汤兴龙　曾祥峰

高分子材料

丁长正　方仕杰　高建民　高　权　管振涛　林浩然　黄晓晓　鞠　璇　李　凯
李自清　梁　伟　刘远蒽　彭登耳　王　珂　王思桃　王　怡　徐帅帅　徐文胜
曾亚平　翟梦迪　郑晓琳　智杰颖　朱建楠　朱梦娜　朱　胖　祖广月　何厚刚
庞丽华　祁雯雯　陶　尧　王云翔　吴晓羽　虞军伟　赵亚丽　郑　润　赵祖光
孔远航　李恒怡　郑西西　路彦军

包装工程

白　杨　常宗臣　丁柏男　韩　盼　姜　旭　李嘉玮　刘亚君　李林蔚　李　勇
邵　巍　宋雨鹤　王　阳　杨位江　杨　祥　杨晓云　赵　珽　赵　倩　勾嘉悦
康雨佳　刘致勤　孙　喆　徐　护　徐铃翼　袁艺琳　张　瑞　王晓琛　潘玉明
任家林

材料物理

郭鹏飞　蒋彩华　焦　龙　孔令元　李一凡　张　帆　张　洁　张金灿　李　辉
梁葛萌　刘长振　刘　娟　王彩玮　王春震　王蒙恩　魏　宸　杨秀南

材料成型及控制

韩欣欣　杭连强　骆文锋　张建中　张　颖　张　悦　张　跃　蔡丽芬　曹业伟
常建平　常腾飞　程得亮　崔美霞　董媛媛　杜俊青　丰庆霖　王婷婷　冯立梅
高　仁　高　腾　龚　毅　韩忠凯　黄慧敏　惠　洋　纪　杨　李桂川　李　进
李凌霄　李伟赫　梁虞婷　林良彬　林润骑　刘奇林　刘晓菁　刘　鑫　刘亚男
刘一顺　刘　永　罗　鹏　马晓东　马　玥　梅飞翔　孟　尧　孟　雨　牧恒宇
阙绍均　沈俊超　师　超　宋丽超　孙　望　王　东　王佳慧　王　龙　王　茜
王瑞敏　王由之　王振振　韦国强　吴碧莲　吴　旭　徐　杰　徐梦梦　杨春晖
于　静　翟　镇　张开泉　张留柱　赵明传　赵　宁　赵鹏飞　赵一帅　郑林友
郑献策　郑兴悦　郑宇翔　钟家明　周戊燕　白士林　贝伟明　崔　炜　邓海峰
马宝琴　茹佳峰　王珙鉴　薛文琦　张涵月　诸葛福星　陈森琴　邓斌杰
焦爱永　李改丽　李文超　刘　浩　刘胜裕　戚梦林　王　聪　王　凯　丰　翔
王龙帅　王　威　王薇茜　许亦鹏　闫柳汀　于　双　于延硕　赵晨昱　朱继敏
高浩天　黄志成　桑嘉新　严磊森　张　衡　张　欢　张永操　邹　艳　李焕章
苏步青　刘春林　桂　涛　任文轩　赵佰超

金属材料工程

关　雍　雷谷兰　表美娜　陈　燎　黄丹斓　黄　辉　孔　静　李佳楠　李静杰
李　悦　刘建利　郑良栋　刘　琴　郑小磊　齐　欣　孙　畅　谭　帅　王　凯
王美由　杨　祯　张德群　张金凤　方文娟　蒋　立　李晨韵　田林凡　王雪峰
王岩森　张　涛　张晓笛　赵晓叶　朱醒醒　段昊林　刘耕麟　缪润泽　孙　雷
于利宝　宇文佩　张瑞寒　郑海姣

材料化学

高丽媛　许冰清　曹会丽　郭　瑞　李彩霞　任楠楠　沈　浩　唐　瑞　王晓航
王月娅　魏国栋　吴易敏　乔跃鹏　涂洪庆　杨筱茜

材料成型及控制

蔡　奋　曹杏花　褚洪贺　丁亚男　郭文文　张存栋　张　煜　耿洪志　韩梦霞
何依宁　胡　鹏　李相冉　申艳微　孙　震　陶蕾娜　仝　旭　王　恒　郭凯文
李　奕　吕佳欣　田于洋　王　严　王　严　王妍洁　吴明孝　于晓慧　张冬梅
程　静　韩小寒　韩云龙　胡　聪　孔令雄　李　娜　宋俊东　翁雨婷　张　磊
赵益培　李念军　林晓冬　王华溢　王亚萍　王彦伟　杨化冰　杨　箫　杨小进
张　彬

工业设计（文）

陈　伟　成　郴　何正阳　李建豪　刘大为　刘羽佳　卢秋燕　王　璐　徐武汉

张泽宇　巩汉祥　靳倩倩　李　嫱　李　凯　李锡洋　刘梦歌　盛爱强　王　乐
许　辉　张　敏　边建霞　方思圆　郭亚超　何　栋　黄河源　黄　云　张　然
郑淋淋　郑少川　周　蒙　蒋亚峰　荆丽媛　李　超　李晨曦　李　抗　李　龙
李　孟　李　润　刘磊磊　栾安琪　雷帅帅　廖吉英　刘　蔚　马龙龙　毛可惠
庞　坤　吴方凯　徐　丹　张少鸿　朱绍奇　黄　斌　竺丹青　全志运

机械设计制造及自动化

陈玉辉　韩　波　井彦娜　李力川　李文琦　李华超　李　伟　刘亚运　倪鹤鹏
宋来睿　王　斌　王　洋　吴文昊　许　超　许海涛　刘　杰　刘　坤　刘　兴
吕小川　王日华　许佳蔚　余勇涛　张海波　张　琪　赵清晴　曹逢雨　常承基
董进波　杜汉良　范肖玉　房增亮　谷年令　郭欢欢　姬万山　齐彦博　蒋传魁
李琳琳　李　鑫　刘　超　刘凤卓　刘鹏飞　明鲁南　倪　帆　邵明超　宋现强
孙文斌　田　昆　王代翠　王　昊　王　军　王　俊　武智强　熊　炜　徐　满
颜智城　余德友　张　隽　张芃茏　张　腾　赵　凯　赵晓东　仲维燕　周家伟
周罗彬　朱　光　安成飞　鲍争争　毕衍杰　蔡亚超　陈　飞　程高飞　丁林森
董树国　段世豪　李淑敏　傅国东　何　星　何讯超　胡　鹏　扈宏伟　黄海飞
贾　盛　金　鑫　李　丰　李　磊　李　翔　李占岑　刘珂杭　刘伟龙　楼尚祥
罗士友　马鹏磊　毛　俊　茅奕哲　苗　涛　苗志一　戚厚羿　邱先帅　曲凤玉
曲浩波　冉　巍　库辛未　申炳申　宋来鹏　孙小磊　孙彦强　万英和　王柄淇
王凤旭　王宏卫　王　辉　王俊洪　王沛志　王　平　王世林　王腾兴　王　滕
吴欣桐　肖　鹏　徐文良　姚　阳　于家伟　于　涛　俞少华　袁同同　张福亮
张国安　张立龙　张少群　张术臣　张晓斐　张　一　张召恒　郑天阳　周瑞夫
冯海学　贾　瑞　靳一帆　柳　志　齐海亭　田润东　张荣鹏　赵琳波　赵梦森
庄少林　代　鹤　董精华　侯世庆　李熠琨　林　宝　刘京鹏　王光恩　王志彪
吴　航　赵　龙　陈　欢　邓淑斌　邓文达　丁　亮　顾金伟　李　钦　刘叶兴
罗开江　罗淞阳　朱　蕾　李雨典　王腾飞　王向阳　王　毅　夏晓杰　闫　鑫
殷腾飞　于　浩　张金鑫　张　璐　高　健　宫嘉伟　黄　朴　李华龙　刘鸿强
王　伟　肖璐璐　张　振　汤志斌　唐　戬　王叶枫　谢瑞明　张　聪　张经纬
白广贺　柴正国　陈　帅　高常清　郭　鹏　李丹华　李培亮　李润强　李志深
刘晓楠　刘亚运　刘　洋　石文浩　苏学彬　田瑞占　佟　鑫　王昌省　王　进
王　阔　王　全　王绍堂　魏天婷　徐　顺　闫振国　杨启杰　尹晓彤　于冬洋
臧淑华　张　健　张荣祥　范维康　郝玉研　李佳霖　桑志昕　田　川　魏　炜
张　洁　赵　永　周宇飞　朱　兵　陈建强　胡　豹　申　昊　孙华霄　殷若兰
董明睿　苏言昌　于景露

过程装备与控制工程

陈　豹　范仁斌　桑　双　华垚强　路庆阳　乔　鹏　石佳昊　王胜德　王太阳
徐京莉　杨英杰　臧运顺　张国新　丁学伟　马腾飞　彭　涛　钱　昱　宋佳纹

王吉亮　余邦志　余明养　张　坤　赵　阳　李　杨　娄　淼　杨　炎　张永成
李福安　刘　康　吕仁中　商东昌　孙广斌　张海良

车辆工程

陈佳男　黄坚材　张国新　张振启　金勇忠　李洪朋　李　京　李少辉　李　涛
李　翔　刘　昊　刘孟竺　刘玉坤　张　锴　刘　洋　刘哲元　缪　威　苏锦磊
田　瑛　王碧天　王利伟　王　昭　薛吉更　杨在强　崔建超　崔　亮　蒋　伟
李　浩　孙　都　唐文轩　徐智善　杨　栋　张林栋　张天新　李　信　王佳豪
王晓锦　邢千里　杨　强　唐培杰　沈灵元

测控技术与仪器

陆树斌　魏其鹏　武冰洁　曹　聪　陈春超　陈祥超　陈衍灏　丁一嵩　董　斐
董晓刚　樊旭东　冯恩汉　付经纬　高甲萌　龚　毅　郭　雄　韩　勇　贾全超
姜明月　蒋忻尧　巨　超　李鹏飞　李睿琪　李　莹　李　勇　林为省　刘　峰
刘哲昊　祁昊宇　曲瀚清　曲佳顺　师进凯　苏　刚　孙卉芳　孙宇辰　田博文
田　源　王国超　王　睿　魏凯峰　夏魏伟　徐书奇　许泽伟　胡胜男　王　圳
闫炳旭　杨　阳　杨　震　余　佼　张　琳　赵　亮　赵　洋　郑亚兵　黄路遥
梁泽岩　刘　鑫　卢　山　马宝鑫　闵　哲　彭军芬　薛成威　张启旸　朱品源
刘腾源　徐　磊　薛　强　叶笑琪

自动化

杜芳志　管培超　孙元帅　辛元昊　张　怡　朱若阳　陈正阳　程　阳　楚远征
黄　堃　高立滨　刘兆航　苗齐乃璞　　　张子成　李　易　刘　磊　王建涛
吴金远　张明文　陈　伟　崔　巧　郭　威　胡力立　梁　耀　龙　敏　吴　玮
许昊申　杨　端　杨红丽　鲍　浩　鲍云龙　卞海磊　曹小娟　曹学尧　陈佳斌
东　萍　陈晓乾　迟　瑶　刘思宇　丁　超　丁希才　段凯强　樊　晔　高玉辉
郭　溪　郭耀阳　韩　杉　何　坤　黄承龙　黄绍伟　黄文超　贾　潇　李　步
李　晗　李金旭　李仁东　李媛媛　李　珍　林海艳　刘　飞　刘光斌　刘　静
刘　苗　刘　烨　刘一歌　刘勇斌　刘跃成　卢硕岩　吕明书　毛贵京　潘　迪
彭桂云　曲　政　阮强强　沙雪梅　商在兴　宋春雨　宋　郎　孙英鹏　唐乐爽
唐兴鹏　滕俊伟　滕　伟　田诚信　万国栋　王保全　王　斌　王家奕　王　枫
王立伟　王　杉　王　伟　王　卫　王文岗　王　旭　王彦邦　王　正　王　众
肖金廷　邢子超　徐　哲　徐　臻　杨　森　杨文华　杨彦伟　姚　迪　叶保森
尹亚楠　喻希曦　张　傲　张鹤超　张晶骋　张陆峰　张乾坤　张士平　张桐盛
张维冬　张以泽　张　余　张　竹　张子豪　赵凯凯　赵梦洁　赵鑫亮　赵智慧
郑森格　郑欣洋　周　超　周　利　杜晓聪　范　义　马小青　亓　鲁　蔚　悦
粘双超　张俊文　张轶凡　朱　滨　朱洪银　陈　曦　崔　璨　李　萌　刘　超
翟贺鹏

生物医学工程

刘双艳 陈星屹 董 浩 董 洁 丰 斌 胡丹青 黄雨博 蒋宜之 许 超
叶思奇 张恒洋 张 坤 张 一 张 瑜 李英惠 王 浩 张志民 景娅楠
李桂玲 李 凯 刘珊珊 马 菲 孙晓琳 王培培 王 威 王小伟 王新丽

物流工程

曹 峰 曹书腾 黄 亮 施 词 赵双刚 张香萍 赵中超 崔兴艺 鹿 万
徐小峰 胡鑫鑫 蔺一城 马晨晨 彭 超 宋吉文 孙公斌 孙丽萍 魏春雨
吴权贵 郭立民 侯 杰 胡 璜 梁炯承 马 晖 吴天雷 杨宝龙 陈 龙

自动化（卓越）

吕元民 马晓静 吴婷婷 闫 凯 张艳芬 郑 义 张 磊 周 敬 安 永
曹 希 陈 杰 陈俐彤 陈亚男 初国庆 付向宇 何 金 洪龙华 类成龙
纪华丽 李 超 李 平 李停停 刘延朋 宁纪功 石旻昊 唐永强 田家田
王超群 王 辰 王二希 王 黎 王英泽 武寒波 翟士朋 张广杰 张治坤
张清亮 赵富荣 杜 玮 黄 超 姜 舟 李丙新 李吉成 李赛锋 相振发
向红吉 黎家强

能源与动力工程

陈馨蓉 付海鸣 高鸿宇 江亚洲 李春晖 李俊舸 丁勇涛 刘聪焕 刘维卿
王丕嶺 王 群 王晓进 吴惊坤 颜相子 周生美 陈丽娜 陈 璞 陈 月
邓亚男 丁志朋 杜云超 冯庆巍 高 杰 关 键 闫贵琪 郭 辉 郭晓宇
郭学文 郭溢华 郭志峰 胡乐乐 黄 腾 姜迎春 蒋梦初 李辉林 李文维
李颖洁 李永硕 李志乐 梁 超 梁静静 刘 欢 刘 敏 刘一飞 马 冲
马国斌 马宪政 苗 军 秦秋杨 石宝国 宋坤卿 宿德欣 汪禄淳 王 彪
王 超 王德馨 王金刚 王 宁 王晓娟 王 莹 王云亭 武 超 谢向东
杨博实 杨亚丽 杨亚青 叶 舟 叶 庆 于贺伟 于明晓 于燕广 张 浩
张 静 张 科 张 磊 张立强 张 翔 张孝良 张 星 张义夫 张屹然
张 语 张 峥 赵 雪 郑钦泽 欧玉婷 依木提 张 磊 周 航 周笑帅
周 艳 祝 慧 邹 健 邹 伟 左 琦 鲍志刚 车 凯 崔付龙 崔新伟
万振宇 冯伟哲 冯小振 刘孟璐 翟紫环 张 成 焦 琪 金 鼎 李 姗
马斯鸣 孟庆洋 欧阳辛迪 秦利宇 邵泽亮 孙会民 孙建祥 唐 群
王 冕 王 鹏 魏茂林 魏泽明 杨 洁 余先波 张 波 张大雷 张 鑫
程 彰 达吾列提 邓雪莲 郝煦白 刘伟琛 汤一凡 吐尔地 赵开峰
周 汀 朱 磊 董文祥 杜潇沛 房佩鸽 何东郡 胡亮亮 黄文成 姜九汇
李佳利 连继昀 刘观明 刘 银 宁大伟 牛仁旭 彭怀利 任建华 师 超
宋剑辉 宋鹏飞 王志强 谢祖成 邢晓琳 徐 丹 徐 键 许自顺 杨晓松

杨　雪　叶林超　于　亮　苑举洋　张晓晨　陈永基　陈忠灿　郭富丽　倪江伟
滕升平　田　玻　张海洋　赵庆武　赵盛晋　朱金良　迟秀颖　崔　凯　高　骥
高　旺　郝　斌　李亚恒　孟　龙　孙永昶　钊庆凯　赵帷韬　陈元梁　段崇鹏
何锦发　孟　月　王国仰　王海鹏　武聪山　游聪娅　曾晓岚　赵海燕　陈玉成
和艺博　敬珈玮　刘小源　孟　雅　彭元宝　王　琦　张海瑞　张莉莉　张　瑜
弓宇开　韩奎超　霍小脑　陆红成　田保磊　闫海泉　杨　斌　张　欣　赵同军
李宏健　王　淼　崔志远　秦　军　张　宁　董晓波　张嘉力　丁景涛　邱俣锦
王　粟

交通运输

冯晓晗　高晓华　贾皓翔　李　选　刘炳姣　刘丽冉　吕若冰　师培培　孙晓萌
孙　宇　王安冉　吴竹青　薛步飞　杨法宝　杨永真　张红杏　张辉明　张　亮
张茉凡　张　楠　张　奇　张　婷　张　旭　张　莹　陈　健　付　星　连　通
刘元洲　钱宜文　汤　清　朱晓璇　赵　勇

能源与环境系统工程

陈祥锟　杜陶然　赫明春　霍凯旋　王晓琳　席振乾　袁　玥　金俊强　马晓彤
马文超　王沛丽　郑善凯　陈启明　陈　硕　何理臻　刘玉婷　逄新宇　王金秋
王俊博　王姿怡　张俊松　左振烨　陈午凤　李思琪　张苗苗

电气工程及其自动化

贾汇森　李　莉　王斐斐　王慧强　鲜　艺　薛　智　严思念　付　鹏　李大龙
孔雪城　黎亚明　马世琳　钱　锦　王冬瑞　姚　帆　张彦哲　郑雅霜　白湘玮
鲍国华　曹　慧　陈　超　陈　鹏　黄彬彬　满　达　孙筱轩　孙志远　王德琨
陈洪萍　陈　华　陈　泉　陈　婷　陈威霖　陈文涛　陈　艳　陈　颖　崔召举
邓菲凡　丁凡凡　丁　帅　丁卫平　董雨欣　杜丽洁　段美琪　盖午阳　高立强
高熙越　谷春霞　顾阔军　桂灿芝　郭金鹤　韩思路　胡君楷　黄　蓉　黄腾鲲
纪建良　江　龙　姜　慧　姜吉祥　姜　怡　焦元德　金贵宇　金晓鹏　金　臻
匡　野　霍凌燕　李　超　李嘉善　李　凯　李儒金　李　涛　李方峰　李伟林
李叶津　林科耀　刘炳辉　刘洪健　刘荣鹏　刘瑞圣　刘湘宁　刘祥磊　刘　扬
刘志杰　路　豪　吕符斌　罗荇子　马　超　马怀刚　倪鹏飞　潘光胜　彭　程
戚向东　曲增彬　石　昊　宋宝鹏　宋　丹　宋　佳　孙典昂　孙济生　孙　睿
孙圣凯　孙晓伟　孙晓勇　王得宇　王继强　王　洁　王　洁　王菊菲　王明汇
王　楠　王　芮　王祥楷　王晓瑞　王泽跃　王子阳　韦岭峰　魏文静　吴大鹏
吴嘉鑫　吴劲芳　吴巧变　吴跃惠　郝传鑫　咸国富　徐保磊　徐定旺　许栋梁
闫　同　闫丽芸　杨潇迪　姚　瑞　叶旭峰　尹青青　于小晏　曾文欣　张程琳
张洪涛　张建行　张林愿　张美美　张　瑞　张　现　张晓峰　张心怡　张心怡
张学伟　张亚萍　张　怡　崔逸豪　张　悦　赵　黎　赵联政　赵　洋　赵　毅

赵勇刚　周世忠　朱　然　朱　意　房　韬　贾发邦　訾欣怡　亓　吉　王　凡
王浩之　王　爽　徐立千　闫　博　章一丹　柏　闻　蔡东伟　丁小龙　董芳芳
董江涛　荆　鑫　蔺　凯　柳益民　马明凯　庞梦君　秦　臻　沈留杨　宋哲君
孙鹏程　孙玉杰　王　彬　王　鑫　王　雨　王昭栋　吴　迪　高腾举　高卫康
黄莉莉　贾　翊　肖　亮　徐　萌　于　坤　于学超　张　兵　周鸿业　孔亚伟
李　蓬　李晓阳　李　炎　刘　晗　刘宏伟　刘思桐　刘　茵　陆荣超　牛浩川
潘炎清　唐旭婷　唐　殷　王　虎　王　鹏　王宇杭　吴洪兴　夏荣胜　夏钰杰
燕　亮　仇玉强　刘　佳　王大磊　吴高扬　杨宝清　杨福娜　詹　聪　张鸣飞
张文丰　张　莹　陈佳胜　陈　昕　崔金勇　崔　振　姬奎江　文琛臣　吴帮正
杨金旭　张　淇　张泽宇　方　帅　韩　伟　惠君明　马广通　王继杰　杨海龙
赵双双　柴　赟　车　驭　陈梦星　范英乐　冯　翼　冯　谦　付云磊　刘经栋
刘　澍　赵　辉　傅　涛　高　坤　宫本辉　李聪聪　李　进　李　山　刘嘉超
刘知凡　马振玢　亓孝武　秦英梓　孙宝宝　孙韬备　王　红　王　健　王　凯
王　磊　王文婕　谢宇峥　薛　伦　葛相辰　黄　彭　韦志清　杨法伟　杨　昕
于丹文　于　凯　于　琳　张国星　张　军　公　昊　郭一飞　田　浩　王龙昌
邢　越　许　涛　周力为

建筑学

寇志鹏　廉英杰　丁鸣泉　丁维霜　费江溪　林娇艳　林舒颜　刘　晨　宋超越
孙文清　王　鑫　王雨萱　范彤辉　郭英芳　韩金峪　郝　园　孔　政　李　鹤
李莹莹　南极光　汤雪辉　王　超　王朋朋　位苗苗　武毅超　辛姣姣　邢俊超
张弘阳　张　雨　郑　伟　周吉超　周　洋　阿旺卓玛　杜　鹃　付传利
黄　毅　李　凯　杨　桥　赵天信　盛春明

水利水电工程

傅　升　郭英嘉　陆海军　旦增次旺　黄江南　李　辉　李瑞金　刘玉利
卢镜宇　曲爱娜　银　磊　张朋宇　周耘天　陈　超　格桑罗布　姜宝福
姜　娜　蒋杰成　黎　泷　李　建　莫其丹　邵天野　王　鹏　孙彩阳　田青蔓
王汉明　王　堃　王李萍　王利朵　王　哲　魏　佳　魏　杰　武　岳　白　珊
达嘎卓玛　李　真　孙志强　薛树文　易维维　张敬业　张志敏　赵俊亭
朱云超　达　扎

工程力学

李　旭　吕盈蓥　王　彪　王　菲　王　洋　杨　墨　赵琳智　陈　黔　陈世奇
法良帅　高华超　黄　军　李　旗　骆　彦　蒙　达　沈　扬　石　磊　石啸海
杨洪冬　杨逸枫　于　波　张军华　张立青　张　龙　张先贺　张宇豪　赵　然
敖显平　白　乐　白　轩　陈　亮　晋冰冰　宋振豪　张宇坤　赵　旭　仲　奇
周　雄　李鹏程　郭腾飞

土木工程

葛平兰　贾雪君　汪　跃　肖伟瑶　谢长春　姚　尧　张　航　张露露　陈婉芸
段洪亮　高　振　郝庚任　黄　丹　解全一　李　晗　刘　斌　孙尚渠　王转宾
李思洁　孟庆宇　苗　超　庞金豹　彭　卫　孙兆林　唐　鑫　陶　瑞　王帅帅
武新胜　常煜存　车文博　陈　磊　陈　龙　陈　杨　陈　颖　程　亮　崔洪星
刁　翔　窦天晓　杜慧泽　范明祥　盖　霞　高日升　郝　巍　侯永俊　胡南琦
胡　杨　姬孟刚　贾　科　居　乐　孔涵嫣　赖明松　蓝振芳　李光王　李　洁
李世龙　李先军　李兆邦　梁广智　刘　兵　刘昌斌　刘　栋　刘立业　刘　群
刘天宇　刘　翔　刘晓宇　牟天泽　牛延宏　沈婉婷　王国庆　王丽娜　王其伟
王荣仁　王　伟　王　莹　韦秋翔　肖敦涛　许燕群　安子奇　边　博　单心雷
杨欣欣　曾昌胤　张　衡　张丽丽　张　震　朱彬彬　邹璐蓬　陈筱一　邓成文
方　骏　冯明远　何　群　侯金伟　胡馨漫　李秀琳　梁怡然　刘　媛　刘敬臣
刘士亚　刘云栋　吕　新　吕雍正　秦　盼　桑景伟　沈　春　田　丰　田　野
王　冲　王汉南　王　辉　王　力　王茂范　王文贵　闫大林　杨未广　杨　准
于翰芬　陈　鹏　程晓彤　段佳倩　夏　雪　虞晶晶　曾玉洁　张金钵　赵伟阳
周　宵　周子春　段胜腾　胡　哲　滕显飞　汪　恒　徐　阳　严　涛　张嘉韬
王远鹏　罗　刁　秦宗森　孙　皓　辛凤超

城市地下空间工程

张　俊　陈　欣　刘爱龙　刘　聪　刘建国　刘克奇　熊子鸣　张　宁　张世杰
张　鑫　赵世森　陈　爽　李康枫　李兴军　廖麒凯　田　野　张　曦　张　岳
周波翰　周　轮　邹靖平　姜　杰　刘　金　刘原驰　杨　侃　张　凯　张玉强
赵　鹏　祝光庆　祝建业　宗　智　张志浩　赵少龙　朱超祁　时晓敏　张家本

环境工程

庄芳芳　卜　凡　蔡博文　曹　亚　高云鹤　焦志倩　王　凤　吴以朋　张睿婧
赵潇飞　赵源坤　陈江伟　陈丽丽　陈　珊　杜海锟　段空林　符秋桃　高　群
龚益飞　何　瑶　江蓓蓓　蒋启航　孔得杨　李海燕　李佳蓓　李佳蓉　李松炎
李　尧　梁　昆　刘晓倩　吕刚林　满　滢　苗安琪　彭春悦　綦佳佳　孙阳阳
滕海飞　王国曦　王文语　王　艳　王迎军　邢秋阳　杨少坤　杨思航　杨逸梅
张　飞　张梦迎　张梦玉　张智明　赵立宁　赵　燕　韩　颖　郝　放　梁　康
刘丰欣　夏楚凡　邢雅楠　赵子君　朱　超　朱嘉伟　邹艺娜　陈东亮　李转圣
刘毓璨　马　哲　乔广文　王麒皓　曾祥智　徐　瑶　陈文骏　芦世云

环境科学

高　斌　廖思君　林　潇　刘玉龙　刘跃岭　乔媛媛　孙芳芳　吴　琛　扎西拉姆
刘　璐　斯郎曲西　孙　越　孙振东　覃意茗　王　森　张　北　张占科

赵　玉　朱元圆　段　炼　李　倩　刘传旸　王　丹　王晓甜　王玉龙　轩　臻
张　宇　朱　航　次仁卓嘎

预防医学

李虹璇　吴朝慧　蔡远楚　陈　宇　李　珍　梁思园　刘　杰　尚　樱　宋宿杭
王　双　张玉强　赵燕琳　曹春燕　陈亚飞　范文静　郭　杰　夏　爽　夏元枢
张惟馨　赵明月　朱延鲁　郭　群　韩幸娟　何亚盛　胡　捷　胡荣星　胡　月
李向一　李小晶　刘宝鹏　刘　畅　刘　天　刘文丽　刘莹颖　毛阁琦　莫军伟
亓　倩　邵纯纯　申振伟　生春雨　施玉静　宋益喆　孙洪亚　孙嘉鸿　谭　奇
王　浩　王　慧　王　慧　谢秀娟　邢晓跃　熊　倩　徐子茜　杨　慧　杨婷婷
杨延友　张　超　张　健　张敏敏　张楠楠　张秀萍　张宇凤　董安琪　刘　萌
马　斌　吐尔逊阿依·麦　王扬阳　徐　健　徐　凯　张泰东　张　媛
周　维　白永娟　陈芳芳　高　熙　高　娴　韩会菊　胡金宇　黄　楠　贾连智
金力龘　李荣佳　李　霞　李　妍　罗　芮　马晓瑜　宁婷婷　彭祥菊　邱东泽
史运娜　孙靖琴　孙喜凤　王翠平　王海瑞　徐嘉蔚　徐天元　杨　玫　易安吉
于蓝青　臧　昊　张健鑫　张　雪　任永杰　朱学岩　庄志超　宗金程　门海东
李海峰　沈　一　王　辉　尹一川　于盼盼

临床医学（中文班）

陈海滨　陈　慧　范卓阳　廖海霞　施　维　王斯琪　张　希　陈　萍　陈　睿
程　旭　褚雯怡　戴晨阳　丁赏青　郭亚兴　郝晓晖　黄丽莉　贾月月　康维亭
雷淇松　李　博　李关健　李　静　李孟倚　李乾鹏　李世星　李文鹏　李晓慧
李心悦　李新宇　李亚玮　李　珍　李志强　李智慧　刘　东　刘高业　刘弘毅
刘鹏飞　刘艳梅　刘　杨　刘颖璐　陆晓娟　路鹏霏　马　骥　蒙倩茹　盛兆雪
施宣忍　施钰根　司曼飞　宋开元　宋新宇　孙　欣　谭灵灿　田明明　汪宇涵
王　超　王　建　王靖媛　王　蕾　王　婷　王　勇　魏珑珑　温力牧　文　婕
武　琼　邢相玲　徐　冉　徐颖鸾　杨彩云　杨　琳　杨　柳　杨圣杰　姚子豪
叶小莲　银　文　于霄霖　张方圆　张　璐　张明明　张喜荣　张艳玲　张正奎
赵云汉　周慧敏　朱耿军　朱林海　朱思敏　朱云云　曹　静　谷旭东　胡逸非
坤多姿·玉山江　吕耀辉　吕忠霖　宋蒙涛　谭胜芝　杨宾宾　张文钊　葛传军
李　猛　隋长霖　谭启轩　张令秀　张奇隆　张　娅　赵殿帅　甄晓彬
艾热提·司马义　冯晓赟　喀斯木·艾麦提　美合日古丽·安　米玛普尺
日孜完古丽·亚　张　洋　钟　彬　谢　美　鲁大雪　邵正宽

临床医学（本硕博）

蔡　畅　曹晟达　付　强　郭英俊　韩晓宇　洪舒雅　姜　卉　孔祥楠　李宜诺
李雨霏　李泽群　刘宏达　柳丽华　刘　源　莫　睿　齐小艺　宋　铭　王湘玉
白金运　韩明志　王亚文　于方璞　于颖异　张　睿　张奕昕　张　瀛　张宇鹏

赵　彦　胡学磊　刘京伟　宋振宇　隋翔宇　王雅雯　赵泽华

临床医学（双语）

郭小凡　屠燕怡　王　宝　夏　巍　安仕敏　白　璐　曹　杰　陈　邓　陈　凯
陈卫佳　陈心怡　陈　鑫　陈　岩　成淑贤　丛丽红　丁　卯　董华倩　方慧娟
丰浩田　甘　辛　高雨晴　高玉梅　郭梦琪　郭翔宇　韩丰月　侯　宇　胡耀天
贾　浩　姜士伟　李　康　李思捷　李文佳　李　晓　李雪萍　李　艺　李蕴峰
李子全　刘　东　刘　贺　刘家信　刘庆年　刘妍妍　刘　洋　孟晓露　那木罕
亓金亮　亓　琪　乔　原　任　巍　邵　毅　史　婧　史夙铭　宋　雨　孙　栋
孙伊多　唐　燕　王碧璇　王济潍　王佳平　王家圆　王卿一　王庆莲　王晓慧
王晓培　王雪玮　王　勇　王　瑜　王宇芃　王珍珍　魏　璇　吴杭迪　吴鲲鹏
谢德天　徐一心　薛守宇　杨婉娜　由　冰　于金玉　翟正芹　张　驰　张　丛
张力尹　张　娜　张娜莎　段元超　张木蕃　张　硕　张　宇　郑立欣　周文重
朱　创　朱文婷　庄根苗　禚英杰　高　健　梁文全　刘广超　王　禹　吴楷文
许凤锐　许友征　姚明浩　张　宏　张鹏飞

临床医学（本硕）

卜浩然　陈　浩　陈　洁　成潇玥　崔国英　严小凯　崔萌倩　冯庆玲　黄斌杰
贾文斌　巨　清　李恒存　李　慧　李　建　栗宜磊　刘　航　卢君君　卢　阳
马邦振　满全战　毛　敏　米传晓　石欣雨　苏　红　孙海峰　孙浩森　孙良超
孙晓丹　陶晓蕾　王博文　王佳琦　王　凯　王新成　王鑫鑫　王延波　王　遥
王祎茹罕　王玉红　王月娇　魏　然　吴　凡　胥　宁　徐琳琳　徐梅珍
张明光　张文侠　包金枫　毕志超　付瀚辉　石然然　王　慧　吴　帅　姚阳阳
赵　成　赵　阳　周　丽　薄　聪　陈　伟　代龙龙　杜佳欣　韩盼盼　梁宗莱
刘　帆　隆雨卿　罗才路　陈　良　马晓晨　屈亚兰　宋馥希　宋慧梳　宋平平
王　爽　王　雪　张江南　柴　俊　陈骏飞　姜　明　刘永宁　留金奖　马永琛
尚遂源　孙成功　王　慧　王　婧　王　丽　王　璐　王晓棠　王晓婷　魏润杰
吴土金　谢　艳　杨伟巍　张天立　周立伟　陈鲁秋　单立群　高　超　张　波
周　铄　周　莹　朱可嘉　庄莹莹　左安举　高　升　谷少尉　郭任博　胡　帅
胡万辛　黄一琳　李　佳　李秋红　李小荷　李　洋　梁程程　刘洪娟　刘晓月
齐雯雯　汪　鑫　徐　瑞　薛　峰　杨　帆　杨建霞　杨　跃　郝　苗　胡　睿
贾　茜　姜　超　杨　洲　尹娅菲　于　凯　张阿敏　张　含　张士哲　蒋　芳
金　冉　康慧慧　李　斌　李春奎　李广超　李　慧　李　颖　潘建勇　汤　宇
唐玉涛　王劭博　杨亚娟　姚天笑　张　群　张　瑞　张希贤　张　晓　张玉青
郑佳琪　陈　帆　李积威　李仁彬　刘　斌　马晓阳　张邱婷

口腔医学（本硕连读）

别苗苗　曹闪闪　陈　呈　李荣慧　陈　行　董建勇　黄海燕　黄莹莹　焦德龙

毛梦芸　齐梦星　沈洪洲　苏玉然　孙睿男　王罡　谢成佳　徐乐　杨晓露
张广灿　张家玮　张凯丽　张留鹏　张欣蔚　赵凌　李柠　李澜　董康迪
丁长远

口腔医学

蔡婷婷　曹振　陈言　李季青　苗莉莉　唐雪娇　杜密　段小琪　高荣
国慧　姜艳娇　李博文　李坤岑　李明哲　李欣欣　李艳婷　李政新　刘朝阁
刘丹　刘静　刘奇博　卢哲　毛清华　潘婉　石磊　时雯　宋珊
孙超　孙静　王红　王红菲　王京津　王璐　王歆　魏菱　熊修邦
孔超　徐超　徐振华　晏立　原博　岳琳琳　张井然　赵翰驰　赵娅雯
朱文瑄　李辛　王怡然　杨晓丽　杨珠　郑明君

护理学

高洁　高琳琳　梁娟　王欣荣　刘昕　马萌　聂凤姣　施雨虹　王佳
王婧　徐丹丹　于晓霞　张丹丹　张素素　崔奇　杜志娟　封艳超　冯万玲
高静静　郭兵妹　黄晓敏　赵汇　邹会静　孔翠翠　李海燕　刘彩云　宋雅群
孙继伟　孙璐　王定云　王梦霞　王萍　杨绍晶　季慧君　李兰　李泽华
唐德良　仙秀英　姚玲钰　易欢　尹金玉　于杰　朱贺妍　兰俊　詹景敏
张亚敏　周静　胡坤　陈科

药学

艾梦杰　程启梁　崔美帅　葛妍秀　鲍萌萌　常方斌　陈聪　陈会　陈璐
陈秋菊　陈上　程丹　崔敏　董倩　段琳琳　段贤敬　方克勇　冯璐
付鑫卉　高倩文　高雅　郭建　胡彬　黄懿亨　纪元　蒋丹丹　蒋舒婷
寇雅真　兰天龙　李灿　李健　李珊珊　李相林　李勇　刘丹丹　刘焕
刘慧香　刘婧　刘梦锐　刘天琪　齐秋晨　邱淑兵　劭千航　盛晓琳　宋文凭
孙超　孙丽敏　孙明伟　覃晓君　田小雪　铁诗瑒　万淼　王卿　王秋水
王文谦　王新位　王颖　夏建华　熊敏敏　徐竞阳　徐梅　徐蕊　严妍
阎鑫　姚霞　龙云菊　于炳辰　于小越　于秀娟　于田立　俞燕娜　张慧
张烁　张垚芳　白金卓　贾玉杰　李真　刘聪慧　尹海林　张文嘉　赵昱
赵玉　郑方　邹文宽　陈茜　陈颖　褚延飞　崔筱琳　樊护康　高梅梅
高萍　黄福杰　赖亮杰　叶红彬　李潇　刘文增　刘晓　孟青　吴兰
夏德刚　薛东香　杨丽玲　于钊　张佩　李秀云　李英杰　梁抒炜　王亚伟
袁隆　岳佩琳　张辉辉　张永睿思　章丹　周忠霞　李朋祥

制药工程

陈晨　高华春　李朝芳　宋增鑫　杨婷　张成菊　张良　代德胜　刘新花
马晓昱　王丁　吴文勇　张锦富　赵云

临床医学（药学本科）

方 鹏 何晓春 李 博 李广科 李书波 刘 丽 刘 伟 牛 强 史佳磊
孙 荻 孙小荷 孙艳喆 王 丹 王 戈 王晓琰 王鑫鑫 王 颖 吴晓昀
姚 彬 赵景春 赵 珺 钟 颖

信息管理与信息科学

崔爱琴 郭晓敏 黄友财 吕筱文 唐子元 王曦涛 王 原 袁发祥 赵 晨
周宗舟 董海红 黄雨歆 马 科 马 琳 孙继耀 魏楚楠 张 帆 周飞宇

工业工程

李 玲 唐洪婷 陈祥平 陈 晓 陈晓岑 高少冲 韩鹏飞 李 红 梁 杰
孟 硕 王露娟 吴翠翠 董会凤 韩金桂 回柳蓉 伦庆远 潘友道 任晓婷
田吉旺 赵 超 赵嘉伟 蔡晓阳 潘晓斌

工程管理

董 欣 景 颖 李 苏 马文慧 马 杨 马颖君 孙才茜 王玲萍 赵健宇
白沁而 曹 超 陈雪芬 郝 健 靳峻妍 李 旻 王 楠 翁晓婕 薛洋洋
朱峻枫 李朝辉 梁 爽 刘 馨 孙 晶 田杰敏 王子豪 吴文韶 袁 欣
张 莹 赵 莹 陈 叶

工商管理

陈莉莉 陈玉珍 程文琪 姜 慧 綦 峋 邱梅初 王晓睿 王 媛 杨晨辉
杜大辉 段 琼 范永帅 方婧文 宫本治 郝大成 郝天鹏 加依娜·赛尔江
王 丽 杨方成 贾 超 李丹栖 李心远 刘雪融 刘玉其 马莹莹 毛 敦
王 腾 许佳佳 许 骁 刘晓琳 孙 焱 王楚寻 杨 欢 袁 琴 张宝贵
张涵睿 张磊清 赵雪梅 周孟涵 班晓勋 姜睿轩 李 睿 林柏霖 牛 雪
王景晖 王 磊 王甜甜 张宁宁 周新花 旦增卓嘎 吕赠超 倪梦婷
汪 溪 王蓓蓓 杨名扬 柯 恩 李畅森 林永德 刘俊杰 宋昀泽 温慧杰
邢晓丽 杨 阳 周一芳 房 烨 高 格 韩 健 刘 莎 钱 蕾 孙熙隆
佟 欣

市场营销

王明旭 吴志成 曾晓玲 段立杰 高鹏程 黄小娟 邵 晨 施 磊 王嘉琳
杨 晨 尹 松 张丽兰 张翩翩 常月清 陈红兵 陈维超 单宝菊 李 颖
刘晓丽 吕 静 聂万朋 王忠豪 周 婵 马嘉麒 马 悦 毛恩辉 孟令童
彭珊珊 阙胜涛 司新成 王 冠 王智勇 吴 昊 程度君 李跃龙 刘 栋
谢 瑶 严由亮 杨 凯 杨晓刚 杨泽荣 于佳佳 张雪梅 侯 爵 隋守鹏

张　军　张献文　高　鹏　黄思雯　李嘉毅　鲁高见　马万祺　谭明明　王昱璎
周梦玲　石晓鹤

会计学

孙亚楠　叶嘉仪　白玉茹　戴　媛　董梦娇　郭亚希　李枫桦　李若楠　李　洋
任泽玉　孙晨晖　赵晓东　陈　佳　陈张影　管文卿　何　冰　何欣怡　贺　怡
李　娜　滕　怡　邢　露　郑　鹏　曹　斐　陈碧凝　范智煜　蒋静怡　梁旭方
王　婵　王　越　杨林林　杨　雯　郑　杰　李　向　李晓璐　马景素　钱　朦
曲静雅　孙　春　田　甜　王　侨　王世超　王　雪　孔德玮　李　莹　王方格
王晓宁　王永丰　王志翀　吴　贝　尹燕鹏　张　倩　赵亚南　金　瑶　李　荣
刘雨露　牟海琳　汪　静　王小芳　杨诚斌　杨　沐　叶　玲　赵艺琳　常　泽
侯文清　李佳玲　梁晓菲　祁晓燕　孙笑澄　张　慧　张　鑫　郑晶璐　周晓雯
鲍晓静　陈聪颖　杜胜昔　梁　骅　王彦怡　文光秀　徐伟娜　张凤梅　张　翔
钟明呐　曹桐瑞　高　术　霍珊珊　刘宝英　刘　玉　秦　莹　杨瑞娴　张继宇
张　洁　张　乾　陈　汀　陈　雨　付会倩　韩瑞琼　李　慧　李　萍　李　雯
刘晨希　王川宇　王舒扬　冀子良　王　宵　王泽政　魏　娇　武本良　夏振宇
杨姗姗　张　林　朱晓琳　邹　彬　曹佳楠　花　卉　黎安琴　李舒雅　栾　静
孟祥真　王梦琪　徐莉凌子　徐　越　张雪琪　葛建梅　李敏莹　李明月
刘丹丹　卢诗晴　周超群

人力资源管理

崔　晓　董旭琳　唐梦平　邹沪艳琦　韩晓娥　李　佩　李宪虎　王　淼
王孚瑶　夏　雨　燕云龙　袁　杰　张　平　周　毅　艾　可　从　潇　黄京津
贾明杰　李　兵　李方方　潘思琦　宋　倩　王佳佳　张　敏　董昕欣　古钺钺
郭中堂　李京洲　刘爱青　刘思梦　孟丽平　庞尊严　宋　婷　王怡君　邓文婧
贾明华　王　冉　王　宇　杨芳旭　杨晓磊　张国盟　张　妮　张　帅　庄贻菁
龚　楠　李耀宗　刘美美　王立勇　王舒平　王雪莹　乌云塔娜　赵光瑞
周诗雨　李　冰　李沙沙　涂　萌　王维志

旅游管理

丛　烨　樊　荣　贺娅蕾　胡　灿　任佳冰　孙慧政　胡诗群　惠子益　江瑞莲
兰丽萍　刘　苗　刘　婷　沈　珊　杨小婷　张言琳　兰晓茜　孟靖野　武宇芬
徐　飞　尹　月

国际商务

陈　静　陈曼琦　刘美善　孙兴尧　韦　枫　陈倩月　陈　婷　崔　燕　龚　衫
王丹丹　王青秀　徐耕岩　晏璐璐　张静文　张文婷　姬嘉浩　李雪薇　罗雅文
马　丹　闵亦杰　牛耀坤　王宪广　杨　航　郑丹丹

物流管理

丛甜甜　崔笑君　冯　娟　李晓琳　李　璇　曲冬阳　王瑞杰　吴延康　张志军
宗　然　董　蓝　田菊梅　王滨恺　王　筝　王志阳　韦　庚　杨懿宸　于浩然
臧晓彤　张　伸　王贵贤　徐王旻　徐一宁　姚　明　高俊豪　薛银川

工商管理

韩　清　王　晗　董　羚　冯楚婷　冯　鹏　苟　玲　胡冬青　康　耀　麻晓莹
任晓冲　魏　晴　郑　浩　关　锋　任雨徉　宋　雯　王　建　王　颖　魏　璐
许欣欣　严敏慧　尹洪凯　张静雅　李　达　汪　欣

社会体育

兰　洪　鲁春光　倪志平　王广宁　许延东　崔　青　崔　晓　杜　开　冯亚男
郭小亮　韩学文　黄俊玉　江友志　张海鹏　张　培　冷兆宾　李　杰　刘　洋
刘永生　王玉辉　杨汉文　杨明真　易　鑫　曾光华　张树琦　陈禧滨　崔正凯
杜联丰　高林溪　郭佳旺　郭永春　何玉龙　黄湘明　赖聪毅　刘广志　马　骉
孟高正　牟广森　阮庆学　田珂鑫　王庆鹤　王　泽　许江城　杨松光　尹志鹏
陈攀明　贾　师　姜振东　李　杰　李路扬　李文静　李正礼　林伟亮　王永强
赵志华　范　甲　江　宁　金丰元　雷江南　童继余　涂荣尚　张兵兵　张亚运
甄伟康　汉　涵　屠耀伟　余冬冬

工商管理（体育）

蔡聿隆　杜卓健　段东冉　范俊杰　盖昱菲　郭　越　扈炳琪　李金泽　陈毅杭
汤建华　李　喆　刘星雨　潘光明　沈威翰　孙鑫瑶　王　冰　王　微　王子介
隗玉昆　温雨馨　陈　昊　陈全钢　崔文静　侯玲玉　李　健　李　伟　李　怡
梁雪纯　刘冬梅　刘邵冰　江世杰　刘雪莹　汤建湘　田东华　王鸣歌　杨健翮
杨　朔　曾伯侨　朱经文　解　雷　梁金柱　梁志鹏　刘　正　马　龙　宋韩东锐
王少勇　王卫海　张兴浩　邱天照　王　进　王思茗　杨玉琴

软件工程

高鹏镇　吕　越　马振军　熊凤超　闫　强　陈丽杰　程　坤　代富春　黄俊淇
李雨田　王存金　武海鹏　燕红磊　移金圣　张　超　安一冰　鲍思远　毕小婷
曹光英　产院东　陈　冲　陈　浩　陈建峰　陈九旭　袁　梅　陈　康　陈明泽
陈铭智　陈　乾　陈　山　陈　希　陈　晓　陈雪霖　陈　扬　陈煜东　陈岳亭
迟　凯　崔　震　单雪烽　丁鹏坤　樊庆楠　房洪宇　古英杰　郭兵勇　郭　亭
郭伟光　郭　毅　韩　阳　何洪宁　何家欢　何之慷　侯雪强　侯仔玉　胡宗宝
黄步强　黄　浩　黄旭东　黄云鹏　黄振亚　简　博　姜　宏　姜志敏　孔祥锋
兰天祥　李安琪　李柏翰　李昌健　李　昊　李慧宇　李佳静　李　昆　李　磊

李　力　李明旭　李　森　李曙明　李　玮　李　霄　李晓曼　李亚荣　李艳蓉
李勇豪　李志强　李子涵　梁丽莉　林炀平　刘本俊　刘　超　刘静瑞　刘　军
刘　琦　刘双姝　刘　涛　刘婷婷　刘文斌　刘　霄　刘　艳　刘永泰　刘月超
刘云鹏　刘芝涛　卢　森　陆冠男　吕志进　马鹏飞　马园园　马珍珍　毛凌云
毛艺璋　孟繁隽　孟文佳　慕庆宇　亓子森　齐敏宁　秦华东　秦孟凯　秦　鑫
阮圣玉　邵周敏　盛宇帆　师卫鹏　史冬冬　宋昊东　宋建阳　宋怡晨　孙皓亮
孙江滨　孙世彬　田恩菊　王冰莹　王　成　王大鹏　王桂玺　王　欢　王俊杰
王奎奎　王　乐　王　力　王梅香　王目宣　王若希　王仕宁　王　帅　王彤彤
王　蔚　王文明　王文昭　王旭杰　王雅慧　王　阳　王　媛　王增亮　王　震
王　梓　魏传程　魏　珂　吴　波　吴　钒　伍　欣　夏　宇　谢冰洁　谢振宗
谢之俊　徐　灿　徐化永　徐　亮　徐　涛　许博睿　许凌霄　杨瀚哲　姚　帅
姚西博　衣志伟　游　洋　于庆洋　于淑丽　于天放　张碧野　张建林　张晶晶
张　君　张　珺　张琳琳　张　咪　张培龙　张　琪　张文斌　张文龙　张文阗
张辛成　张　阳　张艺腾　张志宏　赵长虎　赵春伢　赵国利　赵凯贤　赵　伟
赵　月　仲维晟　周爱中　周海峰　周豪威　陈　婷　董俊鹏　黄婷婷　孔　伟
刘蔚棣　周建勋　周熙人　朱大明　朱连复　朱艳红　柴世鹏　丁炳辰　梁　超
石浩田　王　邠　王涌泉　杨华军　于　洋　张钺佳　朱天晨　陈宇钧　郜鲁超
黄配配　姜齐齐　刘鉴庆　史慧璇　苏洋洋　汤云勋　王　栋　许治军　闫　浩
杨一博　于　航　元中方　张厚成　张梦迪　张硕鹏　郑　婧　周慧超　韩振龙
纪　斌　孙学文　王翔翔　文港华　杨瀚琛　杨振宇　赵子鑫　周子康　李凤利
宋　栈　毕文绚　马鹏飞　齐骏飞　刘永欣　鞠　晨　崔天一　高　硕　刘　阳
张　敏　赵振海

数字媒体技术

戴　雀　邓森友　范竟成　关凯旋　李丛笑　李国林　李红岩　林向南　卢渊恒
马西洋　孟庆和　施振华　宋天琦　孙俊雄　孙维思　王唱唱　王林杰　王梦迪
王　倩　王少聪　王增义　吴晨雨　徐向阳　杨　磊　韩菲琳　芦志豪　努尔亚·
艾合买　潘荣煌　叶诗虹　伊永增　殷　悦　袁　劲　周士胜　邹　毅　蒋　东
任继开　徐未来　赵思伟

数字与应用数学（泰山学堂）

李　力　李明洋　孙　玲　王　可　吴　星　翟汉征　董若晨　屈宝友　王　蕾
郗广宇　徐　杨　湛元太　赵　成

物理学（泰山学堂）

黄雅靖　李夏卿　张　玺　黄书山　罗咏刚　苗　强　宁上强　秦小婷　时培运
孙术乾　王　磊　许苗苗　赵雨辰

化学（泰山学堂）

陈孟军　陈召龙　贾春雨　田文芝　王　孟　肖　雨　徐　昱　严　涵　张舒尧
都明旭　刘国强　田文斐

生物科学（泰山学堂）

陈新骏　杜海波　龚元超　刘晓瑜　孙　磊　黄第洲　姜　政　李福宁　李　雪
王怀远　王鹏冲　魏永义

计算机科学与技术（泰山学堂）

罗　昕　殷泽坤　朱开元　陈文拯　程佩哲　崔红元　杜久伦　秦　尧　宋宏亚
陶　超　魏　源　赵一名

国际政治（国际政治与英语双学位）

丁　冠　董　晨　刘　赛　邵北梅　张　慧　郝　琦　何冀宁　江　龙　李　杨
王柳佳　徐炜丹　尹风云　袁一苇　张丝蕊　朱英哲　常委委　程杨扬　高　昕
黄　琪　霍　晶　霍　睿　蒋　鹭　康荟杰　孔双阳　李大昕　李　瑾　刘章雯
毛娇娇　张海冰

英语与法学双学位

陈思佳　耿晓萌　蒋　莹　李　静　李明波　刘亚男　罗　漪　邵慧杰　石路子
姚其昕　杜淑贤　耿鹏鹏　李明阳　刘　莹　柳玥含　卢奕辰　严　涛　赵　娜
周　颖　周元元　付晓旭　马小艳　彭　鑫　秦　怡　王　丹　王宜晨　易苗苗
翟甜甜　张　玉

科学社会主义与国际共产主义双学位

徐　尚

国际政治双学位

徐方园

行政管理双学位

陈烨秋雨

汉语言文学双学位

何　晗　盖　琳　马思悦　巩文智　李子钰　魏　然　杨彩娟　张心怡　周　纯
周玮舒

新闻学双学位

徐超超　胡筱婷　肖雨薇　罗　浩　艾　琳　刘雅坤　纪婷婷　燕泽群　刘廷戈
李睿宸　曹如茵　梁　爽　庄贻菁　朱经文　刘　正　张晓彤　赵　雨　许琳娴
杨劲松　唐道平　李钰霏

美术学双学位

杨　俊

英语双学位

潘肖蔷　焦晓娜　胡镤心　高　莹　李恒扬　韩婷婷　靳倩倩　栾安琪　丁　卯
毛清新　时　雯　王方格　牟海琳　赵艺琳　张雪琪　孟丽平　陈　静　马　丹
易　鑫　金丰元　陈　昊　侯玲玉　曾晓琳　岳黎春　张　炜　赵　彤　李　振
邓艾宜　薛婉莹　汤晓斌　王润泽　陈　灼　张雪晴　韩若竹　付晓静　宋荣杰
陈颖颖　王　娟　孙　琳　庄浩琳　张龙娇　魏　琳　孙广军　石尧瑶　刘　頔
王　笑　吕文媛　侯晓燕　赵　倩　孟航宇　马　赛　郭梦琪　井　凯　黎小东

德语双学位

孙媛媛

法语双学位

李琦琪

日语双学位

赵倩楠

翻译双学位

康　硕

英语（商务英语）双学位

邓崇妍　赵辛宇　马闪闪　汪　辛

物理学双学位

王晓君

会计学双学位

修召阳　杨月宾　郝小帅　李媛媛　王双双　徐国扬　华　龙　冷安丽　徐　丹
余春燕　张萌远　李　杰　赵　进　娄安泰　穆呈茵　张宇鑫　李　丹　孙　昊

衣兰馨　席靖竹　刘梦蕾　黄雪佳　李　童　郑诗慧　蒯　琪　田媛媛　刘颖聪
杨　帆　胡秀民　赵梓夷　张斐柠　徐　铭　王淞露　王　怡　刘　欣　张　震
王文语　徐嘉蔚　朱文瑄　崔　晓　李　杰　刘　洋　贾　师　李路扬　李　杰
陈九旭　姚　帅　李红艳　李晓婧　衣　敏　周一鸣　刘晓天　黄　涛　许天波
韩　瑞　王亚奇　高　阳　商淑祯　刘晨晨　刘冠亚　曹亚寒　谢松洋　王　凯
杨诏迪　王　玉　隋　荣　杨　静　盛　卉　王玉高　杨炎川　李晓丹　刘婉辰
赵浩宇　王雅迪　夏昱欣　范蓬泽　刘晓莹　刘宜文　马跃波　马文婧　客睿智
刘文杰　赵　薇　栾冰玉　杨玉梅　张　坤　庞安禹　栗　慧　李雯雯　时政军
张　杰　张文娟　李治成　王　奇　杨祥子　刘建一　王骥飞　牟春蕾　廖文青
李小彤　王晓彤

金融学双学位

陈思宇　杜君斐　刘潇璇　陈晓东　王诗薇　潘歆梓　朱　姝　孙凌云　张同鹏
王金鑫　杜　楠　张健乔　王　璐　包瑞雪　秦　翔　李修竹　李佳楠　屈　阳
徐　笑　任　申　李　晨　张　伟　黄孟秋　苏晓晴　刘　艺　冯旭颖　张　可
张　敏　朱铭娟　王　颖　楼雪莹　田　梦　张茜茜　陈彦君　付　颖　李　冉
吕晓婷　罗　希　石开诚　王雨欣　杨崇跃　赵　飘　步　云　张婉怡　陈玉洁
彭怡馨　孙迎新　王天祺　王　莹　陈　栋　孙　梅　梁　莹　刘晨阳　涂楚雯
万安琪　张美玉　宁　洋　温佳贝　陈　晨　魏凯琦　徐丽丽　殷荣庆　张　潇
康　宁　张　琪　邵宇晗　吴　茜　席　悦　张睿思　王青霞　张吉喆　蒋俊一
马孝文　邱亚伟　申丹悦　唐慧雯　黄　亮　彭　鑫　李　珍　郑晓彤　丛江杰
毛天宇　孔　放　赵　玉　巴　蕾　严佳丽　陈　洁　陈祥好　高　嵩　李　欣
马锋杰　潘　超　彭　玥　阎韶宁　张俊梅　郑佳妮　王九涛　陈怡然　冯嘉楠
金彦博　刘演森　田雨露　董　哲　姜　新　毛大鹏　彭　啸　王　迪　李一骁
钱　晨　杨昊源　徐雅晴　伍玉路　李鹏飞　敖成朵　李　铮　焦舒豪　靳晓笛
丁延春　吴望尘　王天云　常博凯　秦　倩　潘卫娜　孔繁宇　白　月　姜育宁
李泽明　孙媛媛　王虹霁　魏芳芸　薛浩鹏　赵雪琦　朱　慧　高　远　马　良
黎昌硕　陶囡囡　张天祎　范丹丹　许亚琴　郑黎丽　尹　伊　吕虹玫　张子越
高　武　傅　琳　田嘉伟　叶冠杉　包羽嘉　孙文超　唐俊杰　王婉梅　许飞飞
张一帆　高　东　张　莹　吴依璠　李思奇　于　婷　李兆东　刘世岳　史　倩
林浩然　王思桃　白　杨　赵一帅　王　威　王薇茜　杨筱茜　王华溢　李琳琳
邵明超　周家伟　安成飞　段世豪　何　星　刘珂杭　王　辉　吴欣桐　徐文良
丁家伟　丁一嵩　贾全超　姜明月　王　睿　韩　杉　杨文华　张　竹　朱　滨
张　一　杨宝龙　陈馨蓉　刘维卿　颜相子　王德馨　祝　慧　刘孟璐　张大雷
郝煦白　张海洋　王国仰　张　瑜　陈　硕　王金秋　姜　娜　武　岳　张敬业
张志敏　于　波　桑景伟　刘毓璨　高　斌　孙　越　张明月　张秀萍　孟　硕
翁晓婕　孙　晶　袁　欣　许佳佳　张磊清　姜睿轩　汪　溪　王蓓蓓　张翩翩
吴　昊　严由亮　郑　杰　田　甜　王　侨　王晓宁　刘雨露　梁晓菲　文光秀

张　乾 付会倩 徐丽凌子 张　平 庞尊严 王　筝 韩　清 董　羚
鲁春光 张海鹏 郭永春 赖聪毅 刘广志 王　泽 许江成 姜振东 赵志华
孙鑫瑶 王　微 王子介 温雨馨 崔文静 李　健 梁雪纯 刘绍冰 王鸣歌
陈　希 李晓曼 刘永泰 马鹏飞 慕庆宇 王冰莹 王彤彤 王文昭 王雅慧
伍　欣 周熙人 陈　婷 赵子鑫 林向南 刘汝刚 李　聪 邵润邦 武军宇
谢弘超 陈本章 马　丽 李婉云 修铭泽 冯　伟 高　雅 郝峰文 姜云霏
李隽楠 卢　敏 路金莎 吕钊斌 马浩然 王灵杰 王晓丹 王　雁 张明星
张衍君 赵伟伟 郑泽方 史笑梦 王　熙 曲富宁 赵云霞 程　荟 李清杨
石祥昌 许恩祺 张星明 仉玉潇 李秀磊 姜博浩 曹　颖 曹　媛 陈　晓
崔建波 范玉豹 高安琪 姜豪杰 孔庆旺 孔　越 赖晓宇 李艳君 林凤翔
刘冠生 刘树祥 刘辛辰 卢　青 马靖衍 宋丽娟 孙　坤 王昌明 王秋萍
王天明 王　婷 王晓珊 王蕴斐 夏艺恒 徐　轲 徐万方 杨　潇 岳　岑
张凯宁 刘晓彤 安　鑫 李延旺 刘　菲 孙　蕾 孙燕清 张　蕾 李京波
王桂萍 马若涵 李　丹 杨璐瑶 姚　望 袁沛洁 展瑞雪 杨文栋 潘卫东
赵其新 宋　扬 尹飞飞 刘心洁 李　宇 何文齐 王倩茹 宋紫滢 夏秉锋
王雯婷 周如南 姜倩羽 王心宇 温亚宝 张伟棣 孙美霞 张文婷 谢晓妹
王冠程 孙文梦 章诗韵 闫志珊 李玉磊 张晓红 路　恒 韩敏华 杨　丹
高德宝 廖英豪 张宏健 苏　烨 于瑞冰 张　敏 甄　宁 周晓东 张　莹
孙晓丽 樊庆妍 孙　娅 孙陆剑 姜宇逍 刘首章 邵潇寒 刘博雅 徐道欢

金融数学与金融工程双学位

宋文洁 刘　晗 杨佳琦 阮　睿 谢　菡 娄　森 李媛媛 亓　鲁 王　鹏
高少冲 白沁而 靳峻妍 李　旻 刘　馨 王子豪 段　琼 张涵睿 张雪梅
李　向 刘晨希 王雪莹 于浩然 任晓冲 李子涵 卢　森 刘鉴庆 焦裕飞
胡瀚予 李　醒 张　萌 杜祥文 王安琪 郑平博轩 李国祥

人力资源管理双学位

王婕冰 林　琳 徐梦晨 张　彤 刘　琦 高钰淇 孙洪斌 郑连连 盖瑞园
曲苗苗 余知秋 刘蕴泽 杜　康 王隆晓 贾晨迪 李　茜 黄路尧 王誉璇
姜　琳 伊风宁 常　卉 李　妍 杨思学 叶美麟 王云翔 张　敏 邢丽媛
李晨曦 李　抗 朱绍奇 胡乐乐 宋哲君 王广宁 曾广华 何玉龙 杨松光
王永强 赵　月 王小彤 张久建 付诗玲 田园园 任　娜 龚佩筠 徐文琳
崔潇涵 赵高峰 张晓雨 崔斯佳 王　乔 殷叶鑫 张文成 张新月

工商管理双学位

叶丽晶 伏思颐 王　斌 艾明旭 李萌芽 刘颖哲 彭　菲 张梦琳 程　鸣
褚　楚 赵　欢 施明忻 杨松林 初志晖 石琳琦 施恭林 刘　皓 韩　超
翁雨婷 李　润 马龙龙 俞少华 张　璐 缪　威 苏锦磊 孙宇辰 梁炯承

宋剑辉　王李萍　张亚运　吴　凡　辛　炜　张璐璐　刘明辉　李剑斌　王伶俐
宋士莲　林雅雯　张存正　王　朔　王新峰　陶　陶　单庆龙　刘文瀚　李　红
吴玉昊　张西健　成文龙　候敬磊　赵明远　董天睿　胡　鹏

国际经济与贸易学双学位

宋嘉诚　王　雪　牟　朝　吴安琦　程喜通　韩婷婷　崔嘉琪　李庆庆　吕　杨
张　璇　杨　欢　陈鹏龙　李　然　梁英豪　田倩仪　刘志国　王　静　张馨丹
孙文文　张念荣　张　安　王淋淋　孔玥琪　郑天阳　姚　迪　陈晓岑　李跃龙
董昕欣　毕小婷　张丽娜　吉　志　段泽中　吴新影　郝英豪　李彩玉　曲轩轩
王　群　初姗姗　张金梁　王亚楠　徐祥祥　刘均万　宋维龙　唐　然　张　泽
尹淑君　干剑伟　陈　巍　任慕宁　王长军　王世秀

法学双学位

苗　正　信路晓　崔媛媛　石静娴　王晓娇　铁雅婧　宋艺博　陈含黎　高子涵
韩雅冰　王胜男　陈天正　姚俐衡　郝　梓　王晓筠　闫子敏　王佳玮　周　泉
尹文浩　王艺颖　刘　蔚　毕衍杰　张　宁　李春晖　张　衡　梁思园　李政新
黄晓敏　孙继伟　綦　岫　班晓勋　葛建梅　贾明华　张静文　郭小亮　郭佳旺
马　骉　孟高正　高　楠　冷　奕　王海洋　张效强　周胜振　万　奎　王成钊
肖　齐　聂　鑫　于　雪　徐梦瑶　巩　莉　宋　喆　张晴晴　苏　标　李　浩
马德源　赵　坤　范金鑫　刘瑞孺　伍佳妮　张来鑫　李　伟　岳兴祝　王超群
于秀丽　段肖青　张书亚　王啸林　束　欣　刘　云　鹿傲男　王　浩　张　璇
孙雨欣　曲虹桥　陶琳琳　张　睿　李文玉　高　双　董泽栋　邵明夏　郑飞飞
丁蔓琳

文化产业管理双学位

邱隽思　张闫女　吕明洁　苏　灿　王　伟　张博雯　王　松　申凌羽　单凤阳
韩笑笑　胡　秀　商建帅　常艳涛　高国伟　齐璐璐　李聃阳　成　蔚　蒋靖宇
宋媛媛　鲍璐瑶　李　晴　陶颖帆　王艺璇　张　喆　李　嘉　隋佳宏　杨颜嘉
于佩琦　周晓喆

市场营销双学位

郭艳灵　郑德隆　黄俊玉　江友志　王玉辉　崔正凯　李正礼　雷江南　伍瑞云
冯裕东　王亚周　王洪林　刘志毅　于欣桐　王　骥

信息安全双学位

张　展　蔚　悦　张泽宇　李大青

硕士毕业生名单

中国哲学

曹发武　曹　帅　崔恩帅　郭　倪　韩贺舟　李文红　卢　璐　骆永顺　石梦娇
魏泽吉　赵　爽　宋　健　陈　楠　程　波　崔琳琳　李　华　李树超　刘亚峰
裴继祥　仵　越　杨　虎　张　敏

外国哲学

王　玮　谢一玭

马克思主义哲学

褚　帅　刘天瑞　牟晓燕　孙萌萌

马克思主义基本原理

成双凤　韩杰英　李变变　任　敏　闫晋虹

马克思主义理论（★学生事务管理与学生发展指导）

曲珊娜　班梦姣　初　春　高陈其　胡玉翠　盛瑞金　王彩霞　吴艳英

马克思主义中国化研究

刘　君　彭　云　孙　晶　王　辉　薛晓玲　张珂鸣　陈　晨　田晓琼　张红朗

马克思主义发展史

黄晓洁

国外马克思主义研究

张沥元

科学技术哲学

王　静　辛璐茜　孙慧中　孙兆洋　王　媛

科学社会主义与国际共产主义运动

刘玉娣　孟　琼　孟辛玲

宗教学

董　闪　蒋　爽　李建宇　李　思　赵连珍　周　源　马　源

中国古代史

陈　卓　郭水菊　马晓飞　唐华荣　王真真　张梦晗　张文蒙　赵　红　丁　慧
李晓艳　孙俊柯

中国近现代史

陈　敏　景　敏　李国庆　李　铁　田　雨　王　叶　张明晓　张　爽　张　岩
胡　楠　贾　莉　吴溢华　杨君君

中国近现代史基本问题研究

王　珊

世界史

张丽丽　韩轶敏　曾　红　陈　梁　刘　峰　刘禹汐　陶　芳　王　飞

中共党史

樊欣洲　秦冠宇　唐茂珍　王会会

专门史

刘　霞　王　玲　殷士刚　袁　艳

史学理论及史学史

冯　洁　郭英嘎　林　超

历史文献学

张九龙　张　瑞

历史学（中外关系史）

KIM　MINJU

经济思想史

刘　阳

考古学及博物馆学

王　焕　郭晓蓉　康敬亭　冉炜煜　孙启锐　王庆铸　杨小博　郑晓蕖　陈松涛

文物与博物馆

张　冲　安延霞　于雪梅　张易婷　张丽萍　饶小艳　陈　静　张　圆　詹森杨
朱良赛　王　祁　陆青玉　王悦婧

图书馆学

孙小鸥　赵小璐

中国古代文学

边　贤　田春花　崔光红　高宇燕　李嫣然　王秀丽　杨卫强　殷仁允　史　欣
冯　琪　高　茜　耿　锐　李传冬　李晓宇　刘晓阳　王　静　王　磊　王文鸿
尉永兵　吴嘉璐　许晓玲　张　晟　朱　琳

中国现当代文学

顾　叶　王继国　吴　昊　张　怡　王晓岭　胡顺淑　姜　肖　李　一　李　远
刘　晓　尚　婧　苏　愔　王　超　王乐文　于金辉　张皓宇　赵海林

中国语言文学（★对外汉语）

周春慧　韩　柳　姜　竹　孔建源　刘　慧　魏乐乐　袁　凯　朱　颖　詹　榕

中国语言文学（★中国民间文学）

任志强　李生柱　杨文文　于风贵

中国语言文学（语言与文化传播）

赵　跃

汉语言文字学

张　玉　赵付美　张志鹏　陈希娜　黄炜华　孙香雨　管雨红　冯宇静　刘国军
刘文晶　卢　腾　亓文婧　王　蕾　于苗苗

中国古典文献学

班龙门　郭　淼　黄　硕　马　菲　茹莉君　宋艳丽　王军杰　苑　磊　周东娜

语言学及应用语言学

刘婷婷　尚安新　王小翠　王新娟　武　青　翟　会

中国语言文学（语言与文化传播）

赵　跃

中国语言文学（对外汉语）

周春慧　韩　柳　姜　竹　孔建源　刘　慧　魏乐乐　袁　凯　朱　颖
MOON　EUNHYE　KIM　JI　HYUN　KIM　YEJI　KWAK　KYUNG　JU

汉语国际教育

陈　琦　丛　杰　国　睿　贺加贝　李　霞　潘洪超　汪　泉　吴晨赛　杨　程
于佳林　张　莉　张诗音　赵丽秋

英语语言文学

秦绪莉　邓晓芳　段晓甜　樊海青　郝文欣　侯梦楠　李会静　李雅轩　孙丹丹
王　淼　杨　丹　赵明娟　郭文静　宋尚腾　白祥未　陈丁瑜　陈广满　崔　凡
冯茨茨　高广英　高　迎　何晴晴　黄　莹　贾文芳　康晓丽　李海琴　李　欢
李　亮　李　巍　李逸菲　林爱芹　刘佳婷　刘　鑫　商　晔　隋亚男　孙惠燕
孙　琦　唐月乔　王一兰　王　依　魏艳伟　吴清茹　徐倩倩　杨　凯　张传帅
张　芳　张军华　张文珍　朱　璇

亚非语言文学

刘　丽　刘亚芬　母秀丹　邱敬霞　孙飞翔　王道凤　温玉萍　袁　勋　张丽华
赵华伟　陈程程　崔　杨　董　雪　韩　君　黄洋洋　李晓婷　秦　娜　王友如
袁　媛

日语语言文学

李银兰　陈灵侠　石玉雪　苏　丹　苏娟娟　王锐欣　尹小娟　于文静　张笑笑

俄语语言文学

杜　健　房晓地　李　杰　刘　娜　王　聪　赵婷婷

比较文学与世界文学

陈　帅　唐燕飞　王国泰　袁晨晨　崔　静　冯国萍　肖芳芳　张　蕊　张　莹

外国语言学及应用语言学

赵兰鹏　曹佳佳　甘　青　巩方园　侯菲菲　牛明敏

翻译

李　洁 马延香 李晓清 周　聪 胡楚娅 于梦宇 胡玉洁 关　赟 张亚楠
王　辰 时　芸 姜晓飞 杨　健 夏菲菲 马升慧 陈　捷 李　妍 万明敏
孙　静 杨轶男 洪园园 宗晓倩 杨　慧 张媛媛 魏文娟 汪　琪 刘　芳
唐园园 王俊芳 齐晓玫 姜　钰 赵梦琳 张　坤 陈广英 李鲁宁 刘晓茜
侯金萍 李海宁 王晓莹 王　晨 李晓颖 李玉敏

法律史

李　帅 王　蕤 闫文涛 杨亚平 赵亚男

法学理论

郭　蕊 林　丛 刘　雄 徐　倩 郑　希 周扬帆 董　辰 李　楠 李思余
宋保振 王　俊 王雪原 赵文婧

法律

郭　蕾 李一晗 杨凤选 白　雪 袁俊龙 张　龙 邓　娇 李　阳 杜明靖
孙云鹏 王　锋 李　攀 刘　龙 马文君 林存梅 沈黎明 杨天翔 郭曜源
张　恬 王晓菲 何甜田 刘智媛 于安琪 王　琪 张　涛 马艳婷 莫日根
白晓莹 班绪雪 杨盼盼 尚　萌 侯茜雪 丁泽义 刘丹丹 马丽君 郭明明
杨曙亮 胡珊珊 任博峰 姜一帆 李慧颖 张菲菲 王　淼 田伟伟 姚　山
李海波 孙　岳 刘　恩 王　振 石茹月 刘　丽 汪付举 张扬帆 侯田田
李　芊 于　宁 王明瑞 侯文均 刘彤彤 孙　榕 李　旭 温　馨 肖　玉
徐　阳 盛诗雯 王晓彤 陈　静 王昌涛 刘红权 许　琨 段永超 黄　月
张淑磊 王　超 王瑞彬 钱立成 王　瑞 王丽丽 王　云 张怀法 李　诚
周　菲 孔祥峰 杨晓佳 马　倩 牟景龙 刘爱静 路芳芳 徐敬芳 邵明娟
崔　伟 朱　倩 冷　冰 高　超 杨　萌 贾文慧 张　伟 王　婷 傅　烨
张　霞 刘新明 郑宗强 雷志文 黄永腾 尹茂伟 滕芳芳 严翠翠 刘　菲
于　凡 潘　楠 周　倩 吕周潇 孟　伟 景　刚 张华鹏 井　然 王　志
李文东 李婷婷 王世磊 王亚辉 夏璐璐 何世伟 李立功 于彩霞 于金波
曹彬睿 齐锦辉 盛　华 白　雪 付　静 董建敏 王　铎 曲雅丽 李文燕
郭擎宇 尹　力 于　丹 张　敏 魏泽瑞 孟秀梅 尹再欣 赵莉莎 王瑞霞
王　筱 李　杰 温祖珍 王凤娇 熊静文 张颂雅 陈玮芝 严倩倩 高志昊
周丽平 何春妍 杨　波 汪舒田 陈志强 郭　欣 孔雨龙 王婧姿 花晓琳
刘　云 于善武 范英英 刘梦萍 唐　媛 孔娇阳 巫　楠 牟疆燕 李　萧
李　净 董永强 李　坤 潘广胜 张珊珊 张　亚 丁营营 吴文霏 苗　伟
杨松浩 张小飞 高少华 张　楠 郝亚河 马东山 齐正伟 朱海磊 刘海啸
薄　迎 笪　憬 徐小梅 孟怡馨 赵相君 高炳礼 隋清梅 陈　苹 王　勇

戚玉杰　徐　健　亓桂娟　金富涵　吴　萌　王元仁　江　静　朱瑞琛　颜　晨
王战辉　许　靓　韩　佑　徐晨曦　张思远　宋行行　高　静　刘春红　陈雪娇
杨　萌　曹海贝　吕金花　张小娟　孙龙龙　杨　豪

宪法学与行政法学

章新星　张　航　陈爱敏　丁　鲁　刘　静　刘文欢　刘永江　孟丽丽　王　洁
王书琦　王艳艳　辛佳賨　薛红玲　张　弛　张腾龙　周　琳

民商法学

王盛雅　曾福霞　陈　爽　高文俊　郭维嘉　韩　笑　刘晓敏　刘宇晗　栾晓雅
曲　倩　邵元飞　王　媚　王　萌　王　秀　衣　然　于云蛟　翟如意　张天圆
章守天　郑　方　陈真真　杜玉品　费　菲　惠吉超　孔冉冉　李秀花　李亚男
孙苏娅　王　峰　吴玥瑶　徐云云　叶　成　张红星　张淑萍

国际法学

宋子敏　褚文文　贾胜利　刘　英　孙　倩　王万华　张金铁　赵　月　甄伟超
赵筱萌

环境与资源保护法学

苏文奎　杨　苑　张　晶　郑　颖

刑法学

毕娜娜　曹　稳　董　文　贾配龙　潘晓晨　汪冬泉　王　越　杨雪花　于　洋
张　瑛　郑　帅

诉讼法学

林子瀚　刘倩霞　汪桂荣　肖　滨　杨　琳　赵一铭　朱美玲　蔡娜玲　陈莎莎
陈长堂　郭　佩　刘文哲　许文娟

经济法学

顾　明　李　琳　李雅雯　缪文燕

传播学

董　骁　葛营营　李　锐　刘雨涵　沙玉珍　王　达　王国鹏　王　敏　王　月
徐　菁　由　琨　张　楠

档案学

陈　洁　国　健　刘　磊　穆霁月　宁现伟　孙红秀　谢明园　杨丽娜　张金梁

教育经济与管理

王廷蕾　王亚飞

高等教育学

李志敏　侯　杰　黄郁青

思想政治教育

马晓林　房红红　明安宁　于　洁　于婷婷　吴　静　沈晓明　刘婵婵　马金利
史　洁

新闻学

陈泽坤　李　帅　渠雪冰　孙宝琴　王　磊　肖红丹　殷洪英　尹晓鹏　范　佳
方琛琛　韩孟羽　郝　雨　李　欣　刘　梅　秦剑波　任晓萌　王　平　徐梦雪
徐玉芹　周　丽　朱紫瑛

新闻与传播

王爱玲　陈　露　王亚男　周国芳　郭轶群　殷玉宁　张彤彤　王雅淇　连　振
王宇琦　于梦羽　陆瑞洋　慕　悦　徐斐斐　宫瑞雪

应用心理学

丁吟青　姜　凯

民俗学

马　莹　孔　军　李　倩　商婧媛　王小蒙　张兴宇　周明霞

艺术

刘　振　程帅琳　白　雪　许　娜　付载慧　陈　聪　华　娟　张明伟　崔　青
刘　萌　刘程程　刘汇慧　张继泽　刘钰聪　李焕焕　栾淏琳　高　明

艺术学

朱江宏　赵　青　赵　然　王仲凯　刘晶晶　刘兴胜　王　蕾　王　晓　徐金雨
张怡心　赵文娇

音乐学

张金娣　纪赫楠　金子琦　吕　丽　范婷婷　李　蕾　李晓琛　刘　璐　苏晓璐
孙　歆　徐晓龙　阎　潞　张佳伟　张　蕾　赵　爽　刘钰聪　李焕焕　栾淏琳
高　明　许　娜

美术学

姜世东 李　捷 李青女 鲁　潍 谭宏熙 滕静儒 王　进 杨　帆 陈　聪
华　娟 张明伟 崔　青 付载慧 刘　振 程帅琳 白　雪

文艺学

王娉娴 崔陆峰 范作升 郭玉越 魏杰如 张彦婷 张玉翠 翟羽佳 毕慧婷
陈　凯 陈　琪 陈艳梅 房昱辛 胡培真 华宣蕾 蒋文娟 李　钰 刘　娇
渠　冉 曲陆石 孙　凤 田　星 杨　莉 张　果 庄守平

设计艺术学

姜　鑫 刘近荣 刘　璐 潘松光 孙　婕 汤亚丽 魏梦蝶 杨　萌 赵婧婧
赵亚伟 周慧玲 韩丕龙 孙晶唯 王宝红 王琛璐 周颖欣 房　旭 马会媛
孙晓蕾 王丽娜 闫亚倩 曹丹丹 陈秋华 高梦雅 哈晓婧 李佩佩 林雨纯
邱　腾 翟倩倩

艺术设计

刘　萌 刘程程 张继泽 刘汇慧

体育教学

谢银珂 孙振昌 甄祥凯 冯爱秀 孙志锋 王冬霞 张　磊 吕季蒙

体育教育训练学

徐　阳 李凡凡 吕　伟 孙　格 谢秀叶

体育人文社会学

李　冉 李玉旭 孟　明 徐永超

运动训练

郭召晓 田　昕

社会学

王　菲 范　丛 葛玉倩 韩　敏 李　影 刘海强 刘晓静 唐新雁 鄢浩洁
杨　薇 尹晓萌 于伟壮 张秀云

伦理学

李　叶 姚传英

社会保障

董　方　孟　鹏　王亚雯

社会工作

曾利娟　孟德顺　单文晓　马明玥　朱澧晗　王　源　吕春苗　昔秀红　李　蓉
章　洁　陈　涔　焦　亮　须子鸣　刘芷廷　柳　琳　刘　丹　李娅娅　刘焓碧
祝晓旭　徐艳玲　王　闯　杜雅琼　宁配东　庄　云　次倩男　张　惠　张欣瑶
李沐潼　王雪飞　丛伶洪　赵　爽　公秀玲　王立芳　刘凡同　刘晓倩　刘焕焕
杨晓霞　杨慧婷　李海艳　耿玉多　王　慧

社会医学与卫生事业管理

杜亚慧　崔伊萌　卢怡帆　祁华金　山　珂　赵秀秀　梁志强　鲍娴静　陈清梅
黄　飞　卢　颖　石　丛　魏士轩　吴树运　张　健　张　丽　张　楠　赵凌波

保险

刘立鹏　畅彦琪　张召原　管明志　徐学燕

工商管理

侯　芬　王　磊　刘志坚　陈　劲　武　斌　曹　斌　宋　阳　袁少明　姚俊江
叶伟伟　王　芸　冯苗苗　刘学涛　李曦方　杨　建　吕文丰　杨　洋　卢　珂
章　坤　樊　伟　郝萍姣　闫　跃　韩德龙　闫　宁　王　鑫　张　洵　刘红丹
杨　科　李海洋　孙　伟　王亚明　宋冠远　肖　颖　姜　盼　李争阳　龚　静
田茂学　孙海涛　孙　静　康世福　郭晓枫　梁　红　金美善　胡秀霞　初金畔
刘　鹏　卢振环　周宪平　高继涛　井　丽　刘丽丽　于　洁　沈　成　丁富强
郭士航　孙　欣　孙玉玲　张　璨　董泉伟　耿会强　张季芳　李晓丽　赵晓晶
殷　西　吕雪生　张岩岩　吴海玲　张小林　成鹏远　乔永超　刘　锐　梁　超
李雯雯　赵玉辉

企业管理

刘丰源　任天龙　曹雅青　陈泽文　方聪聪　郭　薇　郝永刚　乐益民　李鹏程
李云洁　刘　贝　刘　丽　刘　艳　商　丹　司　琴　孙　维　谭秀庆　王文凤
王晓然　王　昕　文露彬　吴　婧　吴　俊　燕　军　杨晓琳　杨　星　姚　磊
张雅萌　张　扬　张　卓　赵维庆　赵卓鹤　刘攀越　蔡玲玲　陈　正　付幸幸
高龙泉　管庆鹏　李　璨　李琳琳　任婷婷　邵　欣　宋红霞　王明月　杨　茜
杨雪英　叶　娜　尹　奎　尹士军　臧家秀　张　建　张　伟　张新艳　张　岩
赵九龙　周梦琪

管理科学与工程

曹　萌　陈国庆　董小暄　董雪苓　樊艳玲　高　燕　郭宝洁　黎培培　李　洁
梁姝钰　刘　斌　刘　政　刘志刚　孙中瑞　王海楠　温珊珊　吴　旻　肖雯雯

管理科学与工程（★文化产业管理）

尹立娜　常海峰　陈晓迪　郭文娟　罗岭梅　隋海伦　孙　楠　孙先凯　涂　静
徐舒静

管理科学与工程（体育管理科学）

王晓芳　王先亮

旅游管理

冯文君　黄鑫鑫　漆睿　田　真　马和省　王　亚

技术经济及管理

黄　佳　杨亚文　张　弛

工程管理

张光涛　董　冰　房俊华　王　骞　张卫国　孙　奇　李永威　吕海涛　王　宁
姜鲲鲲

项目管理领域工程

张宝树　周　琳　李仲利　程　铭　谭　越　毕昆鹏　郭兆玺　李　波　亓新文
宿海涛　刘　明　马宗涛　王文波　王德固　黄　磊　崔顺梅　李钊堂　马　迅
王　珊　张　丽　程如海　张　文　邵　伟

公共管理

王世辉　韩　秀　杨丽丽

行政管理

戴　震　张云波　王　雪　曹东卿　车五林　陈晓君　范议遥　高　风　韩尚稳
韩文雅　胡玉静　李　康　梁晓彦　史　越　苏　健　苏艳雪　孙　玮　孙玮茄
王　超　王　芳　王　潇　王　峥　邬　松　谢文玉　闫　婷　张　倩　张熙炜
张　鑫　周　群　朱海香　朱靖琰　朱明艺

国际关系

陈　楠　高文文　胡芳欣　李朝辉　张　程　张　薇

国际贸易学

艾斯卡尔·阿不力提甫　陈东阳　范梦子　郭　靖　韩　超　孔凡爱　李　巧
邵艳红　王　杰　王　萌　杨　丽　杨璐璐

国际商务

闫静雯　马丽娜　王志超　杨　青　康晓丽　刘海东　林华瑜　吴小龙　张红英
李文琪　孔令男　孙　斐　刘增强　冯淑莹　刘贵顺　邱　丹　叶彦艳　王春翠

国际政治

孙业文　白　路　曹岩涛　丁明文　谷进金　纪秀娟　李　阳　吕阿龙　马玲燕
邱小芬　任绿勃　隋　静　王建伟　张小宇

国民经济学

陈晓丹　菅敏杰　门　琦　牟晓倩　张俊双

会计学

冯　琨　薛　杨　邓君超　高　婧　李　萱　林亚囡　刘文文　刘宜竞　王丽君
王墨潇　杨　悦　赵廷飞　曾敏敏　李　凤　孙　亮　王思萌　张　核　李　扬
王小琳　贾　敏　孙玲玉　尹　丹　陆　欢　武　雪　伊祖昊　郭海成　江　漫
刘　畅　李　亢　陆大海　陈从从　高　楠

财政学

牛亚萍　李　媛　李　铮　厉彦青　梁　娟　吕祥淇　吕圆圆　满利苹　任龙洋
魏　群　吴志明　颜廷爱　张　凯　孔德馨　高囡囡　刘　慧　任亮亮　孙新宇
张扬帆

产业经济学

陈文爽　陈晓敏　宋　甜　董国伟　李曦萌　李莹莹　刘雷雷　罗　垚　马　星
王胜才　王维菊　于慧娜　赵学菊　周利丹　温绍娇　蔡　娇　代　斌　郭文慧
黄婷婷　王　玎　王萍萍　张晓艳　周　扬

劳动经济学

左　蒙　周济慧　陈　洁　李　超　王亚男　张晓村

理论经济学（法经济学）

马运全

人口、资源与环境经济学

李德芝

数量经济学

陈冬冬　李　路　王　帅　王春华　张玮本

世界经济

高　颂　赵雨洁　刘双双　路　婧　石芳芳　孙善德　王　丽　徐　娟　于　冰
周新杰　祝明侠　祝亚宁　刘一鸣　陈　贝　刘　明　倪　嘉　王　雪　张慧慧

西方经济学

白淑涵　耿　君　郭可立　张　程　张建辉　朱擎擎　海晶晶　李宜桐　马媛媛
陈鲁晓　黄　波　李　琪　李雪梅　牛庆静　牛雅静　王红娜　武　婧　张　航
张琳琳

应用经济学（★保险学）

陈艺源　程海鹏　郝璐颐　马　捷　尚　君

应用经济学（★投资经济学）

林亚楠　罗翠柳　蔚海林　辛贤鹏　翟羽佳

政治经济学

单祥杰　刘　月　马海生　于言红　张　毅　常延龙　陈　倞　魏抗抗

政治学理论

刘　聪　万吉庆　徐盼盼　陈梦丽　程　凯　褚向磊　侯敬伟　李林菲　刘淑芳
刘小诗　秦　川　宋玲玲　孙苏威　王　娟　徐小君　薛祥伟　燕　楠　周广磊

基础数学

吕延芳　曹　雷　陈小龙　楚晨舒　李　萍　李　燕　李照秋　李志鹏　刘方红
邵　华　万　昊　魏　萍　许　泽　赵玉龙

概率论与数理统计

高少龙　曹正明　靳永攀　刘　艳　滕　斌　王　帅　张焕君　张珊珊　张　伟
张晓灵　李如愿　李　伟　任德敏　邢雪丹

税务

李欣溢　刘尚芳　蒋宇清　杨　蕾　刘晓晨　赵　昊　孙正益　任　芳　马　敏

邓　聪　赵玉娇　马　琳　尹逊涛　杨晓东　窦亚南

金融

程秀清　周兴珍　朱双婧　姜　寒　肖晓蒙　王　翔　陈志涛　王　楠　王　祥
苗冠林　雷淑霞　谭亚奇　陆鸥盟　陈茂林　侯翔贺　邓　宁　邱玥丹　程　瑾
王　冰　彭石深　谭庆彬　刘　洋　姜　超　刘丹丹　任玉君　李兴凤　宋汇玄
田广健　廖雁冰　马世宾　甘咏孝　朱运迎　段晓军　曹永函　李海军　丁雪玲
马　娇　李　鹏　马南南　李莹莹　王　宁　马　洁　麻力华　王　贝　赵淑婷
母丙强　梁　夏　李　聪　杨皓亮　杨昊龙

金融学

陈丽萍　丁　蕾　董笑晗　黄震鳞　姜　楠　逯瑶瑶　戚树森　孙　宁　颜　麟
杨　璐　杨少娜　张　蕾　张　艺　张　钰　赵明金　朱成锐　程子奇　张　剑
马金平　曾　颖　程桂平　董法民　董莹莹　姜　宁　林　珊　刘　娜　刘　然
卢　杉　牛雨菡　秦淑云　宋仁玲　苏春静　谭　笑　唐　琦　田　野　王海人
王　琳　王艳朝　魏　微　闫凤娇　张晓梅　赵　娜　赵　赟

数学（★金融数学与金融工程）

黄婉婉　张瀚文　成　城　崔　恒　郭振龙　孟晓倩　王晓祎　袁猷林　张慧琳
李世元

数学（★信息安全）

耿慧拯　蒋　帅　刘爱森　马轶群　吴寿昌　谢学说　赵书让

应用数学

管玉洁　高小龙　葛钰滢　鲁卫善　马　宁　宋　洁　赵九月　宗晓航

应用统计

李　邸　付培栋　柳　莹　刘　纲　曾慧中　董晓青　郭长梅　单　元　王海燕
刘天昱　王昭栋　王学亮　文　倩　孙亚兵　张家铭　祁　骥　张宏东　卢俊青
邹宗航　余　曦　顾大志　魏　宏

运筹学与控制论

韩雨巧　吴　晶　于璐婧　陈文雅　慈蓬松　丁姗姗　金　鑫　李华龙　李　强
司　琦　宋勇霞　孙剑阳　王　瑞　袁晓辰　张一民　赵枫娟　庄文英

资产评估

万　乾　孙桂一　丁艳春　高　洁

原子与分子物理

谌占航

凝聚态物理

曹召鹏　崔清强　刘蕾　鹿双文　孙启龙　王号号　徐攀攀　臧云飞

理论物理

崔立勇　刘　扬

粒子物理与原子核物理

张　盼　王　博　王军涛　朱　伟

无线电物理

李　伟

物理电子学

龚兴全

工程力学

任　飞

工程热物理

陈　莹　郝爱芹　胡静洋　刘　鑫　马青峦　秘　密　彭吉伟　齐辰录　王浩霖
王红福　王旭江　闻　讯　郇庆超　张龙洲　张　勇　周　龙

固体力学

杨道峰　杨国华　杨志新　张森淼

光学

戴舒炜　李　静

光学工程

高亮　范德胜　蒋　硕　刘　迪　孙柏宁　韦　卫　肖　炅

光学工程（光电工程）

王朋朋

光学工程（光信息科学与技术）

张丽强

电磁场与微波技术

纪鹏宇

电路与系统

孙　栋　崔　超　董晓舟　李水秀　苗　楠　宋付云　宋建梅　苏文鹏　谢松昭　孟繁贵

电子与通信工程领域工程

高　明　董　龙　胡永德　刘　伟　钱　鹏　宋　杰　宋延强　王海臻　杨萌萌　尹媛媛　张晓丛　周　末　贺运东　曹利华　曹　琦　曹元山　程金龙　邓少龙　付　丽　郭　庆　李宝绪　李　诚　李吉宗　李乃翠　刘　毅　陆　华　吕桂龙　欧福超　宋海永　苏志金　孙　凯　田均强　王娟娟　王孟艳　卫　超　薛树滨　于　莉　张　超　张国裕　张　璇　张　志　郑卓文　钟晓珍　朱立朋　邹会杰　邹　敏　曹迎军　陈百鹏　付常靖　耿家庆　刘晓辉　孙海燕　王宏业　张　琰

高分子化学与物理

敖　敦　边　超　崔士红　胡秋萍　李传龙　刘　舒　孙兴荣　殷　硕　张　静　张　腾

物理化学

王　鑫　王欣欣　李亚娉　吕韦钦　王玉杰　王玉燕

有机化学

郭英勉　黄少峰　李　蒙　李艳秋　牛宗红　王向华　谢崔越　晏祎峤　杨少博　张婷婷　张文波

分析化学

张云龙　丁勇顺　胡　燕　黄　菲　焦　青　李　洋　刘淑风　刘星倜　刘雪姣　毛月红　孙艳文　田　聪　王晓琳　张守申

化学（★理论与计算化学）

毕富珍　李宝硕　王恩栋　吴秀秀　张培利

化学（★胶体与界面化学）

王　瑞　耿媛媛　潘　红　王　爽　王妍然　信　静　杨婷婷　苑　敬

无机化学

李厚冉　孔凡霞　刘　峰　刘福玲　申　立　孙　扬　汤　娜

应用化学

刘　磊　刘前进　邵国俊　宋海燕　孙洪志　孙小宁　唐　斌　田　静　向　礼
张聪聪　张　琮　张雪莹　房美灵　刘　贺　马庆林

药物化学

李姗姗　梁　鑫　刘　涛　施雷雷　王　荣　王元泽　邢华鲁　张　威　赵奕盛

化学工艺

胡国平　李成帅　李　娜　刘　婕　刘　鑫　王成欢

化工过程机械

曾兆强　胡　涛　王　贺　王玉松

化学工程

刘　然　张凤娟　张明阳　张芹芹　陈　青　巩　柯　李　超　胥雯雯　徐纷纷
涂华强　张　恒　张　琪　周学文

材料加工工程

孙雪梅　吴承格

材料物理与化学

刘金利　石秋荣　闫振国　张天真　冷明哲　潘微微　王　蕾　于思龙　张　凯
赵　磊

植物学

刁　灿　周　琪

细胞生物学

刘义圣　姜文杰　剧建芳　李　翔　刘德坤　彭　楠　宋银玲　孙　越　王　靖
王　龙　吴丹丹　武　平　闫加美　张红建　张红丽　王　芸　信　建

遗传学

刘晓华　钱加佳　任天莹　杨大林　张媛菲　贾　稳　姜文杰　刘瑞琼　刘永超
鲁娟娟　吕帅帅　宋　珍　王丙亮　赵宝悦

微生物与生化药学

苏　康　胡长艳　刘东泽　马莉莎　孙倩倩　王　锦　赵　欣　郑贝贝　李　涵
罗　洁　马远娜　田继康　赵丽娟　赵　娜

生物物理学

尚桂军

生物学（★海洋生物学）

丁新彪　郭战胜　刘　芳　杨　慧　张闻捷

生物化学与分子生物学

郭东会　胡述浩　刘英梅　吕小红　马新蕾　任　静　石　磊　于孟兰　员　超
张　晴　张　莹　赵嫣然　郝秀玉　李俊强　李　容　牛蕾蕾　孙　平　王苗苗
袁首道　张晓金　周　楠　朱妍妍

生态学

郭宪友　金飞宇　任小凰

环境科学

李　静　杨炳君　高　锐　周声圳　李延伟　张晨曦

动物学

丁　玎

病原生物学

孟　敏　单玉群　郭　清　刘　其　张　雯　刘旭静　苏　磊　张　敏

材料加工工程

孙雪梅　吴承格

材料科学与工程

刘瑜真　蔡沧龙　程福明　樊军鹏　高　孟　高冉冉　郭云力　郝玉林　冀晓燕
贾永敏　姜良斌　蒋　磊　康立敏　寇天一　兰亚洲　李　波　李　立　李猛猛

李　鹏　李小敏　李秀红　李雅洁　梁莉蒙　刘小蓓　刘小俊　娄小飞　路婷婷
宋超群　宋　华　宋召丁　孙建雄　王　聪　王　栋　王晶晶　王雪坤　王　杨
王振坤　王　征　魏玉磊　吴　丹　肖鑫鑫　闫军芳　闫玉芝　杨得帅　杨丰兆
杨　赫　油光磊　余俊杰　张成兰　张　琳　张　萍　张晓宇　张学鹤　张艳鹏
张　勇　赵红琨　赵　旭　荣　周　鑫

材料学

张茜莹　陈丽丽　丁兰兰　吕　云　孟晓东　王园园　杨艳梅　张伟佳

材料工程领域工程

安　邦　陈春蕾　仇红飞　董艳君　何翠竹　何召品　李景利　李　静　李　路
李玉金　梁成彧　梁永亮　刘亚磊　马俊杰　祁　卫　任德伟　任文建　申利发
田文婕　王　鹏　王　钊　王　镇　夏玉兵　徐一涵　杨建飞　杨金钺　尹崇龙
袁美玲　张华阳　张　凌　周凯运　朱文韬　李振华　余丽莉　张　苗

电力系统及其自动化

卞绍润　冯宗英　焦伟龙　李　娟　李世鹏　李雪婷　刘坤鹏　刘　倩　刘　岩
刘　洋　刘志超　吕晓禄　马庆法　马　涛　马云龙　聂德桢　宋佑斌　宋云海
孙国忠　孙　锐　孙　允　田崇稳　王　聪　王　欣　夏　雪　许希龙　杨佳俊
杨　锐　英云龙　赵向磊　朱思萌　邹禹平

电机与电器

王雅玲　张　云

电力电子与电力传动

刘之华　公衍钊　刘汝峰　刘艳平　刘　莹　满敬彬　牛得存　秦贞良　孙常鹏
王凤荣　殷少奇　张　涛　赵国栋　赵培庆　戴晓龙　李　昊　李　健　吕　东
田　泼　王国强　张　乾

电气工程（电力经济）

于强强

电工理论与新技术

郭　菲　韩国志　刘　丹　聂兰兰　尚国庆　徐　聪　张金良　赵玲玲

高电压与绝缘技术

葛　蕾　刘　冉　庞月龙　宋　珂　孙晓阳　于春辉　岳海方　张丽娜　赵　夏

电气工程领域工程

胡永萍　马草原　曹　磊　曹　喆　冯书玮　郝　臻　候承昊　戢　伟　孔凡东
孔维栋　李天骄　漆文龙　石明垒　宋海霞　孙舶皓　孙德达　孙静秀　田　昊
仝冰冰　王炳杰　王海龙　王　涛　夏红燕　徐大伟　薛　波　杨趁心　张伟凯
赵盛楠　赵志帆

工业工程领域工程

陆　璐　孙得友　刘杰平　曹青青　孙　丹　荣旭东　管凯凯　黄　旭　纪芹芹
姜占光　吕国锴　王浩宇　王淑娟　于　慧　李守彩　王娅玲　闫书祯　杨凌爱
杨镇竹　张　艳　周　娜

工业设计工程领域工程

鲁蓓蓓　李　云　厉志成　任熹培

测试计量技术及仪器

付　敏　崔元恺　贾帅帅　田　宇　杨允鑫

车辆工程

赫燕鹏　崔若飞　高　阳　姜广梅　宋淑贞　周伟伟　卢立倩　孙常林　王晓乐
于　洋　魏　兴

城市规划与设计

杜京楠　韩露瑶　徐　也

道路与铁道工程

陈东军　冯志刚　臧亚囡　张　昊　张　娜　赵志钦　周亚旭　周志东

动力工程领域工程

张晓康　房　达　高　振　黄　洁　刘艳艳　王守群　王天雨　王永佳　韦香妮

动力机械及工程

曹　红　郭　鹏　郎帅国　乔　意　王成峰　王凝露　王婷婷　徐菁菁　尹　伟

防灾减灾工程及防护工程

韩　烨

环境工程

魏　莹　刘思明　董沿雯　郭倩雯　韩　薇　江　钧　金　凤　冷　全　李孟迁

李瑞峰　李　涛　李雅婷　李　政　刘　臣　刘　兴　亓秋波　曲洁婷　申恒梅
王晓红　王雪艳　王义富　肖　海　许　洁　于泽华

环境科学与工程

张伟娜　曹小红　徐　徐　刘新新　陈明俊　邓如莹　高欣玉　郭　宁　郭烨烨
何文文　季金云　李超娜　李　钢　林　露　刘东生　刘　佳　刘逸梦　马相如
荣红岩　孙蕾蕾　王洪秀　王　嫚　王　榕　吴国林　武玉林　邢苏芳　杨海燕
杨红旭　杨　森　姚俊朝　岳东亭　张　峰　张海欧　张晓晓　赵文杰　赵应许
郑　楠　朱艳红　刘　彩　芦亚玲　陈　茹　陈贻海　弓　晨　郭亚利　李　静
刘　健　祁　骞　秦　晶　宋　颖　杨　飞　于彦婷　虞俊超

机械电子工程

武玉松　白　儒　韩泉泉　孔祥涛　冷同同　李金瑞　李姗姗　李仕义　刘金帅
刘喻明　马向伟　孟　贝　庞晓柯　石洪蕾　宋洪宁　孙书仁　仝红艳　王建俊
徐宝腾　徐俊凯　薛彦冰　张青青

机械工程（★制造系统信息工程）

李朝旺　高新彪　郝庆栋　李先鹏　李　岩　李自香　刘　伟　张国霞

机械工程（机电产品创新设计与虚拟制造）

张玉伟

机械工程

刘金龙　曹雁超　陈生平　陈　艳　范亮亮　冯继凯　葛顺鑫　葛衍冉　郭冠宇
洪礼康　李守磊　刘潺潺　刘计斌　刘培超　逯建伟　牛庆良　商显栋　盛　伟
田　欣　王家寅　王林博　王晓彬　王晓龙　王志望　吴小廷　薛　源　张延彬
赵鑫鑫　赵　彦　方　腾　杨晓艳　杨　泽

机械设计及其理论

邱　健　蔡元收　柴雅聪　陈　宁　焦　扬　孔德政　孔庆祥　郎需林　李　勇
刘　华　贺任阳　史振兴　宋　磊　詹　沛　张彤辉　张振京

机械制造及其自动化

李　玉　赵加帮　付天骄　程宏伟　董　颖　封　慧　冯秀亭　龚宝龙　靳　东
李　乐　刘　漫　刘明增　刘　洋　刘召龙　马鸿龙　王　干　吴远晨　夏　峰
闫光远　岳中波　张　阁　张忠伟　赵国强　周辉军　周长安　邹长斌　曲孟孟
童学根　王守海　姚　望

集成电路工程领域工程

杨　忙　崔积适　董少华　李艳超　陶芬芬　许晓欣　杨　顺　段洁汝　刘家明
马　亮　马砚花　滕　达　王　刚　王　佳　王　先　王印智　西　梁　英　宁
张丽军　章元智　赵宝磊

计算机技术领域工程

王　昊　曹六一　崔书杰　狄泽玉　冯　振　高　强　管其玲　郭亚宁　侯红梅
李效伟　李　杨　刘会议　鲁　毅　彭心豪　石　洋　苏　珍　孙玉双　王　媛
温　超　吴昌松　仵　瓒　闫晓艳　杨海春　张　健　赵世亚　钟　存　周艳红

计算机科学与技术（电子商务与信息技术）

季大祥　李文博　娄新燕　夏　慧　周丹丹

计算机科学与技术（数字媒体技术和艺术）

曹其友　崔云鹏　靳　颖　赖颢升　李　良　孙　澎　魏　萍　闫　志

计算机软件与理论

张甜甜　白学余　步少莉　蔡慧慧　陈大鹏　陈　玲　付文晓　高配芝　谷连超
韩艳艳　侯现成　姜　飞　姜　真　李　敏　李文龙　李　钊　刘文婕　吕瑞鹏
孟庆利　潘　丽　庞　成　瞿花斌　任晓君　王　华　王　捷　王龙龙　王　倩
魏　猛　吴　娜　吴　奇　武　宪　殷　旭　于　超　张振超　赵大香　赵海森
周　婧

计算机系统结构

陈中伟　高海慧　郭钇汝　侯晓凯　孔国红　李　阳　李振周　刘振东　马珊珊
潘建民　彭　鹏　曲传浩　孙建凯　王　彬　王冠华　王英杰　谢　帅　许荣华
颜　冲　赵衍恒　郑龙鹏

计算机应用技术

郑福华　班金金　毕超杰　曹贵宝　陈玉东　程金桥　冯加军　纪石勇　孔祥龙
李　超　李贵莹　林远辉　卢艳平　司云雷　宋　磊　田韶存　王克瑞　王双玲
魏晓军　肖荣洋　肖　松　薛俊欣　于　振　张　焕　张会昌　张茂强　张义同
赵明斌　赵延宾　邹纪标　乔善增　杜广宇　戈星晨　李效晋　孟凡欣　谭　鑫
张夏旭

计算数学

杨志伟　仝　佩　王　静　王玉洁　谢伟伟　张　峰　张赛楠　赵丹汇

检测技术与自动化装置

曹　杨　初　宁　李晓坤　刘璐燕　马军超　孙　猛　王　瑾　于梦磊

建筑设计及其理论

于　洋　申晓晓　周冰然

建筑与土木工程领域工程

赵建武　丁　熙　郭　帅　胡　聪　扈学波　黄　权　李志双　刘征宇　潘相宏
孙　洁　王有法　张经川　张文俊　张载松　赵　闯

结构工程

孙燕飞　梁龙喜　吕忠珑　马奇杰　牛梦婷　尚　轲　宋丙站　王超伟　王　骞
王肖珊　殷海峰　于浩杰

控制工程领域工程

房新凯　郭　伟　何　鹏　厉　杰　易　兴　张　超

控制工程

李　晓　杜传旭　方　桃　黄书静　刘建顺　宋世君　王佃萍　王　颖　魏　灏
谢亚萍　张　军　朱邱悦　陈　超　陈旭东　单　菲　郭　豪　郭　月　晋　通
井　晓　李俊红　李正恩　刘　进　马文涛　满令伍　苗　旭　明晓鹏　史汉鹏
宋建庆　苏会莹　王　丹　王海洋　王汉符　王　宁　王小龙　王玉宝　吴　震
岳　磊　张春宏　张　冉　张　涛　张学森　张智平　赵代岳　赵光锴　赵文斐
赵　阳　周怀亮　朱永龙

控制科学与工程

金中薇　于春辉　蔡　晨　晁彦举　陈　磊　陈耀如　崔　嵩　丁　建　丁娜娜
董　俍　杜中栋　高芳芳　高　峰　宫　鹏　胡吉耀　胡　伟　黄　翠　孔璐璐
李风生　李　欢　李　康　李　宁　李延法　刘海波　刘　宁　刘志勇　吕丹丹
吕文文　吕玉凤　满文慧　穆兴团　沙永贺　佀君淑　宋　文　苏　瑞　孙　静
王　超　王　菲　王海静　王　敬　王　静　王　磊　王生飞　王天涛　王晓丽
王　鑫　王玉平　夏均霞　夏明俊　徐妮娜　延廷芳　杨晓东　尤海鹏　岳大振
张德瑞　张　改　张　朋　张庆宾　张炜轩　张文娟　张　娴　张新新　张　泳
张长国　赵　真　郑　鹏

控制科学与工程（★物流工程）

刘煜华　林　琰　马培培　孟春慧　牟善栋　安　彬　徐　濛　薛雨萌　杨　名

流体机械及工程

孙启超　苑　飞　周春丽

模式识别与智能系统

孙晓燕　王海燕

热能工程

姜　磊　梁登科　刘长天　张翠娇

软件工程领域工程

高　范　赫　阔　马光远　王守琴　潘　丹　李小洁　李萌萌　张文康　尹国巍
李　政　许　宁　梁　超　丁子哲　郝晓宁　骆舒欢　孙文泉　王滢铭　闫　晗
成振语　李　琛　孟　贺　高　歌　展培尧　董圆圆　陈　皎　辛云龙　李亚芳
李胜男　庞龙强　辛龙翔　杨　博　谢潇康　郭启文　赵琰琰

生物工程领域工程

郭　伟　邢延奕　解　申　白国慧　鲍龙飞　曹　青　董　冉　杜晓玉　段　静
高天龙　郭愿旺　侯　东　黄　华　贾文明　李国利　李　海　李璇玑　李　哲
林胜强　刘　丹　刘会会　刘晓龙　刘新颖　牛田田　任鸿泽　苏进娟　索　凡
王菲菲　王光龙　王露霞　王　伟　王小叶　王章杰　吴新新　谢　超　杨　惠
张世超　张　雪　张月强　赵雪尔　周冰谦　周瑞佳

生物医学工程

景天磊　边京华　李景辉　林得根　刘沙沙　刘肖肖　裴晓娟　任永爱　孙旭明
吴学谦　颜红博　杨　燕　赵立国　郑婷婷　程龙凤

生物医学工程领域工程

冯可铮

市政工程

徐　妮

水工结构工程

边易达　李路华　王迪迪　王蕊蕊　王　振　张　凯

水利工程领域工程

冯义武　郭　明　王轮祥　魏泽彪

水文学及水资源

郭晓娜　刘淋淋　王　俊　徐月华

通信与信息系统

李振杰　陈　硕　成　聪　韩　辉　胡巧莉　胡蕊芳　解春柳　解江川　康　琳
康照远　赖春露　黎　靖　李丹丹　李国柱　李智勇　李宗璋　刘倩倩　柳晓翠
马衍庆　秦　峰　陕晶晶　申麦英　孙聪毅　孙　文　孙志猛　王　兵　王常慧
王　超　王君君　王雷涛　徐　昆　许银龙　杨艳艳　尧婷娟　翟庆羽　张福婷
张国伟　张培培　张　绚　张子恺　朱菲菲

微电子学与固体电子学

王雪霞　翟剑波　陈云程　丁现朋　胡玉婷　江秋怡　吕　畅　王　帆　杨淇皓
赵灿松　赵　宇　周　阳

微生物学

李小丽　刘倩倩　王　超　夏海峰　胡俊强　张　旭　步绪亮　曹　静　曾潮宁
陈丽媛　陈　林　冯阳阳　高璐璐　杲仁霞　耿存亮　宫亚娟　巩志廷　洪　玉
李芳芳　李浩铭　李　维　李　玺　李秀婷　刘德华　刘　卫　刘小妹　史　飞
田　君　王冬雪　王　宁　王先坤　王　颖　吴瑞美　谢　超　於勇成　张　倩

物流工程领域工程

王爱斌　眭素芳　安　彬　徐　濛　薛雨萌　杨　名

系统分析与集成

孙宁励　许克明

系统工程

李　敏

系统理论

韩　亮　宗雯雯

信号与信息处理

陈雪梅　李贞国　刘　伟　宋　洋　唐　颖　王　健　郑清彬　朱　林　曹正洁
孙　朋　曾　蔚　杜世斌　杜衍震　高语函　韩　峰　郝计军　贺培玉　黄汉奇
黄静如　江二华　蒋思尧　康正曦　李　惠　潘婷婷　田　敏　王光雷　王　琰
王银峰　张在爱

信息与通信工程

郭秀梅

信息与通信工程（★集成电路设计）

康　晓　汪建军

岩土工程

曾仲毅　冯丙阳　冯　啸　李建明　宁　凯　王　刚　翁贤杰　薛伟强

仪器仪表工程领域工程

刘一平

制冷及低温工程

黄明月　娄耀郏　逯国强　岳　虹　赵琳妍

制药工程

张潇男　曹丽丽　陈晓彤　冯瑞华　韩雷强　刘茂玄　沈婧祎　谢文成　杨海龙　张灿飞

卫生毒理学

尹洪银

流行病与卫生统计学

刘晓林　郭丽花　李芳玉　宋亚佩　王　蒙　吴　硕　杨　柳　袁玉起　张　琳　朱振昕

公共卫生与预防医学（★卫生检验学）

国　凯　贺淑婷　焦海涛　鹿文婷　吴晓萌　尹美尚　尹志娟

劳动卫生与环境卫生学

鄂　蒙　寇蕊蕊　邵晓颖　王文斌　袁　华　张秀梅　赵慧男

营养与食品卫生学

陈　垚　李明媚　孙雅文　邹晓燕

儿少卫生与妇幼保健学

何　丹　薛　建　张　敏

公共卫生

槐鹏程

护理学

程　敏　江淑敏　李　洁　李　阳　梁鑫浩　刘彩云　龙周婷　栾志燕　苗　娜
乔建红　乔秀芸　秦跃红　曲丽莉　孙　羽　万小娟　王笃兰　王怀远　王静娜
王丽媛　王　萍　王晓楠　肖天辉　辛　梅　张国英　张　欣　张　瑜　赵亦欣
郑　杏　周　倩　周婷婷　程彦伶　吕　红　张文文　张　明　张　慧　王文筱
石秀菊　邢丽群　路英菊　李雪萍　李慧娟　术慧清　陶俊荣　胡传芬　郑培培
姚　伟　孙　洁　曹李娜　钱俊英　陈淑雷　李苏萌　沈清清　贾玉秀　冀　赛
王惠惠　高秀娟　姜文静　王　晨

病理学与病理生理学

陈　旭　郝青青　胡　菁　黄景阳　甲　铭　梁　烁　宋燕燕　王春妮　于　琼
于晓剑　张海燕

耳鼻咽喉科学

金　鹏　李　涛　牟亚魁　慕　超　石业华　杨珊蕾　赵永强　张海粟

发酵工程

梁　亚　陈　超　王秀清　张倩芳

发育生物学

曹玉杰　董秀丽　付　强　孔　雨　李开霖　李明君　刘　蓓　王　磊　许云龙
张　冉

妇产科学

王凤华　陈红蕾　慈倩倩　郭秋芬　侯新新　娇　俊　李　燕　刘洪丽　刘　颖
马水英　牟晓莉　邱春萍　王琳琳　王　宇　文　燕　张　璐　张　倩　张演亮
郑　叶　张　晓　李　姗　王丽丽　耿小丛　刘冬梅　周　炜　冉圣元　李　辉
李　丽　侯东升　王　琪

基础医学（人文医学）

余佳蔚

基础医学（医学基础药理学）

李　香　韩慧蓉　都鹏超

基础医学（医学心理学）

雷　震　尹世平

急诊医学

常　颖　王洁茹　杨　君　于光彩

精神病与精神卫生学

王端卫　董　曼　贾继超　李　芹　徐云璐　张　文

康复医学与理疗学

孙　敏　刘本玲　纪爱辉

口腔基础医学

张平平

口腔临床医学

杨　琳　曹　丛　陈国昆　陈　宇　侯　萌　李传花　刘端芹　刘文雷　刘学蔚
卢　璐　吕琳琳　马　川　孟祥倩　尚针针　孙　哲　王化淳　王晓慧　武　侠
许舒宇　张永芝　卓绍杨

口腔医学

于新波　崔　婧　罗圣磊　徐全臣　邵金龙　慈江波　高　楠　顾近鸾　韩　婷
韩　旭　姜丽霞　李　保　李　贺　刘　畅　刘冠邑　刘　金　刘恺恺　刘　韡
路　炜　马晓蓓　蒲必双　王　兵　王大铭　王德生　王　蕤　王世雄　肖　孟
薛　婷　杨彬杰　尹长伟　张　鑫

老年医学

刘天骄　蒲华清　孙青雯　王建丽　管益超

临床检验诊断学

王丽丽　胡　瑞　李　芳　刘益民　曲爱林　宋　艳　王海燕　魏　冉　魏慕筠
孙　涛　贾　颖

临床医学

郑晓宇　曹璐玺　程　萌　董　倩　杜金童　杜　玲　郭玉萍　瞿　潇　李　慧
李　莉　李向民　李雪果　李子银　梁文静　刘玉梅　潘金玉　潘　裕　乔　玉
孙乐乐　孙雅萌　陶逸然　王当让　王云嘉　谢　英　银　雪　袁阳阳　赵　悦

颜　凤　张　宁　杨　帆　潘　畅　罗蓓蓓　戈　程　邵琳琳　赵汝星　王　琰
徐云飞　庞迎新　赵　红　叶　红　江洁龙　赵海敏　张思彦　王艳丽　费建文
崔中光　陈团芝　王海燕　张　嘉　魏晓强　梁　婧　闫　丽　耿厚法　张新焕
张细凤　刘训超　吕　伟　周忠启　刘　超　张　波　李　稳　高　梅　郑昌成
李晓梅　童　娟　孙允霄　葛　伟　郭　锋　徐　华　孟祥水　王道才　冯　娟
柳　明　樊　强　王　栋　刘万军　刘桂杰　王志青　段升军　陈　翔　李东亮
陈永安　张　靖　黄国宝　谢红军　张文娟　李　梅　张　娴　刘玉珍　刘爱红
吴允刚　曹芳丽　孙殿水　王宝中　张文东　毕燕琳　乔雁翔　王红嫚　王希锋
李　磊　亓恒涛　张　芳　李树锋　王小凤　商蒙蒙　王鲁强　苗庆展　刘冬梅
张秀文　张　宁　郭利伟　赵洪艳　吕　婧　单小溪　洋　静　周瑞雪　龚文斌
赵军玉　谭欣蓓　徐晓杰　鲁怡然　颜　蕾　公丕云　郭　成　倪晓娜　张　珊
庄晓媛　刘国涛　李德见　王亚甜　苏　慧　姜沛青　耿凡龙　孙利娜　鲁秀秀
邱效东　刘萌萌　赵爱平　张作娟　范　锦　张　冰　耿园园　李　宁　杜　娟
李　军　管益超　察梦丹　丁　伟　刘　菲　张　悦　胡文君　郑兴月　张　文
闫师统　杨传红　曹观美　赵冰霞　李　彬　吕宗烨　刘　芸　姜　舒　耿　群
王大伟　杜燕飞　魏慕筠　王丽丽　孙　涛　贾　颖　邵元栋　张建彬　刘健安
韩　冬　马永涛　唐冠宝　姜　斌　张红玉　田　园　张　琨　李国永　郑　升
刘旭良　马　凯　张　涛　周正统　杜　川　任田田　许　豪　高玖峰　苗宝旺
韩　敏　王砚池　孙　凯　赵永强　杨雪峰　李　新　张　宁　张　倩　李　洋
李　姗　王丽丽　耿小丛　周　炜　冉圣元　李　辉　李　丽　侯东升　王　琪
孙鹏飞　杜晓军　张　璐　张海粟　魏小娟　王　婷　隋　萍　谢　健　庄梦琪
刘本玲　纪爱辉　刘芳芳　乔　勇　侯　明　齐　军　王　馨　刘亚洋　杨　君
于光彩　陈晓洁　贺嘉君　刘慧君　任晓清　张斯由　甄云龙　艾　文　安典政
安兴国　白　云　薄　岩　曹　蕾　曹敏敏　曹彦军　陈泰来　陈　砼　陈　嫄
崔春阳　崔　健　崔立三　戴国栋　董广峰　董婷婷　杜琳娜　杜亚婷　范德民
房崇亮　冯格格　冯　帅　付姗姗　傅耀杰　桂　琳　郭　蓉　含　笑　韩立涛
何天祎　何玮婧　何迎雪　侯培民　侯晓霞　黄春红　黄国振　黄燕妮　简纪墨
江　东　姜　敏　姜　震　姜志升　金明新　金玉燕　兰　倩　蓝良华　黎彦博
李　辉　李剑锋　李　洁　李金阳　李　珺　李　璐　李世真　李　洋　李　哲
李鐠澎　梁志华　刘丙菊　刘博文　刘　琛　刘海雁　刘　红　刘建伟　刘　婧
刘丽苹　刘明晶　刘绪昌　刘学萍　刘　毓　刘兆瑞　刘志飞　吕　丽　吕少聪
吕新凯　马冰冰　马菁苒　马晓阳　马严刚　毛佳佳　孟思博　孟　真　苗　萌
潘文龙　裴　淼　彭昱锦　祁雅丽　邱　博　尚瑞豪　邵丽辉　沈美晓　师小茸
石学新　宋庆旭　宋永栋　隋少梅　孙　逊　孙　媛　孙　桢　孙中泱　台剑熊
汪　洋　王诚建　王　程　王君涛　王立宏　王灵洁　王　娜　王　琴　王世康
王晓玉　王晓玉　王艳华　王　扬　王　洋　王　瑶　王榆舒　王　瑜　王苑菲
王　哲　王志南　魏　媛　吴华国　吴　谦　吴　倩　吴　洋　武立群　夏玉莲
肖　萧　邢　进　徐　敏　徐倩倩　徐　帅　许　叶　薛爱兵　薛姣龙　闫红丹

余以珊　翟菲菲　翟君钰　张　楚　张国瑞　张红媛　张辉亮　张继红　张加初
张菁媛　张淞盛　张　伟　张　鑫　张振文　赵　成　赵光辉　赵艳君　郑家春
郑腾飞　钟立航　周　琦　周腾腾　周真珍　朱文涛　朱　月　祝鹏举　庄　园
宗方汝　邹　兵　CHOU　JOYAO　罗　霓　李洪波　姜晓凤　陈传玉
徐德东　陈学明　马运伟　侯承霞　徐守红　敬　锋　李　丹　潘曰峰　窦卫涛
魏新红　姬　峰　尚应烈　李开升　杨龙彪　李晓云　陈立霞　黄　强　刘　超
相丽丽　陈丽芳　孟素秋　王　健　刘小霞　王瑞芳　刘玲玲　李玉红　王文杰
岳红梅　田　晓　唐　冉　高　进　栾钦花　刘　明　李　磊　贾小静　王　辉
孙　恒　杨东兴　杨慧丽　姚　莉　郇晓东　孙旭方　宋　钊　王星际　王　雯
于　霆　周　鹏　孙丰林　金　童　齐素芳　徐　涛　尹成国　汤婷婷　朱礼明

麻醉学

黄海真　刘孟洁　邹旭丽　乔　勇　侯　明　齐　军　王　馨　刘亚洋

免疫学

孙　越　董兆静　马燕燕　张　颖　单海霞　耿铭鸿　王　皓　阎文江　张茜茜

内科学

郝凤成　刘　杰　申　程　仝　佳　徐　璇　张漫漫　李秀峰　董　珂　李　蕊
葛钰燕　张圆圆　陈东昌　陈　旭　丁　玲　付才华　付开丽　郭倩倩　李　丛
李　曼　李悦妍　刘忠梁　毛　洋　屈福超　申晓倩　宋节洁　孙　慧　王晨晨
翟纯刚　张鸿晨　张立平　赵　凯　郑少华　董文灏　冯秀梅　解　杰　李洪丽
刘　璐　刘宗堂　邱宗建　渠　晶　邵丽丽　田　甜　王　宁　张小梅　宋国栋
孙　杰　王　栋　王振红　应央央　周　玲　房建婷　李光春　李海素　李月月
刘同燕　刘　莹　潘文征　司志雯　王　晗　王　倩　吴善彬　杨　阳　赵宏宇
曹立娟　李建婷　刘芳芳　娄　凯　田　萌　王璐璐　王亚娟　王泽民　徐　敏
张　楠　张艳玲　高兆丽　黄　静　刘　晔　任晓旭　陈麒麟　杨杏林　公彦雪
刘彩霞　刘　伟　潘家超　张　乐　张　宁　郭利伟　赵洪艳　王小凤　吕　婧
单小溪　泮　静　周瑞雪　龚文斌　赵军玉　谭欣蓓　徐晓杰　鲁怡然　颜　蕾
公丕云　郭　成　倪晓娜　张　珊　庄晓媛　刘国涛　李德见　王亚甜　苏　慧
姜沛青　耿凡龙　孙利娜　鲁秀秀　邱效东　刘萌萌　赵爱平　张作娟　范　锦
杨　蕊

儿科学

张　冰　耿园园　李　宁　杜　娟　李　军

皮肤病与性病学

姬灿灿　刘园园　张秀文　闫师统

人体解剖与组织胚胎学

陈　诚　马光昕　索　宁　岳庆伟　张海玉　赵　晨

神经病学

白　银　康文清　林　艳　商　笑　孙梦晗　唐小三　位坤坤　夏春凤　察梦丹
丁　伟　刘　菲　张　悦　胡文君　郑兴月

生理学

宁楠楠　苏　静　王　恺　张　琳

生药学

陈　卓　毛丹瑱　张　岩　孙玉静　王培培

外科学

栾子营　牟林军　张相伟　齐小鹏　岳立明　满都乐歌齐　赵业芳　郭忠义
孔　鹏　李永锋　刘新农　刘玉林　买买提玉素甫·吾布力卡斯木　孟海鹏
王程浩　王　建　魏　猛　徐　威　延　冰　张　影　周　鹏　杜　哲　巩建宝
刘金伟　刘　涛　马玉鹏　牟乐明　孙　鹏　王秉翔　王　晓　许　超　张　森
张　稳　张颖哲　蒋　伟　解　放　李关彬　刘吉凯　刘　铭　孙泽强　王　琛
王建华　吴　斐　张锦航　白　霄　冯　飞　郭晓博　马洪海　张旭平　钟铠泽
曹　伟　蒋亦林　李　卓　孟祥继　张海兵　张　杰　赵　华　郑　帅　周一冲
朱绪国　王　芳　邵元栋　王鲁强　张建彬　刘建安　韩　冬　马永涛　唐冠宝
姜　斌　张红玉　田　园　张　琨　李国永　郑　升　刘旭良　苗庆展　马　凯
张　涛　周正统　杜　川　任田田　许　豪　高玖川　苗宝旺　韩　敏　王砚池
孙　凯　赵永强　杨雪峰　李　新　张　宁　张　倩　李　洋

外科学（骨外）

王国栋

外科学（泌尿外）

肖志英　张　琦　李大伟　张　栋　张　涛　房志卿

外科学（普外）

刘　松　吕艳蓉　王瑞华　王洪东　孙　栋　李小燕　王　奔　董小锋　胡春晓

外科学（神外）

袁　光　刘志国　王华卿

外科学（胸心外）

宋永明　刘传振　张　涛　马增山

外科学（整形外科）

徐广琪

眼科学

孟娜娜　孙洪义　郭敬丽　郭长艳　李　昊　马　翔　陶　钰　王建民　张　悦
孙鹏飞　杜晓军　张　璐

药剂学

庞　鑫　冯立霞　郭和坚　蒋志美　卢杉杉　田晓娜　杨春芬　张　丽　赵兰霞
赵艳丽

药理学

靖　旭　李森朋　王　琦

药物分析学

代　爽　段小菊　冯春景　刘　燕　聂彦芳　祝凡平

药学

秦一卓　陈　雷　陈文芳　窦金凤　高翠翠　孔婷婷　李彩云　李　超　林　昂
刘龙飞　刘　章　宋建伟　王忠兰　张　虹　张秀蕾　张　燕　赵丽娟　朱宝萌
李　辉　张东梅　李卫群　张鸿儒　左增妍　马铭怿　邓晶晶　窦艳丽　潘馨慧
沈　燕　武一凤　昝　鑫　王金凤

营养与食品卫生学

陈　垚　李明娟　孙雅文　邹晓燕

影像医学与核医学

李莉萍　陈秀斌　韩文斐　李玉超　刘燕萍　孟琳琳　孙　霄　唐　言　王　琳
王琳琳　王　音　杨常雅　杨　丽　张存美　张　红　张照涛　赵　宁　赵子凤
杨传红　曹观美　赵冰霞　商蒙蒙　李　彬　吕宗烨　刘　芸　姜　舒　耿　群
王大伟　杜燕飞

中西医结合临床

侯广舜　梁尔顺　赵　莉

肿瘤学

孙寅娣 丁 焕 李梅影 卢倩倩 牛俊婕 孙 莹 孙 颖 徐 姗 徐晓娅
张 琼 张 诤 魏小娟 王 婷 隋 萍 谢 健 庄梦琪

重症医学

KAFIL UDDIN ABBAS

博士毕业生名单

中国哲学

高　原　关　梅

外国哲学

高功敬　孙艳艳　高萍　陈太明　张明伟　张晓梅

马克思主义哲学

侯继迎　张　苓　张培培

马克思主义中国化研究

李　军

宗教学

贺方刚

科学技术哲学

刘翠霞

金融学

张强春　毕玉国　陈　强　王　营　董建国　杨　柳　宋学明　杨志明　李　晶

产业经济学

李　剑　杨晓静　段国蕊　张雪慧　黄　琪

财政学

孙彦彦　张　玉　马万里

国民经济学

苏　明　姚蓓艳　于　嘉　王　倩　林　峰　袁文华

国际贸易学

段春锦　徐伟呈　陈景华　王明益

政治经济学

王晓文　谢孟军　张　英

西方经济学

张晓莹　张肇中　张建伟　纪鸿超

理论经济学

马运全

宪法学与行政法学

刘奇耀　王　媛　王　建　贾宸浩　相焕伟　徐会平

民商法学

刘　艳　任中秀　王明华　刘晓华

政治学理论

刘　琼　王发棠　曲夏夏　苗永泉　公维友　张卫静　孙卓华

中共党史

邹焕梅　季冬晓　刘　飞

科学社会主义与国际共产主义运动

李后东

国际政治

范　磊

思想政治教育

蔡卫忠　孙建青　杨海波　刘　艳

语言学及应用语言学

孙翠兰　蔡　燕

中国古代文学

张永平　王启芳　张　艳　王军明　白晓帆　刘　雯　孔　敏　刘永波

比较文学与世界文学

侯静华　王珺鹏　张传霞

文艺学

宋艳霞　孙桂芝　刘心恬　戴孝军　荣　新

汉语言文字学

张晓传　许秋华

中国现当代文学

崔　春　闫春宇　王　萌

中国语言文学

赵　跃　任志强　李生柱　杨文文　于风贵

中国近现代史

孙宜山　李期耀　刘志鹏　伍玉振　尹翼婷

中国古典文献学

何　灿　李峻岭

史学理论及史学史

侯方峰　李玉诚

专门史

马林刚　张荣波　郑　燕　张　瑞　王　玉　孙　克　赵　东　陈少峰　章军杰
来永红

世界史

孙嵩霞

英语语言文学

王晓燕　布占廷　魏建刚　冉诗洋　张　溪　鄢　佳　张　莉

考古学及博物馆学

唐彩霞　吴文婉

中国古代史

马晓菲　刘　涛　徐学标　吕　岩　王玉喜　贾雁飞　曹建刚　孙　齐　冯渝杰

概率论与数理统计

陈　静　张　微　杨淑振　宋允全　袁　晶　周小双

基础数学

邱汶华　芮　杰　张克玉　吴远莹　解　兵　李　静　张　旭

计算数学

刘　伟　赵庆利　李新栋

运筹学与控制论

薛　兵　张英豪　王　兵　王慧娟　刘传建　常　征　张乐群　张良泉

数学（信息安全）

李雷波　郑学欣　王丹辉

数学（金融数学与金融工程）

朱庆峰　陶　然　于文广

系统理论

谢爱芳　张凤霞

理论物理

王瑞芹　刘龙江　孔祥良

凝聚态物理

厉桂华　步红霞　郭福强　李　强　谭永强　张　洁　朱大鹏　王晓鹏　安　强
鞠　林　刘　涛　解艳茹　贺秀杰　赵永光　刘善德　刘　鹏

微电子学与固体电子学

李延辉　黄树来　栾崇彪　弭　伟　王绘凝　于英霞

粒子物理与原子核物理

丁伟民　葛　鹏　刘佩莲　徐统业　巩　雪　陈利明

原子与分子物理

孟祥佳　马衍东　徐　峰

材料物理与化学

徐同帅　王小风

光学

姚一村

分析化学

吴　岭　李　颖　卢　璐　姜小红

高分子化学与物理

吴　月　马德鹏　谭景林　王　华　辛海鹏　姚丙建

化学

陈贻建　张敬春　高和军　田洪山　兀晓文　杨修洁　周　亭　赵春花　刘金祥
杨洪芳　王　华　盛　翔　徐　浩　吕平丽　牟景林　张　娟　姜　炜　葛慎光

有机化学

万茂生　李兆楼　孙运强　张玲钰　王胜清　卢法冠　朱耿宇　申世立　黄爱萍
潘　虹　辛飞飞

无机化学

石　岩　马惠卿　姜　真　夏玉国　顾　鑫　代鹏程　赵英渊　赵陈浩　王　康

物理化学

李东玮　陈　婷

微生物学

李宜奎　范尚华　齐飞飞　东　升　郭芬芬　陆文伟　汪城墙　徐金涛　周　宏
冉丽媛　于子超　薛梦阳　张艳美　李曙光　李　洁　张佩佩　李成云　周秀文
邢　晟

细胞生物学

李天亮　赵晓斐　杨　雪　孙　扬　王　鹏　韩　雷　李春龙　刘现芳　刘广博　葛　迪　高伟娜　徐同福　孙　晨　艾兴辉　孙　涛　张玉超

发酵工程

徐友强　姜天翼

生物化学与分子生物学

郭艳玲　许　森　徐祎慧　徐文腾　蔡美娟　郭默然　刘　文　张登禄　胡中一　钟　宁　王志宇

生物物理学

尚桂军

遗传学

吕宏君　胡慧丽　赵晓晗　翟　猛　纪庆红　赵海玲　苑举鹏　郭海洋

生态学

郭　霄　袁义福

动物学

兰江风

发育生物学

侯从哲　荆韧威　殷晓蕾

光学工程

李　杰　赵燕杰　王朋朋　张丽强　张远耕　王　聪　王　晓　王林辉

通信与信息系统

张　田　杨晓晖　张　帆　张　佳　郑　强

无线电物理

岳庆炀　陈新莲

信号与信息处理

杨　斌　郭秀梅　袁　琦

材料学

孙尚倩　刘光霞　葛　磊　刘　勇　魏　磊　孙立鸣　贾传义　徐洪浩　付　芬
尹正茂　娄在祝　朱胜军　纪少华　刘希涛　王　磊　岳雪涛　李　伟　邵永亮
赵　雪　杜　森　马　元　冯兆斌　项　东

材料物理与化学

李厚深　张继辉　宋　生　蒋　锴　杨　敏　丁文超　徐明升　秦海明　王军杰

环境科学

李　静　杨炳君　高　锐　周声圳　李延伟　张晨曦　罗　杰

环境工程

李　舟　马宝东　张桂斋　许　醒　刘日嘉　吴海明　纪　雁　赵艳侠　范金林
马云倩　孙媛媛　孙　凤　路学堂　于凤丽

企业管理

张健梅　肖　柯　王　莉　马艳丽　李　鑫　李存超　赵　琳　王彦勇　刘建花
张会荣　梁尔昂　李森森　代　鹏　艾庆庆　聂　林

管理科学与工程

张　宁　周　蕊　李　波　陈效珍　周彦莉　王先亮　王晓芳　范永芳

材料加工工程

吴承格　孙雪梅　崔红卫

材料科学与工程

高学平　何业增　张　姗　林　雪　王新震　许荣福　董抒华　刘　燕　王宏元
丁昭郡　王　薇　赵性川　庄栋栋　李　阳　孙俊哲　孙立波　孙　飞　胡晓霞
白延文　林治涛　张转转　张　伟　胡立杰　冯　锐　刘祖明

机械电子工程

王　丽　王昊鹏　姬　帅　梁　鹏　李　永

车辆工程

李彦凤

机械制造及其自动化

王均刚　王　涛　孙玉晶　陈晓晓　殷增斌　黄启林　彭建军　王　东　徐　亮

李　智　刘维民　王宝林　刘鲁宁

机械设计及理论

江京亮　杨廷毅　白　雪　盖　超

机械工程

张玉伟　贾　鹏　伍英杰

热能工程

陶莉莉　郭兰兰　陈桂芳　孙　强　程　屾　罗林聪　孙荣岳

电子理论与新技术

徐明铭

电机与电器

张　云　王雅玲　刁统山　王　建

电力电子与电力传动

谭兴国　王志军　侯典立　刘　晓

电气工程（电力经济）

于强强　刘继东

电力系统及其自动化

李建生　任敬国　邢鲁华　张　岩

生物医学工程

刘园园　李　鹏

控制理论与控制工程

秦绍华　黄　旭　于磊磊　张芳芳　洪晓芳　李海涛　刘振斌　林永杰　葛爱冬
于瑞玲　张　云　徐娟娟　李同兴

系统工程

李　敏

模式识别与智能系统

孙晓燕　王海燕

检测技术与自动化装置

王正方　庞丹丹

岩土工程

王　文　弋晓明　张伟杰　张永伟　朱登元　韩伟伟　聂利超　石少帅

工程力学

李为腾

计算机系统结构

王晓芳　杨同峰

计算机软件与理论

李　琳　王庆祥　孙　涛　徐元子　曲美霞　刘　洋　柳　楠

计算机科学与技术

何　辰　张　锐　王廷可

计算机应用技术

王伊蕾　贾世祥　张小峰　李伟涛

内科学

王洪超　张继承　赵颖杰　储衍彪　王　琴　王婷婷　王　静　张玉可　李文娟
张建军　李　波　李　彬　巩祖顺　刘芳芳　张　凯　衣少雷　马　骥　卢　菲
陈　娜　户中丹　赛林涛　张秀娟　吴金香　孙丛丛　姚周虹　阎　芳　秦　君
吕莎莎　刘　娟　刘　君　王丽媛　王　琳　王文珂　刘　琳　徐振兴　丁文渊
王　佳　李沛沛　曲惠廷　罗蓓蓓　颜　凤　戈　程　邵琳琳　王文巧　赵汝星
邱　凤　王　晔

人体解剖与组织胚胎学

刘　超　王允山　徐君海　于乔文　陈学冉　葛海涛　展金锋　倪同上

儿科学

张　莉　尹　苹　张丽娟　胡艳艳　王　倩　范右飞　李　真

中西医结合临床

乔　云　闫　磊　白文武　武志红　蔡　鹄

神经病学

杨洪娜　刘恺鸣　王　潭　李多凌　韩晓娟　杨　慧

影像医学与核医学

禚　静　张　洁　聂　佩　杨世锋　贾海鹏　郝　雯　焦　慧　赵　芳　白　雪
刘　凯

外科学

王瑞华　王华卿　张玉宝　肖志英　刘　奔　张　琦　李大伟　王洪东　孙　栋
吕艳蓉　刘　松　袁　光　刘志国　刘传振　宋永明　徐广琪　张　栋　张　涛
王国栋　房志卿　胡春晓　李小燕　王　奔　董小锋　张　涛　徐云飞　张　宁
相玉娟　杨　帆　韩　啸

肿瘤学

解　奇　马　伟　王　阳　倪　阳　孙锦堂　温芝华

生理学

董俊红　李　妍　李　静

免疫学

刘凤鸣　李　斌　王　博　曹雪蕾　郝　静

病理学与病理生理学

王　宁　杨晓庆　苏　鹏　李魏玮　马伟元　程红霞　相　磊

基础医学

李　香　周志新　韩慧蓉　都鹏超

眼科学

张　凯　张　颖　王乐怡

麻醉学

类　振　吴剑波　罗剑刚

药理学

魏春敏　相妍笑　隋强军　宋浩静

临床检验诊断学

沈亚娟　郑桂喜　路　超

妇产科学

颜　磊　徐小飞　韩　冰　张　青　焦　雪　袁　增　万吉鹏　王　鹏　庞迎新　薛　婧　冠　潇

耳鼻咽喉科学

刘闻闻　于学民　王　娟　毛彦妍

病原生物学

张晓丽　于　晗　魏凡华

老年医学

赵韶华　季　翔　王　琰

急诊医学

潘　畅

流行病与卫生统计学

王成岗　周云平　张　萌

卫生毒理学

尹洪银

公共卫生与预防医学

郑雅匀

社会医学与卫生事业管理

曹艳民　高倩倩　亓　慧　周　锐　张　乐　宁　博　杨文燕　王丽君　来有文　仲亚琴　宋奎勐　王文华　赵文静　郭　娜　吴晓明　李　力　张　巍　杨学来　王海鹏　安　健　井珊珊

口腔临床医学

韩倩倩　闫香珍

护理学

刘东梅　孟庆慧

药物化学

陈洪飞　张　剑　陈文敏　张承科　王军华　王　珺　徐福明　陈绪旺　谢元超
陈来中　马春华

微生物与生化药学

徐　巍　孟　欣　肖玉良　李平利　宗爱珍　王凤霞

药学

杨　华　杨银莉　林兆民　李瑞娟　邱　进

药剂学

刘永军

法学理论

沈　寨　张　鹏

各类“委员会”“领导小组”名单

山东大学综合改革工作领导小组等机构及其组成人员

一、综合改革工作领导小组

组　长：李守信　张　荣
成　员：李建军　王琪珑
下设综合改革工作办公室（非常设机构，与发展规划部合署办公）
主　任：孔令栋
常务副主任：袁魁昌
副主任：李　勇　王志鹏

二、人才工作领导小组

组　长：李守信　张　荣
成　员：李建军　娄红祥
下设人才工作办公室
主　任：曲明军
副主任：于向明　张　权

三、编制工作领导小组

组　长：李守信　张　荣
副组长：李建军　娄红祥
成　员：王炳学　陈宏伟
下设编制工作办公室（与人事部合署办公）
主　任：陈宏伟（兼）
副主任：郭春晓（兼）

山东大学本科招生工作领导小组

组　长：张　荣

副组长：陈　炎　韩圣浩　尹作升

成　员：胡金焱　杜言敏　井海明　柳丽华　陈冠军　闫涛蔚　柴月禄

本科招生工作领导小组办公室设在本科生招生办公室，办公室主任柳丽华（兼）。

根据工作需要，在济南和威海各设立一个本科招生工作组，负责日常招生录取工作。

名单如下：

本科招生工作组（济南）

组　长：陈　炎

副组长：尹作升

成　员：胡金焱　杜言敏　柳丽华

本科招生工作组（威海）

组　长：韩圣浩

副组长：陈冠军　柴月禄

成　员：闫涛蔚　王福安　王迎宾

国际历史科学大会筹办工作领导小组等机构及其人员

一、领导小组

组　长：张　荣

副组长：娄红祥　陈　炎　曹升元（常务）

二、咨询专家组

组　长：王育济

成　员：陈尚胜　赵兴胜

三、秘书处

秘书长：方　辉

执行秘书长：赵爱国

秘书处下设办公室及三个工作组

1. 办公室

主　任：赵爱国（兼）

副主任：杨加深

成员由学校办公室、人文社科处、国际事务部、财务部、后勤保障部、公安处等部门负责人组成。

2. 学术组

组　长：方　辉（兼）

成员以历史文化学院为主组成。

3. 宣传组

组　长：李平生

成员以党委宣传部为主组成。

4. 志愿者工作组

组　长：马晓琳

成员以校团委为主组成。

根据筹备工作实际需要，有关机构的组成人员将作适当调整或补充。

青岛校区启动运行办公室及其组成人员

经第九次党委常委会研究，决定成立青岛校区启动运行办公室，组成人员如下：

主　任：王琪珑

副主任：孔令栋　韩明涛（专职）

成员由政治学与公共管理学院、信息科学与工程学院、计算机科学与技术学院、生命科学学院、能源与动力工程学院、环境科学与工程学院等学院党委书记，有关单位主要负责人，学校办公室、人事部、学科规划建设办公室、财务部、资产与实验室管理部、后勤保障部、工会等部门负责人组成。

山东大学国际化发展委员会

为推动学校国际化进程，广泛收集和听取学者、专家对国际化发展工作的思路和意见，经学校研究批准，设立山东大学国际化发展委员会（以下简称“委员会’）。委员会首届成员名单如下：

主　席：张　荣

副主席：娄红祥、李岩松

秘书长：邹　难

校内委员（按姓氏拼音排名）：

1. 程　林（能源与动力工程学院教授）
2. 陈宝权（计算机科学与技术学院院长）
3. 方　辉（历史文化学院院长）
4. 傅有德（犹太教与跨宗教研究中心主任）
5. 丁　轶（化学与化工学院教授）
6. 龚瑶琴（医学院院长）
7. 娄红祥（副校长）
8. 李长英（经济学院院长）
9. 梁作堂（学科规划建设办公室主任）
10. 刘建亚（数学学院院长）
11. 牛林杰（韩国学院院长）
12. 牛　军（肝胆血管外科研究所副所长）
13. 佟光武（原国际合作与交流处处长）
14. 袁东风（信息科学与工程学院教授）
15. 张　荣（校长）
16. 张友明（微生物技术国家重点实验室主任）
17. 邹　难（国际事务部部长）

校外委员（按姓氏拼音排名）：

1. 从　丛（南京大学人文社会科学高级研究院副院长）
2. Denis Simon（亚利桑那州立大学副教务长）
3. 郝芳华（北京师范大学副校长、中国引智协会副会长）

4. 李岩松（北京大学副校长、中国引智协会会长）
5. 陆懋祖（英国斯特拉斯克莱德大学中国研究中心主任、山东大学讲座教授）
6. John Taplin（山东大学国际交流首席顾问、澳大利亚阿德莱德大学前副校长）
7. 晏世经（四川大学副校长、中国引智协会副会长）
8. 周满生（教育部国家教育发展研究中心副主任）
9. 邹亚军（南京大学党委办公室主任）

委员会的运行参照附件《山东大学国际化发展委员会章程》执行。

山东大学巡视整改落实工作领导小组

组　长：李守信　张　荣

成　员：李建军　王琪珑　仝兴华　尹作升　张永兵　娄红祥　陈　炎
　　　　韩圣浩　曹升元

列席成员：方宏建　陈子江

领导小组下设办公室。

主　任：杜言敏

副主任：王炳学　陈宏伟　荣晓燕　刘洪渭

成　员：（以姓氏笔画为序）
　　　　王明良　王秋生　刘　华　刘　珂　陈国军

各类先进表彰、奖励名单

2014年山东省优秀博士学位论文

序号	姓名	单位名称	论文名称	学科名称	指导教师
1	王　毅	山东大学	《周易》词汇研究	中国语言文学	杨端志
2	陈　言	山东大学	税收政策和宏观内生经济波动研究	理论经济学	黄少安
3	蓝法典	山东大学	德性的反击——论黄宗羲心学思想的展开及反思	哲学	颜炳罡
4	王元亮	山东大学	平等析论	政治学	方　雷
5	白　芬	山东大学	基于光参量振荡和受激拉曼散射的新型固体激光器研究	光学工程	王青圃
6	任莹莹	山东大学	晶体光波导结构中的波导激光与倍频	物理学	陈　峰
7	董人豪	山东大学	溶液层状聚集体和界面多孔组装体构筑、结构和性能研究	化学	郝京诚
8	李丽文	山东大学	利用纳米探针鉴定具有抗癌活性的新型噻唑烷酮类化合物的靶点蛋白及其双靶向抗癌机制的研究	化学	闫　兵
9	杨忠莲	山东大学	铝盐混凝剂在给水处理中残留铝含量、组分及影响机制研究	环境科学与工程	高宝玉
10	王　岩	山东大学	粘球菌DK1622双拷贝GroEL功能分化及调控机制暨产酶溶杆菌OH11多烯类黄色素的生物合成机制	生物学	李越中

续表

序号	姓名	单位名称	论文名称	学科名称	指导教师
11	李海英	山东大学	新型苯并噁嗪衍生物 ABO 靶向 Annexin A7 和抑制动脉硬化的机制研究	生物学	苗俊英
12	史志成	山东大学	多孔金属陶瓷微结构调控及双负机理	材料科学与工程	范润华
13	吉春辉	山东大学	高速面铣刀气动噪声产生机理的研究	机械工程	刘战强
14	张俊杰	山东大学	新型钼碲酸盐晶体的生长、性能及非线性光学频率转换研究	材料科学与工程	陶绪堂
15	陈　波	山东大学	大气压脉冲介质阻挡放电特性及放电参数效应研究	电气工程	谭震宇
16	魏庆萌	山东大学	正倒向随机系统中的一些最优控制、微分对策问题	数学	嵇少林
17	孙怀凤	山东大学	隧道含水构造三维瞬变电磁场响应特征及突水灾害源预报研究	土木工程	李术才
18	董　梅	山东大学	冷刺激活化的棕色脂肪对动脉粥样硬化病变的影响及机制研究	临床医学	张　运
19	刘春喜	山东大学	多功能自组装纳米载体的构建及其细胞内过程研究	药学	张　娜
20	张　猛	山东大学	E3 连接酶 TRIP 通过降解 TBK1 负向调控 IFN－β 的产生和抗病毒免疫反应	基础医学	高成江
21	徐　硕	山东大学	胞外酶 CD39-CD73-腺苷代谢通路参与恶性胶质瘤免疫抑制及其治疗前景的研究	临床医学	李新钢
22	魏述建	山东大学	PARP 和血小板 IKKβ 在动脉粥样硬化形成中的作用机制研究	临床医学	陈玉国
23	刘　毅	山东大学	纳米银颗粒和 PLGA 共涂层的不锈钢合金在抗菌和骨诱导方面的作用研究	口腔医学	王春玲

2014 年山东省优秀硕士学位论文

序号	姓名	单位名称	论文名称	学科名称	指导教师
1	张学谦	山东大学	武英殿本《二十四史》校刊始末考——兼及殿本《十三经注疏》	中国语言文学	杜泽逊
2	李　静	山东大学	基于萤火虫萤光素的小分子生物发光探针的研究	药学	李敏勇
3	马路萌	山东大学	反垄断法执行中相关市场界定的临界损失分析	应用经济学	余东华
4	徐晴晴	山东大学	城市发展中的邻避困境及解决之道	公共管理	王佃利
5	卞学字	山东大学	金砖五国国际资本流动性度量与比较——兼析汇率因素的影响	应用经济学	范爱军
6	赵　飞	山东大学	论未决羁押者的劳动权	法学	周长军
7	王叶林	山东大学	当代中国马克思主义传播受众研究	马克思主义理论	徐艳玲
8	杨　英	山东大学	全固态 1.3μm 波段锁模激光特性研究	物理学	何京良
9	陈　旭	山东大学	Mrk 421 的光变研究	天文学	胡绍明
10	何红桃	山东大学	新型赤泥、黄河泥沙基烧结砖的制备及其性能和烧结机理的研究	环境科学与工程	岳钦艳
11	邹谋勇	山东大学	Bacillus subtilis 碱性果胶酶的生产及基因工程菌株的构建	生物学	赵　建
12	杨明冲	山东大学	维生素 D 结合蛋白在 MS 疾病进展中的功能研究	生物学	刘师莲
13	张　弛	山东大学	三元合金去合金化及纳米多孔银基、铜锡合金的形成和性能研究	材料科学与工程	张忠华
14	郑艳丽	山东大学	不溶性有机胺强化富钙镁离子溶液固碳试验研究	动力工程及工程热物理	王文龙
15	何　金	山东大学	大气压射频放电等离子体活性粒子演化特性的数值模拟研究	电气工程	张远涛

续表

序号	姓名	单位名称	论文名称	学科名称	指导教师
16	许仁誉	山东大学	图的全染色与度之幂和	数学	吴建良
17	何凤娟	山东大学	X-连锁智力障碍致病基因 CUL4B 介导 Jab1/CSN5 泛素化降解及其分子机制初步探讨	基础医学	李　曦
18	彭　雷	山东大学	帕潘立酮对 MK-801 损伤脑皮层神经元的保护作用及机制研究	基础医学	孙晋浩
19	王晓言	山东大学	PDCD4 在脂多糖/D-半乳糖胺诱导的小鼠急性肝损伤中的作用研究	基础医学	王晓燕
20	张炳珍	山东大学	胚胎植入期二硫化碳暴露对孕鼠子宫内膜细胞 DNA 损伤与白血病抑制因子基因完整性的影响	公共卫生与预防医学	王志萍
21	魏　清	山东大学	胞外 ATP 和 NLRP3 炎性体对肝细胞肝癌的作用效应	基础医学	韩丽辉

2014年山东大学优秀博士学位论文

序号	作者	指导教师	论文题目	二级学科名称
1	蓝法典	颜炳罡	德性的反击——论黄宗羲心学思想的展开及反思	中国哲学
2	郭　峰	胡金焱	货币政策冲击对股票市场的非对称影响研究	金融学
3	陈　言	黄少安	税收政策和宏观内生经济波动研究	西方经济学
4	王元亮	方雷	平等析论	政治学理论
5	王　毅	杨端志	《周易》词汇研究	汉语言文字学
6	张冠文	胡正荣 王育济	互联网交往形态的演化——媒介环境学的技术文化史视角	专门史
7	刘　永	仪洪勋	关于差分多形式值分布问题的研究	基础数学
8	魏庆萌	嵇少林	正倒向随机系统中的一些最优控制、微分对策问题	金融数学与金融工程
9	任莹莹	陈　峰	晶体光波导结构中的波导激光与倍频	光学
10	牛成旺	戴瑛	拓扑绝缘体材料铁磁性及表面态的调控	原子与分子物理
11	李丽文	闫兵	利用纳米探针鉴定具有抗癌活性的新型噻唑烷酮类化合物的靶点蛋白及其双靶向抗癌机制的研究	分析化学
12	董人豪	郝京诚	溶液层状聚集体和界面多孔组装体构筑、结构和性能研究	物理化学
13	王　岩	李越中	粘球菌 DK1622 双拷贝 GroEL 功能分化及调控机制暨产酶溶杆菌 OH11 多烯类黄色素的生物合成机制	微生物学
14	陈安静	王金星	泛素化与类泛素（SUMO）化在甲壳动物免疫反应中的功能	生物化学与分子生物学
15	李海英	苗俊英	新型苯并噁嗪衍生物 ABO 靶向 Annexin A7 和抑制动脉硬化的机制研究	细胞生物学

续表

序号	作者	指导教师	论文题目	二级学科名称
16	白　芬	王青圃	基于光参量振荡和受激拉曼散射的新型固体激光器研究	光学工程
17	张俊杰	陶绪堂	新型钼碲酸盐晶体的生长、性能及非线性光学频率转换研究	材料学
18	杨忠莲	高宝玉	铝盐混凝剂在给水处理中残留铝含量、组分及影响机制研究	环境工程
19	徐　菲	张庆竹	典型有毒污染物形成和降解机理及气溶胶成核机理的研究	环境科学
20	史志成	范润华	多孔金属陶瓷微结构调控及双负机理	材料学
21	吉春辉	刘战强	高速面铣刀气动噪声产生机理的研究	机械制造及其自动化
22	张克松	王志明	柴油机燃烧的数值模拟研究	动力机械及工程
23	陈　波	谭震宇	大气压脉冲介质阻挡放电特性及放电参数效应研究	电工理论与新技术
24	李　健	刘允刚	多类不确定分布参数系统自适应镇定	控制理论与控制工程
25	孙怀凤	李术才	隧道含水构造三维瞬变电磁场响应特征及突水灾害源预报研究	岩土工程
26	董　梅	张运	冷刺激活化的棕色脂肪对动脉粥样硬化病变的影响及机制研究	内科学
27	张　猛	高成江	E3 连接酶 TRIP 通过降解 TBK1 负向调控 IFN－β的产生和抗病毒免疫反应	免疫学
28	董召刚	王传新	瘦素对胃癌细胞侵袭和迁移的影响及机制研究	临床检验诊断学
29	徐　硕	李新钢	胞外酶 CD39-CD73-腺苷代谢通路参与恶性胶质瘤免疫抑制及其治疗前景的研究	外科学
30	魏述建	陈玉国	PARP 和血小板 IKKβ 在动脉粥样硬化形成中的作用机制研究	急诊医学
31	刘　毅	王春玲	纳米银颗粒和 PLGA 共涂层的不锈钢合金在抗菌和骨诱导方面的作用研究	口腔临床医学
32	刘春喜	张娜	多功能自组装纳米载体的构建及其细胞内过程研究	药剂学

2014年山东大学优秀硕士学位论文

序号	作者	指导教师	论文题目	二级学科名称
1	张　璐	林聚任	乡村文化断裂对自杀行为的影响研究——以山东省Z县为例	社会学
2	马路萌	余东华	反垄断法执行中相关市场界定的临界损失分析：以雀巢——辉瑞案为例	国民经济学
3	卞学字	范爱军	金砖五国国际资本流动性度量与比较－兼析汇率因素的影响	国际贸易学
4	赵丽凤	陈　东	新型农村合作医疗制度的农户满意度调查与检验	财政学
5	宫　旭	黄少安	农村人口结构和农村居民消费率：以山东省为例	西方经济学
6	赵　飞	周长军	论未决羁押者的劳动权	诉讼法学
7	曹　瑞	齐延平	论人权与发展关系的嬗变	宪法学与行政法学
8	史田一	刘昌明	《天主教与菲律宾民主化转型研究》	国际政治
9	徐晴晴	王佃利	《城市发展中的邻避困境及解决之道》	行政管理
10	王叶林	徐艳玲	当代中国马克思主义传播受众研究	思想政治教育
11	颜廷昆	冯　炜	传播理念与媒介形态的共变关系研究	传播学
12	郑俊模	张艳华	多元智能理论在韩国儿童汉语课堂教学中的应用	汉语国际教育
13	张学谦	杜泽逊	武英殿本《二十四史》校刊始末考——兼及殿本《十三经注疏》	中国古典文献学
14	卢　萍	王俊菊	社会文化视角下的英语学习观念及其变化研究	英语语言文学
15	马宝鹏	马　文	交际中言语不礼貌现象的语用研究——基于汉语戏剧会话的语料分析	英语语言文学

续表

序号	作者	指导教师	论文题目	二级学科名称
16	王丽媛	张红军	山东大学与新文学——以 1930 年代山大的新文学家教员为考察中心	中国现当代文学
17	许仁誉	吴建良	图的全染色与度之幂和	运筹学与控制论
18	沈利萍	张晓丽	基于磁球信号放大技术的超灵敏 DNA 检测方法以及在测定基因表达中的应用	分析化学
19	邹谋勇	赵　建	Bacillus subtilis 碱性果胶酶的生产及基因工程菌株的构建	微生物学
20	汤银川	孟凡君	枝化聚乙烯亚胺改性纤维素接枝共聚物的研究	应用化学
21	杨　英	何京良	全固态 1.3μm 波段锁模激光特性研究	凝聚态物理
22	陈　旭	胡绍明	Mrk421 的光变研究	天体物理
23	吴蕾蕾	赵圣之	LD 泵浦掺钕钒酸类混合晶体调 Q 及调 Q 锁模激光特性研究	光学工程
24	王　伟	江铭炎	Web 挖掘技术及其在物联网中的应用研究	通信与信息系统
25	宋国芬	于晓强	双光子核糖核酸荧光探针和线粒体探针的设计、合成及成像应用	材料学
26	何红桃	岳钦艳	新型赤泥、黄河泥沙基烧结砖的制备及其性能和烧结机理的研究	环境科学与工程
27	柏　静	孙孝敏	典型生物质燃烧标识物及生物质排放的 VOCs 在大气中的降解机理及动力学研究	环境科学
28	张　弛	张忠华	三元合金去合金化及纳米多孔银基、铜锡合金的形成和性能研究	材料加二工程
29	包国菊	刘相法	Zr（RE）P 在铝熔体中的反应合成与演变机制	材料加二工程
30	赵厚伟	张　松	H13 钢硬态铣削表面形貌建模及预测	机械制造及其自动化
31	王培起	张勤河	大型 H 型钢热轧工艺过程有限元仿真系统开发	机械设计及理论
32	郑艳丽	王文龙	不溶性有机胺强化富钙镁离子溶液固碳试验研究	工程热物理
33	刘合金	李可军	VSC-MTDC 系统协调控制及模拟实验系统设计与实现	电力系统及其自动化
34	何　金	张远涛	大气压射频放电等离子体活性粒子演化特性的数值模型研究	高电压与绝缘技术
35	姚　凯	姚占勇	黄河冲淤积平原强夯加固地基技术研究	道路与铁道工程

续表

序号	作者	指导教师	论文题目	二级学科名称
36	林立伟	禹晓辉	分布式、可扩展的实时微博搜索技术研究与实现	计算机软件与理论
37	耿守浩	李光明	光突发交换网络中汇聚机制的研究	信号与信息处理
38	彭　雷	孙晋浩	帕潘立酮对 MK－801 损伤脑皮层神经元的保护作用及机制研究	人体解剖和组织胚胎学
39	魏　清	韩丽辉	胞外 ATP 和 NLRP3 炎性体对肝细胞肝癌的作用效应	免疫学
40	王晓言	王晓燕	PDCD4 在脂多糖/D-半乳糖胺诱导的小鼠急性肝损伤中的作用研究	免疫学
41	杨明冲	刘师莲	维生素 D 结合蛋白在 MS 疾病进展中的功能研究	生物化学与分子生物学
42	冯晓雯	孙晋浩	白藜芦醇在 β-淀粉样蛋白诱导 PC12 细胞损伤中的保护作用及其机制的实验研究	细胞生物学
43	李毅辉	张　薇	阵发性与持续性心房颤动的心房功能研究——与 CHA2DS2-VASc 危险分层的关系	内科学（心血管病）
44	何凤娟	李　曦	X-连锁智力障碍致病基因 CUL4B 介导 Jab1/CSN5 泛素化降解及其分子机制初步探讨	遗传学
45	乌琳琳	马万山	缺氧对原发性肝细胞肝癌中 DEC1 及 HIF－1α 表达的影响	肿瘤学
46	张炳珍	王志萍	胚胎植入期二硫化碳暴露对孕鼠子宫内膜细胞 DNA 损伤与白血病抑制因子基因完整性的影响	流行病与卫生统计学
47	陈金龙	赵华强	睡眠剥夺对大鼠下颌髁突软骨中 MKK4 和 c-fos 表达的影响	口腔临床医学
48	吴　臣	王克芳	女性排尿行为信念量表的编制与信度效度的检验	护理学
49	李　静	李敏勇	基于萤火虫萤光素的小分子生物发光探针的研究	药物化学
50	刘凤喜	张　娜	多西他赛－羧甲基壳聚糖结合物胶束的研究	药剂学

聘用相关专业技术职务及岗位人员名单

2014 年聘用相关专业技术职务人员名单

教授四级岗：

哲学与社会发展学院：卞绍斌　王华平（破格）
文学与新闻传播学院：臧丽娜
外国语学院：李保杰（自 2015 年 3 月起聘）
历史文化学院：葛焕礼
儒学高等研究院：赵睿才
经济学院：陈晓莉
政治学与公共管理学院：楚成亚
法学院：许庆坤
管理学院：赵培忻　王楠楠（破格）
体育学院：石振国
卫生管理与政策研究中心：孙　强
数学学院：颜　谨　朱淑倩
物理学院：刘建强
化学与化工学院：赵翠华　张晓梅
生命科学学院：陈　敏　王　霞
材料科学与工程学院：王　娟　周传健
机械工程学院：纪　琳
土建与水利学院：李传奇　王彦明　薛翊国（破格）
环境科学与工程学院：杨凌霄
环境研究院：孙孝敏
晶体材料研究所：刘　陟　于浩海（破格）
信息科学与工程学院：冯德军　王德强
计算机科学与技术学院：崔立真

控制科学与工程学院：张宪福　杜晓通　王光臣（破格）
电气工程学院：王玉斌
医学院：刘运芳　胡　琴
公共卫生学院：贾存显
药学院：温学森　孙隆儒
口腔医学院：王旭霞　宋　晖
护理学院：王翠丽
威海校区：刘宝全　谷祖莎　马秋丽

副教授三级岗：

哲学与社会发展学院：王　昕　苏　敏
文学与新闻传播学院：史建国　刘祖国　樊庆彦
外国语学院：张延飞　张　艺　程殿梅　刘洪东　王璐璐（思政）
艺术学院：董晓丽　王　进　赵　鹏
历史文化学院：邵明华　石少颖　屈　宁　朱　伟（思政）
国际教育学院：冯　赫
儒学高等研究院：陈晨捷
经济学院：唐明哲　霍　兵　陈燕来
政治学与公共管理学院：王元亮
法学院：郑智航　刘加良
管理学院：黄潇婷　张晓峰　唐贵瑶
体育学院：高　岩
马克思主义学院：张乐民
经济研究院：张进峰
数学学院：纪广华　魏普文
物理学院：张锡健　葛美华　刘　剑
化学与化工学院：徐化云　孙　頔
生命科学学院：苏　玲　杨中宝　苏海楠
国家糖工程技术研究中心：张鹏英
材料科学与工程学院：常丽丽　陈　姬　王　美
机械工程学院：皇攀凌　张　磊　胡天亮
能源与动力工程学院：冷学礼　牛胜利
土建与水利学院：孙仁娟　田　利　杨为民
环境科学与工程学院：倪寿清
晶体材料研究所：贾志泰　朱陆益
信息科学与工程学院：黄庆捷　贲晛烨　元　辉（自 2015 年 1 月起聘）
计算机科学与技术学院：姜海涛　孔兰菊
控制科学与工程学院：王　伟　段　彬　王艳艳

电气工程学院：仲　慧　张　峰
光学高等研究中心：程文雍
医学院：王晓静　王　贞　刘　倩　郭雨霁　王　伟
公共卫生学院：王　霞　席　波　曾　涛
药学院：刘秀美　沈　涛
口腔医学院：王效英　魏福兰
护理学院：陈　欧
威海校区：王宝霞　陈学胜　沈　君　尹文清　贾乾初　孙卓华　朱新林
　　　　　于京一　赵　鹍　崔　英　刘　卓　车玉菊　姜　斌　刘　勇
　　　　　石　彬　吕英波　孙庆峰　陈明涛　夏卫国　陈　新　于振涛（思政）

讲师三级岗：

化学与化工学院：张　洁（思政）
控制科学与工程学院：李文振（思政）　盛瑞金（思政）
计算机科学与技术学院：杨　倩（思政）
外国语学院：刘金帅（思政）　白　云　张　琪　禹雪含
公共卫生学院：班梦姣（思政）　孔令奇（思政）
土建与水利学院：张　瑜（思政）　王　超（思政）
管理学院：高翠田（思政）
国际教育学院：马艳妮（思政）
机械工程学院：胡玉翠（思政）　魏　宏（思政）
数学学院：鲁　皓（思政）
艺术学院：赵根根（思政）　牛　健　胡歆诣　夏春雨
威海校区：吕　琳　孙田丰　吴　静　侯立静　赵　青　凌士显　顾云亮
　　　　　王　瑞（思政）　周守玉（思政）

研究员四级岗：

威海校区：赵玉璞
齐鲁医院：苏　华

副研究员三级岗：

齐鲁医学部：王振光
工程训练中心：刘　新
威海校区：吴玉阁
经济学院：常东风（自 2014 年 1 月起聘）
物理学院：魏　巍（自 2013 年 12 月起聘）
材料科学与工程学院：钱　钊（自 2014 年 7 月起聘）
能源与动力工程学院：李玉忠（自 2014 年 4 月起聘）

程星星（自 2014 年 3 月起聘）
环境科学与工程学院：刘春光（自 2014 年 5 月起聘）
控制科学与工程学院：王　静（自 2013 年 12 月起聘）
李　可（自 2014 年 5 月起聘）
电气工程学院：郝全睿（自 2014 年 1 月起聘）　李常刚（自 2014 年 6 月起聘）
信息科学与工程学院：胡雪元（自 2014 年 3 月起聘）
医学院：窦　好（自 2014 年 3 月起聘）
威海校区：刘维新（自 2014 年 3 月起聘）　姜云国（自 2014 年 1 月起聘）

应用研究员四级岗：

化学与化工学院：吴　波
药学院：邢　杰

高级工程师三级岗：

物理学院：李茂奎
材料科学与工程学院：郑　超
计算机科学与技术学院：李铁军
工程训练中心：闫云涛

高级实验师三级岗：

能源与动力工程学院：常景彩
控制科学与工程学院：刘成云
医学院：黄　涛
护理学院：房　辉
威海校区：李延辉　宋淑亮

工程师三级岗：

国际教育学院：崔　萌
化学与化工学院：封振宇
材料科学与工程学院：吴东亭
机械工程学院：杨春凤　杜付鑫
信息科学与工程学院：房　超
工程训练中心：吴　涛　李　伟
校医院：万丽蓉
第二医院：赵　昕

实验师三级岗：

威海校区：高东洋　周　岩　刘　娟　张鹏彦

医学院：马　湉（自 2014 年 2 月起聘）

助理实验师二级岗：

能源与动力工程学院：孙　柯（自 2014 年 3 月起聘）

主任医师四级岗：

医学院：张建平
口腔医学院：赵华强
校医院：赵　斌
齐鲁医院：梁业民　刘德杰　姜先洲　舒　强　曾庆师　任洪波　唐宽晓
　　　　　潘　新　王云彦　王　磊　孙念政　张向丽　陈文强　王　红
第二医院：田　川　盛　林　马德美　韩钢文（自 2014 年 2 月起聘）

主任药师四级岗：

齐鲁医院：常　萍

医师二级岗：

校医院：张　静（自 2013 年 5 月起聘）

主任护师四级岗：

齐鲁医院：栾晓嵘

主任技师四级岗：

齐鲁医院：马道新　孟祥水
第二医院：赵敬杰

副主任医师三级岗：

校医院：郭　鹏　殷济清
医学院：相　磊
齐鲁医院：宫　杰　李春海　阎　磊　孙　宇　徐立升　孙国瑞　孙宝柱
　　　　　张　东　张　燕　祁　磊　张　辉　周国钰　司海朋　吴剑波
　　　　　吴　琦　张爱军　张朝阳　周　伟　曹立军　戚　霞　程培红
　　　　　王胜军　刘桂香　宋　剑　周　冬　孟繁立　钟　华　郑天郢
第二医院：刘中浩　张　红　刘　景　高德宗　李传刚　孙爱丽　仲　海
　　　　　刘文广　綦　成

副主任药师三级岗：

齐鲁医院：史承耀

副主任护师三级岗：

齐鲁医院：肖　宇　阚宝甜　王梦欣　李卫华

副主任技师三级岗：

齐鲁医院：高　杨　高　飞　王旭平
第二医院：马伟红

主治医师三级岗：

校医院：郭加兴　李　娜

主管护师三级岗：

齐鲁医院：高　峰　唐妙申
第二医院：温玉晶　温　卿

主管技师三级岗：

第二医院：崔永新

技师二级岗：

齐鲁医院：李　博

研究馆员四级岗：

威海校区：谢穗芬

副研究馆员三级岗：

图书馆：程川生　夏玉华

馆员三级岗：

图书馆：朱　宁　宋节洁　刘　楠　林小棠
王　晶（自2013年11月起聘）　张　宏（自2014年1月起聘）
人事部：穆亮雷
齐鲁医院：车成君
威海校区：王黎娟

助理馆员二级岗：

图书馆：王孝飞　郭　凯（自2014年1月起聘）　黄宇霞（自2014年1月起聘）
王亚莉（自2014年1月起聘）

管理员：

图书馆：洪昌胜　朱广磊
威海校区：陈乃强

中学高级教师三级岗：

第一附属中学：薛海东
后勤保障部（幼儿园）：赵仲梅

中学一级教师三级岗：

第二附属中学：马文光

小学高级教师三级岗：

第一附属小学：陈纪伟　王　丽
威海校区：陈　晶

小学一级教师二级岗：

第二附属中学：冯胜男（自 2014 年 3 月起聘）

会计师三级岗：

齐鲁医院：冯　洁（自 2014 年 7 月起聘）
财务部：刘仁芝（自 2014 年 5 月起聘）　耿晓霞（自 2014 年 5 月起聘）

助理会计师二级岗：

齐鲁医院：郭启秀（自 2013 年 9 月起聘）　王　慧（自 2013 年 9 月起聘）

齐鲁医院

主治医师三级岗：

杨振杰（自 2013 年 5 月起聘）　李　真（自 2013 年 5 月起聘）
邢乃栋（自 2013 年 5 月起聘）　冯莉苹（自 2013 年 5 月起聘）
刘炎锋（自 2013 年 5 月起聘）　吕巍巍（自 2013 年 5 月起聘）
郭　宁（自 2013 年 5 月起聘）　逯伟达（自 2013 年 5 月起聘）
提　蕴（自 2013 年 5 月起聘）　曲莉莉（自 2013 年 5 月起聘）
丁祥就（自 2013 年 5 月起聘）　王媛媛（自 2013 年 5 月起聘）
陈志强（自 2013 年 5 月起聘）　王鸿雁（自 2013 年 5 月起聘）
卢　梅（自 2013 年 5 月起聘）　刘少壮（自 2013 年 5 月起聘）
鞠成群（自 2013 年 5 月起聘）　刘福强（自 2013 年 5 月起聘）

孟　晓（自 2013 年 5 月起聘）
怀　娟（自 2013 年 5 月起聘）
闫　涛（自 2013 年 5 月起聘）
薛　丽（自 2013 年 5 月起聘）
温　冰（自 2013 年 5 月起聘）
娄建伟（自 2013 年 5 月起聘）
刘晓玲（自 2013 年 5 月起聘）
李　杰（自 2013 年 5 月起聘）
张　一（自 2013 年 5 月起聘）
王甲莉（自 2013 年 5 月起聘）
王　毓（自 2013 年 5 月起聘）
宋晓彬（自 2013 年 5 月起聘）
代彩凤（自 2013 年 5 月起聘）
李　莉（自 2013 年 5 月起聘）
董涛涛（自 2013 年 5 月起聘）
杨子焱（自 2013 年 5 月起聘）
司　萌（自 2013 年 8 月起聘）
张冬青（自 2014 年 2 月起聘）
陈　成（自 2014 年 2 月起聘）
张强波（自 2014 年 2 月起聘）
刘　晗（自 2013 年 7 月起聘）
王勤周（自 2014 年 3 月起聘）
王福芳（自 2013 年 5 月起聘）
刘　凯（自 2013 年 5 月起聘）
石含玉（自 2013 年 7 月起聘）
冯　昕（自 2013 年 7 月起聘）
于晓晓（自 2013 年 7 月起聘）
蔡直锋（自 2013 年 7 月起聘）
金　敏（自 2013 年 7 月起聘）
陈　冰（自 2013 年 7 月起聘）
刘　琦（自 2013 年 7 月起聘）
马静静（自 2013 年 7 月起聘）
杨乐金（自 2013 年 5 月起聘）
乔文兰（自 2013 年 7 月起聘）
王秀钰（自 2013 年 8 月起聘）

主管技师三级岗：

赵　蕾（自 2013 年 5 月起聘）
张　欣（自 2013 年 5 月起聘）

主管药师三级岗：

张　蕊（自 2013 年 5 月起聘）
刘晓燕（自 2013 年 5 月起聘）

医师二级岗：

郭　瑞（自 2014 年 2 月起聘）
张雪岩（自 2014 年 2 月起聘）
胡静璐（自 2014 年 2 月起聘）
三美建（自 2014 年 2 月起聘）
王金香（自 2014 年 2 月起聘）
宋晓慧（自 2014 年 2 月起聘）
和　政（自 2014 年 2 月起聘）
梁　欢（自 2014 年 2 月起聘）

药师二级岗：

郭小易（自 2014 年 2 月起聘）
万　林（自 2014 年 2 月起聘）

2014 年聘用相关专业技术岗位人员名单

教师岗位

二级岗：

哲学与社会发展学院：刘新利
外国语学院：丛亚平
管理学院：潘爱玲
物理学院：司宗国
化学与化工学院：郑利强
机械工程学院：赵 军
晶体材料研究所：许心光
控制科学与工程学院：田国会
医学院：张岫美 马春红

三级岗：

文学与新闻传播学院：屠友祥
外国语学院：马 文
历史文化学院：胡卫清
儒学高等研究院：王承略
经济学院：刘庆林
政治学与公共管理学院：邢占军 曹现强
法学院：姜作利 王德志 王丽萍
体育学院：辛 平 邹 静
经济研究院：黄凯南
数学学院：吕广世
物理学院：刘向东 王雪林
化学与化工学院：马 晨
生命科学学院：刘相国 侯丙凯 张 伟 林建群

材料科学与工程学院：管延锦　王伟民
机械工程学院：李方义
能源与动力工程学院：韩吉田
环境科学与工程学院：崔兆杰
信息科学与工程学院：常　军　孔繁敏
控制科学与工程学院：田新诚　魏守水
电气工程学院：张恒旭
医学院：刘师莲　孙晋浩　高　鹏　赵兴波
公共卫生学院：徐凌忠　贾崇奇　薛付忠
药学院：方　浩
口腔医学院：张　君
威海校区：刘　海　张红军　李　波

四级岗：

材料科学与工程学院：党　锋（自 2014 年 5 月起聘）
化学与化工学院：王文光（自 2014 年 4 月起聘）

五级岗：

文学与新闻传播学院：丛新强
外国语学院：宁　明　张　征
国际教育学院：王　军
儒学高等研究院：聂济冬　李　梅
经济学院：王美玲　李金龙　张芳洁
法学院：王笑冰
管理学院：许　峰
体育学院：浦　军　商洪海
马克思主义学院：纪政文
数学学院：吕　同　陈建良
物理学院：周灿林　肖洪地
化学与化工学院：王少坤
生命科学学院：王玉志　季明杰　张淑萍
国家糖工程技术研究中心：顾国锋
材料科学与工程学院：黄晓慧　张　刚　杨　敏　刘雪梅
机械工程学院：张　明　吴凤芳
能源与动力工程学院：陈莲芳　闫　伟
土建与水利学院：侯和涛　曹卫东　于翠松
信息科学与工程学院：季　伟　马丕明　杨修伦　郑来波　朱维红
计算机科学与工程学院：张瑞华　蔡　珣

控制科学与工程学院：高　宁　蒋华军　刘忠国　俞　洁　李晓磊
电气工程学院：王志臣
医学院：袁中瑞　石永玉　王立祥　王　越　孙允东　梁晓红
公共卫生学院：刘言训
口腔医学院：高　旭
护理学院：厉　萍
威海校区：孟　红　金京玉　王长全　蔡　瑾　张卫国　张　遥　胡绍明　赵　焱

六级岗：

哲学与社会发展学院：李延仓　单提平
易学与中国古代哲学研究中心：黎心平
文学与新闻传播学院：孔令顺　倪　万　王咏梅　马　兵
外国语学院：甲鲁海　李永梅　李新云　宋晓红　张　溪　张　惠　郭海红
高红姬　韩　刚
艺术学院：王　鹏　张　彤
历史文化学院：谭景玉
儒学高等研究院：王加华　徐庆文
文化遗产研究院：陈淑卿
经济学院：汤玉刚　孙淑琴　李长峰
政治学与公共管理学院：李济时　吴东民　马　奔
法学院：黄士元　李忠夏
管理学院：王立生　王素洁　王凯平　魏康宁
体育学院：于永安　李　军
马克思主义学院：林　红　孙庆霞　彭益军
经济研究院：林　晨
卫生管理与政策研究中心：贾莉英
数学学院：吴　强　宫献军　王　倩　李乐学　韩国平　王　玮
物理学院：刘凤芹　王春明　高　琨　李吉超　王　磊　盖志刚
化学与化工学院：马希骋
生命科学学院：庞　昕　梁泉峰　王书宁
国家糖工程技术研究中心：卢丽丽
材料科学与工程学院：武玉英　胡丽娜　司鹏超　刘东明　赵新海
机械工程学院：朱洪涛　刘　燕　周　军
能源与动力工程学院：雷　丽　韩奎华　赵红霞　袁学良
土建与水利学院：葛　智
环境科学与工程学院：许春华　王　燕
环境研究院：何茂霞　刘　建　姜　威
晶体材料研究所：刘　阳　李　静　王善朋

信息科学与工程学院：马　昕　孟祥锋　刘兆军　魏　莹　杨克建　杨明强
计算机科学与工程学院：刘　洋　史玉良　张　鹏　黄　艳　徐延宁　杨占敏
控制科学与工程学院：李　岩　陈振学　吴　皓　路　飞
电气工程学院：王　勇
医学院：周怀瑜　刘慧青　孟晓慧　周爱华　娄海燕
公共卫生学院：宋福永
药学院：王小宁　刘纯慧　韩秀珍　鲁春华
口腔医学院：王秀印　宋爱梅
威海校区：王素娟　周桂梅　张其山　范　军　吴静寅　李丽芳
程　杰　宫建红　宁淑荣　凌宗成　孙华清　亓兴勤

七级岗：

儒学高等研究院：翟奎凤（自 2013 年 11 月起聘）
生命科学学院：李爱英（自 2014 年 4 月起聘）
物理学院：董　辉（自 2014 年 7 月起聘）

八级岗：

文学与新闻传播学院：刘　佳　周树雨　栾　妮
外国语学院：任　丽　夏春红　韩佶颖
艺术学院：姚榕华　张海燕　董　梅
国际教育学院：杜文倩　蔡　燕
政治学与公共管理学院：李　广
化学与化工学院：翟淑梅
齐鲁证券金融研究院：许振宇
机械工程学院：鹿　宽　张纪群
能源与动力工程学院：赵建立
土建与水利学院：邱道宏　李　勇　林春金
环境科学与工程学院：高明明
晶体材料研究所：林　娜
信息科学与工程学院：何　波　刘　炜　孙　健　郑丽娜
医学院：李江夏　姚　伟
公共卫生学院：刘云霞　张翠丽　高莉洁
威海校区：马卫红　付宜强　张志平　于静静　郭剑雄　张伟强　周　红
孟文博　于　伟　孔维珊　唐鑫梅　黄秀国　曹春玲　董　薇
张铁成　赵　鸿　周婷婷　姚桂丽　章　勇　朱立新　金艳梅
毕云峰　洪晓英　曲美霞　张克国　蔡辉涛　尹红星　袁海静
李　博

九级岗：

外国语学院：卢梦雅　李立新　赵秀菊　陈　曦　唐　琳　蒋　颖
艺术学院：于大伟　牛金岭　梅　靖　葛　睿
历史文化学院：昝胜锋　曲宁宁　贾国静　陈章龙　张鲁君　王　强　彭淑庆
国际教育学院：王海兰　朱瑞蕾
儒学高等研究院：刘　斌
政治学与公共管理学院：季丽新　钟　诚
法学院：向　力　于永宁
管理学院：盖建华　辛　杰　孙　华
体育学院：祝曦东
马克思主义学院：方艳华　王效良
卫生管理与政策研究中心：左根永
物理学院：杨　欢　孟令国　鲍守山
化学与化工学院：杜　娜
生命科学学院：王浩鑫　邵　明　魏天迪　黄　琰
国家糖工程技术研究中心：王　倩　刘现伟
材料科学与工程学院：肖桂勇
机械工程学院：李建中　刘维民　杨锋苓　解孝峰
能源与动力工程学院：白　玲　陈　岩
土建与水利学院：赵俊峰　张　炯
环境科学与工程学院：刘　莹
信息科学与工程学院：杜正锋
计算机科学与工程学院：蒋　瀚　王　薇　张立新
控制科学与工程学院：张善辉　刘园园　臧利林
医学院：张艳敏　郭晓笋　刘　巧
公共卫生学院：李学文
口腔医学院：王喜军　郭红梅　黄海云
护理学院：陈新霞
威海校区：石　坚　齐军领　刘　喆　刘丹丹　梁俊伟　巫威威　王丽荣
原蓉蓉　刘　琼　王艳丽　闫　冰　牟利明　李莉萌　苟振红
姜亚林　鹿晓燕　王　蕾　刘伟丽　李　彦　李玉梅　张　雄
赵玉珊　张娅妮　王　岩　郭　敏　刘春利　姜昭阳　张　鹏
许明淑　程　昀　苏　琨　曹　海　曲昌荣　孔晓明　杨慧鑫
丛伟艳　曹　晨　卜育德　续焕英　张爱平　孙　薇　杨发源
陈　宾　鲁法芹

十级岗：

外国语学院：陈　辰（自 2014 年 6 月起聘）
经济学院：宋　晖（自 2014 年 3 月起聘）　牛　帅（自 2014 年 4 月起聘）
儒学高等研究院：王　震（自 2014 年 1 月起聘）
山东发展研究院：陈　言（自 2014 年 6 月起聘）
生命科学学院：郭婷婷（自 2014 年 3 月起聘）　王燕飞（自 2014 年 3 月起聘）
物理学院：张　亮（自 2014 年 6 月起聘）
材料科学与工程学院：张子栋（自 2014 年 6 月起聘）
谷国超（自 2014 年 5 月起聘）
王　琦（自 2014 年 6 月起聘）
土建与水利学院：许振浩（自 2014 年 2 月起聘）　孙怀凤（自 2014 年 2 月起聘）
电气工程学院：刘洪顺（自 2014 年 1 月起聘）
威海校区：周　晓（自 2014 年 4 月起聘）　张　磊（自 2014 年 6 月起聘）

十一级岗：

威海校区：戚玉晶　杜　祎

十二级岗：

本科生院（泰山学堂）：董　朝（自 2014 年 7 月起聘）
外国语学院：马海波（自 2014 年 7 月起聘）
儒学高等研究院：马志欣（自 2014 年 7 月起聘）
物理学院：夏芊芊（自 2014 年 7 月起聘）
信息科学与工程学院：王冰洁（自 2014 年 7 月起聘）
材料科学与工程学院：宁艺昭（自 2014 年 7 月起聘）
电气工程学院：王　沁（自 2014 年 7 月起聘）
公共卫生学院：何　东（自 2014 年 7 月起聘）
威海校区：王　真（自 2014 年 3 月起聘）

管理岗位

五级职员：

纪律检查委员会办公室：刘建刚
组织部：姜希洪
人事部：李洪龙
科学技术研究院：朱纪聪
研究生院：程翠玉
资产与实验室管理部：崇学文

公安处：胡长玉
合作发展部：王明星
儒学高等研究院：耿玉晶
信息科学与工程学院：张东升
国际事务部：宋春玲

六级职员：

学校办公室（党委办公室、校长办公室）：张增毅　徐晓冰
组织部：王言法
离退休职工服务中心：郑丽丽
本科生院：齐炳和
科学技术研究院：高　杰
学术委员会办公室（学术委员会秘书处）：庞维荣
资产与实验室管理部：刘运河
基建部：吕义兵
后勤保障部：谢东斗　安玉堂　温志兴
后勤保障部（公安处）：于志圣
继续教育学院：高　强
文学与新闻传播学院：刘进水
外国语学院：董　重
历史文化学院：扈玉萍
管理学院：司梦荣
高等教育研究中心：张健恒
医学院：袁晓霞
威海校区：张佳梁　宋　光　曹玉玲

七级职员：

宣传部：孟建华　马永军　张晓冉
人事部：秦丽媛　曹慧仁　王莎莎　毕于沛　许德涛　董　斌
本科生院：董　岳　杨晓玲
党委学生工作部：胡安全
科学技术研究院：孙　岩　周　迎
研究生院：罗　伟　高　正　刘震宇　张玉龙
国际事务部：李　薇　朱文贵
资产与实验室管理部：李仲昌　胡　蔓　程延栋　马滨基　李跃堂
后勤保障部：顾文静　马学惠　孙华斌　张龙云　孙文胜　朱　莉　尹相民
王　哲　陈　涛
后勤保障部（公安处）：聂庆明　李志峰　周玉凤　杜向谦　阎曙捷

合作发展部：侯志涛　魏金平　范毅强　焦其波

青岛校区建设办公室：金　鑫

学生就业与发展指导服务中心：张瑶婷　薛红云　李　冉

信息化工作办公室：曲洪宾

兴隆山校区管理办公室：王立众

继续教育学院：周明华　孙　铭　张　懿

档案馆：范凯红　高　洁　王玉国

博物馆：侯志国

工程训练中心：部德刚　廉爱东　左凌燕

出版社：徐　冬

外国语学院：康　明　朱光祥

国际教育学院：桂新建

经济学院：韩　娟　朱子川

政治学与公共管理学院：宋柏锟　葛双林

管理学院：箫　妍

经济研究院：顾　頠

能源与动力工程学院：靳　梅

医学院：刘海华　付　辉

学校办公室：申树欣

组织部：张海宁

离退休服务中心：马红庆

学术研究部：刘高远

后勤保障部：

政治学与公共管理学院：

药学院：郑　华

马克思主义学院：孟　鹏

威海校区：孙　艳　汤　瑞　上官千红　于　峰　门潇洪　王海立　丛良日　刘建平　闫红伟　李中章　杨卫华　肖艳楠　郑　丽　赵　昆　赵亮云　董献忠　韩秀峰　滕丹丹　边　婧　刘　书　李　军　李　静　赵　梅　魏　红　邓宏军　胡启超　赵林林　陶　宏　陶　扉　梁　洁

八级职员：

后勤保障部：张兆敏　李乃衍　李新生　张　亮　亓　颖　顾文静　刘子丰

后勤保障部（校医院）：曾秀芳　张淑华

青岛校区建设办公室：李亚文

外国语学院：赵吉利

医学 MBA 学院：陈　凌（自 2013 年 5 月起聘）

人事部：王姣云（自 2014 年 7 月起聘）

研究生院：刘震宇　张　珂
离退休服务中心：陈　昊
威海校区：邹晓光

九级职员：

后勤保障部：董　禾　冀　美
后勤保障部（校医院）：杜淑香
外国语学院：朱　云　马海波（自 2014 年 7 月起聘）
人事部：牛余斌（自 2014 年 7 月起聘）
本科生院（泰山学堂）：董　朝（自 2014 年 7 月起聘）
国际事务部：石臻春（自 2013 年 9 月起聘）
物理学院：夏芊芊（自 2014 年 7 月起聘）
信息科学与工程学院：王冰洁（自 2014 年 7 月起聘）
材料科学与工程学院：宁艺昭（自 2014 年 7 月起聘）
电气工程学院：王　沁（自 2014 年 7 月起聘）
儒学高等研究院：马志欣（自 2014 年 7 月起聘）
公共卫生学院：何　东（自 2014 年 7 月起聘）
齐鲁证券金融研究院：陈华丽（自 2014 年 6 月起聘）
威海校区：张家豪（自 2014 年 1 月起聘）

思想政治教育教师岗位

五级岗：

威海校区：于和利
信息科学与工程学院：张东升

六级岗：

外国语学院：高　弟
管理学院：石清云

八级岗：

机械工程学院：朱征军
管理学院：王　萌
学生就业与发展指导服务中心：马道伟　路翠艳
信息科学与工程学院：杨兆梅　宫相栋
口腔医学院：石海英
威海校区：王　磊　陈　昕

九级岗：

能源与动力工程学院：任　伟
生命科学学院：王栋华
护理学院：沈一桥
计算机科学与技术学院：何　萌
医学院：李玉蓉
政治学与公共管理学院：桑伟林
药学院：李　冬
公共卫生学院：赵婧婧
学生就业与发展指导服务中心：刘倩倩
威海校区：宗文婷

十一级岗：

护理学院：潘玫杏
化学与化工学院：吕永胜
政治学与公共管理学院：于　玲
文学与新闻传播学院：杨俊娇
医学院：曲珊娜
机械工程学院：陈　诚

工程、实验岗位

三级岗：

胶体材料工程技术研究中心：刘少杰

五级岗：

资产与实验室管理部：万桂怡

六级岗：

化学与化工学院：贾　炯
生命科学学院：李雪芝
材料科学与工程学院：刘建军
机械工程学院：朱振杰
土建与水利学院：王艳玲
环境科学与工程学院：于　慧
计算机科学与技术学院：孙秀芳
医学院：徐红岩

公共卫生学院：郝凤荣
药学院：王德凤
口腔医学院：侯金梅
工程训练中心：李　莹
本科生院：李晓林
信息化工作办公室：黄　玉

八级岗：

文学与新闻传播学院：林　峰
能源与动力工程学院：张济勇
环境科学与工程学院：徐　丽
计算机科学与技术学院：王诚梅
控制科学与工程学院：韩　旭　荣卫平
医学院：闫士坤　宋文延
药学院：侯　准
工程训练中心：张　岩
宣传部：石　彪
后勤保障部：王永志
信息化工作办公室：刘　洋
兴隆山校区管理办公室：李光宇
威海校区：刘晓玲　李巧云

九级岗：

物理学院：孙尚倩
化学与化工学院：孙雪峰
能源与动力工程学院：王浩国
医学院：宋　涛
药学院：赵　宇
信息化工作办公室：郭晓东
兴隆山校区管理办公室：卫　庆
威海校区：万培红　王育松　王相伟　冯士伟　刘　杰
何荣毅　姚云龙

十一级岗：

外国语学院：张洪刚　刘　斌　赵志刚
电气工程学院：柴亚南
公共卫生学院：刘　娜
信息化工作办公室：乔　禹　杜　鹏　王　彬

威海校区：韩　冰

图书、档案、文博岗位

五级岗：

历史文化学院：郑　敏
图书馆：黄晓静　汲言斌

六级岗：

档案馆：殷丛薇
图书馆：隋银昌　蒋秀丽

八级岗：

基建部：平　生
图书馆：王继伟　孙振玉
威海校区：王春华　栗　霞

九级岗：

图书馆：孙　瑾　田东旭　张艳红　温晓明　娄家星　宋　爽
威海校区：张　杰　姜玉晶　崔　明　鹿　遥　谢军红　阚洪海

出版、编辑岗位

五级岗：

《山东大学学报》（自然科学版）编辑部：周英智
出版社：尹凤桐

六级岗：

宣传部：宋君波
出版社：赵　岩

九级岗：

宣传部：林东生
出版社：秦大忠

卫生技术岗位

五级岗：

校医院：王雅琴　艾大萍

六级岗：

校医院：魏　敏　张承敏　徐秀琴　程国利　贾丽霞　马　玉

八级岗：

校医院：郭兆玉　徐惠珍　王　青
口腔医学院：李振玉

九级岗：

校医院：晁　慧　王　丽　韩秀霞
口腔医学院：张韶丽
威海校区：杨枢华

十一级岗：

校医院：孙晓园　张学梅

会计、审计、统计岗位

五级岗：

财务部：邓青超

六级岗：

监察审计部：李　倩
财务部：汤　巍　孟淑云
威海校区：谭业红

八级岗：

财务部：郭小娥　孟祥林　王建华
威海校区：金　霞

十一级岗：

后勤保障部：庄庆元

中小幼教师岗位

五级岗：

第一附属中学：陈立军

六级岗：

第一附属中学：王　波
第二附属中学：张　玲　胡俊华
后勤保障部：张卫东

八级岗：

第一附属中学：杨　茜　孙明宇
第二附属中学：李啸华　景玉岭　张　磊
后勤保障部：刘爱玲　马晓丽
第二附属中学（一附小）：罗秋云　李　洁
第二附属中学（二附小）：周　霞　王兆贞

齐鲁医院岗位

卫生技术二级岗：

陈玉国　王传新　李　刚　杨其峰　黎　莉　肖　伟
陈　丽　徐忠华

卫生技术五级岗：

陈晓梅　刘　联　由倍安　纪求尚　陈丽君　张良文　王永刚　王　敏
邱　洁　王爱华　李保敏　秦雪梅　刘海英　秦雪娇　罗　霞　公茂来

卫生技术七级岗：

齐鲁医院：吕慧霞（自 2014 年 3 月起聘）

卫生技术八级岗：

王　敏　刘焕涛　郭　刚　王　涛　张彬彬　马爱霞　闫　实　谈万业
苑存忠　赵玉英　刘相菊　王　博　董孝媛　韩振霞　刘金波　张元凯
吕怡静　窦慧芹　靳传红　李兰花　程俊卿　高海燕　阚士锋　戚爱国
邱春兰　邢介霞　何良爱　陈园园　王洪春　夏　青　班艳丽　郭　森
李　峰　马曰霞　韩　云　袭　洁　王继红　徐冬玲　马志勇　张　凯
王志勇　徐秀莲　乔　丽　丁　娥　王　芳　楚爱芬　王立水　杨　芳
刘复芹　孙晓莉　王宏伟　王　彤　付　敬　王　冉

卫生技术九级岗：

毛洪鸾　费剑春　宋立军　张树泉　李鲁传　乔　云　刘　恒　张　帆
江文静　郄良毅　李瑞建　刘崇忠　杜滨锋　李育竹　胡艳艳　方　燕

苏雨行　张泽立　卢振铎　裴　斐　石　亮　何敬振　李东亮　刘　超
张　燕

卫生技术十一级岗：

何良燕

图书档案八级岗：

张晓婧

工程实验八级岗：

孟祥彬

会计八级岗：

高广晨

教育管理五级岗：

徐翠香

六级职员：

王建中

八级职员：

董艳艳（自 2014 年 2 月起聘）　付延安（自 2014 年 2 月起聘）

九级职员：

姜　波（自 2014 年 2 月起聘）

自然科学研究系列助理研究员三级岗：

何　影（自 2014 年 3 月起聘）　陈安静（自 2014 年 2 月起聘）
王丽娟（自 2014 年 2 月起聘）　袁秋环（自 2014 年 2 月起聘）
张　猛（自 2014 年 2 月起聘）

自然科学研究系列研究实习员二级岗：

杨凯云（自 2014 年 2 月起聘）

统计师三级岗：

王清亮（自 2013 年 10 月起聘）

新聘研究生指导教师名单

新聘博士生指导教师名单

（不含齐鲁医学部）

学　部	序号	学院（中心、所）	姓　名	学科名称
社会科学学部	1	政治学与公共管理学院	叶小文	统一战线学
	2		袁延华	
	3		张　峰	
	4		李金河	
	5		李小宁	
基础科学学部	1	物理学院	许国昌	理论物理
工程科学学部	1	环境科学与工程学院	杜　林	环境科学
	2	材料科学与工程学院	党　锋	材料学
威海校区	1	韩国学院	张蕴岭	亚非语言文学
	2		金柄珉	

新聘硕士生指导教师名单

（不含齐鲁医学部）

序号	培养单位	姓名	专业技术职务	一级学科名称	二级学科名称
1	哲社学院	谭明冉	副研究员	哲学	中国哲学
2	易学与中国古代哲学研究基地	张克宾	副教授	哲学	中国哲学
3	哲社学院	Kristjan Laasik	讲师	哲学	科学技术哲学
4	哲社学院	吴童立	副教授	哲学	伦理学
5	哲社学院	王　鹏	副教授	社会学	社会学
6	哲社学院	王　昕	讲师十级	社会学	社会学
7	哲社学院	邓国基	讲师	社会学	人类学
8	哲社学院	殷　莉	副教授	社会学	人类学
9	哲社学院	孙艳艳	讲师	社会学	社会工作学
10	哲社学院	李海涛	讲师十级	哲学	宗教学
11	经济学院	随洪光	讲师	理论经济学	世界经济
12	经济学院	常东风	副研究员	应用经济学	金融学
13	经济学院	马驰骋	讲师	应用经济学	金融学
14	经济学院	钱先航	讲师	应用经济学	金融学
15	经济学院	张媛春	副教授	应用经济学	金融学
16	经济学院	于殿江	副教授	应用经济学	保险学
17	经济学院	张剑虎	副教授	应用经济学	产业经济学
18	经济学院	唐明哲	讲师	应用经济学	产业经济学
19	经济学院	高金窑	讲师	应用经济学	金融学
20	经济学院	王哲伟	副教授	理论经济学	西方经济学
21	经济学院	霍　兵	讲师	应用经济学	金融学

续表

序号	培养单位	姓名	专业技术职务	一级学科名称	二级学科名称
22	经济学院	陈燕来	讲师	应用经济学	金融学
23	经济研究院	吴吉林	副教授	应用经济学	数量经济学
24	经济研究院	张进峰	讲师	应用经济学	数量经济学
25	山东发展研究院	李爱军	讲师	应用经济学	金融学
26	山东发展研究院	陈媛媛	讲师	理论经济学	国际贸易
27	山东发展研究院	侯麟科	讲师	应用经济学	数量经济学
28	法学院	黄士元	副教授	法学	刑事诉讼法
29	法学院	彭　哲	副研究员	法学	民商法学
30	法学院	刘宏渭	副教授	法学	民商法
31	法学院	满洪杰	副教授	法学	民商法学
32	法学院	柴瑞娟	讲师	法学	经济法、商法
33	法学院	马　一	讲师	法学	经济法
34	法学院	于永宁	讲师	法学	民商法
35	法学院	宿　营	讲师	法学	经济学
36	法学院	冯俊伟	讲师	法学	诉讼法学
37	法学院	李　佳	讲师	法学	宪法与行政法学
38	法学院	周啸天	讲师	法学	刑法学
39	法学院	潘　林	讲师	法学	民商法学
40	政管学院	赵文坦	教授	政治学	政治学理论
41	政管学院	楼苏萍	副教授	公共管理	行政管理
42	政管学院	王　怡	副教授	公共管理	行政管理
43	政管学院	张天舒	副教授	公共管理	行政管理
44	政管学院	梁锦文	副教授	政治学	国际政治
45	政管学院	马荣久	副教授	政治学	国际政治
46	马克思主义学院	陈秀娟	副教授	马克思主义理论	学生事务管理与学生发展指导
47	马克思主义学院	林　红	副教授	马克思主义理论	思想政治教育
48	马克思主义学院	邱　琳	讲师	马克思主义理论	思想政治教育
49	马克思主义学院	神彦飞	副教授	马克思主义理论	思想政治教育
50	马克思主义学院	王会宗	副教授	马克思主义理论	马克思主义中国化研究
51	马克思主义学院	王　瑜	讲师	马克思主义理论	马克思主义中国化研究

续表

序号	培养单位	姓名	专业技术职务	一级学科名称	二级学科名称
52	马克思主义学院	张乐民	讲师	马克思主义理论	马克思主义中国化研究
53	马克思主义学院	张路园	副教授	马克思主义理论	马克思主义中国化研究
54	马克思主义学院	郑敬斌	讲师	马克思主义理论	思想政治教育
55	文学与新闻传播学院	刘　娟	副教授	中国语言文学	语言学及应用语言学
56	文学与新闻传播学院	樊庆彦	讲师	中国语言文学	中国古代文学
57	文学与新闻传播学院	高新华	讲师	中国语言文学	中国古代文学
58	文学与新闻传播学院	傅礼军	教授	中国语言文学	比较文学与世界文学
59	文学与新闻传播学院	刘祖国	讲师	中国语言文学	汉语言文字学
60	文学与新闻传播学院	王　辉	助理研究员	中国语言文学	汉语言文字学
61	儒学高等研究院	杨　华	副教授	中国史	史学理论及史学史
62	儒学高等研究院	郭震旦	副教授	中国史	史学理论及史学史
63	儒学高等研究院	常春兰	副教授	哲学	科学技术哲学
64	儒学高等研究院	蔡祥元	副教授	哲学	中国哲学
65	儒学高等研究院	江　曦	讲　师	中国语言文学	中国古典文献学
66	国际教育学院	许培新	副教授	中国语言文学	
67	国际教育学院	冯　赫	讲　师 (副教授待批)	中国语言文学	对外汉语
68	国际教育学院	王海兰	讲师	中国语言文学	
69	国际教育学院	杜文倩	讲师	中国语言文学	
70	国际教育学院	赵　跃	讲师	中国语言文学	
71	国际教育学院	蔡　燕	讲师	中国语言文学	
72	外国语学院	苏永刚	副教授	外国语言文学	英语语言文学
73	外国语学院	张　溪	副教授	外国语言文学	英语语言文学
74	外国语学院	闫秋燕	副教授	外国语言文学	英语语言文学
75	外国语学院	宁　明	副教授	外国语言文学	英语语言文学
76	外国语学院	郭原奇	副教授	外国语言文学	德语语言文学
77	外国语学院	朱明爱	副教授	外国语言文学	亚非语言文学
78	外国语学院	杜新宇	副教授	外国语言文学	英语语言文学
79	外国语学院	吕叔君	副教授	外国语言文学	德语语言文学
80	外国语学院	庄新红	副教授	外国语言文学	英语语言文学
81	外国语学院	刘洪东	讲师	外国语言文学	法语语言文学

续表

序号	培养单位	姓名	专业技术职务	一级学科名称	二级学科名称
82	艺术学院	刘　娜	副教授	音乐与舞蹈学	
83	艺术学院	刘书妤	副教授	音乐与舞蹈学	
84	艺术学院	董晓丽	副教授	美术学	
85	艺术学院	王文灏	副教授	设计学	
86	艺术学院	赵　鹏	副教授	设计学	
87	历史文化学院	宋艳波	副教授	考古学	考古学及博物馆学
88	历史文化学院	王　华	副研究员	考古学	考古学及博物馆学
89	历史文化学院	李慧竹	副研究馆员	考古学	文物与博物馆
90	历史文化学院	王建波	讲师	考古学	文物与博物馆
91	历史文化学院	赵彦民	副教授	社会学	民俗学
92	历史文化学院	王建峰	副教授	中国史	中国古代史
93	数学学院	黄宗媛	副教授	数学	概率论与数理统计
94	数学学院	纪广华	讲师	数学	基础数学
95	数学学院	刘丙强	副教授	数学	运筹学与控制论
96	物理学院	董　辉	副教授	物理学	理论物理
97	物理学院	周雅瑾	讲师	物理学	粒子物理与原子核物理
98	物理学院	代由勇	副教授	物理学	凝聚态物理
99	物理学院	陈　明	高工	物理学	凝聚态物理
100	物理学院	谭　杨	讲师	物理学	凝聚态物理
101	物理学院	田玉峰	副研究员	物理学	凝聚态物理
102	物理学院	魏　巍	副研究员	物理学	凝聚态物理
103	物理学院	刘　鹏	讲师	物理学	凝聚态物理
104	国家胶体工程中心	李　澄	副研究员	化学	物理化学
105	化学与化工学院	张　秋	副教授	化学	分析化学
106	化学与化工学院	翟淑梅	讲师	化学	分析化学
107	化学与化工学院	王文光	教授	化学	有机化学
108	化学与化工学院	杜　娜	讲师	化学	物理化学
109	化学与化工学院	朱　烨	讲师	化学工程与技术	应用化学
110	国家胶体工程中心	王家海	研究员	化学	物理化学
111	生命科学学院	杨中宝	讲师	生物学	植物学

续表

序号	培养单位	姓名	专业技术职务	一级学科名称	二级学科名称
112	生命科学学院	石秀贞	讲师	生物学	动物学
113	生命科学学院	王明钰	副教授	生物学	微生物学
114	生命科学学院	李爱英	副教授	生物学	微生物学
115	生命科学学院	苏海楠	讲师	生物学	微生物学
116	生命科学学院	黎志凤	实验师	生物学	微生物学
117	生命科学学院	田会玉	副教授	生物学	细胞生物学
118	生命科学学院	李翠玲	讲师	生物学	细胞生物学
119	生命科学学院	王　美	讲师	生物学	细胞生物学
120	生命科学学院	赵　阳	助理研究员	生物学	细胞生物学
121	国家糖工程技术研究中心	徐　莉	讲师	生物学	细胞生物学
122	国家糖工程技术研究中心	韩文君	讲师	生物学	生物化学与分子生物学
123	农学院	李新国	研究员	生物学	植物学
124	农学院	柳展基	副研究员	生物学	遗传学
125	农学院	高建伟	研究员	生物学	遗传学
126	农学院	何洪彬	研究员	生物学	动物学
127	农学院	张秀美	研究员	生物学	动物学
128	农学院	迟玉成	研究员	生物学	植物学
129	农学院	万发春	研究员	生物学	动物学
130	农学院	刘　炜	副研究员	生物学	植物学
131	农学院	吴家强	研究员	生物学	动物学
132	农学院	门兴元	副研究员	生物学	植物学
133	农学院	李广存	研究员	生物学	植物学
134	农学院	杜方岭	研究员	生物学	生物化学分子生物学
135	农学院	彭振英	副研究员	生物学	遗传学
136	信息科学	秦增光	讲师	光学工程	
137	信息学院	黄庆捷	讲师	光学工程	
138	信息学院	熊海良	讲师	信息与通信工程	
139	信息学院	吴　强	讲师	信息与通信工程	
140	信息学院	张文胜	讲师	信息与通信工程	

续表

序号	培养单位	姓名	专业技术职务	一级学科名称	二级学科名称
141	信息学院	李建文	高级工程师		
142	信息学院	李　俣	副教授		
143	信息学院	周晓天	讲师		
144	信息学院	张　璐	副教授		
145	晶体材料研究所	陈秀芳	教授	材料科学与工程	材料学
146	晶体材料研究所	贾志泰	讲师	材料科学与工程	材料学
147	晶体材料研究所	廉刚	讲师	材料科学与工程	材料物理与化学
148	晶体材料研究所	刘媛媛	副教授	材料科学与工程	材料物理与化学
149	晶体材料研究所	桑元华	讲师	材料科学与工程	材料物理与化学
150	晶体材料研究所	王泽岩	副教授	材料科学与工程	材料物理与化学
151	晶体材料研究所	于法鹏	讲师	材料科学与工程	材料学
152	晶体材料研究所	朱陆益	讲师	材料科学与工程	材料学
153	环境科学与工程学院	胡　振	副研究员	环境科学与工程	环境工程
154	环境科学与工程学院	刘春光	副研究员	环境科学与工程	环境工程
155	环境科学与工程学院	徐世平	副研究员	环境科学与工程	环境工程
156	环境科学与工程学院	许　醒	助理研究员	环境科学与工程	环境工程
157	环境科学与工程学院	王允坤	助理研究员		
158	环境科学与工程学院	黄理辉	副教授	环境科学与工程	环境工程
159	环境研究院	王新锋	讲师	环境科学与工程	环境科学
160	环境研究院	徐　菲	讲师	环境科学与工程	环境科学
161	管理学院	蔡　地	讲师	工商管理	企业管理
162	管理学院	张晓峰	副教授	工商管理	企业管理
163	管理学院	冯文娜	副教授	工商管理	企业管理
164	管理学院	谢京辞	讲师	管理科学与工程	管理科学与工程
165	管理学院	孙　平	副教授	工商管理	旅游管理
166	管理学院	唐贵瑶	副教授	工商管理	企业管理
167	管理学院	黄潇婷	副教授	工商管理	旅游管理
168	管理学院	徐　宁	讲师	工商管理	企业管理
169	管理学院	陈微波	副教授	工商管理	企业管理
170	管理学院	张　鹏	副教授	工商管理	企业管理

续表

序号	培养单位	姓名	专业技术职务	一级学科名称	二级学科名称
171	管理学院	辛　杰	讲师	工商管理	企业管理
172	管理学院	唐　蓓	讲师	工商管理	会计学
173	管理学院	张树明	副教授		
174	材料科学与工程学院	张　晨	副教授	材料科学与工程	材料学
175	材料科学与工程学院	宿庆财	副教授	材料科学与工程	材料学
176	材料科学与工程学院	陈　良	讲师	材料科学与工程	材料加工工程
177	材料科学与工程学院	刘　峣	讲师	材料科学与工程	材料加工工程
178	材料科学与工程学院	陈　姬	讲师	材料科学与工程	材料加工工程
179	材料科学与工程学院	赵海滨	讲师	材料科学与工程	材料加工工程
180	材料科学与工程学院	郑　超	工程师	材料科学与工程	材料加工工程
181	材料科学与工程学院	常丽丽	讲师	材料科学与工程	材料学
182	机械工程学院	皇攀凌	副教授	机械工程	机械制造及其自动化
183	机械工程学院	刘增文	高级工程师	机械工程	机械制造及其自动化
184	机械工程学院	卢国梁	副研究员	机械工程	机械电子工程
185	机械工程学院	杨富春	讲师	机械工程	机械设计及理论
186	机械工程学院	刘文平	副教授	机械工程	机械设计及理论
187	机械工程学院	马宗利	副教授	机械工程	机械制造工业工程
188	机械工程学院	杨锋苓	讲师	动力工程与工程热物理	化工过程机械
189	机械工程学院	宋方昊	副教授	设计学	设计学
190	能源与动力工程学院	冷学礼	副教授	动力工程及工程热物理	
191	能源与动力工程学院	白书战	副教授	动力工程及工程热物理	载运工具运用工程
192	能源与动力工程学院	纪少波	副教授	动力工程及工程热物理	载运工具运用工程
193	能源与动力工程学院	邱　燕	副教授	动力工程及工程热物理	
194	能源与动力工程学院	赵希强	讲师	动力工程及工程热物理	
195	能源与动力工程学院	毛岩鹏	讲师	动力工程及工程热物理	
196	能源与动力工程学院	李玉忠	副研究员	动力工程及工程热物理	

续表

序号	培养单位	姓名	专业技术职务	一级学科名称	二级学科名称
197	能源与动力工程学院	程星星	副研究员	动力工程及工程热物理	
198	能源与动力工程学院	王庆松	副教授	动力工程及工程热物理	
199	电气工程学院	李红伟	讲师	电气工程	电工理论与新技术
200	电气工程学院	仲　慧	讲师	电气工程	
201	电气工程学院	宫金林	讲师	电气工程	电机与电器
202	电气工程学院	王道涵	副教授	电气工程	电机与电器
203	电气工程学院	王明强	讲师	电气工程	电力系统及其自动化
204	电气工程学院	郝全睿	副研究员	电气工程	电力系统及其自动化
205	电气工程学院	王孟夏	讲师	电气工程	电力系统及其自动化
206	电气工程学院	石　访	讲师	电气工程	电力系统及其自动化
207	电气工程学院	张　峰	讲师	电气工程	电力系统及其自动化
208	电气工程学院	李常刚	副研究员	电气工程	电力系统及其自动化
209	电气工程学院	邹　亮	讲师	电气工程	电力系统及其自动化
211	控制科学与工程学院	宋　锐	副教授	控制科学与工程	控制理论与控制工程
212	控制科学与工程学院	段　彬	副教授	电气工程	电子电子与电力传动
213	控制科学与工程学院	王　静	副研究员	控制科学与工程	检测技术自动化装置
214	控制科学与工程学院	杜春水	副教授	控制科学与工程	电力电子与电力传动
215	山东大学控制学院	刘澄玉	副教授	生物医学工程	
216	控制科学与工程学院	刘治平	副教授	生物医学工程	
217	控制科学与工程学院	王　伟	副教授	控制科学与工程	控制理论与控制工程
218	控制科学与工程学院	杨荣妮	副研究员	控制科学与工程	控制理论与控制工程
219	控制科学与工程学院	荣学文	高级工程师	控制科学与工程	控制理论与控制工程
220	控制科学与工程学院	李　可	副研究员	生物医学工程	
221	控制科学与工程学院	孙　波	副教授	控制科学与工程	控制理论与控制工程
222	控制科学与工程学院	姜明顺	副教授	控制科学与工程	检测技术与自动化装置
223	控制科学与工程学院	崔　鹏	副教授	控制科学与工程	控制理论与控制工程
224	控制科学与工程学院	刘国良	副研究员	控制科学与工程	控制理论与控制工程
225	控制科学与工程学院	王炳昌	副研究员	控制科学与工程	控制理论与控制工程
226	控制科学与工程学院	赵子健	讲师	控制科学与工程	模式识别与智能系统

续表

序号	培养单位	姓名	专业技术职务	一级学科名称	二级学科名称
227	控制科学与工程学院	王艳艳	中级	控制科学与工程	物流工程
228	土建与水利学院	张　霄	讲师	土木工程	岩土工程
229	土建与水利学院	张乾青	讲师	土木工程	岩土工程
230	土建与水利学院	许振浩	讲师	土木工程	岩土工程
231	土建与水利学院	孙怀凤	讲师	土木工程	岩土工程
232	土建与水利学院	王　琦	讲师	土木工程	桥梁与隧道工程
233	土建与水利学院	武　科	副教授	土木工程	桥梁与隧道工程
234	土建与水利学院	邱道宏	讲师	土木工程	桥梁与隧道工程
235	土建与水利学院	杨为民	讲师	土木工程	桥梁与隧道工程
236	土建与水利学院	孙仁娟	讲师	土木工程	道路与铁道工程
237	土建与水利学院	张　波	副教授	力学	工程力学
238	土建与水利学院	乔丽萍	讲师	力学	工程力学
239	土建与水利学院	张　炯	讲师	水利工程	水工结构工程
240	土建与水利学院	李海燕	研究员	土木工程	
241	计算机科学与技术学院	陈志勇	副教授	计算机技术	
242	计算机科学与技术学院	姜海涛	副教授	计算机科学与技术	
243	计算机科学与技术学院	孔兰菊	副教授	计算机科学与技术	
244	计算机科学与技术学院	刘　磊	讲师	计算机科学与技术	
245	计算机科学与技术学院	潘　丽	讲师	计算机科学与技术	
246	计算机科学与技术学院	孙　明	副教授	计算机科学与技术	
247	计算机科学与技术学院	王雅芳	副研究员	计算机科学与技术	
248	计算机科学与技术学院	闫中敏	副教授	计算机科学与技术	
249	计算机科学与技术学院	钟　凡	讲师	计算机科学与技术	
250	计算机科学与技术学院	Jiong Guo	教授	计算机科学与技术	
251	体育学院	王　飞	副教授	体育学	
252	体育学院	王会宗	副教授	体育学	
253	体育学院	高　岩	副教授	体育学	
254	商学院	王素娟	副教授	工商管理	企业管理
255	商学院	周　军	副教授	工商管理	企业管理
256	商学院	陈学胜	讲师	应用经济学	财政学

续表

序号	培养单位	姓名	专业技术职务	一级学科名称	二级学科名称
257	商学院	孙作人	讲师	应用经济学	产业经济学
258	商学院	吕岩威	讲师	应用经济学	产业经济学
259	商学院	马万里	讲师	应用经济学	财政学
260	商学院	李元勋	副教授	工商管理	企业管理
261	商学院	沈　君	讲师	应用经济学	产业经济学
262	商学院	张志平	讲师	会计	会计
263	翻译学院	李　克	副教授	外国语言文学	英语语言文学
264	翻译学院	赵　鹍	副教授	外国语言文学	英语语言文学
265	翻译学院	崔　英	副教授	外国语言文学	英语语言文学
266	数学与统计学院	蒋方翠	讲师	数学	运筹学与控制论
267	数学与统计学院	孙庆峰	讲师	数学	基础数学
268	海洋学院	张　伟	讲师	生态学	生态学
269	海洋学院	车玉菊	讲师	化学工程与技术	应用化学
270	海洋学院	李海蓓	副研究员	化学工程与技术	应用化学
271	海洋学院	柴迎梅	副教授	工程	生物工程
272	海洋学院	姜昭阳	讲师	工程	生物工程
273	海洋学院	刘洪展	讲师	工程	生物工程
274	海洋学院	孙晓红	讲师	工程	生物工程
275	海洋学院	王允山	实验师	药学	微生物与生化药学
276	文化传播学院	江志全	讲师	中国语言文学	比较文学与世界文学
277	马列教学部	郝书翠	副教授	马克思主义理论	马克思主义中国化研究思想政治教育
278	马列教学部	焦　佩	副教授	马克思主义理论	马克思主义中国化研究思想政治教育
279	空间科学与物理学院	姜云国	副研究员	物理学	理论物理
280	空间科学与物理学院	田安民	讲师	地球物理学	空间物理学
281	空间科学与物理学院	李　凯	讲师	物理学	理论物理
282	韩国学院	刘　畅	副教授	外国语言文学	亚非语言文学
283	韩国学院	王宝霞	讲师	外国语言文学	亚非语言文学
284	韩国学院	毕颖达	讲师	外国语言文学	亚非语言文学
285	韩国学院	郑冬梅	讲师	翻译	朝鲜语口译

续表

序号	培养单位	姓名	专业技术职务	一级学科名称	二级学科名称
286	机电与信息工程学院	金长龙	副教授	计算机科学与技术	计算机应用技术
287	机电与信息工程学院	刘　勇	讲师	机械工程	机械制造及其自动化
288	机电与信息工程学院	褚兴荣	讲师	机械工程	机械制造及其自动化
289	机电与信息工程学院	王艳玲	讲师	电子科学与技术	电路与系统
290	机电与信息工程学院	孙　洁	讲师	控制科学与工程	控制理论与控制工程
291	法学院	贾乾初	讲师	政治学	政治学理论
292	法学院	张小宁	讲师	法学	刑法学
293	法学院	刘　洋	讲师	政治学	政治学理论
294	法学院	孙卓华	讲师	公共管理	行政管理

组织机构与干部任职名单

中共山东大学委员会

单　位	职　务	姓　名
山东大学	书　记	李守信
	常务副书记	李建军
	副书记	方宏建
	副书记兼威海校区书记	仝兴华
	副书记兼纪委书记	陈向阳

校长、副校长

单　位	职　务	姓　名
山东大学	校长	张　荣
	常务副校长	王琪珑
	副校长	张永兵
	副校长	陈　炎
	副校长	陈子江
	副校长兼威海校区校长	韩圣浩
	总会计师	曹升元

校长助理

单　位	职　务	姓　名
山东大学	校长助理	贾　磊

处级领导干部

单　位	职　务	姓　名
学校办公室 党委办公室 校长办公室	主　任	
	副主任	荣晓燕
	副主任	王明良
	副主任	付岩志
	副主任	陈安彪
保密工作办公室	主　任	荣晓燕
	副主任	林　萍
	副主任（兼）	赵明晟
法律事务办公室	主　任	张秀华
会议服务中心	主　任	孙　虹
纪委办公室	纪委副书记	杜言敏
	纪委副书记兼办公室主任	李居忠
	办公室副主任	沈宝杰
	正处级纪检员	崔秀芳
	副处级纪检员	刘建刚
	副处级纪检员	史正勇
监察审计部	部长（兼）	杜言敏
	副部长	王玉莲
监察处	处长（兼）	杜言敏
	副处长	程永庆
	副处长	陈国军

续表

单　位	职　务	姓　名
审计处	处长（兼）	王玉莲
	副处长	王善举
	副处长	余　红
	副处长	霍新喜
党委组织部	部　长	王炳学
	副部长	罗建军
	副部长	刘　珂
	副部长	张海波
组织员办公室	副处级组织员	龙力超
	副处级组织员	江　红
党　校	专职副校长	孙长俊
	办公室主任	李学禄
党委宣传部	部　长	李平生
	副部长	张欣平
	副部长	鞠　晗
新闻中心	主任（兼）	李平生
	副主任	张　青
	副主任	李　欣
山东大学报社	社长（兼）	李平生
	副社长、主编	孙宜山
党委统战部	部　长	戴智章
	副部长	王晓林
	副部长	朱文增
机关党委	书　记	张桂珍
	副书记	姜玉琢
人才工作办公室	主　任	曲明军
	副主任	于向明
	副主任	张　权
人事部	部长兼编制工作办公室主任	陈宏伟
	副部长兼编制工作办公室副主任	郭春晓
	副部长	武传刚

续表

单　位	职　务	姓　名
人力资源开发中心	主　任	李洪龙
离退休职工服务中心 离退休党委	主任兼书记	吕　波
	副主任	赵平海
	副主任	郭举修
	副主任	邵明石
发展规划部	部　长	孔令栋
	副部长	王志鹏
	副部长	赵玉华
	副部长（兼）	梁作堂
学科规划建设办公室	主　任	梁作堂
本科生院	院　长	胡金焱
	副院长（兼）	张树永
	副院长兼教学研究与基地建设办公室主任	王宪华
	副院长兼综合管理办公室主任	王丰晓
教学促进与教师发展中心	主　任	张树永
	副主任	李赛强
	副主任	王彩霞
泰山学堂	院　长	彭实戈
	副院长	吴　臻
	副院长	张树永
本科招生办公室	主　任	柳丽华
	副主任	姜令嘉
党委学生工作部	副部长	王　浩
	副部长	宋作标
	副部长	傅艺娜
武装部	副部长	纪荣顺
科学技术研究院	院　长	张　建
	副院长	刘　杰
	副院长	朱纪聪
综合管理办公室	主　任	张希华

续表

单　位	职　务	姓　名
科研管理办公室	主任（兼）	张　建
	副主任	栾维东
	副主任	
平台与成果管理办公室	主　任	傅茂笋
国防科学技术研究院	常务副院长	刘升贤
	副院长	赵明晟
技术转移中心	副主任	李　勇
	副主任	
国家大学科技园建设管理办公室	副主任	李永顺
	副主任	王立民
	副处级调研员	王广昌
	副处级干部（挂职河南省确山县副县长）	王衍章
人文社科研究院	副院长	邢占军
	副院长	张荣林
学术委员会办公室	副主任	黄　波
研究生院	常务副院长（兼）	贾　磊
	副院长	张文玺
	副院长	鲁统超
	副院长	刘国亮
	副院长（兼）	王君松
办公室	主　任	王桂林
招生办公室	主　任	姚传义
培养办公室	主　任	信春雨
学位办公室	主　任	薛佩军
在职教育中心	主　任	段吉群
党委研究生工作部	部　长	王君松
	副部长	程翠玉
国际事务部 港澳台事务管理办公室	部长兼主任	邹　难
	副部长	宋春玲
	副部长	刘明利
	副主任兼副部长	姬　锐

续表

单　位	职　务	姓　名
外事服务中心	主任（兼）	刘明利
财务部	部　长	刘洪渭
	副部长	刘云平
	副部长	王延太
	副部长	何维兴
	副部长	艾　量
	副部长	孙　栋
	副部长（兼）	刘竞虹
会计服务中心	主任（兼）	
招标管理办公室	主任（兼）	
资产与实验室管理部	部　长	马传峰
	副部长	崇学文
	副部长	李　蕾
	副部长	侯兴合
	副部长	郁　鹏
	副部长	胡美琴
实验动物中心	主　任	
基建直属党支部	书记	王宗义
基建部	部　长	张　宇
	副部长	薛建斌
	副部长	韩治林
	副部长（兼）	张敬明
	总工程师	于振国
后勤党委	书　记	李旭新
	副书记	王景山
	副书记	崔玉红
	副书记	杨汝元

续表

单　位	职　务	姓　名
后勤保障部	部　长	李振奎
	副部长	桑晓旻
	副部长	殷录民
	副部长	罗司军
	总工程师	彭恒军
综合办公室	主任（兼）	殷录民
房改办公室	主任（兼）	李振奎
	副主任	关　勇
社区工作办公室	主　任	郑延民
饮食管理服务中心	主　任	徐　健
能源与物业管理办公室	主　任	苏保玲
绿化与修缮管理办公室主任	主任（兼）	彭恒军
交通通信管理服务中心	主　任	王奉合
后勤资产管理中心	主　任	王明山
卫生与健康服务中心（计划生育委员会办公室、爱国卫生运动委员会办公室）	主　任	赵增科
公安处	处长（兼）	桑晓旻
	副处长	李修荣
	副处长	李松涛
	副处长	栾希新
	副处长（兼）	胡长玉
校卫队	队　长	类淑毅
“610”办公室	主任（兼）	桑晓旻
	副主任	胡长玉
校医院	院　长	谢英慧
	副院长	田　旭
	副院长	李　玉
	副院长	姚海燕
	办公室主任	刘宝泉

续表

单　位	职　务	姓　名
产业党委	书　记	朱效平
	副书记	郑　波
	副书记	刘永新
产业集团	总经理	张兆亮
合作发展部	部　长	王　飞
	副部长（兼）	刘学祥
	副部长兼综合办公室主任	艾　斌
	副部长兼国内合作办公室主任	王海华
	副部长（兼）	吕明新
	副部长（兼）	王明星
校友工作办公室	主　任	刘学祥
	副主任	李湘军
	副主任	于德宁
齐鲁医学部	常务副部长	陈哲宇
	副部长	孔北华
	副部长	
综合管理处	处　长	韩明涛
	副处长	张海燕
	副处长	李　泉
组织人事处	处　长	王秋生
	副处长	亓庆国
教学科研处	处　长	易　凡
	副处长	张爱国
	副处长	王振光
	副处长	李　力
青岛校区党工委	书　记	孔令栋
青岛校区建设办公室	主任（兼）	孔令栋
	副主任	张敬明
	副主任	刘竞虹
	副主任	周加强

续表

单　位	职　务	姓　名
综合处	处长（兼）	周加强
	副处长	王维桥
财务处	处长（兼）	刘竞虹
	副处长	张　灵
基建处	处长（兼）	张敬明
	副处长	闫忠明
监察审计办公室	主任（兼）	霍新喜
学科与师资队伍建设办公室	主任（兼）	王志鹏
学生就业与发展指导服务中心	主　任	朱德建
	副主任	肖　祥
	副主任	徐洪民
	副主任	王铁英
	副主任	王纪磊
学生心理健康教育与咨询中心	主　任	吴少怡
学生公寓管理服务中心	主　任	窦志强
工会妇委会	主　席	李　红
	主任兼副主席	朱桂英
	副主席	鲍　红
	副主席	丁培卫
团　委	书　记	马晓琳
	副书记	张　熙
	副书记	李一楠
信息化工作办公室	主　任	葛连升
	副主任	陈　军
	副主任	李永在
	副主任	林　飞
兴隆山校区管理办公室	主　任	刘相宜
	副主任	李延成
	副主任	赵　龙
辅导员培训和研修基地办公室	主　任	夏晓虹
	副主任	王海宁

续表

单　位	职　务	姓　名
继续教育学院（网络教育学院、职业技术学院）	院　长	赵炯新
	副院长	徐文忠
	副院长	沈　翔
	副院长	姜文丽
	副院长	周庆华
档案馆	馆　长	刘培平
	副馆长	楼蔚文
	副馆长	耿德良
校史办公室	主任（兼）	刘培平
	副主任	李彦英
博物馆	馆　长	方　辉
	副馆长	李慧竹
图书馆	馆　长	李剑峰
	党委书记	刘相金
	副馆长	杨锦先
	副馆长	姜宝良
	副馆长	程　蓓
	副馆长	
	办公室主任	汲言斌
工程训练中心（机械厂）	主　任	朱瑞富
	党总支书记	高建军
	副主任	宋思利
	副主任	刘　新
	副主任兼办公室主任	刘　健
《山东大学学报》（自然科学版）编辑部	主　任	靳光华
	副主任	陈　斌
	副主任	周英智
《山东大学学报》（哲学与社会科学版）编辑部	主编、主任	臧旭恒
	副主任	姜百健

续表

单 位	职 务	姓 名
《文史哲》编辑部	主编兼主任	王学典
	副主任	周广璜
	副主任	刘京希
	英文版编辑部主任兼副主编	李扬眉
出版社	社长兼党总支书记	于良春
	总 编	马 新
第一附属中学	校 长	赵 勇
	党总支书记兼副校长	庄晓迎
	副校长	申桂华
	副校长	陈立军
第二附属中学	校 长	王春玲
	党总支书记兼副校长	李玉亮
	副校长	王继萍
	副校长	刘成军
晶体材料研究所	所 长	陶绪堂
	党总支书记	黄柏标
	副所长	徐现刚
	副所长	张怀金
	副所长	郝霄鹏
	党总支副书记	程秀凤
	办公室主任	曾 斌
晶体材料国家重点实验室	办公室主任	蒋宛莉
国家糖工程技术研究中心		
	副主任	肖 敏
	副主任	王凤山
经济研究院	院 长	黄少安
	副院长	黄凯南
	副院长	林 晨
	办公室主任	石 莹

续表

单　位	职　务	姓　名
高等教育研究中心	主　任	龙世立
	副主任	王建国
	副主任	刘志业
	副主任	傅红涛
	副主任	梅　强
儒学高等研究院	党委书记	巴金文
	副院长	杜泽逊
	办公室主任	李鹏程
金融研究院	院　长	陈增敬
	副院长（兼）	胡金焱
	副院长	贾广岩
	副院长	林　路
	办公室主任	赵　伟
文化遗产研究院	办公室主任	孙　强
生物医学研究院	筹备小组副组长	刘树伟
哲学与社会发展学院	院　长	刘　杰
	党委书记	杨　斌
	副院长	王新春
	副院长	宋全成
	副院长	牛建科
	党委副书记兼副院长	阚　铮
	党委副书记	毛永强
	办公室主任	何立光
经济学院	院　长	李长英
	党委书记	王秀丽
	副院长	綦建红
	副院长	曹廷求
	副院长	余东华
	副院长	石绍宾
	副院长（援藏）	陈新岗

续表

单　位	职　务	姓　名
经济学院	党委副书记	李维林
	党委副书记	齐山华
	办公室主任	马　燕
政治学与公共管理学院	院　长	葛　荃
	党委书记	高　山
	副院长	
	副院长	朱贵昌
	副院长	王　成
	副院长	马　奔
	党委副书记	刘　军
	党委副书记	彭　展
	办公室主任	蒲业虹
法学院	院　长	齐延平
	党委书记	盖玉强
	副院长	周长军
	副院长	姜　峰
	副院长	张海燕
	副院长	李忠夏
	党委副书记	齐向东
	党委副书记	王苗雨
	办公室主任	江小荃
文学与新闻传播学院	院　长	郑　春
	党委书记	王德胜
	副院长	廖　群
	副院长	甘险峰
	副院长	李鲁宁
	副院长	李剑锋
	副院长	刘悦坦
	党委副书记	张　帅
	办公室主任	沈　文

续表

单　位	职　务	姓　名
外国语学院	院　长	王俊菊
	党委书记	郑　倩
	副院长	刘振前
	副院长	申富英
	副院长	李建刚
	副院长	崔校平
	党委副书记	曾志英
	党委副书记	高　弟
	办公室主任	周俊基
艺术学院	院　长	李晓峰
	党委书记	史永志
	副院长	安　宁
	副院长	高迎刚
	副院长	李　平
	党委副书记	姜　楠
	办公室主任	孙亚娣
历史文化学院	院　长	方　辉
	党委书记兼副院长	赵爱国
	副院长	张友臣
	副院长	赵兴胜
	副院长	杨加深
	副院长	刘家峰
	党委副书记	董雪梅
	党委副书记	朱　伟
	办公室主任	薛辰兵

续表

单　位	职　务	姓　名
数学学院	院　长	刘建亚
	党委书记兼副院长	吴　臻
	副院长	陈增敬
	副院长	芮洪兴
	副院长	黄华林
	副院长	吕广世
	党委副书记	徐晓霞
	党委副书记	李　勇
	办公室主任	罗　超
物理学院	院　长	陈　峰
	党委书记	李建平
	副院长	王雪林
	副院长	黄性涛
	副院长	戴　瑛
	副院长	郝晓涛
	党委副书记	张　倩
	党委副书记	吴天柱
	办公室主任	于新好
化学与化工学院	院　长	郝京诚
	党委书记	姜　玮
	副院长	陈代荣
	副院长	苑世领
	副院长	孙宏建
	副院长	宋其圣
	党委副书记	刘　红
	党委副书记	赵希波
	办公室主任	彭　彤

续表

单 位	职 务	姓 名
信息科学与工程学院	院长（聘）	黄卫平
	党委书记	王卿璞
	常务副院长	李 康
	副院长	王承祥
	副院长	刘 琚
	副院长	李德春
	党委副书记	张东升
	党委副书记	卢士涌
	办公室主任	马桂兰
计算机科学与技术学院、软件学院 计算机与软件学院党委	院长（聘）	陈宝权
	党委书记	潘国栋
	副院长	贾智平
	副院长	杨承磊
	副院长	屠长河
	副院长	禹晓辉
	软件学院副院长	李学庆
	软件学院副院长	崔立真
	党委副书记	贺 平
	党委副书记	董 兴
	办公室主任	吕 刚
生命科学学院	院长（聘）	谭保才
	党委书记	郑晓健
	副院长	林建群
	副院长	高建刚
	副院长	李越中
	副院长（聘）	张友明
	副院长	郭卫华
	党委副书记	李海燕
	党委副书记	韩春岫
	办公室主任	曲 刚

续表

单　位	职　务	姓　名
材料科学与工程学院	院　长	赵国群
	党委书记	秦承涛
	副院长	田学雷
	副院长	王新洪
	副院长	吕宇鹏
	副院长	周传健
	党委副书记	张　强
	党委副书记	王丽君
	办公室主任	张力勇
机械工程学院	院　长	黄传真
	党委书记	仇道滨
	副院长	王　勇
	副院长	李方义
	副院长	杨志宏
	副院长	万　熠
	党委副书记	刘　琰
	党委副书记	吕　伟
	办公室主任	贾存栋
控制科学与工程学院	院　长	王玉振
	党委书记	王志明
	副院长	陈阿莲
	副院长	常发亮
	副院长	田新诚
	副院长	高　瑞
	党委副书记、正处级辅导员	徐　波
	党委副书记	张振山
	办公室主任	管延新

续表

单　位	职　务	姓　名
能源与动力工程学院	院　长	田茂诚
	党委书记	史良君
	副院长	李国祥
	副院长	董　勇
	副院长	王乃华
	副院长	辛公明
	党委副书记	滕玉军
	办公室主任	刘灿伟
电气工程学院	院　长	刘玉田
	党委书记	王　钧
	副院长	韩学山
	副院长	王秀和
	副院长	张恒旭
	副院长	高　峰
	党委副书记、正处级辅导员	夏　威
	党委副书记	赵　罡
	办公室主任	薛　辉
土建与水利学院	院　长	李术才
	党委书记	胡　岩
	副院长	宋修广
	副院长	李树忱
	副院长	刘　健
	副院长	贾　超
	党委副书记	孙玉玲
	党委副书记	周作福
	办公室主任	宋尧玉

续表

单 位	职 务	姓 名
环境科学与工程学院	院 长	陈建民
	党委书记	赵永新
	副院长	王曙光
	副院长	刘汝涛
	副院长	李玉江
	党委副书记	王 斌
	党委副书记	
	办公室主任	宋红明
公共卫生学院	院 长	
	党委书记	李士雪
	副院长	薛付忠
	副院长	孙 强
	副院长	赵秀兰
	副院长	周成超
	副院长	王 健
	党委副书记	王永杰
	党委副书记	李士保
	办公室主任	侯淑军
医学院	院 长	龚瑶琴
	党委书记	陈 鑫
	副院长（兼）	孔北华
	副院长	刘传勇
	副院长	马春红
	副院长	孙晋浩
	副院长	高 鹏
	党委副书记	牟道玉
	党委副书记	赵福昌
	办公室主任	马金耀

续表

单　位	职　务	姓　名
口腔医学院（口腔医院）	院　长	徐　欣
	党委书记	赵华强
	副院长	葛少华
	副院长	孙钦峰
	副院长	张风河
	副院长	熊世江
	党委副书记	吕光平
	党委副书记	
	办公室主任	张春河
护理学院	院　长	贾继辉
	党委书记	袁魁昌
	副院长	李　峰
	副院长	曹枫林
	副院长	臧渝梨
	副院长	王克芳
	党委副书记	张　慧
	办公室主任	曹　源
药学院	院　长	王凤山
	党委书记	
	副院长	刘新泳
	副院长	方　浩
	副院长	张　建
	副院长	张　娜
	党委副书记	李雨嘉
	党委副书记	马宏峰
	办公室主任	刘丽娟
管理学院	院　长	杨蕙馨
	党委书记	吉小青
	副院长	卞　江

续表

单　位	职　务	姓　名
管理学院	副院长	戚桂杰
	副院长	潘爱玲
	副院长	陈志军
	副院长	王益民
	党委副书记	石清云
	党委副书记	石　岩
	办公室主任	毕建增
马克思主义学院	院　长	王韶兴
	党委书记	刘明芝
	副院长	孙世明
	副院长	徐艳玲
	副院长	方　雷
	党委副书记兼副院长	周金龙
	办公室主任	齐子萍
体育学院	院长（聘）	孙晋海
	党委书记	任若强
	体育场馆管理中心主任兼副院长	黄晓明
	副院长	石振国
	副院长	徐剑波
	副院长	王　飞
	党委副书记	郭学庆
	办公室主任	范　方
国际教育学院	院　长	宁继鸣
	党总支书记	徐关众
	副院长	黄历鸿
	副院长	马晓乐
	副院长（兼）	王丽萍
	办公室主任	孙鹏程
孔子学院工作办公室	主任（兼）	宁继鸣
	副主任	王丽萍

大事记

山东大学大事记

1月

2日　中央党的群众路线教育实践活动第44督导组组长、重庆大学原党委书记祝家麟一行来山东大学调研指导教育实践活动整改落实工作，在中心校区明德楼听取了山东大学教育实践活动整改落实情况汇报，并现场考察了山东大学部分单位，听取了所考察单位负责人关于教育实践活动整改落实情况报告。学校教育实践活动领导小组组长、校党委书记李守信代表学校党委汇报了学校教育实践活动整改落实情况。学校教育实践活动领导小组组长、校长张荣参加汇报会。

4日　政府改革与法治政府建设学术研讨会暨山东省行政法学界2013年学术年会在山东大学召开。来自中国行政管理学会、山东大学、中央民族大学、安徽大学、南京大学、南开大学、苏州大学、浙江大学、东南大学、华东政法大学、中央财经大学、青岛大学、济南大学、山东财经大学、聊城大学、烟台大学、山东建筑大学、山东政法学院、山东交通学院等20余所高校和研究机构的60余位专家学者和博士研究生参加会议。

6日　“山东大学创新教育成果展”在中心校区揭幕，其后陆续在兴隆山校区、趵突泉校区、洪家楼校区、软件园校区巡回展出，每个校区展出两天。此次巡展共展出展板35块，巡展从课程建设、师资队伍建设、组织各级各类培训、竞赛获奖等方面展出“数学实验与数学建模”、“电工与电子创新设计”、“嵌入式系统与智能控制”、“低碳经济与节能减排”、“机电产品创新设计”、“创业教育与创业计划”、“临床技能训练”、“人工智能与机器人”、“工程技能训练”、“系统分析与软件设计”等十个校级创新教育平台及土建学院院级平台取得的创新教育成果，旨在让广大师生全面了解我校近年来在创新人才培养方面开展的工作，吸引更多师生参与到创新教育中来，不断扩大创新教育的覆盖面和受益面。

7 日　山东大学授予普林斯顿高等研究院、普林斯顿大学教授，美国国家科学院院士彼得·萨奈克（Peter Sarnak）名誉博士学位仪式在中心校区邵馆报告厅举行。山东大学校长张荣出席仪式并为彼得·萨奈克教授颁发了名誉证书。

同日　国家卫生计生委下发通知，齐鲁医院康复医学科、老年病科、神经内科3个专科被确定为2013～2014年度国家临床重点专科建设项目。

同日　国家卫生和计划生育委员会办公厅下发了《国家卫生计生委办公厅关于做好2013年全科医生规范化培养基地建设项目的通知》，齐鲁医院申报国家首批全科医生规范化培养基地建设项目医院榜上有名，资助额度500万元。

同日　山东大学2013年度本科生教育管理工作总结交流会在中心校区举行，党委学生工作部部长曲明军主持会议。会议对各单位2013年度学生教育管理工作进行了书面评价。

8 日　山东大学2013年度研究生科汇奖学金颁奖仪式在千佛山校区举行。科汇奖学金是山东科汇电力自动化股份有限公司自1999年起在山东大学设立的研究生奖学金，由山东大学校友、电气工程学院兼职博士生导师、山东科汇电气股份有限公司董事长徐丙垠先生个人拥有的公司部分股份收益为基础设立的，面向山东大学工科部分专业，每年奖励29名优秀研究生，奖学金额度为2000元，至今已有395名研究生获此奖项。

同日　根据《关于启动2013～2014学年教学促进与教师发展研究项目申报工作的通知》，我校组织了教学促进与教学发展研究项目的评审立项工作。经过个人申报、学院推荐、学校专家评审、网上公示等程序，确定立项研究一类项目5项、二类项目15项、三类项目30项。

9 日　山东大学第二医院眼科“免费复明”行动启动仪式在商河县中医院举行。第二医院党委副书记兼副院长赵小刚，中共商河县县委常委、县纪委书记牛力强，商河县副县长崔泽花等出席启动仪式。此次“免费复明”活动用两天时间为商河县50名贫困白内障患者进行免费手术。

16 日　尼山世界文明论坛组委会第八次工作会议在北京召开。尼山世界文明论坛组委会主席、全国人大常委会原副委员长、山东大学儒学高等研究院院长许嘉璐主持会议，尼山论坛组委会副主席、山东大学校长张荣出席会议并讲话。

21 日　由山东大学网络文化建设领导小组举办的2013年度山东大学“十佳（优秀）网站”相关评选分别揭晓。山大视点网站等10个网站获“2013年度山东大学十佳网站”称号，纪检监察网站等17个网站获“2013年度山东大学优秀网站”称号，山东大学党的群众路线教育实践活动专题网站等7个网站获“2013年度山东大学优秀专题网站”称号，于沂仟等

38 人获“2013 年度山东大学网络文化建设与管理先进个人”称号。

23 日　山东大学校长张荣与中共山东省委常委、青岛市委书记李群进行会谈。中共青岛市委常委、市委秘书长王鲁明，市委常委、副市长王广正；山东大学常务副校长、青岛校区建设指挥部总指挥王琪珑参加活动。

2 月

23 日　山东大学在中心校区明德楼举行新学期工作会议，安排部署新学期工作。校党委书记李守信主持会议并讲话，校长张荣出席会议并就学校行政工作进行了部署。

同日　“山东大学 2013 年度十件大事”评选揭晓，这十件大事是：（1）中共山东大学第十三次代表大会举行，选举产生了新一届党委领导班子；（2）山东大学扎实开展党的群众路线教育实践活动，作风建设取得明显成效；（3）杰出人才队伍建设取得新进展；（4）人才培养质量不断提高，山大学子在全国各类竞赛中屡获佳绩；（5）创新科研组织模式，提升协同创新能力；（6）人文社科研究取得重大成果；（7）自然科学研究实力全面提升；（8）国际合作与交流取得长足发展；（9）校园建设进展顺利；（10）服务社会工作扎实有效。

同日　山东大学化学与化工学院院长、长江学者特聘教授郝京诚获得第三届中国化学会一阿克苏诺贝尔化学奖。中国化学会一阿克苏诺贝尔化学奖设立于 2009 年，以鼓励和表彰在涂料及精细化学品、高分子合成、高分子物理、高分子材料表征、胶体化学、绿色化学、新型材料科学及其他与涂料相关的研究和实践方面具有开拓创新的化学科研工作者。

24 日　山东大学在中心校区知新楼召开党的群众路线教育实践活动总结大会。中央党的群众路线教育实践活动第 44 督导组组长、重庆大学原党委书记祝家麟出席会议并讲话。学校教育实践活动领导小组组长、党委书记李守信作山东大学教育实践活动总结，学校教育实践活动领导小组组长、校长张荣主持会议。

本月　山东大学微生物技术国家重点实验室主任张友明教授在 Nature Nanotechnology 在线发表论文 Biosynthesis of magnetic nanostructures in a foreign organism by transfer of bacterial magnetosome gene clusters，期刊影响因子 31.17。

3 月

4 日　山东大学与沙特阿拉伯王国驻华大使馆文化处的《教育合作协议》签字仪式在中心校区明德楼举行。山东大学副校长娄红祥与沙特驻华使馆参赞萨利赫·古苏米出席仪式并代表双方签字。根据协议，山东大学与沙特大使馆文化处将在文化、科研、出版物、教育尤其是学生的培养等方面进行密切合作。

6日 山东大学——中国金融期货交易所共建2011协同创新中心战略合作协议签字仪式在中心校区知新楼举行。山东大学副校长娄红祥、中国金融期货交易所副总经理戎志平代表双方签署了“山东大学—中国金融期货交易所共建2011协同创新中心战略合作协议”。中国科学院院士、山东大学彭实戈教授，山东省金融工作办公室副主任孙宪青出席签约仪式。

7日 山东大学第二届教职工代表大会第五次会议举行。本次教代会的任务是：认真回顾总结过去一年的工作，分析学校发展面临的形势，查找存在的主要问题，研究落实今年的工作任务。

10日 由山东大学和德国慕尼黑大学主办，儒学与中华文化复兴协同创新中心、山东大学儒学高等研究院、山东大学国际教育学院、《文史哲》编辑部、山东大学孔子学院工作办公室承办的“儒家思想与中国传统小说国际学术研讨会”在山东大学中心校区举行。来自德国慕尼黑大学、维尔茨堡大学、复旦大学、江苏省社科院、南开大学、武汉大学、北京师范大学、中国人民大学、山东大学、山东师范大学、曲阜师范大学的二十余位知名学者参加了会议。

同日 经第七次党委常委会研究决定：王新军不再担任网络与信息中心主任职务。

13日 《党的群众路线教育实践活动“四风”突出问题专项整治方案分工方案》《党的群众路线教育实践活动领导班子整改方案分工方案》《党的群众路线教育实践活动解决“四风”突出问题制度建设计划分工方案》经中共山东大学第十三届常务委员会第七次会议研究通过，即日生效。

17日 由山东大学心血管重构与功能研究重点实验室组织的“动脉粥样硬化最新进展国际研讨会”在趵突泉校区综合楼报告厅举行。研讨会开幕式上举行了山东大学名誉教授受聘仪式，山东大学校长张荣为瑞典卡罗林斯卡大学杰出教授、诺贝尔生理学及医学奖评审委员会秘书长Goran K Hansson教授，美国哈佛大学医学院教授、Brigham and Women’s医院心内科主任Peter Libby教授颁发名誉证书并致辞。中国工程院院士、山东大学心血管重构与功能研究重点实验室主任张运教授主持仪式，副校长陈子江出席相关活动。

26日 山东大学授予香港大紫荆勋贤饶宗颐教授名誉博士学位仪式在香港大学王赓武讲堂举行，校长张荣为饶宗颐教授颁授名誉博士学位证书，中央文史馆馆员、山东大学终身教授刘大钧，香港大学副校长周肇平，山东大学副校长陈炎出席仪式。

27日 为统筹规划管理全校信息化建设工作，加快数字校园建设，经学校研究，决定将网络与信息中心、电子政务办公室合并，成立信息化工作办公室。信息化工作办公室为学校直属机构，处级建制，设正处职数1

个，副处职数 3 个，人员编制数 35 个。网络与信息中心、电子政务办公室人员成建制随职能划归信息化工作办公室。电子政务工作实行学校办公室和信息化工作办公室双重领导。信息化工作办公室在威海校区、青岛校区分别设分中心，实行双重领导。

25～28 日　山东大学校长张荣率团分别访问了香港大学、香港中文大学和香港科技大学，就加强校际合作同三校代表进行了交流。中央文史研究馆馆员、山东大学终身教授刘大钧一同出访，副校长陈炎参加了香港大学的访问。

29 日　山东大学 2014 届毕业生春季供需双选会在中心校区体育馆举行，山东大学及省内外其他高校毕业生共计 9100 余人次参加。

本月　山东大学生命科学学院夏光敏教授课题组在小麦耐盐研究领域取得重大突破，并作为独立完成单位在植物学顶级刊物 *Plant Cell* 及植物学三大著名期刊之一 *Plant Physiology* 上发表三篇论文。这是 *Plant Cell* 第一次发表我国关于小麦功能基因及作用机制研究的论文。

本月　由中国数学会主办的第五届全国大学生数学竞赛在安徽合肥落幕，山东大学泰山学堂王维佳、张燕斌同学代表山东赛区参赛，获得数学类全国一等奖。山大获一等奖人数位列全国第三。

本月　教育部公布首批国家级虚拟仿真实验教学中心评审结果，山东大学医学虚拟仿真实验教学中心入选。虚拟仿真实验教学中心是高等教育信息化建设和实验教学示范中心建设的重要内容，是学科专业与信息技术深度融合的产物，也是“十二五”期间实验教学的发展方向，宗旨是提高高校学生的实践能力和创新精神，核心是共享优质实验教学资源，重点是建设信息化实验教学资源。教育部高教司于 2013 年 8 月启动首批国家级虚拟仿真实验教学示范中心建设工作。经过网评、专家会评，最终批准 100 个中心为第一批国家级虚拟仿真实验教学中心。

本月　国家第十批“千人计划”入选资格名单公布，山东大学共有七名专家入选。其中，张东鲁、张友明、许长补等三位专家入选“千人计划”资格，丁一、杜林、白明义、马连良等四位专家入选“青年千人计划”资格。山东大学在海外高层次人才引进方面再创佳绩。

本月　世界大学学术表现排名（University Ranking by Academic Performance，简称“URAP”）组织致函山东大学并颁发 2013～2014 年度世界大学学术表现排名证书。在 2013～2014 年度 URAP 世界大学排名中，山东大学列世界第 162 位，在中国大陆高校排名第 9 位。

本月　山东省教育厅发布了《关于公布第八届山东省高等学校教学名师名单的通知》，山东大学经济学院李齐云教授名列其中。至此，山东大学共有 24 位教师先后获得“山东省高等学校教学名师”荣誉称号。

本月　国家科技部下发了《关于国家高技术研究发展计划先进能源技术领域 2014 年项目立项的通知》，以山东大学作为牵头单位，教育部长江学者特聘教授、“电力电子节能技术与装备”教育部工程研究中心主任张承慧为项目首席专家的“863”计划主题项目“基于生物质气的分布式冷热电联供系统”获批立项。该项目下设三个课题，分别由山东大学、上海交通大学、兰州理工大学主持；项目总经费 1573 万元，其中“863”计划专项经费 773 万元。

本月　沃尔夫奖（Wolf Prize）官方网站公布了 2014 年沃尔夫奖获奖名单。山东大学名誉博士彼得·萨奈克（Peter Sarnak）教授独自荣获 2014 年沃尔夫数学奖。

4月

3 日　由山东省委高校工委委托、山东大学心理健康教育与咨询中心举办的 2014 年山东省大学生心理健康教育专题培训班开班仪式在中心校区举行。校领导方宏建代表山东大学出席开班仪式并致词。

4 日　根据《山东大学关于组织申报第三批通识教育核心课程建设立项的通知》（山大教字［2013］52 号）的要求，经学院推荐、专家评审，共评出山东大学第三批通识教育核心课程建设项目 24 项。

7 日　泰国公主诗琳通率团访问山东大学，并受聘山东大学名誉教授。山东大学校长张荣向其颁发名誉教授聘书并致辞。

9～10 日　台湾经济研究院董事长、台湾海峡交流基金会原董事长江丙坤率团访问山东及山东大学。9 日，中共山东省省委书记姜异康、省长郭树清会见了江丙坤一行，中共山东大学党委书记李守信参加会见。10 日，山东大学隆重举行“江丙坤先生受聘山东大学名誉教授仪式”，校长张荣在仪式上致辞并向江丙坤颁授聘书，副校长娄红祥主持仪式。

12 日　由山东大学学术研究部主办、环境研究院承办的“环境科学高端学术论坛”在山东大学中心校区举行。中国科学院院士江桂斌、陶澍、赵进才和中国工程院院士任阵海、郝吉明、段宁、刘文清、王文兴以及 11 位杰出的中青年专家作学术报告。

17 日　山东省统战理论研究基地（山东大学）揭牌仪式暨山东大学统一战线“同心讲堂”首场报告会在中心校区邵馆报告厅举行。中共山东省委常委、统战部部长颜世元，常务副部长孙传宏；中共山东大学党委书记李守信、校长张荣、党委常务副书记李建军、党委副书记尹作升、总会计师曹升元出席相关活动。颜世元和李守信共同为基地揭牌。

18 日　山东省科学技术奖励大会在济南召开，会议表彰了 2013 年度为山东省科技创新和现代化建设作出突出贡献的科技工作者，山东大学获山东省科学技术奖 49 项，其中一等奖 6 项、二等奖 26 项、三等奖 17 项。

近期晶体材料国家重点实验室郝霄鹏教授课题组，在近期的二维材料研究方面取得新进展，相关成果以“一步剥离氟化氮化硼纳米片及其磁性的研究（One-Step Exfoliation and Fluorination of Boron Nitride Nanosheets and a Study of Their Magnetic Properties）”为题发表在4月1日出版的《德国应用化学》（*Angewandte Chemie International Edition*，2014，53［14］，3645-3649，影响因子13.724）。该论文第一作者是杜森博士，郝霄鹏教授和赵明文教授为共同通讯作者。

19日　自旋电子学与声学国际合作研讨会在山东大学举行。山东大学校长张荣出席会议并致辞，诺贝尔物理学奖获得者、“高等学校学科创新引智计划”（即“111计划”）学术大师Peter Grünberg教授出席会议并作特邀报告。

20日　山东大学承担的“中国古代大作家集”规划项目《杜甫全集校注》（以下简称“《杜注》”）新书发布暨出版座谈会在北京举行。山东大学终身教授袁世硕，副校长陈炎出席座谈会。

21日　经第八次党委常委会研究决定：

葛连升任信息化工作办公室主任，不再担任网络与信息中心副主任职务；

陈军任信息化工作办公室副主任，不再担任网络与信息中心副主任职务；

李永在任信息化工作办公室副主任，不再担任网络与信息中心副主任职务；

林飞任信息化工作办公室副主任，不再担任电子政务办公室主任职务；

刘成军任第二附属中学副校长；

刘晓军任威海校区合作发展规划处副处长，不再担任威海校区科研处副处长职务；

杨建华不再担任威海校区合作发展规划处副处长职务。

同日　山东大学成立综合改革工作领导小组等机构，有关机构及其组成人员如下：

一、综合改革工作领导小组

组　长：李守信　张　荣

成　员：李建军　王琪珑

下设综合改革工作办公室（非常设机构，与发展规划部合署办公）：

主　任：孔令栋

常务副主任：袁魁昌

副主任：李　勇　王志鹏

二、人才工作领导小组

组　长：李守信　张　荣

成　员：李建军　娄红祥

下设人才工作办公室：

主　任：曲明军

副主任：于向明　张　权

三、编制工作领导小组

组　长：李守信　张　荣

副组长：李建军　娄红祥

成　员：王炳学　陈宏伟

下设编制工作办公室（与人事部合署办公）：

主　任：陈宏伟（兼）

副主任：郭春晓（兼）

同日　为有力推进国际历史科学大会筹办工作，经第八次党委常委会研究同意，成立山东大学国际历史科学大会筹办工作领导小组等机构。有关机构及组成人员如下：

一、领导小组

组　长：张　荣

副组长：娄红祥　陈　炎　曹升元（常务）

二、咨询专家组

组　长：王育济

成　员：陈尚胜　赵兴胜

三、秘书处

秘书长：方　辉

执行秘书长：赵爱国

秘书处下设办公室及三个工作组：

1. 办公室

主　任：赵爱国（兼）

副主任：杨加深

成员由学校办公室、人文社科处、国际事务部、财务部、后勤保障部、公安处等部门负责人组成。

2. 学术组

组　长：方　辉（兼）

成员以历史文化学院为主组成。

3. 宣传组

组　长：李平生

成员以党委宣传部为主组成。

4. 志愿者工作组

组　长：马晓琳

成员以校团委为主组成。

根据筹备工作实际需要，有关机构的组成人员将作适当调整或补充。

同日　经第八次党委常委会研究决定：

王秀丽同志任经济学院党委书记；

傅艺娜同志任党委学生工作部副部长，不再担任团委副书记职务；
曲明军同志不再担任党委学生工作部部长职务；
陈宏伟同志不再担任经济学院党委书记职务；
张权同志不再担任环境科学与工程学院党委副书记职务；
郭春晓同志不再担任口腔医学院党委副书记职务。

同日　经第八次党委常委会研究决定：
陈宏伟任人事部部长；
郭春晓任人事部副部长；
王健任公共卫生学院副院长，不再担任人事部副部长职务；
方辉不再担任人事部部长职务；
王秀丽不再担任人事部副部长职务；
于向明不再担任人事部副部长职务。

本月　教育部、国务院学位委员会下发《关于批准 2013 年全国优秀博士学位论文的决定》，山东大学晶体材料研究所黄柏标教授指导的王朋博士的学位论文《表面等离子体增强 AgX（X=Cl，Br，I）及其复合材料的制备、表征和光催化性能研究》被评为全国优秀博士学位论文，另有 4 篇学位论文获评全国优秀博士学位论文提名论文。至此，山东大学共有 23 篇学位论文获评全国优秀博士学位论文，获奖总量居全国高校第 12 位。

本月　由全国学生资助管理中心举办的“国家资助 助我飞翔”全国励志成长成才优秀学生典型评选结果揭晓，山东大学推荐学生秦建武获评全国励志成长成才优秀学生典型，受到教育部表彰。

本月　欧盟科研署（REA）发来正式公函确认山东大学入选欧盟第七框架计划成员单位（Partner）。欧盟第七框架计划“玛丽·居里”行动计划项目汇集了法国、德国、西班牙、丹麦、中国五个国家 14 所一流科研机构和著名高校。山东大学成为继北京大学、复旦大学之后第三个入选欧盟第七框架计划“玛丽·居里”行动计划环境和地球科学领域的中国高校。

本月　中共中央组织部公布了“万人计划”第一批入选名单。山东大学张荣教授、杨其峰教授和吴臻教授入选“万人计划”第一批科技创新领军人才，入选人数在全国申报单位中排名并列第五位。刘建亚教授、孙康宁教授和徐向艺教授入选“万人计划”第一批教学名师，入选人数在全国申报单位中排名并列第一位。李术才教授入选“万人计划”第一批百千万工程领军人才。

5 月

4 日　为整合海内外学术资源，开展县域发展方面科学研究，搭建我校与即墨市的合作发展平台，促进共同发展，经学校研究，决定成立山东大学县域发展研究院（即墨）。经学校研究，决定由曹升元任研究院理事长（兼），黄凯南任院长。

因人事变动，经学校研究，决定聘任曹升元为山东大学苏州研究院院长（兼）。

12 日　经第九次党委常委会研究，决定成立青岛校区启动运行办公室，组成人员如下：

主　任：王琪珑

副主任：孔令栋　韩明涛（专职）

成员由政治学与公共管理学院、信息科学与工程学院、计算机科学与技术学院、生命科学学院、能源与动力工程学院、环境科学与工程学院等学院党委书记，有关单位主要负责人，学校办公室、人事部、学科规划建设办公室、财务部、资产与实验室管理部、后勤保障部、工会等部门负责人组成。

13 日　为加强我校投融资方面的学术研究，促进资源有效配置，提高服务地方经济能力，经研究，决定成立山东大学投融资研究中心。潘爱玲任主任（兼）。

该中心为依托管理学院的非实体性科研机构。

同日　为加强我校外国语言文学的学科建设，促进二语写作学术交流和研究，提升二语写作的教育水平，经研究，决定成立山东大学二语写作教学与研究中心。王俊菊任主任（兼）。该中心为依托外国语学院的非实体性科研机构。

同日　为引领中国分析哲学研究潮流，促进学科建设和学科研究，提升我校西方哲学研究的学术地位，经研究，决定成立山东大学分析哲学研究中心。任会明任主任。该中心为依托哲学与社会发展学院的非实体性科研机构。

20 日　第三届尼山世界文明论坛“尼山礼赞”音乐会暨开幕式在山东大学圣昆仑音乐厅隆重举行。第九届、第十届全国人大常委会副委员长，尼山论坛组委会主席，山东大学儒学高等研究院院长许嘉璐出席开幕式并宣布论坛开幕。中国外交学会副会长、党组书记卢树民主持开幕式。中共山东省委常委、宣传部长孙守刚在开幕式上致辞。山东省副省长季缃绮、山东大学党委书记李守信出席活动。尼山论坛组委会副主席、山东大学校长张荣代表承办单位致辞。

20 日　为推动全球化与中国经济学科发展，打造具有国际化视野和竞争力的科研团队，进一步提升学校国际化办学水平，经研究，决定成立山东大学全球化与中国经济中心。秦凤鸣任中方主任，陆懋祖任外方主任。该中心为依托经济学院的非实体性科研机构。

23～24 日　山东大学春季中学生校园体验开放月活动继续开展，来自章丘四中、菏泽一中、淄博实验中学、淄博第四中学、莱芜市第十七中学、泰安一中、山东省实验中学等七所中学的1200余名师生参加相关活动。在志愿者的带领下，中学生们参观了山东大学图书馆、博物馆、校史馆、体育馆、大成广场、小树林，理科学生还参观了晶体材料研究所、生命科学学院、化学与化工学院的重点实验室。

26日　根据工作需要，现对学校国有资产管理委员会成员进行调整，调整后的国有资产管理委员会名单如下：

主　任：张　荣

副主任：张永兵　曹升元

委　员：（按姓氏笔画排序）

马传峰　井海明　刘洪渭　杜言敏　张　荣　张　健

张永兵　张兆亮　陈宏伟　曹升元　韩建新

学校国有资产管理委员会办公室设在资产与实验室管理部，马传峰兼任学校国有资产管理委员会办公室主任。学校国有资产管理委员会按照《山东大学国有资产管理委员会议事规则》的有关精神，履行其职责。

本月　科技部下发了《关于公布2013年创新人才推进计划入选名单的通知》，山东大学以刘建亚教授为团队负责人的“数论及其应用创新团队”入选2013年国家创新人才推进计划重点领域创新团队。

本月　山东大学面向社会编制发布了《2013年度本科教学质量报告》。报告从本科教育基本情况、师资和育人条件建设、本科教学改革与建设、教学质量保障体系建设、学生学习效果、特色发展、需要解决的问题等7个方面全面分析了2013年学校的本科教学情况，向社会展示了学校风貌和办学特色、宣传办学理念和人才培养成果，为国家和省级教育主管部门及有关专门机构的质量监控工作提供了重要依据，为社会了解学校提供了基本途径。

6月

2日　山东省第二十三届运动会大学生组田径比赛在山东大学中心校区闭幕。山东大学田径队获得18金、11银、6铜，4人打破两项大运会纪录，以总分372分的总成绩居山东省各高校之首，包揽了丙组（高水平运动员组）男女团体总分第一、男子团体总分第一、女子团体总分第一和金牌总数第一。

3日　校党委书记李守信在中心校区明德楼二层会议室主持召开青岛校区建设领导小组会议，研究青岛校区建设与启动运行议题。校长张荣出席会议。会议听取了青岛校区启动运行工作情况的汇报。会议认为，青岛校区的启动运行是当前和今后一个时期影响学校全局的重要工作，全校各部门和相关学院都要切实增强责任感、紧迫感，积极稳妥地开展工作，为青岛校区启用运行创造有利条件。

4 日　山东大学国有资产管理委员会 2014 年第一次会议在中心校区召开，山东大学国资委主任、校长张荣；国资委副主任，副校长张永兵、总会计师曹升元出席会议。张荣在会上说，资产管理工作要把确保资产安全放在首位，相关部门要牢固树立风险控制意识，进行资产风险评估和风险控制，包括财务风险、经营风险、决策风险以及其他影响校园安定与和谐的风险因素等；要重视资产的合理配置和有效利用，不断提高资产管理质量；要进一步加强资产数量统计和使用效益分析，实现资产统计与账务管理的全覆盖。

5 日　人事部（编制工作办公室）网站正式对外公布了工作职责、内设机构和人员编制情况。人事部（编制工作办公室）“三定”工作顺利完成。

6 日　“俄语推广突出贡献奖”颁奖典礼在北京俄罗斯文化中心礼堂举行。典礼上，山东大学外国语学院李学岩教授获“俄语推广突出贡献奖”，是我国两位首次获此殊荣者之一。俄罗斯联邦独联体事务、俄侨及国际人文合作署驻华代表、俄罗斯联邦驻华使馆参赞、北京俄罗斯文化中心主任维克多·孔诺夫先生出席颁奖典礼并向李学岩教授颁发了获奖证书。

10 日　山东大学校董、台湾立青文教基金会董事长衣淑凡女士一行来山东大学访问。校长张荣会见了代表团一行。

11 日　第十届光华工程科技奖揭晓，国务院副总理刘延东为获奖专家颁奖。此次共有 29 人获奖，中国工程院院士，山东大学终身教授、环境研究院院长王文兴教授荣获光华工程科技奖“工程奖”。

14 日　在第九个文化遗产日到来之际，山东省文物局与山东大学合作加强山东文化遗产保护框架协议签约仪式在山东大学中心校区举行，文化遗产进校园活动暨山东省第一次可移动文物普查志愿者服务队授旗仪式同时举行。山东省副省长季缃绮、山东大学校长张荣出席活动。

同日　山东大学校友会 2014 年第一次常务理事会议在中心校区举行。山大校友会会长、校长张荣出席会议并讲话。来自全国各地的 33 位常务理事参加了会议。会议由山大校友会副会长、山东省农村信用社理事长宋文瑄校友主持。山东大学常务副校长王琪珑、总会计师曹升元，校领导方宏建参加会议。

16 日　山东大学“全球化与中国经济中心”在中心校区揭牌成立。山东大学校长张荣出席仪式，并为陆懋祖教授颁发中心外方主任聘书。

同日　全国哲学社会科学规划办公室网站公布了 2014 年度国家社会科学基金年度项目立项名单，山东大学有 41 项课题（不含威海校区）获准立项，在全国高校中排名第二位。

同日　经第十一次党委常委会研究决定：周慧如同志任威海校区党委副书记；郭培良同志任威海校区党委委员。

同日　经第十一次党委常委会研究决定：
郭培良任威海校区副校长。

经第十一次党委常委会研究决定：

邢占军任人文社科研究院副院长；

黄波任学术委员会办公室副主任，不再担任学术研究部国防科技办公室主任职务；

肖金明不再担任学术研究部副部长职务；

魏建不再担任学术研究部副部长及人文社会科学处处长职务。

17 日　山东大学校长张荣做客人民网，就“如何创建世界一流大学”的主题，与网友朋友们一起进行了充分交流。

同日　根据《山东大学关于开展 2013～2014 学年青年教师课堂教学比赛的通知》（山大教字［2014］26 号），经学院推荐，学科组评委随堂听课、学生当堂评分；参赛者集中讲课、评委现场打分等环节，产生获奖选手名单。经过公示，最终确定刘俊霞等 103 名教师获得“山东大学 2013～2014 学年青年教师课堂教学比赛”一、二、三等奖和优秀奖。同时授予获得一、二等奖的教师“山东大学青年教学能手”称号。

21 日　山东大学 2014 届本科毕业生毕业典礼暨学位授予仪式在中心校区体育馆隆重举行。全体本科毕业生齐聚一堂，共同接受全校师生对自己的美好祝福，感受激动人心的毕业氛围，度过自己人生旅途中的重要节点。中共山东大学党委书记李守信主持典礼，校长张荣出席典礼并讲话。光学专业 1980 级校友、中国科学院院士、清华大学副校长薛其坤教授，中国科学院院士、山东大学钱逸泰教授，中央文史馆馆员、山东大学终身教授刘大钧，山东大学终身教授赵明义、曾繁仁、路遥，山东大学党委常务副书记李建军、常务副校长王琪珑、党委副书记尹作升，副校长张永兵、娄红祥、陈炎，校领导方宏建，校长助理贾磊等出席典礼并在主席台就座。

22 日　根据《教育部关于报送 2014 年国家级大学生创新创业训练计划立项项目的通知》（教高司函［2014］24 号）文件精神及《山东大学“国家大学生创新训练计划”管理办法（试行）》（山大教字［2006］62 号）的有关规定，山东大学 2014 年国家级大学生创新创业训练计划立项申报评审工作业已结束。经各项目组成员申报、学院初评、学校组织专家评审和全校公示，共评选出 134 个项目（创新训练项目 126 项，创业训练项目 5 项，创业实践项目 3 项）予以立项。

23 日　我校 2014 年度大学生科技创新基金立项申报评审工作经各学院学术委员会推荐和学校组织专家评审，共评选出 436 个项目予以立项；其中重点资助 62 项，每项资助 3000 元，一般资助 374 项，每项资助 2000 元。

24 日　为系统整合学校现有涉海学术力量，紧紧抓住青岛海洋科学技术国家实验室和青岛校区建设的机遇，加强协同创新，在海洋科技若干前沿领域组建优势学术团队，构建科教一体、陆海统筹的海洋科技创新平台，经学校研究，决定成立山东大学海洋研究院。

25 日　“方法与路径：中国文化如何走出去”学术研讨会暨《文史哲》英文版 Journal of Chinese Humanities 首发式在青岛举行。中共青岛市委常委、宣传部部长胡绍军，山东大学副校长陈炎等出席会议并致辞。

26 日　参加中华职教社第五届台湾大学生研习营的 80 余名青年大学生到山东大学参观访问，与山大学生进行了“心连心、手牵手、一对一”交流活动。台湾贤德惜福文教基金会董事长、研习营名誉团长周荃，台北大学公共行政暨政策学系副教授、台北大学政治经济研究中心主任、研习营团长郑又平，中华职业教育社总干事陈广庆，中共山东省委统战部副部长牟强，中共山东大学党委副书记尹作升出席活动。

22～27 日　第七届倒向随机微分方程（BSDEs）国际学术研讨会在山东大学（威海）举行。

本月　山东省第二十三届运动会大学生组定向越野比赛在济南西郊森林公园举行，山大定向越野代表队获得 6 金、6 银、4 铜，并分别获得丙组（高水平运动员组）、甲组（普通大学生组）团体总分第一。

本月　为促使青年学子学习践行社会主义核心价值观，鼓励学生勇于承担社会责任，山东大学各个社团积极开展了一系列形式多样、轻松活泼的主题教育活动，红歌大赛、模拟两会、国学知识竞赛轮番上演，以此引导学生弘扬中华优秀传统文化、培育社会主义核心价值观，向全社会传递青春正能量。

本月　山东省人民政府公布了 2013 年度山东省有突出贡献的中青年专家名单，山东大学材料科学与工程学院李辉教授、生命科学学院张玉忠教授、外国语学院王俊菊教授入选。至此，学校获得山东省有突出贡献的中青年专家称号的学者已达到 55 人。

7 月

1 日　登州文会馆 150 周年纪念活动筹备情况专题会议在中心校区召开。山东大学校长张荣出席会议，校党委常务副书记李建军主持会议。会议研究讨论了“中国现代高等教育之源——登州文会馆 150 周年纪念”学术研讨会和“全球化视野下的中国现代高等教育暨登州文会馆 150 周年”国际学术研讨会有关筹备情况，并对下一步工作作了部署。

同日　根据《关于申报 2014 年度“山东大学基本科研业务费资助项目”（人才引进与培养类专项）的通知》精神，经个人申报、单位推荐、学校审核等程序，经学校研究，决定为谷国超等 27 位教师提供 2014 年度山东大学基本科研业务费（人才引进与培养类专项）资助。

2～5 日　山东大学校长张荣赴韩国参加第一届“二十一世纪人文价值论坛”并作主题演讲，同时还顺访了韩国首尔大学和中国驻韩大使馆，会见了部分韩国校友。

6日　　山东省第二十三届运动会（大学生组）游泳比赛在山东农业大学游泳馆闭幕，山东大学游泳队在比赛中获得24金、11银、8铜，其中5人打破5项大学生组游泳赛会纪录，金牌总数位列第一。

7日　　经第十三次党委常委会研究决定：

胡金焱任本科生院院长；

张树永任教学促进与教师发展中心主任兼本科生院副院长；

柳丽华任本科招生办公室主任，不再担任本科生院副院长职务；

张建任科学技术研究院院长兼科研管理办公室主任；

刘升贤任国防科学技术研究院常务副院长；

刘学祥任校友工作办公室主任兼合作发展部副部长；

王宪华任本科生院教学研究与基地建设办公室主任（兼）；

王丰晓任本科生院综合管理办公室主任（兼）；

刘杰任科学技术研究院副院长；

朱纪聪任科学技术研究院副院长；

张希华任科学技术研究院综合管理办公室主任；

栾维东任科学技术研究院科研管理办公室副主任；

傅茂笋任科学技术研究院平台与成果管理办公室主任；

赵明晟任国防科学技术研究院副院长兼保密工作办公室副主任；

李勇任技术转移中心副主任；

王广昌任国家大学科技园建设管理办公室副处级调研员；

张荣林任人文社科研究院副院长；

刘明利任外事服务中心主任（兼）；

姬锐任港澳台事务管理办公室副主任兼国际事务部副部长，不再担任合作发展部海外发展办公室副主任职务；

艾斌任合作发展部副部长兼综合办公室主任，不再担任校董会与教育基金会办公室副主任职务；

王海华任合作发展部副部长兼国内合作办公室主任；

王益民任管理学院副院长；

曲明军不再兼任本科生院副院长职务；

宁继鸣不再兼任国际事务部副部长职务；

邹难不再兼任合作发展部副部长及海外发展办公室主任职务；

刘洪渭不再兼任合作发展部副部长及校董会与教育基金会办公室主任职务；

邢占军不再担任政治学与公共管理学院副院长职务。

因机构调整，以上原学术研究部处级领导干部职务自然免除。

同日　　山东大学党委书记李守信在中心校区主持召开中共第十三届党委常委会第十二次会议暨党风廉政建设专题会议。参加会议的常委有：张荣、李建军、王琪珑、仝兴华、尹作升、张永兵、娄红祥、陈炎、韩圣浩、曹升元，陈子江列席会议。会议学习传达了中央关于落实“两个责任”的文件摘要和习近平同志、王岐山同志的重要讲话精神；学习传达了《中共教育部党组关于落实党风廉政建设主体责任的实施意见》。会议审议并原则通过了《中共山东大学委员会关于落实党风廉政建设党委主体责任、纪委监督责任的实施意见》。

同日　经第十三次党委常委会研究决定：张青同志任新闻中心副主任，不再担任党委宣传部副部长职务。

8日　因人事变动，现对学校工作人员奖惩领导小组成员进行调整，调整后的小组成员名单如下：

组　长：张　荣

副组长：尹作升　娄红祥

成　员（按姓氏笔画排序）：

井海明　尹作升　王炳学　张　荣　李　红　杜言敏

陈宏伟　娄红祥　桑晓旻

学校工作人员奖惩领导小组办公室设在人事部，陈宏伟任工作人员奖惩领导小组办公室主任（兼）。

9日　山东大学举行2014年本科招生集中录取工作会议。本科招生工作组组长、副校长陈炎主持会议并讲话。

同日　山东大学县域发展研究院签约及揭牌仪式在青岛即墨市举行。中共山东大学党委书记李守信、常务副书记李建军、常务副校长王琪珑、总会计师曹升元，中共即墨市委书记、青岛蓝色硅谷核心区管委会党工委书记刘赞松等出席签约仪式。

同日　为整合海内外科研力量，促进碳纳米材料的产学研结合，提升学校在碳纳米新型材料领域的产业化和国际竞争力，经研究决定，成立山东大学碳纳米材料工程应用研究中心，慈立杰任中心主任。该中心为依托材料科学与工程学院的非实体性科研机构。

同日　为整合海内外科研力量，构建研究卫生经济与公共政策的跨学科平台，提升卫生经济实验与公共政策研究的科研水平和国际化进程，经研究决定，成立山东大学卫生经济实验与公共政策研究中心，王健任中心主任（兼）。该中心为依托公共卫生学院的非实体性科研机构。

11日　香港城市大学校长郭位率团访问山东大学。中共山东大学党委书记李守信会见了代表团一行，副校长娄红祥等参加会见。

13日　来自山东、河南、甘肃等地的220余名中学生欢聚山大中心校区，共同参加2014全国青少年科学营——山东大学分营启动仪式。在为期一周的科学营中，营员们驻足古树参天的山大校园，聆听名师教诲，触摸科技前沿，探求科学新知。

17日　2014级临床医学专业学位并轨培养模式硕士研究生入学报到，成为山东大学新学年迎来的第一批新生。

13～17 日　第十届全国大学生沙滩排球锦标赛在青岛黄岛举行，山大男排祝天旭、徐强组合获得高水平组亚军。

18 日　山东省 2014 年普通高考录取本科一批次正式投档，山东大学文、理科投档线分别为 634 分、655 分，从投档分数看，山东大学在鲁生源质量实现全面突破。

24 日　2014 年全国学生定向越野锦标赛在贵州闭幕，山东大学定向越野队在比赛中夺得赛事男子团体冠军。

27 日至 8 月 2 日　弗吉尼亚理工大学副校长 Karen DePauw、Guru Ghosh 访问山东大学。山东大学校长张荣会见来访客人，党委常务副书记李建军、副校长娄红祥出席相关活动。

本月　叶大年院士“兼职特聘教授”聘任仪式在山东大学中心校区举行，“城镇对称分布与新型城镇化”座谈会同时举行。山东大学副校长陈炎出席聘任仪式，并为叶大年院士颁发聘书。山东建筑大学副校长刘甦、山东财经大学副校长胡文波出席聘任仪式和座谈会。

本月　山东大学济南校友会在济南召开 2014 年理事会，第 50 届山东大学校友企业家发展论坛暨山东大学校友企业家俱乐部 10 周年庆典同时举行。会议选举山东省人大常委会原副主任、山东大学原党委书记朱正昌为新一届济南校友会会长。山东大学校友，中共山东省委常委、统战部部长颜世元，济南市人大常委会原主任徐华东出席会议；山东大学常务副校长王琪珑、副校长张永兵、校领导方宏建参加相关活动。

本月　2014 年全国校园新媒体论坛在厦门大学举行，论坛上发布了 2014 上半年校园微博发展微盘点，由学校党委宣传部主办的山大新浪官方微博被评为“十大最具影响力官方微博”。

8月

1 日　由山东大学外国语学院组织翻译、山东人民出版社出版的《大中华赋》中外文对照版新书发布会在第二十四届全国书博会上举行，国家新闻出版广电总局副局长阎晓宏、山东省副省长季缃绮出席发布会。

同日　经教育部高等学校章程核准委员会评议，6 月 17 日，教育部第 18 次部务会议审议通过了《山东大学章程》。为了探索构建现代大学制度，学校自 2004 年起着手制定《山东大学章程》，在总结办学经验和前人制定章程经验的基础上，形成了《山东大学章程》草案。2009 年，提交学校第二届教职工代表大会第一次会议进行了讨论修改。其后又按照《高等学校章程制定暂行办法》（教育部令第 31 号）等文件精神多次修改，并在全校范围内向师生员工征求意见。章程制定工作历时九年，十几易其稿，不断完善，于 2013 年 12 月 30 日提交第十三届学校党委常委会第 6 次会议审议通过，并上报教育部申请核准。《山东大学章程》包括序言部分和主体部分，共八章、七十六条，计 9000 余字。章程基本涵盖了《中华人民共和国高等教育法》规定内容，同时吸收了合校后十几年来的改革发展成果，体现了学校在新时期确立的发展战略和未来发展目标，具有鲜明的时代特征和本校特色。章程明确了举办者、办学者、教职工、学生四个法律主体之间的权利义务，规范了行政权力与学术权力之间的关系，突出了学校教学与科研的中心地位，体现了现代高等教育理念要求。

25 日　2014 年人民网首届高校校长论坛暨战略合作签约仪式在人民日报社举行，包括山东大学在内的 18 所国内著名高校代表参加论坛。人民网总裁、总编辑廖玒为合作高校授“战略合作伙伴”牌。山东大学副校长陈炎出席论坛并签署《人民网与山东大学战略合作框架协议》。

27 日　金莉受聘山东大学特聘讲座教授仪式在洪家楼校区举行，校党委常务副书记李建军出席仪式并为北京外国语大学博士生导师金莉教授颁发聘书。

21～27 日　第三届亚洲大学生沙滩排球锦标赛在中国青岛举行。代表中国队参赛的山东大学女子沙排队获得季军，山大男队获得第七名。

29～30 日　山东大学学校领导 2014 年暑期读书班暨工作研讨会在威海校区举行。本次会议围绕学习贯彻落实教育部直属高校工作咨询委员会第 24 次全体会议以及深化教育领域综合改革相关文件精神，重点就学校学科与队伍建设、人才培养等方面的综合改革工作进行了深入讨论，并对新学期重点工作进行了交流。校党委书记李守信、校长张荣出席并先后主持会议。

本月　山东省社会科学优秀成果评奖委员会公布了省第二十八次社会科学优秀成果奖获奖成果，山大共有 44 项研究成果获奖，其中重大成果奖 2 项、一等奖 8 项、二等奖 18 项、三等奖 16 项。获奖数创历史新高，占全省获奖总数的 16.5％。

9 月

2 日　山东大学在中心校区召开学生工作研讨会，总结交流各学院开展大学生人格培育工作的经验做法，部署新学期重点工作。校领导方宏建出席会议并讲话。

3 日　山东省“尼山书院”理事会成立大会、网站开通、协议签约、基地授牌仪式在山东省图书馆大明湖国学分馆举行。全国人大常委会原副委员长、山东大学儒学高等研究院院长、尼山书院山长许嘉璐先生，山东省人大常委会副主任连承敏，山东省副省长季缃绮出席会议。

同日　首届董治安先秦两汉文学与文献研究奖颁奖典礼在山东大学中心校区举行，来自全国各高校的 5 名青年学者分别获得特等奖和一、二等奖。全国高等院校古籍整理研究工作委员会主任、北京大学中文系安平秋教授，山东大学副校长陈炎出席典礼并致辞。董治安先生夫人、山东大学文学与新闻传播学院钱曾怡教授，山东大学终身教授曾繁仁出席活动。

9 日　开学啦！带着激动的心情，山大师生又迎来了一个崭新的学期。回首过去，有丰硕的收获与珍贵的回忆；展望未来，有满满的期待与美好的祝愿。校园里生机勃勃，课堂上思维碰撞，梦想再一次从这里起航。

10 日　山东大学在中心校区知新楼 A 座三层报告厅隆重举行庆祝 2014 年教师节暨优秀教师表彰大会。2014 年“山东大学优秀教师”“山东大学先进教育工作者”“我最喜爱的老师”、第六届“我心目中的好导师”获得者分别登台领奖，共同接受全校广大师生在教师节送上的诚挚敬意和温馨祝福。中共山东大学党委书记李守信、校长张荣出席大会并为获奖者颁奖。

15 日　中共中央政治局常委、全国政协主席俞正声近日在山东调研时强调，要深入学习贯彻习近平总书记系列重要讲话精神和第二次中央新疆工作座谈会精神，用心用情做好新疆西藏内地学生的教育培养工作，切实把中央的对口援疆援藏部署落到实处，为增进民族感情、加强民族团结，促进各民族交往交流交融积极贡献力量。12～15 日，俞正声先后来到济南、滨州等地，深入学校企业、城乡社区、清真寺院，并多次召开座谈会，与学生老师共商教育培养工作，与基层干部群众共商发展稳定大计。

17 日　台湾成功大学张守进教授等一行四人访问晶体材料国家重点实验室并就宽禁带半导体技术进行学术交流。

18～21 日　山东大学舜歌合唱团精彩亮相第九届中国音乐金钟奖合唱比赛决赛，捧得优秀奖。

18 日　山东大学参与并负责热系统管理的 AMS 太空粒子实验取得重要进展，再次获得暗物质探测的重大发现。9 月 18 日，热科学中心程林教授受丁肇中教授委托，公布了新的实验结果，宣布 AMS 已发现 1090 亿个电子与反电子，测量的反电子分率在停止增加时的能量为 275±32 GeV，这是半个世纪以来的宇宙射线实验首次得到反电子分率的最大值。这一结果与 2013 年 4 月 AMS 项目第一次公布的实验结果将共同成为人类探测暗物质的重要里程碑。

24 日　山东大学 2014 年教育拓展工作总结表彰暨新学年启动会议在中心校区举行。中共山东大学党委书记李守信出席会议并为获奖者颁奖，副校长陈炎主持会议。9 月 24 日，山东大学 2014 年秋季教学工作会议在中心校区举行。会议围绕全面推进教育教学综合改革，布置了 2014 年秋季学期本科教学重点工作。

25 日　山东大学鲁信奖学基金捐赠仪式在中心校区举行。仪式前，中共山东大学党委书记、山东大学教育基金会理事长李守信会见了鲁信集团党委副书记邹丽娜一行。

26 日　山东大学举行 2014 年昱鸿助学基金增加捐赠暨颁发仪式。昱鸿助学基金捐赠方代表、中国光大集团副总经理吴少华及夫人何香，中共山东省委常委、秘书长雷建国，中共山东大学党委书记李守信出席颁发仪式。吴少华、何香向山东大学 2014 年评选的 13 名受助学生颁发了受助证书及助学金。

同日　2014 中国科技论文统计结果发布会在北京举行。会议公布了 2013 年度中国高校及科研机构在国内外刊物上发表科技论文数量、被引用情况以及各学科领域论文分布和影响等统计结果。山东大学 2013 年科学引文索引扩展版（SCIE）收录文献 2975 篇，其中，论文 2871 篇，科学引文索引扩展版（SCIE）论文收录数排名全国高校第 8 位。

28 日　以山东大学土建与水利学院李术才教授为学术带头人的"地下工程岩体稳定性和灾害控制"教育部创新团队验收会在千佛山校区举行，由中国工程院院士钱七虎、周丰峻、蔡美峰等 11 名专家组成的验收组对团队建设期内的工作进行了验收。校党委常务副书记李建军会见验收组一行。副校长娄红祥出席验收会并致辞。

30 日　王晨校友捐赠命名仪式在中心校区举行。山东大学医学院医学系 1980 级校友王晨在已捐赠 3000 万元人民币的基础上，再次向学校捐赠 2000 万元人民币，支持建设趵突泉校区大学生活动中心。中共山东大学党委书记、教育基金会理事长李守信出席仪式并致辞，校长张荣出席有关活动；副校长张永兵代表学校与王晨校友签署捐赠协议，总会计师、教育基金会副理事长曹升元主持仪式。为感谢王晨校友的慷慨捐资，学校决定命名即将建设的趵突泉校区大学生活动中心为"山东大学王晨会堂"。

本月　经国家自然科学基金委相关专家通信评审和会议答辩，山东大学七项目获得国家自然科学基金重点项目资助，立项总经费 2253 万元。两项目获得国家自然科学基金重点国际（地区）合作研究项目资助，资助总金额为 540 万元。

本月　全国哲学社会科学规划办公室公布了 2014 年度国家社会科学基金第一批重大项目立项名单，由山东大学潘爱玲教授任首席专家投标的《完善现代文化市场体系与培育骨干文化企业研究》获准立项，资助经费总额为 80 万元；由经济学院李齐云教授参与投标的《深化税收制度改革与完善地方税体系研究》转为国家社科基金重点项目，立项经费为 35 万元。

本月　山东大学申请的景蓝斋、美德楼文物保护项目获得财政部、国家文物局、教育部批准，国家补助的 2677 万元重点文物保护专项资金已划拨到位。

本月　全国哲学社会科学规划办公室公布了 2014 年度《国家哲学社会科学成果文库》入选名单。山东大学高鉴国教授的《中国慈善捐赠机制研究》

和范学辉教授的《宋代三衙管军制度研究》两项成果入选。《成果文库》于 2005 年设立以来，山东大学共有 10 项成果入选。

本月　山东大学正式公布了第一批慕课（MOOCs）课程改革立项项目名单，将重点建设 15 门 MOOCs，涵盖文学、历史学、经济学、法学、理学、工学、医学、艺术学等诸多学科门类，完成建设的课程将通过在线平台面向全校和社会公众免费开放。

本月　山东大学客座教授 Nicole Abaid 被全球销量第一的生活科技信息杂志、美国 *Popular Science*（《科技新时代》）评选为 2014 年“科技十大杰出人物”之一。*Popular Science* 将 Nicole Abaid 和其他入选者称作“未来的爱因斯坦、扎克伯格和居里夫人”。

本月　2013 年度山东省高校思想政治教育优秀成果评审结果揭晓，山东大学共有五项成果获奖。五项获奖的成果中，其中马克思主义学院周向军教授等合著的《高校思想政治理论课“概论”“纲要”教学设计》一书，马克思主义学院副院长徐艳玲教授等合写的论文《马克思主义传播学：为传统思想政治教育的困境破题求解》，辅导员工作研究会与培训基地办公室神彦飞副教授的论文《思想政治教育视角下思想与心理的思辨》被评为优秀研究成果一等奖；管理学院党委副书记石清云副教授的论文《高校学生党支部建设的现状及对策探析》被评为优秀研究成果二等奖；计算机学院何萌老师等合写的论文《论毛泽东的马克思主义理论教育思想》被评为优秀研究成果三等奖。

本月　由中国博士后基金会组织的第五十六批中国博士后科学基金面上资助评审结果公布，山东大学陈言等 28 位博士后获一等资助，赵娅等 54 位博士后获二等资助，山东大学获资助总额 494 万元。

本月　经过一年多的策划筹备和测试运行，山大文化网正式上线。作为山东大学首个文化专题类网站，山大文化网的上线开辟了校园文化建设的网络新阵地，更为广大师生、校友搭建了深入了解山大文化、参与校园文化建设的新平台。

本月　由省委、省政府组织的第七届山东省“泰山文艺奖”举行隆重颁奖，山东大学谭好哲教授的论文《当代传媒技术条件下的艺术生产》获艺术理论研究类一等奖，文学与新闻传播学院郑训佐教授的书法作品行草书《启功论书绝句三首》获书法类艺术作品一等奖。

本月　经科技部专家评审，山东大学微生物国家重点实验室两个政府间科技合作项目获得科技部国际科技合作专项资助，获得经费共计 275 万元。其中张友明团队引进人才符军教授申请的欧盟国际科技合作项目资助金额为 175 万元，徐海教授与南非西北大学 Carlos Bezuidenhout 教授合作课题“水环境中细菌耐药性研究”资助金额为 100 万元。

10月

2日　为弘扬中华民族尊老敬老、爱老助老的传统美德，在10月2日我国法定的第二个老年人节到来之际，山东大学开展了一系列丰富多彩的活动欢庆节日。在国庆节和老年人节前夕，中共山东大学党委书记李守信，校党委常务副书记李建军，党委副书记尹作升，副校长张永兵、娄红祥，总会计师曹升元等分别走访慰问了建国前参加工作的院士、终身教授及担任过校级领导职务的离退休老同志，向他们通报学校改革发展状况，向他们致以节日祝贺，并通过他们向全校老同志表达敬意和问候。

6日　由山东大学举办的"中国现代高等教育之源——登州文会馆150周年纪念"学术研讨会在中心校区举行。中共山东省委常委、宣传部长孙守刚，教育部社科司司长张东刚出席研讨会并致辞。立青文教基金会大陆地区代表、中国社会科学院世界宗教研究所研究员叶涛，登州文会馆校友、山东大学堂教习仲伟仪之孙仲维畅分别发言。中共山东大学党委书记李守信主持开幕式，校长张荣代表学校致辞。国家外专局信息中心主任陈化北，中共南京大学党委副书记朱庆葆，中共山东大学党委常务副书记李建军、副校长陈炎出席研讨会。

10日　根据教育部党组部署要求，教育部赴山东大学巡视组向学校反馈了巡视工作情况。巡视组首先分别向学校两位主要负责同志和领导班子成员反馈意见，随后在中心校区举行了巡视工作情况反馈会。巡视组组长、中山大学原党委书记李延保出席反馈会并作巡视情况反馈，教育部巡视工作办公室副主任牛燕冰出席反馈会并讲话；中共山东大学党委书记李守信在反馈会上作表态发言，校长张荣主持反馈会。巡视组副组长、江南大学原党委书记简大钧，巡视组副组长、驻教育部纪检组监察局副局级监察专员、党风室主任田福元出席反馈会。

11日　山东大学薛禹胜教育基金捐赠仪式在千佛山校区举行。山东大学校长张荣，中国工程院院士、国网电力科学研究院名誉院长薛禹胜校友和夫人潘正珏出席捐赠仪式。山东大学总会计师、教育基金会副理事长曹升元主持捐赠仪式。

12日　山东大学校长张荣在中心校区会见了诺贝尔物理奖获得者丁肇中教授一行。双方进行了亲切交流，就下一步长期合作达成共识，丁肇中教授将与山东大学一起继续利用国际空间站上的阿尔法磁谱仪（AMS）这个前所未有的实验平台，进行深入持久的探测研究。山东大学副校长娄红祥参加会见。

14日　国家电网特高压奖学基金"特高压电网奖学金"首次颁奖仪式在山东大学千佛山校区举行。特高压奖学基金理事、秘书长，国家电网公司对外联络部主任李凯，特高压奖学基金理事代表、国网山东省电力公司党委书记蒋斌，山东大学校领导方宏建出席仪式。

15 日　《友情和墨香——臧克家和他的师友们》发行仪式在山东大学中心校区举行。山东大学党委副书记尹作升出席仪式，并代表山东大学向臧克家先生亲属赠送《友情和墨香——臧克家和他的师友们》一书 400 册。臧克家先生长子、山大哲社学院臧乐源教授参加仪式。

同日　山东大学党委理论学习中心组（扩大）会议在中心校区明德楼工会厅召开，会议认真传达学习习近平总书记在党的群众路线教育实践活动总结大会上的重要讲话精神，并就学校如何贯彻落实好习近平总书记讲话精神作了部署和安排。校党委书记李守信主持会议并讲话。校党委常务副书记李建军传达了习近平在党的群众路线教育实践活动总结大会上的讲话。

12～15 日　由山东大学与哈佛燕京学社联合主办的“全球化视野下的中国高等教育史暨登州文会馆 150 周年国际学术研讨会”在山东大学中心校区举行。哈佛燕京学社社长裴宜理（Elizabeth Perry）、山东大学校长张荣出席研讨会并致辞。

18 日　第十届全国概率统计会议在山东大学中心校区开幕。中科院院士，中国数学会概率统计学会理事长马志明、中科院数学与系统科学学院严加安研究员、北京师范大学陈木法教授、山东大学彭实戈教授等出席开幕式。会前，山东大学校长张荣会见了与会专家学者，并对他们的到来表示欢迎。山东大学副校长娄红祥出席开幕式。

18～19 日　美国加州圣何塞州立大学校长 Mohammad H. Qayoumi 率团访问山东大学济南校区、青岛校区，校长张荣会见来访客人，并与对方签署了校际合作意向书。

21 日　山东大学—卡罗林斯卡医学院合作研究实验室揭牌仪式在趵突泉校区举行。山东大学校长张荣与卡罗林斯卡医学院校长 Anders Hamsten 签署两校合作研究实验室协议，并共同为山东大学—卡罗林斯卡医学院心血管研究合作实验室、肿瘤合作研究实验室、干细胞合作研究实验室和全球卫生研究合作中心共四个实验室揭牌。山东大学副校长张永兵参加有关活动。

22 日　为整合多学科的研究力量，促进体育学科的产学研结合，构建资源整合、开放共享的技术创新服务平台，经研究决定，成立山东大学体育产业研究中心。孙晋海任中心主任（兼）。该中心为依托体育学院的非实体性科研机构。

同日　为促进全民健身事业的快速发展，提升体育学科的建设水平，经研究，决定成立山东大学智慧健身协同创新中心。孙晋海任中心主任（兼）。该中心为依托体育学院的非实体性科研机构。

24 日　山东大学 2014 年体育文化节暨田径运动会开幕式在山东大学兴隆山校区体育场举行。中共山东大学党委书记李守信，党委常务副书记李建军，党委副书记尹作升，副校长张永兵、陈炎，总会计师曹升元等出席开幕式。

同日 经第十八次党委常委会研究决定：
马奔任政治学与公共管理学院副院长；
刘家峰任历史文化学院副院长；
于学杰不再聘任为公共卫生学院院长；
王佃利不再担任政治学与公共管理学院副院长职务。
经第十八次党委常委会研究同意：
聘任焦念志为海洋研究院院长，马春元、张玉忠为海洋研究院副院长。

25 日 中国海洋大学隆重举行建校 90 周年庆祝大会，山东大学校长张荣出席大会，并作为国内高校代表致辞，向中国海洋大学表达了良好的祝愿。

27 日 山东大学一卡罗林斯卡医学院干细胞研究合作实验室在第二医院正式挂牌启用，这是卡罗林斯卡医学院在中国的第一个双方共同核准挂牌的合作实验室。山东大学副校长陈子江、卡罗林斯卡医学院中国合作项目专员李奈林出席揭牌仪式并致辞。

27～28 日 “山东大学气候变化与健康国际学术研讨会·2014”在趵突泉校区举行。山东大学副校长娄红祥出席开幕式并致辞。

28 日 为整合海内外的研究力量，促进中日韩三国在政治、经济、社会、文化等领域的合作性研究，构建该合作研究领域的沟通交流平台，决定成立中日韩合作研究中心。陈炎任中心主任。该中心为依托外国语学院的非实体性科研机构。

30 日 为整合海内外的研究力量，促进法律、经济与组织研究领域的跨学科建设，经研究决定，成立威廉姆森法律、经济与组织研究中心。奥利弗·威廉姆森（Oliver Williamson）任名誉主任，乔岳任中心主任。该中心为依托经济学院的非实体性科研机构。

31 日 山东大学 2014 年度潍柴动力奖学金颁奖仪式在中心校区举行。潍柴动力股份有限公司副总裁佟德辉，山东大学总会计师、教育基金会副理事长曹升元出席颁奖仪式。

本月 根据国务院扶贫办、教育部等八部委 2012 年联合下发的《关于做好新一轮中央、国家机关和有关单位定点扶贫工作的通知》要求，按照教育部关于对口支援西部高校工作计划的总体部署，山东大学从 2005 年起对口支援新疆昌吉学院，2011 年起对口支援宁夏医科大学，2012 年起定点扶贫全国重点贫困县——河南省确山县。

本月 山东大学申请的“大辛庄遗址出土青铜器保护修复项目”和“山东大学博物馆馆藏陶器保护修复项目”获得财政部、国家文物局、教育部批准，国家补助的 72 万元重点文物保护专项资金已划拨到位。山东大学是唯一通过国家文物局审批获得可移动文物保护专项资金的高校单位。

本月 根据 2014 年度教育部公布的人文社会科学研究一般项目的评审结果，

山东大学24项一般项目获准立项，其中规划基金项目10项，青年基金项目14项，立项数量在全国高校中居第六位，到账经费达到140.25万元，反映了山东大学大力实施人文社会科学研究繁荣发展计划以来所取得的实效。

本月　山东省社会科学界联合会公布表彰第八届山东省社会科学突出贡献奖和学科新秀奖获奖学者，山东大学刘大钧教授、张可礼教授获突出贡献奖，冯文娜副教授获学科新秀奖。

11月

1日　复旦版《2013年度中国最佳医院综合排行榜》《2013年度中国医院最佳专科声誉排行榜》正式发布。山东大学齐鲁医院在综合排名中由去年第27位提升至第24位，3个专科榜上有名，8个专科进入各专科提名榜单。

4日　2014年“创青春”全国大学生创业大赛终审决赛在华中科技大学落幕，山东大学在创业计划竞赛、创业实践挑战赛、公益创业赛三项主体赛事中斩获1金、2银、3铜，在MBA专项赛中收获1铜，并获得优秀组织奖。

7日　山东大学第十四届国际文化节在中心校区举行。本次文化节共有来自山大100多个国家的近千名留学生参加。校领导方宏建参加有关活动。本届国际文化节在原有活动基础上扩充了异域民族风情展部分。11月7日一整天，山东大学校园里美食、舞蹈、服装秀、多彩缤纷的表演体验等活动不断上演，不同国家文化交相辉映，吸引了大批青年学生和社会观众参与其中。

12日　2014年度山东省政府“齐鲁友谊奖”颁奖仪式在济南舜耕山庄举行。山东大学人文社科一级教授金光亿（KIM KWANG OK）获奖并参加颁奖仪式。中共山东省委常委、常务副省长孙伟和国家外专局副局长刘延国共同为获奖专家颁发获奖证书和奖牌。

11～13日　美国纽约大学理工学院前校长David Chang及夫人来访，山东大学校长张荣会见来访客人。

15日　山东大学2015届毕业生就业秋季双选会在中心校区体育馆举行。这是今年下半年山东大学举办的最大一场招聘会，共有480余家用人单位、山东大学及省内外其他高校近7000名毕业生参加。山东大学校领导方宏建出席双选会。

同日　山东大学晶体材料国家重点实验室深圳基地、国家糖工程技术研究中心深圳研发中心、大数据联合实验室启用揭牌仪式在深圳虚拟大学园产业化大楼举行。山东大学总会计师曹升元、深圳市科技创新委员会副主任邱宣出席揭牌仪式并共同为实验室、工程技术研发中心揭牌。

17 日　山东大学 2014 年度光华奖学金颁奖仪式在中心校区举行，50 名博士研究生、120 名硕士研究生和 96 名本科生获得表彰。光华教育基金会颁奖嘉宾、唐奖教育基金会执行长陈振川，校领导方宏建出席仪式并讲话。

20 日　为整合海内外的研究力量，促进多学科的融合和协同创新，经研究决定，成立山东大学电子商务研究中心。该中心为依托计算机科学与技术学院（软件学院）的非实体性科研机构。

为整合多学科的研究力量，促进我省及周边地区社会组织与社会治理研究实践，提升社会组织与社会治理研究的科研水平和整体实力，经研究决定，成立山东大学社会组织与社会治理研究中心。于萍任中心主任。该中心为依托政治学与公共管理学院的非实体性科研机构。

21 日　山东大学二届五次教代会主席团（扩大）会议在中心校区明德楼举行。会议讨论研究了《职工住宅物业服务社会化改革汇报提纲》《山东大学岗位绩效工资调整方案》和《关于增加离退休（退职）人员离退休补贴（生活费）情况汇报》。

同日　2014 年“中国梦·山大情”研究生合唱比赛在圣昆仑音乐厅举行。最终，数学学院、管理学院、经济学院夺得特等奖，化学与化工学院、护理学院、医学院、控制科学与工程学院、环境科学与工程学院荣获一等奖，药学院等六个学院荣获二等奖，历史学院等七个学院荣获三等奖，艺术学院获特别奖，计算机学院获网络最具人气奖。校领导方宏建出席比赛并颁奖。

23 日　山东大学第三十三次学生代表大会和第十五次研究生代表大会在中心校区召开。山东大学校长张荣、校领导方宏建出席开幕式。大会学习了中国共产党第十八届四中全会精神和中华全国学生联合会《关于加强和改进高校学生会研究生会建设的指导意见》，选举产生了新一届学生委员会和研究生委员会。

21～23 日　第九届高校生命科学课程报告论坛在济南召开。本届论坛由全国高等学校教学研究中心、教育部高等学校生物学相关教学指导委员会和高等教育出版社共同主办，山东大学承办。论坛以“传承与创新：信息化环境下的高校生物学课程与课堂”为主题，围绕信息化环境下的生命科学类专业人才培养方案和教育改革、课堂教学等内容，进行了广泛而深入的研讨。

25 日　中央社会主义学院党组书记、第一副院长叶小文一行访问山东大学，出席《山东大学·中央社会主义学院合作培养“统一战线学”研究生协议》签字仪式。中共山东大学党委书记李守信会见了叶小文一行。中央社会主义学院副院长陈延武、袁廷华，山东大学校长张荣，山东大学终身教授赵明义出席签字仪式。

本月　第十一届持久性毒物国际会议在香港召开，山东大学环境科学与工程学院刘汝涛教授应邀参会，作了题为“Exploring lead toxicity combined at the molecular，cellular and organismal levels”的会议报告，被大会组委会授予青年科学家（Young Scientist Award）的奖励与荣誉称号。该奖项每届仅授予两名优秀青年科学家，以表彰其在持久性毒物研究领域所作的贡献。

本月　教育部办公厅下发《关于公布第六批“精品视频公开课”名单的通知》，山东大学生命科学学院王仁卿教授、郭卫华教授和环境研究院刘建副教授共同讲授的《生态学与人类未来》入选第六批国家精品视频公开课。

本月　第六届全国大学生机械创新设计大赛现场决赛在沈阳东北大学举行。山东大学选派的《多功能旋转轮换黑板》项目利用二自由度四连杆机构、椭圆滑槽、滑块等机构实现四块黑板的连续旋转轮换，获得了全国一等奖；《基于 Delta 机构熔融沉积式（FDM）3D 打印机》和《创新性凸轮设计组合实验仪器》获得全国二等奖。

本月　山东省人民政府对获得“山东省留学人员回国创业奖”的 20 名留学回国人员进行了表彰，颁发了“山东省留学人员回国创业奖”奖牌，并给予每人 5 万元奖金。山东大学生命科学学院方诩教授获此殊荣。

本月　由山东大学方辉教授任首席专家投标的《济南大辛庄遗址考古发掘及综合研究报告》获国家社科基金第二批重大项目立项，资助经费总额为 80 万元。

本月　第五届中国高校精品·优秀·特色科技期刊奖颁奖大会召开，山东大学主办的《山东大学学报（理学版）》和《山东大学耳鼻喉眼学报》分别荣获教育部科技司颁发的“中国高校优秀科技期刊”“中国高校特色科技期刊”奖。此外，在“2014 年中国高校医学期刊系列评选活动”中，《山东大学学报（医学版）》荣获中国高校科技期刊研究会颁发的“中国高校医学期刊最佳实践奖”。

本月　经过国家自然科学基金委员会相关专家的通讯评审和二审答辩，山东大学刘战强、马春红、张澄、胡锡俊四位教授分别获得 2014 年国家自然科学基金杰出青年基金资助。山东大学获得国家杰青资助数量居全国高校第 8 位。

12 月

1 日　法国法兰西学院院士程抱一先生山东大学名誉博士学位颁授仪式在法国巴黎中国中心隆重举行。山东大学校长张荣向程抱一院士颁发山东大学名誉博士学位证书并致辞。中国驻法国大使馆临时代办邓励、中国常驻联合国教科文组织代表团大使衔代表张秀琴、中国驻法国大使馆教育处公使衔参赞马燕生、巴黎中国文化中心主任殷福、法国巴黎东方语言文化学院校长 Manuelle Franck、山东大学副校长陈炎出席仪式。

同日　为整合多学科的研究力量，促进经济、统计、大数据等多学科的融合，提升统计及相关学科的科研水平和整体实力，经研究决定，成立山东大学应用统计研究所，任燕燕任所长。该研究所为依托经济学院的非实体性科研机构。

为整合多学科的研究力量，构建乡村旅游发展跨学科、跨部门研究平台，经研究决定，成立山东大学乡村旅游研究中心，王晨光任中心主任。该中心为依托管理学院的非实体性科研机构。

2 日　应中国常驻联合国教科文组织代表团大使衔代表张秀琴邀请，山东大学校长张荣一行到巴黎联合国教科文组织总部参观并会谈。山东大学副校长陈炎一同参观。会谈中，张荣对教科文组织为推动人类文明交流互鉴作出的卓越贡献表达了敬意，并介绍了山东大学开展国际交流合作的积极成果，以及正在世界范围内推进的“全球汉籍合璧和传播工程”。他表示，山东大学致力于培养更多能在国际组织中胜任的国际化复合型人才，希望与联合国教科文组织开展更多人文交流活动，开阔学生国际视野，增强学生传播中国文化的使命感，助力学生的创新创业发展。张秀琴对张荣一行到访表示欢迎，对山东大学在中国高等教育发展历史中作出的贡献表示充分肯定。她详细讲解了联合国教科文组织的历史发展、组织结构以及在传播中国文化事业中起到的重要作用，表示全球汉籍合璧工程与联合国教科文组织的宗旨不谋而合，鼓励山东大学继续联合全球专家学者，共同完成这一具有神圣使命的文化工程。联合国教科文组织愿意与山东大学共同搭建国际人文交流合作平台，在未来接收山东大学学生到教科文组织参观和实习。

11 月 30 日至 12 月 5 日　山东大学校长张荣率代表团访问法国国家图书馆、英国大英图书馆。访问期间，张荣代表山东大学与法国国家图书馆、英国大英图书馆分别签署了合作意向书，并与牛津大学图书馆中国馆达成初步合作意向。

4 日　山东大学校长张荣率团访问英国牛津大学，并会见了牛津大学校长安德鲁·汉密尔顿（Andrew Hamilton），共同商讨了多学科、全方位推进两校校际合作事宜。山东大学副校长陈炎参加会谈。

11 月 4 日至 12 月 4 日　为迎接首个“国家宪法日”、弘扬宪法精神、提升在校师生和社会群众法治意识，山东大学法学院师生广泛开展“致敬国家宪法日”系列活动。系列活动主题鲜明、形式多样，包括“国家宪法日”系列学术活动、学习“十八届四中全会精神”主题团会、法律知识竞赛、“规则与公平意识”征文比赛与辩论赛、“国家宪法日”宪法宣传和法律援助活动等多项内容。

5 日　山东大学二届五次教代会主席团会议在中心校区举行。会议讨论审议了《青岛校区教职工住房选购实施办法》。校党委常务副书记李建军，常务副校长王琪珑，党委副书记尹作升，副校长张永兵、娄红祥，总会计师曹升元出席会议。

同日　　山东大学二届五次教代会主席团会议在中心校区举行。会议讨论审议了《青岛校区教职工住房选购实施办法》。校党委常务副书记李建军，常务副校长王琪珑，党委副书记尹作升，副校长张永兵、娄红祥，总会计师曹升元出席会议。

8日　　美国著名经济学家、诺贝尔经济学奖获得者 Myron S. Scholes 教授和中国科学院院士、山东大学彭实戈教授在山东大学中心校区分别作了题为"Financial Innovation: The Years Ahead"和《从布莱克－斯科尔斯公式到非线性期望》的学术报告。

同日　　山东大学校长张荣在中心校区明德楼主持召开 2014 年第二十二次党政联席办公会议。校党委书记李守信出席会议。会议原则通过了《山东大学关于进一步加强教师职业道德建设的意见》《山东大学教职工劳动纪律和考勤管理办法》。会议研究通过了成立山东大学本科招生委员会和调整山东大学研究生招生工作领导小组的有关事宜。

同日　　山东大学召开党委常委会第二十二次会议。校党委书记李守信主持会议。党委常委张荣、李建军、王琪珑、仝兴华、尹作升、张永兵、娄红祥、陈炎、韩圣浩、曹升元参加会议，方宏建、陈子江列席会议。

会议原则通过了《中共山东大学委员会关于教育部巡视组反馈意见整改落实情况的报告》。会议同意将此报告提交中共山东大学第十三届委员会第二次全体会议审议。

会议原则通过了《中共山东大学委员会全体会议制度》《中共山东大学委员会校内巡视工作暂行办法》《山东大学贯彻落实〈建立健全惩治和预防腐败体系 2013～2017 年工作规划〉实施办法》等 13 项巡视整改落实工作有关制度规定。

巡视整改落实工作领导小组办公室有关人员列席会议。

同日　　山东大学第二十二次党委常委会研究通过《山东大学处级领导干部选拔任用工作实施办法》，即日起实施。

同日　　山东大学第二十二次党委常委会研究通过《中共山东大学委员会关于加强优秀年轻干部培养工作的实施意见》，即日起实行。

9日　　根据《关于开展 2014 年山东大学博士研究生学术新人奖评选工作的通知》要求，经博士生本人申请，指导教师同意，培养单位审核推荐，专家组评审，评选出 2014 年山东大学博士研究生学术新人奖获得者 40 人，现予公布（获奖者名单详见附件）。学校对获奖博士研究生一次性资助 1.5 万元。

同日　　为整合多学科的研究力量，促进通信、计算机、电子和控制等学科的交叉融合，提升信息通信领域的研究水平和整体实力，经研究决定，成立山东大学中国虹计划协同创新中心，袁东风任中心主任，江铭炎任中心常务副主任。该中心为依托信息科学与工程学院的非实体性科研机构。

为整合海内外的研究力量，提升 DNA 重组工程技术的研究和应用水平，构建该合作研究领域的沟通交流平台，经研究决定，成立山东大学—亥姆霍兹生物技术研究所，张友明任所长，聘请山东大学特聘教授、德国科学技术院院士 Rolf Mueller 任名誉所长，负责德方事务。该研究所为依托微生物技术国家重点实验室的非实体性科研机构

11 日　山东大学第二届课程中心模板大赛颁奖会在中心校区举行。本次大赛共收到来自 24 个学院的 311 个作品，经过专家组评审，共评出一等奖作品 5 个、二等奖作品 10 个、三等奖作品 30 个、优秀奖作品 100 个。

13 日　由山东大学和香港经济学会联合主办的第八届香港经济学会双年度国际会议在山东大学开幕。来自中国、美国、英国、澳大利亚、新加坡等国家和地区的专家学者汇聚山大，共同聚焦中国经济的热点问题。

15 日　经学校第十三届党委第二十三次常委会研究决定：免去井海明同志的党委办公室、校长办公室主任职务。

16 日　2008 年诺贝尔文学奖获得者、法国著名文学家勒克莱齐奥先生，2012 年诺贝尔文学奖获得者、山东大学讲座教授莫言先生做客第三期山东大学文学大讲堂，以“文学与人生”为题精彩对话。山东大学校长张荣致辞并向勒克莱齐奥先生、莫言先生赠送纪念牌。山东大学副校长陈炎教授主持对话，著名翻译家、长江学者、南京大学许钧教授担任对话翻译，莫言夫人杜芹兰女士出席活动。

16 日　济南市国家级科技思想库建设工作座谈会暨山东大学工作基地授牌仪式在山东大学举行。中共济南市委常委、市国家级科技思想库建设工作领导小组组长王以才为山东大学科技思想库工作基地授牌。山东大学副校长韩圣浩出席会议并致辞。

17 日　为整合双方优势资源，推动协同创新和科技成果转化，经研究决定，成立山东大学威高研究院，赵玉璞任院长，聘李永刚任副院长，石元昌任副院长。该中心为依托威海校区的非实体性科研机构。

19 日　山东大学第二十二次党委常委会研究通过《山东大学校长办公会会议制度》《中共山东大学党委常委会会议制度》《中共山东大学委员会全体会议制度》。

20 日　《山东大学教职工劳动纪律与考勤管理办法》业经学校 2014 年第二十二次党政联席办公会议研究通过，现印发给你们，请遵照执行。

21 日　由山东大学王学典教授任主编、商务印书馆出版的《20 世纪中国史学编年》新书发布会在北京举行。虽然时为隆冬，但中国史学界老中青三代学者 40 余人不畏严寒，相聚在商务印书馆，既热烈祝贺《20 世纪中国史学编年》这一“20 世纪中国史学学术史的拓荒之作”的出版发行，又以史学家的担当对 20 世纪中国史学进行总结、对 21 世纪中国史学的发展进行展望。回顾与展望，积累与开拓，成为与会学者持久、热烈讨论的话题。

22 日　山东大学王晨齐鲁医学奖学基金捐赠仪式在中心校区明德楼举行。中共

山东大学党委书记、教育基金会理事长李守信会见王晨校友并在仪式上向王晨校友颁发捐赠证书。副校长张永兵、陈子江，总会计师、教育基金会副理事长曹升元；王晨校友女儿、哥伦比亚大学研究生、山东大学名誉学生王梦迪出席有关活动。

26 日　山东大学 2014 年度校长奖学金暨国家奖学金颁奖典礼在中心校区举行。校长张荣出席典礼并为本年度校长奖学金获得者颁奖。校领导方宏建出席典礼并为国家奖学金获奖学生代表颁奖。

23 日　齐鲁医院创始人聂会东雕像落成，这也是第一座纪念齐鲁医院历史人物的雕像。雕像高 265 厘米，宽 165 厘米，北邻求真楼，面向新兴楼，背靠广智亭，作者于文志在山东工艺美术学院雕塑系陈佶生教授的指导下将人物刻画栩栩如生。聂会东（1855～1925），山东大学齐鲁医院创始人，美国长老会传教医师、医学博士。1855 年 5 月 8 日出生于美国宾夕法尼亚州的布鲁斯伯格镇，1877 年毕业于耶鲁大学，1880 年入宾夕法尼亚大学医学部学习，1883 年 5 月毕业。1883 年秋偕夫人伊丽莎白·西蒙顿以美国长老会传医会传教医生身份来到中国登州（蓬莱）开展医疗服务和教育。1890 年受教会派遣来到济南创立华美医院（齐鲁医院前身）。筹建创办济南共合医道学堂、山东基督教共合大学、齐鲁大学。曾担任齐鲁大学校长、中国医学传教协会主席，是中国现代医学实践、医学教育和医学科研的主要奠基者。1922 年因病返回美国，1925 年 2 月 7 日病逝于美国费城。

11 月 11 日至 12 月 23 日　山东大学第二届辅导员文化节举行。23 日晚，学校举行了第二届辅导员文化节闭幕式。校领导方宏建出席闭幕式并致辞。

28 日　根据《山东大学关于加强本科课程中心平台建设的意见》和《山东大学课程中心课程网站建设标准》（试行）的要求和标准，学校组织开展了 2014 年度“课程中心优秀课程网站”及“课程中心网站建设优秀组织单位”评选工作。经过个人申请、单位推荐、专家评审、网络公示等程序，此次共评选出 2014 年度“课程中心优秀课程网站”51 个，“课程中心网站建设优秀组织单位”5 个。

31 日　山东大学正式向社会发布了《山东大学 2014 届毕业生就业质量报告》。此报告是山东大学继 2014 年 2 月首次发布《山东大学 2013 年毕业生就业质量报告》之后，第二次发布就业质量报告，也是首次发布分学院、分专业的就业状况。山东大学 2014 届毕业生共 10771 人（未含港澳台毕业生及威海校区本科生），毕业生总体就业率为 94.68％。其中，本科毕业生 6237 人，就业率为 93.91％；硕士毕业生 3890 人，就业率为 95.58％；博士毕业生 644 人，就业率为 96.74％。从总体来看，山东大学 2014 届毕业生就业率和就业质量均有新的提升，就业地域和行业布局更趋多元，就业结构和就业流向不断优化。2014 年，学校密切关注青年学子成长成才需求，以就业市场高端需求和服务国家重大发展战略为导向，有针对性地开展成长引导和资源配置，做实各项就业指导服务举措。一是加强就业指导，提供个性化帮扶服务。通过职业生涯规划课程、求职训练等系列活动，惠及学生 5500 余人；遴选特困毕业生 538 人，帮助 100 名家庭困难毕业生就业。二是创新就业市场培育模式，打造高端择业平台。通过校园专场招聘、大型双选会、组团招聘、校友企业专场招聘等方式，全年来校单位 2565 家，直接提供岗位需求 11.44 万个，来校招聘单位的层次及山大与重点行业、单位的合作均有明显提升。三是充分发挥网络就业平台的作用，发布线上招聘信息 4045 条，提供可选择岗位 17 万余个。就业网全年访问量（PV）达 1457 万，“山东大学就业”微信累积用户 1.7 万余人，影响力在全国同类机构微信中位列前茅。据调查统计，山大 74.09%的签约学生通过学校提供的平台实现就业，96.29%的毕业生对学校就业工作持非常满意和满意态度。

同日　2014 年，学校在教育部和山东省党政领导下，坚持内涵发展、质量发展、特色发展，紧紧围绕世界一流大学建设目标，全力实施《“十二五”事业发展规划》，各项工作稳步推进，取得扎实成果。现按照教育部《2014 年高等教育基层统计报表》要求，根据《山东大学统计工作管理办法》有关规定，对学校 2014 年度统计公报予以发布。

本月　团中央、全国学联下发了《关于 2014 年全国大中专学生志愿者暑期“三下乡”社会实践活动的通报》，山东大学获“优秀组织单位”称号，山东大学“创研”赴济南、青岛、莱芜三地关于大学生创业环境分析调研团获“优秀团队”称号。

本月　山东大学 2015 届毕业生推荐免试攻读硕士研究生工作已经结束。按照公开、公正、公平和程序严格的原则，山大共有 1682 名优秀应届本科毕业生获得免试攻读研究生资格。

本月　山东大学 2014～2015 学年第一学期学生入党积极分子培训工作结束。本学期 1755 名学生入党积极分子参加培训考试，其中 1419 人取得了考试成绩合格证。

本月　“城市大数据的计算理论和方法”获 2015 年度国家重点基础研究发展计划（“973”计划）批准立项，项目概算达 2500 万元。山东大学计算机学院陈宝权教授担任首席科学家。

本月　晶体材料国家重点实验室刘宏课题组的桑元华博士在全光谱太阳光催化材料方面取得新进展，相关研究成果以“From UV to Near-Infrared, WS2 Nanosheet：A Novel Photocatalyst for Full Solar Light Spectrum Photodegradation”为题发表在材料领域著名期刊 *Advanced Materials*（2014，DOI：10.1002/adma.201403264）上，这是刘宏教授课题组在光催化研究方面获得的又一重要研究成果。

本月　由党委宣传部（校园文化建设工作办公室）和国际事务部共同策划的《山东大学手绘地图》（中英文版）设计完成，其中，手绘地图中文版已正式推出。《山东大学手绘地图》是一套实用性、特色性、艺术性兼具的校园游览指南，可满足师生校友、家长访客、外国友人等不同人群的文化需求。在内容上，包括济南六大校园的主要建筑导览、道路导览、文化景观导览、校区方位导览以及周边环境导览，同时穿插宣传学校的办学宗旨、办学目标、校训、校风、校歌等。其中，文化景观部分选取各校区主要历史建筑、雕像、广场、花园并配以手绘预览图及文字介绍，使地图更具观赏价值和文化价值。

本月　以山东大学生命科学学院周传恩教授为首席科学家，联合中国农业科学院 北京畜牧兽医研究所共同申报的“复叶发育的分子调控网络研究”项目，获2015年度国家重点基础研究发展计划（“973”计划）青年科学家专题立项，项目概算500万元。这是山东大学首次获批“973”计划青年科学家专题项目。

本月　国务院学位委员会第三十一次会议通过国务院学位委员会第七届学科评议组成员名单。山东大学八位专家获聘，分别为（按学科顺序）：黄少安、刘玉安、陈炎、方辉、刘建亚、梁作堂、徐现刚和陈子江。

威海校区

威海校区概况

2014年，全校师生员工深入学习贯彻党的十八大、十八届三中四中全会精神和习近平总书记系列重要讲话精神，紧紧围绕学校发展总体目标，认真落实学校党政工作要点确定的各项任务，稳步推进“十二五”事业发展规划，各项工作发展势头强劲，取得了一系列令人鼓舞的成绩。

一、党建和思想政治工作

1. 认真做好整改落实工作。紧紧围绕学校两方案一计划，细化整改措施，落实整改责任，扎实推进各项整改工作和专项整治工作。持续深入抓好作风建设，领导班子建设得到加强，“四风”问题和师生普遍关注的突出问题得到有效整治。制度体系进一步健全完善，年内清理规范制度性文件159个，新立修订文件55个。坚持台账销号制度，狠抓工作落实，强化督促检查，巩固和拓展党的群众路线教育实践活动成果。

2. 加强领导班子和干部队伍建设。继续完善党委中心组学习机制，深入学习贯彻党的十八大、十八届三中四中全会精神和习近平总书记系列重要讲话精神等内容，注重学习效果，积极发挥中心组学习的辐射带动作用。多措并举做好干部教育培训工作。年内举办干部培训专题报告会10余场次，选派15名干部参加各级各类培训班；新开通了管理干部网络培训平台。

3. 创新宣传工作模式。校园网新增“办学与工作亮点展示”等多个专题，对主页进行了改版升级，有效地提升了学校的对外宣传形象。加大学校官方微信、微博平台建设力度，积极开拓和主导校园新媒体阵地，在“中国高校微信排行榜”中，我校微信影响力指数进入全国高校前50名。

4. 切实加强党风廉政建设。扎实做好教育部巡视整改工作，严格落实党风廉政建设责任制。不断丰富廉政教育的内容和形式，开展了廉政教育读书学习实践活动。

5. 做好大学生思想政治教育工作。在全省高校率先设立“培育和践行社会主义核心价值观专题网站”，通过微信等新媒体以及教育实践立项、主题团日等活动，引导学生积极学习、践行社会主义核心价值观。创新形势政策课程改革，推行党务领导干部为学生授课制度。

二、人才培养工作

1. 人才培养体系进一步完善。修订和完善了本科专业培养方案，不断加强通识教育和课程体系建设。完善“天文与空间科学菁英班”选拔办法，组建“国际法务”特色班，创新人才培养改革扎实推进。

2. 本科教学工程建设成绩斐然。《大学韩国语》等3部教材成功入选第二批“十二五”国家级规划教材，为我校获国家级规划教材数量最多的一次。5项成果获省级教学成果奖励，4门课程获评山东省精品课程，1人获评山东省教学名师。

3. 学生创新创业能力进一步提高。在全国大学生创业总决赛中获得国家银奖4项、铜奖1项，省级奖16项；新获国家级大学生创新项目10项。学生在各类学科竞赛中获得省级以上奖励100多项，在ACM国际大学生程序设计竞赛中获银奖1项，韩国学院学生在第九届全国大学生韩国语演讲总决赛中再次夺得冠军。

4. 生源质量再创新高。省内文理科录取线分别高出重点线43分和61分，录取考生省内排名大幅提升；省外文理科录取线高出重点线50分的省份分别达到6个和19个。

5. 研究生教育管理更加规范。进一步完善了各层次、各类型研究生培养方案。开展了博士专业完整课程教学组织与管理，提高了博士研究生的培养质量。

三、学科建设和科研工作

1. 学科建设水平稳步提高。学科建设项目进展顺利，科研条件有了明显改善，完成了威海地磁台、力学性能测试实验室等一批实验室的建设工作。在高水平研究团队、高层次研究平台建设方面有了新的进展，为学科建设向纵深和内涵发展奠定了基础。

2. “天、海、韩”特色学科发展势头强劲。空间学科依托空间科学研究院，继续深化体制机制改革，引进千人计划特聘教授1人；团队中有1人获山东省杰出青年基金项目支持，并获国际无线电科学联盟颁发的“青年科学家奖”；天文台获评2014年度优秀全国科普教育基地。海洋学科获批“山东省海洋微生物资源库平台”和“山东省生态型人工鱼礁实验中心”两个省级平台。韩国学科以引进两位一级教授为契机，整合优化研究队伍，成立了国内首家专门研究中韩关系的学术机构“中韩关系研究中心”。

3. 科研工作发展态势良好。广大教师积极申报各级各类科研项目，全年科研项目申报及立项数较去年有较大提高，获批国家级项目29项、省部级59项。多篇政策咨询型项目的成功立项，标志着我校人文社科教师在应用对策研究方面有了新的突破，为政府提供政策咨询的能力有了较大提高。

4. 服务地方工作成绩突出。举办了首届威海市文化创意产业培训班，承担了威海市多项社会科学重点研究课题，为地方文化创意产业发展提供了强有力的支持。做好技术转移与成果推广中心的配套服务和保障工作，促进项目培育工作有效开展。

四、师资队伍建设

1. 师资队伍结构不断优化。年内引进千人计划特聘教授1人、人文社科一级教授2

人，特色学科科研团队力量得到发展壮大。教师岗位全年引进 30 人，其中具有博士学位的 25 人，具有一年以上海外经历的占 40%；20 名新引进的青年博士全部纳入学校师资博士后管理。

2. 重视人才队伍的培养。有 1 人通过齐鲁青年学者特聘教授特别评审。鼓励教师继续深造，具有博士学位（含在读）的已占专任教师的 65%，选派 13 人赴海内外高校、科研机构合作访学。截至目前，具有半年以上海外经历的教师占专任教师总数的 35%。

3. 博士后在站人员数量与培养质量稳步提升。现有在站人员 52 人，较 2013 年增加 27 人。全年新增中国博士后科学基金资助 13 人、山东省博士后创新项目 2 人、国际交流计划资助 3 人，资助总金额较 2013 年翻两番。

五、对外合作交流

1. 校园国际化特色日益彰显。年内商学院、翻译学院、艺术学院分别与澳大利亚西澳大学、英国伦敦大学和美国辛辛纳提大学合作，引进国外优质课程体系。截至目前，我校已有 7 个专业获得国外课程体系引进重点支持建设立项。

2. 国际合作取得新进展。加强了与美国加州大学伯克利分校、澳大利亚国立大学、日本早稻田大学等世界一流大学的合作与交流，为学生搭建了更高层次的国际交流平台。2014 年共有 490 名学生赴美、英、澳、法、日等国家和地区的 45 所高校交流学习，其中有 43 名同学参与首批“名校访学计划”。2014 届毕业生中有 215 人赴 16 个国家和地区的 113 所高校继续深造。

3. 留学生教育管理工作更加规范。2014 年我校共有来自韩、日、英、法、澳等 18 个国家的长期国际学生 800 余人次在校学习。此外，还有英、韩、俄罗斯等国家的 213 名同学来校参加“国际课堂”短期学习交流项目。

4. 国内合作工作不断加强。注重整合校内外资源，构建校地校企合作的长效机制。年内同新泰市、乐陵市和玲珑集团等地方政府和企业签署 4 项校地、校企全面合作协议，与威高集团、渤海活塞等单位签署 18 项具体项目协议。同时加强对已有项目协议的跟踪，确保合作落到实处、取得实效。

六、条件建设

1. 加强机关作风建设。落实服务承诺制和首接负责制，严格工作纪律，改进工作作风；规范机关工作流程，切实提高服务效能，得到了广大师生的认可。

2. 办学条件进一步改善。完成了学校东门、艺术学院展厅改造等工程。年内完成了一批信息化工程项目，优化基础平台，数字化校园建设稳步推进。图书馆设立信息共享空间，为师生营造了良好的学习交流环境。

3. 规范国有资产管理。科学配置办学用房，提高使用效益。加大对校办企业的监管力度，防止国有资产流失。努力推进校级公共实验平台建设，建立校际仪器设备共享平台，为培养创新人才和开展高水平科学研究提供有力支撑。

4. 加强校园治安管理，扎实开展安全教育，提高师生的安全防范意识。节能监管平台项目建设取得新进展，节约型校园建设扎实推进。

七、做好30周年校庆工作

学校坚持“简朴、务实”的原则，新建了校史展览馆，编印了30年校志，组织开展了“百场学术报告”、学术论坛、校庆书法展、科研成果展、校友返校等多种活动，庆祝建校30周年。

11月1日，学校举行了山东大学（威海）庆祝建校30周年庆典大会。山东大学校长张荣，中共威海市委书记、市人大常委会主任孙述涛，中共威海市委副书记、威海市市长张惠，威海市委常委、统战部长李在武，威海市委常委、威海军分区政委曹元怀，山东大学副校长、山东大学（威海）校长韩圣浩，山东大学总会计师曹升元，澳大利亚西澳大学副校长 Iain Watt 等出席庆典并观看了文艺演出。庆典大会由中共山东大学党委副书记、山东大学（威海）党委书记仝兴华主持。韩圣浩在讲话中说，三十年来，山东大学（威海）秉承“为天下储人才，为国家图富强”的使命追求，筚路蓝缕、艰苦创业，取得丰硕成果。尤其是最近十年来，在山东大学创建世界一流大学的目标下，按照“统筹布局、一体发展”的方针，威海校区的办学思路更加明晰，办学定位更加明确，学校的综合实力和社会声誉得到很大提高。韩圣浩指出，学校将以三十年校庆为契机，团结协作，锐意进取，开启新篇章，再创新辉煌。友好学校代表、澳大利亚西澳大学副校长 Iain Watt 代表西澳大学全体同仁和与山东大学（威海）合作的友好伙伴，对学校30周年校庆表示衷心祝贺。教师代表、国家杰出青年科学基金获得者陈耀教授与现场嘉宾分享了他在学校工作和生活的体会。校友代表、民生证券研究院副院长管清友博士代表全体校友，学生代表、翻译学院2013级学生焦成媛代表全体同学祝福母校生日快乐。张惠在致辞中指出，三十年来，山东大学（威海）的成长与威海的发展紧密相连，山大（威海）为威海培养了大批优秀人才，成为威海发展的坚强力量；山大（威海）的师生积极参与地方经济建设和地方服务，为威海的发展提供了有力的智力支持。三十年是威海和山东大学合作的里程碑，也是面向未来的新起点，威海市将一如既往地支持学校发展，进一步深化校地共建，让山大（威海）这张“城市名片”更加靓丽。张荣在讲话中指出，威海校区今天所取得的巨大成就，得益于一代又一代创业者们极高的胆识气魄和超前的战略眼光；威海校区今天所拥有的有利态势，得益于校地合作的深入推进和共赢发展的理念统一；威海校区今天所实现的跨越式发展，得益于山东大学这个温暖家庭的同心协力与资源集成。张荣指出，目前山东大学正处在建设世界一流大学的关键时期，深入谋划和探索多校区办学体制，促进多校区协调发展，必须更加牢固地树立“一盘棋”的观念，必须更加坚定地走“特色发展”之路，必须更加紧密地开展“校地合作”。

通过校庆，总结梳理了学校的办学精神、办学经验和发展思路，增强了凝聚力，拓展了办学空间，广大师生的归属感和荣誉感进一步增强，学校的社会知名度和影响力进一步提升，为今后的发展奠定了坚实的基础。

（顾　炜）

威海校区大事记

1月

2日　威海华视传媒影视艺术中心岗位见习基地在我校联通创业孵化园挂牌成立。华视传媒影视艺术中心负责人、中共中央外宣传办、中国报道财经金融主编张洪祯等出席活动并签订合作协议。

2～3日　山东大学校长助理（挂职）、广西右江民族医学院院长廖品琥一行来我校调研工作，副校长刘海陪同调研。

6日　校党委副书记赵玉璞率团赴威海市经济技术开发区进行校地产学研合作洽谈。

8日　山东大学（威海）党委领导班子党的群众路线教育实践活动专题民主生活会召开。山东大学教育实践活动领导小组副组长、党委副书记，山东大学（威海）教育实践活动领导小组组长、党委书记仝兴华主持会议。山东大学第二督导组组长李居忠，督导组成员董雪梅、陈国军出席会议，山东大学副校长，山东大学（威海）教育实践活动领导小组组长、校长韩圣浩，山东大学（威海）党委领导班子全体成员参加会议。

10日　学校举行2014年国家社科基金项目与教育部人文社科项目申报交流会，副校长陈冠军主持会议。山东大学儒学高等研究院执行副院长王学典教授、山东大学哲学与社会发展学院社会学系主任林聚任教授、中国海洋大学法政学院特聘教授桑本谦，为全校180余名专业教师及科研秘书作学术报告和交流。

20日　原一食堂、就业指导中心办公楼拆除，原址将新建学生公寓。

本月　山东大学（威海）后勤管理处被省教育厅评为“2013年度山东省高校后勤工作优秀（先进）单位”“2013年度山东省高效能源管理与节能减排优秀（先进）单位”“2013年度山东省高校校园绿化与管理优秀（先进）单位”“山东高校伙食管理工作先进单位”。

本月　威海市社会科学优秀成果奖评选委员会公布了威海市第十六次社会科学优秀成果奖获奖名单。我校申报的32项科研成果中，有16项获优秀成果奖，5项获得一等奖。

2 月

21 日　我校 2014 年艺术类招生专业考试工作结束。2014 年，我校分别在兰州、太原、徐州、长沙、济南、威海等 6 个城市设立考点，面向全国 30 个省份招生。据统计，2014 年共有 6700 余名艺术类考生报考我校。

26 日　美国夏威夷大学 Shadia Rifai Habbal 教授受聘为我校客座教授，校长韩圣浩为其颁发客座教授聘书。

28 日　致公党威海市委山大支部委员、我校法学院副院长姜世波教授荣获中国致公党中央委员会 2013 年度“同心·创先争优”参政议政先进个人荣誉称号。

本月　我校商学院旅游管理专业 2008 届毕业生、创业孵化园汇创文化传播有限公司负责人王振坤获“山东优秀大学生创业者”称号。

3 月

4 日　校党委理论中心组召开专题会议，深入学习贯彻第二十二次全国高校党的建设工作会议和全省高校党的建设工作会议精神。学校党委书记仝兴华主持会议并讲话，党委中心组全体成员参加学习。

5 日　学校召开传达全国高校党建工作会议精神暨干部培训会。校党委书记仝兴华出席会议并作学校 2014 年干部培训的首场报告。

9 日　山东大学（威海）菏泽校友会成立。

9～10 日　国家自然科学基金委副主任刘丛强院士一行来我校调研。9 日下午，副校长陈冠军会见刘丛强院士一行，并在知行楼举行学术交流座谈会，国家自然科学基金委地球科学部处长郭进义、国际合作局副处长范英杰、办公室任之光博士，以及我校科研处、海洋学院、空间科学与物理学院等单位负责人及部分教师代表参加座谈。

10～11 日　校党委书记仝兴华率团访问新泰市，积极推进服务地方和产学研合作，并与新泰市政府及有关部门、企业签署了多项合作协议。10 日，校党委副书记赵玉璞与中共新泰市委副书记、市长刘钦海分别代表山东大学（威海）与新泰市政府签署战略合作协议。签约仪式上，学校科研处与新泰市科技局签署了共建“山东大学（威海）新泰技术转移中心”有关协议，研究生处与山东泰丰矿业集团签署了建设“山东大学（威海）研究生专业实践基地”的协议，并举行了揭牌仪式；山东大学威海文化创意研究中心分别与新泰市旅游局和新泰和圣旅游开发有限公司签署了有关旅游文化项目策划包装的框架协议。

12 日　美国北亚利桑那大学校长国际事务资深顾问 Liz Grobsmith 博士，工程、林学和自然科学学院院长 Paul Jagodzinski 博士，国际教育中心中国事务主任助理王峰先生一行访问我校。副校长陈冠军会见来访客人，并与Liz Grobsmith 博士续签了两校合作协议。访问期间，Liz Grobsmith 博士为我校学生作“走进美国高校、领略异域文化”主题讲座。

13 日　青岛国家海洋科学研究中心副主任杨鸣来我校调研海洋科技发展和创新机制情况。副校长陈冠军会见杨鸣并召开座谈会。

14 日　学校召开第四届教职工代表大会第五次会议。党委书记仝兴华主持会议，校长韩圣浩作题为《科学谋划深化改革不断开创学校发展新局面》的报告。

15 日　山东大学（威海）青岛校友会成立大会暨山东大学（威海）首期 EDP 总裁研修班开班仪式在青岛大学国际交流中心举行。学校党委副书记赵玉璞、山东大学青岛校友会秘书长肖黎出席会议并共同为山东大学（威海）首期 EDP 总裁研修班揭牌。

17～18 日　澳大利亚国立大学计算机科学研究院院长 Alistair Rendell 教授以及澳大利亚教育管理集团总监王晶女士访问我校。校长韩圣浩、副校长陈冠军分别会见来访客人。

20 日　学校召开 2014 年学生工作研讨培训会。校长韩圣浩、副校长刘海出席会议。

21 日　福建师范大学福清分校校长陈盛、副校长薛建明一行访问我校。我校党委书记仝兴华、党委副书记赵玉璞会见来访客人并召开座谈会。

24 日　朝鲜半岛问题研究专家朴键一教授访问韩国学院，并为学院师生作题为“冷战后朝鲜半岛问题”的学术报告。

27 日　威海市经济技术开发区科技局、团委等部门组织辖区内的曼威软件、华康生物、兴达信息、商弘品牌运营、光洋生物、翔宇环保、隆济时科技等 7 家企业来我校进行校地校企合作对接。

28 日　美国加州大学欧文分校夏季学期项目负责人 Michael F. Lyons 先生和环球翔飞教育集团欧美研发部主管陶荣祎先生访问我校。副校长陈冠军会见来访客人。

同日　威海市创业政策说明会暨威海创业大学成立仪式顺利举行。山东省人力资源和社会保障厅高校毕业生就业处处长高德敬，威海市人力资源和社会保障局局长刘勤显，省内外部分高校就业（创业）工作负责人、风险投资公司负责人、部分北京高校创业指导专家、各级新闻媒体记者等140 余位与会人员，来我校大学生青春创业孵化园参观调研。校党委书记仝兴华，副校长刘海以及学生处、校团委等部门负责人陪同参观。

同日　威海市政府副秘书长王树芳一行来我校商学院调研工作，并与商学院就校地合作进行座谈。

29～4 月 2 日　校长韩圣浩应邀对美国加州大学戴维斯分校（UCD）、亚利桑那州立大学（ASU）和哥伦比亚大学校友会等进行友好工作访问，并拜会了中国驻旧金山总领馆教育处，会见了我校部分优秀校友代表。在亚利桑那州立大学（ASU）访问期间，签署了亚利桑那州立大学与山东大学（威海）合作框架协议。

30 日　由中共山东省委宣传部组织的“我与中国梦”百姓宣讲团来我校进行巡回宣讲。

本月　威建集团向学校捐款 100 万元人民币，支持学校事业发展；青岛山东新岛律师事务所主任、2003 级法学专业刘晨校友捐款 10 万元人民币，表达“感恩母校，回馈母校”的情意。

4 月

3～4 日　法国巴黎高等电子学院国际处处长 Thomas Ea 博士和中教国际教育交流中心法国部项目总监徐燕女士访问我校。副校长陈冠军会见来访客人。

4 日　台湾著名艺人、电视艺术家、社会活动家凌峰先生一行访问我校文化传播学院。

7～8 日　主楼广场原校训石拆除，新校训石“学无止境 气有浩然”落成。该石高约 1984 毫米，长约 2014 厘米，宽约 113 厘米，重约 120 吨。

9 日　学校特聘请青岛英网资讯技术有限公司董事长初殿松担任学校就业创业导师。副校长刘海出席聘任仪式并为初殿松颁发就业创业导师聘书。

10 日　学校召开党的群众路线教育实践活动总结大会。山东大学（威海）党的群众路线教育实践活动领导小组组长、党委书记仝兴华作山东大学（威海）教育实践活动总结。山东大学（威海）党的群众路线教育实践活动领导小组组长，校长韩圣浩主持会议。山东大学第二督导组组长李居忠出席会议并讲话。山东大学第二督导组组员陈国军；山东大学（威海）全体校领导、中层干部、教授代表及其他教职工代表参加了会议。

11 日　副校长陈冠军会见来访的英国东安格利亚大学副校长 Trevor Davies 教授和该校中国项目负责人 Lisha 女士。

12 日　澳大利亚国立大学校长 Ian Young 教授访问我校，校长韩圣浩、副校长陈冠军会见来访客人。

同日　校长韩圣浩应邀出席威海市临港区首届产学研合作推进大会，副校长陈冠军及相关单位负责人参加了有关活动。陈冠军代表学校与临港区管委签订了战略合作协议，研究生处副处长吴丙新等也与临港区有关单位签订了一系列合作协议。

15 日　学校举行仪式聘任香港理工大学宋海岩教授为我校客座教授，副校长陈冠军为宋海岩教授颁发客座教授聘书。

19 日　校党委副书记刘玉殿一行到威海银洁绣品集团有限公司参观考察并就校企合作事宜召开座谈会，双方共同签署《山东大学（威海）就业创业实践基地合作协议书》。

21 日　威海市道德讲堂活动在我校网络楼报告厅举行。威海市道德模范、长城爱心大本营发起人、威海市政务服务中心物管中心主任刘长城为我校数学与统计学院师生作专题报告。随后，威海市文明办专职副主任李学波和刘长城共同为数学与统计学院志愿服务团队颁发“长城爱心大本营山东大学（威海）数学与统计学院志愿服务队”奖牌。

22～26 日　学校党委书记仝兴华率团访问位于浙江省温州市的奥康集团、温州大学和中石化集团管道储运公司宁波工程建设项目部等单位。

25 日　山东大学空间科学研究院在物理楼举行小卫星计划座谈会。中国科学院力学研究所胡文瑞院士，国家基金委数理学部常务副主任汲培文，中国科学院国家天文台党委书记、山东大学空间科学研究院院长赵刚，总装备部高技术中心高级工程师蔡军，紫金山天文台副台长常进，中国航天科技集团公司第五研究院第 513 研究所副所长张玉兔等应邀出席。座谈会由校长韩圣浩主持。副校长陈冠军，空间科学研究院及科研处相关人员，中国电波传播研究所、国防科技大学、山东省科学院海洋仪器仪表研究所等单位的特邀代表和山东大学国防科学技术研究院、山东发展研究院的有关人员参加了座谈会。

同日　由威海市工商行政管理局、人力资源和社会保障局、威海市个体私营企业协会共同主办，我校承办的“牵手民企，走进校园”——2014 年威海市民营企业大学生招聘活动暨江苏常州人才服务中心校园专场招聘会在我校举行。副校长刘海、威海市工商行政管理局副局长刘杰、威海市人力资源公共服务中心主任孙波、江苏省常州市人才服务中心招聘部副部长袁书俊等出席了招聘会开幕式并在招聘现场进行了调研指导。此次活动共有威海市各区县个体私营企业协会推荐的 83 家民营企业及江苏省常州市 16 家企业参与招聘，提供岗位 2000 余个。

29 日　学校东门及周边地带开始进行封闭改造。

30 日　山东省海洋与渔业厅副厅长姜清春来校考察调研。学校党委书记仝兴华会见姜清春一行并举行座谈，副校长陈冠军，山东省海洋资源与环境研究所党委书记宋晶，威海市海洋与渔业局副局长王传良，我校海洋学院、空间科学与物理学院、科研处等相关单位负责人参加了座谈。

同日　山东大学（威海）纪念五四运动 95 周年暨 2013 年度优秀学生年度表彰活动在图书馆报告厅举行。校党委书记仝兴华出席纪念活动并讲话，副校长陈冠军、刘海为获奖师生颁奖。

本月　山东大学（威海）商学院阳光义工服务队荣获 2013 年度“威海市志愿服务优秀组织”称号。

本月　法学院汪全胜教授获评“第八届山东省教学名师”称号。

本月　我校 10 名从事博士后研究的教师获得第 55 批中国博士后科学基金面上资助。

本月　我校创业孵化园风行校园自行车工作室负责人孙朋磊同学的“风行校园自行车 4S 店”项目荣获第三届山东省青年创业大赛创意组二等奖。

5 月

5 日　国家教学名师、国务院特殊津贴专家、中国就业促进会专家委员会副会长、中国人力资源开发研究会副会长、首都经济贸易大学杨河清教授为商学院师生作题为“我国就业制度的变革与大学毕业生就业”的学术报告。

7 日　我校翻译学院院长王湘云当选威海市翻译协会会长，常晓梅、孙迎春、黎东良、迟涛、薄振杰、张彩波、李万军分别当选副会长、常务理事。

10 日　学校举行纪念甲午战争 120 周年专家报告会，中国甲午战争博物馆客座研究员于敬民担任主讲嘉宾。

10～11 日　我校代表队获得山东省第五届 ACM 大学生程序设计竞赛金奖、铜奖各 1 项。

12 日　澳大利亚皇家墨尔本理工大学分管商学部副校长 Ian Palmer 教授和分管商学部协理副校长 On Kit Tam 教授访问我校。副校长陈冠军会见来访客人。

12～15 日　学校党委副书记、纪委书记柴月禄应邀率团对日本早稻田大学、北海商科大学等合作高校进行友好工作访问。在北海商科大学，柴月禄与北海学园理事长、北海商科大学校长森本正夫共同参加了“山东大学（威海）汉语教学基地”揭牌仪式。

13 日　校长韩圣浩会见来访的澳大利亚西澳大学分管国际事务的副校长 Iain Watt 先生。副校长陈冠军、国际合作与交流处等单位相关负责人参加会见。

14 日　学校召开校庆工作动员会。校党委书记仝兴华出席会议并讲话，校长韩圣浩主持会议。

同日　副校长陈冠军会见来校讲学的台湾辅仁大学陈福滨教授。

14～17 日　我校师生代表团赴韩国祥明大学、国民大学考察交流韩国高校学生社团运行和活动开展情况。

15～16 日　学校举行第二十六届田径运动会。

16 日　中共山东省委统战部副部长李法信一行来校调研统战工作。校党委书记仝兴华会见李法信并一起调研。中共威海市委统战部、学校党委宣传统战部相关负责人及学校部分党外知识分子代表陪同调研。

17～19 日　我校 3 支学生创业团队获得 2014 年“创青春”山东省大学生创业大赛金奖，我校首次捧得“优胜杯”。

21 日　学校在知行楼召开思政课改革研讨会。学校党委书记仝兴华、副书记刘玉殿出席研讨会。

同日　学校在知行楼召开征兵工作动员暨 2014 届毕业生就业推进会，副校长刘海出席会议并讲话。

21～23 日　俄罗斯布拉戈维申斯克国立师范大学（以下简称“布市师范大学”）第一副校长 YurySergienko 教授和国际处处长 NikolayKukharenko 访问我校。副校长陈冠军会见来访客人。

22 日　美国中佛罗里达大学酒店管理学院创始人、国际著名学者 Fevzi Okumus 教授为商学院师生作题为“如何在国际著名期刊发表论文”的学术报告。

22～23 日　澳大利亚塔斯马尼亚大学国际事务副校长 Peter Frappell 教授访问我校，塔斯马尼亚大学理事委员会董事、财政委员会主席 Paul Gregg 先生，服务与项目移交部主任 Brett Harris 先生等一同访问。副校长韩建新会见 Peter Frappell 教授一行。

23 日　中国前驻英国大使马振岗先生应邀做客我校第二十五期“大使讲坛”，为学校师生作题为“新形势下的我国外交”的报告。校党委副书记赵玉璞主持讲坛。

同日　学校举办仪式聘请美国中佛罗里达大学 FevziOkumus 教授担任我校客座教授，副校长刘海为 FevziOkumus 教授颁发客座教授聘书。

同日　美国北亚利桑那大学学生爵士乐团来我校访问演出。

27 日　商学院 2011 级会计 1 班团支部发起为商学院患病学生柳飞捐款的活动。截至到当天晚上 10 点，通过现场募捐和网上捐赠等方式共筹到善款 12.7 万元。

28 日　翻译学院在水化楼举行专业硕士研究生合作导师聘任仪式。副校长陈冠军为威海市外事办副主任于国春、翻译中心翻译吴滨滨，威海市对外友好协会副会长孙成功颁发专业硕士研究生合作导师聘书。翻译学院院长王湘云和于国春共同签署了聘任协议和实践基地建设协议。

29 日～6 月 1 日　我校 4 名本科生在第五届全国软件和信息技术专业人才大赛总决赛中分别获得一等奖 1 项、三等奖 2 项和优秀奖 1 项。

29 日～6 月 2 日　我校派代表队参加第二十三届省运会大学生组田径比赛，男女团体总分均列全省参赛高校第 7 名。

29 日～6 月 5 日　副校长陈冠军率团对瑞典布莱京理工大学，英国斯旺西大学、东安格利亚大学、伦敦大学皇家霍洛威学院等四所合作高校进行工作访问。

本月　我校 4 门课程入选 2013 年度山东省本科高校精品课程。至此，我校省级精品课程增至 16 门。

本月　我校 10 件作品获得 2014 年国家级大学生创新创业训练计划项目立项。

6 月

12 日　山东滨州渤海活塞股份有限公司董事长林风华率团访问我校，学校党委书记仝兴华会见林风华一行并进行座谈。山东滨州渤海活塞股份有限公司副总经理兼总工程师张国华，我校合作发展规划处、科研处、学生工作处以及机电与信息工程学院等单位相关负责人参加了座谈。座谈会上，仝兴华为林风华、张国华颁发了山东大学（威海）兼职教授证书，为张国华颁发了山东大学力学与机电装备联合工程技术研究中心副主任聘书。林风华代表公司向山东大学力学与机电装备联合工程技术研究中心捐赠100万元用于科技开发、人才培养等。与会双方还就校企合作、人才交流、学生就业等方面进行了深入交流。

同日　我校艺术学院学生董彦君、李怡云、尤海洋、邱秀峰共同设计的小水滴“威威”被确定为威海铁三世锦赛吉祥物，代言威海铁人三项世界锦标赛。

13日　我校代表团参加威海经济技术开发区召开的2014年产学研合作推进大会，与威海经济技术开发区签署了校地全面合作框架协议，并举行学校就业创业导师证书颁发暨大学生就业创业实践基地授牌仪式。学校党委书记仝兴华出席大会并致辞。学校党委副书记赵玉璞代表学校与威海经济技术开发区签署了校地全面合作框架协议，商学院、海洋学院、机电与信息工程学院与区属部门、区内企业签订了共建现代服务业研究中心、智能电网配电自动化研究、海洋新产品研发、微生物菌种研发等10项具体的项目合作协议。学校聘任张曙光、边建华、李洪社、蔄滨、卢晓彦、余清泉等6人为大学生就业创业导师，在导师所属单位山东瑞欣科技企业孵化器有限公司、迪沙药业集团有限公司、威海翔宇环保科技有限公司、威海曼威软件有限公司、威海兴达信息科技有限公司、威海腾森橡胶有限公司等6家企业建立大学生就业创业实践基地。赵玉璞代表学校为就业创业导师颁发了聘书并为实践基地授牌。

14日　我校艺术学院选送的7个剧目在山东省第九届青少年舞蹈比赛中全部获奖，包揽6个一等奖，5个二等奖（以个人的赛绩评比颁奖）。

15日　山东大学（威海）泰安校友会成立。

16日　根据山东大学文件（山大党任字［2014］3号），周慧如同志任威海校区党委副书记；郭培良同志任威海校区党委委员。根据山东大学文件（山大政任字［2014］6号），郭培良任威海校区副校长。

21日　山东大学（威海）临沂校友会成立。

同日　中科院高能物理研究所党委书记王焕玉、学位委员会主任常哲、粒子天体中心主任宋黎明、研究生部主任何会林一行4人访问我校空间科学与物理学院。

同日　韩国学院与威海韩乐坊举行“山东大学（威海）就业见习基地”揭牌仪式。

22日　法国科学院院士Alain Bensoussan应数学与统计学院邀请为我校师生作题为“*Excertainties and Competition—Challenges for Real Life，Opportunities for Research*”的公开报告。报告由山东大学教授彭实戈主

持。部分国际学者、数学与统计学院部分师生聆听了报告。

24 日　学校举行 2014 届毕业生毕业典礼，山东大学校长张荣出席典礼并讲话。

同日　许国昌先生受聘山东大学国家特聘教授、金柄珉先生受聘山东大学人文社科一级教授仪式分别在空间科学与物理学院和韩国学院举行。山东大学校长张荣为许国昌、金柄珉颁发聘书。校党委书记仝兴华、校长韩圣浩、副校长陈冠军出席仪式。

26 日　国家外国专家局、中国国际交流基金会项目开发部主任王立社一行来校调研，校长韩圣浩会见客人并主持调研座谈会。副校长陈冠军，山东省外国专家局张延诚、威海市外国专家办公室主任王建军以及商学院、国际合作与交流处相关负责人参加了相关活动。

27 日　英国牛津大学周迅宇教授应邀为我校数学与统计学院师生作题为“*Rank dependent utility and risk taking*”的学术报告。

28 日　威海东方福爱心联盟成立暨“大学生成长伙伴计划”启动仪式在我校举行。威海市人大常委会副主任季恩远、市政协副主席王汝壮，学校党委副书记赵玉璞出席仪式。赵玉璞代表学校与威海东方福爱心联盟签署了“大学生成长伙伴计划”合作协议。启动仪式上，东方福爱心联盟首期捐赠人民币 10 万元用于设立“金种子筑梦基金”，并在我校建立“威海东方福爱心联盟山东大学（威海）工作站”。赵玉璞向爱心联盟负责人颁发了捐赠证书并为工作站揭牌。

30 日　我国前外交部长李肇星做客我校第四期行知讲堂，作了题为“国际形势与我国外交政策”的报告，校党委书记仝兴华主持报告会。学校 1000 余名师生聆听报告。

30 日～7 月 3 日　中央民族乐团作曲家、指挥家、演奏家穆祥来先生应邀为我校艺术学院民乐同学进行民族室内乐的排练和指导。

本月　我校海洋学院教工党支部和艺术学院学生党支部活动案例均荣获“全省高校基层党支部活动创新案例”三等奖。

本月　我校 3 个项目获国家社科基金立项资助，其中 1 项获得国家社科基金中华学术外译项目。

7 月

1 日　威海市发展和改革委员会主任刘伟、副主任兼市蓝色经济区管理办公室主任宋吉信、副主任兼市重点项目管理办公室主任刘树伟等一行 9 人来校进行工作调研。学校党委书记仝兴华会见来访客人并主持召开座谈会，党委副书记赵玉璞，合作发展规划处、海洋学院相关负责人和教师代表参加了座谈会。

3 日　由我校数学与统计学院承办的第八次全国微分方程定性理论会议在学校举行。副校长陈冠军出席开幕式并致辞。国家级突出贡献专家、浙江师范大学李继彬教授，全国杰出青年基金获得者、全国教学指导委员会成员、广州大学校长庾建设，全国杰出青年基金获得者、复旦大学袁小平教授等 300 多位微分方程与动力系统理论专家学者以及我校数学与统计学院相关负责人和师生代表参加了会议。

4～5 日　副校长陈冠军会见来访的澳大利亚国立大学理学部部长 Andrew Roberts 教授一行。

7 日　国家外专局高端外国专家 Stephen Connelly 先生做客我校第五期行知讲堂，为我校师生作题为“学生如何融入高等教育国际化”的主题报告。副校长陈冠军主持报告会并为 Stephen Connelly 先生颁发“山东大学（威海）国际合作事务高级顾问”聘书。

9 日　中国社科院张蕴岭研究员受聘为我校人文社科一级教授仪式在知行楼举行。校长韩圣浩出席聘任仪式并为张蕴岭研究员颁发聘任证书。山东大学亚太研究所所长杨鲁慧教授及相关单位负责人参加了仪式。同日，张蕴岭研究员为韩国学院师生作题为“我国周边新形势与思考”的学术讲座，校党委副书记赵玉璞出席讲座。

10 日　山东大学（威海）大学生创业导师、威海银兴集团董事长、威海工商联副主席、威海市临沂商会会长郝凡森受聘为我校兼职教授的聘任仪式暨第十八期创业先锋论坛在图书馆报告厅举行。副校长刘海出席聘任仪式并为郝凡森颁发聘任证书。受聘仪式结束后，郝凡森以“如何抉择——就业、读研和创业的矛盾辨思”为题作主题讲座。

10～12 日　副校长陈冠军应邀出席 2014 年度中澳国际教育管理会议并作题为“中外合作办学——应对世界高等教育国际化挑战的重要选择”的主题发言，全面介绍了我校国际化办学思路以及合作办学项目在我校国际化发展进程中起到的积极作用。

11 日　学校举行 2014 年“学生海外学习经历”启动仪式。校长韩圣浩出席仪式并讲话。启动仪式上，为获得 2014 年度“学生海外经历项目专项校长奖、助学金”的 24 名同学颁发了荣誉证书和奖学金、助学金，并为 2014 年获准立项即将赴美、韩、日及我国香港、台湾地区交流的暑期项目 9 个团队授旗。

12 日　由山东大学、北京大学和台湾政治大学联合举办的“第一届韩国学研究生论坛”在我校举办，本届论坛的主题是“韩国学与中韩人文交流”。

13 日　学校举行 2013 级学生军训阅兵式。

同日　在第十四届中国澳大利亚研究国际研讨会上，我校澳大利亚研究中心张威教授的专著《端纳档案：一个澳大利亚人在中国的政治冒险》荣获 2013 年度澳大利亚政府 ACC（澳中理事会）最佳著作奖。澳大利亚社会科学院院士大卫·卡特（David Carter）教授主持颁奖仪式，澳大利亚外交部澳中理事会副主席费斯教授（ Stephannie Fahey）向张威教授颁发获奖证书。《端纳档案》为张威教授耗时 20 年的研究成果，是国内首部全面描述蒋介石、宋美龄的澳大利亚顾问端纳的学术著作。

16 日　威海三立建设工程有限公司向学校捐赠专项基金，设立“三立建设教育基金”，用于家庭经济困难学生资助、师生应急救助、大学生创新创业扶持、校园文化建设等方面。捐赠仪式上，校党委副书记赵玉璞代表学校接受捐赠并向威海三立建设工程有限公司董事长孙世波颁发了捐赠证书。

18 日　学校举行第 26 期大使讲坛。中国前驻尼日利亚、纳米比亚大使梁银柱为我校师生作题为“非洲情况与中非关系”的报告。

同日　我校数学与统计学院李娟教授获得 2014 年“山东大学优秀教师”荣誉称号。

19～20 日　教育部直属高校关工委第二协作组 2014 年协作会议在我校举行。教育部关工委副秘书长来启华、山东省关工委学校指导组负责人陈光华、省教育厅关工委副主任刘鸣泽、学校党委书记仝兴华等出席会议。来自北京大学、山东大学等 15 所协作高校的关工委负责同志参加会议。

20 日　由陶行知研究会主办、我校参与承办的首届中国青少年海洋意识教育论坛暨纪念甲午战争 120 周年两岸青少年海洋教育研讨会在威海市东山宾馆举行。教育部原副部长王湛、中国陶行知研究会秘书长吕德雄等出席论坛。教育部、中国光华科技基金会、山东省教育厅、中国人民解放军海军军事学术研究所、中国海洋大学的专家学者，山东大学（威海）及威海市部分中小学的志愿者代表共计 200 余人参加了本次论坛。包括我校在内的 4 个单位被授予“阳光青少年海洋意识教育工作站”牌匾。

21～24 日　由中国天文学会天文教育专业委员会主办、山东大学（威海）空间科学与物理学院承办的 2014 年全国天文教育研讨会在我校召开。来自南京大学天文与空间科学学院、北京大学天文系、中国科学技术大学天文系、北京师范大学天文系、云南大学天文系、河北师范大学空间科学与天文系、中国科学院国家天文台、复旦大学、南开大学等二十多所高校及研究所的近 60 名代表参加了此次会议。副校长陈冠军参加开幕式并致欢迎辞。

22 日　学校召开应对异常天气专题会议，讨论部署学生后勤、安全保障等工作，会议由校长韩圣浩主持，副校长刘海、郭培良和相关职能部门负责人参加了会议。

同日　学校 2014 年本科招生工作顺利结束。今年我校面向全国 30 个省（市、自治区）共计划招收本科 3500 人，实际完成录取 3502 人。据统计，2014 年我校在绝大多数省份的招生录取分数比往年有较大幅度提高，生源质量进一步提升。普通文史类有 21 个省份录取线高出当地一本分数线 30 分以上，其中河北等 14 个省份录取线高出当地一本分数线 40 分以上，在内蒙古、黑龙江、福建、天津、新疆、海南的录取线比当地一本线高出 50 分以上；理工类有 19 个省份的录取线高出当地一本线 50

分以上，其中安徽等 12 个省份的录取线高出当地一本线 60 分以上，在辽宁等 7 个省份的录取线高出当地一本线 70 分以上，在福建、内蒙古、青海的录取线高出当地一本线 80 分以上。

同日　韩国传媒界知名人士、中华电视台创办人赵在九博士受聘为我校客座教授仪式在知行楼举行，校长韩圣浩出席仪式并为赵在九博士颁发客座教授聘书。

23 日　学校在知行楼召开来华留学研究生工作专题会议，副校长陈冠军主持会议并讲话。

24 日　共青团中央学校部部长杜汇良，共青团山东省委党组成员、纪检组长谢宁，共青团山东省委常委、学校部部长郑思洁等一行到我校调研大学生创新创业教育工作。副校长刘海，团中央学校部中学处副处长朱昊炜以及共青团威海市委、我校团委负责人陪同调研。

同日　山东大学何中华教授应邀做客我校第六期行知讲堂，为 200 余名师生作题为“中国传统文化及其当代价值”的主题报告。

27 日　由我校商学院和《劳动经济评论》编辑部共同主办的当代经济学科前沿热点研讨会在我校举行。来自中国社会科学院、中国人民大学、首都经贸大学等科研院所、高校和国内知名学术期刊的专家、编审以及商学院师生共 40 余人参与了研讨会。

30 日～8 月 4 日　第五届“原子核物理中的协变密度泛函理论”研讨会在我校举行。来自全国十余所高校和科研机构的五十多名师生参加研讨会。

本月　我校 5 项成果获 2014 年山东省省级教学成果奖。其中，一等奖 1 项，二等奖 2 项、三等奖 2 项。

本月　中美高校教师访问团团长、我校翻译学院院长王湘云教授在访问过程中获美国马萨诸塞州国会的表彰。

本月　我校教工于燕臣历时三年的摄影作品组照《迷失的童年》在腾讯网公益频道《存在》栏目第十四期刊登，并受到广泛关注。

8 月

5 日　副校长陈冠军会见到访的韩国成均馆大学代表团并举行座谈。

7～10 日　由山东大学空间科学研究院与中国极地研究中心联合举办的“日侧极光发生机制和极区电离层对流特征研究”暨极区空间天气学研讨会在我校召开。中科院地球与地质物理研究所万卫星院士、极地研究中心刘瑞源研究员、北京航空航天大学曹晋滨教授、北京大学傅绥燕教授和宗秋刚教授、武汉大学蔡红涛教授和倪彬彬教授等二十余位专家学者应邀出席。来自中国极地研究中心、西安电子科技大学、陕西师范大学和山东大学空间科学研究院的有关人员参加了此次研讨会。会议由中国极地研究中心主任杨惠根研究员主持。

16～23 日　在第 31 届国际无线电科学联盟（International Union of Radio Science，URSI）科学大会上，我校空间科学研究院张清和教授凭借在极区电离层不均匀体方面的研究成果，获得 URSI 总部颁发的“青年科学家奖”（Young Scientists Awards）。

18～20 日　我校机电与信息工程学院 8 支代表团参加第十一届山东省大学生机电产品创新设计竞赛（决赛），获得一等奖 2 项、二等奖 6 项、三等奖 2 项、优秀奖 1 项，机电与信息工程学院王延刚老师、刘勇老师获“优秀指导教师”称号。

18～24 日　“空间大地测量研讨会”在我校举行。会议由山东大学空间科学研究院国家特聘教授许国昌博士主持，中国科学院杨元喜院士任大会主席。山东大学副校长、山东大学（威海）校长韩圣浩出席会议，并就卫星导航、学科建设和发展同与会人员进行了座谈。中国科学院、解放军及知名高校的专家教授等参加了会议。

22 日　中韩文化创意产业发展论坛在我校举行，中韩双方相关各部门、学术界、商界代表共 300 余人参加论坛。中共威海市委常委、宣传部长王亮，韩国前文化体育观光部部长、前文物厅厅长崔光植分别致辞。

22～24 日　南京大学方成院士访问我校空间科学研究院并于 22 日上午与研究院教师就我校天文和空间科学学科发展，特别是太阳物理学科的发展和布局情况举行了学术交流座谈会。

29～30 日　山东大学学校领导 2014 年暑期读书班暨工作研讨会在我校举行。

29～31 日　我校空间科学与物理学院申报 9 个实物类作品参加山东省第六届大学生物理科技创新大赛，分别获得特等奖 2 项、一等奖 2 项、二等奖 3 项、三等奖 2 项，4 名指导教师获得“优秀指导教师”称号。

本月　我校教师申报的多项政策咨询类人文社科项目获批立项。其中《山东完善海洋生态补偿机制研究》获 2014 年山东省重大财经应用研究课题立项，《对国民经济增长衡量指标的重新认识——摆脱 GDP 崇拜“路径依赖”的计量经济学分析》获 2014 年度山东省统计科研重点课题立项，《裁判文书说理研究》获 2014 年最高人民法院课题立项，《新时期儒家思想的作用、地位及未来走向研究》获 2014 年度山东省人文社会科学课题立项。这四类政策咨询型项目立项标志着我校人文社科教师在应用对策研究方面有了新的突破。

本月　我校空间科学与物理学院博士研究生刘雷同学在核物理领域的国际顶级期刊 *Physical Review C* 上发表文章，文章题目为“Single-particle structures，high-spin isomers，and a strongly coupled band in odd-odd 120Sb”（奇奇核 120Sb 中的单粒子结构，高自旋同核异能态以及强耦合带）。

9 月

7 日　我校商学院孔海燕教授获得山东大学第六届“我心目中的好导师”荣誉称号。

9～10 日　澳大利亚皇家墨尔本理工大学航空、机械与制造工程学院副院长屠基元教授一行访问我校。副校长陈冠军会见屠基元教授并举行座谈。

10 日　学校党委书记仝兴华主持召开“形势与政策”课程改革座谈会。副校长刘海、党委副书记周慧如，党委组织部、党委宣传部、学生工作处、校团委等相关部门负责人参加了会议。会议确定了“形势与政策”课程教学内容、授课教师及学院负责人等内容。

14 日　学校举行 2014 级新生开学典礼暨迎新晚会。校党委书记仝兴华为第五届研究生“我最喜爱的导师”获奖教师颁奖。校长韩圣浩讲话。

同日　欧洲科学院陈关荣院士应邀为我校师生作题为“混沌的故事”的学术报告。

16 日　澳大利亚斯威本科技大学高级常务副校长 Jennelle Kyd 教授、副校长 Jeffrey Smart 等访问我校，校长韩圣浩、副校长陈冠军会见来访客人。双方回顾了两校合作历史，并就共建“3D 联合实验室”等内容进行了商讨。访问期间，Jennelle Kyd 教授代表本校学术委员会（Academic Board）向韩圣浩授予了澳大利亚斯威本科技大学荣誉博士学位。

同日　台湾作家蓝博洲应邀为我校师生作题为“寻访被湮灭的台湾历史、文学与台湾人”的学术报告。

19 日　学校组织党外代表人士代表赴文登区卓达集团考察调研。校党委副书记刘玉殿、党委宣传统战部相关负责人参加了活动。

21 日　副校长陈冠军率团参加了乐陵人才·科技·产业对接会并作大会发言。会上，陈冠军与中共乐陵市委常委、副市长张健捷共同签署山东大学（威海）与乐陵市政府框架合作协议。

23 日　澳大利亚迪肯大学信息技术学院院长周万雷教授访问我校，副校长陈冠军会见周万雷教授并为其颁发客座教授聘书。

同日　澳大利亚国家级教学名师（Australian Natioanl Teaching Award）、斯威本科技大学前任高等教育学院院长 Bruce Calway 教授受聘为我校国际教育学院“国际合作事务高级顾问”仪式在知行楼举行。副校长陈冠军出席仪式并为 Bruce Calway 教授颁发聘书。

23～24 日　副校长陈冠军会见到访的澳大利亚国立大学计算机科学研究院院长 Alistair Rendell 教授。

25 日　副校长陈冠军会见来访的澳大利亚格里菲斯大学商学院国际事务院长 Peter Woods 教授、讲师 Anna Kwek 博士。

26 日　学校召开“关注青年教师成长”座谈会。校长韩圣浩出席座谈会，人事处相关负责人和学校新聘青年教师参加了座谈会。

同日　山东大学（威海）与高区边防大队“阳光海岸警校共建”志愿服务启动仪式在我校图书馆报告厅举行。高区政法委书记王新通、山东大学（威海）副校长刘海出席仪式并为服务站揭牌。威海市公安局高区分局政委隋华明，高区分局副政委丁文勇，高区边防大队大队长马明，边防官兵代表及我校志愿者代表共同参加此次活动。

28日　应威海市政府邀请，我校旅游规划院副院长朱峰副教授、项目规划组成员闫涛蔚教授在威海市政府会议室做《刘公岛旅游发展定位规划》成果汇报。威海市副市长张波主持汇报会。

本月　美国《天体物理学杂志快报》（*Astrophysical Journal Letters*）发表了由我校空间科学研究院（宋红强、陈耀）联合美国乔治梅森大学（Jie Zhang）和南京大学（程鑫）共同完成的一篇研究论文“Direct Observations of Magnetic Flux Rope Formation During A Solar Coronal Mass Ejection”。这是我校空间物理研究团队首次在《天体物理学杂志快报》上发表研究成果。

本月　我校10名从事博士后研究的教师获得第56批中国博士后科学基金面上资助项目。

本月　我校两项成果获山东省第二十八次社会科学优秀成果奖，《立法后评估研究》获法学类一等奖，《民国时期工业企业劳资关系研究（1912～1937）》获经济学三等奖。

本月　山东省海洋与渔业厅依托我校海洋学院成立“山东省生态型人工鱼礁实验中心”并授予牌匾。

本月　油画《海色斑斓系列五》入选第十二届全国美术作品展览油画展。舞蹈《觅源·烟水幕》荣获山东省第七届泰山文艺奖“舞蹈艺术作品三等奖”。

本月　在“创青春”全国大学生创业大赛移动互联网创业专项赛终审决赛中，我校机电与信息工程学院2件作品荣获银奖，数学与统计学院1件作品获得铜奖。

本月　我校20项课题获得2014年度山东省社科规划项目立项，立项数和资助经费较往年均有所提高。

10月

11日　学校在知行楼举行中国电信“飞young青春，翼起梦想”高校助学计划捐赠仪式。副校长刘海、中国电信威海分公司副总经理李建华出席捐赠仪式，双方进行了捐赠物品交接，并为“青年就业创业见习基地”揭牌。在此次捐赠活动中，中国电信为我校一二年级的学生捐赠了130部手机和每人240元的话费补贴，并提供飞young创业社勤工助学岗位。

13 日　东北大学秦皇岛分校党委副书记兼纪委书记武涛、党委副书记三斌、副校长王雷震等率团访问我校，校党委副书记赵玉璞会见来访客人并召开座谈会。

同日　威海市刘公岛管委会主任王京伟一行访问我校，校党委书记仝兴华会见代表团，并就校地合作事宜进行座谈。副校长郭培良，刘公岛管委会副主任周德刚，刘公岛实业发展有限公司、我校马列教学部等单位负责人参加了会见。

14 日　学校在知行楼举行捐赠仪式。上海福瑞酒业有限公司总经理、山东大学（威海）上海校友会副会长、2001 级电子系校友冯李凯和山东大学（威海）上海校友会共同出资向学校捐赠价值 30 万元物品，山东大学（威海）副书记赵玉璞向冯李凯校友颁发了捐赠证书。

同日　学校体育训练馆与学生宿舍拟建项目可行性研究报告评估评审会议在知行楼举行。教育部代表、中国勘察协会高校分会秘书长孙光初，教育部评审专家组组长朱坚，山东大学（威海）副校长郭培良出席会议。会议由评审专家组副组长杨桂宁主持。

15 日　校党委理论学习中心组召开专题学习会议，深入学习习近平总书记在党的群众路线教育实践活动总结大会上的重要讲话精神。校党委书记仝兴华主持会议，校长韩圣浩出席会议，全体校领导及党委理论学习中心组全体成员参加会议。

17～18 日　在第六届山东省大学生科技英语大赛中，我校翻译学院 2011 级项嘉同学获得决赛第一名和专业组特等奖，数学院 2013 级熊子健同学获得非英语专业组三等奖。

18 日　泰山学者罗义勇教授应邀为海洋学院师生作题为“太平洋环境与气候”的报告。

19 日　王振滔慈善基金会爱心系列活动威海站启动仪式在我校知行会堂举行。王振滔慈善基金会再次向山东大学（威海）和哈尔滨工业大学（威海）共捐款 150 万元开展爱心接力活动，并在两校设立爱心创业基金。奥康集团董事长、王振滔慈善基金会创始人王振滔，中共山东大学党委副书记、山东大学（威海）党委书记仝兴华，中共哈尔滨工业大学（威海）党委副书记兼纪委书记王建文、副校长赵国亮，中共山东大学（威海）党委副书记赵玉璞、副校长刘海出席仪式。仪式上，赵玉璞、王建文分别代表学校向王振滔赠送了礼物，王振滔、刘海、赵国亮为爱心接力手代表颁发了每人 5000 元的助学金。仪式现场还举行了爱心创业基金揭牌活动，王振滔、刘海、赵国亮为山东大学（威海）和哈尔滨工业大学（威海）的爱心创业基金揭牌。仪式结束后，王振滔为现场师生作了题为“理想、行动、坚持”的讲座。

同日　美国麻省理工学院 Haystack 观象台张顺荣研究员应邀为我校空间科学与物理学院师生作题为“从梦幻极光说到太阳风暴：空间天气纵横谈”

的学术报告。

21～22 日　校党委书记仝兴华、党委副书记赵玉璞一行赴山东玲珑集团和山东春雨集团进行校企合作交流。

22 日　法国农业科学研究院 Stéphane Robin 研究员应邀为数学与统计学院师生作题为“Exact Bayesian inference for change-point models，with application to genome annotation”的报告。

24 日　澳大利亚斯威本科技大学全球教育关系经理 Marisa Furno 女士，商学与企业学部本科生项目主任 Elizabeth Levin 教授，健康、文学与设计学部国际项目副主任 Gavin Melles 教授访问我校。副校长陈冠军会见来访客人。

25 日　我校艺术学院汪明强教授和山东艺术学院王力克教授的“自然而然——王力克、汪明强油画作品展”在威海市美术馆开幕。威海市政协主席刘玉党，山东省文化厅副厅长王廷琦，中共威海市委常委、宣传部部长王亮，中共山东大学党委副书记、山东大学（威海）党委书记仝兴华，山东大学副校长、山东大学（威海）校长韩圣浩，中共威海市委宣传部副部长、威海市社科联主席刘昌毅，中共山东大学（威海）党委副书记兼纪委书记柴月禄、党委副书记赵玉璞等参观了画展。

25～26 日　山东大学（威海）青岛校友会组织校友回访母校。青岛校友会副会长、华夏星火网络科技有限公司董事长、1994 级英语专业魏芳波校友在访问期间向学校捐赠了价值 10 万元的物品，校党委副书记赵玉璞向魏芳波校友颁发捐赠证书。

25～27 日　西澳大学国际事务副校长 Iain Watt 先生一行访问我校。校长韩圣浩、副校长陈冠军会见来访客人并举行座谈。韩圣浩和 Iain Watt 共同签署两校法学合作项目意向书，根据意向书，两校将开展法学业本硕连读项目。

25～28 日　我校空间科学与物理学院“核与核天体课题组”的王守宇、王硕两位老师与刘晨、刘雷两名博士研究生参加第十五届全国核结构大会并作报告。其中，刘晨的报告荣获“优秀青年报告奖”。

28 日　澳大利亚国立大学国际事务副校长 Erik Lithander 博士一行访问我校。校长韩圣浩、副校长陈冠军会见来访客人并举行座谈。

31 日　2014 年度乐天奖学金颁奖仪式在知行楼举行，副校长刘海出席活动。乐天百货国际（威海）有限公司法人长张东镐、乐天百货国际（威海）有限公司总经理张翠丽为获奖学生颁发证书。

同日　副校长陈冠军会见韩国水原大学代表团一行并举行座谈。

同日　民生证券总裁助理、民生证券研究院执行院长、山东大学（威海）北京校友会副会长管清友博士受聘我校兼职教授仪式在知行楼举行。校长韩圣浩出席仪式并为管清友校友颁发兼职教授聘书。

同日　中国空间技术研究院副院长李明应山东大学空间科学研究院卫星导航和

天体力学课题组长、国家“千人计划”特聘教授许国昌的邀请访问我校。校长韩圣浩会见李明一行并召开座谈会。

本月　我校法学院姜世波同志所提出的《关于完善应急物资储备与供应体系的建议》被中央统战部《零讯》采用，并得到国务委员、国务院党组成员、国家减灾委员会主任王勇同志批示。

11 月

1 日　学校迎来建校 30 周年校庆，学校举行了一系列活动。山东大学威海校友商会一届二次理事会暨全体会员大会在我校召开。校党委副书记赵玉璞出席会议并致辞，威海市工商联秘书长吴江胜，商会顾问代表、山东大学（威海）原副校长云昌钦，山东大学烟台校友会秘书长宋华西以及商会成员参加了会议。会议由商会副会长张可新主持。

山东大学（威海）与玲珑集团举行校企合作签约仪式暨玲珑学堂揭牌仪式。校长韩圣浩与玲珑集团总裁、我校 1994 级校友王琳共同签署合作协议并举行座谈交流。校党委书记仝兴华与王琳校友共同为玲珑学堂揭牌。

“墨铭山海”——山东大学（威海）建校 30 周年书法展开幕式在海洋学院大厅举行。校党委书记仝兴华，山东省书法家协会副主席、威海市书法家协会主席、山东大学（威海）书法研究院院长单国防出席开幕式并分别致辞。校党委副书记赵玉璞主持开幕式。开幕式上，山东大学威海校友会和山东大学威海校友商会向学校捐赠珐琅彩孔子像，单国防代表全体参展书法作者向学校捐赠参展作品。仝兴华代表学校接受捐赠并为捐赠方颁发捐赠证书。

山东大学威高研究院揭牌仪式在知行楼举行，校长韩圣浩与威高集团副董事长、总经理张华威共同为研究院揭牌。

庆祝山东大学（威海）建校 30 周年“山大心，校友情，家国梦”捐赠仪式在知行楼举行。校党委书记仝兴华出席仪式并讲话，党委副书记赵玉璞为各地校友会代表颁发捐赠证书。山东大学校友总会及山东大学河南、青岛等地方校友会代表，山东大学威海校友商会、山东大学（威海）各地方校友会代表等 120 余人参加了仪式。

山东大学（威海）校友会常务理事会暨校友工作研讨会在知行楼举行。校党委书记仝兴华出席会议并讲话，校党委副书记赵玉璞出席会议并参加研讨。

第二届山水论坛（威海）在我校举行，主论坛以“睦邻、合作、互惠”为主题。副校长陈冠军出席论坛并致辞，来自山东大学（威海）、韩国水原大学、哈尔滨工业大学（威海）、烟台大学、山东工商学院等国内外高校的 20 多名专家学者参加论坛。

澳大利亚西澳大学国际事务副校长 Iain Watt 先生，澳大利亚教育管理集团总裁李新庆先生、总监王晶女士等访问我校。校长韩圣浩会见来访客人并和 Iain Watt 先生共同为我校“国际教育高端项目办公室”揭牌。李新庆代表澳大利亚教育管理集团祝贺山大（威海）建校 30 周年，并向我校捐赠价值 30 万元的“云教学实验室”两间。副校长陈冠军陪同会见，和李新庆共同为“云教学实验室”揭牌并代表学校向李新庆颁发捐赠证书。

日本早稻田大学北京教育研究中心所长向虎，日本上智大学中国联络处总负责人李欣立，美国加州大学圣地亚分校中国代表詹晶旭，翔飞集团大连办事处负责人费腾等人组团访问我校，校长韩圣浩、副校长陈冠军会见来访客人并举行座谈。

晚上山东大学（威海）庆祝建校 30 周年庆典大会暨文艺晚会在知行会堂隆重举行。山东大学校长张荣，中共威海市委书记、市人大常委会主任孙述涛，中共威海市委副书记、威海市市长张惠，威海市委常委、统战部长李在武，威海市委常委、威海军分区政委曹元怀，山东大学副校长、山东大学（威海）校长韩圣浩，山东大学总会计师曹升元，澳大利亚西澳大学副校长 Iain Watt 等出席庆典并观看了文艺演出。庆典大会由中共山东大学党委副书记、山东大学（威海）党委书记仝兴华主持。韩圣浩在讲话中说，三十年来，山东大学（威海）秉承“为天下储人才，为国家图富强”的使命追求，筚路蓝缕、艰苦创业，取得丰硕成果。尤其是最近十年来，在山东大学创建世界一流大学的目标下，按照“统筹布局，一体发展”的方针，威海校区的办学思路更加明晰，办学定位更加明确，学校的综合实力和社会声誉得到很大提高。韩圣浩指出，学校将以 30 年校庆为契机，团结协作，锐意进取，开启新篇章，再创新辉煌。友好学校代表、澳大利亚西澳大学副校长 Iain Watt 代表西澳大学全体同仁和与山东大学（威海）合作的友好伙伴，对学校 30 周年校庆表示衷心祝贺。教师代表、国家杰出青年科学基金获得者陈耀教授与现场嘉宾分享了他在学校工作和生活的体会。校友代表、民生证券研究院副院长管清友博士代表全体校友，学生代表、翻译学院 2013 级学生焦成媛代表全体同学祝福母校生日快乐。张惠在致辞中指出，三十年来，山东大学（威海）的成长与威海的发展紧密相连，山大（威海）为威海培养了大批优秀人才，成为威海发展的坚强力量；山大（威海）的师生积极参与地方经济建设和地方服务，为威海的发展提供了有力的智力支持。三十年是威海和山东大学合作的里程碑，也是面向未来的新起点，威海市将一如既往地支持学校发展，进一步深化校地共建，让山大（威海）这张“城市名片”更加靓丽。张荣在讲话中指出，威海校区今天所取得的巨大成就，得益于一代又一代创业者们极高的胆识气魄和超前的战略眼光；威海校区今天所拥有的有利态势，得益于校地合作的深入推进和共赢发展的理念统一；威海校区今天所实现的跨越式发展，得益于山东大学这个温暖家庭的同心协力与资源集成。张荣指出，目前山东大学正处在建设世界一流大学的关键时期，深入谋划和探索多校区办学体制，促进多校区协调发展，必须更加牢固地树立“一盘棋”的观念，必须更加坚定地走“特色发展”之路，必须更加紧密地开展“校地合作”。庆典大会上，张荣与孙述涛共同开启校地共建新篇章。

3 日　美国西弗吉尼亚大学数学系张存铨教授应邀为数学与统计学院师生作题为《图论及其应用漫谈》的学术报告。

4 日　校党委书记仝兴华、副校长刘海到辅导员公寓工作办公室调研检查辅导员进公寓试行阶段的工作开展情况。

同日　在 2014 年“创青春”全国大学生创业大赛终审决赛中，我校海洋学院卞舒惠等同学的作品《山东鸣威海洋种业科技有限公司》荣获创业计划竞赛银奖，法学院林哲琪等同学的作品《聚爱助残创业中心》荣获公益创业大赛银奖。

4 日～12 月 12 日　应山东大学空间科学研究院特聘教授、国家特聘专家许国昌教授的邀请，德国专家 Hermann Kaufmann 教授来我校进行短期工作访问。访问期间，Hermann Kaufmann 教授针对遥感技术分八个专题举行了专题讲座。

6 日　我校“绘革命·馈党情·创青春”社会实践团队同时荣获 2014 年“井冈情·中国梦”全国大学生暑期实践季专项行动“优秀实践团队”“优秀课题成果”两个奖项。

7 日　我校海洋学院纪雪宁同学获得第七届全国大学生海洋知识竞赛电视总决赛二等奖，我校获得优秀组织奖。

7～9 日　第十一届华东六省一市外语论坛在我校国际学术中心举行。

8 日　山东省 2014 秋冬季高校毕业生服务“蓝黄”两区专场暨我校 2015 届毕业生秋冬季双选会在海洋学院和商学院大厅举行。双选会共吸引了 150 余家用人单位，4000 余名毕业生参会，初步达成意向 500 多个。

11 日　台湾中原大学两岸教育处处长胡威志率团访问我校，副校长刘海会见来访客人。

12 日　山东大学首届艺术学院教师美术作品联展在我校湖西楼展厅展出，此次书画展展出的 60 幅作品均由山东大学艺术学院和威海校区艺术学院教师创作。校长韩圣浩，校党委副书记兼纪委书记柴月禄、党委副书记赵玉璞、副校长刘海，山东大学艺术学院和威海校区艺术学院以及威海校区部分职能部门负责人参观了展览。

13 日　澳大利亚莫纳什大学副校长余艾冰教授和国际部副部长 Trevor Goddard 先生一行访问山东大学，山东大学副校长、山东大学（威海）校长韩圣浩会见了余艾冰教授一行。

14 日　澳大利亚西澳大学商学院副院长 Alison Preston 教授一行访问我校。副校长陈冠军会见客人并举行座谈。

17 日　著名文学批评家，《文艺报》编审、理论部主任熊元义先生为文化传播学院师生作题为“当代文学批评热点问题”的学术报告。

17～19 日　我校翻译学院辅导员郭彪获得第一届山东省高校辅导员职业能力大赛二等奖。

18 日　学校组织部分党外代表人士赴烟台高新区福山高新技术产业园考察调研，校党委副书记刘玉殿出席有关活动。调研活动中，刘玉殿代表学校分别与上海采埃孚转向系统（烟台）有限公司、烟台延锋江森座椅有限责任公司签订了建立我校大学生就业创业实践基地合作协议书。

21 日　我校数学与统计学院“S—C”调研团荣获第二届全国大学生暑期社会实践专项活动优秀团队奖项。

22～23 日　我校机电与信息工程学院郭小璇、王诗怡、薛岚天三位同学组成的 Black Swan 队获得第 39 届 ACM 国际大学生程序设计竞赛亚洲区域赛银奖，同时获得全场唯一“最佳女队”荣誉称号，实现了我校在 ACM-ICPC 亚洲区域赛成绩突破。

22～24 日　首届主观化理论与汉语语法研究学术讨论会在我校举行。来自中国社会科学院和上海师范大学、南开大学、山东大学（威海）、日本熊本大学等高校的六十多名专家学者参加了本次研讨会。

23 日　山东大学（威海）枣庄校友会暨山东大学（威海）枣庄校友企业家俱乐部举行成立大会。

同日　我校机电与信息工程学院曹丰斌带领的 FivePuffer 团队作品《走喵》荣获第十二届齐鲁软件设计大赛唯一一个特等奖。其余参赛团队获得一等奖 2 项、二等奖 2 项、三等奖 10 项。

24 日　学校召开加强干部管理学习交流会。校党委书记仝兴华、副书记周慧如出席会议。

25 日　校长韩圣浩出席中丹高等教育圆桌会议。

26 日　威海市委副书记、市长张惠，副市长傅广照，市政府秘书长夏景华一行来我校调研大学生创业工作。校党委书记仝兴华、副校长刘海及校团委负责人陪同调研。

同日　学校举行 2013～2014 学年国际学生“校长奖学金”暨“海外经历项目专项校长奖学金”表彰会。副校长陈冠军出席活动并致辞。

28～29 日　首届中韩大学生创业大赛在我校举行，大赛由我校和韩国湖西大学共同倡议举办。经过角逐，韩国湖西大学的《“Sloth”卡通商品动企划设计》和我校的《汇创文化传播有限公司》获得金奖。山东大学（威海）副校长刘海、韩国湖西大学创业保育中心主任丘庚完出席颁奖仪式并致辞。

28 日～12 月 2 日　我校艺术学院学生杨凯涵与李彦霏分别获得第七届全国高等艺术院校“声乐、歌剧”比赛中国作品组的铜奖和优秀奖。

29 日　由我校法学院主办、山东泰祥律师事务所协办的中日韩“立法学与法律方法论”国际学术研讨会在我校举行，副校长刘海出席研讨会并致辞。来自山东大学、韩国仁川大学、韩国忠北大学、日本立命馆大学、浙江工业大学、上海政法学院等近20所国内外高校的50多名专家学者参加研讨会。

本月　原中共中央政治局委员、中国法学会会长王乐泉一行到威海考察工作。工作期间，王乐泉在东山宾馆会见了校长韩圣浩。中国法学会副会长张文显，中共威海市委常委、市政法委书记刘茂德，我校法学院相关负责人等参加了会见。

本月　我校法学院辅导员牛志强荣获“第五届山东高校十佳辅导员”称号、翻译学院辅导员侯丽娜荣获“第五届山东高校优秀辅导员”称号。

本月　我校牛林杰教授主编的《大学韩国语》系列，刘建亚教授与吴臻教授（山东大学）主编的《大学数学教程：微积分》系列和梁文玲教授主编的《市场营销学》等3种9本教材成功入选第二批“十二五”普通高等教育本科国家级规划教材。

本月　我校组织参赛的12支研究生代表队在第十一届全国研究生数学建模竞赛中共荣获一等奖1项、三等奖3项。

本月　我校在2014年“高教社杯”全国大学生数学建模竞赛中取得优异成绩，共获国家一等奖1项、二等奖9项。

12月

3日　2014年，国家电网威海电力公司“善小·海葵”奖学金颁奖仪式在威海市电力大厦举行。校党委书记仝兴华，中共威海市委宣传部副部长刘昌毅等领导出席活动并为我校6位获奖学生颁奖。

6～7日　我校由机电与信息工程学院的陈德仕、查君鹏与数学与统计学院的于思皓三位同学组成的Natrual Dull队在第39届ACM国际大学生程序设计竞赛亚洲区域获得铜奖。

11～13日　我校翻译学院2012级翻译专业学生王睿路获2014年“外研社杯”全国英语写作大赛二等奖。

14日　山东大学（威海）青年联合会成立大会暨第一届委员会第一次会议召开。校党委书记仝兴华出席会议并讲话，副校长刘海为“山东大学（威海）青年联合会产学研合作基地”揭牌。

16日　应学校“海外名师进校园”项目邀请前来开展学术交流的澳大利亚莫纳什大学李健教授为我校师生作题为“Manuscript writing，grant application and scientific presentation skills”的专题讲座。

16～20日　副校长陈冠军率团访问韩国光云大学、首尔科技大学、东亚大学等三所高校，并拜访了中国驻韩国大使馆教育处艾宏歌参赞。访问期间，与韩国光云大学共同签署了山东大学（威海）与韩国光云大学合作交流协议书，并与首尔科学技术大学签署了新的合作交流协议。

17日　学校成立山东大学威高研究院（山大人字［2014］142号）。赵玉璞任院长，聘李永刚任副院长，石元昌任副院长。该中心为依托威海校区的非实体性科研机构。

18日　校党委理论学习中心组召开学习会议，邀请法学院副院长姜世波教授作关于十八届四中全会精神的专题辅导报告，并学习中央有关文件精神，校党委书记仝兴华主持会议并讲话。

20日　我校韩国学院张磊同学荣获第九届“中国大学生韩国语演讲大赛全国总决赛”第一名，这是我校韩国学院学生继荣获第一届、第五届该项大赛冠军之后第三次夺冠。

25日　学校举行2014年三星奖助学金捐赠发放仪式。三星电子（山东）数码打印机有限公司向我校捐赠善款15万元，副校长刘海代表学校接受捐赠并向三星电子（山东）数码打印机有限公司总经理郑志镐颁发捐赠证书。双方共同为10名获奖学生代表颁奖。

同日　山东省高级人民法院副院长关升英、威海市中级人民法院院长李向阳一行五人访问我校，就法院工作向全国政协委员、山东大学副校长、山东大学（威海）校长韩圣浩征求了意见和建议。

27日　学校举办“山东大学（威海）2015新年音乐会”。中共威海市委常委、市委宣传部长王亮，校党委书记仝兴华，威海市委、中共市政府有关部门的领导同志，威海校区有关校领导出席并观看了演出。

本月　我校在2015届本科毕业生推免研究生工作中共有382名优秀应届本科生被成功推荐到各类高校和科研院所，占应届本科毕业生人数的11.37%，其中硕士生358名，直博生24名。

学校建筑面积：474219平方米。

在校全日制本科生13682人，博、硕士研究生988人，留学生589人，成人教育及网络教育学生1697人。

在职教职工1218人，其中专任教师790人，副高以上职称398人。

2013年招收本科生3472人，本科毕业生3374人。

（顾　炜）

附属医院

齐鲁医院

山东大学齐鲁医院是国家卫生计生委直管医院，也是山东大学的附属医院，现已成为集医疗、教学、科研、预防保健、卫生应急、指导基层为一体的大型综合性三级甲等医院。

一年来，医院以党的十八大精神和十八届三中全会精神为指导，以三甲复审和质量与安全情况年度评价工作为抓手，全面加强医院管理，推进业务内涵建设，持续提升医疗质量与服务水平，各项事业呈现出欣欣向荣的良好局面，办院规模、整体实力与社会知名度、美誉度显著提升。其中三项工作具有格外重要的意义。第二是顺利通过三甲复审。医院以全省总分第一的成绩，进一步巩固了在山东省医疗机构中的地位。第二是顺利通过质量与安全年度评价。第三是青岛院区顺利实现开诊。

一、主要业务工作

中心院区门诊量 217.3 万人次，同比增长 1.6%；出院人数 11.9 万人次，同比增长 19.9%；手术量 5.7 万台次，同比增长 14.3%；业务收入 31.05 亿元，同比增长 14.7%；年度财务收入 31.99 亿元，同比增长 15.3%。截至 2014 年年底，医院资产总额达 35.59 亿元，同比增长 9.2%；净资产总额达 20.17 亿元，同比增长 17.3% 。

二、医疗工作

将 PDCA 循环理论贯彻到医疗管理和质控工作中，实现全环节持续改进。开展医疗核心制度和医疗文书规范培训，加强病历运行全程网络实时质控；完善手术分级编码库，实行了手术资格变更管理。将临床路径纳入绩效考核条目，入径率提高 10 个百分点，完成比例达 94.7%。缩短平均住院日工作成效显著，平均住院日缩短至 9.91 天。加强单病种质量控制，病人平均住院费、手术费、检查费均有不同程度下降。推进数字化病案管理工作，出院病案七日归档率由 95.1%上升至 99.7%。进一步完善门急诊业务工作流程，筹建了院前急救科；加强网络预约工作，预约率有所提高。加强院感知识培训，实施医疗废物规范化管理，牵头成立了“山东省消毒供应质量控制中心”，规范了全省消毒供应的工作流程。

全年保健门诊量达 7.8 万人次，出院病人 1 万余人次。心脏远程监护中心监测用户 15 万余人次，成功指导抢救危重心血管疾病患者 1500 余例。完成各类保健任务 51 次，其中出色完成 0928 专项任务保健工作，荣立集体二等功。老年病科成为山东省唯一的老年医学专业国家重点专科，保健整体学科实力得到进一步加强。优质护理服务病房覆盖率已达 100％；推行责任制整体护理工作模式，积极探索护士分层级管理，实行护理绩效考核；建立全院机动护士队，加强了护理人力资源的合理调配；进一步完善护理不良事件上报系统，引用 RCA、CQI 等先进工具，加强护理质量管理和监控。

进一步完善护理管理架构，增设急诊科、重症医学科 2 个护理大科；采取公开竞聘方式增选 31 名候任护士长，打破身份限制，3 名非事业编护士走上护士长岗位。护理人员学历层次不断提高，本科及以上学历占 58.9％。强化护理安全管理，护理不良事件发生率明显降低。实施护士长急诊科轮转和护士分层培训，提高了优质护理能力。加强护理科研，完成各级科研课题立项 21 项。医院南丁格尔志愿服务队获评“山东省南丁格尔志愿服务工作先进集体”，有 3 个病区分别获得全省“三好一满意”活动示范岗和“全省护理服务示范病房”称号。

临床药师积极参与查房等临床工作，规范进行用药情况点评，有效地促进了临床合理、安全、规范用药。优化抗菌药物结构，规范临床应用，住院患者抗菌药物使用率等指标均符合国家有关标准。实现处方信息化点评，门诊处方合格率达 99.75％。静脉药物配置中心、临床药理基地业务规模进一步扩大。重建中药制剂室并通过整体论证，医院特色中药制剂重新供应临床。顺利完成省直医保扩面、处方上传、公费医疗转轨等工作，2678 名职工按期纳入省直医保。制定实施了《2013 年济南市基本医疗保险费用管理细则》，有效地控制了济南市医保的费用超支现象。全年医保门诊就诊 49.8 万人次；医保出院 9.2 万人次，占总出院人次的 77.3％，同比增长 33.3％；诊疗费用合计 19.4 亿元。医院被评为 2013 年度“全省定点医疗机构分级管理卫生信用档案优秀等级单位”。

三、人才学科建设

康复医学科、老年病科、神经内科 3 个专科获批国家临床重点专科建设项目学科，目前该类学科总数达 16 个，在全国医疗机构中居于前列。在复旦大学发布的“中国最佳专科声誉排行榜”中，医院有 3 个专业进入前十强，7 个专业获十强提名。新增双聘院士、国务院特殊津贴专家、“万人计划”自然科学类青年拔尖人才、国家中青年科技创新领军人才、泰山学者特聘专家各 1 人，泰山学者海外特聘专家 2 人。选拔接收毕业生 157 人，其中博士后 5 人、博士研究生 69 名、七年制硕士研究生 83 名，进一步优化了人才队伍结构。

四、科研工作

全年中标国家自然科学基金 68 项，其中重点项目 3 项，居全国医疗机构先进行列。全年共获得各级各类立项课题 280 项，资助经费达 6715.1 万元，占山东大学医学领域的 1/3。全年共获各级各类科研奖励 36 项，居山东省医药卫生行业首位，其中省部级科技成果一等奖 2 项。获国家知识产权局批准专利 25 项。在国家科技部发布的“2012 年度医疗机构产出论文影响排行榜”中，医院国际论文被引用篇数在全国医疗机构中排名第 5 位。新增省、厅、校级科研平台 18 个。张运院士获得 2012～2013 年度“山东大学重大学术贡献奖”。

五、教学工作

进一步加强本科生教学管理和质量控制，对 18 个临床教研室进行了调整充实，全年完成本科生理论授课和见习实习 1.4 万学时。精品课程和规划教材工作成绩显著，获评“国家级精品资源共享课程”2 门，主编参编教育部、卫生部“十二五”规划教材 5 部。本科教学质量不断提高，在山东大学临床技能竞赛中，医院代表队夺得 8 个单项奖中的 3 个。新增博士生导师 17 人；录取博士、硕士研究生 515 名，共有 100 名研究生获得奖学金，占医学院研究生获奖总数的 42.9%。进一步加强教学科研，获得省级教学成果 2 项，其中一等奖 1 项。研究生创新能力不断提高，全年共发表 SCI 收录论文 143 篇，影响因子 3.0 以上的 60 篇。在山东省优秀博士学位论文评选中，我院研究生囊括全部 3 篇临床医学类论文。举办继续医学教育国家级和省级项目 77 项，举办率和合格率达 98.7%。

六、医师规范化培训工作

积极开展基础生命支持（BLS）等认证导师培养工作，举办初高级心血管急救培训班等各类培训班 70 余期，完成住院医师临床基本技能培训与考核 40 余项，共 2306 人次，临床技能模拟训练中心被美国心脏协会评选为“大中华区 2013 年度杰出培训中心”。成功申报首批“国家全科医生培养基地建设项目医院”，获政府设备资助 500 万元。组织各专科基地 20 余位专家成功申报卫计委住院医师规范化培训规划教材编委，其中 11 位专家获聘主编或副主编。承办山东省首次全国住院医师/全科医师规范化培训经验交流会。组织完成全省住院医师阶段统考等各类各级考试 6000 余人次。

七、国际合作与交流工作

组织院级访问团成功出访欧美，深化了与既有合作院校的关系，进一步拓宽了合作交流渠道。医院与美国密歇根大学签署了合作备忘录，与瑞典卡罗林斯卡医学院进一步深化了项目合作，与美国约翰霍普金斯大学建立了学术联系。全年共接待来访海外专家学者 50 余人次，派出长短期海外进修及参加境外国际学术会议 70 余人次。

八、突发应急事件及卫生支援工作

切实加强卫生应急工作管理，完善各类应急预案，调整充实应急队员库，提高了应对突发事件的能力。参加并顺利完成了枣庄人感染 H7N9 禽流感救治任务、四川地震灾区康复治疗指导任务、青岛黄岛区输油管线爆炸现场救援等任务。

高度重视援疆援外工作，分 2 次选派医护人员 5 人参加援疆工作。加强卫生强基工作，成功完成赴山西吕梁地区巡回医疗工作任务。不断扩大支援范围，先后与桓台县中医院等 6 家医院签署了对口支援协议。通过技术指导和管理支持，全面提升了受援医院技术、学科和人才队伍水平。

九、医院公益性工作

病员服务中心推出多元化便民举措，被评为“山东省文明窗口”。以共青团志愿者、退休医务人员志愿者及大学生志愿者为主体，开展志愿者服务合计 1.3 万余小时。全年共组织院内外义诊 19 次，受益群众超过万人。积极推进医改重大专项——脑卒中高危人群筛查和干预项目工作，与巨野县医院、柳埠镇医院协作，超额完成筛查及相关任务。

十、医疗保障工作

稳步推进基本建设，顺利完成妇儿综合楼可研评审、青岛院区二期概念性设计、博施楼抗震加固鉴定等工作；完成了广德楼病房、华美楼一层结算中心、东院区手术室、东院区食堂等重点改造项目。创新医院管理运行模式，强化质量控制办公室职能，对医院运行中出现的各类问题及时进行督查和解决。设置后勤总值班和专线电话 9610，提高了后勤保障协调配合能力。

根据国家新财会制度要求，加强财务预算制度化建设，提高经济运行效益，每百元医疗业务收入成本支出同比减少 1.06 元。开展重要事项审计 540 余项，审计金额约 5.8 亿元，审减金额 402.4 万元。参与招标 300 余次。对青岛院区一期项目资产进行清查，确保了青岛院区一期的顺利接收。对 6 名离任干部进行经济责任审计，为干部选聘和管理提供了重要的参考依据。

启动全院国有资产清查工作。对国资管理和采购供应规章制度、工作流程进行了全面修订。全年采购设备与家具 6025 台/件，采购金额 1.6 亿元；采购医疗耗材、卫生材料、办公用品价值 7.7 亿元。新增专业设备 1570 台（件），价值 1.2 亿元。数字化医院建设持续推进：“医院资源计划管理系统”（HRP）顺利启动；作为省内唯一一家试点单位启动居民健康卡；实现了急诊业务全方位信息化；开发“医院质量管理系统”（HQMS）接口，实现了与卫计委的直接数据对接；对全院实行医院感染预防网络实时监控；稳步推进综合信息平台、智能卡系统等电子政务工作。

十一、平安医院建设

积极开展“六五普法”教育，聘请国内著名法学专家作专题讲座，参加学习人员达 1000 余人次。深入临床科室开展典型案例及医患沟通技巧培训，提高医患纠纷预防和处置能力。推进安全保卫体系建设，重点加强要害部位管理，进行了全员消防安全培训。加大院区停车和交通整治力度，停车场实行对外租赁管理，有效地缓解了医院停车难和交通拥堵问题。

十二、党建工作

根据大学统一部署，扎实稳妥开展党的群众路线教育实践活动。在活动中全面贯彻落实中央八项规定要求，坚决反对“四风”，有效地提高了党员干部队伍的思想政治素质、肃正了机关作风、降低了办公成本。加强反腐倡廉宣传教育，分批组织科以上行政干部、科主任、护士长和管钱管物部门职工400余人，到山东省廉政教育基地接受教育，进一步提高了反腐倡廉的自觉性。积极开展各项专项整治工作，着力做好药品、耗材招标采购等廉政风险防控重点工作。

制定实施《科级干部调整补充工作实施方案》，严格干部选拔任用程序，先后有92人调整充实到行政科级岗位，进一步优化了干部队伍的年龄、知识、学历结构。圆满完成了青岛院区部分行政人员和学科带头人的选聘竞聘工作，为青岛院区工作顺利开展提供了组织保障。

十三、行业文明建设

以三甲复审和年度评价工作为契机，对院内环境、标牌制作进行统一规范。院报推出了“齐鲁医院青岛院区开诊”“质量和安全情况年度评价工作回眸”“关爱从心开始”等专版，组织编写了《春晖》《风范》等系列丛书，宣传、办报水平不断提升。医院被山东大学评为“网络新闻宣传优秀组织单位”，网站被评为山东大学“优秀网站”。医院被中国卫生思想政治工作促进会评为“全国卫生文化建设先进单位”，获得“全国城市医院文化建设创新奖”。

（张　啸　连雪洪）

第二医院

一、工作概况

山东大学第二医院是国家卫生与计划生育委员会直管医院，坐落于历史文化名城泉城济南北部，由国家卫生部投资兴建，筹建于1987年，1997年5月18日正式开诊，是百年老校山东大学的附属医院，是集医疗、科研、教学、预防保健为一体的现代化大型综合性三级甲等医院。

医院占地面积11万平方米，医疗区建筑面积13万平方米。设有61个临床医技科室，拥有职工2600余人，其中高级职称203人。拥有头部伽玛刀、PET-CT、混合动力碎石清石系统等大批先进仪器设备。

二、主要业务工作

全年实现总收入9.9亿元，其中医疗收入9.39亿元，同比增长26.89%，门诊量89.72万人次，同比增长15.2%，出院病人数47610人次，同比增长36.2%，手术量22806台次，同比增长33.89%，药品收入占业务收入比例为37.97 %，医院总资产达12.33亿元，各项工作量指标均达历史最好水平。

三、医疗服务

医疗特色优势突出。脑血管病的介入治疗、肾移植、产科、泌尿微创手术、妇科微创手术、消化内镜等专业或特色技术在国内或省内处于领先水平，神经系统疾病、泌尿系统疾病、外科微创治疗的“神肾微”特色优势初步形成，并在全省声誉鹊起。

医疗服务创新。在国内、省内率先开展了3D打印个性化垫块植入术（关节外科）、经皮经肝十二指肠乳头肌扩张排石术（介入科）、心脏再同步化治疗＋体内自动转复除颤起搏器植入术（CRT-D，心内科）。此外，呼吸、消化、胸外、骨关节、耳鼻喉、泌尿外、普外、脊柱外、小儿外、妇科等专业获得国家卫生计生委四级内镜诊疗临床应用资质，新增检查、检验项目52项。新设手足外科、营养门诊，全面开放干部保健病房、产科特需病房及新生儿重症监护病房。调整急诊科、妇科等10科室门诊布局，新增4个办卡结算窗口，制定《医疗服务标准化流程与规范》，深入开展整体化优质护理，门诊患者满意度达90.3%，出院患者满意度达98.25%。开通官方微信，全省首家“未来医院”正式上线。托管运营山东济南养老服务中心，探索医养结合新服务。

制定完善了《诊疗指南及操作规范管理办法》《缩短平均住院日管理规定》《抗菌药物临床应用管理规定》《控制高值医用耗材比例管理规定》等106项医疗制度、13项工作流程，组织45个临床科室完成了《规范》《指南》的修订工作，积极开展临床路径及单病种管理，入径患者8157人，完成率为92.87％，占出院患者的20.85％。

医院设有61个临床医技科室、95个医疗组、43个护理单元。实际开放床位1574张，实际开放总床日数570404，实际占用总床日数497278，床位使用率为87.18％。开展“三增一禁”（全年增设无节假日门诊、增设错时门诊、增设夏季夜间门诊）专项工作，15个专业科室、39个岗位参与，接诊3727人次，获得省卫生计生委认可和表扬。2014年，院长热线共受理投诉231例，处理满意度达97.36％，建议54例，采纳率为75.92％。医疗工作实现了三增（工作量、满意度、诊疗技术项目），三降（纠纷及赔偿、死亡率、出院患者均次费用），“最安全”“最有效”医疗体系得到进一步完善。

出台《电子病案首页填写管理规定（修订）》，优化质量与安全指标体系为71项。2014年，全院平均住院日10.30天（较2013年度缩短0.62天），住院患者死亡率为0.92％（较2013年降低0.14％），三、四级手术率为46.44％（较2013年提高0.47％），“非计划二次手术”22台（较2013年减少5台），医疗纠纷52例（较2013年降低42.86％），医疗赔付209万元（较2013年降低41.74％），药占比37.97％（较2013年降低2.38％），耗材收入占比17.54％（较2013年降低1.08％），出院患者均次费用14227.14元（较2013年降低3.57％）。

四、科研教学

目前，医院拥有3个国家临床重点专科（泌尿外科、肾脏内科、临床护理学），13个省级临床重点专科（小儿内科、急诊科、产科、骨科、心血管内科、消化内科、内分泌科、妇科、普外科、神经外科、神经内科、眼科、康复医学科），6个依托山东大学的省级重点学科（内科学、外科学、耳鼻喉科学、影像医学与核医学、口腔临床医学、护理学），5个省医药卫生重点学科（泌尿外科、肾脏内科、神经外科、神经内科、肾移植科），4个山东省医药卫生重点实验室（血液学、医学分子肝病学、肾脏病、血管生理与治疗），3个山东省“十二五”高校重点实验室（肾脏组织工程实验室、神经系统变性病转化医学实验室、消化系统肿瘤实验室）以及7个山东大学研究院、所、中心（山东大学泌尿外科研究所、山东大学血液肿瘤生物治疗研究所、山东大学组织工程研究所、山东大学神经病学研究所、山东大学肾脏病研究所、山东大学眼科中心、山东大学人体器官再造研究院）。制定《PI实验室管理暂行办法》，建立6个PI实验室。制定《专业技术人员科研业绩量化管理暂行办法》，实行目标量化考核。拨付180万元专项经费支持青年人才开展科研工作，评选青年基金48项，种子基金21项。2014年度，申报各类课题共计315项，立项96项，新增立项经费1858万元（2013年增长85.80％），其中，余之刚教授的《常见乳腺良性疾病诊疗规范的修订与推广应用》单项科研经费达700万元，总量及单项均创历史新高。发表SCI论文115篇（较2013年增长134.69％），影响因子总计226.361分（较2013年度增长113.52％），科研工作实现新突破。

新增博导5人，硕导13人，招收博士51人、硕士40人，接收实习生602人；博士毕业13人、硕士毕业55人、实习生毕业562人。全年完成理论授课1001学时、见习教学958学时。两门课程网站（内科学、皮肤性病学）被评为2014年度山东大学“课程中心优秀课程网站”，四门课程（内科学、外科学、眼科学、耳鼻喉科学）通过山东大学“双语教学课程”审核认定。教学条件不断改善，临床技能培训中心、电子阅览室、全科医师培训基地相继投入使用，在临床思维、技能培训等方面发挥积极作用，共完成2077人的技能培训及2153人的技能考核工作。继续教育工作深入推进，先后举办3次国家级、4次省级继续医学教育培训班，举办3期山东省高等医学院校临床教师培训班，培训180余名学员。

对外合作与交流。先后邀请德国、美国、加拿大等多个访问团体来院进行学术交流。全年参加国家级学术会议71人次，省级学术会议278人次，大会发言79人次，会议主持36人次。山东大学—卡罗林斯卡医学院干细胞研究合作实验室正式挂牌启用，这是卡罗林斯卡医学院在中国的第一个双方共同核准挂牌的合作实验室。

五、人才队伍建设

医院现有在职职工2603人，卫生技术人员2183人，占83.86%。医院拥有泰山学者3人，山东大学二级岗主任医师6人，三级岗14人，四级岗70人，博士生导师30人，硕士生导师70人。国家级学（协）会副会长、副主任委员8人，委员69人；省级学（协）会副会长、副理事长5人，主任委员31人，副主任委员121人，委员291人。制定了《关于加强高层次人才建设的实施意见（试行）》，与42位高层次人才签订了《高层次人才工作协议》，匹配学科建设经费及岗位津贴。先后引进胡勇、许凤雷等省内外知名专家，进一步拓展高层次人才总量。继续实施“杰出医师”培养计划，支持6位医师出国培训，40位医师外出进修学习。鼓励提高学位层次，博士毕业9人，选留医疗毕业生57人，生源质量达到历史最高水平。

六、医院管理

制定落实了《医院标准化深入年实施方案》《机关后勤管理标准化实施方案》《文明机关创建活动方案》，修订624项医院管理制度，190项工作流程。完成30项网上电子审批路径，覆盖行政管理、医疗管理、后勤保障、设备支持等方面，切实提高行政效能。继续完善临床医技科室综合目标管理责任制体系，修订机关后勤及临床医技绩效考核方案，调动临床工作积极性。

开展内部控制管理工作，梳理财务制度57项、工作流程20项、岗位职责30项。注重经济分析，定期形成财务分析报告。预算管理体系进一步完善，被国家卫计委评为预算管理试点单位。经济管理规范，顺利通过了国家卫计委多项审计检查。审计各类经济合同335份，提出修改建议1020条。工程类项目审计119项，其中，内部审计工程结算项目87项，跟踪审计工程项目32项，审减额为2496.36万元。

全年采购设备1495台（套），其中专用设备1083台（套）、办公设备412台（套），价值分别为 1800 万美元和 5749.94 万元人民币。美贷项目包括设备 108 台（套）和 PACS 软件，已到货 83 台（套），2 台 CT、2 台 MRI、4 台 DR 及 12 台彩超均已到位使用，剩余产品春节前后均可到位。头部伽玛刀，PET-CT 均已到货。2014 年，实现了设备资产翻一番，装备水平达到国内一流。

加强信息化建设，积极推进 PACS、手麻重症、移动医疗等系统的建设工作，促进医院管理精细化。完善升级 HRP、反统方、满意度调查、不良事件、临床路径、合理用药等 12 项软件，试运行人力资源管理软件。全年处理系统运行问题 1000 余次，网络迁移 100 余次，系统改造需求 200 余项。

制定落实了《后勤标准化建设方案》，下收下送物品、被服 11 万余件，公务出车 1.5 万次。后勤维修 1.25 万次，由外包式转为自主式，年度累计节省维修费用 72 万元；定期开展能耗分析，全年燃油消耗较 2013 年降低 17.24 吨，水电暖每百元业务收入能耗 1.75 元（较 2013 年度基本持平）。荣获济南市 2014 年度公共机构及建筑“节能先进单位”称号。落实安全生产“一岗双责”，逐级签订《安全生产责任书》，强化安全责任意识，认真落实巡检制度。加强警民联动，完成警务室建设、监控室合并，处理盗窃、纠纷等 130 余次，维护稳定医疗秩序，被列为山东省政法委“公共场所管理试点医院”。

拓展医院发展空间，制定了《医院总体发展建设规划》并接受国家卫计委的现场评审，积极推进门诊楼改造立项及医技综合楼单体立项工作，东片区征地工作已达成初步合作意向，加快推进 38 号楼改造、学生宿舍改造工程，为医院中长期发展奠定了良好基础。

七、卫生公益

与民营资本尝试合作办医，医院分院——山东玲珑英诚医院开诊，成为省内第一家民营三级综合医院。成立合作发展部，联系省内医院 16 家，新增合作医院 3 家，共计派出医师 120 余人次，累计 286 个工作日。做好援外、援疆工作，第十五批援劝塞舌尔医疗队员刘平、赵磊，第七批援疆医疗队员顿志平均已圆满完成支援工作返回，第八批援疆队员彭传亮正在受援地顺利工作。丁印鲁、顿志平获得中共新疆维吾尔自治区委员会“第七批中央和国家机关、中央企业优秀援疆干部人才”等荣誉称号，荣记二等功。

八、党的群众路线教育实践活动

在党的群众路线教育实践活动整改工作中，医院领导班子坚持边学习教育边听取意见，边查找问题边整改落实，制定“两方案一计划”，完善台账，扎实有序地推进各项工作。整改工作中，医院积极建章立制，制定有关领导班子建设、加强调查研究、转变工作作风等方面的制度 30 余项，推动了长效机制建设。截至 2014 年底，整改方案 23 项重点工作已基本完成。通过开展党的群众路线教育实践活动，领导班子和党员干部受到深刻的思想洗礼，工作作风明显改善，“四风”问题得到有效解决，整改落实工作总体取得阶段性成效。

医院领导班子高度重视教育部巡视组反馈意见的整改落实。多次召开会议专题传达学习有关会议和领导讲话精神，成立工作小组，本着坚持标本兼治和问题导向的原则，认真做好教育部巡视相关整改落实工作任务。制定了《山东大学第二医院关于做好教育部巡视组反馈意见整改落实工作方案》及整改台账，明确了每一项整改事项的责任领导、责任人、牵头单位、配合单位和完成时限要求，并按照任务分工和时限协助抓好各项工作的推进与落实。目前，医院巡视整改工作已取得初步成效。

九、干部队伍和基层党建工作

认真贯彻执行医院《关于加强领导班子思想政治建设的实施意见》，不断提高领导班子的思想政治素质，制定了《关于加强医院党委中心组学习的意见》，认真落实党委中心组集中学习制度，借助学校党委组织部提供的干部在线学习平台，加强个人自学，不断提高领导班子成员理论水平、政策水平，提升战略思维和理论思维能力。

加大干部教育培训力度，邀请院外专家来院举行专题讲座6次，1000余人次参加，不断提高干部队伍整体管理水平。重视加强干部队伍工作作风建设和执纪问责，坚持并完善中层干部联系临床科室制度和每月汇报交流工作制度，组织开展“服务好、质量好、作风好，临床满意”的“三好一满意”文明机关创建活动，进一步转变机关作风，提高工作效率和服务质量。按照中央和学校党委的要求，加强对干部的审计监督，研究制定了《山东大学第二医院关于职能部门（科室）负责人经济责任审计暂行规定》。按照学校和落实群众路线教育实践活动整改要求，已启动了《干部管理办法》的起草工作，加强对干部队伍的考核监督管理。2014年，根据医院管理、学科、人才队伍建设等的需要，补充调整职能部门和临床医技科室负责人18名，干部队伍的年龄结构、知识结构、专业结构有了进一步改善。

积极参加山东大学基层党组织立项活动。在2014年的立项活动评选中，第一党支部“转作风，树形象，打造和谐管理团队”荣获二等奖。同时第三党支部“贯彻群众路线，立足本职岗位，创建优质服务品牌”、第五党支部和第六党支部联合立项“加强理想信念教育，服务百姓健康”、第八党支部“践行群众路线，关爱弱势群体健康”获得2014年度基层党组织立项活动4项学校支持。积极稳妥地做好入党积极分子和预备党员的教育培养和党员发展工作。2014年，共发展党员6人；预备党员转正13人，接收转入党员52人，目前全院党员总数539人。

十、党风廉政建设

扎实开展党风廉政教育活动。组织领导班子、中层干部、科主任集体参观省监狱，并请服刑人员现身说法，观看警示教育录像，加强廉政警示教育；认真组织完成院2000余名干部职工“六五”普法教育考试，举办法制知识讲座，提升干部职工法制意识。注重文化引领。通过更新医院廉政网，在门诊、病房等候诊区播放廉政宣传片，设置“廉政墙”“九思”等文化展板等方式，营造廉洁自律氛围。认真落实卫生行业“九不准”要求，扎实开展关于纠正医药购销和办医行医中不正之风的专项整治工作。认真贯彻落实中央八项规定精神，严格落实领导干部个人事项报告制度，制定完善有关公务接待、办公用房、公务用车等管理规定，严控“三公经费”使用，截至2014年底“三公经费”支出降低了47.43％。

十一、宣传工作

认真做好宣传工作，为和谐医院建设良好的舆论环境。先后举行“春天来了—爱心诊疗齐鲁行”“院庆有礼”“社区健康嘉年华”“青海光明行”等公益活动，与《齐鲁晚报》、山东卫视等新闻媒体公益健康栏目合作，参与公益活动50余次，接待各级各类媒体采访报道305次，其中山东卫视新闻联播报道6次，录制MV公益宣传片《最好的未来》和《粉红的春天》，展示医护人员风采。组织7期“卫生强基，健康助梦”系列公益活动，培训临沂乡村医师1200余人次，组织各种义诊下乡47次。

十二、工会与团委工作

完善和发展职代会制度，维护职工合法权益，开展职工父母免费查体、汽车团购等一系列暖心工程，精心组织参与山东省卫计委举办的诗歌吟诵比赛并获二等奖。顺利完成团支部换届调整工作，目前共有团员近1200人，各支委基本分布在各科室，有效地保障了各项工作的顺利开展，利用“青年文明号”活动20周年之际，组织开展“唱响文明号，建功中国梦”团旗接力等系列活动，充分发挥青年文明号的示范作用。

十三、统战和群团工作

不断加强统战工作，支持民主党派加强自身建设，支持各民主党派根据医院情况开展活动。2014年，共考察发展民主党派成员3人，推荐济南市侨联青年委员1人，致公党魏来临主任带病工作事迹在《大众日报》、《联合日报》报道。

（韩　双）